SAPIENZA - UNIVERSITÀ DI ROMA

STUDI DEL DIPARTIMENTO DI STORIA, CULTURE, RELIGIONI

15

Andrea Annese

Tra Riforma e patristica

Il metodismo in Italia dall'Unità al caso Buonaiuti

viella

Prima edizione: ottobre 2018
ISBN 978-88-6728-997-4

viella
libreria editrice
via delle Alpi, 32
I-00198 ROMA
tel. 06 84 17 758
fax 06 85 35 39 60
www.viella.it

Indice

Emanuela Prinzivalli

Prefazione

La storia del metodismo italiano è una storia di grandi slanci e profonde delusioni, al pari della storia del risorgimento italiano cui si intreccia sia cronologicamente sia idealmente. Nelle intenzioni degli evangelizzatori metodisti, wesleyani inglesi ed episcopali americani, arrivati in quel cruciale decennio 1861-1871, la nascita della Nazione italiana, che avveniva in uno scontro frontale con il "papa-re", recava in sé il seme della liberazione dall'oscurantismo cattolico, del ritorno al vangelo di Cristo nonché del risveglio etico del popolo. Alla luce del successivo disincanto, ben descritto da Andrea Annese nelle varie tappe e nelle riflessioni di conseguenza maturate, si evince che i missionari metodisti commisero l'errore, così frequente in chi osserva dall'esterno la situazione religiosa italiana, ieri come oggi, di identificare il cattolicesimo con il "papismo". In altre parole, sottovalutarono il peso di una pietà religiosa sedimentata intorno a pratiche radicate: ma già la missione episcopale metodista americana, solo pochi anni dopo quel 1861 tanto carico di illusioni, capì meglio quanto fosse arduo sradicare il tessuto tradizionale di espressioni religiose. E un'altra constatazione i missionari dovettero presto fare, in parallelo a quanto compresero i politici italiani più attenti: il divario fra un'élite borghese intellettuale, dai confini piuttosto ristretti, e i ceti popolari. Insomma, fatta l'Italia, si dovevano ancora fare gli italiani; e, dunque, l'auspicata costruzione di un ethos comune, impregnato di evangelismo e di spirito civico – il sogno dei metodisti – diventava un'impresa affidata a tempi lunghissimi.

Il pregio di questo volume, rispetto ai pochi lavori simili, sta nel seguire il posizionamento culturale e teologico delle missioni metodiste, marcato anche dalla fondazione di riviste, in parallelo al loro procedere organizzativo, dall'iniziale desiderio di riunione di tutte le forze evangeliche presenti in Italia alla successiva scelta denominazionalista. L'affresco storico proposto da Annese prosegue sino allo snodo cruciale rappresentato dall'atteggiamento dei metodisti davanti al dramma della Grande Guerra per arrestarsi una volta giunto a un altro momento decisivo dal punto di vista insieme culturale e religioso: l'incontro del metodismo italiano con il Pellegrino di Roma, Ernesto Buonaiuti. Anzi, per essere precisi, il volume si chiude con la profonda suggestione fornita dalla coincidenza nello stesso anno, il 1946, della morte di Buonaiuti e della riunificazione delle chiese metodiste italiane, la wesleyana e l'episcopale.

Esaminato nella più vasta storia della Riforma, uno dei fattori più caratteristici delle riviste promananti dal metodismo, almeno per i primi decenni di vita, lo studio della patristica, ripercorre una parabola che si può constatare già nei primi riformatori e che Wesley ereditò. Infatti non solo Erasmo, ma promotori della Riforma protestante quali Ecolampadio, Beato Renano, Wolfgang Musculus, Martin Bucer, per fare alcuni nomi, pur assegnando il primato di autorità alla Scrittura, non trascurarono, in alcune fasi della loro vita, il ricorso ai Padri, sentiti vicini alla fonte evangelica, alleati nella lotta contro la Scolastica e passibili di rappresentare un efficace arsenale di argomenti anticattolici, sottraendoli quindi all'uso preferenziale fattone dalla parte avversa. In quest'ottica un ruolo preminente giocano nelle riviste metodiste i testi del primissimo cristianesimo: caratteristico il caso della *Didachè*, la cui traduzione in italiano apparve sul periodico metodista episcopale «La Fiaccola», nel 1885, praticamente in contemporanea alle traduzioni e agli studi portati avanti da Alessandro Chiappelli e Baldassarre Labanca. A questi antichissimi testi – oltre la *Didachè*, la cosiddetta *Prima lettera di Clemente ai Corinzi*, il *Pastore* di Erma, la *Lettera di Barnaba* – privi del carattere gerarchizzato che la forma del cattolicesimo romano presentava, i metodisti si affidavano per avere conferma che la propria era una riproposta fedele di quelle origini (anche la loro, *ça va sans dire*, era una visione "ideologica" delle origini); in parallelo – è da notare – si svolgevano i primi tentativi di attuare uno studio storico-critico del cristianesimo nelle università statali italiane. Protagonista ne è Labanca, il quale, non a caso, intrecciò rapporti con i metodisti e la cui vicenda esistenziale può essere letta come un esito dello spirito risorgimentale, al pari di quella di alcuni intellettuali metodisti italiani: come qualcuno di loro, Labanca abbandonò il sacerdozio, ma, mentre lo spirito garibaldino portò costoro a una diversa scelta confessionale, Labanca, in forza del medesimo spirito, si batté tutta la vita per fare, attraverso l'insegnamento nelle Università di Stato, dello studio del fenomeno religioso, e del cristianesimo in particolare, una imprescindibile componente della cultura contemporanea, intuendo anche la fecondità di una prospettiva interdisciplinare nell'analisi.

Un bisogno comune è sotteso a questi esiti diversi: l'esigenza della libertà di indagine, da declinare o storicamente o teologicamente. Il metodismo, con la sua attitudine metodologica alla non dogmaticità e alla non sistematicità, consentiva una via di fuga dalle strettoie del cattolicesimo di allora, al pari della via universitaria per altri. Una delle parti più felici e godibili del volume di Annese (ma esemplari sono anche le pagine dedicate alle annotazioni di Domenico Polsinelli alla sua traduzione del testo del teologo metodista episcopale svizzero Arnold Sulzberger) è la minuziosa analisi di tre figure di intellettuali (Pietro Taglialatela, Enrico Caporali, Teofilo Gay), di cui il nostro Autore è capace di restituire appieno non solo il carattere sempre piuttosto indipendente e individualista dei tre rispetto a una "classica" adesione al metodismo, ma soprattutto le diverse impostazioni storiche, teologiche e filosofiche: tuttavia il loro comune denominatore, questo sì nel segno del metodismo, è il senso di liberazione che la lettura diretta della Scrittura e la fiducia nella libera espressione dello spirito derivante dallo Spirito donano loro. Il retrogusto di questa positività è l'accanimento feroce contro il cattolicesimo del papa, visto prevalentemente come Anticristo, secondo una contrapposizione dove l'anticlericalismo risorgimentale si salda con la lontana ispirazione luterana. Qui la pagina di Annese ci restituisce il clima di un'epoca, in Italia.

Come ho detto, lo sbocco conclusivo del volume è rappresentato dall'innesto della vicenda dei rapporti di Buonaiuti con il metodismo italiano, a proposito della quale Annese apporta numerosa documentazione inedita. Nel metodismo Buonaiuti leggeva slancio profetico, il desiderio di superamento delle barriere confessionali; insomma, vi vedeva rispecchiate alcune delle esigenze più profonde del proprio modo di concepire la fede cristiana. L'approfondimento della riflessione sul valdismo (nonostante l'avversione di Buonaiuti per l'impostazione calvinista acquisita da quest'ultimo) lo portò a riflettere su quella che chiamava la "Prima Riforma", in epoca medievale, proposta da figure come Valdo di Lione, Gioacchino da Fiore, Francesco d'Assisi, e imperniata sul recupero del vangelo di Cristo e della tensione escatologica delle origini piuttosto che su formule dogmatiche. Con queste istanze il più recente metodismo si saldava, a parere di Buonaiuti, grazie alla componente carismatica. L'intuizione di

Buonaiuti non è infondata: e chissà se egli avrà riflettuto sulla prossimità delle seguenti parole d'ordine di John Wesley «considero il mondo intero come mia parrocchia» con quanto i frati di Francesco rispondono, portandola sull'alto di un colle da cui si vedeva tutt'intorno la terra, a Madonna Povertà, che aveva chiesto quale fosse il loro chiostro: «Questo, Signora, è il nostro chiostro» (*Sacrum commercium sancti Francisci cum domina Paupertate*, 63).

Wir sollen heiter Raum um Raum durchschreiten,
An keinem wie an einer Heimat hängen

Dobbiamo attraversare spazi e spazi
senza fermare in alcun d'essi il piede

(Hermann Hesse, *Stufen*)

Introduzione

Le origini del metodismo italiano sono intimamente connesse con i processi che condussero l'Italia dal Risorgimento alla completa unificazione. Sorto alla fine degli anni Trenta del Settecento come "movimento di Risveglio" in seno alla Chiesa anglicana, il metodismo aveva una caratteristica missionaria fin dalla nascita: il suo fondatore, il pastore anglicano John Wesley, nel 1739 aveva affermato «considero il mondo intero come mia parrocchia», riflettendo sull'accusa di violare i confini parrocchiali, rivoltagli dai superiori. Costituitosi come Chiesa autonoma da quella anglicana solo dopo la morte di Wesley (1791), il metodismo aveva iniziato le prime missioni già negli anni Sessanta del Settecento. In seguito si costituirono ufficialmente delle Società Missionarie, sia della Chiesa metodista britannica (nel 1813), sia di quella statunitense (1819), che era divenuta autonoma dalla Chiesa d'origine nel 1784. Furono proprio dei missionari metodisti a giungere in Italia, prima inglesi (1861, dopo viaggi esplorativi nel biennio precedente), poi americani (1871). Queste date fanno subito comprendere il legame con il Risorgimento italiano: l'arrivo dei missionari anglosassoni si inquadra nell'interesse che, in quelle nazioni, si era sviluppato per la situazione politica italiana. Si tratta di ciò che Giorgio Spini ha chiamato «il mito dell'Italia protestante»[1] o che è stato definito anche

1. G. Spini, *Risorgimento e protestanti*, Torino, Claudiana, 2008 (ed. or. 1956), dal titolo del cap. VIII. Sui rapporti tra protestantesimo italiano e Risorgimento, un'utile e recente sintesi è L. Vogel, *Protestants in the Italian Risorgimento*, in *Believers in the Nation. European Religious Minorities in the Age of Nationalism (1815-1914)*, a cura di R. Dagnino e A. Grazi, Leuven, Peeters, 2017, pp. 157-177 (alle pp. 170-173 un bilancio sull'influsso che il protestantesimo italiano può aver avuto sul processo di costruzione nazionale).

come «il sogno protestante»:[2] l'idea di una riforma etico-religiosa italiana che completasse il mutamento politico. Già da metà Ottocento inglesi e americani guardavano con interesse all'Italia, convinti di una prossima fine del cattolicesimo "papista" (convinzione espressa talvolta tramite immagini apocalittiche, sulla caduta di "Roma-Babilonia"), che sarebbe arrivata come conseguenza dell'Unità d'Italia e della costituzione di un governo italiano liberale. Queste speranze erano condivise non solo dai metodisti italiani (i primi convertiti dai missionari), ma anche dagli altri protestanti della penisola: dai valdesi, radicati nel paese da secoli, alle Chiese libere, ai battisti, anch'essi sorti per iniziativa di missioni inglesi ed americane.

La diffusione del protestantesimo in Italia, nella sua conformazione contemporanea, è peraltro proprio un frutto risorgimentale e post-risorgimentale. I gruppi sorti nel Cinquecento erano stati quasi tutti oggetto di repressione, e fino a metà Ottocento la diffusione delle dottrine riformate era proibita: uniche presenze consentite erano i valdesi, ma solo nella loro *enclave* delle rispettive Valli piemontesi, e le piccole comunità di stranieri residenti (ad esempio commercianti o ambasciatori) – luterani, anglicani, alcuni riformati – i cui culti dovevano però tenersi in forma privata e non potevano svolgersi in italiano. Vi erano poi diversi evangelici italiani esuli all'estero (centri importanti furono Malta, Londra e Ginevra), che inizieranno a rientrare in patria negli anni Cinquanta del XIX secolo, contribuendo così alla diffusione delle proprie idee religiose: sostenitori dei principi risorgimentali e influenzati dai Risvegli britannici e svizzeri (che avevano conosciuto in esilio), avranno un ruolo determinate nella formazione delle Chiese libere in Italia, unica altra presenza riformata *italiana*, oltre ai valdesi, prima del 1861. Tra di essi, come negli ambienti all'estero che ne avevano nutrito le riflessioni, il *sogno* di una riforma insieme politica e religiosa era particolarmente vivo. Valdesi e "liberi" si diffusero dapprima, in particolare, in Piemonte e Liguria, ossia nel Regno sabaudo, dove dal 1848 i culti acattolici erano «tollerati» (così lo Statuto Albertino), e i valdesi avevano ricevuto i diritti civili e politici ("lettere patenti" di Carlo Alberto, 17 febbraio 1848; poco più tardi il re estenderà quei diritti anche agli ebrei). In realtà ciò non equivaleva né a una giuridicamente piena "libertà religiosa", nel senso moderno del termine, né a un diritto all'evangelizzazione, ed episodi di intolleranza non manca-

2. Cfr. S. Nitti, *Il sogno protestante*, in *Cristiani d'Italia. Chiese, società, Stato, 1861-2011*, dir. da A. Melloni, 2 voll., Roma, Istituto della Enciclopedia Italiana, 2011, I, pp. 183-196.

rono anche dopo: ma i valdesi riuscirono, nello stato di fatto, a «forzare la lettera delle Patenti [...] e dello Statuto, così da stabilire un'interpretazione che afferm[asse] sino in fondo i diritti della coscienza religiosa, compreso quello della propagazione delle dottrine e del proselitismo».[3] Tale esercizio di fatto della libertà di evangelizzazione permetterà quella prima espansione del protestantesimo italiano (ma non si dimentichino anche i gruppi più o meno clandestini in Toscana), andando a configurare il quadro che i primi missionari metodisti trovarono in Italia, fin dai primi viaggi esplorativi del 1859-1860: valdesi e Chiese libere (nelle loro diverse anime, quella più "spiritualista" dei Fratelli e quella più "politicizzata", gavazziana), oltre alle comunità di lingua straniera.

Con l'Unità d'Italia nel 1861, lo Statuto sabaudo si estendeva al resto del paese, aprendo così gli scenari che richiameranno diverse missioni di Chiese britanniche e statunitensi. Dopo i metodisti giunsero i battisti, dapprima con ben cinque missioni diverse (la prima, inglese, nel 1863, mentre gli americani arriveranno dal 1870): un graduale processo federativo porterà però prima alla costituzione dell'Unione Cristiana Apostolica Battista (UCAB), nel 1884, quindi alla formazione dell'Opera Cristiana Evangelica Battista d'Italia, nel 1923, dopo l'abbandono della missione inglese superstite e il trasferimento delle proprietà alla consorella americana. Nel 1864 prese avvio la presenza avventista in Italia, frutto della missione promossa dalla Chiesa americana d'origine; lo sviluppo di questa denominazione ebbe però, all'inizio, un impatto minore: nel 1928 i membri erano ancora poco più di quattrocento, e una crescita più consistente si avrà dal secondo dopoguerra. Ancora minore la consistenza numerica dei membri dell'Esercito della salvezza, denominazione di origine britannica (e di ascendenza metodista), presente in Italia dal 1887. Un movimento destinato a grande fortuna, quello pentecostale, nasce invece successivamente, e la sua presenza in Italia (dal 1908) è peraltro avviata non da missionari stranieri, ma da italiani tornati dagli Stati Uniti. All'epoca dell'avvio delle prime missioni metodiste, o subito dopo, vi erano poi piccolissimi gruppi di darbyti (un'ala più radicale delle Chiese dei Fratelli) e di unitariani, neo-sociniani. Proseguiva, infine, la "missione endogena" valdese, l'espansione fuori dalle Valli di questa Chiesa autoctona plurisecolare.[4]

3. Spini, *Risorgimento e protestanti*, p. 251.

4. Sul quadro, appena riassunto, della diffusione del protestantesimo in Italia, due preziose e aggiornate sintesi sono L. Vogel, *Comunità e pastori del protestantesimo italiano*,

Il *sogno protestante* non si realizzò, eppure tale prospettiva continuò ad agire per decenni: ne resta traccia nei testi e nelle strategie adottate dagli evangelici italiani per tentare di promuovere un rinnovamento morale, religioso e culturale che "liberasse" la nazione da quelle che essi consideravano le "tenebre" del cattolicesimo, soprattutto in un periodo in cui il contesto cattolico era quello del *Sillabo*, del Concilio Vaticano I con la proclamazione dell'infallibilità *ex cathedra* del pontefice, dell'imporsi dell'intransigentismo, quindi del neotomismo e dell'elusione di un dialogo con le nuove correnti sociali, culturali, teologiche – interne ed esterne – fino ad arrivare alla condanna del modernismo (e prima ancora alla marginalizzazione del cattolicesimo liberale).[5] E anche dopo la fase più acuta della crisi modernista (1907-1908), permaneva una lotta alle figure "dissidenti": emblematico è il "caso Buonaiuti", che proprio con la storia del metodismo italiano va ad intrecciarsi strettamente. Furono infatti i metodisti wesleyani ad accogliere Buonaiuti – dopo la condanna ecclesiastica definitiva (1926) e la rimozione dalla cattedra a causa del mancato giuramento al regime fascista (novembre 1931) – al punto da affidargli un insegnamento nella loro Facoltà Teologica e il pulpito per la predicazione, nelle loro comunità. Si comprende, da ciò, come in alcuni casi la ricezione delle correnti di innovazione sopra nominate era attuata proprio dal mondo evangelico italiano. Un altro esempio, tornando al Risorgimento, è la diffusione di idee liberali, per la quale il protestantesimo italiano funse da tramite con le altre nazioni: del massimo interesse è dunque che l'aspetto teologico fu veicolo anche per le idee socio-politiche.[6] Non va dimenticato, inoltre, il fatto che molti di coloro che diventarono fedeli o pastori evangelici erano stati garibaldini;

in *Cristiani d'Italia*, II, pp. 1025-1042; P. Ricca, *Minoranze cristiane nell'Italia unita*, ivi, I, pp. 107-120.

5. Su questo contesto cfr. anzitutto G. Miccoli, *Chiesa e società in Italia fra Ottocento e Novecento: il mito della cristianità*, in Id., *Fra mito della cristianità e secolarizzazione. Studi sul rapporto chiesa-società nell'età contemporanea*, Casale Monferrato, Marietti, 1985, pp. 21-92; D. Menozzi, *La Chiesa cattolica e la secolarizzazione*, Torino, Einaudi, 1993.

6. Cfr. F. Chiarini, *Gli studi sulle singole denominazioni evangeliche*, in *Movimenti evangelici in Italia dall'Unità ad oggi. Studi e ricerche*, a cura di F. Chiarini e L. Giorgi, Torino, Claudiana, 1990, pp. 5-20, in part. p. 6, ove – nel contesto di un'analisi degli studi sul «legame fra evangelismo italiano e protestantesimo estero» negli anni del Risorgimento – si afferma che «a questo proposito Luigi Bulferetti, nelle *Nuove questioni di Storia del Risorgimento e dell'Unità d'Italia* del 1961 riconosceva l'influsso che sul piano culturale il protestantesimo ebbe in Italia come mezzo per la diffusione di quelle dottrine liberali

proprio tra i metodisti italiani tale presenza era cospicua. Ciò contribuì a innervare il metodismo italiano di un retaggio risorgimentale, da intendersi soprattutto nel senso – oltre che di certe idee democratiche, "mazziniane" – proprio di quel *sogno* di riforma etico-religiosa da strutturare in diretto antagonismo con il cattolicesimo.

Centralità della dimensione religiosa e teologica, dunque. I primi missionari metodisti inglesi non intendevano procedere immediatamente alla creazione di una Chiesa *metodista* italiana, ma collaborare con gli altri evangelici della penisola alla possibile realizzazione di una Chiesa protestante unita, o comunque alla diffusione della Riforma. Ben presto, a causa dell'emergere di tensioni tra le diverse denominazioni italiane, si mossero però verso la fondazione di Chiese vere e proprie, dunque di un'opera denominazionale (i wesleyani dal 1868-1869, i metodisti americani episcopali dal 1874). A queste scelte non erano aliene motivazioni teologiche: netta, ad esempio, era la differenza tra la teologia della grazia arminiana del metodismo, e quella calvinista della Chiesa valdese (anche se la Confessione di fede riformata di quest'ultima, adottata nel 1655, era stata per certi aspetti "ammorbidita" dall'Illuminismo e poi dal Risveglio); come pure tra l'ecclesiologia presbiteriana metodista e quella congregazionalista delle Chiese libere dei "Fratelli" o dei battisti. Presto i ministri metodisti si attivarono per diffondere lo *specifico* messaggio teologico metodista, e ciò aveva un significato appunto nell'ottica del *sogno protestante* di cui si è detto: dalle affermazioni del missionario americano William Burt (giunto in Italia nel 1886), ad esempio, emerge la sua convinzione che la lotta al cattolicesimo dovesse passare proprio per la diffusione dei principi metodisti, e che la propria denominazione dovesse agire nella propria specificità. Ma già il pastore britannico Henry James Piggott, vero fondatore del metodismo in Italia, aveva avviato un'opera di diffusione della teologia metodista, pubblicando nel 1868 una *Breve storia del metodismo* e soprattutto un'antologia di sermoni di Wesley tradotti in italiano.

Una caratteristica può essere citata come emblematica: l'interesse metodista per la patristica. Come già Wesley, i metodisti italiani dell'Ottocento utilizzavano spesso l'"argomento patristico" proprio in funzione anticattolica: l'idea era di combattere l'avversario con le sue stesse armi, rintracciando sia nei testi che nella storia del cristianesimo primitivo la

così lontane dal cattolicesimo del tempo da poter pervenire soltanto attraverso una prima mediazione, appunto, teologica».

confutazione di determinate dottrine o prassi cattoliche.[7] Su un periodico metodista – «La Fiaccola» – apparve nel 1885 una delle prime traduzioni italiane (dal greco) della *Didachè*, appena due anni dopo la pubblicazione di questo testo protocristiano, che era stato scoperto in un manoscritto nel 1873. Le tracce della ricezione metodista di temi e testi patristici si rivelano molteplici e diversificate, emergendo nei periodici, nei volumi, negli insegnamenti impartiti nelle Scuole o Facoltà Teologiche metodiste, e nelle riflessioni di diversi intellettuali appartenenti a queste denominazioni. Né ciò deve sorprendere, pensando appunto a quanto fosse stretto e strutturale il rapporto tra John Wesley – il fondatore del metodismo – e la letteratura cristiana antica, niente affatto evocata solo in funzione controversistica: ormai cinquantennale è la storia degli studi che hanno messo in luce l'ispirazione o la corroborazione patristica (con particolare riferimento a Clemente Alessandrino, i Cappadoci, Efrem, lo Pseudo-Macario, Crisostomo) di alcune delle più caratteristiche dottrine teologiche wesleyane, come la "perfezione cristiana" o la "santificazione", ed è noto che Wesley editò e tradusse testi del cristianesimo antico (nella collana "A Christian Library", da lui promossa).[8] Non sembra improvvido, allora, affermare che il metodismo italiano tra Ottocento e primo Novecento si mosse – più spesso di quanto un'immagine tradizionale induca a pensare – tra Wesley e i Padri, o tra Riforma e patristica.[9]

7. Cfr. G. Rinaldi, *La santificazione in Wesley come tema ecumenico*, in *Ecumenismo e cattolicità delle Chiese. Il contributo del metodismo*, a cura di A. Annese, Roma, Carocci, 2016, pp. 76-100, in part. p. 100: «La controversia anticattolica dei metodisti italiani dell'Ottocento grondava di citazioni patristiche. L'*argumentum patristicum* era lo strumento ideale per confutare il cattolicesimo con le sue stesse armi. Le loro pagine sembrano sviluppare quanto Wesley aveva scritto nella sua confutazione del *Roman Catechism*».

8. Il primo volume includeva testi dalle lettere di Clemente Romano, Ignazio di Antiochia, Policarpo, il *Martirio di Ignazio* e il *Martirio di Policarpo*, lo Pseudo-Macario. Ad avviare gli studi moderni sul rapporto tra Wesley e i testi patristici fu Albert C. Outler: cfr. il volume a sua cura *John Wesley*, New York, Oxford University Press, 1964, pp. 9-10; per una sintesi si veda T.A. Campbell, *Wesley's Use of the Church Fathers*, in «The Asbury Theological Journal», 51/1 (1996), pp. 57-70. Prezioso anche il testo di Giancarlo Rinaldi citato alla nota precedente. Cfr. *infra*, p. 263, nota 179 e contesto.

9. Per diversi motivi, un titolo più preciso per questo volume avrebbe forse potuto essere *Tra Riforma e letteratura cristiana antica* o ancor meglio *Tra Riforma e storia, temi e testi del cristianesimo antico*. Ma risulterà subito evidente quanto prolisso, e probabilmente poco efficace, ciò sarebbe stato. La scelta del termine "patristica" (di cui non si ignorano gli aspetti problematici per la categorizzazione di autori e periodi) è qui aliena da precomprensioni o finalità teologiche ed è motivata, da un lato, da volontà di sintesi e da considerazioni

Quanto detto ha lo scopo di fornire il quadro della ricerca qui presentata, che si propone di ricostruire la storia del metodismo in Italia dall'Unità al "caso Buonaiuti", da una prospettiva storico-religiosa, più precisamente storico-teologica (con attenzione, cioè, alla storia delle idee o dottrine teologiche), se si vuole identificare una chiave di riferimento (anche se non esclusiva). La storia del metodismo italiano, seppur non integralmente, è stata affrontata in alcuni studi, ma pochissimo spazio è stato programmaticamente dedicato al *pensiero* dei metodisti italiani, in particolare alla riflessione teologica, al punto che una ricerca in questa prospettiva risulta inedita.[10] Ha spesso prevalso una chiave di lettura focalizzata sull'azione *pratica* del metodismo, ad esempio a livello educativo e assistenziale, oltre che sulla storia della costituzione delle diverse comunità; si è talvolta ritenuto che il versante pratico non fosse adeguatamente accompagnato dalla riflessione teologica, specialmente nel senso che i metodisti italiani non avrebbero adeguatamente approfondito le loro radici teologiche, wesleyane (e, più generalmente, protestanti).[11] Tuttavia una nuova indagine delle fonti può problematizzare questa tesi: un simile tentativo di appro-

editoriali, e dall'altro, dalla restituzione delle fonti esaminate: sia Wesley che i metodisti italiani usavano le diciture "Padri della Chiesa" e "Padri apostolici".

10. Sulla necessità di impostare delle ricerche integrando le due dimensioni cfr. Chiarini, *Gli studi sulle singole denominazioni evangeliche*: «Parlando di storia delle denominazioni, non ci si può non riferire ai diversi tagli teologici che le caratterizzavano e di fronte ai quali lo storico si trova: pensiamo al "Risveglio" dalla doppia impronta inglese e svizzera [...], per non parlare degli influssi del pietismo wesleyano dei metodisti o delle diverse ecclesiologie dei Valdesi, dei Fratelli e delle altre missioni inglesi o americane operanti in Italia. Quelle diversità sono il segno di diverse teologie» (p. 7). E se certo, ricorda Chiarini, la «storia delle chiesa (o delle denominazioni)» non appartiene alla teologia ma è «disciplina storica a pieno titolo» (*ibidem*), egli sottolinea però che «ciò che la chiesa (o le denominazioni) afferma di sé, dunque la propria teologia, è un aspetto che comunque lo storico ha di fronte, specie nel corso della storia dei movimenti evangelici italiani, ma che va esaminato storicamente assieme alle manifestazioni di pensiero ed alle implicazioni sociali, economiche e culturali che quel movimento religioso determina con la realtà circostante» (p. 8).

11. Cfr. F. Chiarini, *Storia delle Chiese metodiste in Italia (1859-1915)*, Torino, Claudiana, 1999, pp. 54 e 57-58; V. Vinay, *Storia dei valdesi. III. Dal movimento evangelico italiano al movimento ecumenico (1848-1978)*, Torino, Claudiana, 1980, p. 120. Di opinione contraria Rinaldi, *La santificazione in Wesley*, in part. p. 96: «Sembra un po' troppo radicale l'affermazione di Valdo Vinay secondo la quale le ragioni teologiche del metodismo non avevano molto senso nell'Italia risorgimentale e gli italiani mai le compresero. Stando alla documentazione disponibile è un errore pensare che il metodismo italiano abbia lasciato oltremanica l'insegnamento wesleyano dell'intera santificazione e si sia dedicato sin da subito esclusivamente a opere sociali e battaglie di tipo politico».

fondimento teologico fu compiuto, in diverse occasioni, come pure si tentò – soprattutto attraverso pubblicazioni apposite – di diffondere le specifiche dottrine metodiste. Oltre ai volumi, un ruolo importantissimo venne svolto dai periodici: questi si caratterizzavano differentemente, poiché se alcuni erano concepiti prevalentemente come bollettini denominazionali e riportavano perlopiù notizie dalle comunità, resoconti dei Sinodi o articoli di edificazione, altri intendevano proporsi come periodici culturali, e pubblicavano articoli di argomento teologico, ma anche storico, esegetico e persino filosofico. Uno stesso periodico poteva poi mostrare diverso livello di profondità speculativa (e anche diversa intenzionalità, a seconda dei lettori cui si rivolgeva) con il variare delle annate, dei direttori, del contesto (un chiaro esempio di ciò è il periodico metodista episcopale «La Fiaccola»). Per questo motivo è interessante ricostruire le differenze tra i periodici e rendere conto del variegato panorama culturale che proponevano. Se è vero che quelli meno connotati in chiave "culturale" difettavano spesso di approfondimento teologico, pensando proprio allo scarso confronto con la teologia protestante e con Wesley in particolare, quelli del secondo gruppo contenevano anche articoli specificamente volti a sottolineare la differenza della teologia metodista rispetto alle altre denominazioni protestanti;[12] articoli, spesso organizzati in serie, che affrontano una ricostruzione storica della teologia protestante, nelle sue diverse correnti;[13] articoli dedicati alla diffusione del pensiero di Wesley, altri alla storia del cristianesimo dei primi secoli, e persino antologie di testi patristici.[14] Va anche considerato, infine, che sia la Chiesa wesleyana che quella episcopale aprirono ciascuna una propria Scuola Teologica per la preparazione dei pastori (di entrambe si forniranno qui i lineamenti storici fondamentali).

Questa ricerca, dunque, ripercorre la storia del metodismo italiano, partendo dalla ricostruzione degli avvenimenti: il taglio storico-religioso, e la messa in luce della storia delle idee, non implicano l'obliterazione della "storia dei fatti". Sulla base della restituzione degli eventi più importan-

12. Cfr. E. Caporali, *Metodismo e Positivismo*, in «La Fiaccola», IV (marzo 1882), pp. 44-46.

13. Un esempio significativo è la *Storia filosofica della teologia protestante fedele ed infedele*, una serie di articoli di Enrico Caporali pubblicati su «La Fiaccola» tra il 1882 e il 1883. Caporali mostra di condividere la prospettiva arminiana, in sintonia dunque con John Wesley.

14. Così, ad esempio, già nel periodico wesleyano «Il Museo Cristiano» (1867-1868).

ti della storia del metodismo italiano (ricostruiti anche tramite l'apporto di fonti d'archivio inedite) si svilupperà poi l'analisi della produzione intellettuale di questa denominazione – o meglio, delle due denominazioni metodiste attive nel periodo in oggetto: la Chiesa metodista wesleyana, di origine inglese, e la Chiesa metodista episcopale, di origine americana (le due si uniranno nel 1946).

Un primo capitolo concerne le origini del metodismo in Italia, ossia l'arrivo dei missionari wesleyani, fino alla nascita della Chiesa metodista (wesleyana) italiana; viene strutturato in due parti, la prima sulla ricostruzione degli avvenimenti, la seconda sulla produzione intellettuale. Questo schema viene applicato anche nel secondo capitolo, sull'arrivo della missione metodista americana. Il terzo capitolo è dedicato all'analisi sistematica della vita e soprattutto degli scritti di tre importanti intellettuali appartenenti al metodismo italiano dell'epoca: Pietro Taglialatela, Enrico Caporali e Teofilo Gay, scelti come figure emblematiche per l'approfondimento storico-teologico programmato.[15] Il quarto capitolo riprende la narrazione cronologica sulla Chiesa wesleyana (dagli anni Settanta) e su quella episcopale (dalla fase della "gestione William Burt", dal 1888), fino alle soglie della Grande Guerra, anche qui affiancando storia degli eventi e storia delle idee. Il quinto capitolo affronta nel dettaglio la ricezione metodista della Prima guerra mondiale, ricostruendo l'atteggiamento delle due Chiese nel passaggio dal neutralismo all'interventismo, e proponendo infine una comparazione con la posizione di altre Chiese nello stesso periodo (quella cattolica e Chiese metodiste di altre nazioni), oltre che un confronto con il pensiero di Lutero e quello di John Wesley sulla guerra. Il sesto capitolo, infine, affronta in modo sistematico le relazioni di Buonaiuti con il metodismo italiano, nel più generale contesto del mondo evangelico nazionale, anche ricostruendo l'interpretazione che Buonaiuti diede del valdismo e del metodismo (il che aiuta a capire *perché* si avvicinò a queste denominazioni, in particolare al metodismo wesleyano).

Le fonti della ricerca sono sia archivistiche che a stampa, e comprendono lettere, *reports* delle Chiese e/o delle Società Missionarie, documenti

15. Caporali e Gay lasciarono la Chiesa metodista episcopale nel 1889, dopo circa un quindicennio ciascuno di appartenenza. Nel periodo in cui fecero parte di questa Chiesa, però, ebbero un ruolo cruciale, oltre al fatto che è proprio in quella fase che la loro produzione storico-teologica fu particolarmente feconda (ed essa si confrontò allora in particolare con le dottrine e la storia del metodismo). Ciò ne motiva la collocazione assegnatagli in questa ricerca.

di vario genere, volumi, periodici. Vengono privilegiate le fonti primarie *metodiste*, ossia prodotte in ambito metodista, ricorrendo però diffusamente anche ad altra documentazione proveniente dal resto del protestantesimo italiano; questo lavoro non si situa infatti nella prospettiva delle ricerche sulla visione o reazione cattolica al protestantesimo[16] (sebbene a fonti cattoliche si farà comunque, talvolta, riferimento, e in determinati casi verrà richiamato il contesto cattolico coevo). Tale scelta di campo ha motivazioni e finalità pragmatiche e metodologiche e non implica affatto un'intenzione di considerare mondo cattolico e mondo protestante come separati, isolati: all'opposto, ci si occuperà più volte di relazioni (di diverso genere) tra i due. Metodologicamente, si tenta qui di far parlare il più possibile le fonti, citandole diffusamente, in base alla considerazione che gran parte di esse – anche di quelle a stampa – risultano "inedite" in quanto mai citate o analizzate nel dettaglio. Va specificato, però, che le fonti del periodo in oggetto vengono poste in dialettica sia – in particolare – con i testi di John Wesley, che esse esplicitamente o implicitamente richiamano, sia con altre fonti anteriori e ulteriori (da quelle patristiche, a quelle riformate, agli studi storici coevi agli autori citati).

Nell'analisi della produzione intellettuale ci si pone, in particolare, le seguenti domande: i testi analizzati mostrano una ricezione (nonché diffusione) della teologia protestante, e metodista in particolare? Vengono recepite altre tradizioni cristiane (ad esempio, testi patristici)? Vi sono analisi anche in prospettiva di *storia* del cristianesimo (non solo sul piano delle dottrine)? In tal modo si tenta di inquadrare il metodismo italiano all'interno di un più ampio contesto (sia italiano che internazionale) e di più ampie traiettorie storiche, anziché isolarlo come impermeabile oggetto di indagine. Va anticipato, ad esempio, che il periodo oggetto di studio include almeno due fasi: fino ai primi del Novecento il metodismo italiano (come,

16. Utili, in quest'ottica, sono i recenti lavori di Raffaella Perin, ad es. *Santa Sede e minoranze evangeliche in Italia durante il fascismo*, in «Storia e problemi contemporanei», 62 (2013), pp. 79-98 e (come curatrice) *Chiesa cattolica e minoranze in Italia nella prima metà del Novecento. Il caso veneto a confronto*, Roma, Viella, 2011: in questo volume cfr. M. Paiano, *Contro «l'invadente eresia protestante»: l'Opera della Preservazione della Fede in Roma (1899-1930)*, pp. 27-103. Ma si vedano già gli studi di Renato Moro, tra cui in part. *L'opposizione cattolica al metodismo tra anni Venti ed anni Trenta*, in *Il metodismo italiano (1861-1991)*, a cura di F. Chiarini, Torino, Claudiana, 1997, pp. 131-180; *Pregiudizio religioso e ideologia: antiebraismo e antiprotestantesimo nel cattolicesimo italiano fra le due guerre*, in «Le Carte», 3 (1998), pp. 17-66.

più generalmente, il mondo evangelico nazionale) rimane sostanzialmente legato alla teologia del Risveglio, mentre in seguito inizia prudentemente e progressivamente a recepire le nuove istanze della teologia liberale. Ovviamente, ampio spazio viene qui dedicato a comprendere se e come il metodismo italiano recepì il pensiero di John Wesley.

Oltre che con il mondo protestante non vanno dimenticati i rapporti, ove presenti, del metodismo italiano con gli ambienti culturali laici e anche con quelli dei cattolici "riformisti" o "dissidenti", fino al già ricordato caso peculiare del modernismo e di Buonaiuti. Spunti di ricerca sono ad esempio il rapporto dei metodisti con personaggi come il Conte di Campello, con Ruggiero Bonghi, oppure la loro valutazione dei cosiddetti cattolici liberali risorgimentali, *in primis* Rosmini[17] e Gioberti. Parlare di "rapporti" non vuol dire solo considerarli in senso unidirezionale, ossia la ricezione metodista di determinate prospettive: come si è detto in riferimento a Buonaiuti, le relazioni vanno intese anche in senso opposto, come impatto del metodismo su altri intellettuali o altre correnti. Come si vedrà, uno dei padri della moderna ricerca storico-religiosa e della storia del cristianesimo italiane, Baldassarre Labanca, si confrontò in alcuni casi con testi e riflessioni prodotte in ambito metodista (oltre a collaborare con persone e periodici di area metodista). È significativo, inoltre, che proprio molti ministri metodisti provenissero dalle file del cattolicesimo: si tratta di ex sacerdoti o ex frati che, affascinati dalle idee garibaldine e/o critici della Chiesa cattolica, abbandonarono l'abito e poi passarono al mondo evangelico. Spesso disponevano di una buona conoscenza delle teologie patristiche e scolastiche, acquisita durante il percorso di studi ecclesiastico: anche questo fattore va tenuto in considerazione.[18]

17. Cfr. gli articoli di Enrico Borelli: *Dottrine di Rosmini condannate*, in «La Fiaccola», VII, 15 agosto 1885, pp. 130-131, e la serie *Le piaghe della Chiesa Cattolica secondo Rosmini*, ivi, 22 agosto, pp. 133-134; 29 agosto, p. 137; 5 settembre, pp. 141-142; 12 settembre, pp. 145-146; 19 settembre, pp. 149-150; 26 settembre, pp. 153-154. Rosmini viene lodato, e la sua messa all'Indice viene interpretata dall'autore come prova dell'incorreggibilità e irreformabilità della Chiesa romana.

18. Il metodista episcopale Everett Stackpole, in un resoconto sugli anni trascorsi in Italia, parlando dei ministri metodisti provenienti dal cattolicesimo giunse ad affermare che essi conoscevano più i Padri e Tommaso d'Aquino che la Bibbia: «they know far more of the traditions of the Fathers and of the philosophy of Thomas Aquinas» (E.S. Stackpole, *4 ½ Years in the Italy Mission. A Criticism of Missionary Methods*, Lewiston [ME], The Journal Office, 1894, p. 61). L'affermazione va certo valutata alla luce della strategia retorica, a volte polemica, che Stackpole dispiega in questo scritto: ma in ogni caso può

È appunto tra questi convertiti che si trovano alcune delle figure più interessanti dal punto di vista speculativo, come il già citato Pietro Taglialatela (1829-1913), prima cattolico, poi giobertiano, quindi metodista, filosofo elogiato anche da Croce e Gentile per le sue capacità intellettuali, e personaggio importantissimo prima nel campo metodista wesleyano, poi in quello episcopale. Degna di nota è una sua riflessione sul metodismo, ritenuto genuina configurazione del cristianesimo, in quanto poco avvezzo a creare "gabbie" dogmatiche: «giacché lo spirito del cristianesimo è *infinito*, e non puoi formolarlo [*sic*], definirlo, senza limitarlo ed ucciderlo. E così nel cattolicismo è stato ucciso il cristianesimo!».[19] È importante rilevare qui una congruenza con un altro "filosofo metodista", ossia Enrico Caporali (1838-1918), il quale sottolineò che il metodismo non si fonda su rigide formule dogmatiche, e che «il Metodismo per i suoi dogmi liberali non osteggia lo sviluppo della filosofia e della teologia».[20] Sarebbe proprio la configurazione del metodismo come non rigidamente dogmatico a favorire la speculazione, lungi dallo scoraggiarla: così lo interpretavano alcuni intellettuali con *background* filosofico, ed è interessante capire il senso di questa "attrazione" che il metodismo, più di altre denominazioni, esercitava su dei filosofi.

La non-rigidità dogmatica (che però non equivale affatto ad assenza di riflessione teologica), peraltro, non era solo un'interpretazione di Taglialatela e Caporali, ma trovava fondamento proprio nei testi di John Wesley, ed era alla base della prospettiva "ecumenica" metodista, nel senso di una focalizzazione sulle *dottrine fondamentali* cristiane, ponendo in secondo piano le dottrine più divisive: è questo un filo rosso che attraversa l'intera storia metodista, ed è una delle caratteristiche che, lo si può dire, più attirarono Buonaiuti, che a una futura, «nuova Chiesa cristiana ecumenica» faceva riferimento nel suo testamento spirituale, ricordando proprio quelle denominazioni evangeliche con cui era entrato in contatto e che riteneva

costituire un'ulteriore traccia della conoscenza di temi e testi del cristianesimo antico e medievale, all'interno del metodismo italiano, indicando una delle possibili radici di tale conoscenza. Un esempio di questo genere di traiettoria, come si vedrà, è Domenico Polsinelli: ex domenicano, poi metodista episcopale, formatosi come studioso di teologia e di diritto ecclesiastico.

19. P. Taglialatela, *L'evangelizzazione di* [*sic*] *Italia giudicata da uno scrittore politico*, in «Civiltà Evangelica», V, 19 giugno 1878, p. 156. Lo "scrittore politico" cui Taglialatela risponde è il filosofo hegeliano Raffaele Mariano.

20. Caporali, *Metodismo e Positivismo*, p. 45.

potessero contribuire alla realizzazione di quella prospettiva. Come pure, in senso inverso, l'invito fatto dal pastore wesleyano Emanuele Sbaffi a Buonaiuti, per insegnare nella Scuola Teologica di questa denominazione, è stato visto come un esempio dello «stile» (un'apertura "liberale", in un certo senso "ecumenica") che Piggott lasciò in eredità ai suoi successori, e che attraversò i decenni dalle origini del metodismo in Italia in poi.[21] Un filo rosso, dunque, anche tra quelli soggiacenti al percorso qui proposto.

Nel concludere l'introduzione a questo lavoro,[22] desidero ringraziare le persone che fattivamente hanno fornito consigli o supporto durante il processo dalla stesura alla pubblicazione di esso. Sono grato alla prof.ssa Maria Antonietta Visceglia, che ha accolto il testo nella collana da lei coordinata "Studi del Dipartimento di Storia Culture Religioni – Sapienza Università di Roma" per i tipi dell'editrice Viella, e al suddetto Dipartimento, che sostiene la pubblicazione. Esprimo sincera gratitudine anche alla prof.ssa Emanuela Prinzivalli, per la sua Prefazione e per l'attenta, preziosa lettura di una prima stesura del dattiloscritto. Molto devo al prof. Gaetano Lettieri, mio maestro di metodo storico, ai cui insegnamenti queste pagine sono debitrici più di quanto non traspaia esplicitamente (ma ogni responsabilità di quanto scritto qui, ovviamente, è solo mia). Fondamentale è stata la collaborazione del personale degli archivi dove ho svolto ricerche: in particolare desidero ricordare qui l'Archivio della Tavola Valdese a Torre Pellice, nelle persone di Luca Pilone, Gabriella Ballesio e Sara Rivoira, e gli archivi della SOAS – University of London (menziono almeno Lance Martin), oltre alla biblioteca della Facoltà Valdese di Teologia (Roma). Supporto importante è stato fornito dal Centro di Documentazione Metodista (Roma) e dal suo direttivo. In varie forme, consigli, aiuto, commenti e indicazioni mi sono giunti (per l'intero lavoro o per

21. Così G. Spini, *Italia liberale e protestanti*, Claudiana, Torino 2002, pp. 185-186. Questa prospettiva, che potremmo chiamare "ecumenica", entrava comunque in dialettica con un altro aspetto, che pure non va dimenticato: quello dell'*identità* denominazionale. Se ne trova traccia nei dibattiti sui progetti di unione tra le Chiese evangeliche italiane – ad esempio quello degli anni Ottanta dell'Ottocento – la cui mancata realizzazione, come si vedrà, trova spiegazione nei dubbi espressi così dai delegati delle Chiese metodiste, come da quelli di altre denominazioni.

22. Esso rappresenta una versione rielaborata e lievemente ampliata di una tesi di dottorato svolta presso Sapienza Università di Roma (tutor: prof. Gaetano Lettieri) che, proprio mentre questo dattiloscritto viene ultimato, ho appreso essere risultata vincitrice del premio bandito dalla Società Italiana di Storia delle Religioni (SISR) per la miglior tesi dottorale di argomento storico-religioso discussa negli anni 2016-2017. Ricevere questo riconoscimento è per me un grande onore, ed esprimo alla SISR tutta la mia gratitudine.

parti di esso) dai proff. Paolo Naso, Silvana Nitti, Barbara Faes, Giovanni Vian, Francesco Margiotta Broglio, Erberto Lo Bue, che ringrazio. I lavori del prof. Giancarlo Rinaldi, e le conversazioni avute con lui, sono stati fonte di stimoli e hanno corroborato la fiducia nella direzione interpretativa che avevo scelto di percorrere. Altre persone o istituzioni mi hanno fornito aiuto in alcune occasioni specifiche: le menzionerò in nota nei luoghi opportuni. Ma soprattutto, il ringraziamento più sentito va alla persona che, negli anni in cui questo testo – del quale ha conosciuto riflessioni, fatiche, circostanze – prendeva forma, ha condiviso con me tutto. La sua importanza è inesprimibile.

1. Le origini del metodismo in Italia: la missione wesleyana

1. *Dalle origini alla fondazione della Chiesa Evangelica Metodista in Italia (1869)*

I primi missionari metodisti arrivarono in Italia nel 1861, ma le origini del metodismo nella penisola possono essere fatte risalire almeno all'aprile 1849, quando il pastore James Dixon (1788-1871), in un discorso presso l'Annual Meeting della Wesleyan Methodist Missionary Society (WMMS), si chiedeva se di lì a qualche anno non si sarebbe potuto leggere "Roma" tra le sedi di missione elencate nei Verbali della Società. Dixon era possibilista: parlando delle Valli Valdesi, dove dei missionari wesleyani erano già arrivati, tramite l'attività che svolgevano nella Francia meridionale, affermava che si poteva incrementare il loro numero, incaricandone uno o due di prestare particolare attenzione al «progresso degli eventi» e, se questo fosse stato positivo, li si doveva lasciar andare *there*, ossia a Roma.[1] Già in quegli anni di metà Ottocento, dunque, si iniziava ad ipotizzare l'invio di pastori metodisti in Italia.[2] Forse però nemmeno un ottimista come

1. «You are just upon the edge of Italy proper. Do just set a Missionary or two to work to watch the progress of events, and if he can get in, let him go there – (A voice – "To Rome?") – Yes, to Rome. Who knows but that some of you young people may see Rome as a Station on our Minutes?» (*The Wesleyan Missionary Notices*, London, 1849, p. 108). Di seguito citerò questa fonte periodica come *Missionary Notices*, seguito dall'anno di riferimento. Le traduzioni dall'inglese di questi materiali sono mie. Per quanto riguarda le Valli Valdesi, alcuni missionari metodisti britannici le avevano visitate già negli anni Trenta dell'Ottocento, giungendo dal Sud della Francia, dove erano attivi: cfr. G.G. Findlay, W.W. Holdsworth, *The History of the Wesleyan Methodist Missionary Society*, 5 voll., London, Epworth Press, 1921-1924, IV, p. 448.

2. Sull'interesse dei metodisti inglesi per l'Italia e il Risorgimento cfr. T. Macquiban, *L'atteggiamento della stampa metodista britannica verso l'Italia nel periodo precedente il*

Dixon poteva immaginare che il «progresso degli eventi» sarebbe arrivato in tempi così rapidi (egli pensava che *i più giovani* avrebbero forse potuto vederlo), e non solo rendendo possibile l'evangelizzazione metodista in Italia, ma anche, appunto, a Roma, dove non molto tempo dopo la caduta del potere temporale del papato il wesleyano Henry James Piggott avrebbe trasferito la sede centrale delle attività di questa Chiesa (1873), e dove anche i metodisti episcopali americani sarebbero arrivati (1871). Roma, dove i wesleyani occuperanno – qualche decennio dopo – la chiesa di Ponte Sant'Angelo (appartenente alla Chiesa Libera fino al 1904), e dove gli episcopali costruiranno (1893-1895) un grande complesso (comprendente anche un tempio) in via Venti Settembre: entrambe posizioni strategiche e simboliche, così come lo era quella dell'edificio (anch'esso metodista episcopale) che sorgerà agli inizi degli anni Venti del Novecento sulla collina di Monte Mario, per "guardare dall'alto" il Vaticano – un proposito ritenuto così oltraggioso da scatenare subito una violenta campagna da parte sia cattolica che nazionalista per la chiusura dell'opera.[3] Anche se in effetti, se non nella previsione delle date, Dixon aveva spinto molto in là il suo otti-

1862, in *Il metodismo italiano (1861-1991)*, pp. 47-54; Chiarini, *Storia delle Chiese metodiste*, pp. 11-18. Secondo S. Carile, *Il metodismo. Sommario storico*, Torino, Claudiana, 1984, p. 183, nel 1852 l'ex seminarista Benedetto Lissolo, emigrato in Inghilterra e divenuto wesleyano, propose alla WMMS la possibilità di una missione in Italia. Carile riporta anche la notizia su un mercante metodista londinese che, in viaggio a Firenze nel 1816, sarebbe stato arrestato per aver distribuito delle bibbie.

3. Il progetto di Bertrand Tipple, allora soprintendente metodista episcopale in Italia, era la costruzione di un grandioso complesso comprendente scuole, un tempio, alloggi; secondo alcune fonti si sarebbe trattato di una sorta di "città protestante". Anche a causa delle polemiche, il progetto fu poi limitato sostanzialmente all'istituto scolastico, un Collegio internazionale. Questo rimase aperto fino al 1935-1936, quando la proprietà fu venduta a causa della crisi economica della Chiesa metodista episcopale italiana; aveva aperto nell'autunno 1920, con il trasferimento delle scuole elementari dalla sede di via Firenze (nell'autunno 1921 si aggiunsero le altre scuole): cfr. Chiesa metodista episcopale italiana, *XXXVIII sessione della Conferenza Annuale. Tenuta a Napoli dal 25 al 29 Maggio 1921*, Roma, Casa editrice metodista, 1921, pp. 24-25 (si vedano tali Verbali delle Conferenze Annuali fino al 1936 per lo sviluppo e poi la chiusura dell'opera); Anon., *L'apertura del "Collegio Internazionale" a Monte Mario*, in «L'Evangelista» (d'ora in poi «Ev.»), XXXIII, 13 ottobre 1921, pp. 4-5. Per quanto riguarda la violenta campagna polemica della stampa, si può citare almeno un curioso esempio: il periodico «La Vita Casalese» pubblicò una vignetta «in cui si vedeva il metodismo precipitare dall'alto come Simone Mago mentre San Pietro guardava gongolante» (G. Spini, *Italia di Mussolini e protestanti*, Torino, Claudiana, 2007, p. 65).

mismo per quanto riguardava gli *esiti* della possibile predicazione metodista a Roma, affermando che se lì fosse stata annunciata la «giustificazione per fede», questa «verità», se ampiamente insegnata e recepita, avrebbe «rivoluzionato e rovesciato il papato intero»: una sola «verità» avrebbe «sovvertito il sistema».[4]

L'arrivo del metodismo in Italia, infatti, si inquadra nel cosiddetto «sogno protestante»,[5] condiviso dagli evangelici italiani e dai loro sostenitori di altri paesi (come appunto, con particolare forza, nell'ambito dell'opinione pubblica britannica): l'idea che alla riforma politica nazionale (il Risorgimento e il sorgere dell'Italia liberale) si connettesse una riforma religiosa (ed etica), e che accadesse anche in Italia ciò che era avvenuto nell'Europa settentrionale del Cinquecento. Il papato era visto come grande nemico delle libertà politiche, sociali, religiose e individuali. Non mancavano a volte accenti millenaristi: la caduta di "Roma-Babilonia" era in alcuni ambienti inglesi descritta in tono apocalittico e vista come prossima, oggetto del giudizio divino.[6] Anche dagli osservatori più moderati, il procedere degli eventi risorgimentali veniva visto come un segnale della caduta del potere papale. Dixon aveva pronunciato il suo discorso alla fine di aprile del 1849: allora, a Roma c'era la Repubblica Romana,[7] e Pio IX era esule a Gaeta. L'idea che dei missionari protestanti potessero giungere nella Città Eterna non doveva sembrare così improbabile.[8]

4. *Missionary Notices*, 1849, p. 108.

5. Cfr. Nitti, *Il sogno protestante*; Ead., *Il metodismo e il "sogno protestante" nell'Italia unita*, in *Il metodismo nell'Italia contemporanea. Cultura e politica di una minoranza tra Ottocento e Novecento*, a cura di P. Naso, Roma, Carocci, 2012, pp. 67-78; per il contesto cfr. Spini, *Risorgimento e protestanti*, pp. 213-265.

6. Ivi, pp. 226-227 e 248-250.

7. Il discorso fu pronunciato il 30 aprile, proprio il giorno in cui le truppe della Repubblica respingevano quelle francesi, che avevano tentato un primo attacco. Com'è noto, la battaglia del 30 giugno vedrà invece la vittoria francese e, pochi giorni dopo, la resa della Repubblica.

8. Nel discorso di Dixon vi è la traccia degli eventi romani del 1849, riletti secondo la chiave apocalittica di cui si è detto: «I do take pleasure in the progress, in the events – call it a revolution if you please – which are tending to fulfil and accomplish – for the present at any rate – what I believe to be the decree of God, that the scarlet lady [cfr. *Ap* 17] shall no longer reign (loud applause) in dominion, in cruelty, in oppression» (*Missionary Notices*, 1849, p. 107); Dixon proseguiva affermando che se anche un potere esterno avesse ristabilito *il pontefice* a Roma, questo non sarebbe equivalso alla ristorazione del *papato*, che egli riteneva ormai rifiutato dagli italiani, come entità dispotica.

I passi più concreti fatti dalla Società Missionaria Wesleyana per l'avvio dell'opera in Italia si datano al triennio 1859-1861. La prima iniziativa era ancora del tutto preliminare: nel 1859-1860, il pastore William Arthur (1819-1901)[9] – allora uno dei Segretari della Società – intraprese un viaggio in Italia, per osservare i mutamenti del paese nel processo risorgimentale. Ne nacque il fortunato volume *Italy in Transition. Public Scenes and Private Opinions in the Spring of 1860* (edito proprio nel 1860), che presto raggiunse le sei edizioni. La «transizione» che l'Italia stava vivendo, oltre che politica (Arthur commentava le varie annessioni al Piemonte), sembrava al missionario essere anche spirituale: egli aveva incontrato alcuni evangelici italiani, discutendo del problema della «libertà religiosa»;[10] la sua impressione della situazione spirituale italiana era quella di un *milieu* ora pronto per l'evangelizzazione.[11] I dati riportati da Arthur aprirono concretamente il dibattito sulla possibilità di avviare una missione in Italia: decisione che la Società intendeva prendere solo dopo aver esplorato «più attentamente» il campo.[12] Il *Report* della Società Missionaria per il 1860, letto durante il meeting annuale in aprile, dedica qualche riga all'Italia nel contesto degli «unoccupied fields», dove si potrebbero avviare nuovi progetti; tra i paesi europei, l'Italia viene appunto citata come esempio particolarmente significativo di terra ove «the former superstitions of the people have been greatly weakened, a spirit of inquiry has been extensively awakened, and where sound instruction and guidance in the good ways of the Lord would prove of inestimable value».[13]

Questa idea dell'Italia come di un campo «ampiamente bisognoso» del lavoro della WMMS – citando le parole del *Report* dell'anno successivo, il 1861 – veniva vista come «confermata» nei mesi successivi, e condivisa

9. Cfr. J. Kent, *Arthur, William*, in *The Encyclopedia of World Methodism*, a cura di N.B. Harmon, 2 voll., Nashville (TN), The United Methodist Publishing House, 1974, I, pp. 145-146; S. Tourn, *William Arthur*, in *Dizionario Biografico dei Protestanti in Italia*, <http://www.studivaldesi.org/dizionario/evan_det.php?evan_id=152> (10/2016); D.N. Hempton, *Arthur, William (1819-1901)*, in *Oxford Dictionary of National Biography*, Oxford, Oxford University Press, 2004, <http://www.oxforddnb.com/view/article/30463> (10/2016).

10. Chiarini, *Storia delle Chiese metodiste in Italia*, pp. 14-15.

11. Per una restituzione più ampia del testo di Arthur cfr. W.P. Stephens, *Le origini britanniche della Chiesa metodista italiana*, in *Il metodismo italiano*, pp. 29-46, qui pp. 31-35.

12. Findlay, Holdsworth, *The History of the Wesleyan Methodist Missionary Society*, p. 478.

13. *Missionary Notices*, 1860, p. 98.

dalla maggioranza degli «amici della Società». Un pastore wesleyano – si legge – si è offerto, ed è stato incaricato di intraprendere la missione in Italia, iniziando con osservazioni "sul campo" che consentano di stabilire quale potrà essere la località più adatta come centro operativo, senza interferire con altri gruppi che abbiano simili obiettivi. Si trattava di Richard Green (1829-1907), che il *Report* dell'aprile 1861 dava come già «arrivato a Firenze».[14]

Questo *Report* presenta un altro dato del massimo interesse, che non sembra essere stato finora posto in luce dalla storiografia. Si era meno che agli inizi della missione metodista in Italia: eppure, ancor prima di aver effettivamente fondato delle comunità, si pianificava la distribuzione della «traduzione di alcuni sermoni di Wesley». Dodici sermoni, si afferma, erano stati già tradotti da un italiano convertito al protestantesimo, residente a Londra,[15] «e saranno stampati in Italia», con l'intenzione di ottenere «una più rapida e ampia circolazione». Si auspicava anche la formazione di «persone competenti» che potessero svolgere il ruolo di evangelisti tra i propri connazionali.[16] Quest'ultima affermazione fa intendere il progetto già chiaro fin da subito di formare teologicamente una classe di *evangelisti* italiani (ancora però non si parla di *pastori*, che sarebbero stati dapprima i missionari inglesi); ma colpisce soprattutto il primo dato, che informa sulla volontà, anch'essa chiara fin dalle prime battute, di diffondere lo specifico messaggio teologico wesleyano, attraverso una traduzione italiana dei sermoni più rappresentativi del fondatore del metodismo. Ciò dunque non accadrà solo dal 1868, quando Henry James Piggott pubblicherà una raccolta in italiano di ventidue sermoni di John Wesley, iniziativa connessa con la nascita di una vera e propria Chiesa metodista in Italia: ma viene deciso fin da subito, anche in questa fase in cui – non lo si vuole qui negare – la WMMS *non* ha ancora in programma un'attività denominazionale, ma prevede anzitutto che i propri missionari supportino il lavoro evangelico

14. Cfr. *Missionary Notices*, 1861, p. 92; *The Report of the Wesleyan-Methodist Missionary Society*, London, 1861, p. 12. Su Green cfr. J. Newton, *Green, Richard*, in *The Encyclopedia of World Methodism*, I, p. 1036.

15. Non ne viene fatto il nome: il riferimento potrebbe essere a Salvatore Ferretti o a Bartolomeo Gualtieri, che erano già in collaborazione con la WMMS (cfr. Chiarini, *Storia delle Chiese metodiste in Italia*, pp. 16-17), o più probabilmente a Benedetto Lissolo, che a Londra lavorava nella *Seamen's Mission*: se ne riparlerà *infra*.

16. *Missionary Notices*, 1861, p. 92.

già attivo in Italia (come emerge dalle lettere dei primi pastori inviati).[17] Questo però non significa che non vi fosse già l'intenzione di promuovere, e con «ampia circolazione», la conoscenza dei sermoni di Wesley, dunque dello specifico messaggio metodista, come dimostra il progetto di questa raccolta a stampa. Poco conta, volendo qui evidenziare l'*intenzione* dei missionari inglesi, il fatto che – per motivi economici – questo progetto dovette essere differito e che la sua prima realizzazione fosse soltanto parziale: come si vedrà, solo il primo sermone della progettata serie sarà stampato (*La via che mena al Regno*, nel 1863), e una vera raccolta non sarà edita fino al 1868.

Richard Green fu il primo, effettivo missionario metodista in Italia, ma il nome più noto tra questi pionieri è quello – appena evocato – di Henry James Piggott (1831-1917). Fu Piggott a fondare la Chiesa metodista italiana (che inizialmente dipendeva dalla Chiesa-madre britannica), e più in generale a "costruire" l'organizzazione del primo metodismo in Italia, fondando comunità, aprendo scuole e luoghi di culto, pubblicando periodici e volumi, formando teologicamente i ministri italiani. La sua attività in Italia si dispiega lungo parecchi decenni, e culminerà con la presidenza della commissione per la revisione della traduzione Diodati della Bibbia (che darà vita, appunto, alla Riveduta-Luzzi).[18]

Piggott era stato invitato dallo stesso Green ad unirsi a lui per il lavoro in Italia. In quei mesi di preparativi tra il 1860 e l'inizio del 1861, a Green era stato suggerito di trovare un collaboratore, e la scelta cadde su Piggott, il quale accettò dopo qualche riflessione; prima della scelta definitiva, uno dei fattori che iniziava ad orientare positivamente Piggott era la convinzione di una particolare situazione favorevole in Italia (come si è visto, condivisa nell'Inghilterra – e non solo – di quegli anni). In una lettera di quel periodo Piggott scriveva:

17. Cfr. Chiarini, *Storia delle Chiese metodiste in Italia*, pp. 20-23. Questa posizione è emblematicamente riassunta nell'affermazione di Piggott, a metà del 1861, che «if we could simply labour to help the Italians to form a National Reformed Church, without attempting at all to proselyte to Methodism, we should do more for the real good of the country than we could upon any other plan» (T.C. Piggott, T. Durley, *Life and Letters of Henry James Piggott, B.A., Of Rome*, London, Epworth Press - J. Alfred Sharp, 1921, p. 50).

18. Su H.J. Piggott, oltre al citato testo curato da T.C. Piggott e da T. Durley, cfr. C.J. Davey, R. Kissack, *Piggott, Henry James*, in *The Encyclopedia of World Methodism*, II, pp. 1914-1915; S. Tourn, *Henry James Piggott*, in *Dizionario Biografico dei Protestanti in Italia*, <http://www.studivaldesi.org/dizionario/evan_det.php?evan_id=56> (10/2016).

> Sono attratto da questo lavoro per gli intenti che gli sono peculiari. È talmente grande, così cruciale, così meritevole. C'è un paese che da tanti anni soffre, come nessuna nazione moderna sotto il sole ha mai sofferto; che è il seggio della grande potenza anticristiana [*the seat of the Anti-Christian Power*],[19] per cui un colpo inferto al papato in Italia potrebbe essere il colpo fatale. Questo paese sta risorgendo a nuova vita, sta liberandosi dalle catene di antiche superstizioni [...]. La libertà religiosa promette di ben stabilirsi in questa regione come in nessun altro stato europeo. [...] Potrebbe verificarsi una rapida transizione: verso l'abbandono della religione o verso il protestantesimo.[20]

Certamente, per il 28 gennaio 1861, la decisione era presa: Piggott affermava di aver scritto ad Arthur offrendosi per il lavoro missionario in Italia.[21] Nei mesi successivi, Piggott approfondì la conoscenza dell'italiano con l'aiuto di Benedetto Lissolo, ex seminarista cattolico, in seguito convertitosi ed emigrato a Londra, dove lavorava per la *Seamen's Mission*. Lissolo desiderava diventare missionario metodista in Italia: Piggott, mentre imparava da lui l'italiano, lo guidava nella preparazione teologica, così

19. Si noti qui l'eco della tesi tradizionale protestante sul papato come potenza *anticristica* (ancor più che "anticristiana"), secondo questa interpretazione di *2Ts* 2; come si vedrà, la tesi si dispiegherà a lungo nel metodismo italiano, ad esempio con Pietro Taglialatela e con Teofilo Gay. Lo stesso Piggott si esprime ancora più chiaramente, ad esempio, in una lettera dell'11 marzo 1899, ove – nel contesto di considerazioni sul papato di Leone XIII – afferma che il papato appare sempre più «anti-Christian» e gli sembra avere «all the signs of the Babylon of the Apocalypse. It is the scarlet woman on the beast [cfr. *Ap* 17], riding and bridling the powers of the world» (Piggott, Durley, *Life and Letters of Henry James Piggott*, p. 250; l'ultima frase è omessa nella trad. it. [cfr. nota seguente], rendendo però così meno perspicuo il riferimento *apocalittico*). Anche Wesley, in alcuni luoghi, si espresse in modo simile, soprattutto nelle *Explanatory Notes upon the New Testament*, commentando *Ap* 13; la sua posizione nei confronti del papato, della Chiesa romana e del cattolicesimo è comunque più complessa, poiché in altri testi afferma che la Chiesa di Roma può ancora essere considerata parte della Chiesa «cattolica ossia universale» (J. Wesley, *Sermon 74. Of the Church*, §§ 14-19, in Id., *Sermons III*, a cura di A.C. Outler, in *The Bicentennial Edition of the Works of John Wesley* [d'ora in poi *Works*], Nashville, Abingdon Press, 1984-, III, pp. 50-52). Per una considerazione delle diverse fonti e dei contesti storici cfr. D. Butler, *Methodists and Papists. John Wesley and the Catholic Church in the Eighteenth Century*, London, Darton, Longman and Todd, 1995 (in partic. pp. XIII e 132-134 per la lettura anticristica); si veda anche *John Wesley*, a cura di A.C. Outler, pp. 350-351.

20. Piggott, Durley, *Life and Letters of Henry James Piggott*, pp. 46-47; mi avvalgo della traduzione italiana *Henry James Piggott. Vita e lettere*, a cura di F. Cavazzutti Rossi, Torino, Claudiana, 2002 (la citazione a p. 40). Di seguito, quando opportuno, citerò la paginazione dell'originale inglese, seguita dalla parallela italiana.

21. Ivi, p. 48/41.

che Lissolo poté ottenere l'incarico dalla Conferenza metodista del luglio 1861.[22] Egli partì per l'Italia due o tre mesi prima di Green (che nel frattempo era tornato in Inghilterra per un breve periodo) e Piggott, iniziando a visitare i villaggi alpini vicino Ivrea, sua città natale; i due inglesi partirono a fine novembre, giungendo a Torino il 7 dicembre 1861,[23] e poco dopo spostandosi proprio ad Ivrea, convinti da Lissolo della possibilità di iniziare lì un fruttuoso lavoro missionario. In effetti, nei villaggi Lissolo era stato accolto positivamente e aveva trovato varie famiglie protestanti, cinquanta o sessanta persone in tutto, che avevano ascoltato la sua predicazione e gli avevano offerto dei locali per il culto di preghiera; alcuni avevano espresso il desiderio che Lissolo potesse divenire ministro regolare, così da poter amministrare i sacramenti. Piggott riportava questi dati in una lettera datata 18 dicembre 1861, che contiene *le prime* notizie dall'Italia – come effettiva sede di missione avviata e non più solo nel contesto di viaggi esplorativi[24] – inviate alla WMMS.[25] Qui Piggott scriveva anche di aver riscontrato che la missione doveva anzitutto agire nel Nord Italia,[26] che sembrava più tollerante verso la predicazione protestante: non solo da parte del governo ma, «ciò che è molto più importante, da parte dell'*opinione pubblica*». Piggott sapeva che il loro compito, nel contesto italiano, non era facile.[27] Alle difficoltà relative al contesto culturale e religioso si aggiungevano, più prosaicamente, quelle logistiche: ai colleghi di Londra Piggott riportava

22. Ivi, pp. 48-49/41-42.

23. Findlay, Holdsworth, *The History of the Wesleyan Methodist Missionary Society*, p. 479.

24. Green aveva già inviato delle lettere dall'aprile 1861, ma quella può essere considerata ancora una fase esplorativa.

25. H.J. Piggott, Ivrea, 18 dicembre 1861. Le lettere che i missionari in Italia inviavano alla WMMS sono conservate nei Methodist Missionary Society Archives (presso SOAS - University of London), sez. Europe, Correspondence, Italy 1861-1936, *boxes* 77-78 e 691-697; sono consultabili nelle riproduzioni in *microfiches* (copia di queste microfiches è posseduta anche dall'Archivio della Tavola Valdese [d'ora in poi ATV], Torre Pellice [TO]). Di seguito le citerò come MMSA, Corresp., seguito dai dati della lettera (mittente, luogo, data). L'eventuale traduzione dall'inglese di questi materiali è sempre mia.

26. Sebbene, in questa stessa fonte, riportasse di aver ricevuto da un pastore valdese il consiglio di spostarsi in Toscana per apprendere davvero correttamente l'italiano adatto alla comunicazione, poiché in ogni altra zona d'Italia avrebbe ascoltato solamente dialetti. Piggott ipotizzava dunque un prossimo spostamento a Siena o altre località più a sud.

27. Cfr. ivi, H.J. Piggott, Ivrea, 7 gennaio 1862, su alcuni disordini, aizzati (vi si afferma) da preti locali; si parla anche di una lettera anonima con minacce di morte ricevuta da Lissolo.

con un velo di *humour* che «Italian country-town life, what with the dirt, and the cookery, and the draughts, and the cold, forms a strange contrast with the sunny Italy of travellers and romancers». Dopo soli quattro mesi, Piggott lasciava Ivrea – dove inizialmente rimaneva Lissolo[28] – per stabilirsi a Milano (maggio 1862), con l'auspicio che questa sede potesse consentirgli un'azione più ampia.[29] Green, invece, si spostava a Napoli, ma già nel corso dello stesso 1862 era costretto a tornare in Inghilterra per motivi di salute; la WMMS decise allora di inviare in sua sostituzione Thomas W.S. Jones (1835-1912),[30] che raggiungerà questa città nell'ottobre 1863, accordandosi con Piggott per una divisione del lavoro: a lui sarà affidato il Meridione, a Piggott – che aveva comunque il ruolo di soprintendente nazionale – l'Italia settentrionale e centrale. A Milano Piggott poté osservare una maggiore presenza evangelica: venne in contatto con la comunità locale delle "Chiese libere", oltre che con pastori valdesi, e cercò di stringere accordi di collaborazione.[31] A Milano progettò inoltre la fondazione di una scuola secondaria femminile, idea che intendeva applicare in varie grandi

28. L'opera di Ivrea, in seguito, fu ceduta alla Chiesa valdese, più adatta a gestirla, anche per motivi di collocazione geografica.

29. Su Milano si veda G. Carrari, *Un piccolo ruscello. Sessanta anni di storia delle Chiese metodiste di Milano & dintorni*, a cura della Chiesa Metodista di Milano, 2001 (stampato ma non pubblicato).

30. Non 1831-1916, come riportano Chiarini (*Storia delle Chiese metodiste*) e Spini (*Italia liberale*); cfr. R. Kissack, *Jones, Thomas W.S.*, in *The Encyclopedia of World Methodism*, I, p. 1280 (che cita dalle *Minutes* della Conferenza wesleyana del 1912) e Piggott, Durley, *Life and Letters of Henry James Piggott*, p. 192 (una lettera di Piggott del 4 maggio 1912 in cui si fa riferimento all'avvenuta morte di Jones).

31. Le "Chiese libere" erano le comunità evangeliche italiane non valdesi, nate durante il Risorgimento dall'influsso di movimenti risvegliati (soprattutto di matrice britannica o svizzera), spesso promosse da protestanti italiani reduci dall'esilio. Dopo un'iniziale collaborazione con la Chiesa valdese, si separarono da essa nel 1854. Ebbero al loro interno diverse anime, ma possono essere sostanzialmente raggruppate in due correnti: quella spiritualista e congregazionalista delle Chiese Cristiane dei Fratelli (saranno chiamate così dal 1910) e quella "garibaldina", politicizzata, presbiteriana, della Chiesa Cristiana Libera in Italia, la cui costituzione fu sancita ufficialmente nel 1870 (dopo una prima assemblea nel 1865 in cui era emerso il distacco dalle chiese dell'ala spiritualista, che non avevano aderito); questa si scioglierà nel 1904. Esponenti principali della prima corrente erano Piero Guicciardini e Teodorico Pietrocola Rossetti; della seconda, Alessandro Gavazzi. Cfr. Spini, *Italia liberale*, pp. 13-19, 159-177; Vinay, *Storia dei valdesi. III*, in partic. pp. 79-84 (si veda quest'opera anche per la storia della Chiesa valdese dal Risorgimento in poi); G. Spini, *L'evangelo e il berretto frigio. Storia della Chiesa Cristiana Libera in Italia. 1870-1904*, Torino, Claudiana, 1971; D. Maselli, *Tra Risveglio e Millennio. Storia delle Chiese*

città.[32] Naturalmente l'aver stabilito come centro organizzativo il capoluogo lombardo non significava che Piggott vi risiedesse stabilmente: i viaggi (spesso disagevoli) in varie località non erano terminati con la precedente "fase di studio", ma proseguivano, allo scopo di espandere la missione wesleyana tramite l'evangelizzazione. Le lettere e i ricordi di Piggott, impossibili da richiamare qui nel dettaglio, danno un'idea dell'entità dell'impegno, ad esempio riguardo gli spostamenti del solo 1862 tra Lombardia, Emilia, Toscana, Marche.[33] Sull'attività milanese occorre però soffermarsi, per evidenziare alcuni dati preziosi in prospettiva storico-teologica. Un *Report* della primavera 1863 afferma che era stata pubblicata «a translation of the Second Catechism into Italian», e che era stato distribuito «a periodical designed to convey instruction on general subjects in a religious spirit».[34] Si hanno così ulteriori dati sulle prime pubblicazioni metodiste in Italia. Il *Second Catechism* doveva evidentemente servire all'interno delle istituzioni educative,[35] che la missione stava iniziando ad aprire in più luoghi; il dato sul periodico desta maggiore curiosità, poiché anticiperebbe quello che generalmente è considerato il primo periodico metodista in Italia, «Il Museo Cristiano», che Piggott fonderà a Padova nel 1867. In realtà, come si evince da alcune lettere di Piggott,[36] non si tratta di un vero e proprio periodico metodista: il giornale in questione è «Letture di Famiglia»,[37] non denominazionale, al quale Piggott collaborava sia sostenendolo economi-

Cristiane dei Fratelli. 1836-1886, Torino, Claudiana, 1974; Id., *Libertà della Parola. Storia delle Chiese Cristiane dei Fratelli. 1886-1946*, Torino, Claudiana, 1978.

32. MMSA, Corresp., H.J. Piggott, Milano, 6 settembre 1862.

33. Cfr. Piggott, T. Durley, *Henry James Piggott. Vita e lettere*, pp. 49-50 e 79-82. Tra il 1861 e il 1862 vi fu ancora una fase di viaggi e di raccolta dati: Piggott e Green visitarono varie località italiane, come Bologna, Modena, Firenze, Milano, Roma, Napoli (cfr. *Missionary Notices*, 1862, p. 96).

34. *Missionary Notices*, 1863, p. 95.

35. Il *Second Catechism* era uno dei catechismi metodisti; era rivolto a famiglie e scuole.

36. Del 13 febbraio 1863, 9 settembre 1864 e del novembre 1864: le citerò *infra*.

37. Il mensile «Letture di Famiglia» ebbe una prima serie dal giugno 1861 al luglio 1862, stampato a Genova; gerente risulta Pietro Repetto. Una seconda serie, con nuovo formato e nuovo sottotitolo (*Periodico mensile d'istruzione e divertimento*), stampata a Firenze dalla Claudiana, prende avvio nel gennaio 1863 (che figura infatti come anno I, numero 1); gerente è R. Trombetta, poi Verecondo Baragli. Deve essere qui che Piggott assume un ruolo, anche se il suo nome non compare esplicitamente (gli articoli sono anonimi). Dal gennaio 1864 il periodico diventa quindicinale; chiude alla fine dello stesso anno (l'ultimo numero è quello del 15 dicembre 1864).

camente, sia con articoli e lavoro redazionale.[38] Il giornale non sembra contenere riferimenti al metodismo, ma va considerato che in questa fase Piggott non aveva ancora avviato un'opera denominazionale ed era soprattutto volto a collaborare con altri evangelici italiani nell'ottica di una diffusione del protestantesimo in senso ampio: ragion per cui poteva sembrargli valido anche un periodico non metodista, ma che diffondesse un «religious spirit» (come affermava il *Report*).

Una lettera del 9 settembre 1864 descrive in modo emblematico lo sviluppo della missione in Italia e del progetto teologico-culturale di Piggott.[39] Il missionario inglese fa presente al Comitato di Londra la difficile situazione economica: occorrono più fondi da inviare in Italia, perché l'opera si sta espandendo, forse più del previsto – scrive – e non è ancora in grado di sostentarsi autonomamente. Piggott si dice certo che in futuro lo farà, ma per il momento gli aiuti inglesi sono indispensabili. Piggott sostanzia quella che potrebbe essere una semplice richiesta di fondi con considerazioni che dovevano far breccia nei destinatari, descrivendo una "battaglia" dalle connotazioni quasi escatologiche che si sta svolgendo in Italia: «the whole country is being converted into a great spiritual battle-field». Egli si riferisce ai dibattiti, nell'opinione pubblica, sulla situazione religiosa italiana, in particolare su Roma e il papato; descrive una situazione in grande fermento, di chi oscilla «fra Renan e Cristo, e fra Cristo e il papa»: l'esito sarà «national infidelity, national popery, or national protestantism». In questo quadro, a giudizio di Piggott sarà importante soprattutto predicare il Vangelo («preaching Christ and attacking Antichrist»), senza soffermarsi, inizialmente, sulle specificità teologiche di una singola denominazione. Torna qui l'idea della costituzione di un «Protestantesimo nazionale» italiano: se questo si svilupperà, scrive Piggott al Comitato, dovremo considerarlo

38. Probabilmente è a questo periodico che si riferisce in una lettera di fine 1862, scrivendo che si sta occupando del «materiale da pubblicare nel numero di gennaio di un periodico italiano di cui mi sono accollato la redazione [*an Italian periodical the editing of which I have undertaken*]» (Piggott, Durley, *Life and Letters of Henry James Piggott*, p. 98/84). Allo stesso modo, penso sia a «Letture di Famiglia» che si riferisca Stephens, *Le origini britanniche della Chiesa metodista italiana*, p. 45, che richiamando una lettera di Piggott del 13 febbraio 1863 scrive: «Solamente due anni dopo il suo arrivo egli fonda un nuovo periodico». Stephens non ne fa il nome, ma consultando la lettera di Piggott (in MMSA, Corresp.) si può leggere proprio un riferimento a «Letture di Famiglia»; il passo è però di difficile leggibilità, il che non consente di chiarire se effettivamente Piggott dica di averlo "fondato".

39. MMSA, Corresp., H.J. Piggott, Milano, 9 settembre 1864.

un grande risultato, anche nell'ottica della «universale Chiesa di Cristo»; a suo avviso occorre pensare in prospettiva più ampia e non preoccuparsi se non si fonderà (almeno non subito) una «filiazione della nostra Chiesa metodista».

Questo comunque non vuol dire che non ci si stesse muovendo per diffondere il messaggio metodista attraverso una serie di progetti editoriali: tuttavia, proprio per l'accennata mancanza di fondi, erano stati quasi tutti interrotti (forse è anche per questo che Piggott pone in secondo piano l'aspetto denominazionale). In questa stessa lettera lamenta il fatto che ha dovuto interrompere la pubblicazione della traduzione italiana di *The Tongue of Fire*, di Arthur, il cui manoscritto era già pronto, così come ha dovuto sospendere la traduzione dei *Sermoni* di Wesley: ne risulta stampato soltanto uno.[40] Scrive di aver iniziato a preparare un compendio di teologia, anche questo interrotto. Oltre ai libri, auspica la pubblicazione di periodici: ma all'unico con il quale aveva iniziato una collaborazione, «Letture di Famiglia», ha dovuto comunicare la sua prossima rinuncia alla fine dell'anno.[41] Questi progetti, anche se interrotti – ma saranno ripresi negli anni successivi – danno l'idea, comunque, delle intenzioni di Piggott e dell'attività che ferveva in quei primi anni.

La lettera di Piggott venne stampata nelle *Missionary Notices* dell'ottobre 1864, e nel numero del mese successivo venne pubblicato un appello del Comitato a contribuzioni finanziare per la missione in Italia. Piggott, allora, inviò una nuova, dettagliata lettera, in cui intendeva descrivere più accuratamente il lavoro svolto in Italia, per dare un'idea di come il denaro inviato veniva impiegato e di come lo sarebbe stato in futuro.[42] Scopo di Piggott è mostrare la concretezza delle attività: evidenziare che l'Italia non è soltanto un campo dove si aprono delle porte, ma uno dove varie operazioni sono *già* state realizzate. Descrive così gli evangelisti che vengono finanziati in varie località, da Milano a Genova a Napoli, più due predica-

40. G. [*sic*] Wesley, *La via che mena al Regno*, Firenze, Claudiana, 1863. Questo testo sarà poi inserito nella raccolta di sermoni che Piggott pubblicherà nel 1868.

41. «We want journals, but the only one we have had to do with, *Letture di Famiglia*, I have been obliged to notify my renunciation of at the end of the year». Il giornale chiuderà infatti nel dicembre 1864.

42. La cito dalla versione stampata in *Missionary Notices*, 1864, pp. 193-196 (dove è datata Milano, novembre 1864, senza indicare il giorno), poiché non ho potuto rintracciare l'originale: le due lettere di Piggott del novembre 1864 in MMSA, Corresp., non mi sembrano corrispondere, nel testo, a questa.

tori laici a Milano. Parla quindi delle sale che sono state prese come luoghi di culto, e delle scuole: un convitto femminile a Milano (con la speranza di raggiungere «gli strati medi e alti della società», lo stesso progetto che anni dopo attuerà il metodista episcopale William Burt a Roma), scuole diurne e serali per i poveri in varie località, oltre agli aiuti per la scuola diretta da Ferretti a Firenze.[43] Quindi passa alla stampa: abbiamo tre *bookshops*, scrive, a Milano, Parma e Modena, oltre ai colportori itineranti – ma per quanto riguarda le pubblicazioni, non si è prodotto molto: «Il *Secondo Catechismo*, uno dei Sermoni di Wesley [il già citato *La via che mena al Regno*], una Risposta alla *Vita di Gesù* di Renan,[44] tre o quattro trattati di controversia»; inoltre, è stato sostenuto economicamente un quindicinale illustrato italiano, «Letture di Famiglia» (in realtà prima mensile, poi quindicinale), ed è stato edito un notiziario missionario mensile, «Il Raccoglitore Evangelico». Quest'ultimo può essere indicato, in un certo senso, come il primo periodico "metodista" italiano, o più precisamente – dato che anche in questo caso non si tratta di un giornale denominazionale – come il primo diretto da un missionario metodista.[45] Infine, scrive Piggott, sono pronti in manoscritto anche altri Sermoni di Wesley, e la *Lingua di Fuoco* di William Arthur, che attendono «tempi migliori» per essere pubblicati.

Poco oltre Piggott insiste sulla necessità di espandere e completare il lavoro svolto: ad esempio, afferma di avere «almeno uno studente» al quale potrebbe essere assegnato un campo di lavoro (Piggott preparava privatamente degli studenti con lezioni teologiche); sottolinea che la situazione dei luoghi di culto dovrebbe essere migliorata; e, significativamente, pone l'accento sulla stampa, affermando che «we *need* to complete a series of

43. Un orfanotrofio che Ferretti aveva aperto nel 1844 a Londra (dove era emigrato per motivi religiosi), poi trasferito a Firenze nel 1861: cfr. Chiarini, *Storia delle Chiese metodiste*, pp. 16-17; S. Gagliano, *Salvatore Ferretti. Un nome, un istituto*, in *Scelte di fede e di libertà. Profili di evangelici nell'Italia unita*, a cura di D. Bognandi e M. Cignoni, Torino, Claudiana, 2011, pp. 19-22.

44. Potrebbe trattarsi forse di E. de Pressensé, *Risposta di un cristiano evangelico alla Vita di Gesù di E. Renan*, Firenze, Tip. Italica, 1864 (ed. orig.: *L'École critique et Jésus Christ. A propos de la* Vie de Jésus *de M. Renan*, Paris, 1863). Nel volumetto non ci sono tracce che consentano di capire se alla realizzazione o promozione di esso collaborò (anche) Piggott.

45. Cfr. Spini, *Risorgimento e protestanti*, p. 391, che lo nomina tra i «primi giornali pubblicati da Piggott», e P. Gnudi, *Valdesi nella terza guerra d'indipendenza (1866)*, in «Bollettino della Società di Studi Valdesi», 97, n. 139, giugno 1976, pp. 3-37 (prima parte), qui pp. 34-35.

the more directly doctrinal of Wesley's Sermons; we *need* a little Compendium of Theology», così come un libro di spiritualità come quello, citato, di Arthur. Sembra opportuno ribadire ancora che il fatto che Piggott concepisse come così pressante il bisogno della stampa, ad esempio, dei sermoni wesleyani più efficaci in chiave dottrinale, nonché di un compendio di teologia, indica che desiderava diffondere *da subito* lo specifico messaggio teologico metodista, anche se le iniziali difficoltà dell'evangelizzazione in Italia lo spingevano a non tentare immediatamente la fondazione di una vera e propria Chiesa metodista italiana; tuttavia, sembra chiaro che un progetto di questo tipo era già in previsione. La diffusione dello specifico messaggio metodista era iniziata già molto prima del 1868.[46]

Nonostante il Comitato della WMMS condividesse le istanze di Piggott e la Conferenza metodista del luglio 1865 approvasse la sua richiesta di finanziamenti, le difficoltà proseguivano, e Piggott venne informato che dal 1866 la missione italiana dovrà ridimensionarsi.[47] Ma di lì a poco la situazione si evolverà in modo cruciale: sembra datarsi proprio alla metà del 1865 un mutamento di prospettiva, con Piggott sempre più convinto della necessità di strutturare ora un'opera di tipo denominazionale, specificamente metodista.[48] È probabile che sulle riflessioni di Piggott abbiano influito i contrasti che dal 1863 si erano sviluppati con le Chiese libere, con le quali pure egli aveva collaborato: più in generale, l'idea della costituzione di un protestantesimo italiano unitario si scontrava con la realtà fatta di lotte denominazionali e incomprensioni. Nel 1863 un libretto anonimo, ma promosso da due importanti figure delle Chiese dei "Fratelli" (il conte Piero Guicciardini e Teodorico Pietrocola Rossetti, che lo scrisse), attaccava – oltre che il cattolicesimo – i valdesi, le Chiese libere di stampo gavazziano e le missioni protestanti estere, compresi i metodisti wesleyani.[49] Lo stesso Alessandro Gavazzi (ex barnabita, poi

46. Mi sembra condivisibile la prospettiva di W. Peter Stephens, che afferma che fin dall'inizio della missione vi era la «preoccupazione per il contributo e l'identità metodisti»; Stephens si spinge anche oltre, fino ad affermare che «lo stabilirsi di una Chiesa metodista in Italia fu probabile fin dal primissimo stadio dell'opera» (Stephens, *Le origini britanniche*, p. 43).

47. Cfr. *Missionary Notices*, 1865, p. 157.

48. Cfr. MMSA, Corresp., H.J. Piggott, Milano, 4 giugno 1865.

49. *Principii della Chiesa romana, della Chiesa protestante e della Chiesa Cristiana*, Torino, 1863. Cfr. Chiarini, *Storia delle Chiese metodiste*, pp. 26-27; Vinay, *Storia dei valdesi. III*, pp. 79-80.

cappellano garibaldino, quindi figura importante dei Liberi),[50] che nel 1862 aveva discusso con Green della possibile unione di comunità evangeliche in Italia, sembrava condividere la diffidenza verso le missioni estere, e nel 1865 contribuì alla costituzione della Chiesa Cristiana Libera in Italia (ratificata nel 1870). Un concreto progetto di unione, preparato da Luigi Desanctis[51] nel 1864, che era in via di discussione con altri esponenti delle comunità evangeliche (tra cui proprio Piggott), non raggiunse l'attuazione. Tutte le denominazioni evangeliche italiane stavano dunque procedendo autonomamente, e Piggott realizzò che questa doveva essere la via anche dei wesleyani. Come è stato sottolineato, molto probabilmente agirono in lui anche motivazioni di carattere teologico, in particolare ecclesiologico e soteriologico:

> I wesleyani inglesi si erano sempre rifiutati di battere la via delle *Free Churches* di più o meno diretta origine calvinista, mentre gli evangelici italiani guardavano a Ginevra o alla Scozia, nonostante le loro strepitose parole contro i modelli stranieri. Altri invece guardavano ai *Plymouth Brethren* come ad un modello ideale. Ma se un figlio spirituale di John Wesley, il campione dell'arminianesimo teologico, non poteva trovare di suo gusto la strada calvinista di Ginevra e della Scozia, tanto meno poteva gradire quella di Plymouth, il cui radicalismo libertario era agli antipodi di quella disciplina metodica da cui il nome stesso dei metodisti deriva.[52]

Le tappe cruciali della strutturazione della Chiesa metodista in Italia iniziano concretamente nel 1868. La sede centrale della missione wesleyana, dalla fine del 1866, era divenuta Padova:[53] dopo la Terza guerra d'indipendenza Piggott si era spostato da Milano alla città veneta, preferita a Venezia per vari

50. Cfr. anzitutto Spini, *L'evangelo e il berretto frigio*; G. Monsagrati, *Gavazzi, Antonio (in religione Alessandro)*, in *Dizionario biografico degli italiani*, LII, Roma, Istituto della Enciclopedia italiana, 1999, pp. 719-722.

51. Su Luigi Desanctis (1808-1869), ex sacerdote cattolico, importante figura dell'evangelismo italiano, si vedano almeno V. Vinay, *Luigi Desanctis e il movimento evangelico fra gli Italiani durante il Risorgimento*, Torino, Claudiana, 1965; C. Fantappiè, *Desanctis, Luigi*, in *Dizionario biografico degli italiani*, XXXIX, Roma, Istituto della Enciclopedia italiana, 1991, pp. 313-316; F. Ferrario, *Luigi Desanctis. Dal Sant'Uffizio al protestantesimo*, in *Scelte di fede e di libertà*, pp. 29-32.

52. G. Spini, *Profilo storico della presenza metodista in Italia*, in Chiarini, *Il metodismo italiano*, p. 9.

53. Per un primo riscontro che Piggott fa pervenire alla WMMS cfr. la sua lettera dell'11 gennaio 1868 (WMMA).

motivi; il principale sembra essere che egli la vedeva come il fulcro della vita culturale della regione, anche per la presenza dell'università (questa era allora l'unico ateneo veneto), fatto che probabilmente gli appariva poter consentire una predicazione più capillare, e favorire il coinvolgimento di giovani universitari.[54] Piggott non si nascondeva le difficoltà implicate nell'operare in una località fino ad allora priva di comunità protestanti,[55] eppure l'opera a Padova raccolse alcuni risultati significativi. Qui fu trasferita, da Milano, la scuola femminile: presto questo istituto si ampliò, fino a divenire una scuola diurna e a convitto sia femminile che maschile, con decine di iscritti, di varie età (scuola primaria e secondaria). In seguito l'istituto divenne internazionale, accogliendo allievi di varie nazionalità. L'Istituto Internazionale di Padova raggiunse un «indiscusso prestigio»,[56] ma dovette chiudere, anni dopo, per problemi finanziari.[57] Sempre a Padova Piggott pubblicò due volumi fondamentali e degli importanti periodici, su cui ci si soffermerà fra poco.[58]

Tornando dunque alla fondazione della Chiesa metodista italiana, è possibile identificare i processi decisivi negli anni 1868-1869. Il primo evento rilevante è la serie di riunioni che si svolsero dal 14 al 17 luglio 1868 a Parma: qui gli evangelisti metodisti del Nord Italia[59] discussero «i problemi teologici ed organizzativi della nuova Chiesa che di fatto stava

54. In una lettera del 6 settembre 1866 Piggott scriveva: «"Padova" is one of the principal cities in the Province of Venice, now newly opened to Evangelical labours. In some respects it is *the* principal city, for it contains the university of the province, and is the centre of intellectual life» (Piggott, Durley, *Life and Letters of Henry James Piggott*, p. 67).

55. Nel maggio 1868 scriveva: «Qui non c'è mai stata una chiesa evangelica e non si è mai visto un culto protestante» (ivi, p. 71/61).

56. Così Chiarini, *Storia delle Chiese metodiste*, p. 51.

57. Cfr. Piggott e Durley, *Life and Letters of Henry James Piggott*, pp. 105-107/89-90; Spini, *Italia liberale*, p. 190, ne data la chiusura al 1879. Piggott aprì a Padova anche altri istituti educativi: poco dopo il suo arrivo, aprì una scuola per ragazzi di strada («ragged school»), che però dovette chiudere nell'autunno 1867 (cfr. ivi, p. 104/88-89).

58. Sull'attività metodista a Padova cfr. V. Vozza, *Centocinquant'anni di metodismo a Padova. Uno sviluppo storico dagli esordi al primo Novecento*, in «Atti e Memorie dell'Accademia Galileiana di Scienze, Lettere ed Arti» (Padova), 127 (2014-2015), pp. 103-122; Id., *La Chiesa Metodista di Padova nei primi decenni del Regno d'Italia (1866-1905). Uno studio storico e demografico*, in «Bollettino della Società di Studi Valdesi», n. 218, giugno 2016, pp. 151-172; *La Chiesa Evangelica Metodista di Padova. Appunti di storia nel 150° anniversario della sua fondazione (1866-2016)*, a cura di V. Vozza, Padova, CLEUP, 2017.

59. Erano presenti, oltre a Piggott, Bosio, Patucelli, Lissolo, Moreno, Roland, Bossi; Gualtieri e Ferretti erano assenti causa sopraggiunti imprevisti (così *Missionary Notices*, 1868, p. 138).

nascendo, avendo come base di riferimento sia la *Breve storia del metodismo* scritta da Piggott [1868] che i *Ventidue Sermoni* di Wesley [1868]».[60] Sui contenuti di queste due fondamentali pubblicazioni, che erano state appena edite da Piggott, si tornerà nel dettaglio nel paragrafo seguente. Basti qui ricordare, rifacendosi alla lunga lettera esplicativa che Piggott inviò alla WMMS,[61] che la questione dell'«organizzazione ecclesiastica» fu affrontata in questo modo: ad ogni evangelista venne chiesto se le *dottrine* esposte in quei volumi fossero corrispondenti alla propria concezione degli insegnamenti della Scrittura (si noti, in continuità con il protestantesimo "classico", l'insistenza sulla Scrittura come norma ultima su cui verificare qualsiasi riflessione teologica); la risposta affermativa fu unanime. Allo stesso modo fu letto e approvato, «articolo per articolo», il compendio di *discipline* metodiste contenuto in appendice alla *Breve storia*. Più difficile, invece, fu risolvere la questione del nome da dare alla Chiesa nascente. Fu scartato subito l'aggettivo "wesleyana", ritenuto «innovazione moderna»; e le difficoltà concernenti quello "metodista" furono alla fine superate, così che si poté approvare il nome di Chiesa Evangelica Metodista in Italia [*Methodist Evangelical Church in Italy*].[62] A tutto ciò seguì, comprensibilmente, la richiesta da parte degli evangelisti italiani di essere riconosciuti dalla Chiesa-madre inglese come «ministri metodisti in Italia». Piggott scrisse alla WMMS che lui e Jones ritenevano il tempo ormai maturo per questo passo, anche perché, dati da un lato i ministri valdesi, «trained and organized», e dall'altro la «svalutazione [*depreciation*] del ministero» che vedeva prevalere nelle Chiese Libere, considerava necessario evitare il pericolo che i metodisti fossero «guardati dall'alto in basso» dai primi, e confusi con i secondi.

Il riconoscimento ufficiale di questi pastori – e dunque la nascita vera e propria della Chiesa metodista italiana – avvenne l'anno successivo. Nel

60. Chiarini, *Storia delle Chiese metodiste*, p. 34.

61. MMSA, Corresp., H.J. Piggott, Padova, 17 luglio 1868. Di questa Conferenza si vedano anche i Verbali manoscritti: Archivio storico delle Chiese metodiste (d'ora in poi ASCM) [presso ATV], Serie I, cartella n. 2: Verbali dei Sinodi generali e distrettuali della Chiesa Metodista Wesleyana 1868-1885, *Resoconto d'una Conferenza di Alcuni Ministri della Chiesa Evangelica Metodista in Italia tenutasi in Parma nei giorni 14. 15. 16. 17. Luglio 1868.*

62. Secondo Chiarini la sostituzione di "Wesleyana" con "Evangelica" indicava la «piena appartenenza alla realtà dell'evangelismo italiano» (Chiarini, *Storia delle Chiese metodiste*, p. 35).

luglio 1869 si svolsero due assemblee definite Conferenze Annuali,[63] tenute rispettivamente a Padova e Napoli (sedi dei due Distretti italiani della Chiesa); nell'ottobre successivo si tennero altri incontri – a Parma per il Nord e a Napoli per il Sud – nei quali i pastori George Perks e William Gibson, inviati dalla WMMS,[64] «riconobbero ufficialmente i predicatori italiani quali ministri della missione metodista operante in Italia, decisione confermata alla Conferenza britannica del 1870».[65] Tramite l'imposizione delle mani vennero ordinati alcuni pastori (tra cui Lissolo e Francesco Sciarelli):[66] «Questo atto sanciva ufficialmente la nascita della Chiesa Evangelica Metodista in

63. Secondo Chiarini, ivi, p. 39, nota 1, in realtà le due riunioni del 1869 furono definite impropriamente "Conferenze": il metodismo wesleyano italiano, a differenza di quello inglese, non aveva Conferenze Generali ma *Sinodi Distrettuali* annuali (uno per il nord, uno per il sud) – termine che infatti si usò dal 1870. Va aggiunto però che Piggott stesso chiama «Conference» la riunione di Parma del luglio 1868, nella sua citata lettera alla WMMS, e che non sempre si farà distinzione tra "sinodo" e "conferenza": i verbali manoscritti in ASCM riportano, anche per gli anni successivi al 1870, sia la dicitura "Conferenza Distrettuale", sia "Sinodo Distrettuale", sia "Conferenza Generale", sia "Sinodo Generale" (permane dunque l'oscillazione).

64. La decisione di inviare una delegazione per riconoscere ufficialmente i pastori italiani era stata ratificata durante la Conferenza metodista britannica dell'agosto 1869.

65. Chiarini, *Storia delle Chiese metodiste*, p. 35. Chiarini però sembra confondere le Conferenze del luglio 1869 con il riconoscimento dei pastori avvenuto in *ottobre*, poiché afferma che tale riconoscimento avvenne nel corso di quelle (mentre si tratta di due, anzi quattro, eventi distinti). Le cronache degli eventi riportate sui periodici, insieme ad altre fonti, consentono di ricostruire la vicenda: cfr. *Conferenza metodista del nord d'Italia*, in «Il Corriere Evangelico», I, luglio 1869, pp. 84-86; *Riconoscimento dei ministri della Chiesa Metodista Italiana*, ivi, ottobre 1869, pp. 129-130, sulla cerimonia di riconoscimento a Parma; F. Sciarelli, *I miei ricordi (1837-1899)*, Salerno, Tip. Fratelli Jovane, 1900, pp. 104-106, sulla cerimonia di Napoli. Cfr. invece *Conferenza Generale della Chiesa Metodista della Gran Bretagna. II*, in «Il Corriere Evangelico», II, ottobre 1870, pp. 129-131, per la ratifica del 1870.

66. Francesco Sciarelli (1837-1904) si segnalerà come uno dei ministri wesleyani più attivi, sia per quanto riguarda l'attività pastorale che per le iniziative sociali e culturali. Già frate francescano, si unì ai garibaldini combattendo con loro in Campania nel 1860; entrò in contatto con colportori e pastori evangelici nel 1863, e nel novembre di quell'anno professò la propria conversione, unendosi alla missione wesleyana. Tra i pochissimi lavori specifici su di lui, si vedano S. Rivoira, *Francesco Sciarelli*, in *Dizionario Biografico dei Protestanti in Italia*, <http://www.studivaldesi.org/dizionario/evan_det.php?evan_id=64> (10/2016); S. Aquilante, *Francesco Sciarelli, pastore metodista nell'Italia unita (1837-1904)*, in *Protestantesimo e sfide della contemporaneità. Percorsi inediti di scienze delle religioni*, a cura di A. Annese, Brescia, Morcelliana, 2017, pp. 139-161. Fonte preziosa è l'autobiografia *I miei ricordi*, cit. alla nota precedente.

Italia, che dipendente dalla Conferenza britannica era divisa in due Distretti diretti rispettivamente da Piggott e Jones».[67] Piggott fungeva anche da soprintendente generale dell'intero Distretto italiano, che contava così ora dieci ministri autoctoni più due inglesi: Benedetto Lissolo, Ferdinando Bosio, Donato Patucelli, Alberico Bossi, Giuseppe Moreno, Francesco Sciarelli, Giuseppe Spaziante, Luigi Girone, Giacomo Roland, Bartolomeo Gualtieri, oltre a Piggott e Jones. È interessante considerare l'*estrazione* di questi pastori: la maggior parte proveniva dal clero cattolico (Sciarelli, Moreno, Girone, Patucelli, Bosio, Spaziante e Gualtieri, poi passato per i "Liberi"); Lissolo aveva frequentato il seminario; Roland era di origine valdese; Bossi era un laico, studente in legge. Spini commenta questi dati ragionando sul fatto che quei pastori avevano un livello di cultura maggiore di quello dei ministri delle Chiese libere, anche se non avevano la preparazione teologica dei pastori valdesi; ma soprattutto, non erano dei "risvegliati", non provenivano dalla tradizione del Risveglio: «erano dei cattolici liberali, che avevan maturato il distacco da Roma papale nel clima del Risorgimento: erano più figli spirituali, magari molto inquieti e solo indiretti, di Gioberti e di Rosmini [...] che non di Vinet e dei docenti dell'*Oratoire* ginevrino. Erano diventati discepoli del wesleyano Piggott perché avevano trovato in lui il maestro di un cristianesimo sinceramente liberale».[68] La Chiesa metodista italiana fondata da Piggott, continua Spini, aveva allora «nel suo gene» il «cattolicesimo liberale», o più in generale un "liberalismo cristiano", una mentalità aperta, (proto-)ecumenica che permarrà nei decenni: dimostrazione ne sarà ad esempio l'accoglienza rivolta – in particolare negli anni Trenta – a Ernesto Buonaiuti, ormai inviso alla Chiesa romana e al regime fascista.

2. *Diffondere le «dottrine distintive» del metodismo: primi periodici e volumi*

Nei Verbali manoscritti della Conferenza metodista di Parma del 1868, dove si decise la strutturazione della Chiesa Evangelica Metodista in Italia, si chiama in causa la necessità di conoscere le «dottrine distintive»

67. Chiarini, *Storia delle Chiese metodiste*, p. 36.

68. Spini, *Italia liberale*, p. 185. Spini prosegue evidenziando però un lato critico: «Quanto certe traduzioni di Gioberti e Rosmini in termini di evangelismo antipapale corrispondessero al metodismo di John Wesley, è opinabile».

del metodismo e la sua organizzazione, e si parla dei testi preparati a tal proposito: i *Sermoni* di Wesley e la *Breve storia del metodismo* curati da Piggott.[69] Come si è visto, l'idea di diffondere lo specifico messaggio teologico metodista era presente nei missionari inglesi fin dall'inizio, anche se problemi sostanzialmente di natura economica avevano impedito o interrotto progetti come la stampa di periodici, raccolte di sermoni, compendi di teologia e altri volumi. Già nel 1861 si era predisposta una traduzione di alcuni sermoni wesleyani, anche se solo uno poté essere edito, nel 1863: *La via che mena al Regno* (il testo verrà poi incluso nella raccolta del 1868, ristampato identico); venne stampato anche il *Secondo Catechismo.* Nel 1863 Piggott aveva collaborato al periodico «Letture di famiglia», e dal 1864 aveva diretto «Il Raccoglitore Evangelico»; questi non erano però specifici periodici metodisti.

Nel 1867-1868 i tempi erano ormai maturi per una strutturazione più articolata dei progetti editoriali. All'inizio del 1867, a Padova, Piggott fonda e dirige il periodico «Il Museo Cristiano»:[70] non si tratta ancora di uno specifico periodico *denominazionale* metodista, né vuole diffondere le dottrine metodiste; il sottotitolo è infatti *Periodico settimanale inteso a ravvivare il sentimento religioso nelle famiglie.* Correttamente, dunque, Franco Chiarini lo definisce «*preludio* della volontà di una presenza metodista autonoma anche tramite la stampa».[71] Il «Museo» non è molto più "metodista" di quanto lo fossero «Letture di famiglia» e «Il Raccoglitore Evangelico»; il suo programma, difatti, non fa riferimento al metodismo, ma al recupero di un «Cristianesimo puro», scevro da «superstizione».[72] Tuttavia, può appunto essere visto come *preludio* dei periodici denominazionali che nasceranno dalla sua eredità, e la direzione di Piggott reca – se non altro, in filigrana – alcune prospettive teologico-culturali del missionario inglese. Ad esempio, il «Museo» si mostra assai meno proteso verso il carattere controversistico, anticattolico, rispetto ad altre pubblicazioni evangeliche dell'epoca, sottolineando piuttosto l'importanza della conversione personale, interiore (in chiara continuità con la teologia del Risveglio). Soprattutto, desta interesse la cospicua presenza del "tema pa-

69. ASCM, cartella n. 2, *Resoconto d'una Conferenza* [...] *1868.*

70. Su di esso cfr. anche P. Angeleri, *"Nonconformisti" a Padova. 134 anni di metodismo nella città del Santo*, Padova, 2000 (stampato ma non pubblicato), pp. 13-14, 26-37.

71. Chiarini, *Storia delle Chiese metodiste*, p. 32; corsivo mio.

72. Cfr. «Il Museo Cristiano», I, 28 dicembre 1867, p. 416.

tristico", probabilmente non casuale, pensando alla preparazione teologica di cui Piggott disponeva. Erano presenti rubriche come *Quello che dicono i Padri sulla lettura della Santa Bibbia*: si tratta di una serie di antologie di brani patristici tradotti, senza commento aggiuntivo; sono estratti che riproducono passi nei quali «i Padri» parlano delle Scritture, del loro contenuto, della loro interpretazione. Gli autori citati sono Giovanni Crisostomo, Agostino (del quale si citano diversi testi tra cui le *Confessioni*, il *De vera religione*, il *De civitate Dei*, il *De doctrina christiana*), Girolamo, Gregorio Magno.[73] Anche se si tratta di antologie prive di commento, la loro presenza dimostra la conoscenza che Piggott aveva dei testi patristici (le fonti citate sono diverse, sempre con indicazione del riferimento) e soprattutto l'interesse per essi. Tale interesse, radicato nella prospettiva dello stesso Wesley – che ricorreva spesso ad *auctoritates* patristiche, e aveva pubblicato testi della letteratura cristiana antica nella sua raccolta *Christian Library* – venne recepito dal metodismo italiano dell'Ottocento, in modo pervasivo nei primi decenni;[74] in seguito esso diverrà progressivamente meno presente, senza tuttavia sparire, riemergendo anzi in alcuni autori (come Eduardo Taglialatela) e testi.

Del «Museo Cristiano» si ricorda qui solo un'ultima caratteristica che potrebbe rivelare un'eco "metodista": la presenza, in molti numeri, di poesie (oltre che di Pellico, Michelangelo ed altri) di donne che furono aperte verso circoli riformisti o ambienti evangelici, come Vittoria Colonna e Margherita di Valois (duchessa di Savoia), poesie perlopiù volte ad affermare l'idea della salvezza per fede. Questo dato è stato commentato così:

73. Gli estratti da Crisostomo sono nei numeri del 30 marzo 1867, pp. 102-103; 17 agosto, pp. 261-262; 24 agosto, pp. 269-270; 31 agosto, pp. 277-278; 7 settembre, p. 287; 28 settembre, p. 310; 5 ottobre, pp. 318-319; 12 ottobre, pp. 325-326; 19 ottobre, pp. 334-335. Quelli da Agostino: 26 ottobre, pp. 342-343; 2 novembre, pp. 349-350; 9 novembre, pp. 358-359. Da Girolamo: 23 novembre, pp. 374-375; 30 novembre, p. 383; 7 dicembre, pp. 389-390; 14 dicembre, pp. 397-398; 28 dicembre, p. 414. Da Gregorio Magno: 28 dicembre, pp. 414-415. Nel primo articolo della serie, la rubrica ha il titolo *Le Sacre Scritture confermate e spiegate*; negli ultimi cinque (quelli su Girolamo e Gregorio), *Quello che dicono i Padri sulla lettura delle Sacre Scritture*. La rubrica non viene riproposta nel 1868.

74. Cfr. Rinaldi, *La santificazione in Wesley come tema ecumenico*, in partic. p. 100: «La controversia anticattolica dei metodisti italiani dell'Ottocento grondava di citazioni patristiche. L'*argumentum patristicum* era lo strumento ideale per confutare il cattolicesimo con le sue stesse armi. Le loro pagine sembrano sviluppare quanto Wesley aveva scritto nella sua confutazione del *Roman Catechism*».

Interessante questo richiamo a poesie femminili: nell'Inghilterra del tempo cominciavano i primi fermenti femministi. Del resto, il metodismo fin dalle origini aveva dato grande importanza all'intervento delle donne nella attività della chiesa. Il laicato, sul quale si faceva largo affidamento, comprendeva uomini e donne senza distinzione e la predicazione femminile era senza alcun limite apprezzata e stimolata. Non dovrebbe sorprendere dunque questo richiamo a poetesse del cinquecento.[75]

«Il Museo Cristiano» fu pubblicato dal 5 gennaio 1867 (data del primo numero) al 26 dicembre 1868 (ultimo numero). Sempre nella citata Conferenza o Sinodo del luglio 1868 era stata decisa la sua chiusura e sostituzione con un periodico che fosse, per la prima volta, specificamente denominazionale:[76] venne allora fondato «Il Corriere Evangelico». Non è affatto una coincidenza che questa decisione fosse stata presa nella stessa Conferenza che decideva la strutturazione di una Chiesa metodista italiana (ossia, di un ramo italiano della Chiesa metodista): è proprio la nascita di una effettiva struttura denominazionale che invitava alla fondazione di un periodico corrispondente (e la "giustificava"). «Il Corriere Evangelico» nasceva sempre a Padova nel 1869, come mensile (il primo numero è datato febbraio 1869); dalla fine del 1872 divenne bisettimanale, quindi settimanale dal numero del 10 ottobre 1873, quando la sua sede fu spostata a Roma (così come la sede di Piggott quale soprintendente della missione in Italia). L'ultimo numero uscì il 28 dicembre 1876. Tale periodico, come detto, nasceva come specifico giornale denominazionale: l'eloquente sottotitolo del primo numero era infatti *Bollettino di notizie Evangeliche, ed organo particolare del Metodismo in Italia*. Il primo numero contiene anche il programma del periodico, nonché l'articolo *Spiegazioni*, che mostra la consapevolezza di dover spiegare la presenza di un periodico metodista, di un «[g]iornale che si dichiara organo di una confessione particolare, e specialmente d'una confessione avente un titolo che sa tanto del forestierume, quanto è quello del Metodismo».[77] Poiché l'idea di un'unica Chiesa evangelica italiana è risultata essere un'«utopia» di impossibile realizzazione, afferma l'articolo, è auspicabile che ogni Chiesa conservi la propria autonomia. Il metodismo veniva presentato dunque come una delle denominazioni evangeliche in Italia, cui i fedeli potevano unirsi, qualora

75. Angeleri, *"Nonconformisti" a Padova*, p. 37.
76. Cfr. ASCM, cartella n. 2, *Resoconto d'una Conferenza* [...] *1868*.
77. *Spiegazioni*, in «Il Corriere Evangelico», I, febbraio 1869, pp. 2-4.

ritenessero che le sue «dottrine» e la sua forma organizzativa fossero i più conformi alle loro credenze sulle «verità Cristiane». La Chiesa metodista si proponeva di mediare dottrine e strutture di provenienza britannica con la realtà e le esigenze italiane: in ciò rifiutava l'accusa di essere qualcosa di "estraneo" alla nazione e affermava di poter esistere in Italia.

«Il Corriere Evangelico» non si configurava come periodico "culturale": soprattutto nelle prime annate, contiene principalmente notizie e resoconti, anche dall'estero (ad esempio, notizie di cronaca religiosa da paesi ove esistevano missioni metodiste, come l'India). Tra i contributi più interessanti di questi primi anni, si possono ricordare i numerosi articoli dedicati al Concilio Vaticano I (1869-70) e alla connessa proclamazione (dopo dibattiti interni) del dogma dell'infallibilità *ex cathedra* del pontefice (costituzione *Pastor aeternus*): esito che viene visto dal «Corriere» come un'affermazione di *assolutismo*.[78] Lo sviluppo di un argomento già tradizionale di controversia trovava così terreno fertile nella riflessione sugli esiti della sempre più marcata radicalizzazione della prospettiva intransigente del papato di Pio IX, in cui le caratteristiche della "società moderna" erano risolutamente condannate, auspicando il ritorno a una *societas christiana* di stampo medievale: non a caso l'altra costituzione del Concilio, la *Dei Filius*, sposava le tesi intransigenti sulla derivazione di tutti i cosiddetti «errori» moderni (dal razionalismo all'ateismo) dalla Riforma e dal principio del "libero esame" delle Scritture.[79]

Sul «Corriere Evangelico», nonostante la strutturazione denominazionale, non compaiono molti articoli di approfondimento sul metodismo. In alcuni casi riemerge però, in continuità con «Il Museo Cristiano» e con la prospettiva di Wesley, l'interesse patristico: oltre a sporadiche citazioni disseminate in vari articoli, si pubblicano alcuni contributi esplicitamente dedicati a testi dell'età apostolica o patristica, come la *Prima lettera di Clemente* o il *Pastore* di Erma.[80]

78. Cfr. ad es. *Il Concilio ecumenico*, in «Il Corriere Evangelico», I, dicembre 1869, pp. 161-162; *Il potere ecclesiastico ed il potere civile*, ivi, II, febbraio 1870, pp. 3-4; marzo 1870, pp. 19-20; aprile 1870, pp. 34-36; maggio 1870, pp. 55-57; giugno 1870, pp. 67-69; *Notizie del mese*, aprile 1870, p. 33 (che riporta la formula della proclamazione dell'infallibilità).

79. Cfr. anzitutto Miccoli, *Chiesa e società in Italia fra Ottocento e Novecento*; Menozzi, *La Chiesa cattolica e la secolarizzazione*.

80. Si vedano *Epistola di S. Clemente I ai Corinti*, in «Il Corriere Evangelico», VI, 3 luglio 1874, pp. 212-213; *Il Libro del Pastore di Erma*, ivi, 18 dicembre 1874, pp. 404-405.

Prima di passare all'analisi dei volumi stampati in quegli anni, occorre ancora ricordare, per quanto riguarda i periodici, che al «Corriere Evangelico», periodico metodista ufficiale per il Distretto Nord, se ne affiancava uno per il Distretto Sud: «L'Aurora», edito a Napoli sempre a partire dal febbraio 1869,[81] ormai di difficilissima reperibilità. La sua pubblicazione, comunque, non dovette andare oltre l'anno 1874, nel quale a Napoli si iniziò a stampare un altro periodico metodista wesleyano ufficiale, «La Civiltà Evangelica» (cfr. *infra*, cap. 4).

***

Fondamentali sono i *volumi* stampati dai wesleyani a partire dal 1868, e che esemplarmente testimoniano «il tentativo di portare il messaggio teologico metodista in Italia».[82] I primi, importanti testi, utilizzati – come si è visto – anche durante la Conferenza del 1868, sono la *Breve storia del metodismo fino alla morte di Giovanni Wesley* e i *Ventidue sermoni* di Wesley, entrambi curati da Piggott (anche se nel secondo il suo nome non compare) ed editi a Padova nel 1868.[83] Testi spesso citati dalla storiografia, ma in realtà mai davvero approfonditi, mai analizzati e citati in dettaglio. Occorrerà analizzare soprattutto la scelta dei ventidue sermoni, tra le migliaia che Wesley predicò (oltre centocinquanta editi), essa stessa significativa per tracciare la sintesi che si voleva veicolare (come si è visto, Piggott aveva parlato di «a series of the more directly doctrinal of Wesley's Sermons»).

La *Breve storia* descrive la vita di Wesley e lo sviluppo del movimento metodista, fino al 1791. La scelta di interrompere la trattazione con la morte di Wesley si inquadra ancora nella prospettiva non-dogmatica e non-denominazionale del metodismo, che viene concepito come movimento di rinnovamento (o più precisamente di Risveglio) *interno* all'(unica) Chiesa universale. Piggott, nella *Prefazione*, spiega appunto che fino alla morte di Wesley il metodismo non era ancora una denomina-

Si tratta di sintesi riassuntive di questi testi, con brevi note su datazione e contesto.

81. Da non confondere con l'omonimo periodico metodista episcopale per ragazzi che uscirà decenni dopo (1893-1905).

82. Chiarini, *Storia delle Chiese metodiste*, p. 37.

83. E.[= H.J.] Piggott, *Breve storia del metodismo fino alla morte di Giovanni Wesley nel 1790* [ma 1791], Padova, Bassanesi, 1868; G. [= J.] Wesley, *Venti-due* [*sic*] *sermoni per il Rev. Giovanni Wesley A.M., fondatore delle Chiese evangeliche dette metodiste*, prima versione italiana, Padova, Bassanesi, 1868.

zione o una Chiesa a sé, ma «un movimento comune a tutte le Chiese»,[84] rappresentando dunque un impulso di rinnovamento all'interno dell'intera cristianità moderna: Piggott, poco oltre (nell'Introduzione), lo definisce «una crisi della cristianità moderna», «un novello impulso dato da Cristo stesso all'intera sua Chiesa».[85] Tracciarne la storia è dunque tracciare la storia di uno dei movimenti di rinnovamento all'interno della storia del cristianesimo.[86]

Tale "sguardo ampio" entra comunque in dialettica con la volontà e l'esigenza di fornire una descrizione del metodismo nella sua caratterizzazione: insieme ai Sermoni di Wesley, il volume servì agli evangelisti metodisti italiani nella loro prima riunione comune per avere informazioni sulla storia, la teologia e le strutture ecclesiastiche metodiste, e approvare dunque le sue *dottrine* e *discipline*.[87] Come riportava Piggott nella sua sopracitata lettera alla WMMS del 17 luglio 1868, nella riunione fu letto e approvato, «articolo per articolo», il compendio di *discipline* metodiste contenuto nella *Breve storia*. Si tratta del capitolo XV, *Costituzione ecclesiastica del metodismo*, da considerarsi una sorta di "appendice" alla trattazione storica precedente, e dedicato a spiegare le strutture metodiste come le società, le classi, il circolo/circondario, i distretti, la Conferenza Generale annuale; a descrivere il ruolo dei ministri e dei predicatori laici locali, nonché il percorso per diventare ministro metodista (dal servizio come predicatore locale, agli studi teologici, al periodo sotto prova, fino alla consacrazione mediante imposizione delle mani). La situazione italiana presentava comunque delle specificità, e Piggott intendeva rispettare l'"italianità" della Chiesa in via di costituzione: perciò la strutturazione

84. Piggott, *Breve storia*, p. 8. Piggott scrive che fino alla morte di Wesley «la Storia del Metodismo non è tanto la Storia di una Chiesa particolare quanto di un movimento comune a tutte le Chiese [...]. Continuare la storia sarebbe stata racchiuderla entro i limiti d'una sola denominazione» (pp. 7-8).

85. Ivi, citazioni rispettivamente a p. 9 e a p. 10.

86. «La storia del Metodismo non è dunque la storia di una setta o d'una chiesa particolare, ma d'una crisi della cristianità moderna, d'un'opera di Dio, la quale s'effettuò in tutta la chiesa di Cristo» (ivi, p. 9).

87. Cfr. Chiarini, *Storia delle Chiese metodiste*, p. 41: «Steso con l'unico intento di fornire una base di conoscenze delle vicende da cui ebbe origine il metodismo nonché della sua teologia, ed una piattaforma per il primo incontro di predicatori metodisti italiani, il volumetto di Piggott intende presentare il metodismo nella sua globalità e l'incidenza esercitata nella storia religiosa inglese».

ecclesiastica metodista fu a volte adattata al contesto italiano, con fluidità, mantenendo comunque le caratteristiche principali.[88]

Per quanto riguarda la ricostruzione storica tracciata nel volume, Piggott ripercorre la vita di Wesley, a partire dal contesto familiare, passando per gli anni di Oxford (1725-1735), fino alla "scoperta" della salvezza per grazia e non per opere, quindi la fondazione delle prime società metodiste, e lo sviluppo dell'opera nei decenni successivi (compreso l'approdo del metodismo negli Stati Uniti). Non si tratta di una trattazione particolarmente originale: va contestualizzata all'Italia del 1868, in cui la figura di Wesley era pressoché sconosciuta.[89] Basterà rilevare qui alcuni elementi significativi, in particolare sottolineando alcuni spunti teologici ribaditi con più forza da Piggott. Tra questi, la giustificazione per fede, cardine della Riforma che Piggott presenta anche tramite il richiamo alla paolina *Epistola ai Romani*; e d'altro canto, la tradizione pietista come altra grande "fonte" di Wesley, che la conobbe attraverso i contatti con i Fratelli Moravi: da qui giunse a porre l'accento sull'esperienza *personale* di conversione e "risveglio". Inoltre, con una scelta non superficiale, Piggott affronta anche il tema dell'arminianesimo di Wesley, spiegandone la differenza con la visione calvinista di George Whitefield, che causò la separazione tra questi e Wesley.[90] Piggott si era reso conto immediatamente del carattere calvinista della teologia della Chiesa valdese[91] (sebbene anch'essa avesse

88. Cfr. ivi, pp. 39-41.

89. Per quanto riguarda la consistente bibliografia contemporanea sulla vita di Wesley e la storia del primo metodismo, rinvio qui soltanto a H.D. Rack, *Reasonable Enthusiast. John Wesley and the Rise of Methodism*, London, Epworth Press, 2002[3]; J.M. Turner, *John Wesley: The Evangelical Revival and the Rise of Methodism in England*, Peterborough, Epworth Press, 2002; K.J. Collins, *John Wesley. A Theological Journey*, Nashville, Abingdon Press, 2003; in prospettiva più ampia, D. Hempton, *Methodism. Empire of the Spirit*, New Haven-London, Yale University Press, 2005. In italiano si veda Carile, *Il metodismo*.

90. Cfr. Piggott, *Breve storia*, pp. 100-109, in partic. 100-102, sulle cinque tesi arminiane fondamentali, le prime quattro – scrive – già esposte al Sinodo di Dort: 1) il decreto divino è salvare tutti coloro che mantengono la fede in Cristo, e abbandonare alla dannazione coloro che continuassero a non credere; 2) la morte di Cristo ha valore espiatorio per *tutti*, sebbene solo i credenti possano partecipare ai benefici divini; 3) l'uomo non può, da sé, produrre la fede o fare il bene: è necessario un rinnovamento operato dallo Spirito; 4) la grazia «non costringe alcuno contro alla sua volontà», ma può essere respinta; 5) è possibile decadere dallo stato di grazia ricevuta. Sulla controversia anticalvinista cfr. anche ivi, pp. 162-168. Si veda anche *John Wesley*, a cura di A.C. Outler, pp. 425-491.

91. In una lettera del 23 luglio 1862 scrive: «È necessario contrattaccare il sapore piuttosto forte di calvinismo che pervade qui la letteratura evangelica» (cit. in Stephens, *Le*

recepito prima la teologia illuminista, poi quella del Risveglio, che aveva "ammorbidito" la sua teologia della grazia),[92] e in continuità con la propria tradizione teologica aveva deciso di presentare con chiarezza la differente prospettiva della teologia wesleyana, arminiana.

Altro elemento da sottolineare, il fatto che Piggott estrinsechi qui la concezione del "sogno protestante", ossia l'idea di una riforma religiosa italiana che completasse quella politica risorgimentale: il punto chiave è che Piggott presenta questa idea proprio attraverso un parallelo tra l'influsso che Wesley aveva avuto sul contesto inglese, e ciò che nelle sue speranze doveva accadere nell'Italia postunitaria. In Inghilterra, scrive, la Riforma si era sviluppata sul piano dapprima «politico» e «patriottico», con riferimento alla Chiesa anglicana come reazione all'ingerenza straniera cattolica, ma mancava il lato «spirituale», ossia una vera "conversione" dei cuori. Questo "risveglio" sarebbe stato appunto recato da Wesley, che secondo Piggott aveva così compiuto la Riforma inglese.[93] Tale compimento doveva allora verificarsi anche in Italia, ed emerge che per Piggott il metodismo poteva giocare un ruolo anche in questo caso.[94]

Lo stesso anno della *Breve storia* viene pubblicata l'antologia di *Ventidue sermoni* di John Wesley. Il volume si apre con una *Avvertenza preliminare*, non firmata ma opera del curatore (Piggott), ove si spiega che «[i] seguenti discorsi sono considerati come "testo dottrinale" dalle Chiese Metodiste in ogni parte del globo» (p. 3).[95] Tuttavia, si specifica, non è per questo che vengono tradotti e presentati al pubblico italiano, ma perché «in essi sono esibite in forma chiarissima, e sostenute con copia di prove bibliche quelle verità fondamentali intorno alle quali son d'accordo tutte le Chiese Evangeliche». Non si equivochino queste affermazioni. La specifi-

origini britanniche, p. 43). Anche il suo collega Green, che appena giunto in Italia aveva partecipato su invito al Sinodo valdese del 1861 (cfr. ivi, pp. 37-38), si esprime in modo simile: questa esperienza, e i vari contatti con i valdesi, gli avevano consentito di conoscere meglio questa Chiesa e di riscontrare «il carattere calvinista della loro teologia» (lettera del 18 giugno 1861, citata ivi, p. 38), che avrebbe potuto suscitare obiezioni nei metodisti qualora questi avessero dovuto frequentare la Facoltà teologica valdese.

92. Così Vogel, *Comunità e pastori del protestantesimo italiano*; cfr. anche Nitti, *Il sogno protestante*, e Spini, *Italia liberale*, p. 197.

93. Cfr. Piggott, *Breve storia*, pp. 11-17.

94. Cfr. ivi, *Prefazione*, p. 8: la storia del metodismo «non ci pare senza applicazione ai tempi che corrono in Italia».

95. Per non appesantire le note, citerò qui nel corpo del testo i riferimenti a questa fonte (cit. *supra*, nota 83).

cazione, lungi dal rappresentare una *retractatio* della volontà di diffondere il messaggio teologico metodista, va intesa piuttosto, da un lato, come una sorta di "astuzia retorica" per evitare di offrire il destro a quell'accusa di «forestierume» che veniva evocata nel sopracitato articolo del 1869 nel periodico «Il Corriere Evangelico», e dall'altro come una posizione che essa stessa più metodista, nel senso di wesleyana, non potrebbe essere. Una delle caratteristiche centrali della prospettiva teologica metodista, infatti, è una "ecumenicità" rintracciabile nei testi e nella prassi di John Wesley, fondata in particolare su una riduzione del nucleo dogmatico rigido, in favore dell'accordo sulle cosiddette "dottrine fondamentali" o "essenziali" comuni a diverse confessioni.[96] Tale riduzione della rigida struttura dogmatica, tale "liberalità" teologica, sarà proprio una delle caratteristiche che attirerà al metodismo filosofi (!) come Pietro Taglialatela ed Enrico Caporali, e tale traiettoria "ecumenica" che ha origine in John Wesley si dispiegherà fino ai tempi di Ernesto Buonaiuti, che appunto verrà accolto come predicatore laico (oltre che come docente nella Scuola Teologica) proprio dalla Chiesa metodista wesleyana. Si può dunque riconoscere nell'accenno dell'*Avvertenza* alle «verità fondamentali» un'eco, forse non involontaria, di questa concezione. Una prova ulteriore in tal senso la si ha nelle righe successive, dove la prospettiva si amplia dalle «Chiese Evangeliche» all'intero cristianesimo, e dove si evoca indirettamente il concetto – complementare a quello di "verità fondamentali" – di "punti secondari", ossia "dottrine inessenziali" (o *indifferenti*): «E se in qualche punto secondario il lettore non fosse del parer dell'autore, lo pregheremmo di porre in non cale siffatta lieve differenza, e di por mente invece a quella lucida e persuasiva esposizione delle gran Verità del Cristianesimo, che è contenuta in questi Sermoni» (p. 3). Prospettiva assolutamente consonante con il Wesley del sermone *Catholic Spirit*, non a caso incluso in questa raccolta (*Lo Spirito Cattolico*), dove si invitava l'interlocutore a non soffermarsi sulle differenze di *opinioni* (*opinions*, altro concetto sinonimo di "dottrine inessenziali", per Wesley),[97] ma di considerare invece le "dottrine essenziali".

96. Mi permetto di rinviare ad A. Annese, *«With open arms the world embrace». Motivi "ecumenici" in John Wesley: per un confronto con Erasmo da Rotterdam*, in *Ecumenismo e cattolicità delle Chiese*, pp. 101-117. Cfr. anche *infra*, cap. 4.2.2.

97. Cfr. T.A. Campbell, *The Shape of Wesleyan Thought: The Question of John Wesley's "Essential" Christian Doctrines*, in «The Asbury Theological Journal», 59/1-2 (2004), pp. 27-48; J.A. Newton, *The Ecumenical Wesley*, in «The Ecumenical Review», 24/2 (1972), pp. 160-175.

Tutto ciò è perfettamente coerente, inoltre, con il passo d'apertura del testo programmatico *The Character of a Methodist* (1742), in cui Wesley spiegava che un metodista non si distingue per particolari formulazioni dottrinali, non per «opinions» particolari: crede in una serie di dottrine definite essenziali, come la Scrittura quale sola regola della fede e della prassi cristiana, o la divinità di Cristo; ma per quanto riguarda ciò che non tocca «le radici del cristianesimo», egli «pensa e lascia pensare».[98] Wesley infatti non concepiva il metodismo come una Chiesa particolare, ma come un movimento di rinnovamento e risveglio interno alla Chiesa anglicana, e più in generale interno alla Chiesa universale (e così lo aveva presentato Piggott, nella sua *Breve storia*); come è noto, però, dopo la sua morte esso si strutturò quale denominazione distinta dalla Chiesa d'Inghilterra, scelta che era divenuta inevitabile, come era emerso già durante la vita di Wesley. È importante però tenere presente questo *doppio livello*, che aiuta anche a comprendere l'*Avvertenza preliminare* all'edizione italiana dell'antologia di Sermoni: da un lato una specificità metodista, che però, più che una vera e propria "teologia" (sistematica) a sé, è costituita da una serie di «*enfasi* teologiche», come è stato scritto;[99] dall'altro, l'apertura "liberale", "ecumenica", la non-dogmaticità. È fondamentale considerare questa *dialettica* tra i due poli: è chiaro, ad esempio, che il metodismo *presenta* dottrine specifiche, o particolari enfasi teologiche, come quella sulla *santificazione/perfezione*, e che Wesley scrisse più volte testi di chiara polemica contro dottrine cattoliche, calviniste, o contro alcune caratteristiche delle dottrine dei Fratelli Moravi, segno dunque di una precisa presa di posizione, laddove il rifiuto di un dogmatismo rigido

98. «The *distinguishing marks* of a Methodist are not his *opinions* of any sort. [...] We believe, indeed, that "all Scripture is given by the inspiration of God"; and herein we are distinguished from Jews, Turks, and Infidels. We believe the written word of God to be the *only and the sufficient* rule both of Christian faith and practice; and herein we are fundamentally distinguished from those of the Romish Church. We believe Christ to be the Eternal Supreme God; and herein we are distinguished from the Socinians and Arians. But as to all opinions which do not strike at the root of Christianity "we think and let think"» (J. Wesley, *The Character of a Methodist*, § 1, in *The Methodist Societies: History, Nature, and Design*, a cura di R.E. Davies, in *Works*, IX, pp. 33-34).

99. R. Gribben, *«Let us look one another in the eye». Una panoramica dei dialoghi che coinvolgono il Consiglio metodista mondiale*, in *Ecumenismo e cattolicità delle Chiese*, pp. 64-75, in partic. p. 65. Per il concetto, cfr. J.E. Vickers, *Wesley's theological emphases*, in *The Cambridge Companion to John Wesley*, a cura di R.L. Maddox e J.E. Vickers, Cambridge-New York, Cambridge University Press, 2010, pp. 190-206.

non significava un annacquamento teologico, uno scarso livello di elaborazione teologica, o una posizione deista.

Dopo l'*Avvertenza*, la raccolta italiana di sermoni si apre con una *Prefazione* di Wesley stesso, che – sebbene non indicato – è possibile riconoscere come la traduzione di quella che l'autore stampò in apertura della sua raccolta *Sermons on Several Occasions* (tre volumi editi tra il 1746 e il 1750, poi un quarto nel 1760, per un totale di quarantaquattro sermoni), scritta nel 1745-1746.[100] Tale raccolta di quarantaquattro sermoni è considerata dalle varie Chiese metodiste come lo "standard dottrinale", la base dottrinale del metodismo (insieme alle *Explanatory Notes upon the New Testament* di Wesley, 1755), sulla base di un'indicazione di Wesley stesso. Questi infatti, nel *Model Deed* del 1763,[101] invitava i predicatori metodisti a «preach no other doctrine than is contained in Mr. W[esley]'s *Notes upon the New Testament* and four Vol[ume]s of Sermons».[102] Ciò implicava che

100. Non 1747 come riportato in *Venti-due sermoni*, p. 5: cfr. *John Wesley*, a cura di A.C. Outler, p. 88; A.C. Outler, *Introduction*, in J. Wesley, *Sermons I*, a cura di A.C. Outler, in *Works*, I, pp. 1-100, in partic. p. 38. La raccolta di sermoni di Wesley arriverà (vivente l'autore) a un totale di otto volumi (1788; ne uscirà un nono nel 1800, con altri sermoni che erano stati pubblicati sull'«Arminian Magazine»), con oltre cento sermoni – poi fino a centocinquanta (più uno che in realtà è del fratello Charles) nelle edizioni postume, compresa l'attuale edizione critica. La raccolta originaria è J. Wesley, *Sermons on Several Occasions*, 3 voll., London, Strahan, 1746-1750, cui si aggiunse il quarto, Bristol, Grabham, 1760.

101. Il *Model Deed* si trova nelle cosiddette "*Large*" *Minutes* del 1763. Con "*Large*" *Minutes* si indicano gli estratti dai verbali dalle Conferenze metodiste relativi a questioni disciplinari e pratiche; l'aggettivo li distingue dalle "*Penny*" *Minutes* (annuali). La loro origine si colloca nel 1749, quando Wesley pubblica due volumetti di estratti dalle precedenti *Minutes* delle Conferenze (1744-48): le "*Doctrinal*" *Minutes* e le "*Disciplinary*" *Minutes*, entrambe apparse inizialmente sotto il titolo *Minutes of Some Late Conversations between the Revd. M. Wesleys and Others*. Le *Disciplinary Minutes* assumeranno però presto il titolo di *Minutes of Several Conversations between the Reverend Mr. John and Charles Wesley and Others* (più l'indicazione degli anni di riferimento) e costituiranno la prima versione di ciò che sarà chiamato "*Large*" *Minutes* (titolo mai apparso ufficialmente nei volumi stampati, ma usato da Wesley nelle sue lettere). Di esse saranno realizzate, negli anni, versioni rivedute (1753, 1763, 1770, 1772, 1780, 1789): il *Model Deed* è appunto in quella del 1763, § 67. Lo si legge in *The Methodist Societies. The Minutes of Conference*, a cura di H.D. Rack, in *Works*, X, pp. 868-870. Le informazioni sulla storia di questi testi sono nelle introduzioni alle varie sezioni del volume, in partic. pp. 105-106, 775-777, 836-843.

102. Ivi, pp. 869-870. Si è a lungo dibattuto su cosa si dovesse intendere per «four volumes of sermons» (e dunque su quali fossero gli *standard sermons*), perché se nei quattro volumi del 1746-1760 vi erano quarantaquattro sermoni, nei primi quattro volumi che componevano l'edizione miscellanea dei *Works* di Wesley (1771) i sermoni divennero cin-

le *Notes* e i sermoni fossero ritenuti in grado di «handle or touch upon all the doctrines of the Christian faith and not simply "our [the Methodist] doctrines"».[103] Questo conferma il *doppio livello* cui si accennava: l'*Avvertenza preliminare* alla traduzione italiana, infatti, affermava subito che i sermoni pubblicati «sono considerati come "testo dottrinale" dalle Chiese Metodiste in ogni parte del globo» (p. 3), eppure poi li presentava in un'ottica più ampia come esposizione efficace delle "verità fondamentali del cristianesimo", in tutto ciò non facendo altro che restituire l'intenzione di John Wesley.

Passando alla prefazione di Wesley riprodotta nell'edizione italiana del 1868, già nel primo paragrafo l'autore spiega che la raccolta di sermoni include, in un modo o nell'altro, tutte le dottrine che egli ritiene «le cose essenziali nella religione Cristiana [*the essentials of true religion* nell'originale]» (p. 5).[104] Wesley tocca poi la questione del linguaggio, spiegando di aver cercato non terminologia forbita e retorica eloquente, ma semplicità, volendo presentare «verità semplici per gente semplice [*I design plain truth for plain people*]», astenendosi da «teorie sottili e filosofiche» (p. 5). Ricorda poi il suo intento di concentrarsi sul testo biblico, quasi dimenticando altri autori e riferimenti: qui si trova la sua celebre invocazione a Dio «lascia che divenga *homo unius libri*» (p. 6).[105] Dunque, prosegue Wesley, «ne' seguenti sermoni ho esposto quanto trovo nella Bibbia intorno alla via del cielo; col disegno poi di distinguere fra questa via da Dio tracciata, e quelle che gli uomini hanno inventate. Ho provato di definire la Religione vera, scritturale e dello spirito» (p. 7), invitando i lettori a guardarsi sia dal «formalismo»,

quantatré. Si ritenne in seguito che gli *standard* fossero quarantaquattro (come nell'ultima edizione di Wesley, del 1788, e in quella precedente al *Model Deed*): per la ricostruzione delle questioni storiche ed ecclesiastiche cfr. *Wesley's Standard Sermons*, a cura di E.H. Sugden, 2 voll., London, Epworth Press, 1951[3] (ed. or. 1921), I, pp. 13-26 e II, pp. 331-340; R.E. Davies, N.B. Harmon, *Doctrinal Standards of Methodism*, in *The Encyclopedia of World Methodism*, I, pp. 698-703. È interessante notare che nell'antologia italiana del 1868 sono presenti anche alcuni dei nove sermoni aggiunti ai quarantaquattro *standard* originari (dunque si basava forse sui cinquantatré del 1771).

103. Davies, Harmon, *Doctrinal Standards of Methodism*, p. 698.

104. Cito il testo originale della *Prefazione* dall'edizione critica: Wesley, *Sermons I*, in *Works*, I, pp. 103-107.

105. Cfr. anche una lettera di Wesley a John Newton, del 14 maggio 1765: «In 1730 I began to be *homo unius libri*, to study (comparatively) no book but the Bible» (*The Letters of the Rev. John Wesley, A.M.*, a cura di J. Telford [d'ora in poi *Letters* (Telford)], 8 voll., London, Epworth Press, 1931, qui IV, pp. 296-300, in partic. p. 299).

ossia la «religione meramente esterna, la quale ha quasi bandito dal mondo la vera religione del cuore [*heart-religion*]», sia dal pericolo di annullare «la legge per la fede», dunque perdendo di vista la «fede che opera per l'amore [cfr. *Gal* 5,6]». Si trovano qui condensate da Wesley, e di conseguenza presentate da Piggott ai metodisti italiani, alcune delle concezioni teologiche wesleyane fondamentali: l'idea di una "religione del cuore", che mostra il retaggio pietista, *risvegliato* di Wesley, e quella della "fede operante tramite l'amore", dunque di un accento sulla bontà delle *opere* (pur difendendo Wesley la dottrina protestante della salvezza per sola fede, tema del primo sermone), o meglio, appunto, su una *fede operante*. Infine, le battute finali della prefazione insistono su un altro tema tipicamente wesleyano, quello dell'*amore* (*caritas*): l'autore, riecheggiando tematiche paoline, scrive che l'amore, anche qualora vi si uniscano delle false opinioni, è da preferirsi alla verità stessa priva di amore, perché «[p]ossiamo morire senza la conoscenza di molte verità, e tuttavia esser portati nel seno di Abramo. Ma, se moriamo senza amore, quanto ci varrà la scienza? Appunto quanto vale al diavolo ed a' suoi angeli!» (p. 8).

La prefazione appena citata potrebbe già fungere da emblematica sintesi della raccolta di sermoni, che del resto è impossibile esaminare qui integralmente. È possibile però almeno evidenziare le tematiche dei ventidue sermoni e trasceglierne alcuni spunti. Si è già accennato al primo, *Salvazione per la fede* (*Salvation by Faith*), su *Ef* 2,8, e all'ultimo, *Lo Spirito Cattolico*, su *2Re* 10,15. *Salvation by Faith* fu predicato all'Università di Oxford l'11 giugno 1738, ed è la prima occasione in cui Wesley predicò dopo la "conversione" di Aldersgate vissuta il 24 maggio di quell'anno. Aveva dunque un significato particolare, e per questo motivo Wesley lo poneva come primo della sua raccolta. È dedicato alla spiegazione della salvezza per grazia mediante la fede, dunque alla "nuova" comprensione wesleyana della giustificazione, descritta in termini luterani – già recepiti comunque attraverso il *Book of Homilies* della Chiesa anglicana (cfr. § III,8, p. 18). Il tema torna in altri due sermoni antologizzati, *Giustificazione per fede* (*Justification by Faith*), su *Rm* 4,5, e *La Giustizia per fede* (*The Righteousness of Faith*), su *Rm* 10,5-8.

La raccolta include poi il citato *La via che mena al Regno* (*The Way to the Kingdom*), su *Mc* 1,15 (sullo stesso testo predicò *Il ravvedimento de' credenti*, *The Repentance of Believers*, anch'esso nella raccolta). In questo testo Wesley definisce l'essenza della «vera Religione», che non consisterebbe in nulla di «esteriore», come «*forme* o *cerimonie*», o azioni, e nemmeno in «ortodossia o rette opinioni»: essa sarebbe invece situata nella dimensione più profonda e nascosta «del cuore» umano, e sarebbe ciò che Paolo ha sintetizzato come «giustizia, pace, e letizia nello Spirito Santo [cfr. *Rm* 14,17]» (§§ I,1-7). Santità e felicità, prosegue Wesley, non sono altro che «il Regno di Dio» o «il Regno de' cieli» (§ I,12). La via che vi conduce è il ravvedimento e la fede – ma che genere di fede? Non un mero assenso intellettuale alle dottrine contenute nella Bibbia: deve trattarsi, secondo Wesley, di una fiducia, di una certezza nella salvezza ottenuta tramite il sacrificio di Cristo, e – coerentemente con l'accento posto dal Risveglio sulla dimensione *personale* – di un percepire la *propria* salvezza: «Questa fede è una ferma fiducia nella misericordia di Dio, per mezzo di Gesù Cristo [...]. Ella è una divina evidenza o convinzione che "Iddio ha riconciliato il mondo a sé in Cristo" [cfr. *2Cor* 5,19] [...] e soprattutto, che il Figliuolo di Dio ha amato *me*, si è dato per *me*, e che io stesso sono adesso riconciliato con Dio, mediante il sangue sparso da Gesù Cristo sopra la croce» (§ II,10).

Tra i sermoni che evidenziano specifici accenti wesleyani occorre poi segnalare *Il gran privilegio di coloro che son nati da Dio* (*The Great Privilege of those that are Born of God*), su *1Gv* 3,9: «Chiunque è nato da Dio non persiste nel commettere peccato, perché il seme divino rimane in lui, e non può persistere nel peccare perché è nato da Dio». Il tema si connette a quello della concezione specificamente wesleyana della *santificazione* e del suo culmine nella *perfezione cristiana* (sulla quale si tornerà ampiamente). Coloro che sono "nati di nuovo", "nati dallo Spirito", dunque coloro che hanno iniziato il cammino di santificazione, per Wesley non possono più peccare. Egli si trovava però nella necessità di spiegare il significato preciso di questa affermazione, che poteva destare critiche e fraintendimenti.[106] Distingue così tra una dimensione *esteriore* e una *interiore* del peccato; il peccato vero e proprio è quello esteriore (*outward sin*), da lui definito come «un'attuale volontaria trasgressione della legge scritta o rivelata di Dio», o di qualunque suo comandamento (§ II,2). Chi è «nato da Dio» non può commettere questo tipo di peccato, non può trasgredire volontariamente i comandamenti di Dio. Tuttavia, ciò è possibile solo fintanto che egli si mantiene nella condizione di "nuova nascita". Wesley constata l'esistenza, anche nei testi biblici, di esempi di «nati da Dio» che però commisero pec-

106. Stessa esigenza in un altro sermone della raccolta, *Del peccato nei credenti* (*On Sin in Believers*), su *2Cor* 5,17.

cati esteriori: Davide (adulterio e assassinio), Barnaba (abbandonò Paolo), Pietro (Wesley cita *Gal* 2, per mostrare quella che definisce la sua errata condotta e il suo comportamento ipocrita sulla questione degli idolotiti). La spiegazione di Wesley si delinea attraverso una distinzione di vari "gradi" di peccato, e del cammino che può verificarsi dalla grazia al peccato, anche nel giustificato: chi non «conserva se stesso» nella grazia e nella fede, viene sempre più irretito dalla tentazione, si allontana da Dio, e cade prima nel «peccato negativo, interiore», poi in quello «positivo, interno», quindi perde la stessa fede e, di conseguenza, l'amore di Dio e la sua grazia, ed essendo allora debole, commette il peccato esteriore (§§ II,7 e II,9). È dunque necessaria, secondo Wesley, una «reazione dell'anima» all'azione di Dio (§ III,3): occorre preservare la grazia, vigilare, fortificarsi nella fede.

Il sermone appena citato si connetteva dunque da un lato con il tema della *perfezione* e della *santificazione*, affrontate in una prima occasione già nel sermone del 1733 sulla *Circoncisione del cuore* (*The Circumcision of the Heart*), su *Rm* 2,29, anch'esso incluso qui: tale "circoncisione del cuore" viene in quest'ultimo descritta come «quella abituale disposizione dell'anima, che nelle sacre scritture ha nome di *santità*; e che importa per conseguenza diretta l'esser purgato dal peccato [...] e quindi l'esser fornito di quelle virtù che erano eziandio in Gesù Cristo; l'esser "rinnovato nello spirito della nostra mente" [cfr. *Ef* 4,23] in guisa tale da essere "*perfetto*, come è perfetto il Padre nostro in cielo" [cfr. *Mt* 5,48]» (§ I,1, cors. miei). Ma il sermone sul *Gran privilegio* dei nati da Dio toccava ovviamente anche il tema della "nuova nascita", per spiegare che questa è *logicamente* distinta dalla giustificazione. Se infatti entrambe sono «doni di Dio» elargiti al credente nello stesso identico istante (§ 1), hanno però diversa natura: la giustificazione implica un cambiamento solo *relativo*, mentre la nuova nascita, uno *reale*, effettivo («Justification implies only a relative, the new birth a real, change», § 2);[107] «Iddio nel giustificarci opera qualche cosa *per* noi; nel rigenerarci l'opera la fa *in* noi. Quella cangia la nostra relazione esteriore verso Dio, sicché di nemici diventiamo figliuoli; per questa è siffattamente cangiato l'essere più intimo delle anime nostre che di peccatori diveniamo santi. L'una ci ripristina nel favore, l'altra nell'immagine, di Dio. L'una toglie via la reità, l'altra la potenza del peccato» (§ 2).

107. Questa frase è tradotta erroneamente nei *Ventidue sermoni* del 1868, dove si legge: «La giustificazione implica un cangiamento reale» (p. 257). Il prosieguo del testo traduce invece correttamente.

Al tema della *Nuova Nascita* Wesley dedicò anche un apposito, omonimo sermone (*The New Birth*), su *Gv* 3,7, penultimo nella raccolta del 1868. Qui si approfondiscono gli spunti forniti nel testo appena citato, come la differenza con la giustificazione, il riferimento alla *teologia dell'immagine*, il rapporto con la cancellazione del peccato. Wesley scrive che la giustificazione e la nuova nascita potrebbero essere definite le due dottrine «fondamentali» del cristianesimo, e riprende la distinzione tra opera di Dio *per noi* e opera *in noi*, specificando la prima come il perdonare i peccati, mentre la seconda come il «rinnovare la natura nostra decaduta»; con ancor più chiarezza, sottolinea che «nell'ordine del tempo» le due vengono insieme, ossia, nel momento in cui si viene giustificati per grazia, avviene anche la nuova nascita dallo Spirito – ma «nell'ordine del concepimento logico [...] la giustificazione precede la nuova nascita. Prima concepiamo che l'ira di Dio è stornata dal nostro capo, e poi che il suo Spirito opera nei nostri cuori» (§ 1). Il riferimento al rinnovamento della "natura decaduta" introduce al prosieguo del sermone, che affronta l'esegesi di *Gn* 1 e 3, ossia del racconto della creazione dell'uomo e della donna *ad immagine di Dio* e del peccato originale.[108] Per Wesley è proprio qui il fondamento della dottrina della nuova nascita, ossia «nella intera corruzione della nostra natura» successiva al peccato originale (§ I,4). L'originario *uomo ad immagine* era stato creato privo di peccato, ma scegliendo volontariamente la trasgressione – scrive Wesley – è "morto a Dio" e ha perso, appunto, la condizione di *immagine*,[109] e poiché «in Adamo tutti morimmo» (§ I,4), così è per ogni individuo: «essendo nati in peccato, ci conviene "nascer di nuovo"» (come afferma il testo di *Gv* oggetto del sermone). Da qui Wesley passa a descrivere la «natura» della nuova nascita, quale profondo cambiamento interiore prodotto da Dio nell'anima umana liberata dal peccato (cfr. § II,5). Infine spiega perché tale nuova nascita sia *necessaria*: anzitutto, lo è alla «santificazione» (§ III,1) – torna ancora questo fondamentale tema

108. Sul quale il volume include anche *Il Peccato Originale* (*Original Sin*), su *Gn* 6,5.

109. Sull'esegesi wesleyana dell'*uomo ad immagine* cfr., oltre a questo sermone, anche *Sermon 60. The General Deliverance*, I,1, in *Sermons II*, a cura di A.C. Outler, in *Works*, II, pp. 438-439; *Sermon 141. The Image of God*, in *Sermons IV*, a cura di A.C. Outler, in *Works*, IV, pp. 292-303. Wesley distingue tra immagine *naturale* e *morale*; in alcuni casi introduce un'ulteriore connotazione, l'immagine *politica* (la tripartizione è, ad esempio, proprio nel sermone 45, *The New Birth*, I,1); cfr. R.L. Maddox, *Responsible Grace. John Wesley's Practical Theology*, Nashville, Kingswood, 1994, p. 68.

wesleyano, qui connesso con quello dell'*uomo ad immagine*. Infatti, qui Wesley afferma che «la santità secondo il Vangelo non è niente meno che l'immagine di Dio impressa nel cuore»; essa, cioè, consiste in un essere rinnovati nell'originaria condizione di (o ad) immagine di Dio. La nuova nascita, prosegue Wesley, è inoltre necessaria sia alla salvezza eterna che alla felicità nella vita terrena. Wesley specifica infine che la nuova nascita non equivale né al battesimo (§ IV,1) né alla santificazione (§ IV,3);[110] la nuova nascita «non è già tutta quanta la santificazione, ma soltanto una parte di essa; è la porta, l'accesso alla medesima. Quando siamo nati di nuovo allora incomincia la nostra santificazione [...]; e da quel momento in poi dobbiamo gradatamente "crescere in Colui che è il nostro capo" [cfr. *Ef* 4,15]»; «è per gradi e lentamente che [l'uomo] raggiunge poscia la misura dell'età matura del corpo di Cristo [cfr. *Ef* 4,13]» (§ IV,3).

Questi sermoni illustravano dunque alcuni dei temi più importanti della teologia protestante e metodista in particolare:[111] l'antologia del 1868, che li presentava per la prima volta al pubblico italiano, costituisce perciò un testo chiave nella storia del metodismo italiano. Questo volume, come pure la *Breve storia* di Piggott, resterà per decenni nell'elenco dei testi stabiliti per la preparazione teologica dei ministri metodisti italiani.

***

È opportuno nominare in questo paragrafo, per continuità tematica, altri importanti testi editi dai wesleyani negli anni Settanta dell'Ottocento (sebbene la ricostruzione in dettaglio degli avvenimenti di questo periodo sarà ripresa più avanti): essi si inseriscono nella linea delle prime pubblicazioni wesleyane volte alla diffusione dello specifico messaggio metodista (così soprattutto per il volume di Lelièvre). Si tratta sostanzialmente di traduzioni: nel 1874 esce quella di *The Tongue of Fire* (1856), di William

110. «La nuova nascita non è una cosa identica con la santificazione» (*La Nuova Nascita*, IV,3, p. 307).

111. Tra gli altri temi trattati vi era quello della testimonianza dello spirito, cui sono dedicati ben tre sermoni qui inseriti: *La testimonianza dello Spirito, Discorso I* e *Discorso II* (*The Witness of the Spirit, Discourse I* e *Discourse II*), entrambi su *Rm* 8,16, il primo del 1746, il secondo del 1767; e *La testimonianza dello spirito nostro* (*The Witness of our own Spirit*), su *2Cor* 1,12. Da segnalare anche *I mezzi di grazia* (*The Means of Grace*), su *Ml* 3,7, ove Wesley specifica la sua posizione in contrapposizione a quella di Moravi e metodisti "quietisti" che consideravano superflui i sacramenti e i mezzi di grazia.

Arthur[112] (come si ricorderà, primo inviato della WMMS in Italia). Si è visto sopra che Piggott, in una lettera del 1864, annunciava di aver allora dovuto interrompere la pubblicazione di questa traduzione, il cui manoscritto era già pronto. *La lingua di fuoco* era «uno scritto di edificazione, semplice e piano nello stile, ma degno della larga fortuna di cui godette fra gli evangelici italiani per il suo caldo afflato spirituale nella più genuina linea del metodismo di Wesley e di Whitefield».[113] Sempre nel 1874 viene stampata, a cura di Francesco Sciarelli, la traduzione di un altro scritto di Arthur, stavolta di polemica antipapale: *The Modern Jove* (1873),[114] lungo commento ad una raccolta di discorsi di Pio IX, definitivo "Giove moderno". Il riferimento è ad un discorso del pontefice del 23 giugno 1871, un passo del quale è citato nel frontespizio.[115]

112. W. Arthur, *The Tongue of Fire: or the True Power of Christianity*, London, 1856, trad. it. *La lingua di fuoco, ossia la vera potenza del cristianesimo*, Firenze, Claudiana, 1874, poi Roma, Il Risveglio, 1929 (non 1921). Spini, *Italia liberale*, p. 180, nomina una prima traduzione che sarebbe uscita nel 1871 a cura di F. Sciarelli. Non sono riuscito a rinvenire questa edizione del 1871, ma solo quelle del 1874 e del 1929; quella del 1874, peraltro, è priva di indicazione del traduttore. Potrebbe trattarsi di un'imprecisione di Spini, dal momento che lo stesso Sciarelli, nella sua autobiografia (ove in appendice elenca accuratamente tutte le proprie pubblicazioni e traduzioni), nomina *La lingua di fuoco* nella traduzione del 1874 (*I miei ricordi*, p. 288), ma non dice di averla curata lui (non compare infatti nell'elenco delle proprie opere); afferma invece che la sua prima traduzione dall'inglese fu *Il Giove moderno*, nel 1874 (ivi, pp. 184-185; su questo testo cfr. *infra*). Alla luce delle affermazioni nelle lettere di Piggott, si potrebbe ipotizzare che la traduzione della *Lingua di fuoco* uscita nel 1874 fosse stata realizzata da egli stesso o da suoi collaboratori, comunque wesleyani (ma non da Sciarelli).

113. Così Spini, *Italia liberale*, p. 180. Cfr. J. Brittain, *William Arthur's The Tongue of Fire: Pre-Pentecostal or Proto Social Gospel?*, in «Methodist History», 40/4 (2002), pp. 246-254.

114. W. Arthur, *The Modern Jove: a Review of the Collected Speeches of Pio Nono*, London, Hamilton, Adams & Co, 1873, trad. it. *Il Giove moderno. Una rivista sui discorsi di Pio IX*, a cura di F. Sciarelli, Roma, Tip. Coltellini e Bassi, 1873 (anche se l'uscita effettiva del volume fu rinviata al febbraio 1874, data riportata da Sciarelli nell'autobiografia e confermata da «Il Corriere Evangelico», numeri del 6 e 13 febbraio 1874).

115. «È vero che io non posso, come S. Pietro, lanciar certi fulmini che inceneriscono i corpi; posso nondimeno lanciar dei fulmini che inceneriscono le anime. E l'ho fatto scomunicando tutti coloro che han preparato o tenuto mano alla sacrilega spogliazione». La citazione proviene appunto dalla raccolta edita dal sacerdote Pasquale De Franciscis, *Discorsi del Sommo Pontefice Pio IX*, Roma 1872, p. 158 (da un discorso *Alla Deputazione delle Città e Diocesi del Patrimonio di S. Pietro*). Nel frontespizio del suo commento, Arthur gli affiancava una citazione da Luciano (non riprodotta nella trad. it.): «σε ὁ Ζεὺς ἐκεραύνωσεν ἃ μὴ θέμις ποιοῦντα». È possibile rintracciare l'origine della citazione, che è

Ultimo volume che si ricorda qui, tra quelli degli anni Settanta dell'Ottocento, è la traduzione (sempre di Sciarelli) di un importante testo di Matthieu Lelièvre (ministro metodista francese, 1840-1930) sul fondatore del metodismo: *John Wesley, sa vie et son oeuvre* (1868). Il testo avrà amplissima diffusione, sarà tradotto in più lingue e riedito più volte, fino all'ultima edizione rivista dall'autore, quella del 1925; la traduzione italiana apparve nel 1877[116] ed ebbe un impatto consistente non solo sul mondo evangelico italiano (sarà citata e consigliata anche da Buonaiuti, decenni dopo).[117]

L'opera, di oltre trecento pagine, è strutturata in quattro libri, ognuno comprendente vari capitoli. La scansione è cronologica, fino agli ultimi due capitoli del quarto libro (e dell'intero volume), che sono forse i più interessanti nell'ottica dell'indagine qui proposta. La gran parte del volume si configura come una dettagliata biografia di Wesley (rivolta al vasto pubblico, come spiega la *Prefazione*, dunque basata essenzialmente sul *Journal* di Wesley, privilegiando l'elemento aneddotico),[118] dalla nascita, alle esperienze di Oxford, al viaggio nelle colonie americane, quindi all'esperienza di "conversione" o "risveglio" del 1738 e alla fondazione delle prime *societies* metodiste, fino allo sviluppo di questo movimento, chiudendosi con la morte di Wesley. Lungo i capitoli dell'opera vengono sempre ricostruiti i contesti che soggiacciono alle esperienze di Wesley: si pensi al capitolo quinto del I libro, sullo *Stato morale e religioso d'Inghilterra al principio*

Dialogi deorum, Dialogo XV (ed. M.D. Macleod) tra Zeus, Asclepio ed Eracle; nel passo citato, Eracle dice ad Asclepio: "Zeus ti fulminò per le tue azioni empie [...]".

116. M. Lelièvre, *John Wesley: sa vie et son oeuvre*, Paris, Librairie Évangélique, 1868, trad. it. *Giovanni Wesley. Sua vita e sua opera*, a cura di F. Sciarelli, Padova, Prosperini, 1877.

117. In un articolo del 1931 (su cui si tornerà *infra*, cap. 6), Buonaiuti scrive che ritiene «spiritualmente benefica una larga divulgazione» delle opere di M. Lelièvre, *John Wesley: sa vie et son oeuvre* e *La théologie de Wesley* (e.b., *John Wesley*, in «Ricerche Religiose», VII [1931], pp. 283-284).

118. Lelièvre si avvalse però anche di numerose fonti secondarie: lo indica egli stesso nella *Prefazione* all'edizione originale francese, non riportata in quella italiana. Qui (*John Wesley: sa vie et son oeuvre*, p. XIII) scrive che lo hanno aiutato soprattutto «les biographies de Wesley par Watson, Southey, etc.; les ouvrages d'Isaac Taylor, de Thomas Jackson, de George Smith, de Luke Tyerman, de John Kirk, etc.», oltre al *Journal* di Wesley e all'edizione delle sue opere in 14 volumi (quella di Jackson, 1829-1831). Ma in particolare, aggiunge, si è avvalso della storia del metodismo di Abel Stevens: *The history of the religious movement of the eighteenth century, called Methodism, considered in its different denominational forms, and its relations to British and American Protestantism* (3 voll., New York, Carlton & Porter, 1858-1861).

del secolo decimottavo, oppure alla ricostruzione delle dispute di Wesley con Whitefield, sulla predestinazione, o con i Fratelli Moravi; non mancano poi pagine dedicate ai dibattiti su questioni dottrinali e organizzative nelle Conferenze metodiste, nonché ai rapporti con la Chiesa anglicana; vi è anche un capitolo sulla fondazione della Chiesa metodista americana. Fin qui, l'opera proponeva argomenti già presenti nella *Breve storia del metodismo* di Piggott. Ma gli ultimi due capitoli – formalmente parte del IV libro (sulla vecchiaia di Wesley), ma in realtà esterni alla trattazione cronologicamente ordinata – rivestono particolare interesse, pensando sempre all'impatto che questa pubblicazione poteva avere (ed ebbe) per il metodismo italiano, a livello di trasmissione dello specifico messaggio teologico wesleyano. Il penultimo capitolo, *Carattere di Wesley*, traccia un profilo sintetico del teologo inglese; degno di nota, qui, un riferimento al suo «liberalismo cristiano», ossia il suo "spirito ecumenico": si menziona qui anche l'importante sermone *Spirito cattolico* (cfr. pp. 316-317).[119] L'ultimo capitolo, *L'opera di Wesley ed i suoi risultati*, è ancora più ricco di spunti: qui Lelièvre ricostruisce direttamente la *teologia* di Wesley, in rapporto con quella della Riforma, descrivendone le dottrine principali; quindi affronta l'*ordinamento* delle Chiese metodiste; infine, l'impatto del metodismo sul contesto religioso inglese.

Lelièvre insiste molto sulla collocazione di Wesley all'interno dei movimenti di Risveglio (*Revival*, *Réveil*): già nella *Prefazione* dell'opera pone l'accento sulla sua importanza nel contesto del Risveglio inglese del XVIII secolo, ravvisando una continuità fra i movimenti di "Risveglio" (a vario titolo), affermando che quello del XVIII secolo è figlio della Riforma del XVI e padre degli analoghi movimenti più recenti, come quello che vede in Francia ai suoi giorni. Anche nell'ultimo capitolo dell'opera, affrontando la teologia metodista, la connette ai «bisogni religiosi» manifestatisi in seguito al Risveglio (p. 328). Lelièvre connette inoltre la teologia di Wesley, per quanto riguarda i suoi «tratti essenziali», a quella della Riforma, in particolare della Riforma inglese. Sui «dommi fondamentali» (Trinità, incarnazione, opera espiatoria di Cristo), scrive, Wesley era in accordo con tutte le Chiese evangeliche, così come sulla concezione della caduta e del peccato originale, dunque «è a torto che gli hanno lanciato l'accusa di semi-pelagianismo» (pp. 328-329). Le precisazioni sulla dottrina della grazia

119. Citerò qui nel corpo del testo i riferimenti alla paginazione della traduzione italiana dell'opera.

sono di grande importanza: subito dopo, Lelièvre precisa che, d'altra parte, «Wesley si separò nettamente dall'ortodossia calvinistica sulla dottrina dell'estensione dell'opera della redenzione»: arminianamente, per Wesley «Gesù Cristo è morto per tutti gli uomini», e «non vi è un figliuol d'uomo, il quale sia finalmente perduto, se non per propria scelta». Secondo Lelièvre, «mettendo in rilievo la parte della responsabilità che appartiene all'uomo nella sua salute, senza tuttavia affievolire la dottrina della grazia, egli [Wesley] rese un servigio immenso al Risveglio» (p. 329).

Si passa poi alla descrizione delle tre dottrine che Wesley considerava come quelle fondamentali nell'ottica della salvezza (e come le dottrine fondamentali metodiste, che includevano le altre): il «pentimento», la «fede» e la «santità», che egli vedeva, rispettivamente, come il «portico» della religione, la «porta» di essa, e la religione stessa (p. 329).[120] Integrando il sintetico testo di Lelièvre con ulteriori dettagli, è possibile dire che per Wesley, nel processo della salvezza, questi sono tre momenti progressivi: il primo è riferito alla grazia preveniente, necessaria, quando l'uomo è ancora sotto il potere del peccato originale, per muoverlo alla "prima conversione" verso Dio. Quando il peccatore accetta il dono della grazia e *si pente*, prende avvio un processo di cammino nella fede, verso la giustificazione (grazia giustificante) e poi la santificazione (grazia santificante). Dal momento della giustificazione (che è per fede, non come assenso intellettuale ma come personale fiducia nel sacrificio redentivo di Cristo per i *propri* peccati),[121] infatti, si viene *risvegliati* ad una vita nuova: è la "nuova nascita" di cui si è detto analizzando i sermoni di Wesley (cfr. appunto il Sermone 45, *The New Birth*, numero XXI della traduzione italiana del 1868). La dottrina della *santificazione* (compimento della giustificazione e della rigenerazione) è una delle più controverse nella teologia di Wesley: anche a livello terminologico, ha destato critiche e dibattiti. La santificazione o santità, per Wesley, non consisteva in uno stato esclusivo raggiungibile tramite pratiche ascetiche o particolari: richiamando riferimenti biblici (es. *Rm* 6,9-22; *1Cor* 1,12; *2Cor* 7,1; *Ef* 4,12-13; *Eb* 12,14), egli la concepiva come uno stato cui sono chiamati *tutti* i cristiani, nell'estrinsecare i frutti

120. Cfr. J. Wesley, *The Principles of a Methodist Farther Explained* (1746), VI.4, in *The Methodist Societies*, in *Works*, IX, p. 227: «Our main doctrines, which include all the rest, are three, that of repentance, of faith, and of holiness».

121. Cfr. Vickers, *Wesley's theological emphases*, qui p. 197. Sulla concezione wesleyana della giustificazione per fede, nelle sue sfaccettature, cfr. Maddox, *Responsible Grace*, in partic. pp. 148-151 e 166-176.

dell'opera dello Spirito in loro. La santità è una «condizione interiore», è «un rinnovamento dell'anima ad immagine di Dio»,[122] è «l'amore di Dio e del nostro prossimo, [...] la vita di Dio nell'anima dell'uomo».[123] Come spiega Valdo Benecchi, è «un processo, una crescita quotidiana per gradi», un percorso graduale.[124] Il punto d'arrivo di questo processo è la *perfezione* o *entire sanctification* (completa o piena santificazione), altro concetto spesso discusso della teologia wesleyana: ma esso va inteso non nel senso del latino *perfectus*, privo di difetti, ma del greco *teleios* (cfr. *Mt* 5,48: «siate perfetti», *teleioi*), «perché è una parola che implica processo, crescita, viaggio»[125] – come si vedrà meglio in seguito, Wesley sembra proporre una concezione "dialettica" nella quale la perfezione è insieme istantanea e graduale; si può raggiungere in questa vita, ma ciò non esclude che si possa proseguire comunque un processo (persino eterno) di cammino e crescita nella grazia. Ciò che si raggiunge è una più piena "vita nell'amore" (di Dio e del prossimo): la perfezione è l'«amore reso perfetto» (cfr. *1Gv* 4,17).[126]

122. J. Wesley a Samuel Wesley, Sen., 10 dicembre 1734, § 6, in *Letters I (1721-1739)*, a cura di F. Baker, in *Works*, XXV, p. 399: «By holiness I mean, not fasting, or bodily austerity, or any other external means of improvement, but that inward temper to which all these are subservient, a renewal of soul in the image of God [...]»; cfr. lettera a Mrs. Mary Chapman, 29 marzo 1737, ivi, pp. 502-504, qui p. 503: «There is one thing needful, to do the will of God. And His will is our sanctification, our renewal in the image of God, in faith and love, in all holiness and happiness».

123. J. Wesley a Lawrence Coughlan, 27 agosto 1768, in *Letters* (Telford), V, pp. 101-103, qui 101-102: «I told you it [holiness] was love; the love of God and our neighbour; the image of God stamped on the heart; the life of God in the soul of man; the mind that was in Christ, enabling us to walk as Christ also walked». Cfr. anche J. Wesley, 13 settembre 1739, in *Journal and Diaries II (1738-1743)*, a cura di W.R Ward e R.P. Heitzenrater, in *Works*, XIX, p. 97: «I believe it [sanctification] to be an inward thing, namely, "the life of God in the soul of man"; a "participation of the divine nature" [cfr. *2Pt* 1,4]; "the mind that was in Christ" [cfr. *Fil* 2,5]; or "the renewal of our heart after the image of him that created us" [cfr. *Col* 3,10]».

124. V. Benecchi, *John Wesley. L'ottimismo della grazia*, Torino, Claudiana, 2005, p. 39.

125. Ivi, p. 40. Questa interpretazione è gia in *John Wesley*, a cura di A.C. Outler, pp. 9-10, 30-32.

126. S. Carile, *Attualità del pensiero teologico metodista*, Torino, Claudiana, 1971, p. 124. Cfr. anche J. Wesley a Charles Wesley, settembre 1762, in *Letters* (Telford), IV, pp. 187-188, qui 187: «By perfection I mean the humble, gentle, patient love of God and man ruling all the tempers, words, and actions, the whole heart and the whole life». Cfr. anche il passo quasi identico in J. Wesley, *Brief Thoughts on Christian Perfection*, in *Doctrinal and Controversial Treatises II*, a cura di P.W. Chilcote e K.J. Collins, in *Works*, XIII, p. 199

«Non è una condizione nuova ma è un potere nuovo»,[127] e non è possibile stabilire in anticipo un momento della vita nel quale essa possa essere raggiunta.[128]

Lelièvre, coerentemente con il suo obiettivo, è assai più sintetico e diretto, ma presenta efficacemente l'essenza della dottrina wesleyana della santificazione, descrivendo quest'ultima come «l'opera della purificazione dell'anima» (p. 330), un'opera «di purificazione interna e di vittoria sul peccato», che per Wesley «deve compiersi pienamente nella vita presente», il che sarebbe appunto la "perfezione cristiana" o "santificazione intera", descritta come «la perfezione dell'amore» (p. 331). Questo è l'esito del processo sopraindicato. Correttamente, Lelièvre specifica che per Wesley ciò non implica che l'uomo possa essere infallibile: si può recedere da questa condizione, se non si vigila sufficientemente contro la forza del peccato.

Lo studioso francese passa poi a un'altra dottrina chiave wesleyana, quella della «testimonianza dello Spirito Santo» (p. 331),[129] che «non era per Wesley la certezza incondizionata della salute finale»: Wesley infatti «rigettava la dottrina calvinistica della perseveranza finale, come respingeva la predestinazione assoluta», e ciò proprio perché egli metteva all'origine e al centro della vita cristiana «la libertà e la responsabilità dell'uomo» (p. 331).

Dopo questa sintesi della teologia di Wesley, Lelièvre restituisce «l'ordinamento del Metodismo» (p. 332): la *società* come complesso dei fedeli, le *classi*, le *bands*, descrivendo brevemente anche le caratteristiche liturgiche e le figure principali (predicatori locali, ministero itinerante, ruolo del laicato), nonché caratteristiche organizzative come la divisione in *circuiti* e la *Conferenza Annuale*.[130] Fornisce poi alcuni dati sulla consistenza numerica del metodismo, dal numero dei fedeli alla morte di Wesley a quello negli anni della pubblicazione del volume. Il testo si chiude quindi con i risultati «indiretti» dell'opera di Wesley e del metodismo, ossia, sostanzialmente, il rinnovamento (*Risveglio*) religioso del contesto britannico, sia della

(da una lettera di Wesley al fratello Charles del 27 gennaio 1767, ristampata con modifiche sull'«Arminian Magazine» nel 1783).

127. Carile, *Attualità del pensiero teologico metodista*, p. 125.

128. Cfr. ivi, p. 133. Sulla *perfezione cristiana* in Wesley si tornerà *infra*, cap. 4.2 (cui si rimanda per l'analisi di altri testi wesleyani e della bibliografia sul tema).

129. Cfr. Maddox, *Responsible Grace*, pp. 124-131.

130. Sulle "strutture" organizzative del primo metodismo cfr. K.J. Collins, *Wesley's life and ministry*, in *The Cambridge Companion to John Wesley*, pp. 43-59, qui pp. 50-52.

Chiesa anglicana che delle Chiese dissidenti. È interessante notare che il rinnovamento riscontrato da Lelièvre si colloca in realtà non solo a livello religioso, ma anche «morale» (p. 342), con riferimento all'opera metodista presso le classi operaie, e in un certo senso anche politico: afferma infatti che «[g]rande rivoluzione [...] fu quella, che, completando il rivolgimento politico del secolo precedente, ha creato l'Inghilterra moderna, quella nazione, che dà al mondo l'esempio della fecondità delle instituzioni [*sic*] liberali appoggiate sull'Evangelo» (pp. 343-344). Un'affermazione simile non poteva non destare numerose riflessioni nell'Italia post-risorgimentale del 1877, soprattutto in ambienti protestanti, dove era ancora vivo il *sogno* di una riforma religiosa che completasse quella politica.

La pubblicazione della traduzione italiana del volume di Lelièvre ebbe un certo impatto. Almeno un episodio, spesso citato, riguarda direttamente gli ambienti metodisti: si tratta del dibattito, nel 1878, tra il filosofo hegeliano e storico del cristianesimo e delle religioni Raffaele Mariano, che si stava avvicinando al mondo evangelico, e l'ex frate, poi filosofo giobertiano Pietro Taglialatela, ormai convertitosi al protestantesimo e divenuto pastore metodista wesleyano. Mariano sposava l'idea del contributo protestante per un rinnovamento religioso che si sarebbe compenetrato con quello politico. Sciarelli gli fece avere una copia del *Giovanni Wesley* appena tradotto, e Mariano ringraziò con una lettera aperta pubblicata anche su «La Civiltà Evangelica», in cui parlava del metodismo, lodando la figura di Wesley e la dimensione spirituale ed interiore della fede (sebbene Mariano identificasse anche delle possibili criticità: la capillare gestione metodista delle comunità, scriveva, poteva disciplinare eccessivamente i singoli). Sullo stesso numero del periodico Taglialatela rispondeva presentando il metodismo come la forma più profonda di cristianesimo, in quanto poco dogmatico, non limitante lo "spirito infinito del cristianesimo" con formule dogmatiche rigide.[131] Sarà opportuno tornare in seguito su questa importantissima affermazione di Taglialatela, che fa il paio con tesi analoghe espresse da un altro filosofo che divenne pastore metodista, Enrico Caporali. Per il momento basti considerare l'impatto avuto dal volume di Lelièvre.

131. R. Mariano, *Giovanni Wesley, sua vita e sua opera. Lettera al sig. Francesco Sciarelli*, in «La Civiltà Evangelica», V, 19 giugno 1878, pp. 156-157; P. Taglialatela, *L'evangelizzazione di* [*sic*] *Italia giudicata da uno scrittore politico*, ivi, p. 156. Sul dibattito cfr. *infra*, cap. 3.1.2.

Le reazioni positive al volume furono molte, e vennero pubblicate dalla stampa evangelica; in seguito, Sciarelli decise di raccoglierle in un opuscolo.[132] Sciarelli ne aveva fatto pervenire delle copie persino al re Vittorio Emanuele, a Garibaldi, al principe ereditario tedesco (poi imperatore per un brevissimo periodo, con il nome di Federico III), all'allora presidente del Consiglio Depretis, e a varie altre personalità politiche – le quali, nonostante i ringraziamenti di rito e le promesse, è legittimo dubitare che lo lessero effettivamente. Degna di nota, però, è la reazione di alcune personalità del mondo della cultura: a parte il già ricordato Mariano, occorre citare Ruggiero Bonghi (che in realtà fu protagonista anche a livello politico: deputato per più di tre decenni e ministro della Pubblica Istruzione dal 1874 al 1876), figura chiave tra i "cattolici liberali" e già frequentatore di Manzoni e Rosmini (di cui fu a lungo ospite a Stresa), che lo influenzarono profondamente. Bonghi andò altre oltre il riformismo dello stesso Rosmini, e certamente ebbe una visione assai più positiva del protestantesimo, come mostra la sua *lettera aperta* a papa Leone XIII del 1892.[133] Ebbene, del *Wesley* Bonghi (che si presume lo abbia letto almeno un po' più di Vittorio Emanuele) disse a Sciarelli: «il diffondere nel paese le notizie della vita e degli atti di Giovanni Wesley non può non giovare grandemente a ridestarvi il sentimento religioso».[134] Che alcune importanti personalità lessero effettivamente il volume, e lo reputarono utile nell'ottica del "rinnovamento" morale e religioso degli italiani, è confermato da un articolo che Piggott scrisse per il britannico «Methodist Magazine», commentando appunto i giudizi raccolti nell'opuscolo di Sciarelli, i quali denotavano non generici apprezzamenti, ma commenti che toccavano questioni precise del volume.[135]

Per quanto riguarda le attività teologico-culturali promosse dalla Chiesa wesleyana negli anni Settanta dell'Ottocento, occorre infine ricordare i circoli culturali che furono fondati in alcune città di importanza strategica, in particolare il Circolo Galeazzo Caracciolo a Napoli nel 1872, il Circolo Aonio Paleario a Roma nel 1874, e il Circolo Giovanni Diodati a Padova

132. *Alcuni giudizi su Giovanni Wesley, fondatore delle chiese evangeliche metodiste*, a cura di F. Sciarelli, Roma, Tip. Chiera, 1880.

133. Un articolo intitolato *La Chiesa e l'Italia*, apparso quell'anno sulla «Nuova Antologia»: cfr. Spini, *Italia liberale*, pp. 50-53.

134. Sciarelli, *I miei ricordi*, p. 208. Più in generale, sulle origini del volume e le reazioni ad esso cfr. ivi, pp. 197-198, 201, 207-212.

135. Cfr. ivi, pp. 211-212.

nel 1875;[136] tra le attività che vi si promuovevano, vi erano conferenze sulla storia del cristianesimo e delle Chiese e in particolare sulla storia della Riforma (i nomi dei circoli, che riecheggiano i riformatori italiani del Cinquecento e del Seicento, sono emblematici).

Nel chiudere questo capitolo occorre fare un passo indietro, al 1870, e precisamente alla presa di Roma. Il venti settembre costituisce infatti il preludio all'avvio della missione metodista *episcopale*, americana, in Italia, di cui ci si dovrà occupare ora; ma segna, ovviamente, una svolta anche per la missione wesleyana. Nel discorso del 1849 citato in apertura, il reverendo Dixon ipotizzava, tra le reazioni un po' stupite dei suoi colleghi, che Roma potesse diventare un giorno sede di una chiesa metodista wesleyana. Vent'anni dopo si realizzarono le condizioni affinché ciò potesse accadere: non sorprende che le fonti della WMMS e della Chiesa metodista britannica si esprimano con entusiasmo sulla presa di Roma.[137] Subito dopo Porta Pia l'ex garibaldino Sciarelli fu inviato a occuparsi dell'evangelizzazione della Città Eterna – cosa che fece con veemenza, insistendo molto sulla controversia anticlericale.

Ben presto Piggott decise di trasferire da Padova a Roma la sede centrale della missione wesleyana in Italia, nell'aprile del 1873.[138] Già nel gennaio 1871 si era spostato a Roma, ma facendo presto ritorno a Padova e lasciando, come detto, Sciarelli alla guida dell'opera. Nel 1873 invece il trasferimento fu definitivo, suggellato poi, nell'aprile 1877, dall'inaugurazione della cappella di via della Scrofa angolo via delle Coppelle, dopo la ristrutturazione degli edifici acquistati quattro anni prima.[139] Questi eventi segnavano realmente l'avvio di una nuova fase: ora la presenza metodista a Roma sognata da Dixon diventava davvero concreta e gettava le radici per un'opera stabile.

136. Cfr. Chiarini, *Storia delle Chiese metodiste*, pp. 52-53, che riporta però la data del 1879 per il Circolo Paleario, mentre in «La Civiltà Evangelica», I, aprile 1874, p. 61, si documenta la sua inaugurazione il 17 marzo 1874. Sul circolo di Padova cfr. Vozza, *Centocinquant'anni*, pp. 113-114.

137. Cfr. *Missionary Notices*, 1870 (ad es. p. 161) e 1871; cfr. anche Chiarini, *Storia delle Chiese metodiste*, p. 53.

138. Cfr. Piggott, Durley, *Henry James Piggott. Vita e lettere*, pp. 58 e 64.

139. Cfr. ivi, pp. 67-70; come sintetizzano i due curatori inglesi: «L'apertura della cappella di Roma, che suggellava il trasferimento definitivo della sede centrale della *Wesleyan Mission* in Italia in quella città, può ben essere vista come una pietra miliare che chiude un'epoca ben precisa» (p. 70).

2. La missione metodista episcopale americana

1. *Da Porta Pia alla Chiesa metodista episcopale italiana. La gestione Vernon (1871-1888)*

Come nel caso della missione wesleyana britannica, anche in quello della missione americana i primi programmi ipotizzati per un lavoro evangelistico in Italia precedono di alcuni decenni la loro effettiva attuazione. L'interesse della Chiesa metodista episcopale americana (Methodist Episcopal Church) si inquadrava in quello, più in generale, dell'intera opinione pubblica statunitense per le vicende risorgimentali italiane.[1] Così, efficacemente, riassume Giorgio Spini: «L'emozione destata negli Stati Uniti dal crollo del potere temporale dei papi fu così forte da decidere [*sic*] i metodisti americani a seguire l'esempio dei propri confratelli inglesi e mandare anche loro una missione in Italia per aiutare quella riforma religiosa che sembrava destinata indubitabilmente ad accompagnare la rinascita della nazione italiana».[2] Ancora nel 1906, un testo di Eduardo Taglialatela (pastore metodista episcopale) che ripercorreva i primi tre decenni abbondanti della storia italiana della propria denominazione, riproponeva

1. Cfr. Chiarini, *Storia delle Chiese metodiste*, pp. 61-63; Spini, *Risorgimento*, pp. 188 ss. e *Italia liberale*, p. 195.

2. Spini, *Italia liberale*, p. 195. Le aspettative però non corrispondevano alla situazione reale: come afferma lo stesso Spini, già la presa di Roma del 1870 fu «la fine del lungo sogno di una Riforma religiosa in cui la rivoluzione liberal-nazionale trovasse il proprio fondamento spirituale. [...] Quel fatidico XX settembre, per quanto decisivo fosse sotto il profilo politico, non smosse foglia sotto il profilo della temperie spirituale» (*Risorgimento e protestanti*, p. 341).

in apertura questa prospettiva,[3] anche se ormai il "sogno protestante" si era dimostrato svanito.

Lo stesso testo di Taglialatela afferma che già nel 1832 (e poi di nuovo nel 1850), negli Stati Uniti, i metodisti episcopali avevano discusso la possibilità di una missione in Italia:[4] nel 1870 i tempi erano ormai maturi. I *Reports* annuali della società missionaria metodista episcopale americana (Missionary Society of the Methodist Episcopal Church) forniscono dati importanti. Il 21 novembre 1870 il Comitato missionario della Chiesa ratificava la decisione di aprire un lavoro missionario in Italia,[5] senza però ancora attribuire degli incarichi specifici. Ciò accadrà pochi mesi dopo, quando il pastore Leroy Monroe Vernon (1838-1896)[6] verrà ufficialmente investito del ruolo di primo missionario episcopale in Italia: dapprima in occasione della Conferenza ecclesiastica riunitasi a St. Louis (Missouri), il 14 marzo 1871, quindi nel giugno dello stesso anno, con la ratifica di questo incarico. Vernon partì dunque a fine giugno dagli Stati Uniti e giunse in Italia il 6 agosto 1871. Gli erano state fornite istruzioni precise: recarsi a Genova, e da lì visitare varie altre città, cercando di stabilire attentamente quale fosse il luogo più adatto per insediarvi il centro della missione,

3. «Propizio era il momento, giacché la nostra diletta Patria, redenta a civile indipendenza, aveva bisogno della primissima e gloriosa fra tutte le libertà, quella dell'Evangelo. [...] La redenzione civile doveva preludere alla rigenerazione religiosa e compiersi e santificarsi in essa» ([E. Taglialatela,] *Cenni storici della Chiesa metodista episcopale*, s.l., s.d. [ma Roma, Tip. La Speranza, 1906], pp. 7-8).

4. Il pastore Charles Elliott aveva proposto l'ipotesi di una missione in Italia: cfr. ivi, p. 7; cfr. anche Chiarini, *Storia delle Chiese metodiste*, p. 63. Si tenga presente che il differire dell'attuazione di questi propositi era determinato non solo dalla situazione politica italiana, ma – anche dopo l'Unità d'Italia – dal fatto che nel 1861 iniziava la guerra civile americana.

5. *Fifty-Second Annual Report of the Missionary Society of the Methodist Episcopal Church for the Year 1870*, New York, 1871, p. 31. Tali *Reports* costituiscono una serie, *The Missionary Society of the Methodist Episcopal Church Annual Reports*, 1819-1906 (che diventa poi *The Board of Foreign Missions of the Methodist Episcopal Church Annual Reports*, 1906-1916); sono contenuti negli archivi della General Commission on Archives and History for the United Methodist Church (GCAH), presso Drew University, Madison (NJ). Citerò questi *Annual Reports* con l'abbreviazione MSAR e l'anno di riferimento (effettivo: si consideri che i volumi erano in genere editi nel gennaio dell'anno successivo).

6. Per brevi cenni biografici su di lui cfr. A. Bellion, *Leroy Monroe Vernon*, in *Dizionario Biografico dei Protestanti in Italia*, <http://www.studivaldesi.org/dizionario/evan_det.php?secolo=XIX&evan_id=66>; R. Kissack, *Vernon, M. Leroy*, in *The Encyclopedia of World Methodism*, II, p. 2419.

prestando attenzione a non «invadere [*encroach*]» luoghi già occupati da altre missioni protestanti, in particolare quella wesleyana. Doveva quindi scrivere un dettagliato rapporto descrittivo, in base al quale i vescovi avrebbero deciso come procedere.[7]

Già il 2 ottobre 1871 Vernon inviava il primo report. Aveva anzitutto visitato Torino, Intra, Milano e Parma, ma non aveva approfondito la ricerca di una possibile sede, poiché inizialmente aveva necessità di progredire con lo studio della lingua italiana. Raccontava poi di un incontro avuto a Londra con il rev. L.H. Wiseman, uno dei segretari della WMMS, da cui si evince la volontà episcopale di non "rivaleggiare" con le altre missioni («I [...] assured him we did not appear on Italian soil as rivals of theirs, but rather as their co-operators»). Wiseman gli aveva esposto le località italiane non "coperte" dalla missione wesleyana e che potevano essere prese in carico dagli americani (ad esempio Genova, Torino, Milano, Firenze). Vernon programmava comunque un incontro con Piggott, a Padova (che in effetti si terrà pochi giorni dopo). È interessante leggere le prime proposte pratiche di Vernon, il quale affermava di non aver ancora ipotesi sul luogo da scegliere come sede centrale, ma suggeriva intanto queste azioni: fondare due centri operativi, uno più esplicitamente evangelistico, che doveva avere una cappella per il culto sia in italiano che in inglese, una Scuola domenicale, e «as soon as possible a publication, however small, in Italian» (si noti, anche qui, l'insistenza sulla necessità, tra le prime, di pubblicazioni); l'altro, un centro educativo, «consisting of a school of high academical character, presenting the highest order of system, mental drill, furniture and apparatus, and moral culture». Uno o l'altro di questi centri doveva poi prevedere una sede per la preparazione dei candidati al ministero (non si parla esplicitamente di Scuola Teologica, ma è questo il progetto *in nuce*).

A ciò Vernon aggiungeva alcune osservazioni, in particolare riferendosi al contesto nel quale la nuova missione andava a collocarsi. Affermava che lo strato sociale più colto ed elevato, in Italia, era stufo del cattolicesimo, mentre «the lower and superstitious people» erano ancora sostanzialmente «subject to the priests»; bisognava allora puntare alla «thoughtful and youthful Italy». Ma avvisava anche che, «despite its known corruptions», la Chiesa cattolica, attraverso la sua immensa ricchezza, gli edifici splendidi, l'arte, la cultura, godeva ancora di grande potere e prestigio sociale, e sarebbe stato meglio considerare saggiamen-

7. MSAR, 1871, pp. 98-99.

te questo aspetto. Nonostante la retorica di alcuni, aggiungeva, il «dead lion» non era ancora stato sepolto, anzi tutt'altro; bisognava muoversi con attenzione e non illudersi che il campo di lavoro fosse equivalente a quello di una nazione «pagana» (priva di altre comunità cristiane).[8] Toccando con mano la situazione italiana, Vernon doveva essersi accorto che il venti settembre non aveva portato le immediate conseguenze che qualche entusiasta, oltreoceano, aveva immaginato.

Nel contesto storico-religioso italiano del tempo, infatti, se è vero che i processi di laicizzazione e secolarizzazione dello Stato e della società – anche per effetto delle strategie dei neonati governi liberali – avevano in parte limitato l'influsso sociale della religione (e dunque del cattolicesimo come confessione maggioritaria), è però anche vero sia che l'impatto di questi processi fu maggiore in determinati contesti di area urbana e relativamente agli strati più scolarizzati della popolazione, sia che, nonostante tutto ciò, l'influsso del cattolicesimo nella società non era scomparso né era stato totalmente depotenziato dopo la fine dello Stato della Chiesa. Anzi, una buona parte dei cattolici si schierò ideologicamente in difesa del papa, ritenendolo vittima di usurpazione da parte dello Stato laico e anticlericale (concezione sostanziata dagli appelli di Pio IX). Più in generale, la pratica religiosa non ebbe un calo particolarmente sensibile, soprattutto considerando appunto le campagne e le classi popolari, dove rimase stabile (almeno fino alla diffusione del socialismo). In questo quadro vanno considerati anche la nascita e lo sviluppo di diverse associazioni laicali cattoliche (come la Gioventù cattolica), e la popolarità di varie forme devozionali.[9]

Nel report successivo, del 28 novembre, Vernon descriveva altre località visitate, e soprattutto l'incontro avuto con Piggott a Padova, nel quale

8. Ivi, pp. 99-101. A p. 99 la data di questo rapporto è indicata come 2 ottobre 1872, ma si tratta di un refuso da correggere in 1871, sia perché questo volume fu edito il 1° gennaio 1872, sia perché, più avanti (p. 102), si parla di un rapporto del «mese successivo», correttamente datato al novembre 1871.

9. Per una sintesi di tali questioni, cfr. A. Zambarbieri, *Radici e iniziali sviluppi del movimento cattolico*, in *Cristiani d'Italia*, II, pp. 1081-1091; P. Stella, *Religiosità vissuta in Italia nell'800*, in *Storia vissuta del popolo cristiano*, dir. da J. Delumeau, ed. it., Torino, SEI, 1985, pp. 753-771; M. Lupi, *Il cristianesimo dal primo Ottocento agli Stati liberali*, in *Storia del cristianesimo*, dir. da E. Prinzivalli, IV, *L'età contemporanea (secoli XIX-XXI)*, a cura di G. Vian, Roma, Carocci, 2015, pp. 73-121, qui pp. 109-116; Ead., *Le Chiese cristiane nella modernità*, ivi, pp. 123-178, qui pp. 129-130, 133-139.

aveva appreso la situazione e i programmi della Chiesa wesleyana in Italia. Piggott, peraltro, gli aveva esposto subito la sua speranza che il metodismo in Italia potesse essere *uno*, ossia che le missioni inglese e americana giungessero all'unità, con un'amministrazione comune. Vernon aveva risposto con cautela, rimandando il giudizio alle autorità della propria Chiesa. I due si erano accordati, appunto, in modo da sottoporre la proposta ai rispettivi comitati missionari in patria. In realtà l'idea dell'unificazione non sarà realizzata (avverrà solo nel 1946). Vernon descriveva poi, minuziosamente, lo stato della missione wesleyana in Italia.

Un altro report, stavolta più breve, giungeva poi il 1° gennaio 1872 da Roma, che Vernon stava visitando e dove aveva trovato già quattro altre denominazioni protestanti: valdesi, wesleyani, Chiese libere, battisti. Egli scriveva al comitato missionario che, se si decideva di iniziare un'attività a Roma, bisognava far presto, perché l'ora dell'opportunità era già scoccata: molti, sfiduciati dal cattolicesimo, stavano già muovendo verso lo scetticismo, piuttosto che verso altre confessioni cristiane.

In base ad altri rapporti di Vernon, nel novembre 1872 il comitato missionario sceglieva Bologna come sede della missione, e incaricava Vernon di recarvisi, coadiuvato dal rev. F.A. Spencer.[10] Con ciò iniziava concretamente la missione metodista episcopale in Italia (di cui Vernon risultava soprintendente), e nell'*Annual Report* del 1873 si forniva un lungo resoconto di questo primo, vero anno di attività.[11] Vernon aveva preso sede a Bologna (dove era stata aperta anche una prima scuola), e aveva raggiunto anche altre località, ognuna delle quali era stata affidata a un ministro o a un evangelista; si trattava di città dell'Emilia-Romagna o dell'Abruzzo, oltre a Firenze e Roma, affidata (da novembre) a Teofilo Gay, che si distinguerà anche a livello teologico come uno dei ministri episcopali più preparati.[12] Per la prima volta si potevano stilare delle statistiche della missione italiana, che vedeva ora all'opera tre missionari (Vernon, Spencer e Julius

10. Cfr. MSAR, 1872, pp. 119-120.

11. MSAR, 1873, p. 130: «The active, aggressive work of the Italian Mission commenced with the beginning of 1873».

12. Già in questo report Vernon lo descrive così: «Sig. Gay is the descendant of a long succession of Waldensian pastors, and after a classical course was theologically educated at Geneva, under Dr. Merle D'Aubigné. After serving two years as assistant pastor in French Churches, one in Holland, the other in London, he now enters with us upon his life-work. His presence and fluency, his intelligence, culture, and piety, could not but be matters of satisfaction, I think, to any American Methodist congregation» (ivi, pp. 133-134).

C. Mill), dodici «assistants» (A. Guigou, S. Malan, N.D. Cesaretti, G. Piana, D. Lantaret, B. Godino, G. Charbonnier, B. Malan, T. Gay, A. Arrighi, più i colportori B. Dalmas e G. Tourn), e una quarantina di fedeli.

Vernon parlava poi delle *pubblicazioni* già realizzate (altre erano in programma), affermando che erano stati tradotti in italiano alcuni testi, parte dei quali era già stata pubblicata: «our "Articles of Religion;" Dr. B. Hawley's "Manual of Instruction for Classes of Baptized Children;" and the "Theological Compend," by Rev. Amos Binney».[13] Non è facile capire a quali testi effettivamente pubblicati si riferisse Vernon, in questo 1873; è possibile che circolassero degli opuscoli ormai irreperibili. Il fatto che non specifici *quali* testi, tra i tre, erano stati effettivamente editi, complica la ricerca. Il manuale di Hawley era uscito nel 1865,[14] ma chi scrive non ne ha trovato una traduzione italiana edita. Il compendio di Binney era un'opera nota e importante, un testo teologico completo, che avrà diverse edizioni, anche con ampliamenti (la prima è del 1840),[15] e traduzioni in varie lingue; sicuramente uscì in italiano nel 1882.[16] Il generico riferimento agli "Articoli di fede", infine, è difficilmente rintracciabile: è chiaro che si parla dei *Venticinque articoli* dati da Wesley alla nascente Chiesa metodista episcopale, nel 1784, più volte editi, anche con commenti; per quanto riguarda le edizioni italiane, però, a mia conoscenza essi erano contenuti o nelle varie edizioni delle *Dottrine e disciplina* della Chiesa metodista episcopale (a partire dall'edizione del 1889, ma già nelle *Costituzioni* della Chiesa stam-

13. Ivi, p. 134.

14. Cfr. B. Hawley, *Manual of Instruction for Classes of Baptized Children in the Methodist Episcopal Church*, New York, Carlton & Porter, 1865.

15. A. Binney, *A Theological Compend: Containing a System of Divinity, or a Brief View of the Evidences, Doctrines, Morals, and Institutions of Christianity, Designed for the Benefit of Families, Bible Classes, and Sunday Schools*, New York, Carlton & Porter, 1840; ediz. aumentata: *Binney's Theological Compend Improved. Containing a Synopsis of the Evidences, Doctrines, Morals, and Institutions of Christianity. Designed for Bible Classes, Theological Students, and Young Preachers*, a cura di A. Binney e D. Steele, New York, Nelson & Phillips, 1875. Si noti ora il rivolgersi a «studenti di teologia e predicatori», più che a famiglie e Scuole domenicali.

16. *Compendio di Teologia. Compilato dai Reverendi Amos Binney e Daniele Steele D.D., tradotto dal Dottor Silvio Stazi*, Milano, Tip. F. Poncelletti, 1882. La traduzione italiana è basata sull'edizione aumentata del 1875, anche se taglia l'ultimo paragrafo, *Women's Sphere in the Church*, dove si citavano testi biblici sul ruolo delle donne come «prophets» e come «teachers» nelle comunità protocristiane, indicando che esse predicavano e battezzavano.

pate nel 1879),[17] o nella traduzione dell'edizione commentata che ne fece lo svizzero Arnold Sulzberger, ad opera di Domenico Polsinelli (1885).[18] È comunque importante riscontrare il riferimento di Vernon a queste pubblicazioni progettate o effettivamente realizzate nel 1873, e sottolineare anche lo specifico "taglio" che esse dovevano avere. In questo caso non si tratta di volumi sulla storia del metodismo o di sermoni di Wesley (come avevano fatto i wesleyani: ma forse vi era anche la scelta di non sovrapporsi), ma di scelte più "ecclesiasticamente" e "dottrinaristicamente" connotate: gli articoli di fede della Chiesa, un manuale catechistico, un compendio di teologia (*desideratum* in realtà anche di Piggott).

Nel 1874 la denominazione viveva importanti novità: il 10 settembre si riuniva a Bologna la prima Conferenza Distrettuale italiana[19] della missione episcopale, atto che in un certo senso dava vita alla «Chiesa metodista episcopale d'Italia».[20] Sotto la presidenza del vescovo William L. Harris, vennero qui infatti designati i primi ministri della Chiesa: il corpo pastorale risultava così composto da dodici predicatori italiani, cinque dei quali ordinati, più il soprintendente Vernon e un assistente americano (Mill), oltre a un colportore e quattro studenti.[21] I predicatori erano Teofilo Gay, Luigi Capellini, Orosmane Ottonelli, Antonio Arrighi, Enrico Borelli, Amedeo Guigou, Davide Lantaret, Bartolomeo Godino, Alceste Lanna, Cesare Agostini, Bartolomeo Malan, E. Bassanelli. Borelli e Capellini erano stati ordinati dallo stesso vescovo Harris a Bologna; Gay venne ordinato dalla Chiesa evangelica riformata del Cantone di Vaud, a Losanna, il 24 settembre di quell'anno;[22] Godino era già stato ministro evangelico in Francia e

17. *Dottrine e disciplina della Chiesa metodista episcopale. 1888. Coll'Appendice*, Firenze, Tip. Barbèra, 1889; *Costituzioni della Chiesa Metodista Episcopale Italiana*, Roma, Tip. Chiera, 1879.

18. A. Sulzberger (ma il frontespizio riporta erroneamente «Sulzsberger»), *Spiegazione degli articoli di fede e dottrine principali della Chiesa metodista*, trad. it. di D. Polsinelli, Napoli, Tip. G. de Angelis, 1885.

19. Così denominata, correttamente, in [Taglialatela,] *Cenni storici*, p. 10.

20. Così Chiarini, *Storia delle Chiese metodiste*, p. 66.

21. Cfr. MSAR, 1874, pp. 131 e 176.

22. Cfr. A. Comba, *Teofilo Gay, pastore e intellettuale*, in *Il metodismo italiano*, pp. 91-107, qui p. 94 (questo articolo riproduce quello omonimo pubblicato in «Bollettino della Società di Studi Valdesi», 172, giugno 1993, pp. 42-57). Gay era di origine valdese e aveva chiesto di essere consacrato dalla Chiesa valdese, che però rispose negativamente, a meno che non avesse lasciato la Chiesa metodista. Egli non accettò, in quanto non voleva lasciare la denominazione con cui collaborava, e si rivolse allora per la consacrazione alla Chiesa

Svizzera;[23] il quinto ordinato dovrebbe essere Arrighi, che doveva essere entrato nel ministero negli Stati Uniti, dove era fuggito dopo essere stato catturato dall'esercito pontificio (aveva combattuto con i garibaldini).[24]

È indicativo riflettere sulla provenienza dei collaboratori reclutati da Vernon: la composizione del gruppo riflette la sua prospettiva aliena da ogni settarismo, persino più di Piggott. Come spiega Spini, «non aveva la prevenzione che il wesleyano inglese aveva nei confronti dei valdesi, per via delle loro radici calviniste»;[25] di origine valdese erano infatti Gay, Godino, Guigou, Lantaret e Malan, mentre Borelli, ex frate, aveva già collaborato con la Chiesa valdese. Certo, è vero che la prospettiva teologica dei valdesi dell'epoca era stata "ammorbidita" dalla ricezione del Risveglio, configurando diversi accenti rispetto a Calvino.[26] Gli altri predicatori erano di provenienza eterogenea: da Alceste Lanna, ex sacerdote cattolico e docente di filosofia in un seminario pontificio, a Capellini e Ottonelli con la loro opera presso i militari,[27] all'ex garibaldino Arrighi. L'arruolamento di ex cattolici crescerà negli anni successivi.

Qual era il motivo della "mossa denominazionale" attuata nel 1874? Agirono probabilmente una pluralità di fattori; un ruolo importante deve essere stato giocato dal fatto che, nel 1873, un'organizzazione che finanziava missioni protestanti in Italia, l'American and Foreign Christian Union (di cui faceva parte anche la Chiesa metodista episcopale), aveva deciso di concentrare i suoi sforzi sul Messico, lasciando il Belpaese. I metodisti

svizzera su menzionata. Gay entrerà nel corpo pastorale della Chiesa valdese nel 1889, quando per divergenze con il nuovo Sopraintendente metodista episcopale, William Burt, lascerà questa denominazione.

23. Cfr. MSAR, 1873, p. 133.

24. Cfr. Spini, *Italia liberale*, p. 197.

25. Ivi, p. 196.

26. Cfr. ivi, p. 197; cfr. anche Vogel, *Comunità e pastori*.

27. Luigi Capellini (1841-1898), convertitosi al protestantesimo nel 1861 mentre era militare, iniziò poi un'opera di evangelizzazione tra i commilitoni, diffondendo Bibbie e testi evangelici. Dopo aver tentato già a Napoli, riuscì a creare una Chiesa per i militari a Roma (Chiesa evangelica militare, dal 1872 ma ufficialmente 1873, anno del primo culto). L'opera (della quale Ottonelli era un collaboratore) fu sostenuta, in diversi periodi, sia dalla Chiesa metodista wesleyana che da quella episcopale (oltre che da altri gruppi evangelici); nel 1874, alla costituzione della Chiesa metodista episcopale italiana, risultava appunto collegata a quest'ultima. L'esperienza della Chiesa militare si chiuderà nel 1907. Cfr. M. Paiano, *Nazione, esercito e religione nel Regno d'Italia. Chiesa evangelica militare e cattolicesimo tra Ottocento e Novecento*, in «Rivista di Storia e Letteratura Religiosa», XLVI/2 (2010), pp. 303-339.

episcopali si trovavano così maggiormente impegnati sul versante italiano, fatto che induceva anche a insistere sulla strutturazione denominazionale, piuttosto che su una semplice missione.[28]

Altri dati interessanti da rilevare sono la crescita dei fedeli (Vernon riportava ora, nelle statistiche, circa seicento membri, inclusi quelli in prova) e alcune iniziative sul piano teologico. Si è accennato ai quattro «studenti» citati da Vernon: nel suo rapporto annuale egli spiegava trattarsi di quattro candidati al ministero, inviati a prepararsi presso la Facoltà Valdese di Teologia (allora a Firenze). Ma Vernon, come del resto Piggott, aveva capito che era «immensamente necessaria» una *propria* istituzione in tal senso, una propria Scuola Teologica[29] (che gli episcopali apriranno, infatti, nel 1889). Va rilevato, poi, che Vernon segnalava ai suoi superiori negli USA di aver pubblicato un volume di Borelli, dall'eloquente titolo *L'altare ed il trono, ossia l'alleanza dei due poteri contro la libertà di credere e di pensare* (Bologna, 1874). Infine, è importante segnalare che in questo 1874 Vernon decise di trasferire a Roma la sua sede e quella dell'opera metodista episcopale (stessa scelta già operata da Piggott per i wesleyani).

Gli anni successivi vedono un piccolo ma graduale incremento dei fedeli e delle chiese, e un riassestamento del corpo pastorale, con alcuni avvicendamenti: da segnalare soprattutto l'ingresso di Enrico Caporali (già apprezzato filosofo ed elemento di indubbio valore culturale), nel 1875, e di Domenico Polsinelli (ex domenicano, docente di diritto ecclesiastico, anche lui contribuirà alla produzione teologica metodista), nel 1881; nel 1883 si aggiungerà il già citato Pietro Taglialatela, ex wesleyano. Nel 1875 (a Natale) venne anche inaugurato il tempio metodista episcopale di piazza Poli, a Roma (vicino alla Fontana di Trevi): la prima, effettiva chiesa protestante (escludendo luoghi di culto ricavati da altri edifici) inaugurata nella Città Eterna.[30] Da segnalare anche la fondazione

28. Cfr. Chiarini, *Storia delle Chiese metodiste*, pp. 65-66.

29. «A Theological Seminary for training our own men in our own way, and for enlisting thoughtful young men in biblical and religious studies, is an institution immensely needed by the country, as well as by our Mission» (MSAR, 1874, p. 131).

30. Cfr. MSAR, 1875, pp. 126-129 e Comba, *Teofilo Gay*, p. 94; cfr. anche l'anonimo articolo di cronaca *Inaugurazione del tempio Metodista Episcopale presso la Fontana di Trevi*, in «Il Corriere Evangelico», VIII, 6 gennaio 1876, pp. 5-6. La chiesa episcopaliana di St. Paul Within the Walls, di solito definito primo tempio protestante a Roma, venne consacrata qualche tempo dopo, il 25 marzo 1876; la sua costruzione era iniziata nel novembre 1872, mentre nel gennaio 1873 era stata posta la prima pietra. I lavori non furono completati

del periodico mensile «La Fiaccola», nel 1878, primo periodico metodista episcopale, su cui si tornerà fra poco. Basti qui ricordare che già da qualche anno i pastori italiani avevano intenzione di creare un proprio organo di stampa e avevano chiesto, in proposito, i fondi alla propria Società missionaria, che però non li aveva stanziati; così, dopo una breve collaborazione con il wesleyano «Il Corriere Evangelico», nel 1876, con la chiusura di questo (alla fine dello stesso anno) essi decisero di fondare un proprio periodico (inizialmente autofinanziandosi),[31] la cui pubblicazione iniziò nel gennaio 1878.

Nel 1881, a dieci anni dall'avvio della missione con l'arrivo di Vernon, la Chiesa metodista episcopale in Italia fece un altro importante *step* denominazionale, dopo quello del 1874, e ancor più decisivo di quello: la "missione italiana" veniva costituita quale Conferenza Annuale (Italiana) di tale Chiesa. Ciò significava avere una maggiore autonomia gestionale, non dovendo più dipendere da un'altra Conferenza Annuale – sebbene la Chiesa italiana rimanesse comunque sotto il controllo della "Chiesa-madre" statunitense, come ribadì lo stesso vescovo Stephen M. Merrill, inviato per costituire e presiedere la Conferenza.[32] Già dal 1876 i ministri italiani avevano chiesto si facesse questo passo, ma il Comitato dei vescovi non aveva accolto la richiesta. Fu appunto in occasione della Conferenza Distrettuale del marzo 1881, a Roma, che i vari membri presentarono un indirizzo formale al vescovo Merrill, scrivendo che «la Missione è oggi cresciuta ed estesa tanto che il dover dipendere da un'altra Conferenza Annuale rende meno spedito e meno libero il suo progressivo movimento, e che il fatto d'essere costituiti in Conferenza Annuale darebbe agli operai

che «only at the moment when the doors were opened for the congretation to enter», in occasione della consacrazione del 1876: così ricorda lo stesso rettore della congregazione, Robert J. Nevin, che fece costruire l'edificio e seguì i lavori (R.J. Nevin, *St. Paul's Within the Walls: An Account of the American Chapel in Rome, Italy*, New York, D. Appleton and Co., 1878, p. 83).

31. Cfr. MSAR, 1877, p. 149; Vernon scrive: «The Society not having deemed it convenient to allow us the funds asked for a journal, the preachers of the mission have associated their heads and plethoric (!) purses together in a partnership, and with 1878, on their responsibility, begin the publication of a monthly paper called "La Fiaccola" (The Torch). With the needful assistance we would make it an illustrated bi-monthly».

32. «Costituisco la Conferenza Annuale d'Italia con gli stessi limiti che finora hanno circoscritto la Missione Italiana della Chiesa Metodista Episcopale» ([Taglialatela,] *Cenni storici*, p. 16; cfr. Chiarini, *Storia delle Chiese metodiste*, pp. 70-71).

della nostra Missione [...] un nuovo e possente impulso».[33] Il giorno seguente, 19 marzo 1881, Merrill procedeva alla costituzione della Conferenza Annuale Italiana della Chiesa Metodista Episcopale, in base all'autorità che a tal fine gli era stata conferita dalla Conferenza Generale statunitense del maggio 1880.[34]

Negli anni successivi a questa strutturazione "ufficiale", la Chiesa metodista episcopale in Italia procedette tra graduale espansione geografica, incremento numerico e, dopo qualche tempo, anche qualche riflessione sull'affievolirsi dei primi entusiasmi: Vernon lamentava, in alcuni rapporti, che in varie comunità i fedeli seguissero meno le attività ecclesiastiche, e che l'evangelizzazione facesse meno convertiti.[35] Si accennava a una generale perdita della centralità della fede e della vita religiosa: la spiegazione che Vernon è orientato a dare rinvia al contesto storico che vede la diffusione del positivismo, del materialismo, del socialismo.

Ciò che è più significativo, nello sviluppo di questa Chiesa negli anni Ottanta, è la produzione culturale: in tale decennio essa vede l'attività di alcuni tra i più importanti intellettuali evangelici e la stampa di alcune tra le più importanti pubblicazioni (periodici e volumi), probabilmente, di tutto il metodismo italiano nell'intero arco temporale oggetto di analisi in questo lavoro. Si tratta di opere di argomento storico, teologico e filosofico che occupano un posto di rilievo non solo nel campo del metodismo italiano, ma anche – più in generale – del protestantesimo nazionale del tempo, e che trovarono ricezione anche nell'Italia laica: come si vedrà, alcune furono recepite da personaggi come Baldassarre Labanca, Benedetto Croce, Giovanni Gentile (è il caso, ad esempio, dei lavori di Pietro Taglialatela).

Nel 1881, pochi mesi dopo la costituzione in Conferenza Annuale, la Chiesa metodista episcopale italiana fu oggetto di un certo interesse nazionale in virtù dei contatti avuti con il conte Enrico di Campello (1831-1903), ex canonico della basilica di San Pietro, convinto della necessità di una riforma interna della Chiesa romana (sulla scia di concezioni rosminiane e giobertiane); Campello si era sempre più allontanato dalla sua Chiesa

33. Cit. in [Taglialatela,] *Cenni storici*, p. 12; cfr. Chiarini, *Storia delle Chiese metodiste*, p. 70.

34. [Taglialatela,] *Cenni storici*, pp. 15-17. Cfr. anche MSAR, 1881, pp. 198-199.

35. Cfr. ad es. MSAR, 1885, p. 195, dove la situazione viene riferita da Vernon a tutte le denominazioni: «all laborers in this field, of whatever denomination, have witnessed to a new and more sullen indifference, a greater heedlessness and disregard of the Gospel message».

di origine e il 14 settembre 1881 aveva reso pubblico tale distacco, proclamando di voler militare invece nel clero «del puro Evangelio di Cristo».[36] Tutto ciò era avvenuto appunto nel tempio metodista episcopale di piazza Poli a Roma, dove Campello pronunciò il suo discorso. L'eco di questo evento era giunta anche al *Board* della Società missionaria metodista americana, alla quale Vernon lo aveva presentato come «the most striking event of the year – indeed, perhaps of the entire history of this mission».[37] Vernon scriveva che aveva conosciuto Campello circa tre anni prima, e che il risultato delle loro relazioni era stato proprio la decisione di questi di lasciare il cattolicesimo. Aggiungeva quindi che Campello era entrato nella Chiesa metodista episcopale, e si spingeva fino a ipotizzare quali potessero essere le sue future mansioni. Ben presto, però, divenne chiaro che c'era stato un fraintendimento. Campello aveva sì lasciato la Chiesa romana, ma non intendeva entrare in alcuna denominazione protestante, «perché si proclamava seguace di Rosmini e di Gioberti e deciso a creare una Chiesa Cattolica Italiana»,[38] cosa che fece l'anno successivo. Nel 1889 questa Chiesa, che aderì alla comunione Vecchio-Cattolica, mutò nome in Chiesa Cattolica Riformata d'Italia. Ma l'8 dicembre 1902, pochi mesi prima di morire, Campello (ormai malato da tempo) abiurò e tornò cattolico. Al tempo dell'episodio del 1881, da parte metodista si continuò ad affermare che Campello avesse accettato le dottrine e la disciplina metodiste, entrando in connessione ufficiale con la Chiesa episcopale, sebbene solo «per tre mesi circa».[39] La vicenda resta non del tutto chiara, ma è limpido che Campello ribadì in seguito di non aver mai voluto unirsi ad alcuna Chiesa

36. Cfr. M. Themelly, *Campello, Enrico*, in *Dizionario biografico degli italiani*, XVII, Roma, Istituto della Enciclopedia italiana, 1974, pp. 479-481. La data del 14 (non 13) settembre, oltre che nel report di Vernon, è in A. Lanna, *Da S. Pietro in Vaticano a S. Paolo in Piazza Poli*, in «L'Italia Evangelica», I, 24 settembre 1881, pp. 306-308 («il giorno 14 del corrente Settembre [...] esso [Campello] giunse nel piccolo tempio Evangelico di Piazza Poli [...] per far pubblica professione di fede Evangelica, ed adesione incondizionata alle nostre dottrine ed alla nostra disciplina»); questo articolo riporta anche il discorso di Campello e una sua lettera «al Cardinal Borromeo, arciprete di S. Pietro suo immediato superiore».

37. MSAR, 1881, p. 200.

38. Così Spini, *Italia liberale*, p. 257. Su Campello e il veterocattolicesimo cfr. M. Lupi, *Chiesa e dissenso religioso: i vecchi cattolici a Roma*, in «Annali di Storia dell'Esegesi» 26/2 (2009), pp. 195-220; per una panoramica su questa corrente cfr. anche il recente C. Milaneschi, *Il Vecchio Cattolicesimo in Italia*, Cosenza, Pellegrini Editore, 2014.

39. Cfr. Chiarini, *Storia delle Chiese metodiste*, pp. 89-91.

evangelica, come pure che il suo progetto, quello di una riforma interna alla Chiesa cattolica, non era lo stesso dei metodisti. Resta però anche chiaro che egli fu a lungo in contatto prima con Vernon, poi con altri esponenti di quella Chiesa e non solo (anche, ad esempio, con il wesleyano Sciarelli), e che cooperava con le Chiese metodiste, da cui riceveva aiuti. La scelta del tempio di piazza Poli come sede della sua professione di uscita dal cattolicesimo non poteva essere casuale.

Tra la fine del 1882 e l'inizio del 1883 Pietro Taglialatela entrava nella Chiesa metodista episcopale, dopo l'intermezzo di un paio d'anni presso i Liberi seguito alla sua militanza nei wesleyani. Nella Conferenza Annuale dell'aprile 1883 risultava già ufficialmente collocato a Foggia, luogo appena evangelizzato dalla missione.[40] Il suo ingresso contribuì a irrobustire le file dell'"élite culturale" del metodismo episcopale.

Nel 1884 il mondo evangelico italiano giunse ad un punto cruciale per quanto riguardava le discussioni su una possibile fusione delle varie denominazioni protestanti in una; i progetti di unificazione andavano avanti già da alcuni anni (nel 1881, ad esempio, era stato fondato il periodico interdenominazionale «L'Italia Evangelica»). Esisteva un Comitato intermissionario (non ufficiale) composto da membri dirigenti di varie Chiese evangeliche; questo convocò a Firenze, nell'aprile 1884, la cosiddetta Assemblea promotrice di unione o di cooperazione tra le Chiese Evangeliche d'Italia (presieduta da John R. McDougall, pastore della *Free Church of Scotland* a Firenze). All'assemblea parteciparono ventuno rappresentanti provenienti da sei Chiese: valdesi, Liberi, wesleyani (Piggott, Jones e Sciarelli), metodisti episcopali (Lanna, T. Gay, James H. Hargis), battisti americani e battisti inglesi. Non si ebbero, però, esiti positivi. Tra i promotori dell'unione vi erano pastori non sempre supportati dall'adesione maggioritaria e ufficiale delle proprie Chiese, come il valdese Paolo Geymonat, che dovette riscontrare un'opposizione "conservatrice" che bloccò le trattative di unione con la Chiesa Libera del 1885-1887, successive all'Assemblea citata. Questa, in sostanza, non giunse a risultati, sia per l'esitazione di alcune Chiese, sia per la mancanza di chiarezza progettuale – alcuni proponevano una vera e propria *unione* di Chiese, altri (tra cui proprio i metodisti) una *federazione*.

40. Cfr. MSAR, 1883; G. Iurato, *Pietro Taglialatela. Dalla filosofia del Gioberti all'evangelismo antipapale*, Torino, Claudiana, 1972, p. 87. Nel 1885-1886 Taglialatela pubblicherà a Foggia un periodico, «La Nuova Puglia», che sarà chiamato «il martello dei preti» per l'acceso taglio anticlericale. Cfr. [Taglialatela,] *Cenni storici*, p. 21.

Occorre anche considerare che metodisti e battisti dipendevano dalle rispettive "Chiese-madri" sia inglesi che americane, cosa che impediva loro una completa autonomia decisionale.[41]

Si è nominato il pastore James Hargis, tra i presenti all'assemblea. Questi era arrivato nel gennaio 1884 dagli Stati Uniti, per supportare Vernon. Poiché, in aprile, Vernon dovette partire per partecipare alla Conferenza Generale nella madrepatria, Hargis rimase alla guida della missione, che però gestì in modo personale, criticando l'operato di Vernon. Nonostante Hargis, poco dopo, ridimensionasse le accuse, il *Board* missionario decise di intraprendere un'approfondita indagine sulla gestione Vernon (nonché di trasferire lo stesso Hargis). Pur non riscontrando irregolarità amministrative da parte sua, il comitato missionario ricavò un'impressione sfiduciata, più in generale, della missione italiana. Si era diffusa, negli Stati Uniti, «l'idea di una Chiesa italiana troppo poco metodista episcopale, sbiadita rispetto al modello statunitense, con un'organizzazione approssimativa, poco efficiente».[42] Nel 1885 si decise dunque di inviare altri due missionari da affiancare a Vernon, per garantire migliore supervisione, maggiore efficacia nell'evangelizzazione, e «some variety of American Methodistic thought».[43]

Nel 1886, infatti, partiva per l'Italia il pastore William Burt (1852-1936), inglese della Cornovaglia (Padstow) ma emigrato da adolescente negli Stati Uniti, e lì – dopo gli studi teologici – entrato nel ministero attivo. Burt segnerà in modo indelebile la storia del metodismo italiano, dotando la sua Chiesa di strutture e acquisizioni fondamentali; la sua gestione, che inizia propriamente nel 1888-1889, e il suo «Grand Dessein» masson-evangelico (per usare le parole di Giorgio Spini)[44] meritano una trattazione specifica, da condurre più avanti. Si considerino anzitutto i due anni di "convivenza" con Vernon. Le parole che il vescovo metodista John Fletcher Hurst scrisse al partente Burt il 19 gennaio 1886 confermano che sull'operato di Vernon, in America, si avevano dei dubbi: gli

41. Su tali progetti di unione cfr. Vinay, *Storia dei valdesi. III*, pp. 311-315; Chiarini, *Storia delle Chiese metodiste*, pp. 77-80. Cfr. anche i commenti di Vernon in MSAR, 1885, pp. 195-196.

42. Chiarini, *Storia delle Chiese metodiste*, p. 92.

43. MSAR, 1885, p. 194.

44. Spini si ispirava qui a G. Gangale, *Revival. Saggio di una storia del protestantesimo in Italia dal Risorgimento ai nostri tempi*, Roma, 1929, rist. Palermo, Sellerio, 1991, in partic. pp. 52-61 (52 e 56 per i termini «massonevangelico» e «massonevangelismo»).

diceva che il loro lavoro in Italia necessitava «impulso evangelistico», «maggiore spiritualità», e soprattutto «an awakening fire», che «non ha e non ha mai avuto»; occorreva «fervent preaching to the masses». Commenta significativamente Spini, che per primo pubblicò stralci di questa lettera,[45] che «l'Italia era un oggetto misterioso, difficile a capirsi per un americano di allora», anche se colto e di larghe vedute: difficilmente le «masse» potevano accorrere alla predicazione di un missionario straniero protestante, e quanto al "fuoco del Risveglio" che non si era mai acceso nella missione di Vernon, la colpa non poteva essere tutta di quest'ultimo, che anzi «tirava il carretto nel clima deprimente che in Italia era subentrato agli entusiasmi del Risorgimento».[46] In effetti, che il "sogno protestante" fosse svanito, chi lavorava in Italia lo aveva capito da tempo, e le problematiche riguardavano tutte le denominazioni evangeliche, non solo quella di Vernon e Burt.[47]

Questo però i vescovi metodisti americani non potevano crederlo, ritenendo invece che con organizzazione e disciplina si sarebbe potuto aumentare l'esito del lavoro missionario (e in effetti, a far crescere le statistiche, Burt riuscì ottimamente). In occasione della Conferenza Annuale dell'aprile-maggio 1886, presieduta dal vescovo Cyrus D. Foss, fu ratificata la divisione della Chiesa in due Distretti: quello del sud, con sede a Roma ("Rome District"), e quello del nord, con sede a Milano ("Milan District"); il primo era affidato a Vernon, il secondo a Burt. Il primo rapporto di Burt dall'Italia presenta alcuni elementi interessanti: ad esempio, che egli ha introdotto l'uso della colletta, nella comunità di Milano, e soprattutto che ha identificato Torino come sede adatta per la progettata Scuola Teologica[48] (in realtà, si sceglierà poi Firenze). Si può rilevare, infine, come Burt gongolasse di soddisfazione nel vedere che a Bologna «two professors of the university belong to our Church. This, of course, gives us a very respecta-

45. In G. Spini, *Il «Grand Dessein» di William Burt e l'Italia laica*, in *Il metodismo italiano*, pp. 109-120, qui p. 110; quindi in Id., *Italia liberale*, p. 206. Le traduzioni in italiano sono mie.

46. Le due citazioni di Spini provengono da *Italia liberale*, p. 206.

47. Cfr. Spini, *Il «Grand Dessein»*, p. 111: «Le chiese evangeliche, in quella atmosfera deprimente, si arrabattavano a fare del loro meglio per tirare avanti l'eredità risorgimentale. Ma senza grandi successi e soprattutto senza capire un gran che il capitolo nuovo che si era aperto ormai nella storia italiana, il cui dato centrale era il calvario dei lavoratori in lotta contro una miseria crudele e degli emigranti in fuga dalla fame nera dei villaggi natii».

48. MSAR, 1886, p. 223.

ble standing».[49] L'emigrazione in America non aveva cancellato, in Burt, un certo retaggio vittoriano, un «culto della rispettabilità».[50] Il dato, in realtà, è importante perché fornisce un indizio del progetto di Burt, quello della conquista al metodismo delle classi superiori della società italiana.

Secondo Chiarini la divisione in Distretti «privava l'intera opera della funzione di guida esercitata dal presidente anziano [Vernon, *Presiding Elder*], ponendola così in un vuoto di potere»; Burt e Vernon risultavano praticamente essere «i sovrintendenti di due distinte missioni in competizione fra loro».[51] Sicuramente la situazione toglieva il controllo gestionale complessivo a Vernon. Dai rapporti annuali della Società Missionaria episcopale, però, traspare un entusiasmo perfino sorprendente, se si pensa ai toni degli anni precedenti. Il *Report* del 1887 si apriva affermando che una lettura dei resoconti di Vernon e Burt avrebbe incoraggiato «every friend of Protestantism to believe that in this great center of Romanism the pure Gospel will yet be accepted by the masses».[52] Emerge la fiducia in una imminente conversione delle masse al "puro Vangelo" e, tra le righe, nella imminente caduta di "Roma-Babilonia": sembravano tornare gli echi del Risorgimento. Non è improbabile che una delle ragioni dell'ottimismo fosse l'imminenza (questa sì) dell'apertura della Scuola Teologica metodista episcopale in Italia: un passo fondamentale, per una formazione denominazionale dei pastori, e per una collocazione anche teologica nel contesto italiano (già Piggott aveva tentato degli esperimenti pionieristici, ma una vera e propria Scuola Teologica sarà aperta dai wesleyani solo negli anni Venti del Novecento). Di occuparsi di essa era stato incaricato il pastore Everett S. Stackpole,[53] che avrebbe infatti raggiunto l'Italia all'inizio del 1888; la Scuola aprirà ufficialmente il 1° gennaio 1889.

Il rapporto del 1888, però, tornava a toni meno trionfali: annunciava l'addio di Vernon all'Italia dopo quasi diciassette anni, spiegando che la missione aveva vissuto considerevoli difficoltà. Il soprintendente del Distretto di Roma diventava provvisoriamente Giovanni Gattuso. Vernon tor-

49. Ivi, p. 224.

50. Cfr. Spini, *Italia liberale*, p. 207.

51. Chiarini, *Storia delle Chiese metodiste*, p. 93.

52. MSAR, 1887, p. 260.

53. «Arrangements have been made for the opening of a theological school in which to train ministers of the true faith. The Rev. Everett S. Stackpole is now under appointment as a re-enforcement to this field [...]. He will give special attention to the training of students in the institution named» (*ibidem*).

nava negli Stati Uniti a metà del 1888, e dunque dall'estate di quell'anno la direzione della missione italiana diventava di fatto interamente affidata a Burt:[54] l'anno successivo sarà infatti ratificata la riunificazione dei due Distretti.[55] Da altre fonti sembra che l'addio di Vernon non fosse interamente una sua scelta, ma piuttosto che fu spinto a dimettersi, e che il suo allontanamento fu suggerito proprio da Stackpole.[56]

Iniziava così l'"era Burt", nel metodismo episcopale italiano. Nel corpo pastorale, non tutti erano d'accordo con le nuove direttive e i nuovi metodi: alcuni membri lasciarono, chi chiedendo la collocazione a riposo (Enrico Borelli), chi dimettendosi (come T. Gay, A. Lanna ed E. Caporali); tra questi vi erano alcuni degli elementi migliori sul piano intellettuale. Burt, tuttavia, riuscì a creare una nuova "classe dirigente" dei suoi pastori, anche grazie proprio alla Scuola Teologica.

2. *La produzione intellettuale fino al 1888. Tra la* Didachè, *Rosmini e gli articoli di fede metodisti*

Come già per la missione wesleyana, anche nel caso di quella episcopale l'analisi della produzione di periodici e volumi consente di coglierne il "progetto culturale" e l'inquadramento teologico. Gli anni Ottanta dell'Ottocento vedono, da parte episcopale, una produzione storico-teologica che non trova pari nella storia del metodismo italiano tra Ottocento e prima metà del Novecento, e che si segnala come di un certo livello anche in rapporto a quella dell'Italia "laica". Un ruolo consistente, in ciò, fu svolto da tre figure di intellettuali – Pietro Taglialatela, Enrico Caporali, Teofilo Gay – cui sarà opportuno dedicare una trattazione specifica, nel prossimo capitolo. In questo paragrafo è possibile tracciare un quadro generale e identificare i dati più interessanti (richiamando anche altre figure), sempre mantenendo come limite cronologico il 1888 (la fase della "gestione Vernon").

54. Così [Taglialatela,] *Cenni storici*, p. 31.

55. Cfr. MSAR, 1889.

56. Cfr. Chiarini, *Storia delle Chiese metodiste*, pp. 93-94; Chiarini non indica però la fonte di queste informazioni, che non traspaiono dagli Annual Reports della Missionary Society. Vedi anche Stackpole, *4 ½ Years in the Italy Mission*, p. 24: contiene riferimenti all'incontro tra Stackpole e Burt a Milano, ma non nomina Vernon, sebbene emerga chiaramente che i due criticarono la sua amministrazione.

***

Si è visto che già nel 1873 Vernon parlava di importanti testi teologici prodotti nell'ambito della Chiesa metodista episcopale, che sarebbero stati tradotti in italiano e, in parte, pubblicati – sebbene non fosse facile identificare a quali traduzioni italiane si riferisse. Si è anche già citata una delle prime opere che sicuramente furono prodotte in Italia, il volume *L'altare ed il trono* (1874) di Enrico Borelli. Uno dei primi progetti di Vernon era la realizzazione di un periodico: venne attuato concretamente nel 1878, con la fondazione de «La Fiaccola», periodico ufficiale della denominazione. Si trattava, inizialmente, di un mensile, diretto da Vernon e pubblicato a partire dal gennaio 1878 a Roma; nel 1881 si interruppero le pubblicazioni, poiché si scelse di appoggiare il periodico interdenominazionale «L'Italia Evangelica», appena fondato.[57] Ma tale "esperimento" non convinse, e dal gennaio 1882 si tornò a pubblicare «La Fiaccola», con nuove ambizioni e un taglio maggiormente "culturale", ossia con più articoli di approfondimento storico-teologico e meno notizie dalle chiese. Questa fase durò però fino al numero del maggio 1883, l'ultimo da mensile prima della trasformazione in settimanale: il 7 luglio di quell'anno partì così una nuova serie, diretta da Teofilo Gay e pubblicata a Firenze. Dal 6 giugno 1885 il direttore divenne Enrico Borelli (Gay lasciò a causa di troppi impegni concomitanti) e la sede si spostò a Faenza; infine, quello del 16 maggio 1886 è l'ultimo numero diretto da Borelli, che lasciò per motivi di età: il periodico tornò mensile, con sede a Roma, nuovamente diretto da Vernon (il 10 luglio 1886 si apriva la "Terza Serie"). Questa struttura, che ricalca quella originaria, si mantenne fino all'aprile 1888, ultimo numero del periodico, che sarà poi sostituito da «L'Evangelista».

È utile approfondire il taglio di questo periodico, nelle varie fasi della sua esistenza. Le annate 1878-1880 comprendono articoli di attualità, di edificazione, notizie sulle chiese, ma anche qualche approfondimento storico, filosofico o teologico. Enrico Caporali fornisce da subito la sua collaborazione, anche se in questa fase i suoi contributi (comunque tra i più validi e documentati)[58] non sono preponderanti rispetto a quelli di altri

57. Cfr. l'avviso in «La Fiaccola», III, dicembre 1880, pp. 427-428: il motivo è «dar appoggio cordiale ad un nuovo giornale», «L'Italia Evangelica», che mirava ad essere non-denominazionale e ad unire tutti gli evangelici italiani.

58. Cfr. ad es. E. Caporali, *Il peccato originale fuori della biblica rivelazione*, in «La Fiaccola», II, maggio 1879, pp. 193-194; Id., *La vita futura fuori della biblica rivelazione*,

collaboratori come Alceste Lanna, Teofilo Gay (autore qui, ad esempio, di una serie di "bozzetti omiletici" su Paolo), Vincenzo Ravì. Qualche spunto interessante proviene anche da articoli di Daniele Gay, come *I miracoli del Vangelo e la critica moderna*,[59] il cui intento è combattere l'«incredulità», ritenuta «piaga» della società peggiore del «Papismo». La risposta di Gay ai qui citati critici dei miracoli (non solo moderni: oltre a Spinoza, Reimarus, Renan e Strauss si citano anche Celso e Giuliano Imperatore) appare però poco avvertita criticamente. È vero che Gay non si appella alla dottrina dell'ispirazione verbale, tentando di porsi sul piano storico («Noi domandiamo a Renan di trattare la Bibbia se non come ispirata almeno come un libro di storia»), ma nella sua difesa dei miracoli – e in particolare della resurrezione di Gesù – i testi biblici vengono presi come testimonianze storiche valide così come si presentano, senza cioè applicare dei criteri di possibile identificazione della storicità o approcciare un dialogo filologico con i testi. Ossia, alla teoria di Strauss e Renan che i discepoli abbiano "immaginato" la resurrezione, si risponde in sostanza rimandando ai vari testi sulle apparizioni di Gesù, per concluderne che «il fatto della risurrezione di Gesù è certamente uno dei meglio provati», chiudendo poi con una citazione da Spinoza (citato prima tra i negatori dei miracoli), proprio per sottolineare che *perfino* lui credeva nella resurrezione di Gesù – ma in realtà Gay travisa il senso del passo spinoziano.[60] Va anche detto,

ivi, giugno 1879, pp. 205-207; Id., *Il Paradiso*, ivi, III, settembre 1880, pp. 385-389 (da una progettata serie sulla "Storia dei dogmi").

59. D. Gay, *I miracoli del Vangelo e la critica moderna*, in «La Fiaccola», II, settembre 1879, pp. 251-252 e ottobre 1879, pp. 260-261.

60. «Confesso che la risurrezione di Gesù è raccontata con tali circostanze, che noi non possiamo negare che gli Evangelisti stessi non abbiano veduto il corpo di Cristo risorto, e che gl'infedeli non avessero potuto vederlo come essi, se si fossero trovati nei medesimi luoghi ove Gesù era ai suoi discepoli apparso» (passo di Spinoza citato ivi, p. 261). Gay non indica la fonte del passo spinoziano, che è una lettera del filosofo a Henry Oldenburg, dagli *Opera posthuma* (*Epistola XXV*, che corrisponde alla *Lettera 78* in B. Spinoza, *Tutte le opere*, a cura di A. Sangiacomo, Milano, Bompiani, 2011, pp. 2196-2199; il passo a p. 2198, nell'originale latino). È probabile che Gay citasse da una fonte secondaria; per affinità di contenuti potrebbe essere T. Vitrioli, *Un cartello di logica disfida intimato agl'increduli moderni e singolarmente ad Ernesto Renan dall'avvocato Tommaso Vitrioli*, Napoli, Tip. G. Nobile, 1867, p. 165: in questo volume (a p. 166) si cita anche – e nella stessa traduzione – un passo del Corano che Gay citava nel suo articolo. Il dato più interessante è che Gay, come Vitrioli e altre pubblicazioni dell'epoca (cfr. ad es. *Catechismo apologetico ossia sviluppo delle pruove del Cristianesimo contro i deisti, i sociniani, i razionalisti de' nostri tempi, del parroco Domenico Zelo*, II, Napoli, 1840, p. 118), citi il

però, che la posizione "conservatrice" di Daniele Gay non era così sorprendente nell'Italia del 1879, dove altri intellettuali evangelici o cattolici non la pensavano molto diversamente, e dove anche in campo laico l'esegesi storico-critica era meno che ai primordi.

Chiarini ha analizzato queste annate de «La Fiaccola», riscontrandovi giustamente la riproposizione della prospettiva di una «riforma religiosa del popolo italiano» come «fondamento della nuova Italia».[61] Devono ancora esser «fatti gl'italiani», scriveva Lanna nel primo numero (riecheggiando la celebre frase attribuita a Massimo d'Azeglio), e quello che gli manca è la «vera religione».[62] Altrettanto opportunamente Chiarini ha notato che il linguaggio presente in questi articoli risentiva di dibattiti ideologici allora in corso in Italia, in particolare filosofici (di sapore hegeliano, sul rapporto religione-Stato e sulla Riforma come momento della vita dello Spirito), e che nel metodismo episcopale del tempo certe posizioni filosofiche avevano trovato terreno, come dimostra anche l'approdo di Caporali e Taglialatela in quella denominazione. Ma occorre problematizzare le conclusioni che Chiarini ha tratto dalla sua analisi, ossia che «[a] fronte di questo quadro potrà destare meraviglia la carenza di studi ed approfondimenti di carattere teologico, ancorché non imbevuti di polemica anticattolica [...]. E neppure compare qualche spunto che potesse riferirsi al retaggio teologico della Riforma o ai suoi influssi posteriori, se non in chiave apertamente apologetica come nella *Difesa della Riforma* di Ravì. Di teologia metodista e di Giovanni Wesley poi neppure l'ombra, tranne riproporre i giudizi del Mariano al libro di Lelièvre già apparsi su "La Civiltà Evangelica"».[63] In

passo di Spinoza interpretandolo come *difesa* della *realtà* della resurrezione e della divinità di Gesù: ma ciò travisa il senso originale del testo. Si veda la traduzione italiana citata, p. 2199: «Sono d'accordo con te nell'intendere in senso letterale la passione, la morte e la sepoltura di Cristo, ma intendo *allegoricamente* [*allegorice*] la sua resurrezione. Confesso certo gli Evangelisti la raccontino con tali particolari che non possiamo negare che gli stessi Evangelisti *credettero* [*credidisse*] che il corpo di Cristo fosse risorto e asceso in cielo per sedere alla destra del Padre; e che anche gli infedeli avrebbero potuto vederlo se fossero stati negli stessi luoghi in cui Cristo apparve ai discepoli. Ma su ciò, tuttavia, fatta salva la dottrina del Vangelo, *avrebbero potuto ingannarsi*, come accadde anche agli altri profeti» (corsivi miei). Sul tema cfr. anche la *Lettera 75*, ivi, p. 2185 («la resurrezione di Cristo dai morti fu soltanto spirituale»).

61. Chiarini, *Storia delle Chiese metodiste*, p. 71.

62. A. Lanna, *Ciò che manca all'Italia*, in «La Fiaccola», I, gennaio 1878.

63. Chiarini, *Storia delle Chiese metodiste*, pp. 73-74. L'articolo di Ravì citato è *Francesco I e Giovanni Calvino, ossia Difesa della Riforma Religiosa*, in «La Fiaccola», III,

considerazione di ciò, Chiarini vede la presenza metodista episcopale in Italia come globalmente caratterizzata da un appello al cambiamento religioso, imbevuto di anticattolicesimo, ma poco chiaro nella sua proposta alternativa, poco approfondita in senso protestante e metodista. Tuttavia i commenti di Chiarini si adattano solo *ad una parte* della produzione de «La Fiaccola» e del metodismo episcopale. Se infatti è vero che nelle annate 1878-1880 non sono molti gli articoli di approfondimento teologico sulla Riforma e praticamente non ve ne sono sul metodismo, la situazione muta radicalmente alla riapertura del periodico dopo l'interruzione del 1881: in particolare nelle annate 1882-1883 (fino a maggio, ossia finché il periodico è mensile), significativamente mai citate da Chiarini,[64] il periodico presenta numerosi articoli – perlopiù di Enrico Caporali – che affrontano proprio l'analisi teologica (oltre che storica e filosofica) della Riforma e del metodismo, confrontandosi inoltre proprio con la questione della specificità di quest'ultimo rispetto a dottrine luterane e calviniste. La *Storia filosofica della teologia protestante fedele ed infedele* di Caporali, apparsa a puntate proprio su «La Fiaccola», è eloquente fin dal titolo, in tal senso, e si affianca ai numerosi altri articoli che il suo autore dedicò a questi temi (cfr. *infra*, cap. 3.2). Non si può inoltre dimenticare la pubblicazione, nel 1885, della già citata traduzione italiana, ad opera di Polsinelli, di un volume di Arnold Sulzberger che analizzava nel dettaglio gli articoli dottrinali metodisti; ancor più interessante è che Polsinelli vi aggiunse i propri commenti.[65] In questi casi il tentativo di approfondimento teologico è evidente.

La questione da verificare è, comunque, se questo approfondimento fosse un progetto comune o se fosse invece un'iniziativa degli elementi più versati nella speculazione, e come venissero recepite queste iniziative. Più esplicitamente, si deve segnalare che le annate del periodico più ricche di approfondimenti e di speculazioni originali erano infatti pressoché monopolizzate da Caporali. Nei numeri del 1882 e del 1883 Caporali con-

gennaio 1880, pp. 289-290; quello su Mariano è T. Gay, *Il metodismo e il signor Raffaele Mariano*, ivi, I, giugno 1878, pp. 10-11.

64. In *Storia delle Chiese metodiste*, Chiarini cita da «La Fiaccola» solo articoli delle annate 1878-1880 e poi 1884-1887. Potrebbe trattarsi di una selezione del materiale o potrebbe non aver avuto accesso alle annate 1882-1883.

65. Sulzberger, *Spiegazione degli articoli di fede*. Nemmeno questo testo è citato da Chiarini nella sua *Storia delle Chiese metodiste*, né in *Il metodismo italiano (1861-1991)*. Neanche Spini lo cita, nella sua "trilogia" sulla storia del protestantesimo in Italia dal Risorgimento al periodo fascista.

quista sempre più spazio, tanto che gli articoli significativi dal punto di vista storico-teologico, prodotti da altri autori, si limitano a pochi contributi di Giovanni Gattuso, Silvio Stazi o Alceste Lanna, oltre che Teofilo Gay. Sembra che ciò non fosse particolarmente gradito ad altri pastori metodisti episcopali, nonché a membri di altre Chiese evangeliche, probabilmente anche per l'originalità delle tesi e del carattere di Caporali («ribelle per natura ad ogni vincolo di disciplina», lo definirà Eduardo Taglialatela).[66] Un episodio generalmente non approfondito dalla storiografia, ma riscontrabile da fonti a stampa e d'archivio, si rivela prezioso per comprendere, in prospettiva storico-teologica, un momento importante della Chiesa metodista episcopale italiana.

Quando, a metà del 1883, «La Fiaccola» divenne un settimanale, non si trattò di una semplice trasformazione della periodicità. Il progetto della Chiesa era in realtà una divisione della pubblicazione in due rami: un settimanale, omonimo, che avrebbe avuto un taglio più orientato alle notizie delle comunità e all'attualità, e una «Rivista teologica» trimestrale.[67] La realizzazione di una vera e propria rivista teologica, come si comprende, è un progetto altamente significativo e rivelativo degli obiettivi della denominazione. Incaricato della redazione di essa fu proprio Caporali: ufficialmente questo incarico veniva ammantato di tutti gli onori, ma indagando più in profondità si scopre che la decisione aveva anche lo scopo di allontanare Caporali da «La Fiaccola», dove aveva preso troppo spazio. Non a caso Silvio Stazi, in una sezione del periodico intitolata *Parte non ufficiale* in quanto riportava appunto una "parte non ufficiale" della Conferenza Annuale del 1883, scriveva che «il collegio dei ministri metodisti episcopali è un vero vespaio d'ingegni», giungendo poi a parlare direttamente di Caporali, in questi termini: «io trovo che Caporali ha troppa testa. [...] Non mi lamenterei se la testa del mio collega Caporali pensasse soltanto per sé, ma essa pensa anche per gli altri, ed ogni mese ci obbliga a leggere certi articoli che fanno venire il capogiro anche a certi teologi che ci pretendono

66. [Taglialatela,] *Cenni storici*, pp. 22-23.

67. Cfr. «La Fiaccola», V, maggio 1883, p. 72, ove si riporta che il periodico d'ora in poi «si divide in due robusti rami. La parte prima e più estesa si sviluppa in *Rivista*; la parte seconda si tramuta in giornale settimanale. La prima forse uscirà solo con l'anno nuovo, il secondo col mese di luglio, se non prima». Cfr. già, nel numero precedente (aprile 1883), il resoconto della *Conferenza Annuale* (12-17 aprile 1883): «Fu deliberata la cessazione del mensile periodico *La Fiaccola*, e la fondazione d'un giornale settimanale che porterà lo stesso nome e d'una *Rivista teologica* trimestrale» (p. 61).

tanto. Per gastigarlo [*sic*] gli daremo una rivista; così potremo conservare i suoi preziosi articoli, meglio che in un giornale».[68] In effetti quello di Caporali, se non proprio un "castigo", era perlomeno un esilio dorato, poiché egli si occupò della sua rivista, finanziata dalla Chiesa metodista, ma non comparve più tra i collaboratori de «La Fiaccola», e anche il suo ruolo nel corpo pastorale andò sempre più riducendosi. Che avesse perso qualche simpatia anche in altri ambienti evangelici è confermato da un riferimento nel periodico interdenominazionale «L'Italia Evangelica», che alla riapertura de «La Fiaccola» come settimanale, tramite un articolo firmato "P.G." (forse il valdese Paolo Geymonat), si rallegrava, scrivendo: «Lieta notizia! S'è riaccesa la *Fiaccola*, più gaia di prima, per la concordia anziché la discordia, in mano dei maggiori anziché dei caporali della Missione Metodista Episcopale».[69] Non è difficile leggere qui un ironico gioco di parole sul nuovo direttore Gay («più gaia di prima») che assume il controllo al posto di Caporali («dei caporali»).

Anche al *Board* americano giungevano notizie di questo progetto: ovviamente Vernon ne dava ragguagli nei suoi *reports*. In quello del 1883 si informa del progetto di una «Quarterly Review» che dovrà trattare «religious questions» rivolgendosi soprattutto a un pubblico intellettuale, che sia «stanco del cattolicesimo» e stia perciò muovendo verso l'ateismo: intercettarlo sarebbe stato di «inestimabile valore per la causa di Cristo in questo Regno», e per tal motivo il progetto era finanziato dalla *Tract Society*[70] (così, curiosamente, la nuova rivista sarebbe stata finanziata, mentre «La Fiaccola» continuava a pubblicarsi a carico della Conferenza italiana).[71] L'intento era dunque quello di una rivista che avesse funzione culturale ma anche apologetica, esplicitamente rivolta a guadagnare conversioni. Era questo anche l'intento di Caporali o solo dei suoi superiori?

I verbali manoscritti della Conferenza Annuale tenutasi a Perugia nel marzo 1884 riportano l'approvazione definitiva della rivista, ormai prossima a pubblicarsi: «Il presidente [Vernon] dichiara Caporali essere addetto alla Rivista religiosa-scientifica sorta secondo la decisione della Conferenza di Torino [del 1883]. Caporali parla sui precedenti dell'organizzazio-

68. «La Fiaccola», V, maggio 1883, pp. 76-77.

69. P.G., *Notizie evangeliche italiane*, in «L'Italia Evangelica», III, 14 luglio 1883, p. 221.

70. MSAR, 1883, p. 173.

71. Cfr. MSAR, 1884, p. 176.

ne della Rivista, e sui vantaggi che essa produrrà sulla classe intelligente. Essa chiamerà l'attenzione delle classi influenti sulle nostre congregazioni. Infine parla dottamente del merito intrinseco di tale Rivista». Hargis, Lanna e Gay – si legge – appoggiano l'iniziativa, e la Conferenza approva.[72] Anche il numero di febbraio de «La Fiaccola» annunciava la nuova rivista: «È d'imminente pubblicazione una *Rivista trimestrale* diretta dal dott. E. Caporali, alla quale diamo sin d'ora un cordiale benvenuto se essa sarà, come non ne dubitiamo, seriamente scientifica, francamente evangelica, comprensibile ed utile. D'una buona Rivista teologica siffatta gli evangelici d'Italia hanno urgente necessità».[73] Quel «come non ne dubitiamo» suonava quasi come un avvertimento, così come l'insistenza sul fatto che la rivista dovesse essere non solo scientifica, ma anche «evangelica» e «comprensibile».

Caporali, però, non smentì la sua fama di *outsider* poco propenso ad ascoltare le direttive dei superiori. La famosa "Rivista teologica", che le fonti citavano senza ancora indicarne il nome, si rivela essere «La Nuova Scienza», una rivista in realtà principalmente filosofica, che trattava anche argomenti teologici, ma che certo non aveva una particolare funzione apologetica, e soprattutto che ben poco aveva di "evangelico", e meno ancora di "metodista".[74] Il primo numero è datato Gennaio-Febbraio-Marzo 1884 e uscì probabilmente nel marzo di quell'anno. Il titolo completo era «La Nuova Scienza. Rivista dell'istruzione superiore. Dell'Avv. Professore Enrico Caporali». Nel programma, *Due parole di Prefazione*, Caporali scrive che «[m]ancava ed ancor manca una *filosofia esatta, costruita sui risultati delle scienze naturali e storiche*»;[75] «[a] questo tende la nostra *Rivista*, la quale si studierà di portare il suo contributo per il lavoro di *accentramento delle scienze naturali e per la costituzione d'una esatta filosofia*».[76] Era un intento abbastanza esplicito, che poco aveva a che fare con il progetto previsto dalla Chiesa episcopale. La rivista però, dove Caporali dava sfogo alla sua effettivamente vastissima erudizione (non comune era anche l'aggiornamento bibliografico di livello internazionale che vi pubblicava),

72. ASCM, Serie I, cartella n. 13: Verbali delle Conferenze distrettuali [della Chiesa metodista episcopale], *Terza Conferenza Annuale della Chiesa Metodista Episcop.le Ital. tenuta in Perugia nei giorni 5, 6, 7, 8* [marzo 1884].

73. [T. Gay,] *Note del Direttore*, in «La Fiaccola», VI, 2 febbraio 1884, p. 17.

74. Cfr. Spini, *Italia liberale*, pp. 202-203.

75. *Due parole di Prefazione*, in «La Nuova Scienza», I/1 (1884), pp. 1-3, qui p. 2.

76. Ivi, p. 3.

ricevette elogi da personalità del mondo politico, culturale, accademico, ad esempio da docenti di atenei di tutta Europa, così come da riviste scientifiche di vari Paesi (lo stesso Caporali riportava, nei numeri successivi de «La Nuova Scienza», i giudizi ricevuti). Pare difficile che Vernon non si accorgesse (o che nessuno gli facesse notare) che il periodico aveva poco di metodista, ma questa mole di elogi e l'impatto avuto gli fecero probabilmente pensare che la cosa poteva avere un ritorno positivo anche per la Chiesa. Questo, almeno, è quello che scriveva al *Board* missionario americano, nel suo rapporto del 1884[77] e poi in quelli degli anni successivi,[78] dai quali si apprende che la rivista continuava ad essere un compito *ufficialmente* assegnato dalla Chiesa a Caporali.[79]

Ad accorgersi che qualcosa non tornava fu Stackpole, già ricordato per le sue critiche a Vernon (condivise da Burt). In un testo riepilogativo sulla missione italiana, scritto qualche anno dopo il suo arrivo in Italia, egli ricorda l'uscita di Caporali dalla Chiesa metodista, ratificata alla Conferenza Annuale tenutasi a Milano nel maggio 1889, e la fine del finanziamento alla «Nuova Scienza», «sometimes called the Italian Methodist Quarterly Review». Ecco il suo commento sul periodico (che, ricorda, era finanziato dalla *Tract Society* della Chiesa):

> There was nothing on the title page or in the contents to show that it was an organ of Methodism. It had no readers in our Church except a few preachers. It aimed to be philosophical rather than religious, and its philosophy was declared by several members of the Conference to be pantheistic. [...] The *Nuova Scienza* had not the remotest connection with any work of Methodism

77. «The *Quarterly Review*, published this year by the generous and timely help of the Tract Society, has done grand service in its line, has won golden opinions among some of the first intellectual authorities of Italy, as also of other realms and states. It has evidently also seriously disconcerted the infidel writers, teachers, and their followers, who were endeavoring to pull themselves together into a party. The editor, Dr. Caporali, and the Church are to be congratulated on the character and achievements of this *Review* during its first year» (MSAR, 1884, p. 176).

78. Cfr. in particolare MSAR, 1886, p. 221: «Rev. Dr. Caporali is still carrying forward successfully the herculean task providentially and officially allotted to him, in the editorship of our review, *La Nuova Scienza*. The Tract Society has very generously helped forward this work, from the beginning [...]. Remarkable, indeed, are the commendations it receives from high authorities as a Champion of Christian feeling, thought, and truth, and as an antagonist of misbelieve, unbelief, and anti-Christian philosophy. No one work or worker more deserves a hearty and steady support».

79. Così fino al 1888: cfr. MSAR, 1888, p. 289.

> in Italy, yet the editor was shrewd enough to draw his support from the Methodist Episcopal Church.[80]

Stackpole sembrava quasi sentirsi defraudato da Caporali, che era stato così «scaltro» (*shrewd*) da ottenere fondi della Chiesa per un'opera niente affatto metodista. Il suo racconto prosegue dicendo che Caporali aveva chiesto di mantenere il suo incarico, offrendo di donare la sua ricca biblioteca, alla sua morte, alla Scuola Teologica della Chiesa, purché continuassero i finanziamenti per il periodico (una proposta che Stackpole riteneva comunque «più trasparente di molti stratagemmi [*wiles*] italiani»!). Ma Burt, nuovo soprintendente, decise di interrompere i finanziamenti alla rivista (che Caporali continuò a pubblicare indipendentemente, come semestrale, fino al 1892) e di assegnare al pastore una sede, appositamente scegliendo il piccolo villaggio di Melfi, dove «non poteva fare danni» (una scelta che mirava a mettere Caporali alle strette, e d'altra parte a cautelarsi conoscendo la sua ormai scarsa propensione al pastorato attivo). Caporali non volle spostarsi da Todi, e pochi mesi dopo rassegnò le dimissioni.

Si è scelto di dedicare un discreto spazio alle vicende de «La Nuova Scienza», poiché si è ritenuto che questo episodio rappresenti un interessante esempio dei progetti della missione episcopale, oltre che uno spunto ulteriore sulle dinamiche del corpo pastorale, anche nei rapporti con il *Board*. È importante rilevare che gli studiosi che finora avevano parlato de «La Nuova Scienza»[81] non avevano riscontrato che questa doveva nascere come "rivista teologica" o di "studi religiosi" ufficiale della Chiesa metodista episcopale italiana, e che alle spalle vi era un preciso progetto denominazionale (anche apologetico ed evangelistico): essa *non* veniva fondata come rivista filosofica personale di Caporali (questo fu invece l'*esito* del progetto). Tutto ciò non era rilevabile se non tramite una verifica accurata delle fonti periodiche e archivistiche, che sole consentono di identificare «La Nuova Scienza» con quella «Quarterly Review». Si può concludere riflettendo sul fatto che la mancata realizzazione di una rivista teologica che davvero avesse approfondito la teologia e la storia della Riforma e del metodismo, avvalendosi dell'indubbia preparazione del curatore incaricato, rappresentò un'"occasione mancata" per il metodismo italiano. D'altro

80. Stackpole, *4 ½ Years in the Italy Mission*, p. 84.

81. Sostanzialmente G.B. Furiozzi, *Enrico Caporali tra politica, religione e filosofia*, in *Il metodismo italiano*, pp. 79-90, e Spini, *Italia liberale*, pp. 202-203, oltre ai brevi cenni in Chiarini, *Storia delle Chiese metodiste*, p. 71, nota 34.

canto, si può ricordare che quell'approfondimento Caporali aveva almeno in parte provveduto a svolgerlo altrove: proprio su «La Fiaccola».

Tornando allora all'analisi de «La Fiaccola», è possibile riprendere dalla sua nuova strutturazione come settimanale, dal luglio 1883. È abbastanza ovvio che il nuovo formato fosse più orientato alla cronaca e all'attualità che all'approfondimento culturale con ampi articoli; il livello della fase precedente non venne eguagliato. Tra i pochi articoli dedicati all'approfondimento della Riforma, si devono rilevare quelli proposti in occasione del quarto centenario della nascita di Lutero; in particolare, il numero del 10 novembre (data, appunto, della ricorrenza) è tutto dedicato al Riformatore. Lo spazio complessivo di quattro pagine non consente al settimanale di entrare molto nei dettagli: si pubblicano un articolo di Teofilo Gay che riassume la vita di Lutero e i primi sviluppi della Riforma, uno di Alceste Lanna sul viaggio di Lutero a Roma nel 1510-1511 (che per gli evangelici italiani del tempo aveva valore di scaturigine del mutamento di Lutero, ulteriore modo per rivendicare un'origine "italiana" della Riforma), un altro articolo di Gay sulle «calunnie pretine» contro Lutero, e un breve articolo non firmato (probabilmente sempre di Gay) intitolato *Lutero e Wesley*.[82] Questo riveste interesse in quanto mira a connettere Wesley a Lutero, sottolineando che la famosa esperienza di Aldersgate (la "seconda conversione" di Wesley, nel 1738) avvenne proprio in occasione della lettura di un testo del Riformatore: Wesley racconta che ascoltando la lettura della Prefazione di Lutero all'*Epistola ai Romani* paolina, in particolare in riferimento alla «descrizione che Lutero dà del cambiamento che Dio fa nel cuore per la fede in Cristo», egli sentì la *propria personale* fiducia in Cristo soltanto per la salvezza, e la certezza della *propria* salvezza dal peccato e dalla morte[83] (l'esperienza *personale* è accento caratteristico del pietismo e poi del Risveglio). L'articolo prosegue poi sostenendo che tra Lutero e Wesley vi sono somiglianze anche «nella storia dei lor progressi spirituali», poiché «ambedue cominciaron colle opere per arrivar poi

82. Cfr. «La Fiaccola», V, 10 novembre 1883. Il numero si chiude poi con un utile elenco delle pubblicazioni edite in Italia in occasione della ricorrenza luterana. Altri articoli sul tema compaiono sul numero successivo, del 17 novembre.

83. Per il noto resoconto di Wesley di tale esperienza (che, come ha scritto A.C. Outler, in *John Wesley*, p. 51, è l'equivalente wesleyano «of Paul's experience on the Damascus road and Augustine's conversion in the Milanese garden») si veda J. Wesley, 24 maggio 1738, in *Journal and Diaries I (1735-1738)*, a cura di W.R Ward e R.P. Heitzenrater, in *Works*, XVIII, pp. 249-250.

alla grazia» (così si afferma citando l'articolo *Metodismo* nella *Realenzyklopädie* di Johann Jakob Herzog);[84] inoltre, entrambi avrebbero posto al centro il principio della «coscienza illuminata dalla Bibbia». Non si fa parola delle *differenze*, invece, tra Lutero e Wesley e delle critiche che quest'ultimo rivolse al riformatore tedesco: ma è comprensibile il taglio "apologetico" del breve articolo, ed è comunque altamente significativo che si proponesse esplicitamente una riconduzione di Wesley a Lutero e alle origini della Riforma.[85]

Non si proseguì sulla linea di questi spunti: nelle annate successive, gli articoli di approfondimento (storico o teologico) sulla Riforma sono sporadici, ad esempio in occasione di altre ricorrenze, come quella della nascita di Zwingli.[86] Lo stesso dicasi per quanto riguarda il metodismo: il primo centenario dalla fondazione della Chiesa metodista episcopale americana, a fine 1884, è l'occasione per proporre articoli con breve resoconto storico delle origini di questa Chiesa.[87]

Tre casi rivestono particolare interesse e possono essere citati per chiudere l'analisi de «La Fiaccola». Nel 1886 si pubblica un articolo di Silvio Stazi, *Le testimonianze dei Padri in favore della tolleranza*: attraverso citazioni patristiche si difende la tolleranza religiosa.[88] Qui emerge esplicitamente l'uso dei Padri in funzione (anche) di polemica anticattolica, per mostrare cioè che la Chiesa romana li interpreterebbe in modo scorretto o errato; un'operazione simile era stata condotta pochi anni prima da Teofilo Gay nel suo *Arsenale antipapale*, e come è stato notato questa prospettiva

84. L'articolo *Methodismus* era nel vol. IX della seconda edizione della *Realenzyklopädie für protestantische Theologie und Kirche*, Leipzig, Hinrichs, 1881, pp. 681-719.

85. Per un primo inquadramento dei rapporti fra Wesley e Lutero cfr. P. Ricca, *John Wesley*, in J. Wesley, *La perfezione dell'amore. Sermoni*, a cura di F. Cavazzutti Rossi, Torino, Claudiana, 2009, pp. 7-36, in partic. pp. 21-26; L.G. Cox, *John Wesley's view of Martin Luther*, in «Bulletin of the Evangelical Theological Society», 7/3 (1964), pp. 83-90; J.L. Walls, *John Wesley's Critique of Martin Luther*, in «Methodist History», 20/1 (1981), pp. 29-41.

86. Cfr. T. Gay, *Ulrico Zuinglio*, in «La Fiaccola», VI, 5 gennaio 1884, pp. 1-3.

87. *Il primo centenario*, in «La Fiaccola», VI, 6 dicembre 1884, pp. 193-194: un articolo non firmato (forse di Teofilo Gay) con brevi cenni storici sull'origine della Conferenza metodista americana. Sui due numeri successivi Gay (stavolta in articoli firmati) torna ancora sulle origini del metodismo americano: T. Gay, *Il nostro centenario*, ivi, 13 dicembre, p. 198; Id., *Il Natale del 1784*, ivi, 20 dicembre, pp. 201-202.

88. S. Stazi, *Le testimonianze dei Padri in favore della tolleranza*, in «La Fiaccola», VIII, 30 gennaio 1886, pp. 14-15.

rappresenta una caratteristica del metodismo italiano.[89] Allo stesso modo si deve notare un'attenzione per la patristica e per la storia del cristianesimo dei primi secoli che, presente già con Piggott nei primi anni della missione inglese e fondata sull'atteggiamento dello stesso Wesley, continuava a riemergere nel metodismo italiano, con maggiore o minore frequenza a seconda dei contesti.

Il secondo caso da segnalare conferma questa attenzione patristica o protocristiana del metodismo italiano: l'anno precedente, nel 1885, su «La Fiaccola» compare una traduzione integrale in italiano della *Didachè*, ad opera del metodista episcopale Raffaele Wigley. Il dato è della massima importanza, perché questo breve testo protocristiano (*Insegnamento dei dodici apostoli*) era stato pubblicato solo due anni prima, dal vescovo ortodosso Philotheos Bryennios, che lo aveva ritrovato in un manoscritto nel 1873. I maggiori storici del cristianesimo dell'epoca, tra i quali Harnack e Sabatier, ne compresero subito l'importanza, e pubblicarono traduzioni, commenti, interpretazioni. Anche in Italia il dibattito fu recepito: ma se usualmente, tra i nomi dei primi studiosi che si occuparono della *Didachè*, si ricordano quelli di due tra i padri della moderna ricerca storico-religiosa italiana, ossia Baldassarre Labanca e Alessandro Chiappelli,[90] quasi mai vengono citati due esponenti dell'evangelismo italiano: il valdese Emilio Comba e, appunto, il metodista Raffaele Wigley. In un saggio pubblicato nel settembre 1885 sulla «Nuova Antologia»,[91] Chiappelli produce traduzione e commento della *Didachè*, affermando di essere stato il primo, in Italia, a essersene occupato; lo ribadirà anche nella versione riveduta di questo saggio, pubblicata in un suo volume due anni dopo.[92] Qui Chiappelli fa anche i nomi di altri studiosi che ne hanno pubblicato traduzioni

89. Cfr. Rinaldi, *La santificazione in Wesley come tema ecumenico*, p. 100.

90. Per una prima informazione bio-bibliografica si vedano C. Preti, *Labanca, Baldassarre*, in *Dizionario Biografico degli Italiani*, LXII, Roma, Istituto della Enciclopedia Italiana, 2004, pp. 781-785; C. Coen, *Chiappelli, Alessandro*, ivi, XXIV, Roma, 1980, pp. 493-496. Per la collocazione dei due nella storia degli studi storico-religiosi in Italia, cfr. L. Salvatorelli, *Gli studi di storia del cristianesimo*, in *Cinquant'anni di vita intellettuale italiana 1896-1946. Scritti in onore di Benedetto Croce per il suo ottantesimo anniversario*, a cura di C. Antoni e R. Mattioli, 2 voll., Napoli, ESI, 1950, II, pp. 279-291.

91. A. Chiappelli, *Di una recente scoperta: «La Dottrina de' dodici apostoli»*, in «Nuova Antologia», II ser., LIII, fasc. XVIII, 16 settembre 1885, pp. 209-225.

92. A. Chiappelli, *Studii di letteratura cristiana antica*, Torino, Loescher, 1887, pp. 23-24, nota 1 (il saggio si trova alle pp. 23-61). Chiappelli afferma di aver fornito «la prima notizia e traduzione» della *Didachè* in Italia.

e commenti: Comba, su «La Rivista Cristiana» (da lui diretta) nel novembre-dicembre 1885,[93] e il sacerdote Rodolfo Maiocchi, nello stesso anno; ricorda che anche Labanca, in un suo volume edito nel 1886 (*Il Cristianesimo primitivo*), ne ha parlato, anche se gli erano «ignoti» i lavori italiani sull'opera. Qualche anno dopo, Labanca decise di precisare la questione: in un saggio dedicato proprio alla storia degli studi italiani sulla *Didachè*,[94] specifica che se ne era occupato nello stesso periodo di Chiappelli, dato che il suo volume era in realtà uscito nel 1885 (pur recando la data 1886, perché edito verso la fine dell'anno); che Comba aveva pubblicato il suo testo appena dopo; ma che prima di tutti loro vi era stato un altro sacerdote, G. Andrullo, che pubblicò una traduzione del testo già nel 1884.[95] Come si vede, nessuno si era accorto della traduzione di Wigley: certo «La Fiaccola» non aveva una grande diffusione.[96] Ma resta il fatto che la sua traduzione compariva quasi contemporaneamente a quella di Chiappelli, anzi forse persino prima: il fascicolo della «Nuova Antologia» con l'articolo di questi era datato 16 settembre 1885, mentre la traduzione di Wigley iniziò a uscire su «La Fiaccola» del 5 settembre di quell'anno (comparve a puntate fra settembre e ottobre).[97] Dunque, nella "graduatoria" che gli studiosi italiani dell'epoca sembravano ansiosi di stilare, Wigley avrebbe dovuto figurare in una delle prime posizioni. È vero che il suo contributo fu quello di una semplice traduzione della *Didachè*, senza (o quasi) fornire note filologiche o commento,[98] come invece fece Chiappelli (e come lui, altri degli studiosi

93. Em. Comba, *La Dottrina de' Dodici Apostoli*, in «Rivista Cristiana», XIII, novembre-dicembre 1885, pp. 352-366 e 385-397. In realtà, Comba aveva parlato della *Didachè* già in una conferenza a Firenze, qualche settimana prima (lo scrive proprio Wigley nell'introdurre la sua traduzione: vedi *infra*).

94. B. Labanca, *La dottrina dei dodici apostoli studiata in Italia*, Roma, Tip. Balbi, 1895 (estratto da «Rivista Italiana di Filosofia», settembre-ottobre 1895).

95. Andrullo però non tradusse direttamente dal testo greco, ma da una versione francese.

96. Che a Labanca e Chiappelli potesse sfuggire quanto si pubblicava su «La Fiaccola», non è del tutto sorprendente; ma che ciò accadesse anche a Raffaele Mariano, che come si è visto era già da qualche anno in rapporto con ambienti metodisti, è meno comprensibile. Mariano pubblicò un suo lavoro sulla *Didachè* (*La Dottrina dei XII Apostoli e la critica storica*, Roma, Tip. Balbi, 1893), dove non faceva parola di Wigley. Nemmeno Comba, nel suo saggio, cita Wigley.

97. *Dottrina (*Didachè*) dei dodici Apostoli*, a cura di R. Wigley, in «La Fiaccola», VII, 5 settembre 1885; ivi, 19 settembre; 26 settembre; 10 ottobre; 24 ottobre.

98. Unica eccezione, una nota a un passo controverso del cap. 11 del testo: la riporto *infra*.

citati). Ma va considerato che «La Fiaccola» non era certo la sede adatta per un'operazione di questo tipo, e se si può controbattere che Wigley avrebbe potuto produrre uno studio analogo e pubblicarlo altrove (cosa che, a mia conoscenza, non fece), è però altrettanto vero che la pubblicazione di una traduzione di un raro testo protocristiano, oggetto di studio degli specialisti, su un periodico come «La Fiaccola» (che non nasceva come rivista scientifica), era già un'operazione significativa e lungimirante.

Così Wigley presentava ai lettori «lo scopo della traduzione», nella breve introduzione premessa al testo: «presentare ai lettori di questo periodico un antichissimo documento di cui han fatto uso i nostri fratelli del passato, che dà ragione al Protestantesimo, torto marcio a Babilonia [= Roma]; e sì che siamo nel campo della tradizione, ove essa pascola così volentieri!».[99] Torna dunque ancora il programma evangelico (lo si vedrà meglio analizzando i testi di Teofilo Gay) dell'*uso della tradizione contro la Chiesa romana*, dunque "combattendo" l'antagonista con le sue stesse armi. Il riferimento, qui, è chiaramente all'organizzazione ecclesiastica, che nella *Didachè* (testo datato tra I e II secolo) non prevede l'episcopato monarchico né ovviamente il papato. L'intento polemico di Wigley, comunque, non ne pregiudica la conoscenza del testo e degli studi su di esso: egli afferma di tradurre direttamente dal testo greco originale pubblicato da Bryennios, e si dimostra informato sui dibattiti in corso su datazione, autenticità, contenuti dell'opera (si veda la sua introduzione). In alcune occasioni (circa una dozzina), relativamente a parole o concetti importanti o di complessa traduzione, Wigley riporta fra parentesi il termine originale greco traslitterato, per rendere conto della propria scelta – che spesso è anche interpretativa. Così, ad esempio, in *Didachè* 3',4, dove il passo «non dedicarti alle purificazioni [μὴ γίνου … περικαθαίρων]» (nel contesto di una critica alla «divinazione» e agli «incantesimi») è da lui tradotto «non essere […] un purificatore *col fuoco* (*perikathairon*)»: l'aggiunta *col fuoco* (il corsivo è di Wigley) è forse influenzata da *Dt* 18,10 (nella versione della *LXX* si trova l'identico termine, ma coadiuvato dalla specificazione ἐν πυρί), che è stato evocato dagli interpreti appunto in riferimento a questo passaggio della *Didachè*.[100] In un caso, Wigley appone anche una nota al te-

99. Ivi, 5 settembre, p. 141.

100. Cfr. testo critico, traduzione e commento della *Didachè* a cura di Manlio Simonetti in *Seguendo Gesù. Testi cristiani delle origini. Volume I*, a cura di E. Prinzivalli e M. Simonetti, Milano, Fondazione Lorenzo Valla - Arnoldo Mondadori, 2010, da cui cito

sto: si tratta di 11,11, «E nessun profeta provato, verace, che tiene radunanze in misterio terreno (*Kosmikòs*) e che non insegna a fare tutte quelle cose che egli stesso fa, sarà giudicato dinnanzi a voi; perché il giudizio è presso Dio, perché altrettanto fecero gli antichi profeti» (trad. di Wigley). La sua nota è: «In questa parte del testo manca qualcosa o ci è qualche confusione di trascrizione. Il Bryennios suggerisce d'interpretare quel "*mystérion kosmikòs*" come dei *segni esteriori*[,] andare, per es., a piedi nudi, per ammonire i credenti *alla maniera degli antichi profeti* e cita Isaia XX,2. Ma lui stesso è imbarazzatissimo». In effetti, come commenta Manlio Simonetti, si tratta di un «passo di significato impenetrabile [...] nell'espressione εἰς μυστήριον κοσμικὸν ἐκκλησίας», in genere intesa come riferita a «gesti dei profeti considerati di valore simbolico».[101] Wigley volle dar conto ai lettori della difficoltà, anche richiamando il commento del primo editore del testo greco.

Wigley aveva studiato teologia con Piggott ed era di origine inglese:[102] evidentemente era più portato di altri (nel mondo evangelico, e in particolare metodista, italiano) verso un'apertura internazionale e una conoscenza della bibliografia estera sull'argomento. E questa apertura si voleva, al-

la traduzione «non dedicarti alle purificazioni», p. 57; a p. 432, nota 20 il riferimento alle interpretazioni che citano *Dt* 18,10.

101. Ivi, p. 441. Così Simonetti traduce il passo: «Ogni profeta che sia stato esaminato e sia risultato vero profeta, se agisce in vista del mistero della chiesa nel mondo ma non insegna di fare tutto ciò che fa lui, non sarà giudicato da voi perché il suo giudizio l'ha con Dio. In questo modo infatti hanno agito anche gli antichi profeti» (p. 69).

102. Sempre indicato (anche nelle fonti dell'epoca) come Raffaele Wigley, Raphael Joseph Patrick Wigley nacque a Londra nel 1857, da padre inglese e madre italiana, e morì a Milano nel 1916. Crebbe però in Italia, perché la famiglia si trasferì presto a Roma: il padre (cattolico) era l'architetto che progettò la chiesa di Sant'Alfonso all'Esquilino, costruita tra il 1855 e il 1859. Entrato in contatto con Piggott, nel 1882, si convertì al protestantesimo ed entrò nella Chiesa wesleyana, studiando presso la Scuola Teologica della Chiesa libera a Roma (all'epoca i candidati al ministero wesleyani si preparavano lì, dove anche Piggott insegnava). A causa delle ristrettezze finanziarie, Piggott non poté assumerlo nel corpo pastorale wesleyano: lo presentò così a Vernon, che lo assunse nei metodisti episcopali, dal 1885. Lasciò però questa Chiesa nel 1890, per dissidi con Burt, e passò alla Chiesa libera; ma alla fusione di questa con le due Chiese metodiste, nel 1905, tornò nelle file wesleyane. Cfr. L. Pilone, *Raffaele Wigley*, in *Dizionario Biografico dei Protestanti in Italia* (voce di prossima pubblicazione: per gentile concessione dell'autore); E. [= H.J.] Piggott, *In memoria di Raffaele Wigley*, in «Ev.», XXVIII, 20 luglio 1916, p. 4; si vedano anche i Verbali della Conferenze Annuali della Chiesa metodista episcopale italiana, fino al 1890.

meno in forma divulgativa, proporre anche ai lettori del periodico di una piccola Chiesa come «La Fiaccola».[103]

Terzo caso del massimo interesse – chiudendo l'analisi di questa fase de «La Fiaccola» – è la serie di articoli, a firma Enrico Borelli, che il periodico dedica, sempre nel 1885, alla figura di Antonio Rosmini (1797-1855).[104] Il filosofo e teologo roveretano, in quegli anni, era figura non molto gradita al cattolicesimo ufficiale, cui Leone XIII aveva indicato la strada del (neo)tomismo – si pensi all'enciclica *Aeterni Patris* (1879) – piuttosto che del dialogo con le dottrine della "modernità" e ancor meno con istanze riformiste quali erano quelle rosminiane.[105] Non a caso, nel dicembre 1887 quaranta proposizioni filosofiche e teologiche tratte dagli scritti di Rosmini saranno condannate con il decreto *Post obitum*.[106] Già sotto Pio IX, nel 1849, erano state poste all'Indice *Delle Cinque Piaghe della Santa*

103. Spini, *Italia liberale*, p. 70, parlando proprio del saggio di Chiappelli del 1885 sulla *Didachè*, commenta: «non poco davvero per un italiano», se si considera che quel testo era stato edito nel 1883. Lo stesso potrebbe dirsi di Wigley.

104. Enr. Borelli, *Dottrine di Rosmini condannate*, in «La Fiaccola», VII, 15 agosto 1885, pp. 130-131, e la serie *Le piaghe della Chiesa Cattolica secondo Rosmini*, ivi, 22 agosto, pp. 133-134; 29 agosto, p. 137; 5 settembre, pp. 141-142; 12 settembre, pp. 145-146; 19 settembre, pp. 149-150; 26 settembre, pp. 153-154.

105. Sul significato del riformismo di Rosmini nel contesto dell'atteggiamento della Chiesa cattolica del tempo cfr. anzitutto L. Malusa, *Critiche e condanne sulle posizioni del "riformismo" di Antonio Rosmini*, in *Rosmini e Newman padri conciliari. Tradizionalismo, riformismo, pluralismo nel Concilio Vaticano II*, a cura di G. Picenardi, Stresa, Edizioni Rosminiane, 2014, pp. 123-157; e, nel contesto di studi in prospettiva di *lunga durata*, Miccoli, *Chiesa e società in Italia fra Ottocento e Novecento*, pp. 53-54; Menozzi, *La Chiesa cattolica e la secolarizzazione*, pp. 77-78.

106. «La condanna è frutto dell'intransigentismo antimoderno che caratterizza il neotomismo, impalcatura concettuale per la politica di Leone XIII, alla quale il pensiero rosminiano non risulta funzionale, in quanto non compatibile col sistema neotomista. [...] Il pensiero di Rosmini viene infatti in quel periodo interpretato, non tanto in relazione di continuità con la grande Tradizione ecclesiale [...], quanto piuttosto ed esclusivamente come un tentativo di compromesso con la filosofia moderna» (G. Lorizio, *Antonio Rosmini Serbati 1797-1855. Un profilo storico-teologico*, Roma, Lateran University Press, 2005^2 [ed. or. 1997], p. 408). Rimando a questo volume di Lorizio per una sintesi efficace e completa del percorso biografico e culturale di Rosmini. Sulla condanna del 1887 cfr. *Antonio Rosmini e la Congregazione del Santo Uffizio. Atti e documenti inediti della condanna del 1887*, a cura di L. Malusa, P. De Lucia ed E. Guglielmi, Milano, FrancoAngeli, 2008; molto utile l'*Introduzione* di Malusa (pp. 11-60) per un inquadramento storico delle vicende, anche delle polemiche antirosminiane precedenti.

Chiesa[107] e *La Costituzione secondo la giustizia sociale*. E proprio sulle *Cinque Piaghe* si concentra principalmente Borelli, che vi dedica una serie di articoli, preceduta da un testo introduttivo su Rosmini, che egli scrive di aver conosciuto personalmente a Roma (probabilmente alla metà o alla fine degli anni Quaranta, quando Borelli, allora passionista, era consultore di diverse congregazioni romane). Le lodi che vi si leggono, anche a livello personale (Rosmini è definito un «vero modello» di umanità e religiosità), oltre che intellettuale, non erano davvero comuni per un sacerdote cattolico, su un periodico protestante. Borelli specifica subito, però, quale fu l'"errore" di Rosmini (e dei suoi seguaci): credere possibile che la Chiesa romana potesse e volesse riformarsi "dall'interno", tornare alle origini. Secondo Borelli «riformar la Chiesa romana è impossibile», e la condanna subita da Rosmini viene vista proprio come dimostrazione di ciò.[108] Borelli passa poi ad esaminare nel dettaglio le *Cinque Piaghe*, sintetizzandone i contenuti: la prima piaga è la divisione del popolo dal clero nel culto. Qui il pastore metodista mostra la sua prospettiva, che forza un po' il pensiero rosminiano, ma proprio questo dato riveste interesse: egli scrive che, anche se Rosmini non lo ha detto esplicitamente (ma i suoi avversari lo avrebbero "compreso" e conseguentemente condannato), il rimedio per questa piaga doveva essere l'abolizione della lingua latina nel culto, in favore del volgare. «In questo, ed in altro ancora egli era quasi evangelico», commenta Borelli.[109] In realtà Rosmini, nella sua opera, non affermava affatto (né esplicitamente né implicitamente) che la liturgia in latino andasse abolita e sostituita dalla traduzione nelle lingue volgari: a suo avviso si doveva piuttosto, da un lato, promuovere lo studio del latino, e dall'altro spiegare ai fedeli, anche con libri nelle lingue moderne, il significato di ciò che nella liturgia si compiva in latino; dotarli cioè di volumi che spiegassero la liturgia e che riportassero nelle lingue moderne l'equivalente del testo latino, che comunque era quello che doveva continuare a essere recitato nella litur-

107. Su questo noto e decisivo testo, steso da Rosmini nel 1832-33, poi ripreso, completato e pubblicato nel 1848 (quando la prima fase, "riformista", del pontificato di Pio IX gli sembrava propizia, a differenza degli anni della stesura iniziale, quelli della *Mirari vos* di Gregorio XVI), mi limito a rinviare a *Il 'Gran Disegno' di Rosmini. Origine, fortuna e profezia delle «Cinque Piaghe della Santa Chiesa»*, a cura di M. Marcocchi e F. De Giorgi, Milano, Vita e Pensiero, 1999.

108. Borelli, *Dottrine di Rosmini condannate*, p. 131.

109. Id., *Le piaghe della Chiesa Cattolica secondo Rosmini*, 22 agosto, p. 133.

gia.[110] È vero che Borelli (e i suoi contemporanei) non potevano conoscere il passo delle *Cinque Piaghe* in cui Rosmini spiegava con chiarezza queste due proposte, perché esso fa parte delle *aggiunte* che il Roveretano preparò nel 1849, in vista di una seconda edizione dell'opera – edizione alla quale poi rinunciò, perché nel frattempo era intervenuta la condanna all'Indice (comunicatagli nell'agosto del 1849); tutte le aggiunte rosminiane furono ritrovate negli archivi e pubblicate solo nelle edizioni moderne, a partire dal 1966.[111] Sempre nel 1849, però, Rosmini aveva pubblicato l'opuscolo *Maniera di assistere alla Santa Messa*,[112] in cui appunto spiegava la liturgia e la riportava in traduzione italiana (tranne le parole della consacrazione eucaristica): ciò proprio nell'ottica della sua proposta, quella di fornire ai fedeli strumenti di comprensione, *senza* abolire la celebrazione in latino. Anche nel testo delle *Cinque Piaghe* stampato in varie edizioni nel 1848-1849, comunque, *non* si affermava la necessità di tale abolizione: e questo, come si è visto, era ammesso da Borelli stesso.

Riprendendo l'analisi compiuta da Borelli, si incontra la seconda piaga, l'insufficiente educazione del clero, originata dal fatto che, dopo la svolta costantiniana, progressivamente i compiti secolari distolsero i vescovi dalla formazione del clero. Proprio questa sempre maggiore gestione dei beni terreni comportò, per citare direttamente le parole di Rosmini, la perdita della «povertà preziosa che gli antichi Padri avevano tanto commendata».[113] La terza piaga è la disunione dei vescovi, sia tra di loro che nei confronti del papa; anche qui un fattore scatenante è stato la commistione con il potere temporale, tema che torna nella quarta piaga, la nomina dei vescovi affidata al potere civile. La trattazione di quest'ultima però non trova concorde Bo-

110. Mi avvalgo dell'ottima edizione A. Rosmini, *Delle Cinque Piaghe della Santa Chiesa*, Testo ricostruito nella forma ultima voluta dall'Autore con saggio introduttivo e note di Nunzio Galantino, Cinisello Balsamo, San Paolo, 1997; si vedano i nn. 22-23, pp. 135-137 (netta l'affermazione: «è alieno dall'animo nostro il pensiero, che la sacra liturgia si convenga tradurre nelle lingue volgari» [n. 22]).

111. Nell'edizione citata, le aggiunte di Rosmini sono sempre indicate. Rosmini aveva comunque già scritto in una lettera a Pio IX del 23 dicembre 1848 di essere stato ritenuto erroneamente «non alieno dai pensieri di coloro che invocano una liturgia volgare», mentre egli reputava "conveniente" mantenere «nella liturgia l'uso delle antiche lingue» (A. Rosmini, *Epistolario Completo*, 13 voll., Casale Monferrato, Pane, 1887-1894, n. 6301, X, pp. 488-492, qui p. 489).

112. L'opuscolo si trova in *Operette spirituali. Parte seconda: Preghiere*, Napoli, Batelli, 1849.

113. Rosmini, *Delle Cinque Piaghe*, n. 31, p. 153.

relli, secondo il quale Rosmini avrebbe qui *falsificato* la storia, come accade a chi vuole «difendere ad ogni costo la falsa causa dei papi».[114] Le critiche di Borelli concernono il tema della successione apostolica, e più in generale egli accusa Rosmini di aver descritto le lotte tra papato e Impero nel Medioevo (o i rapporti tra Chiesa e potere secolare nelle epoche successive) criticando il potere civile ma ponendo i papi sempre dalla parte della ragione, riservando semmai biasimo parziale solo ai vescovi. La quinta piaga è infine la «servitù dei beni ecclesiastici», ossia l'asservimento della Chiesa alle ricchezze: qui si trovano probabilmente le pagine più famose del testo rosminiano, come l'affermazione che «[l]a Chiesa primitiva era povera, ma libera»,[115] oppure le critiche ai privilegi eccessivi accordati alla Chiesa dal potere civile. Questa sezione dell'opera riceve, da parte di Borelli, considerazione pienamente positiva; questi commenta anzi che le proposte di Rosmini erano valide, ma ovviamente il clero non voleva accettarle, e arrivò la condanna dell'opera. La conclusione che ne ricava si riallaccia all'inizio della serie di articoli, affermando: «La condanna di Rosmini ci fornisce una prova di più per dimostrare, che la Chiesa Romana è incorreggibile».[116]

Nella sua Terza Serie, dal luglio 1886 all'aprile 1888, «La Fiaccola» tornava mensile, ma veniva strutturato come *Bollettino mensile della Chiesa metodista episcopale*, diretto da Vernon. Il nuovo taglio si rifletteva in una diminuzione degli articoli di approfondimento storico e teologico; la fase più feconda della vita de «La Fiaccola» era certamente stata superata.

***

È possibile passare ora all'analisi dei *volumi* più significativi prodotti dal metodismo episcopale italiano dalle origini al 1888, ribadendo che le pubblicazioni di Pietro Taglialatela, Teofilo Gay ed Enrico Caporali riceveranno trattazione approfondita nei prossimi capitoli, e saranno dunque citate qui solo brevemente.

Dei progetti di Vernon riportati nel resoconto del 1873 e de *L'altare ed il trono* (1874) di Borelli si è già detto più volte. Nel 1879 vengono pub-

114. Borelli, *Le piaghe della Chiesa Cattolica secondo Rosmini*, 12 settembre, p. 145.

115. Rosmini, *Delle Cinque Piaghe*, n. 133, p. 325.

116. Borelli, *Le piaghe della Chiesa Cattolica secondo Rosmini*, 26 settembre, p. 154.

blicate le *Costituzioni della Chiesa metodista episcopale italiana*,[117] ossia ciò che nelle edizioni successive si chiamerà «Dottrine e disciplina» della Chiesa, ricalcando più esattamente il titolo delle periodiche edizioni americane (*Doctrines and Discipline of the Methodist Episcopal Church*),[118] di cui questi volumi costituivano una traduzione. Si tratta di testi importanti, che raccolgono gli articoli di fede del metodismo episcopale; le regole generali (ad esempio sui sacramenti); le norme per l'accettazione dei membri della Chiesa e dei candidati al ministero; una sezione sul governo ecclesiastico, come la strutturazione delle Conferenze; una sezione sulla gestione degli istituti educativi: dunque, tutto ciò che concerne gli aspetti dottrinali e organizzativi. Una prima forma (molto breve) di queste pubblicazioni fu stampata negli Stati Uniti già nel 1785, appena dopo la nascita della Chiesa metodista episcopale; nei secoli si sono poi succedute nuove edizioni, con ampliamenti e modifiche.[119] Si comprende come tali testi rivestano un ruolo cruciale per la strutturazione identitaria di questa Chiesa, ed è significativo che venissero introdotti anche in Italia. La presenza dei *Venticinque articoli* di fede, in particolare, è indicativa per riscontrare che questi erano dunque noti ai metodisti (episcopali, ma non solo) italiani, e che fossero stati recepiti se ne ha conferma da un articolo su «La Fiaccola» del 1880, da cui si apprende che Teofilo Gay li commentò in occasione di una serie di lezioni,[120] e da un altro del 1882, di Enrico Caporali, che li cita.[121] Come

117. *Costituzioni della Chiesa Metodista Episcopale Italiana*, Roma, Tip. Chiera, 1879. Probabilmente è una traduzione dell'edizione americana del 1876: *The Doctrines and Discipline of the Methodist Episcopal Church*, Cincinnati-New York, 1876.

118. Questo tipo di volumi era noto anche semplicemente come "le Discipline" (nel metodismo americano: *The Book of Discipline*).

119. Su queste pubblicazioni cfr. il classico R. Emory, *History of the Discipline of the Methodist Episcopal Church* (1843), edizione riveduta a cura di W.P. Strickland, New York, Carlton & Porter, 1857; per un testo sintetico e più recente, cfr. N.B. Harmon, *Discipline, The Book of*, in *The Encyclopedia of World Methodism*, I, pp. 686-688.

120. Cfr. Anon. [= L.M. Vernon], *Il Socialismo*, in «La Fiaccola», III, maggio 1880, pp. 337-340: Teofilo Gay ha tenuto «una serie di *Lezioni religiose*» nella Chiesa metodista episcopale di Firenze, «sugli *Articoli di fede* della Chiesa Metodista Episcopale» (doveva essersi basato sul testo pubblicato nelle *Costituzioni* del 1879).

121. E. Caporali, *Lo sviluppo arbitrario ed incoerente della Trinità e le sue conseguenze anticristiane*, in «La Fiaccola», IV, marzo 1882, pp. 33-42, qui p. 35, ove fa riferimento al primo articolo di fede. Caporali conosceva sicuramente il volume delle *Costituzioni* del 1879; in ATV è conservata una copia di esso con dedica di Caporali a Silvio Stazi.

si vedrà, gli articoli di fede verranno poi analizzati sistematicamente in un volume edito nel 1885 da Domenico Polsinelli.

Nel 1880 Enrico Caporali pubblicava una sua traduzione di un testo del teologo metodista americano Daniel Whedon, un estratto da un commentario al Nuovo Testamento: la parte tradotta è il commento all'*Epistola ai Romani* di Paolo.[122] Whedon era «un campione dell'arminianesimo wesleyano»[123] e lo stesso potrebbe dirsi di Caporali, che si inseriva in questa linea teologica wesleyana anticalvinista. La pubblicazione di quest'opera, dunque, era importante anche programmaticamente. Non a caso la citava anche Vernon, nel suo report del 1881 alla Missionary Society, dove scriveva: «Beyond the general value of this compact and lucid work we judged it to be a most efficacious means to counteract a certain phase of much of the theological thought of the Continent».[124]

Nel 1882 veniva pubblicata la traduzione del già citato *Compendio Teologico* di Binney e Steele, che sarà tra i testi obbligatori previsti nella formazione dei ministri metodisti italiani.[125] Nel 1883, il quarto centenario luterano stimolava, oltre agli articoli de «La Fiaccola» summenzionati, anche la produzione di un sintetico volume del pastore Silvio Stazi, che analizza i testi dello storico (e politico) cattolico Cesare Cantù riportandone i passi dedicati a Lutero, quindi discutendone criticamente i giudizi (poco lusinghieri nei confronti del Riformatore).[126] Gli anni Ottanta costituivano poi il periodo di maggiore attività di Teofilo Gay, che in questo decennio pubblicò un buon numero di testi, tra cui *Arsenale antipapale*, *Il Credo* (analisi del Simbolo apostolico), *Vita di Gesù Cristo* (un'opera che sarà citata e commentata, abbastanza positivamente, anche da Baldassarre

122. D. Whedon, *Il pensiero di San Paolo. Commento all'Epistola ai Romani. Libera versione dall'inglese del dott. Enrico Caporali*, Roma, Tipografia romana, 1880. La copia da me consultata (presso la biblioteca della Facoltà Valdese di Teologia, Roma) reca in copertina la data «1882» e nel frontespizio «1880». Ipotizzo che l'opera vada datata al 1880, dato che viene citata nel *Report* di Vernon del 1881, e che la suddetta copia contiene una dedica manoscritta di Vernon a Emilio Comba datata 25 dicembre 1881.

123. Così Spini, *Italia liberale*, p. 201.

124. MSAR, 1881, p. 201 (qui si dice che il volume è stato appena pubblicato).

125. *Compendio di Teologia. Compilato dai Reverendi Amos Binney e Daniele Steele D.D., tradotto dal Dottor Silvio Stazi*, Milano, Tip. F. Poncelletti, 1882.

126. S. Stazi, *Lutero secondo il giudizio di Cesare Cantù: studio critico*, Milano, Tip. Poncelletti, 1883. Cfr. la breve presentazione del volume in «La Fiaccola», V, 10 novembre 1883, p. 76; viene menzionato anche in MSAR, 1883, p. 173.

Labanca), *Vita e scritti di Saulo di Tarso*, *Il Decalogo*, *Il Padre nostro*. Occorre anche ricordare due opere pubblicate da Enrico Borelli nel 1885.[127]

Merita una trattazione più approfondita, infine, un volume pubblicato anch'esso nel 1885: la traduzione, ad opera di Domenico Polsinelli, di un testo del teologo metodista episcopale svizzero Arnold Sulzberger (1832-1907), che riportava e commentava gli *Articoli di fede* che Wesley aveva stabilito nel 1784 come base dottrinale del metodismo americano, e le quattro "dottrine distintive" metodiste (la redenzione universale, la "nuova nascita", la "certezza" o *assurance of salvation*, e la perfezione cristiana).[128] È difficile esagerare l'importanza di questo volume (purtroppo mai citato negli studi principali sul metodismo italiano),[129] che costituisce probabilmente il primo, vero confronto *sistematico*, all'interno del metodismo italiano, con le dottrine teologiche metodiste. Polsinelli, infatti, non si limitò a tradurre il commentario di Sulzberger, ma aggiunse i propri commenti agli articoli di fede (e alle stesse notazioni di Sulzberger), spesso più lunghi di quelli del teologo svizzero. Si ha così un altro esempio peculiare di riflessione teologica all'interno del metodismo italiano dell'epoca.

Il testo si apre con una Prefazione di Polsinelli che riveste il ruolo di manifesto programmatico: con efficacia retorica, il curatore intende *giustificare* la pubblicazione di questo volume, nel contesto storico, culturale, sociale e politico dell'Italia del tempo, un'Italia appena uscita dal processo di unificazione. Con accenti che sembrano quasi richiamare le *apologie* patristiche, Polsinelli intende qui non tanto presentare lo specifico contributo del metodismo – cosa che farà nel resto del volume – quanto affer-

127. E. Borelli, *La scomunica: suoi usi ed abusi. Considerazioni morali e storiche*, Faenza, Tip. Marabini, 1885; Id., *L'Indice espurgatorio della Chiesa romana, ossia Falsificazioni, cangiamenti ed errori introdotti per ordine dei Papi nelle opere degli scrittori antichi. Raccolti e classificati da Borelli Enrico ministro evangelico*, Faenza, Tip. Marabini, 1885.

128. Sulzberger, *Spiegazione degli articoli di fede e dottrine principali della Chiesa metodista* (ed. or. *Erklärung der Glaubensartikel und Hauptlehren der Methodistenkirche* [anche citato come *Glaubensbekenntnis der Methodistenkirche*], Bremen, s.d. [ma 1879 o 1880]). Su Sulzberger cfr. Ch. Raedel, *Methodistische Theologie im 19. Jahrhundert. Der deutschsprachige Zweig der Bischöflichen Methodistenkirche*, Göttingen, Vandenhoeck & Ruprecht, 2004, pp. 222-227; P. Streiff, *Sulzberger, Arnold*, in *Dizionario storico della Svizzera*, versione del 30.11.2011 (traduzione dal tedesco), <http://www.hls-dhs-dss.ch/textes/i/I29070.php> (10/2016).

129. Cfr. *supra*, nota 65. Il volume è almeno menzionato nell'elenco bibliografico in appendice a Carile, *Il metodismo. Sommario storico*, p. 207.

mare la necessità del cristianesimo, o meglio dell'esperienza religiosa. In tutta la *Prefazione* infatti non si parla mai di "metodismo", scelta niente affatto attribuibile ad una scarsa volontà di approfondimento della teologia metodista, dovendosi piuttosto spiegare con l'intenzione di inserirsi in un contesto più ampio, e di presentarsi al pubblico come "dottrina evangelica" concepita quale preservazione dell'insegnamento originario di Gesù, nonché di collocare il metodismo italiano nel più complessivo progetto di riforma politica, morale e religiosa della Patria: il "sogno protestante" risorgimentale ancora vivo.

Polsinelli apre infatti la *Prefazione* con queste parole: «Presentare oggi all'Italia amante tanto di politica e di giornali un libro che tratti di Dio e di dottrine rivelate, secondo la Chiesa Cristiana Evangelica, sembra essere la cosa più ridicola del mondo» (p. 5).[130] Come emerge poco oltre, la sua proposta non è quella di un generico proselitismo di prospettiva credente: egli sostiene che la dottrina cristiana ha un ruolo formativo per lo spirito italiano e svolge in definitiva una funzione patriottica; non manca il *topos* controversistico della Chiesa romana come nemica della «Patria» (p. 6), radicato nell'osservazione del processo risorgimentale. Di qui l'affermazione: «La questione religiosa è questione di vita per l'Italia nostra, e fino a tanto che la semplice e pura dottrina Evangelica come fu insegnata dal suo Fondatore non si impossesserà delle menti e dei cuori, è vano sperare prosperità e grandezza piena, dacché il Papato è fomite, sorgente perenne e causa permanente di morale corruzione e guerra sociale» (p. 6).

Il nemico di Polsinelli, però, non è solo la Chiesa romana: con pagine che confermano quanto questo testo sia una fonte importante per comprendere il contesto in cui si colloca e cui reagisce, egli critica la mentalità positivista e materialista, che inneggia alla scienza, al progresso, all'incremento economico. È qui che, come dicevamo, egli passa dal piano della dottrina evangelica a quello più generale dell'esperienza religiosa, da Polsinelli presentata come un «bisogno intimo e profondo» dell'animo e della psicologia umani. La propensione verso il «sopranaturale [*sic*]» è insita all'uomo, sia alle «masse» che agli «spiriti colti», e secondo Polsinelli questa deve essere orientata al «sopranaturale vero che è il sopranaturale cristiano» (p. 8), altrimenti si dirigerà verso quello falso, «mesmerismo», sonnambulismo, spiritismo. Anche queste dottrine stavano trovando in quegli anni terreno particolarmente fertile. Tradizionalmente, Polsinelli so-

130. Citerò nel corpo del testo i riferimenti a questo volume.

stiene che tale fede non è antitetica né alla «ragione» né alla «libertà dello spirito» (p. 9). La fede «lascia pure libere le discussioni e l'esame». Questa affermazione non va limitata al suo significato più generico: qui può agire, sottotraccia, una specifica modalità di interpretazione del metodismo. Già il filosofo Pietro Taglialatela, pochi anni prima, aveva affermato che il metodismo era la confessione cristiana che più lo aveva attirato, proprio perché non imponeva una rigida struttura dogmatica e lasciava libertà allo sviluppo del pensiero. Così la pensava anche un altro filosofo convertitosi, Enrico Caporali.

La chiusura di Polsinelli è dedicata ancora alla critica del papato: sarebbe proprio quest'ultimo «l'ostacolo serio della verace libertà» (p. 10); esso avrebbe snaturato le dottrine originarie del cristianesimo, e perduto anche l'applicazione della *pratica* dei dettami evangelici: in tal modo avrebbe gettato discredito sulla fede cristiana. Dunque, conclude Polsinelli, si dovranno recuperare «l'antico spirito» (p. 14), le dottrine, gli ordinamenti della «Chiesa primitiva» (p. 13): in tal modo si scuoteranno le «coscienze addormentate» e si restituirà a tutti la «libertà vera» (p. 14). Torna ancora il riferimento, centrale nel metodismo italiano dell'epoca, al recupero di dottrine e prassi della «Chiesa primitiva».

Dopo la *Prefazione* del curatore inizia il testo di Sulzberger, con una introduzione che si delinea come *Breve cenno storico sull'origine del metodismo*. Come già in altre pubblicazioni sul metodismo, anche italiane (si pensi alle già citate *Breve storia* di Piggott e *John Wesley* di Lelièvre tradotta da Sciarelli), viene descritto il contesto storico dell'Inghilterra dei tempi di Wesley, presentato come periodo di «decadenza» morale e religiosa; quindi si riassume brevemente la vita di Wesley, dall'ambiente familiare, alle prime letture, al gruppo di Oxford (insieme al fratello Charles), all'esperienza americana, quindi ai contatti con i Fratelli Moravi e all'esperienza di Aldersgate, per giungere al 1739, anno della fondazione dei primi luoghi di culto specificamente metodisti, concludendo poi con cenni sullo sviluppo e l'espansione del metodismo.

A questo punto si apre il corpo centrale del volume, diviso in due parti: *Confessione di fede della Chiesa Metodista* e *La dottrina della Chiesa Metodista*. La prima, assai più ampia, è costituita dal testo dei *Venticinque articoli* di Wesley, con il commento (*Esposizione*) di Sulzberger, al quale nell'edizione italiana vengono aggiunte le *Note* di Polsinelli, che consentono di capire in che modo questo testo veniva presentato al metodismo italiano, a volte integrando o perfino correggendo la prospettiva dell'autore svizzero.

Sarà utile premettere qualche breve dato sull'origine e il contenuto dei *Venticinque articoli di fede*. La loro composizione si situa nel contesto della nascita "ufficiale" della Chiesa metodista americana, nel 1784: tra le varie istruzioni e testi che Wesley inviò dall'Inghilterra (ad esempio una revisione del *Book of Common Prayer*) vi erano anche ventiquattro *Articles of Religion*, preparati in base ai *Thirty-Nine Articles* della Chiesa anglicana, modificandone od espungendone alcuni elementi, come quelli più connotati in senso calvinista. La Conferenza del 1784, che sancì appunto la costituzione della Chiesa metodista episcopale, accolse gli articoli inviati da Wesley ma ve ne aggiunse uno (che venne inserito come ventitreesimo), portando il totale a venticinque (l'articolo aggiunto affermava la sovranità e l'indipendenza degli Stati Uniti d'America). Insieme ai sermoni di Wesley e alle sue *Explanatory Notes upon the New Testament*, gli *Articles* divennero così la base dottrinale del metodismo americano, e furono poi adottati dalle Chiese nate dalle missioni metodiste statunitensi: così accadde anche in Italia. Ovviamente il ventitreesimo articolo veniva modificato in base al paese che recepiva gli articoli. I *Venticinque articoli* furono stampati a partire dal 1786, e dal 1788 vennero inclusi nelle edizioni delle *Doctrines and Discipline* della Chiesa metodista episcopale americana. Va sottolineato che essi costituivano sì uno degli standard dottrinali della Chiesa metodista, ma non intendevano configurarsi come dottrine *esclusivamente* metodiste (altre erano le "dottrine distintive", come si è detto): dovevano piuttosto fungere da piattaforma comune dei punti più condivisi della tradizione protestante. Essi si radicavano appunto nella tradizione teologica anglicana (almeno in quella più orientata verso l'arminianesimo) e le loro origini risalivano fino alla *Confessio augustana* del 1530.[131] Tale prospettiva è richiamata anche dalla breve presentazione che Sulzberger premette all'analisi degli articoli, ove spiega che «Wesley non volle presentare alcuna nuova dottrina», ma intendeva annunciare le «dottrine fondamentali, già

131. Cfr. T.C. Ogden, *Doctrinal Standards in the Wesleyan Tradition*, Nashville, Abingdon Press, 2008 (ed. or. 1988), pp. 115-120. Si veda questo volume per preziose informazioni di natura sia storica che teologica sui *Venticinque articoli*, e per il rapporto di questi con tradizioni precedenti; cfr. in particolare le pp. 30-35 e 115-148. Cfr. anche J.G. McEllhenney, *Doctrinal Standards (American Methodism)*, in *T&T Clark Companion to Methodism*, a cura di Ch. Yrigoyen Jr., London, Bloomsbury, 2010, pp. 418-421.

esistenti del Cristianesimo» (p. 29). Sulzberger ricorda infatti che questa confessione di fede trae origine dagli *Articoli* anglicani.

In questa sede non si produrrà un'analisi sistematica dei *Venticinque articoli* alla luce della teologia wesleyana (o dei commenti di Sulzberger), ma ci si concentrerà sugli aspetti più importanti in relazione al metodismo italiano, con riferimento soprattutto alle note di Polsinelli. Del primo articolo, sulla Trinità, interessa appunto rilevare il commento dell'ex domenicano. Questi spiega al lettore italiano che Sulzberger, presentando gli articoli di fede metodisti, «non offriva con ciò un corso di Teologia» (p. 33): quindi non inseriva la trattazione di tematiche come l'esistenza di Dio o i suoi attributi. Polsinelli invece espande considerevolmente la trattazione, il che fa comprendere come il volume acquisisse così un ruolo più ampio, e ne fa cogliere l'importanza, ad esempio, come testo stabilito per la preparazione teologica di pastori e predicatori metodisti italiani (la Scuola Teologica episcopale lo adotterà ufficialmente). Un altro elemento del massimo interesse è che Polsinelli, commentando l'articolo I e il fatto che qui Sulzberger non abbia inserito la trattazione di alcune tematiche, aggiunge: «è bene avvertire la studiosa gioventù italiana degli errori gravissimi in cui [Sulzberger] cade seguendo in ordine alla divinità la filosofia tedesca e specialmente la Hegelliana [*sic*]». Ossia, Hegel sostituirebbe a Dio l'Assoluto, concepito come principio *potenziale* che si sviluppa in tre momenti; mentre, afferma Polsinelli, Dio va inteso come essere in sé sussistente, come puro *atto*. Polsinelli ha probabilmente presente altri testi teologici del metodista svizzero e intende "avvisare" i lettori italiani che volessero affrontarli senza conoscerne il background filosofico.

L'articolo II, di argomento cristologico, tratta del Verbo nella sua relazione con il Padre, dell'Incarnazione, delle nature di Cristo e della sua morte come sacrificio espiatorio. Analizzando il commento di Polsinelli si può notare che questi inserisce non solo considerazioni teologiche, ma anche uno sguardo storico (a differenza di Sulzberger): egli vuole fornire al lettore una panoramica dello sviluppo storico di determinate dottrine teologiche, e delle controversie connesse. Il testo si configura così come una sorta di "storia dei dogmi". Ad esempio, Polsinelli cita Ario, fa riferimento implicito a Origene, a Paolo di Samosata, nonché ad autori recenti come Strauss e Renan (accusati di aver riconosciuto in Cristo la sola natura umana). È presente anche un breve riassunto delle dottrine marcionite, valentiniane, manichee, e poi nestoriane, eutichiane ed altre.

Passando dalla trattazione storica a quella teologica Polsinelli affronta vari temi, soffermandosi in particolare sulla *communicatio idiomatum*, mostrando una solida preparazione teologica (Polsinelli, ex domenicano, era «Dottore in S. Teologia ed in ambo i diritti», come afferma il frontespizio di questo testo). Infine commenta la parte dell'articolo relativa alla dottrina della redenzione: qui emerge la consonanza con la specificità della dottrina metodista. Polsinelli distingue tra *espiazione* e *redenzione*: «la prima è per il peccato, la seconda dal peccato e dalle pene» (p. 45), ossia il peccato, la morte, l'inferno. L'espiazione (per mezzo del sacrificio) "copre" cioè «la colpa del peccato di origine», che «non è imputata ad alcuno fino a tanto che il rimedio non venga rigettato; quindi i morti nell'infanzia sono salvati per Cristo». La possibilità di *rigettare* la grazia è appunto una dottrina teologica wesleyana: arminianamente, per Wesley il "patto di grazia" può essere accolto o rifiutato.[132] Il rifiuto del predestinazionismo è ancor più esplicito poco oltre, ove Polsinelli scrive: «All'interrogazione se Cristo sia morto per *tutti* gli *uomini* [...] si risponde affermativamente contro Calvino che stimò Xto esser morto per i soli predestinati» (p. 46). Tutto ciò converge con la prospettiva anticalvinista di Wesley. È significativo che oltre alle «prove scritturali»[133] Polsinelli adduca testimonianze *patristiche*, scrivendo «così sentirono i Padri»: vengono citati Clemente Alessandrino, Origene, Cipriano, Ambrogio, Agostino.[134] Colpisce la citazione di Origene come "normativa", e la ragionata scelta di passi di Agostino, funzionali all'interpretazione antipredestinazionista (che in realtà contrasta con l'intonazione autentica dell'Ipponate).[135] Come detto, il ricorso all'"argomen-

132. Cfr. soprattutto J. Wesley, *Sermon 110. Free Grace*, in partic. §§ 22 e 29, in Id., *Sermons III*, in *Works*, III, pp. 553-554 e 558-559. Cfr. anche Vickers, *Wesley's theological emphases*, pp. 197-201; Carile, *Attualità del pensiero teologico metodista*, pp. 55-70, 96; Maddox, *Responsible Grace* (la tesi è ribadita più volte nell'intero volume).

133. Si citano *1Tm* 2,4.6; 4,10; *Eb* 2,9; *Rm* 5,18; *2Cor* 5,15.

134. Così li cita Polsinelli: «Clem. Alex. lib. 7 Stromatum, Origine [*sic*] lib. 4 contro Celso. Cipriano lib. 1° de opere et elemosina sul fine. Ambrogio lib. 2 de Abel e Cain cap. 3. Agostino nel salmo 96, e nel Sermone 67 ed in molti altri luoghi». L'indicazione dagli *Stromata* e dal *Contra Celsum* è molto vaga; un po' meno i riferimenti al *De opere et eleemosynis*, al *De Cain et Abel* e alle opere agostiniane (*Enarratio in Psalmum 96*, cfr. in partic. §§ 9 e 17; *Sermo* 67).

135. In particolare, nella *Enarratio* citata, si trova l'affermazione che Cristo ha voluto riscattare tutti (§ 9). Ma, come spiega G. Lettieri, *L'altro Agostino. Ermeneutica e retorica della grazia dalla crisi alla metamorfosi del* De doctrina christiana, Brescia, Morcelliana, 2001, p. 454, nota 41, se per l'Agostino maturo «la Scrittura afferma che Dio *omnes homi-*

to patristico" era una delle caratteristiche del metodismo italiano (che lo ereditava da Wesley), soprattutto nei primi decenni. Concludendo la trattazione della tesi secondo la quale "Cristo è morto per tutti e non solo per i predestinati", Polsinelli richiama una possibile obiezione, che potrebbe chiamare in causa *Mt* 26,28 (e 20,28) ed *Eb* 9,28: ma il pastore metodista risponde che «nella Scrittura la voce *molti* sovente si prende per tutti», e cita una serie di esempi ancora da passi biblici.[136]

L'articolo III tratta della resurrezione di Cristo. Delle *Note* di Polsinelli occorre rilevare ancora la caratteristica di ampliare il campo della trattazione, quasi a fornire una sorta di manuale di teologia: nello specifico, in questo caso si giunge a trattare dell'Ascensione, con la risoluzione di una serie di quesiti. Qui come altrove emerge il background di Polsinelli, che da ex domenicano aveva studiato in seminario i testi tomisti: egli adotta spesso un metodo di analisi che ricorda la *Quaestio* scolastica ("si esamina se fu conveniente che..."). Anche qui torna come obiettivo polemico Renan, annoverato tra gli «increduli» (p. 52): Polsinelli è interessato infatti a dimostrare la veridicità storica dell'Ascensione. Le *Note* a questo stesso articolo arrivano a toccare i temi della *seconda venuta*, della resurrezione dei corpi, del giudizio universale, dell'eternità delle pene infernali.

Il quarto articolo afferma la divinità dello Spirito Santo, definito consustanziale al Padre e al Figlio. Qui anche Sulzberger amplia il contesto, parlando del ruolo dello Spirito nella creazione (*Gn* 1) e a livello redentivo.[137] Polsinelli invece inserisce ancora una trattazione storica, ripercorrendo le controversie dottrinali sulla divinità dello Spirito e sul *Filioque*.

nes vult salvos fieri, ciò non vuole affatto significare che Dio voglia effettivamente salvare tutti gli uomini (altrimenti tutti gli uomini sarebbero salvati), ma che salva soltanto tutti gli uomini che ha voluto predestinare»: questa è la «forzata» esegesi agostiniana di *1Tm* 2,4 (cfr. ivi per i testi in proposito: evidente, ad esempio, *Enchiridion* 27,103). Sull'affermazione che, secondo Agostino, Cristo è morto redentivamente soltanto per i predestinati, cfr. ivi, p. 375, nota 21, p. 426, nota 104 e p. 617: tra i testi agostiniani richiamati, si veda in particolare *De Trinitate* XIII,15,19.

136. Si può rilevare come, recentemente, il dibattito sul *pro multis* sia tornato attuale, alla luce degli interventi (2006, 2012) dell'allora pontefice Benedetto XVI sull'opportunità di una traduzione letterale dell'anafora eucaristica nel Messale romano, e delle discussioni susseguenti. Si veda ad esempio il volume di F. Pieri, *Sangue versato per chi? Il dibattito sul* pro multis, Brescia, Queriniana, 2014.

137. «Come lo Spirito di Dio nella creazione andava sulle acque, così adesso egli si estende come potenza divinamente feconda su tutta la carne, per ridestare le anime dal sonno del peccato, e rialzarle a nuova vita spirituale» (pp. 55-56). L'accostamento tra dottrina

Se i primi quattro articoli sono dedicati alle tre Persone trinitarie, il quinto e il sesto trattano delle Scritture. L'articolo V afferma la «sufficienza delle Sacre Scritture per la salvezza» e definisce il canone biblico. Il commento di Sulzberger esplicita che «tutto ciò che l'uomo deve sapere per la salute dell'anima è espresso chiaro e determinato ne' libri della rivelazione divina» e che «lo Spirito Santo, promesso a tutti i desiderosi di salute è il giusto esegete» (p. 61), che *ispira* al «sincero scrutatore» la corretta interpretazione della Scrittura. Qui Sulzberger segnala due errori: disconoscere «l'esclusiva autorità della Scrittura in cose di fede» (p. 62), commesso – scrive – dalla Chiesa cattolica, ed emancipare la ragione «dalla fede contenuta nella parola di Dio», "errore" che originò il razionalismo, il quale pone la ragione umana come «sommo giudice» delle Scritture. Sulzberger sostiene inoltre l'ispirazione verbale (recando a sostegno in particolare *2Tm* 3,16): «nella Sacra Scrittura tutto fu scritto per impulso dello Spirito Santo» (tranne però i «libri apocrifi», che non sarebbero ispirati).

Il commento di Polsinelli aggiunge la considerazione della «rivelazione», del rapporto tra "rivelazione" e ragione, e conseguentemente della corretta interpretazione del "libero esame" delle Scritture. La rivelazione sarebbe «la manifestazione positiva ed esteriore di verità aggiunta al lume naturale» (p. 64). Richiamando ancora, paradossalmente, concezioni tomiste, Polsinelli concepisce la "rivelazione" come ciò che non solo si accorda con la ragione umana, ma la illumina, la guida, la perfeziona; anzi, ciò è definito come «lo stato normale della ragione». Quello «anormale» (e «illegittimo») sarebbe invece lo stato in cui la ragione vuole farsi giudice delle dottrine di fede. Di qui Polsinelli distingue un «vero e divino Razionalismo» (lo stato di accordo) e un «falso ed umano Razionalismo» (il secondo caso).

Dopo aver aggiunto alcune considerazioni sulle relazioni tra ragione e "rivelazione", Polsinelli affronta il tema dell'interpretazione delle Scritture. Anch'egli sostiene la dottrina della «assistenza dello Spirito Santo» (p. 65) che scioglie l'interpretazione dei passi più oscuri. Interessante è quanto afferma subito dopo: «La dottrina del libero esame, come viene spiegata

della creazione e dottrina della redenzione sembra rievocare alcune pagine agostiniane: si pensi al XIII capitolo delle *Confessioni*, ove però Agostino interpreta la creazione come metafora della *predestinazione* (ossia, della redenzione dei predestinati). Un accostamento simile a quello operato da Sulzberger è in un testo di Teofilo Gay (*Il Credo*, 1883): lo si analizzerà *infra*, p. 206.

dai Papisti non è la base del Protestantesimo ma del Razionalismo: la Teologia Romana insegna che il popolo non deve leggere la S. Scrittura e che è una massima scandalosa ed eretica quella che insegna, ogni cristiano essere in diritto ed in obbligo di leggere la parola di Dio la quale è per se oscurissima» (p. 65). Si evince quindi che la *corretta* concezione del "libero esame" è – per Polsinelli – intendere questo come il semplice diritto e dovere, per ogni cristiano, di leggere le Scritture, la cui oscurità viene diradata grazie all'interpretazione dei passi paralleli e soprattutto, come detto, all'assistenza dello Spirito.[138]

Infine Polsinelli passa alla questione della definizione del canone, ricordando quali sono i libri considerati apocrifi e quali canonici secondo le Chiese evangeliche. Tocca anche la questione dell'*ispirazione* delle Scritture, senza schierarsi, ma riportando semplicemente le «due opinioni» che vede in campo: l'«ispirazione letterale» (p. 66), ossia che lo Spirito avrebbe suggerito agli scrittori «ogni parola», oppure che questi avesse ispirato solo i pensieri, «lasciando agli scrittori di esprimersi nelle loro proprie parole e frasi». Reca poi una serie di citazioni scritturistiche per obiettare alla concezione cattolica che, scrive, «insegna che alla Parola di Dio scritta debbono aggiungersi le tradizioni le quali sono di eguale autorità».

L'articolo VI tratta dell'Antico Testamento, che «non è contrario al Nuovo» (p. 68). Il commento di Sulzberger specifica che la «legge liturgica» dell'Antico Testamento obbligava solo Israele, ma la «legge morale», anch'essa data nell'Antico Testamento, è «universale», ed è stata compiuta da Cristo.

Con l'articolo VII si entra nella serie di articoli (VII-XII) di argomento soteriologico, quelli dedicati alla dottrina del peccato, della giustificazione, della grazia. Il settimo è appunto sul peccato originale, che consiste

138. Il termine "libero esame" è in realtà una creazione del protestantesimo moderno (nei secoli XVIII e soprattutto XIX), non della Riforma originaria: cfr. G. Miegge, *Lutero. L'uomo e il pensiero fino alla Dieta di Worms (1483-1521)*, Torino, Claudiana, 2008[5] (ed. or. 1946), pp. 335-338, per l'interpretazione delle pagine di *Alla nobiltà cristiana della nazione tedesca* (1520, WA 6, 381-469) in cui si può trovare la «radice» della dottrina del «libero esame» del protestantesimo moderno, anche se Lutero parla di «intelligenza credente delle Scritture» (*gläubiger Verstand*, e non *Vernunft*, il che segna una differenza proprio dalla posizione razionalista), WA 6, 412,30. Per una più ampia trattazione del tema, che confronta la posizione protestante "classica" con altre tradizioni (quella cattolica, quella «spiritualistica» e quella «razionalistica») cfr. V. Subilia, *"Sola Scriptura". Autorità della Bibbia e libero esame*, Torino, Claudiana, 1975, pp. 59-83, con utile analisi delle fonti (si veda almeno G. Calvino, *Institutio christianae religionis* I,7 e I,9).

(secondo il testo dell'articolo di fede) «nella corruzione della natura di ogni uomo» discendente di Adamo, corruzione che fa sì che ogni essere umano sia «di sua propria natura inclinato al male, e continuamente» (p. 72). Sulzberger esplicita un accenno presente già nel testo wesleyano spiegando che questa dottrina si oppone a quella pelagiana (che i discendenti di Adamo non subiscano «guasto morale»): «ora tutti, senza eccezione, portano seco l'imagine di Adamo caduto». Come per ogni articolo, seguono quindi le «prove scritturali», divise per argomenti: a) «generalità senza eccezione, del peccato d'origine»; b) «corruzione totale dell'uomo naturale». Nelle *Note*, Polsinelli tocca ancora il concetto di *imago Dei*, recuperando un concetto di Wesley: scrive infatti che «[l]'uomo fu fatto da Dio retto moralmente, per natura conformato a Dio, alla dirittura morale, che è pure chiamata l'imagine di Dio» (p. 75).[139] Il peccato causò un «disordine» all'interno della natura umana, trasformandola. Polsinelli approfondisce poi la concezione del peccato originale e della sua trasmissione, ancora riprendendo le differenze con la dottrina pelagiana. Nell'argomentazione Polsinelli recupera la distinzione tra peccato *attuale* e *abituale* (quest'ultimo sarebbe il peccato originale, una «macchia», p. 76). Infine si specifica che il peccato originale consiste nella privazione della «giustizia originale» (p. 77), tema che introduce già l'articolo IX sulla giustificazione.

Prima però vi è l'articolo VIII, sulla «libera volontà». Dopo la caduta, l'essere umano non ha «potere alcuno di fare opere buone, piacevoli ed accettevoli a Dio, senza la grazia di Dio mediante Cristo», che è preveniente («ci previene, affinché possiamo avere una buona volontà») e «opera con noi» (p. 78). Sulzberger aggiunge che all'uomo «manca sì la volontà che la forza ad eseguire il bene»; egli «inclina al male» (p. 79). Il bene dipende invece «dalla *influenza della grazia precorrente*» o preveniente: per mezzo di essa l'uomo ha la conoscenza della colpa e il sentimento dell'infelicità, che lo prepara a desiderare la salvezza; la grazia preveniente dunque *libera* la volontà (che per natura sarebbe propensa solo al male), e fa sì che possa «rivolgersi al bene ed accettare la salvezza che le si presenta» (p. 79). Il riferimento all'*accettare* la salvezza è uno dei cardini della teologia metodista, che non prevede l'irresistibilità della grazia.[140] Ancora più chiare

139. Sull'esegesi wesleyana dell'uomo ad immagine di Dio cfr. *supra*, p. 61, n. 109 e contesto.

140. Cfr. *supra*, nota 132. Ci si potrebbe chiedere, però, se non vi sia anche in Wesley una forma di grazia irresistibile: appunto, proprio la grazia *preveniente*, quella che

sono le parole successive: «A questo modo Iddio conferisce la forza di riconoscere il vero e di volere il bene, ma per questo è dovere dell'uomo di fare buon uso di questa forza mercé la sua volontaria e personale determinazione per il bene» (pp. 79-80). L'uomo quindi non è responsabile per la «corruzione peccaminosa congenita», ma per la «perseveranza nella schiavitù del peccato», in quanto (eventualmente) rigetta la grazia offerta.

Polsinelli approfondisce invece la questione della libertà, che rimaneva forse troppo implicita sia nel testo wesleyano che nel commento di Sulzberger; la questione è: il peccato ha cancellato il libero arbitrio? Anche

– ristorando i sensi spirituali indeboliti dal peccato originale – rende possibile all'uomo *riconoscere* l'offerta divina della salvezza gratuita e dunque *dona* la libertà di accettarla o rifiutarla. È Vickers (*Wesley's theological emphases*, p. 201) a sostenere che tale grazia è irresistibile: «People could reject the covenant of grace that they were able to discern with their newly restored faculties, but they could not reject the Spirit's initial restoration of the faculties». Vickers giunge a quest'affermazione dopo un'analisi del Sermone 45 di Wesley, *The New Birth*: ma in realtà, in questo testo, non sembra si parli di irresistibilità, e la ristorazione dei sensi spirituali ivi descritta è piuttosto riferita alla grazia *giustificante*, giacché la "nuova nascita", per Wesley, prende avvio appunto con la giustificazione (e avvia il processo di *santificazione*); è vero però che qui Wesley non fornisce una chiara distinzione tra grazia preveniente (termine che non compare) e giustificante. Più chiare le spiegazioni di Maddox, *Responsible Grace*, che puntualizza come la ristorazione delle facoltà operata dalla grazia preveniente sia solo *parziale*, sufficiente per consentire all'uomo di rispondere o meno all'offerta della grazia (cfr. pp. 87 e 123), e come la grazia preveniente si collochi *prima* della nuova nascita (ivi, p. 159): ci sono dei *gradi* di rigenerazione. Resta però la questione dell'irresistibilità: l'affermazione di Vickers, infatti, resta significativa indipendentemente da queste precisazioni. Per Wesley la grazia preveniente è *universale*: non esiste essere umano che ne sia privo, e dunque che non goda del grado almeno minimo di ristorazione delle facoltà che gli consente di rispondere all'offerta divina – ma allora, riprendendo Vickers, sembrerebbe che tale grazia sia irresistibile, in quanto nessuno potrebbe rifiutarla. Come spiega Henry H. Knight III, «Strictly speaking, for Wesley only prevenient grace is irresistible, and only in the sense that you cannot not have it» (*Wesley on the Transforming Power of Grace*, <http://www.catalystresources.org/consider-wesley-39/> [12/2016]). Maddox ritiene invece che anch'essa sia resistibile (*Responsible Grace*, pp. 87-90 e p. 300, nota 168). Di Wesley si veda ad es. *Sermon 85. On Working Out Our Own Salvation*, III,4, in Id., *Sermons III*, in *Works*, III, p. 207: «Allowing that all the souls of men are dead in sin by *nature*, this excuses none, seeing there is no man that is in a state of mere nature; there is no man, unless he has quenched the Spirit, that is wholly void of the grace of God. No man living is entirely destitute of what is vulgarly called '*natural conscience*'. But this is not natural; it is more properly termed '*preventing grace*'. Every man has a greater or less measure of this, which waiteth not for the call of man. [...] So that no man sins because he has not grace, but because he does not use the grace which he hath». Sul tema cfr. anche *infra*, p. 143, nota 58.

se, nello "stato decaduto" in cui si trova, l'uomo sente una forte inclinazione al male, «non per questo amise la libertà» (p. 81). La libertà non è stata ceduta: «Nessun'altro [*sic*] fuorché la sua volontà determina i suoi atti morali: in lui sta la scelta di volere o non volere, e volere l'opposto. Iddio con le sue grazie non lega mai la volontà umana» (p. 81).[141] Polsinelli fornisce poi qualche precisazione sulla «dottrina metodista circa la volontà e la grazia divina in ordine al libero arbitrio dell'uomo», per la trattazione completa della quale rimanda alla seconda parte del volume. Specifica qui che a) «è volontà di Dio sincera che tutti gli uomini si salvano»; b) egli salva coloro i quali «conosceva che conserverebbero la loro fede in G.C. sino alla morte» (la predestinazione sembra risolta in prescienza), dannando coloro che continuassero a non credere; c) nessuno può, con le sole proprie forze, «generare la fede nella propria mente»: occorre che l'uomo sia «rigenerato e rinnovato da Dio, per l'amore di Cristo, e mediante l'operazione dello Spirito» – ossia, si potrebbe aggiungere, è la grazia preveniente che "accende" la fede; d) «questa grazia non costringe alcuno contro alla sua volontà», ma può essere respinta (qui però non è chiaro se Polsinelli si riferisca alla grazia preveniente, a quella giustificante, a quella perfezionante – nominata poco prima – o parli in generale); e) l'uomo può perdere la grazia ricevuta e ricadere nella dannazione.

L'articolo IX afferma, concordemente con la dottrina cardine della Riforma, la giustificazione per sola fede («we are justified by faith only» nel testo originale). L'essere umano è riconosciuto giusto non per sue proprie opere o meriti, ma solo per i meriti di Cristo. Il commento di Sulzberger spiega che dopo il peccato adamitico l'uomo non è più in grado di «risarcire l'infrazione del primo patto» (p. 82) con le sue buone opere; occorre un nuovo patto, «quello della grazia, secondo il quale la giustizia è attribuita alla fede»; «L'unica cagione di merito su cui poggia la giustificazione mediante la fede è il sacrifizio espiatorio di Cristo». Se l'uomo ripone la sua fede in Cristo e nel suo merito, gli viene imputata la giustizia.

Nel suo commento, Polsinelli affronta invece una questione teologicamente decisiva: la possibile obiezione derivante da *Gc* 2,24 («l'uomo è giustificato per opere, e non per fede soltanto»). Egli spiega l'apparente

141. In realtà, nella teologia di Wesley, il peccato originale ha come conseguenza anche la perdita della libertà, che però – come si è appena visto – viene ristorata, almeno in grado minimo, dalla grazia preveniente, presente in tutti. Cfr. anche *infra*, p. 143, nota 58 e contesto, per un raffronto con Wesley e con Pietro Taglialatela.

divergenza sostenendo che nella Bibbia "giustificare" si intende di solito come l'opposto di "condannare" (nel contesto di un giudizio di Dio), ma qualche volta (più raramente) ha il significato di "dimostrare", "dichiarare" la giustizia di qualcuno. In tal senso, l'affermazione di *Gc* 2,24 significherebbe che l'uomo «per la fede è giustificato avanti a Dio; per le opere avanti a se stesso ed agli altri, vale a dire dimostra per le opere di aver ricevuto la giustificazione» (p. 85). Questa spiegazione desta qualche riflessione, perché – al di là della coerenza o meno con il significato originario del passo di *Gc* – la spiegazione del "doppio significato" del termine "giustificazione" rinvenuto in esso non sembra attestata in Wesley: non nei *Sermoni* 1, 5 e 6, che poco oltre Polsinelli cita esplicitamente, né nelle *Explanatory Notes* al Nuovo Testamento (su *Gc* 2,24). È possibile scoprire l'origine dell'argomento di Polsinelli, che è in una fonte che egli non dichiara: il *Compendio di controversie tra la parola di Dio e la teologia romana, ad uso dei cristiani evangelici*, edizione italiana ottocentesca di un testo di controversia del riformato francese Charles Drelincourt (1628): è qui che si trova appunto la distinzione dei due significati.[142] Comunque, nell'articolo IX wesleyano, scrive Polsinelli, si deve intendere "giustificazione" nel primo significato, ossia l'essere resi giusti davanti a Dio. In seguito egli affronta quattro concetti teologici, *salvezza*, *giustificazione*, *giustizia* per la fede e *santificazione*. L'accento su quest'ultimo concetto, com'è noto, è uno dei tratti distintivi della teologia metodista. Polsinelli scrive: «Il frutto immediato della giustificazione è la *santificazione* la quale è quell'azione divina per la quale l'uomo per la fede unito a Cristo è restituito all'imagine [*sic*] divina» (p. 86). Occorre notare ancora il riferimento alla teologia dell'immagine. In conclusione Polsinelli elenca altri passi biblici in sostegno della giustificazione per fede, oltre ad una serie di «argomenti

142. Cfr. *Compendio di controversie tra la parola di Dio e la teologia romana, ad uso dei cristiani evangelici*, Torino, Claudiana, 1860^{3}, pp. 148-149: "giustificare" ha significato opposto a "condannare", e si riferisce dunque a un giudizio divino; ma in alcuni casi, nella Bibbia la parola avrebbe il significato di "dichiarare", "dimostrare" la giustizia: così sarebbe in *Gc* 2,24, da interpretare nel senso che l'uomo «per la fede è giustificato avanti a Dio; per le opere avanti a se stesso ed agli altri; vale a dire dimostra per le opere di aver ricevuta la giustificazione» (p. 149: si noti la citazione pressoché letterale fatta da Polsinelli). In questa edizione il testo appare anonimo, ma da quelle successive si evince che lo aveva curato Luigi Desanctis, figura centrale nel protestantesimo italiano risorgimentale (cfr. *supra*, p. 41, nota 51); nella Prefazione si specifica che l'edizione è una revisione della prima edizione italiana, del 1848.

razionali», rimandando infine ai *Sermoni* 1, 5 e 6 di John Wesley, che dunque costituivano una delle sue fonti per queste argomentazioni. Come si è visto analizzando l'antologia di *Ventidue sermoni* di Wesley, i sermoni così numerati, nei suoi *Standard Sermons*, erano appunto *Salvation by Faith*, *Justification by Faith*, *The Righteousness of Faith*, tutti e tre presenti nella traduzione italiana del 1868.

L'articolo X tratta delle «buone opere»: queste «sono i frutti della fede» e «seguono la giustificazione», e sebbene non conferiscano la giustificazione, «sono in Cristo piacevoli ed accette a Dio» (p. 88). Sulzberger commenta insistendo sulla *connessione* stretta tra fede e buone opere, poiché la «fede viva» è «sempre efficace nell'amore» (p. 89), richiamando *Gal* 5,6 (passo caro a Wesley, che lo evoca più volte nei suoi testi: lo si è visto anche analizzando i *Ventidue sermoni*). Polsinelli torna invece sul confronto con la dottrina cattolica, ribadendo, ancora con citazioni scritturistiche, che le opere non producono meriti per la salvezza. Tuttavia, scrive anche, «le opere sono necessarie ai giustificati» (p. 91), per una serie di aspetti: in relazione al culto ed all'ossequio da prestarsi a Dio; per la natura del patto di grazia; per «riguardo ai benefici divini che richiedono la nostra corrispondenza»; come via alla meta per la gloria futura; per provvedere alla salvezza del prossimo; per evitare le pene dirette a chi opera il male.

L'articolo XI nega le «opere supererogatorie», ossia la concezione secondo la quale è possibile all'uomo compiere opere *oltre* ciò che è contenuto nei comandamenti divini, ottenendo un merito da esse. La nota di Polsinelli esplicita il significato anticattolico dell'articolo facendo diretto riferimento ai voti di povertà, castità e obbedienza comuni a molti ordini religiosi. Il XII articolo affronta invece il tema del «peccato dopo la giustificazione», affermando che è possibile cadere nel peccato (e allontanarsi dalla grazia) anche dopo aver ricevuto lo Spirito,[143] sebbene sia possibile anche ricevere nuovamente il perdono (per grazia).

Il gruppo di articoli che va dal XIII al XXII comprende dottrine ecclesiologiche e sacramentali: è opportuno sintetizzare questa sezione, trascegliendone gli elementi di maggiore interesse. L'articolo XIII descrive la natura della «Chiesa visibile di Cristo» come «congregazione di uomini fedeli, nella quale la pura parola di Dio è predicata ed i sacramenti debita-

143. Tale concezione si lega alle controversie di Wesley contro gli "antinomisti": cfr. il suo *Sermon 43. The Scripture Way of Salvation* (1765), in Id., *Sermons II*, in *Works*, II, (cfr. in partic. il § 3,11).

mente amministrati». Il commento di Sulzberger specifica che non si può «prescindere dall'uso dei mezzi di grazia», motivo della necessità della Chiesa visibile (p. 104). Vi è una sola Chiesa, poiché uno è il Signore (chiaro il riecheggiamento di *Efesini*, citata poco oltre): le varie comunità o Chiese cristiane sono dunque rami della «Chiesa cristiana universale», legittimi solo in quanto la loro dottrina e la loro prassi sono conformi alle Scritture; in ogni caso «nessuna di esse ha il diritto di pretendere che sia essa la sola chiesa dove può ottenersi la salute». Polsinelli insiste invece sulle differenze tra ecclesiologia protestante ed ecclesiologia cattolica. Interessante è la sua analisi delle caratteristiche di unità, santità, cattolicità, apostolicità, che egli riscontra nella «Chiesa Evangelica» (mentre sarebbero solo false pretese per quanto riguarda la Chiesa cattolica). Merita di essere citato anche il commento di Polsinelli all'articolo XV, che afferma che è «contrario alla Parola di Dio» e alla «consuetudine della Chiesa primitiva» lo svolgere le liturgie in una «lingua non compresa dal popolo». Polsinelli, nel commentare, richiama *Delle Cinque Piaghe della Santa Chiesa* di Rosmini: come si è visto, nello stesso anno in cui uscì questo volume (1885) erano stati pubblicati su «La Fiaccola» gli articoli di Borelli che analizzavano tale opera rosminiana. Polsinelli richiama qui le pagine della prima parte del testo rosminiano, mostrandosi dunque come un altro esempio di ricezione di quest'opera. Come già nel caso di Borelli, si tratta di una ricezione "interessata": Rosmini viene evocato per sostenere l'idea del culto nelle lingue volgari. Come si è già evidenziato, non era esattamente questa la proposta rosminiana.

Gli ultimi tre articoli (XXIII-XXV) trattano del posto del cristiano nella società. Il XXIII è quello che è stato aggiunto rispetto all'originaria compilazione di Wesley, e concerne l'obbedienza alle autorità civili, le quali sono definite legittime e indipendenti. L'ultimo articolo, il XXV, è sul giuramento. È però il XXIV il più interessante di questo gruppo: tratta del possesso dei beni, difendendo la proprietà privata e negando la comunione dei beni, pur promuovendo l'uso delle elemosine. Il commento di Sulzberger introduce il tema del comunismo, ovviamente alieno a Wesley ma ben presente al teologo svizzero che scriveva qualche anno dopo il 1848: Sulzberger condanna aspramente la «marea delle tendenze comunistiche», che «è da ritenersi contraria alla parola del Signore» (p. 175). Il comunismo è inoltre visto come antitesi anche della prassi cristiana primitiva: per Sulzberger, la comunione dei beni dei primi cristiani era una «santa comunanza» basata su una scelta spontanea di «carità fraterna», mentre il «moderno comunismo» si fonderebbe «sullo spirito di egoismo», in quanto non dice «quello che è mio è tuo», ma «ciò che è tuo deve diventar mio» (p. 176). La differenza nel possesso dei beni, all'interno delle società umane, non è per Sulzberger la causa della miseria: anzi essa deriva «da una disposizione di Dio», per la quale ciascuno riceve beni temporali nella misura in cui è capace di amministrarli «secondo la sua dotazione intellettiva». Certo, scrive il teologo metodista, occorre saper amministrare saggiamente i propri beni (affidati da Dio), perché se ne dovrà render conto a Dio stesso: dunque, evitare l'egoismo e aiutare il prossimo tramite la carità. Polsinelli non aggiunse alcun commento a quello di Sulzberger: non è possibile dire se ciò fosse motivato da una totale adesione alle tesi del metodista svizzero o da altre ragioni.

La seconda parte del volume, come detto, è dedicata all'approfondimento delle quattro dottrine distintive metodiste: la redenzione universale, la "nuova nascita" («la rigenerazione»), la "certezza" o *assurance of salvation* («la certezza della nostra accettazione presso Dio, ossia la testimonianza della figliuolanza»), e la perfezione cristiana. Si è già parlato di tali dottrine analizzando i sermoni di Wesley editi da Piggott e le prime opere su Wesley prodotte dal metodismo italiano (e si tornerà, in particolare, sulla perfezione):[144] non è dunque opportuno restituire qui le pagine di Sulzberger, che non aggiungono elementi sostanziali.

Ciò che è importante è però inquadrare il progetto complessivo del volume Sulzberger-Polsinelli, ribadendo che esso, in quanto analisi sistematica e approfondita degli articoli di fede e delle dottrine metodiste, costituiva una pubblicazione determinante nel metodismo italiano del 1885 e degli anni successivi, come dimostra l'inserimento di questo volume fra i testi prescritti per la preparazione teologica dei predicatori e dei pastori. Questo testo costituisce dunque un'altra traccia della riflessione storico-teologica sorta nell'ambito metodista italiano del periodo – una riflessione che, ancora una volta, si muoveva tra le opere di Wesley, i testi biblici e le testimonianze patristiche.

144. Cfr. *supra*, pp. 53-62, 64-69, e *infra*, pp. 256-263.

3. Intellettuali metodisti tra filosofia, teologia e storiografia: Pietro Taglialatela, Enrico Caporali, Teofilo Gay

1. *Pietro Taglialatela: la dialettica tra filosofia, teologia e Scritture*

Pietro Taglialatela (1829-1913) è certamente uno degli intellettuali più importanti non solo per quanto riguarda il metodismo italiano, ma – più in generale – nell'ambito del protestantesimo italiano postrisorgimentale. Rispetto a Caporali, Teofilo Gay ed altri personaggi ha ricevuto maggiore attenzione da parte della storiografia, sebbene non possa ancora dirsi una figura ampiamente conosciuta.[1] Sicuramente, ad attirare una certa attenzione su di lui, hanno contribuito i giudizi positivi sulle sue qualità speculative espressi ad esempio da Giovanni Gentile e Benedetto Croce.[2] Tra le definizioni più perspicue che sono state date di Taglialatela vi è, ad avviso di chi scrive, quella che funge da titolo di un suo breve profilo biografico: «Un filosofo pastore metodista».[3] Ciò non solo indica il fatto che Taglialatela fu filosofo (studioso in particolare di Bruno e Gioberti) *prima* della

1. Si vedano G. Iurato, *Pietro Taglialatela. Dalla filosofia del Gioberti all'evangelismo antipapale*, Torino, Claudiana, 1972; R. Fiore, *Pietro Taglialatela evangelizzatore della nuova Italia*, Latina, Caramanica Editore, 2013; S. Nitti, *Pietro Taglialatela. Un filosofo pastore metodista*, in *Scelte di fede e di libertà*, pp. 87-90; S. Tourn, *Pietro Taglialatela*, in *Dizionario Biografico dei Protestanti in Italia*, <http://www.studivaldesi.org/dizionario/evan_det.php?evan_id=438>; Spini, *Italia liberale*, *passim*.

2. Gentile lo definì «un pensatore robusto, di schietta tempra speculativa» (G. Gentile, *Bertrando Spaventa*, Firenze, Vallecchi, 1920, p. 114, nota 2); Croce lo descrive come «un degno uomo e colto filosofo» e, «insieme con B. Mazzarella ed E. Caporali, tra le menti più forti del movimento protestante in Italia, come fu tra i predicatori più eloquenti» (B. Croce, *Pescasseroli*, Bari, Laterza, 1922, pp. 55-56, ripubblicato poi come appendice alla *Storia del Regno di Napoli*, Bari, Laterza, 1972 [ed. or. 1925], p. 342).

3. Nitti, *Pietro Taglialatela.*

conversione al protestantesimo, ma mi sembra restituire bene la "prospettiva" filosofica che Taglialatela mantenne anche in seguito, nell'affrontare le riflessioni esegetiche e teologiche, e il suo stesso approccio al metodismo (come dimostra il citato dibattito con Raffaele Mariano). Il fatto che, dopo la conversione, Taglialatela non abbia più pubblicato *trattati* o volumi filosofici non mi sembra equivalere al non aver più prodotto riflessioni filosofiche (come sosteneva Spini, seguendo Gangale),[4] riscontrabili invece nei suoi testi, e non mi sembra dunque sufficiente a negare che la sua speculazione mantenesse una traccia, un'attitudine filosofica, un particolare approccio; basti pensare, per fare solo un esempio, alla sua persistente applicazione del concetto di *infinità*. Forse il carattere del pensiero di Taglialatela viene restituito in modo più efficace da un altro "parere d'eccezione", quello di Guido De Ruggiero, che vi identificava (certo in modo un po' iperbolico) «la perfetta fusione tra la considerazione filosofica e quella religiosa».[5]

1.1. *Cenni biografici*

È opportuno fornire, molto sinteticamente, alcuni cenni biografici su Taglialatela, utili per inquadrare questa figura. Nato a Mondragone (Campania) in una famiglia cattolica, frequentò il Seminario di Sessa Aurunca, dove giovanissimo (a diciannove anni, nel 1848) iniziò la carriera nell'insegnamento, quando il professore di filosofia – il domenicano Lo Cicero – ottenne una cattedra all'Università di Roma e designò come suo successore al Seminario proprio Taglialatela. Questi rimase docente a Sessa per quattro anni; nella stessa località fu ordinato sacerdote, nel dicembre 1853. Pare però che non gli fossero affidati altri incarichi oltre l'insegnamento. In seguito tenne la cattedra di teologia nel Seminario di Cava dei Tirreni,

4. «Una volta accostatosi all'ambiente evangelico, [Taglialatela] fu talmente rapito dal fascino della Bibbia da non scrivere più nulla di filosofia e farsi predicatore del Vangelo [...]. Solo all'alba del nuovo secolo, quasi ottantenne, tornerà a scrivere un massiccio trattato; ma lo intitolerà *Il papa-re* e sarà una specie di *Summa* storico-teologica dell'anti-papismo» (Spini, *Italia liberale*, p. 198). Per il giudizio di Gangale si veda il suo *Revival*, pp. 32-35.

5. Il commento è in una lettera di De Ruggiero a Eduardo Taglialatela, che quest'ultimo cita in parte nell'Introduzione a P. Taglialatela, *Fede, Speranza e Carità. Meditazioni*, Roma, La Speranza, 1927, p. 9 (il volume, curato da Eduardo Taglialatela, raccoglie scritti del padre; l'Introduzione riporta diversi giudizi sul filosofo campano da parte di personalità del mondo culturale, politico e religioso). Il commento di De Ruggiero è citato anche in Nitti, *Pietro Taglialatela*, p. 87.

sembra per altri quattro anni, ed era prossimo a trasferirsi al Seminario di Catania per insegnare filosofia quando la spedizione dei Mille giunse in Sicilia, nel 1860. Già in Seminario Taglialatela si era configurato come cattolico "dissidente", in un certo senso, insoddisfatto del tomismo e ammiratore di Gioberti (soprattutto delle ultime opere) e di Giordano Bruno, ricevendo la fama di «cattolico liberale e di principi democratici».[6] Si può comprendere, dunque, perché egli rimase affascinato dall'azione dei garibaldini, e chiese di arruolarsi presentandosi al Comitato rivoluzionario di Salerno. Non poté ricevere assenso alla sua richiesta a causa delle sue non ottimali condizioni di salute, ma fu invitato a predicare per diffondere i principi rivoluzionari. A causa di quest'attività rischiò più volte la cattura da parte della polizia borbonica.

Con il Regno delle Due Sicilie ormai dissolto, e abbandonato il sacerdozio, Taglialatela si trasferì a Napoli, insegnando come professore pareggiato di teologia all'università: esperienza che però durò solo pochi mesi, poiché nel 1861 la Facoltà di Teologia fu soppressa (come, nel 1873, accadrà poi in tutta Italia). Taglialatela aprì allora una scuola privata, collocandosi in ciò nella scia di una tradizione di studi universitari privati già importante a Napoli (si pensi ad esempio alle esperienze simili di Spaventa e De Sanctis). Nel 1863 Taglialatela ottenne l'autorizzazione all'insegnamento dal Consiglio Superiore della Pubblica Istruzione: si pensa dunque che la sua scuola fosse stata attiva da quell'anno al 1875 circa, data della sua conversione al protestantesimo.[7] È in questa fase che egli pubblica i suoi lavori filosofici più ponderosi: l'*Istituzione di filosofia* (1864), corposo volume che si confronta soprattutto con il pensiero giobertiano, identificando in Gioberti colui che avrebbe continuato e perfezionato il pensiero di Bruno; l'*Apologia della dottrina filosofica di V. Gioberti* (1867), in forma di dialogo; e il testo di estetica *La scienza, la vita e Francesco De Sanctis* (1872), in risposta alle opinioni di quest'ultimo. In estrema sintesi, Taglialatela vede nel pensiero di Gioberti la perfetta conciliazione di teologia e filosofia, che non sarebbe riuscita, per motivi diversi, a Cartesio, Rosmini, Hegel o allo stesso Bruno.[8] Gioberti, anzi, avrebbe saputo conciliare te-

6. E. Taglialatela, *Cenni sulla vita e gli scritti di Pietro Taglialatela*, in P. Taglialatela, *In Dio. Saggi – Discorsi – Frammenti di filosofia cristiana*, Roma, La Speranza, 1927, pp. 5-28, qui p. 7.

7. Così Iurato, *Pietro Taglialatela*, p. 15.

8. Cfr. Taglialatela, *Cenni sulla vita*, pp. 15-16.

ologia, filosofia e politica.[9] Altro concetto importantissimo sviluppato in questi anni è quello di «progresso infinito».[10]

Taglialatela entrò in contatto con ambienti evangelici già all'inizio degli anni Sessanta dell'Ottocento, quando frequentava le adunanze protestanti nella cappella (ex cattolica) in via Mezzocannone, a Napoli. Qui operava la Chiesa libera, coadiuvata dai metodisti wesleyani. In questa sede si tenevano periodicamente, oltre al culto, delle libere discussioni su tematiche teologico-religiose, ed è a queste che Taglialatela intervenne, come cattolico dichiarato: in genere difendendo le dottrine cattoliche contro quelle protestanti, anche se in alcuni casi si trovò a prendere le parti degli evangelici, difendendo le dottrine cristiane a loro comuni (ad esempio l'Incarnazione) dalle critiche che provenivano da hegeliani e razionalisti, come attestano degli articoli del 1863.[11] Questi contatti non significano tuttavia che egli fosse prossimo alla conversione. I suoi scritti di questi anni, infatti, non risparmiano critiche al protestantesimo, e Taglialatela vi si mostra appunto quale cattolico liberale, di stampo giobertiano.[12] La sua conversione è frutto di approfondita meditazione, e si nota un progressivo sviluppo nel suo pensiero: man mano, la sua critica si appunta sempre più su dottrine, dogmi e pratiche cattoliche, fino a ridurre il cattolicesimo «all'"Idea originaria e divina" del cristianesimo»,[13] a una generalissima "Idea" cristiana originaria.

Progressivamente, dunque, il riformismo cattolico originario di Taglialatela viene superato, così come il suo giobertismo, e lascia il posto all'adesione piena al protestantesimo. È tra il 1872 e il 1874 che avviene la maturazione decisiva. Nel 1874 egli era già in stretto contatto con i metodisti wesleyani[14] e in particolare con Thomas Jones; in quell'anno partecipò all'inaugurazione della chiesa wesleyana in Sant'Anna di Palazzo, a Napoli, e in tale occasione Jones gli donò una Bibbia, invitandolo a leggerla e meditarla. Jones offrì anche il pulpito a Taglialatela, che però

9. Cfr. Fiore, *Pietro Taglialatela*, pp. 81-82.

10. Cfr. Iurato, *Pietro Taglialatela*, p. 36: «Progresso infinito e armonia scienza-fede sono quindi i concetti sui quali più particolarmente insiste il Taglialatela nella sua interpretazione del Gioberti».

11. Cfr. Taglialatela, *Cenni sulla vita*, pp. 9-12; Iurato, *Pietro Taglialatela*, pp. 18-19; Fiore, *Pietro Taglialatela*, pp. 110-112.

12. Cfr. Iurato, *Pietro Taglialatela*, pp. 57-60.

13. Ivi, p. 60.

14. «Ormai da qualche anno, li frequentava con la famiglia»: ivi, p. 66.

rifiutò non sentendosi ancora pronto; solo qualche tempo dopo si presentò a Jones iniziando così il suo ministero pastorale. Nel frattempo – secondo la rievocazione dello stesso Taglialatela – sarebbe intercorsa una visione (Cristo stesso gli sarebbe apparso), una "chiamata" di sapore paolino che lo avrebbe convinto.[15] Sempre nel 1874, in febbraio, Taglialatela stila anche il programma del periodico metodista «La Civiltà Evangelica», ulteriore conferma che stava già collaborando con la Chiesa wesleyana. La conversione definitiva si può allora collocare tra quest'anno e quello successivo al più tardi.[16] Come opportunamente notato sia da Giovanni Iurato che da Silvana Nitti, l'elemento decisivo è la "scoperta" della Bibbia. Se è vero infatti che progressivamente Taglialatela aveva abbandonato il cattolicesimo più dogmatico in favore di un "cristianesimo ideale", e nel 1872 era ormai fuori da «qualunque confessione religiosa»,[17] è però solo l'accesso diretto alle Scritture che segna il suo passaggio al protestantesimo. L'influenza degli evangelici lo spinge «a prendere un atteggiamento diverso di fronte alle Scritture», mettendo da parte «qualunque scrupolo gerarchico, qualsiasi intermediario, per pervenire ad esse direttamente. [...] [V]i cerca la comunione con Dio, senza "veli rappresentativi". La Bibbia diventa la base non solo del suo pensiero, ma di tutta la sua vita».[18] Inoltre, questa nuova prospettiva si configura come ridimensionamento, o piuttosto rifiuto, del valore della *tradizione*, che invece anche il Gioberti dei frammenti della *Riforma cattolica* continuava ad anteporre alla Bibbia.[19]

Negli anni successivi Taglialatela iniziò così il suo lavoro nella Chiesa metodista wesleyana: «divenne prima un laico impegnato (secondo una tradizione tipica del metodismo, dove il laicato veniva formato teologicamente ad un discreto livello, poi coinvolto nel lavoro e nella gestione della chiesa e promosso in molte funzioni, accanto a quelle dei pastori)»;[20]

15. Cfr. P. Taglialatela, *Il papa* (II parte), in «Ev.», III, 24 gennaio 1891; Fiore, *Pietro Taglialatela*, pp. 112-113; Nitti, *Pietro Taglialatela*.

16. Cfr. Fiore, *Pietro Taglialatela*, pp. 109 e 112-113; Iurato, *Pietro Taglialatela*, pp. 11, 66.

17. Cfr. P. Taglialatela, *La scienza, la vita e Francesco de Sanctis. Discorso*, Napoli, Tip. all'insegna del Diogene, 1872, p. 14, cit. da Iurato, *Pietro Taglialatela*, p. 67.

18. Iurato, *Pietro Taglialatela*, p. 68; cfr. Nitti, *Pietro Taglialatela*, e Ead., *Il sogno protestante*. Sul nuovo approccio di Taglialatela alla Bibbia cfr. P. Taglialatela, *Lettera aperta all'onorevole Giuseppe Toscanelli*, in «Ev.», II, agosto 1890, pp. 57-58.

19. Cfr. Iurato, *Pietro Taglialatela*, pp. 68-71.

20. Nitti, *Il sogno protestante*.

continuò a collaborare con il periodico wesleyano e tenne conferenze presso il Circolo Galeazzo Caracciolo, del quale sarà poi presidente. Nel 1877 sostenne gli esami per l'ingresso nel ministero evangelico e divenne assistente del pastore Salvatore Ragghianti (ex frate) a Napoli, come ministro sotto prova: qui e nelle zone limitrofe si dedicò all'evangelizzazione, fino alla fine del 1878, per spostarsi poi a Catanzaro e Cosenza.

Nel 1881 Taglialatela si allontanò dalla Chiesa wesleyana, entrando nella Chiesa libera, e operando come predicatore itinerante e conferenziere in Toscana. Questa fase dura però meno di due anni, perché tra la fine del 1882[21] e l'inizio del 1883[22] Taglialatela passò alla Chiesa metodista episcopale, dove rimarrà fino alla morte. Nella Conferenza Annuale dell'aprile 1883 risultava destinato a Foggia,[23] luogo dove fu appunto lui a fondare la prima comunità evangelica. Gli anni di attività nel Tavoliere (fino al 1889) restano noti per l'intensa predicazione del pastore (orientata anche all'evangelizzazione delle campagne contadine), a volte combattuta duramente: l'episodio più eclatante accadde a Foggia nel 1885, quando una folla inferocita e armata minacciò la comunità evangelica riunita nel luogo di culto e solo l'intervento della forza pubblica consentì a Taglialatela e alla sua famiglia di raggiungere incolumi la propria abitazione.[24] Sempre a Foggia Taglialatela aveva fondato anche un periodico, «La Nuova Puglia» (attivo nel 1885 e 1886), che difendeva le dottrine protestanti discutendo criticamente quelle cattoliche.[25] Da ricordare, infine, la predicazione a Pescasseroli, nel 1886, attività citata anche da Benedetto Croce nel suo volumetto sulla storia del paese natio. Dal 1889 al 1895 Taglialatela fu inviato a Napoli, e chiuse il suo pastorato attivo a Genova, nell'annata 1895-96. Dopo il ritiro dal servizio attivo continuò a collaborare con la Chiesa, soprattutto con articoli per il periodico «L'Evangelista» (già dal 1889, anno della fondazione di questo), e poi anche per la rivista culturale «Lumen de Lumine» (1905-1908), fondata dal figlio Alfredo. Passò inoltre due anni negli Stati Uniti (1908-1910), seguendo il figlio Eduardo, che curava lì una comunità di emigrati italiani. Tornato in Italia, morì a Roma il 23 settembre 1913.

21. Così Tourn, *Pietro Taglialatela*; Fiore, *Pietro Taglialatela*, p. 121.

22. Così Iurato, *Pietro Taglialatela*, p. 87.

23. Cfr. MSAR, 1883; Iurato, *Pietro Taglialatela*, p. 87.

24. Ivi, pp. 93-94.

25. Il periodico sarà chiamato «il martello dei preti» per l'acceso taglio anticlericale. Cfr. Taglialatela, *Cenni sulla vita*, p. 21.

1.2. *«Lo spirito del cristianesimo è infinito»*

Passando ad indagare le idee teologiche di Taglialatela e la sua produzione, il punto di partenza deve essere la considerazione della visione che Taglialatela aveva del metodismo, ossia la comprensione di *cosa* lo attirò in questa denominazione, tanto da fargliela scegliere come Chiesa di appartenenza e di lavoro evangelistico. Le affermazioni chiave si trovano nel contesto del già citato dibattito con Raffaele Mariano.[26] Ricevuta una copia del *Giovanni Wesley* di Lelièvre tradotto da Sciarelli, Mariano ne trasse spunto per alcune considerazioni sul metodismo, pubblicate in una lettera aperta (datata 8 giugno 1878) apparsa su «La Civiltà Evangelica». Qui Mariano elogiava la figura di Wesley, che aveva saputo ravvivare «le intime energie della coscienza», spente da tradizioni ecclesiastiche sclerotizzate. L'azione efficace e continua che il metodismo esercita sui fedeli, proseguiva Mariano (con riferimento al sistema metodista delle *società*, delle *classi*, dei gruppi di fedeli), è però sia un grande pregio che un possibile difetto: forse qualcuno potrebbe obiettare che «tiene la coscienza sotto una tutela troppo assegnata e disciplinata». Comunque Mariano proseguiva minimizzando questi aspetti secondari, affermando l'unità delle confessioni cristiane sotto l'apparente diversità: la «libertà evangelica» accoglie tutte le differenze. Solo una confessione resta esclusa, quella cattolica, poiché non rispetterebbe l'«intima sostanza» del cristianesimo, che Mariano identificava in una dimensione interiore, spirituale della fede, contrapposta alla prassi esteriore e alla mediazione esteriore del sacerdote, e definita anche «la verità cristiana intima ed operosa nella coscienza»; nel cattolicesimo, secondo Mariano, ciò si sarebbe invece pervertito in formula superstiziosa, esteriorità, mediazione, pratica vuota, «parola morta del papa».[27] Nella sua risposta, o piuttosto commento, Taglialatela mostra di cogliere che il fulcro della riflessione di Mariano era il concetto di "Spirito"; e, dopo aver chiosato che «in ogni cosa e, massime in religione, lo spirito è l'*essenziale*», afferma: «il Metodismo, *spiritualmente*, è il Cristianesimo nella maggior profondità ed ampiezza del suo concetto e del suo amor redentivo. Spazia quanto la *carità salvatrice* di Dio sicché l'*arruota organica* del Metodismo non

26. Sul dibattito cfr. anche Spini, *Italia liberale*, p. 180 e Chiarini, *Storia delle Chiese metodiste*, pp. 55-57.

27. R. Mariano, *Giovanni Wesley, sua vita e sua opera. Lettera al sig. Francesco Sciarelli*, in «La Civiltà Evangelica», V, 19 giugno 1878, pp. 156-157.

limita e non inceppa mai l'anima che vi si move dentro». L'«essenza del Cristianesimo» di cui aveva parlato Mariano sarebbe, prosegue Taglialatela, estrinsecata al meglio nel metodismo. Ed è proprio per questo che

> *dogmaticamente* il Metodismo *formola* appena poche linee, appunto, dico, per non incepparsi la libertà di allargarsi secondo il tenore e le proporzioni del genio evangelico. La formola, la definizione è limite, ceppo; trattandosi del cristianesimo, vuol essere fatta con la massima parsimonia possibile; giacché lo spirito del cristianesimo è *infinito*, e non puoi formolarlo, definirlo, senza limitarlo ed ucciderlo. E così nel cattolicismo è stato ucciso il cristianesimo!

Infatti, prosegue, il cattolicesimo ha ecceduto nella formulazione dogmatica; il metodismo sarebbe così la confessione che più gli si oppone.[28] Appare tutt'altro che casuale la convergenza di queste affermazioni con quanto, pochi anni dopo, scriverà Enrico Caporali, un altro "filosofo metodista": anch'egli interpretò il metodismo affermando che esso non si fonda su formule dogmatiche, ma su fede viva e pratica, aggiungendo che «il Metodismo per i suoi dogmi liberali non osteggia lo sviluppo della filosofia e della teologia».[29] È interessante riscontrare questa "attrazione" che il metodismo, più di altre denominazioni, esercitava su dei filosofi, che vedevano proprio nella sua configurazione non rigidamente dogmatica una capacità di *favorire* la speculazione filosofica e teologica. Un altro fattore da indagare è poi l'approdo antitrinitario sia di Pietro Taglialatela (e di suo figlio Alfredo) che di Caporali, forse conseguenza proprio delle loro radici filosofiche e testimonianza di dove poteva giungere una certa interpretazione della metodista "libertà dal dogma".

In un certo senso si potrebbe dire che questi esempi di "filosofi metodisti" mostrano una compresenza di "teologia speculativa" di matrice "origeniana" da un lato, e di "teologia pratica" protestante (di matrice paolina e "agostiniana") dall'altro (chiaramente "origeniano" e "agostiniano" sono usati qui come macro-categorie teologiche, e non in senso stretto). L'elemento "origeniano" è identificabile, anzitutto, nella riflessione sui concetti di *infinito* e *progresso*, esemplare nel percorso di Taglialatela, che con ciò si ricollegava non solo alle sue fonti filosofiche (Cusano, Bruno, Giober-

28. P. Taglialatela, *L'evangelizzazione di* [*sic*] *Italia giudicata da uno scrittore politico*, in «La Civiltà Evangelica», V, 19 giugno 1878, p. 156. Lo «scrittore politico» cui Taglialatela si riferisce è appunto Raffaele Mariano.

29. E. Caporali, *Metodismo e Positivismo*, in «La Fiaccola», IV, marzo 1882, p. 45.

ti), ma anche a una certa tradizione della teologia cristiana,[30] da Origene ai Cappadoci, ad Eriugena, giungendo appunto proprio a Cusano e poi a Gioberti (teologi oltre che filosofi).

Un testo di Taglialatela può fungere da esempio di questa prospettiva. Si tratta di un articolo pubblicato nel 1895 su «L'Evangelista», intitolato *Dio*.[31] Qui Taglialatela parla della «distanza» infinita che separa la mente umana da Dio, «Essere infinito» e «Spirito infinito»: la distanza è tale che la mente umana, da sola (con la sola ragione), non può coprirla, ed è dunque necessaria la «rivelazione».[32] Secondo Taglialatela, Bruno comprese questa distanza, e per questo «dichiarò Dio estraneo alla filosofia», risultando in ciò «strettamente ortodosso, meglio di Anselmo e di Tommaso d'Aquino», poiché appunto «[p]er la nostra nuda ragione, senza il sussidio e la leva della rivelazione, l'Iddio del Vangelo è inconoscibile». Secondo Taglialatela, comunque, il limite di Bruno era aver separato teologia e filosofia, laddove Gioberti sarebbe invece riuscito a conciliarle. Riprendendo un passo paolino (cfr. *Rm* 1,20), Taglialatela spiega che le proprietà invisibili di Dio possono essere colte a partire dalla creazione visibile: ma il *concetto* stesso della *creazione* sarebbe dato per rivelazione divina, biblica, «dal Genesi all'Apocalisse». Nelle Scritture il filosofo campano vede estrinsecarsi il processo del cosmo che, creato da Dio, spiritualizzandosi torna a lui trasfigurato (riecheggiando in ciò echi del "neoplatonismo cristiano" giobertiano). Anzitutto parla della *creatio ex nihilo*, identificata come esempio chiave della stessa infinità di Dio: infatti, creare significa far sussistere qualcosa dal nulla; «Il passaggio dal nulla alla sussistenza è passaggio infinito, infinito intervallo, e però è passaggio impossibile senza la virtù infinita di Causante infinito». L'intervallo, inoltre, non è superabile per gradi, ma solo attraverso un «*salto* infinito», che solo la «virtù infinita» divina, ancor più celere ed «estemporanea» che un attimo, può superare. «Estemporaneità», per Taglialatela, «è la parola più possibilmente approssimativa per esprimere umanamente la celerità infinita della creazione».[33] Si noti il riecheggiare di vari temi della teologia cappadoce e,

30. Cfr. G. Lettieri, *Origenismo (in Occidente, secc. VII-XVIII)*, in *Origene. Dizionario. La cultura, il pensiero, le opere*, a cura di A. Monaci Castagno, Roma, Città Nuova, 2000, pp. 307-322; Id., *Progresso*, ivi, 379-392.

31. P. Taglialatela, *Dio*, in «L'Evangelista», VII, 10 maggio 1895, pp. 145-146.

32. Su ciò cfr. anche Taglialatela, *In Dio*, pp. 113-114 (estratti da appunti inediti risalenti al 1877 circa).

33. Interessante anche l'affermazione che precede: «La creazione dell'universo non è *ab aeterno*, né *in tempore*: non *ab aeterno*, perché l'universo, essendo creato, *comincia*; non

più in generale, della tradizione – di matrice "origeniana" – dell'*epektasis*:[34] non solo il riferimento all'infinità, ma anche quello alla dimensione *approssimativa*, congetturale della speculazione teologica umana, derivante proprio dalla *distanza* infinita rispetto alla natura divina.[35] I concetti teologici non sono intesi come rappresentazioni catalettiche, ma come approssimazioni alla mai pienamente raggiungibile verità divina. Altrove Taglialatela fornisce ulteriori spunti utili per comprendere la sua posizione, laddove distingue l'*incomprensibilità* dall'*inconoscibilità*, per spiegare che Dio è per l'uomo conoscibile (contro l'agnosticismo e la «filosofia positivista») anche se incomprensibile. A suo avviso «la comprensione è pensiero che abbraccia tutto l'oggetto», mentre «l'intendere è un conoscere da lungi ed in parte»: dunque la prima, verso Dio, è impossibile, poiché la mente umana è finita e l'oggetto infinito; ma la seconda è possibile, e proprio perché Dio è sì infinito ma intellegibile («cioè intellettualmente visibile»). Preziosa sintesi della posizione di Taglialatela è il passo seguente:

> Conosciamo dunque Dio, poggiando sull'universo e specialmente sulla Rivelazione, e nel tempo stesso questo Dio, come infinito, ci è e ci sarà eternamente incomprensibile. Se non che la nostra cognizione di Dio, come ancora della natura, dell'universo, di tutto, non ha *limiti fissi* [...]. Sono limiti che non si

in tempore, sia perché il tempo ripugna alla celerità infinita della virtù creatrice, sia perché il tempo è forma dell'effetto creato e però presuppone la creazione».

34. *Epektasis* è termine usato da Gregorio di Nissa (a partire da una riflessione su *Fil* 3,13, dove compare il participio *epekteinomenos*) per indicare l'infinita protensione dell'anima verso Dio. Per un primo inquadramento del tema si veda L.F. Mateo-Seco, *Epektasis*, in *Diccionario de San Gregorio de Nisa*, a cura di L.F. Mateo-Seco e G. Maspero, Burgos, Editorial Monte Carmelo, 2006, trad. it. *Gregorio di Nissa. Dizionario*, Roma, Città Nuova, 2007, pp. 243-247. Sulla tradizione "origeniana" e sulla *lunga durata* di essa e di questo concetto cfr. ancora Lettieri, *Origenismo*.

35. Tale prospettiva è evidente, ad esempio, in Gregorio di Nissa (si pensi ad opere come il *Contro Eunomio*, la *Vita di Mosè* o le *Omelie sul Cantico dei Cantici*), dove il concetto di "congettura" (*stochasmós*) assume un valore "tecnico". Cfr. anche G. Lettieri, *Il corpo di Dio. La mistica erotica del* Cantico dei Cantici *dal* Vangelo di Giovanni *ad Agostino*, in *Il* Cantico dei Cantici *nel Medioevo*, Atti del Convegno Internazionale dell'Università degli Studi di Milano e della Società Internazionale per lo Studio del Medioevo Latino (S.I.S.M.E.L.) (Gargnano sul Garda, 22-24 maggio 2006), a cura di R.E. Guglielmetti, Firenze, SISMEL - Edizioni del Galluzzo, 2008, pp. 3-90, ad es. p. 72: «Tutti i nomi umani, tutte le definizioni teologiche, sono nient'altro che congetture dell'inattingibile Nome divino (che è la natura occulta di Dio-Trinità)». Sull'inattingibilità di Dio, derivante dalla sua infinità, in Gregorio, cfr. C. Moreschini, *Storia della filosofia patristica*, Brescia, Morcelliana, 2005^2 (ed. or. 2004), pp. 581-590; cfr. 609-614 sul linguaggio umano e sulle formulazioni teologiche.

cancelleranno mai in eterno, ma che andranno sempre, in eterno, dietreggiando, allargandosi. E qui è il *progresso* della nostra cognizione dell'Infinito; e così succederà il passaggio, augurato da San Paolo, dalla nostra cognizione speculare ed enigmatica alla cognizione facciale o visuale [cfr. *1Cor* 13,12].[36]

Vi è un *progresso infinito* nella conoscenza umana di Dio-Infinito (oltre che del cosmo, "brunianamente" infinito anch'esso).[37] Su questo tema Taglialatela non ha mai abbandonato le proprie concezioni originarie.[38] Non sembra che egli evochi mai direttamente il concetto di *epektasis*, anche se qui non è difficile scorgere – anche tramite la citazione di un altro passo paolino, dalla *Prima Corinzi* – una prospettiva affine.[39] È più difficile capire se Taglialatela abbia conoscenza *diretta* o *mediata* di tale tradizione teologica, dato che egli è generalmente assai parco nel citare le proprie fonti; una conoscenza almeno mediata sembra comunque del tutto plausibile, in un pensatore nutritosi di Cusano e Bruno (entrambi eredi della dottrina dell'*epektasis*, del desiderio infinito di Dio infinito e incomprensibile). Anche Gioberti, massimo riferimento filosofico-teologico di Taglialatela, conosceva e citava direttamente Origene e Gregorio di Nissa (oltre che Cusano e Bruno), ad esempio nelle opere postume,[40] particolarmente apprezzate dal filosofo metodista: se ne può dedurre un'ulteriore prova che questi potesse recepire quelle dottrine.

36. Taglialatela, *In Dio*, p. 240 (le citazioni appena precedenti provengono dalle pp. 238-240). Il testo è ripubblicato da un articolo che fa parte di una serie dedicata da Taglialatela al commento dell'opera *Il Cristo degli Evangeli*, di T.W.S. Jones: questo articolo è in «La Civiltà Evangelica», VII, 10 marzo 1880, pp. 44-46.

37. Cfr. anche Taglialatela, *In Dio*, cap. XXV (*La libertà evangelica*, riflessioni inedite datate 1878), in partic. pp. 207-210 sul rapporto scienza-fede e su una scienza che ricerchi infinitamente «l'infinita Verità»: «il vero desiderio di sapere proprio della nostra natura, ragionevole, limitatamente ragionevole, *progressivamente ragionevole*» (p. 210, cors. mio).

38. Cfr. Iurato, *Pietro Taglialatela*, pp. 35-37, per il concetto di "progresso infinito" nella fase giobertiana.

39. Cfr. anche *In Dio*, pp. 126-127: «La fede cristiana [...] non comprende Gesù Cristo, questo nodo infinito di misteri, ma pure lo vede. [...] La fede non è l'atto della visione beatifica, ma senza dubbio è il germe, la radice della visione beatifica. Essa dunque, la fede, è la *visione incipiente* di Gesù glorificato».

40. Si vedano V. Gioberti, *Della filosofia della rivelazione*, a cura di G. Massari, Torino-Paris, 1856 (qui, peraltro, vi è un paragrafo dedicato al progresso infinito dei beati, alle pp. 273-274: non si cita direttamente Gregorio, che però viene evocato poco oltre, a p. 295, sulla dottrina trinitaria); *Della riforma cattolica della Chiesa: frammenti*, a cura di G. Massari, Torino-Paris, 1856; *Della protologia*, a cura di G. Massari, 2 voll., Torino-Paris, 1857. Le edizioni curate da Massari erano quelle disponibili al tempo di Taglialatela.

Tornando all'analisi dell'articolo *Dio*, Taglialatela prosegue ribadendo che la meditazione sulla creazione[41] consente di formarsi il concetto di Dio come infinito (il più adatto che si possa averne, scrive), e di trarne delle conseguenze. Importante è l'affermazione che la prescienza e la predestinazione sono «prette metafore»: se prese letteralmente, secondo Taglialatela, si avrebbe un errato concetto di Dio, imbevuto di antropomorfismo. Infatti «Dio è Mente attualmente infinita», e non entra nel tempo, per guardare nel passato o nel futuro. Inoltre, Taglialatela sembra affermare una sorta di creazione continua, scrivendo che «Dio contiene causalmente l'universo» nel senso che «l'universo è effetto *immediato e continuo* della virtù creativa di Dio».[42] Tale virtù «è il *Sovrannaturale*», che perciò «penetra ed investe la natura come l'azione creatrice di Dio penetra ed investe l'universo». Ne consegue che i «miracoli biblici» sono «guizzi» del soprannaturale entro e attraverso la natura: sono allora «miracoli rispetto alla natura», ma «fatti ordinarissimi rispetto al Sovrannaturale che li produce». In tal modo Taglialatela intendeva rispondere alle critiche razionaliste dei miracoli.[43]

La riflessione procede poi basandosi sulla natura *relativa* o *contingente* dell'universo, della creazione, rispetto a Dio, che però gli ha donato «il desiderio dell'Infinito e vigore per aspirarvi e tendervi». Il desiderio dell'Infinito è un altro elemento chiave della tradizione teologica di cui si è detto, in particolare di derivazione cappadoce. Del massimo interesse è però il fatto che in conclusione Taglialatela vada a giustapporvi l'altra tradizione, quella che si è definita "agostiniana" (un agostinismo, però, senza predestinazione!). Dall'assoluta relatività e mortalità del cosmo Taglialatela deduce l'«*assoluta signoria* di Dio sopra l'universo» e l'«*assoluta sudditanza* dell'universo rimpetto [*sic*] a Dio»; la creatura deve rimanere nei «termini suoi», che sono «assoluta sudditanza» e «completa e pura ubbidienza». La chiusa è affidata a una citazione biblica: «Chiunque si sarà innalzato, sarà abbassato; e chiunque si sarà abbassato, sarà innalzato» (*Lc* 18,14). Questi riferimenti all'assoluta signoria divina (un'eco dei dibattiti sulla *potestas absoluta*?) e all'umiltà evangelica e "paolina" colpiscono, dopo i passi più "filosofici" e "origeniani", e mostrano a mio avviso il tentativo di sintesi di

41. Cfr. anche *In Dio*, cap. V (*La Creazione*), pp. 46-48.

42. Su questo punto cfr. anche ivi, p. 117. Taglialatela parlerà esplicitamente di «creazione continua» in un articolo del 1908: *Ancora del Catechismo filosofico*, in «Lumen de Lumine», IV, luglio 1908, pp. 230-231.

43. Cfr. *In Dio*, cap. VI (*I miracoli*), pp. 48-51; cfr. anche ivi, pp. 100-102.

Taglialatela (che dunque sembra non aver mai davvero rinnegato l'influsso di Gioberti), tra filosofia e teologia, ragione e "rivelazione", ottimismo e pessimismo antropologico.

Che non si debba riscontrare una frattura inconciliabile tra il Taglialatela filosofo giobertiano e quello post-conversione al protestantesimo è indirettamente testimoniato anche dall'operazione compiuta dal figlio Eduardo, che in un volume significativamente intitolato *In Dio. Saggi – Discorsi – Frammenti di filosofia cristiana* (1927) raccolse scritti (alcuni inediti) del padre, ordinandoli in modo sistematico, e includendovi anche testi del periodo precedente alla conversione.[44] Eduardo Taglialatela (con cui peraltro il padre aveva vissuto, negli ultimi anni) sapeva bene, evidentemente, che il filosofo metodista aveva conservato almeno parte delle sue concezioni originarie, e senz'altro la struttura di pensiero.[45] Ecco perché, ad esempio, al capitolo III di quest'opera, sotto il titolo *Religione e Filosofia*, vengono inseriti degli appunti inediti di Pietro Taglialatela datati 1870, dove si parla della necessaria «compenetrazione» di «Filosofia» e «Rivelazione», raggiunta (secondo l'autore) da Gioberti. Negli «Scolastici», invece, il contenuto rivelato «è inviluppato sotto la forma teologica ed è dogma». Filosofia e cristianesimo – scrive – devono andare a braccetto, per evitare gli opposti pericoli della miscredenza e della superstizione, come pure del razionalismo e del dogmatismo; «la religione perisce per difetto di filosofia e la filosofia perisce per difetto di religione», e «il difetto nasce dalla separazione loro». La filosofia deve "penetrare" nel dogma, e dargli vita e movimento, e viceversa; «la Rivelazione si muove nella filosofia e questa si muove in quella, e ne risulta un movimento e un progresso unico».[46] Che Taglialatela non abbia affatto ritrattato l'ammirazione per Gioberti (né la sua precedente prospettiva sull'accordo tra ragione e *kerygma*) è confermato anche da un articolo pubblicato su «La Civiltà

44. Eduardo Taglialatela realizzò poi altri due volumi che raccoglievano scritti del padre: il citato *Fede, Speranza e Carità. Meditazioni*, e *Teoria evangelica della vita e altre meditazioni di Pietro Taglialatela*, Roma, La Speranza, 1929.

45. Cfr. anche Iurato, *Pietro Taglialatela*, p. 102: «Si può dire che la struttura della sua filosofia spiritualistica, soprattutto per quanto concerne le nozioni di Dio e dell'Universo, è rimasta pressoché inalterata e che accanto ad essa si è andata costruendo una nuova teologia che ha molte attinenze col protestantesimo storico. Poiché quest'ultima nel Taglialatela ha un carattere eminentemente pragmatistico [...], gli è rimasto facile conservare i princìpi filosofici precedenti».

46. Taglialatela, *In Dio*, pp. 40-43.

Evangelica» nel 1889, dedicato alla discussione della filosofia panteista. Questa è criticata, in quanto non coglierebbe il vero concetto di Dio, quello di «Essere attualmente infinito e personale»; però avrebbe colto una «profonda verità», ossia «la compenetrazione di Dio nell'universo, dell'Infinito nel finito». Il panteismo è anzi considerato da Taglialatela come «la sola filosofia veramente degna *fuori gli ordini della divina Rivelazione*». Senza la "Rivelazione", cioè, il pensiero umano può giungere solo all'«indeterminato», ma non all'infinito personale: al panteismo manca «il principio della creazione mosaica». Grazie a questo, invece, si può sviluppare il sistema speculativo della «ragione sostenuta dalla Rivelazione», una vera e propria «filosofia cristiana» il cui massimo esempio è qui ancora indicato nella *Protologia* di Gioberti.[47]

1.3. *Grazia e libero arbitrio*

Muovendo verso il piano delle dottrine teologiche più specificamente connotabili in senso o cattolico o protestante, e che dunque meglio possono costituire un "banco di prova" per valutare continuità e differenze del pensiero di Taglialatela nelle sue due fasi – ossia le dottrine del peccato, della grazia, della redenzione, del libero arbitrio – si nota che anche qui la prospettiva è di integrazione e riconfigurazione, piuttosto che di mutamento radicale. Si direbbe che la "scoperta" della Bibbia e della dottrina protestante della grazia, da parte di Taglialatela, non abbia cancellato totalmente le concezioni precedenti. È significativa la pubblicazione, sempre in *In Dio*, di un estratto dalla *Istituzione di Filosofia* del 1864, sotto il capitolo VIII, *Libertà e libero arbitrio*.[48] Va ricordato che nella *Istituzione* Taglialatela non risparmiava critiche alle dottrine luterane e, più in

47. Ivi, pp. 231-234 (si riporta che il testo proviene da un articolo in «La Civiltà Evangelica» del 25 febbraio 1889, ma la data è errata e nei numeri del febbraio 1889 di questo periodico non vi sono articoli di Taglialatela). Sull'accordo tra «fede» e «ragione» sostenuto da Taglialatela cfr. *La Fede e la Ragione* (1874), in *Teoria evangelica della vita*, pp. 73-83: queste due dimensioni sono qui descritte come termini solo apparentemente contrari (così come «la grazia e il libero arbitrio»), ma che in realtà si conciliano per una «legge» insita alla natura umana, che le integra secondo una «divina armonia». Per Taglialatela, nella modernità l'armonia viene negata da un lato dal cattolicesimo, divenuto una forma di fideismo superstizioso, e dall'altro dal razionalismo: tra questi due estremi si situerebbe «il Protestantesimo», che «non è né la fede senza la ragione, né la ragione senza la fede».

48. Taglialatela, *In Dio*, pp. 54-57. Il testo è tratto dall'ultimo capitolo (il XXIX) dell'*Istituzione*, intitolato *Del libero arbitrio*.

generale, protestanti.[49] In queste pagine egli afferma che la razionalità e l'arbitrio sono necessariamente implicati; Dio ha creato l'uomo con tali caratteristiche.[50] Ciò ne fa un essere libero, «*autogenetico*»; affermare il contrario, prosegue, vorrebbe dire avallare la «dottrina dei gesuiti» (non, pare di capire, in senso stretto, con riferimento alla dottrina della grazia, ma più genericamente nel senso di cristianesimo rigidamente dogmatico). Qui il cattolicesimo "riformista" di Taglialatela lo portava ad esprimere già una posizione critica. Rimanendo, comunque, sul concetto di libero arbitrio, si può riscontrare che Taglialatela continuerà a difenderlo anche dopo la conversione. Avvicinandosi dunque certo più all'arminianesimo di Wesley che a Lutero o Calvino, Taglialatela continua a sostenere la presenza del libero arbitrio, concepito come in un certo senso cooperante con la grazia. In un testo sulla dottrina della redenzione, scritto negli Stati Uniti nell'inverno 1908-1909,[51] egli afferma che «la Redenzione per l'uomo è prova personale. Gli si offre la Vita, ed egli è libero di accettare o respingere l'offerta». La salvezza o la condanna dipendono dal suo libero consenso; «[n]essuno può essere salvato o condannato ingiustamente, cioè senza il proprio consenso ad essere condannato o salvato»; Dio «non salva l'uomo e non perde l'uomo senza il consenso dell'uomo». «La sovranità assoluta di Dio», prosegue, «non esclude il libero consenso dell'uomo». «La Grazia e il nostro libero arbitrio non sono due forze congeneri soggette a offendersi, toccandosi. La Grazia opera sovranamente nella natura, non per guastarla, sopprimere in essa la libertà, ma per fortificarla, abilitarla a rialzarsi». Secondo Taglialatela vanno evitati due errori teologici opposti: l'uno, la concezione che la grazia "forzi" il libero arbitrio tanto da sopprimerlo; l'altro, quella che la grazia aiuti solo debolmente il libero arbitrio. Detto in altri termini, «la Grazia non può essere né irresistibile né insufficiente». La «vita eterna» resta dunque «dono di Dio in Cristo», poiché «il consentimento e la cooperazione sottordinata dell'uomo sono impossibili senza la Grazia». In quest'accento sul ruolo della grazia sta l'elemento teologico "protestante", anche se certo la sorta di "concordismo" che sembra potersi riscontrare in questi passi[52] distanzia Taglialatela dal protestantesimo sto-

49. Cfr. *infra*, nota 55, dove si riportano i testi.

50. Su questa tesi cfr. anche un testo del periodo protestante, in Taglialatela, *In Dio*, pp. 53-54, da «Ev.» del 13 novembre 1896.

51. Taglialatela, *In Dio*, pp. 58-77, da cui provengono le citazioni seguenti.

52. Cfr. anche ivi, p. 81, sull'«accordo della Grazia e del libero arbitrio».

rico più tradizionale. È vero però che il concetto di grazia non irresistibile era uno dei cardini della teologia di Wesley. Come pure era già in Wesley la negazione della predestinazione, che il filosofo di Mondragone ribadisce qui, tacciando questo concetto di antropomorfismo, e affermando che nella Bibbia esso è solo *metaforico*. Allo stesso modo, coerente con tesi wesleyane è l'affermazione che «Dio salva l'uomo con la libera cooperazione dell'uomo. La fede è dono di Dio, ma accettato liberamente e vivamente dall'uomo che può respingerlo». Non si deve però equivocare riscontrando in queste pagine una sorta di teologia "cripto-cattolica": la cooperazione umana è qui descritta anzitutto come accettazione, per fede, della grazia; la redenzione non è ritenuta raggiungibile tramite un ruolo delle *opere* umane, né si parla di un ruolo sacramentale. «La fonte primissima della salvezza è Dio» e questa si ottiene tramite il sacrificio espiatorio di Cristo, unico sacrificio, come Taglialatela ribadisce in più luoghi;[53] la grazia non deriva da «meriti» umani.[54]

Sul rapporto grazia-libertà è utile citare altri testi del filosofo: nel periodo cattolico aveva criticato il luteranesimo (e il giansenismo) per la concezione che il peccato originale avrebbe corrotto, cancellato radicalmente le potenze della natura umana; questa concezione rappresentava, a suo avviso, un "eccesso" errato quanto il suo opposto, il pelagianesimo o razionalismo.[55] Nella fase protestante, la prospettiva riceve un accento un po' diverso ma non approda, comunque, a posizioni di tipo luterano o calvinista: anche qui resta un'impostazione sostanzialmente arminiana. Se

53. Si vedano soprattutto i testi di controversia anticattolica (in particolare le critiche alla messa), citati *infra*.

54. Cfr. ivi, pp. 79-81. Cfr. anche p. 149.

55. Cfr. P. Taglialatela, *Istituzione di filosofia*, Napoli, Tip. all'insegna del Diogene, 1864, pp. 206-207: «Falsità del Luteranismo e Giansenismo, secondo i quali la colpa originaria avrebbe cancellate radicalmente tutte le potenze della nostra natura. [...] Sono l'estremo contradditorio del Pelagianismo e del Razionalismo moderno. La colpa fece traviare, non distrusse le potenze del nostro spirito [...]. Onde l'intervento della Parola rivelata non importa una creazione di pianta, ma solo una ristorazione, un aiuto superiore e divino per cui la riflessione smarrita è abilitata a far ritorno verso l'intuito e verso l'Idea nell'intuito [si noti la terminologia giobertiana]»; cfr. anche pp. 439-440: «la Grazia *aiuta* la natura e la redenzione è semplice *rinascita* dello spirito. Infelicità di Lutero e Giansenio che dicono che la colpa originale abbia recise radicalmente le facoltà dell'animo umano. [...] E la cattiva dottrina della caduta generò la dottrina pessima del risorgimento in quei due teologi ed eretici, secondo i quali la sola fede giustifica, e questa fede è cieca, fatale, ripugnante egualmente alla natura dell'animo umano e al genio della grazia divina».

è vero che la «specie umana» è rimasta «ferita» e «viziata» dalla «disubbidienza originaria», tale che ne risulta una «degenerescenza della specie» che «invade anima e corpo» dell'individuo (situazione da cui solo la redenzione recata da Cristo consentirebbe di uscire),[56] è però anche vero, per Taglialatela, che «la nostra libertà è fiaccata, non distrutta; è paralitica, non morta addirittura».[57] Il libero arbitrio non è del tutto cancellato, ed è per questo che può rispondere positivamente (o negativamente) alla chiamata della grazia, come si è visto.[58]

1.4. *Un'ermeneutica dell'infinità*

Per quanto riguarda l'esegesi biblica, Taglialatela sembra privilegiare un'interpretazione di tipo allegorico: questo almeno è quanto traspare soprattutto da un discorso pronunciato nel luglio 1877 a Roma, in occasione di un'assemblea della Società Biblica (e che dunque può prendersi come, in un certo senso, programmatico). Ma ciò appare perfettamente coerente con la sua concezione di Dio; nel discorso, infatti, il filosofo parte ancora dall'infinità di Dio: l'«Idea infinita» è «velata nella Bibbia», espressa tramite «parole, figure, immagini». Ma «nella Bibbia l'espressione è sempre inferiore all'Idea» (che appunto è infinita), dunque «niente rimpiccolisce

56. Cfr. Taglialatela, *In Dio*, pp. 59-61.

57. Ivi, p. 81; questo passo è tratto da un testo datato 1908-1909.

58. È molto complesso istituire una comparazione con la posizione di Wesley, perché se da un lato questi afferma che una delle conseguenze del peccato originale è la perdità della libertà umana (cfr. ad es. J. Wesley, *Sermon 141. The Image of God*, II,4, in *Sermons IV*, in *Works*, IV, p. 298), d'altro canto – in base alla sua concezione della grazia *preveniente* come universale – egli sostiene anche che ogni essere umano gode della parziale, iniziale ristorazione delle facoltà operata da tale grazia, e dunque anche della libertà, almeno in un certo grado, cosa che consente di accettare o rifiutare la chiamata della grazia: sembrerebbe allora che, nella condizione concreta attuale degli esseri umani, nessuno sia privo almeno di questo grado minimo di libertà. Cfr. J. Wesley, *Predestination calmly considered*, §§ XLVI-XLVII, in *John Wesley*, a cura di A.C. Outler, pp. 447-448, in part. § XLVI, p. 447: «There is a measure of free-will *supernaturally* restored to every man»; si veda anche I.W. Reist, *John Wesley's View of Man: A Study in Free Grace versus Free Will*, in «Wesleyan Theological Journal», 7 (1972), pp. 25-35, in partic. 29-30. Per approfondire cfr. Maddox, *Responsible Grace*, pp. 73-93. Massimamente difficile è capire se la grazia preveniente vada intesa, in Wesley, come resistibile o irresistibile (gli interpreti non concordano), il che avrebbe ovviamente un influsso sulla concezione della libertà: secondo Maddox essa sarebbe, come ogni forma di grazia per Wesley, resistibile (cfr. ivi, pp. 87-90 e p. 300, nota 168). Sul problema cfr. *supra*, p. 120, nota 140.

tanto la Bibbia, quanto la rimpiccolisce l'interpretazione schiettamente letterale». Si evince allora che l'interpretazione allegorica è quella da considerarsi più opportuna. Dall'infinità dell'Idea-Dio discende quindi l'«idealità infinita della Bibbia», e dunque, si può dire, anche della sua interpretazione: «Essendo infinita in se medesima, raggiando, essa [l'«Idea biblica»] arriva a tutte e a ciascuna mente, proporzionata a tutte le capacità, a tutte le gradazioni intellettuali» (un'eco delle dottrine origeniane del progresso rivelativo ed ermeneutico e delle *epinoiai*?).[59] In un passo assai pregnante sia teologicamente che stilisticamente, Taglialatela scrive che tale «Idea biblica»

> [s]i lascia cogliere da tutti e insieme sfugge a tutti; un intreccio mirabile [...] di evidenze e di misteri; tenebre che gittano ombre di luce, e luce che gitta vortici di tenebre. Per questo i fanciulli vi si saziano, laddove i dotti vi si sentono sempre digiuni. [...] I dotti [...] rompono la superficie, e ci trovano sotto gli abissi dell'Infinito, ed è verso l'Infinito che essi corrono sempre digiuni nelle ricerche della scienza biblica.

Il "mistero", prosegue, è un elemento fondamentale, ed errano i «razionalisti» a volerlo negare; «come nel sapere può darsi progresso senza mistero?». I misteri non si possono intendere, e vanno accettati «per fede», poiché «secondo S. Paolo, i misteri sono evidenze incoate e la fede è scienza in erba. Ora vediamo per ispecchio e in enimma, e allora vedremo a faccia a faccia. Ciò prova che la scienza del mondo è appena una introduzione, un alfabeto, a petto alla scienza a cui siamo invitati nell'oltremondo».[60] Il passo paolino dalla *Prima lettera ai Corinzi* (già citato in precedenza) era evidentemente uno dei preferiti di Taglialatela, che lo utilizzava per esplicare l'infinità progressiva della conoscenza umana di Dio.

59. Sul progresso rivelativo, ermeneutico e cristologico cfr. Lettieri, *Progresso*, in particolare pp. 381-384 e 387-388. Le *epinoiai*, nel pensiero di Origene, sono le molteplici denominazioni e aspetti rivelativi assunti da Cristo per rendersi comprensibile alle creature umane post-lapsarie. Cfr. G. Lettieri, *Il* νοῦς *mistico. Il superamento origeniano dello gnosticismo nel* Commento a Giovanni, in *Il Commento a Giovanni di Origene: il testo e i suoi contesti*, a cura di E. Prinzivalli, Villa Verucchio, Pazzini, 2005, pp. 177-275, in partic. pp. 211-216. Per quanto riguarda i testi di Origene, si veda almeno *Commento a Giovanni* I,119-124 e 125-292.

60. Le citazioni sono tratte da *La Bibbia: suo spargimento, sue meraviglie, suoi beneficii*, discorso pronunciato a Roma il 9 luglio 1877, in Taglialatela, *In Dio*, pp. 190-205, qui 200-205.

1.5. Il papa-re*: una prospettiva apocalittica e antitrinitaria*

Un esempio significativo del confronto di Taglialatela con i testi biblici è senz'altro *Il papa-re nelle profezie e nella storia*, unico volume da lui pubblicato dopo la conversione, che ebbe due edizioni (1902 e 1908).[61] Si tratta di un testo che consente inoltre di cogliere il punto d'arrivo dell'anticattolicesimo di Taglialatela, nonché il suo stile controversistico. Le concezioni più radicali esposte in questo volume erano già state in parte anticipate negli articoli pubblicati in quegli anni (e ricevono qui esposizione più organica):[62] al fondo vi è una prospettiva apocalittica, in cui il papato, interpretato come Anticristo, è visto come prossimo alla fine (anche se questa non è *assolutamente* imminente),[63] nell'ottica della fine dei tempi, al termine dell'eterno combattimento tra le potenze del bene e quelle del male. L'opera si configura come esegesi di tre passi biblici: *Dn* 7, *2Ts* 2, *Ap* 17, notissime profezie sulla comparsa di una figura demoniaca – la «quarta bestia» di *Dn*, «l'uomo iniquo» che si autoproclama Dio di *2Ts*, la «grande prostituta» sulla «bestia» di *Ap*. Secondo Taglialatela, il quarto regno simboleggiato dalla quarta bestia di *Dn* è l'Impero Romano; le sue «dieci corna» sono i «regni barbari» succeduti alla dissoluzione di quello, dei quali tre (le tre corna divelte) sono i regni stabiliti in Italia e poi abbattuti: l'ultimo è la monarchia longobarda sconfitta da Carlo Magno, che «nell'aprile del 774, crea re il papa, e pianta in su lo stomaco d'Italia e d'Europa la maledizione dell'anticristo» (p. VI), simboleggiato dal "piccolo corno". «Nell'atto e nell'istante che diventa re, il papa diventa anti-cristo»; questo è il senso dell'«*origine del potere temporale*» (*ibidem*). Dunque nell'aprile 774 «in Adriano I apparve il re predetto da Daniele, l'empio vaticinato da S. Paolo, il papa-re, l'anticristo» (p. 38).[64]

La profezia paolina, infatti, secondo Taglialatela integra o «compie» (p. 47) la prima: in *Daniele* l'anticristo è visto come *re*, mentre in Paolo nella sua

61. Si cita qui dall'ultima edizione: P. Taglialatela, *Il papa-re nelle profezie e nella storia*, Venezia, Tip. dell'Istituto Evangelico Industriale, 1908². Indicherò nel corpo del testo i riferimenti alle pagine citate.

62. Cfr. Iurato, *Pietro Taglialatela*, pp. 141-143, 150. Sull'interpretazione del cattolicesimo da parte di Taglialatela cfr. anche ivi, 104-110.

63. Secondo il calcolo che Taglialatela deduce dalle profezie bibliche, la durata del papa-re nel mondo è di 1260 anni, dunque – iniziata nel 774 – finirà nel 2034 (*Il papa-re*, p. 190).

64. Cfr. ivi, p. 39: «il papa da Adriano I alla fine de' secoli determinati non è che l'anticristo sotto la maschera di vicario di Gesù Cristo».

funzione di *sacerdote*, «capo di Chiesa, dio della sua chiesa» (p. 5). «L'uomo del peccato» sarebbe lo stesso anticristo, il papa-re, e l'«apostasia» citata da Paolo sarebbe quella della Chiesa cattolica, che per Taglialatela avrebbe, dal IV secolo, apostatato rispetto al vero cristianesimo. Nel concilio niceno del 325 «il Cristianesimo fu dogmaticamente pervertito in cattolicismo» (p. XI), e gli "errori" sarebbero approdati anche al protestantesimo: «In tutti i Simboli di fede protestante è conservata con calore la nuova ortodossia statuita in Nicea»,[65] ma questa, che per Taglialatela è fondamento ed essenza del *cattolicesimo*, sarebbe una perversione del cristianesimo. Qui emerge l'approdo antitrinitario di Taglialatela, evidente anche in alcuni scritti inediti, dei quali si riparlerà tra poco; Ario diventa ora un modello di retta dottrina, tanto che egli «è stato la primissima e più illustre vittima della gerarchia cattolica» (p. XII). Il riferimento paolino al «tempio di Dio» in cui «l'uomo del peccato» si innalza non va preso, secondo Taglialatela, in senso letterale: il tempio di Dio indica qui «il mondo cattolico, la *coscienza* dell'immensa chiesa cattolica, non la basilica di S. Pietro [...]. La nozione del tempio materiale non è paolina, né evangelica» (p. 47).

Nel Medioevo, dunque, si sarebbero massimamente estrinsecate l'apostasia e la corruzione dogmatica, oltre che morale. Qui, per Taglialatela, entra in gioco la profezia dell'*Apocalisse*: «La meretrice è la gerarchia cattolica. La bestia è l'Europa cattolica» (p. XIII); la prostituta che cavalca la bestia «è l'essenza del medioevo», che è anche «l'essenza stessa della chiesa cattolica», ossia «gerarchia e plebe, cavalcatrice e cavalcatura» (pp. XIII-XIV). Questa situazione sarebbe proseguita nei secoli, e al momento in cui Taglialatela scrive, la vede come non ancora risolta; il XX secolo sarà per lui segnato dal conflitto tra due forze, «la rivoluzione sociale e la reazione cattolica» (p. XIV), anche se «[n]elle profezie è rivelato nettamente l'esito finale [...], ed è la sconfitta assoluta della reazione cattolica e l'assoluta dissipazione del cattolicismo dal nostro pianeta» (p. XV). Qui Taglialatela riserva anche parole dure per i protestanti più "ecumenici" che «spasimano di tenerezza per la Femmina seduta sopra la città setticolle» (p. XV).[66]

65. Tanto che, scrive Taglialatela, «[s]econdo Melantone tra protestantesimo e cattolicismo non corre nessuna differenza dogmatica» (ivi, p. XI).

66. Cfr. anche, a p. 68, le critiche al liberalismo cattolico, che per Taglialatela spera invano in una riforma interna della Chiesa. Si veda Iurato, *Pietro Taglialatela*, pp. 124-132 per l'analisi di altri testi del filosofo su questo tema (in particolare le polemiche con Curci e Toscanelli).

All'«apostasia» cattolica Taglialatela dedica qui anche un apposito capitolo (il XIX), affrontando alcune dottrine (non quelle riferite a Dio e Cristo, cui afferma di volersi dedicare altrove): si tratta perlopiù degli aspetti liturgici e sacramentali. Qui il filosofo riprende le tradizionali critiche protestanti alla dottrina cattolica del sacerdozio, della messa e della transustanziazione, e sebbene il tema sia affrontato rapidamente, sembra si possa identificare in lui una prospettiva più "zwingliana" che luterana, laddove afferma che nel rito eucaristico quanto c'è «di visibile e tangibile» è ridotto a «puro simbolo», che «il pane e il vino sono simboli ricordativi della passione e morte del Signore», che le parole «questo è il mio corpo, questo è il mio sangue» vanno «intese metaforicamente», e infine che «il rito evangelico è proprio degli spirituali, pe' quali la materia svanisce nel simbolo».[67]

Secondo Taglialatela all'apostasia avrebbero resistito, nei secoli, i «Santi dell'Altissimo», ossia i "veri cristiani", che la Chiesa cattolica ha invece tacciato di eresia e perseguitato: così, ad esempio, i movimenti dissidenti medievali (come patarini e albigesi), che rappresenterebbero «i Protestanti di quei tempi»; ma anche, appunto, i protestanti a partire dal XVI secolo, perseguitati nelle nazioni cattoliche (qui Taglialatela si dedica in particolare a Francia e Italia, trattando nei dettagli il caso valdese).[68]

Nelle conclusioni, Taglialatela tenta un bilancio della propria opera, affermando che, se la «concezione generale» da lui esposta non è nuova (il papa come Anticristo, la gerarchia cattolica come «prostituta»), tuttavia ritiene innovativo lo «sviluppo organico» che egli ha dato a quella concezione, sviluppo che «risiede nel reciproco e continuo accostamento della profezia e della storia», nel senso che la storia sarebbe «*precisa verificazione* della profezia», e la profezia «*precisa divinazione* della storia» (p. 199). Non si sono potute citare qui nel dettaglio le decine di pagine che Taglia-

67. Taglialatela, *Il papa-re*, pp. 86-87. Secondo Taglialatela anche nel Cristo risorto la carne «svanisce» (p. 86). Sulla dottrina eucaristica (e sacramentale) di Taglialatela cfr. anche *La Santa Cena*, in *Teoria evangelica della vita*, pp. 175-182. In questo testo dell'agosto 1889 si esprime forse con formulazioni meno nette, anche se la concezione presentata non è molto dissimile. Occorre «distinguere il corpo del Signore dalle ombre materiali del pane e del vino che lo rappresentano»; il sacramento è un «segno» o «simbolo» che "allude ad altro"; il pane e il vino eucaristici «*alludono* al corpo e al sangue del Signore»; la Santa Cena è una «*rammemorazione* di Gesù crocifisso»: in essa Cristo crocifisso è «presente in ispirito».

68. Su tutto ciò si veda il cap. XXVI dell'opera *Il papa-re*.

latela dedica alla storia del papato nel suo rapporto con il potere secolare, ma il senso ivi contenuto dovrebbe essere chiaro da quanto si è esposto. Forse uno dei limiti del volume è proprio qui, nel cercare una pedissequa convergenza tra storia e testi biblici. Problematico è anche il fatto che Taglialatela non citi mai le fonti bibliografiche, non solo per quanto riguarda l'ermeneutica biblica o le riflessioni teologiche, ma anche per quanto riguarda la storia europea. Soprattutto, va notata la mancanza di una sensibilità storico-critica nella trattazione dei testi biblici: nel 1901 (anno della stesura della prima edizione) e poi nel 1907 (data della prefazione alla seconda edizione) erano ormai abbastanza diffusi anche in Italia (almeno tra gli specialisti) i nuovi approcci storico-teologici, che però Taglialatela sembra non recepire, se non addirittura rifiutare;[69] se è vero che conobbe e lesse i lavori di Harnack (forse almeno *L'essenza del cristianesimo*, uscito in traduzione italiana nel 1903 e subito di grande impatto nel mondo accademico), è però significativo che non ne accolse la critica biblica, rimanendo in ciò un "conservatore".[70]

Il papa-re di Taglialatela ricevette attenzione anche da parte di qualche studioso dell'Italia laica, come Amedeo Crivellucci e soprattutto – per ciò che interessa qui – il già più volte evocato Baldassarre Labanca, storico del cristianesimo e delle religioni (tra i padri italiani di queste discipline). Nel suo *Il papato. Sua origine, sue lotte e vicende, suo avvenire: studio storico-scientifico* (1905) Labanca citava (come da metodologia seguita abitualmen-

69. Cfr. Iurato, *Pietro Taglialatela*, p. 140: «Il Taglialatela sembra quasi ignorare l'esistenza della nuova critica biblica e non tiene forse nel dovuto conto tendenze nuove negli studi teologici, che sembra anzi disprezzare».

70. Cfr. ivi, pp. 163-164: «Taglialatela non ignorava l'opera dello Harnack, alcuni scritti del quale, per es. *Das Wesen des Christentums*, [...] furono senza dubbio da lui letti con interesse. [...] Manca tuttavia nel Taglialatela quella critica delle fonti bibliche, che è caratteristica dello Harnack e della teologia liberale». Nella nota 88 (ivi), Iurato aggiunge che gli accenni di Taglialatela ad Harnack si trovano nei suoi scritti inediti antitrinitari, e che il filosofo avrebbe anche voluto scrivere un articolo sul tedesco, annunciato su «L'Evangelista», che però non gli è stato possibile rintracciare. Ho rinvenuto un articolo di Pietro Taglialatela su «L'Evangelista», del 1903 (anno della prima edizione italiana dell'*Essenza del cristianesimo* di Harnack), in cui il mondragonese esamina le concezioni di Harnack e Loisy sull'essenza del cristianesimo, riservando critiche a entrambe: la "formula" di Harnack (che restituisce come «Dio e l'anima, l'anima e il suo Dio»), scrive, non dà abbastanza spazio alla figura di Cristo; l'errore di quella di Loisy («Cristo nella Chiesa, e Dio in Cristo») sarebbe invece il ritenere che Cristo sia nella Chiesa *cattolica* (P. Taglialatela, *Due formole del cristianesimo*, in «Ev.», XV, 26 febbraio 1903, p. 2).

te nei suoi scritti) ampia bibliografia sull'argomento, e qui richiamava anche il testo di Taglialatela (ovviamente per quanto riguarda la prima edizione, del 1902). Labanca era anch'esso critico nei confronti della tesi di Pietro come successore di Cristo e del papa come successore di Pietro, e negava che in *Mt* 16,18-19 si potesse rinvenire l'istituzione del papato (il suo volume fu duramente attaccato dai gesuiti della «Civiltà Cattolica»),[71] ma riteneva errata anche la tesi protestante del papa come Anticristo. Concordava però con Taglialatela anche nel ritenere il papato una (almeno parziale) deviazione dal cristianesimo primitivo. Tuttavia, rivolgeva al filosofo campano la critica di essere incappato nello stesso «sbaglio de' cattolici, che vollero giustificare spesse volte la loro politica con passi della Bibbia, che non ci entravano punto».[72]

La battaglia contro il cattolicesimo cui Taglialatela dà forma organica con *Il papa-re* era una costante del suo pensiero: alla controversia dedicò molti articoli su periodici, soprattutto negli anni Novanta. Nel 1891 aveva dedicato un articolo in due parti proprio al papato, anticipando alcune tesi dell'opera maggiore successiva. Qui e altrove tornava la contrapposizione tra *cattolicesimo*, ossia "papismo", e *cristianesimo* (la forma evangelica).[73] L'«essenza» del primo è la «rappresentazione», scrive in un altro articolo:[74] il cattolicesimo ha la «forma» ma non lo «spirito» del cristianesimo, che proprio perché è «schiettamente spirituale», «sfugge a qualsiasi rappresentazione».[75] Il cattolicesimo è un «sistema di rappresentazioni»:[76] ombre o veli che impediscono al credente un reale contatto diretto con Dio. Le «rappresentazioni» sono maschere delle realtà rappresentate: «Il papa rappresenta la signoria di Dio almeno sopra la Chiesa, la Messa rappresenta il dramma del Calvario, la Confessione il tribunale di Cristo, e via di seguito».[77] La natura anticristica del papato veniva già affermata in

71. Cfr. *«Il papato» del prof. B. Labanca*, in «La Civiltà Cattolica», LVI/3 (1905), pp. 74-86 e 194-204.

72. B. Labanca, *Il papato. Sua origine, sue lotte e vicende, suo avvenire: studio storico-scientifico*, Torino, Bocca, 1905, p. 315, nota 1; qui scrive anche: «Il Taglialatela, protestante d'ingegno, poteva fare a meno di alcune applicazioni bibliche al Papato, che non hanno che vederci».

73. P. Taglialatela, *Il papa*, in «Ev.», III, 17 gennaio e 24 gennaio 1891.

74. Id., *Il cattolicismo in Italia*, in «Ev.», II, aprile 1890, pp. 25-26.

75. Id., *Disegno polemico contro il cattolicismo*, in «Ev.», II, luglio 1890, pp. 50-51

76. Id., *Ateismo cattolico*, in «Ev.», VII, 22 marzo 1895, pp. 89-90.

77. Id., *Il cattolicismo in Italia*, p. 25.

un articolo del 1890, tramite il rimando a *2Ts* e *Ap* (analizzati nel dettaglio nel *Papa-re*).[78] Il cattolicesimo "papista", infine, viene biasimato per il suo negativo influsso non solo sul piano spirituale, ma anche su quello politico: citando a supporto i machiavelliani *Discorsi sopra la prima Deca di Tito Livio* (I,XII), Taglialatela segnala il ruolo giocato, nei secoli, dallo Stato pontificio nel mantenimento della divisione tra gli Stati della penisola, e nella stessa serie di articoli torna a invocare – ancora nel 1896 – la realizzazione del "sogno protestante", auspicando il compimento del Risorgimento politico tramite una radicale riforma religiosa.[79]

Come si è accennato, *Il papa-re* si connette, oltre che agli scritti anticattolici di Taglialatela, anche a quelli antitrinitari. Il pensiero teologico del filosofo di Mondragone, infatti, nell'ultima fase approda a questa prospettiva, esposta sia in alcuni manoscritti inediti (probabilmente databili 1908-1910),[80] sia in tre articoli pubblicati nel 1908 sul periodico «Lumen de Lumine» (fondato dal figlio Alfredo), aspramente critici verso un volume del valdese (ex vetero-cattolico), "ecumenico" Ugo Janni (1865-1938),[81] un altro dei pensatori più importanti del protestantesimo italiano dell'epoca.[82] In questo senso, dunque, Taglialatela non si mostra "conservatore" come in altri campi. La posizione antitrinitaria sembra frutto di un'evoluzione, in Taglialatela, poiché dapprima egli sembrava affermare la consustanzialità tra Padre e Figlio (e Spirito): in un testo del 1888, infatti, scrive che «Gesù

78. Id., *Lettera aperta all'onorevole Giuseppe Toscanelli.*

79. Id., *L'indifferenza religiosa in Italia*, serie di quattro articoli in «Ev.», VIII, 7, 14 e 28 febbraio e 6 marzo 1896: la lunga citazione da Machiavelli si trova nel numero del 14 febbraio, p. 4; l'"appello" risorgimentale in quello del 6 marzo, p. 4.

80. Analizzati da Iurato, *Pietro Taglialatela*, pp. 156-164. Questi dovrebbero essere i materiali preparatori di un saggio che Taglialatela intendeva pubblicare a seguito del *Papa-re*, progetto che però non riuscì a portare a termine.

81. U. Janni, *Catechismo filosofico sulle fondamentali dottrine del Cristianesimo*, Firenze, Claudiana, 1907. Gli articoli di Taglialatela sono: *Il Catechismo filosofico di Ugo Janni*, in «Lumen de Lumine», IV, maggio 1908, pp. 153-154 (prima parte) e giugno 1908, pp. 193-195 (seconda parte); *Ancora del Catechismo filosofico*, ivi, luglio 1908, pp. 230-231. Janni rispose con l'articolo *Pro veritate. Risposta al Professore Pietro Taglialatela*, in «Rivista Cristiana», XXV (1908), pp. 394-401: qui sostenne la propria ortodossia, affermando che le posizioni di Taglialatela erano unitariane, per quanto riguarda la negazione delle persone divine, e ariane, nella cristologia.

82. Su Janni cfr. almeno C. Milaneschi, *Ugo Janni pioniere dell'ecumenismo*, Torino, Claudiana, 1979; A. Zussini, *Ugo Janni e i Modernisti*, in «Fonti e Documenti», 5-6 (1976-77), pp. 119-314.

Cristo è una sostanza col Padre e con lo Spirito Santo».[83] Ma negli ultimi scritti, la consustanzialità sembra negata: la concezione di Ario (che già veniva lodato nel *Papa-re*) viene qui definita «profondamente biblica», contro quella di Atanasio e dei concili ecumenici. Taglialatela intende basarsi solo sulle Scritture: nella sua lettura, in esse «Dio è Spirito infinito al di sopra e al di fuori di qualunque distinzione: non sono negate le tre Persone, ma la loro consustanzialità nell'Uno».[84] Secondo Taglialatela «la concezione trinitaria, di *persone* [dottrina niceno-costantinopolitana] o di *modi* coeterni e sostanziali [così interpretava la posizione di Janni], è intrinsecamente atea e pagana. Lo Spirito infinito è *Uno* o è nullo. È *Uno* nel Vangelo di Cristo. È nullo nel Vangelo dell'anticristo, cioè nel dogma niceno».[85] Nel dogma niceno sarebbe insita una «diabolica contradizione», la cui essenza non sta nelle tre Persone, ma «nella *consustanzialità* delle tre Persone»: è questa che «deve essere divelta».[86] Sul piano della cristologia, dunque, la seconda Persona è inferiore al Padre,[87] e l'incarnazione del Verbo è restituita come l'unione di questi direttamente con il corpo umano, nel quale si incarna; «Cristo è uomo, anima e corpo», e in esso «l'anima è il Verbo», che dunque prende il posto dell'anima umana: per Taglialatela la tesi di Janni – il Verbo si unisce a *tutto* l'uomo, anima e corpo – è ricavata dal Concilio di Calcedonia e dalla teologia di Tommaso d'Aquino e pertanto sarebbe parte dell'«apostasia cattolica», di «dottrine diaboliche statuite dalla gerarchia cattolica».[88]

Va segnalato il fatto che Taglialatela dovette probabilmente essere messo sotto investigazione dalla propria Chiesa di appartenenza, proprio per le idee espresse in questi articoli; in occasione della Conferenza Annuale dello stesso 1908, egli pronunciò la seguente dichiarazione: «Mentre riconosco che qualche recente mio scritto contiene espressioni che forse si prestano a interpretazioni non conformi alla dottrina della nostra Chiesa,

83. *"Non sii incredulo, anzi credente!"*, in Taglialatela, *Fede, Speranza e Carità*, p. 95. Questo testo è composto da «appunti di allocuzioni pronunciate in Foggia, nel 1888» (ivi, p. 100), poi riprodotti in «Ev.», XVI (1904), numeri del 30 giugno, 7 luglio e 14 luglio, con titoli differenti.

84. Così Iurato, *Pietro Taglialatela*, p. 160, che analizza il ms. *Apostasia cattolica. Forma della sana dottrina evangelica.*

85. Taglialatela, *Il Catechismo filosofico di Ugo Janni*, I, p. 154.

86. Ivi, II, p. 193.

87. Cfr. Iurato, *Pietro Taglialatela*, p. 161, sui manoscritti inediti.

88. Taglialatela, *Il Catechismo filosofico di Ugo Janni*, II, p. 195. Taglialatela sembra dunque qui adottare una cristologia secondo lo schema Logos-sarx (cfr. *infra*, nota 131).

sottoscrivo volentieri alla promessa richiesta dall'articolo 226 delle nostre discipline. *Li 22 giugno 1908. Pietro Taglialatela*».[89] L'articolo 226 delle *Dottrine e discipline*, nell'edizione del 1901 (allora in vigore), parla appunto del processo che la Conferenza svolge a carico di un membro che abbia professato dottrine contrarie agli Articoli di fede metodisti episcopali o comunque alle dottrine della Chiesa, e afferma che se questi si impegna a non diffonderle in pubblico o in privato, la sua sospensione può essere ritirata, in vista di un esame successivo.[90] Taglialatela, nella sua dichiarazione, si impegnò a seguire questa direttiva: potrebbe forse essere anche per questo che i suoi scritti sull'*apostasia cattolica*, decisamente antitrinitari, rimasero inediti.

In che modo Taglialatela pervenne all'antitrinitarismo? Sembrano condivisibili, sostanzialmente, le ipotesi di Iurato: da un lato, Taglialatela arrivò sempre più a vedere nel dogma trinitario il perno stesso della dottrina cattolica (come si è visto analizzando *Il papa-re*),[91] e dunque, opponendo egli "vero cristianesimo" a cattolicesimo (secondo la sua terminologia), era comprensibile che potesse muovere sempre più verso un rifiuto della dottrina niceno-costantinopolitana. D'altra parte, potrebbe aver giocato un ruolo anche l'influsso dell'Unitarismo americano: l'Unitarismo era assai diffuso negli Stati Uniti, proprio nel periodo in cui Taglialatela soggiornava lì (e dove probabilmente scrisse, almeno in parte, i suoi testi antitrinitari). Va inoltre considerato l'approccio "filosofico" alle dottrine religiose:[92] potremmo aggiungere che proprio quella "libertà nella speculazione dottrinale" che Taglialatela vedeva nel metodismo poteva fungere da spinta

89. Chiesa metodista episcopale, *XXVII sessione della Conferenza Annuale d'Italia, tenuta a Torino dal 17 al 22 giugno 1908*, Roma, Tip. La Speranza, 1908, p. 81; cfr. anche p. 19, *Caso di Pietro Taglialatela.*

90. Cfr. *Dottrine e disciplina della Chiesa metodista episcopale. Con appendice. 1900*, Roma, La Speranza, 1901, art. 226. Taglialatela, con le sue posizioni in tema di dottrina trinitaria e di cristologia, si era appunto mostrato "non conforme" ai primi due articoli di fede della Chiesa metodista episcopale.

91. Lo afferma anche in *Il Catechismo filosofico di Ugo Janni*, II, p. 193.

92. Su queste riflessioni di Iurato cfr. il suo *Pietro Taglialatela*, pp. 162-164. Non riesco però a condividere l'ultima ipotesi che egli espone, ossia quella di un possibile influsso anche della *teologia liberale* sulla dottrina (anti)trinitaria di Taglialatela, sia perché quella non comportava automaticamente l'unitarismo (debole mi pare infatti la spiegazione di Iurato che la teologia liberale aveva «la tendenza ad invalidare istituti o dogmi ritenuti fondamento indiscutibile delle chiese»), sia alla luce di quanto lo stesso Iurato opportunamente afferma riguardo lo scarso impatto che la *critica biblica* della teologia liberale ebbe su Taglialatela.

ad elaborazioni concettuali sempre più ardite.[93] L'ipotesi potrebbe essere sostanziata dal fatto che un altro "filosofo metodista", Enrico Caporali, compì lo stesso tipo di evoluzione verso le dottrine antitrinitarie.[94]

2. *Enrico Caporali: per un «Positivismo Cristiano»*

2.1. *Cenni biografici*

Enrico Caporali (1838-1918), come si intuisce già da alcuni episodi riportati in precedenza, è uno dei personaggi più peculiari e originali del protestantesimo italiano otto-novecentesco. Nonostante ciò, anch'egli è attualmente assai poco noto: se la bibliografia su Pietro Taglialatela è scarsa, quella su Caporali è pressoché inesistente.[95] Dai pochi lavori disponibili è possibile ricavare soprattutto qualche indicazione biografica (integrabile ovviamente con i dati d'archivio), ma quasi nessun commento è stato prodotto sui suoi testi storico-teologici (mentre un po' più di riscontro lo hanno avuto i suoi testi filosofici, "pitagorici" degli ultimi anni, che però esulano dai limiti di questa indagine). Sarà dunque particolarmente interessante portarli alla luce, dopo aver ripercorso brevemente la vita di Caporali.

Nato a Como, la sua formazione accademica comprende gli studi in legge a Padova e la pratica come avvocato, quindi si addottorò in storia e geografia a Bologna; approfondì anche matematica e scienze naturali ed economiche, anche tramite soggiorni in vari paesi europei. La sua prima opera pubblicata, del 1868, è un testo di economia politica sul sistema tributario italiano.[96] Il suo secondo, voluminoso lavoro è un'enciclopedia geografica, o meglio parte di essa: si tratta del primo volume di quella che avrebbe dovuto essere un'opera monumentale, ordinata alfabeticamente, e

93. Cfr. Taglialatela, *Il papa-re*, p. 54: «la nostra ragione è intrinsecamente libero esame».

94. Anche Iurato, *Pietro Taglialatela*, p. 163, nota 86, opportunamente, nota che Taglialatela conosceva Gaetano Conte ed Enrico Caporali, entrambi pastori metodisti episcopali e poi membri di gruppi unitariani (l'Associazione italiana dei liberi credenti, fondata nel 1912 da Conte, che ottenne il supporto di personalità quali Labanca e Romolo Murri).

95. Si vedano G.B. Furiozzi, *Enrico Caporali tra politica, religione e filosofia*, in *Il metodismo italiano*, pp. 79-90; L. Pilone, Enrico Caporali, in *Dizionario Biografico dei Protestanti in Italia*, <http://www.studivaldesi.org/dizionario/evan_det.php?secolo=XIX&evan_id=413>; Gangale, *Revival*, pp. 56-60; Spini, *Italia liberale*, *passim*.

96. E. Caporali, *La question* [*sic*] *sociale del sistema tributario in Italia. Studj sulla base dei documenti ufficiali*, Bassano, Baseggio, 1868.

che avrebbe dovuto comprendere tematiche non solo geografiche, ma anche storiche, archeologiche, filosofiche, politiche. Il testo, edito nel 1873,[97] ricevette accoglienza molto positiva, meritandosi ad esempio gli elogi di Quintino Sella e Orazio Antinori.

A questo punto gli interessi di Caporali si mossero sempre più verso il campo teologico. Non è chiaro né quando né come, esattamente, sia entrato in contatto con il metodismo; un'ipotesi plausibile è che abbia avuto rapporti con ambienti evangelici in occasione dei suoi viaggi all'estero.[98] Comunque, nell'ottobre 1875[99] fu assunto in prova dalla Chiesa metodista episcopale, a Milano, come "evangelista", e nella primavera del 1876 fu inviato a predicare a Perugia.[100] Qui la sua opera culturale (conferenze) e pastorale ebbe un certo successo, con un consistente aumento dei membri della chiesa locale, cosa che contribuì a suscitare degli attacchi da parte cattolica (vescovo di Perugia era all'epoca Gioacchino Pecci, dal 1878 papa Leone XIII). Compiuto il periodo di prova, nel marzo 1879 (in occasione della Conferenza tenutasi a Terni) Caporali venne ordinato diacono[101] (primo grado del ministero nel metodismo episcopale).[102] Dal 1878 collaborava con il periodico della Chiesa, «La Fiaccola», appena fondato; nel 1880 pubblicò la traduzione di un commentario a *Romani* di Daniel Whedon.[103] Ma già nel 1875 aveva dato alle stampe quella che sembra la sua prima pubblicazione "protestante" (utile anche per ragionare sulla cronologia della sua "conversione"):[104] la tradu-

97. E. Caporali, *Geografia enciclopedica rispondente al bisogno degl'Italiani ordinata alfabeticamente*, Milano, Tip. Dante Alighieri, 1873.

98. Così Furiozzi, *Enrico Caporali*, p. 80; Spini, *Italia liberale*, p. 201.

99. Così Furiozzi, *Enrico Caporali* e Spini, *Italia liberale*, ma [Taglialatela,] *Cenni storici*, p. 10, nomina Caporali come già presente alla Conferenza Distrettuale tenutasi a Milano il 1° luglio 1875, e lo conteggia tra i «predicatori locali».

100. Cfr. MSAR, 1876, p. 130: Caporali risulta assegnato a Perugia (questo è il primo *Annual Report* dove figura).

101. Cfr. *Conferenza Distrettuale*, in «La Fiaccola», II, marzo 1879, pp. 176-177.

102. Nel metodismo episcopale vi erano due ordini, il diacono e l'anziano; il secondo, a differenza del primo, poteva amministrare non solo il battesimo ma anche l'eucaristia, e in generale adempiva tutti gli uffici del ministero. Un predicatore locale poteva essere laico od ordinato: dopo quattro anni di attività, era eleggibile all'ordine di diacono. Su ciò cfr. C.M. Ferreri, *Il Metodismo Episcopale*, s.l., s.d. (ma Roma, 1909), pp. 81-82; cfr. anche N.B. Harmon, *Deacon*, in *The Encyclopedia of World Methodism*, I, pp. 639-640; Id., *Ministry, American Methodist*, ivi, II, pp. 1622-1625.

103. Whedon, *Il pensiero di San Paolo*.

104. La *Prefazione* di Caporali a questo lavoro è datata maggio 1875 e mostra già ammirazione per il protestantesimo, in particolare britannico.

zione (non integrale) di alcune lettere pubblicate poco prima a Londra da un ex sacerdote cattolico, convertitosi.[105]

Nel 1881[106] Caporali si trasferì da Perugia a Todi, come ministro in quella località. Successivamente deve aver ottenuto anche la consacrazione a pastore.[107] Qui il suo rapporto con la Chiesa episcopale iniziò però a farsi più problematico, o quantomeno peculiare. Se a Perugia aveva portato avanti, peraltro con successo, l'attività pastorale, a Todi sembrava perlopiù concentrarsi sulla speculazione; nelle statistiche pubblicate negli *Annual Reports* si riscontra lo strano caso di una comunità, Todi, senza membri di chiesa e composta dal solo pastore![108] Non a caso, dal 1884 Todi scompariva dai Rapporti,[109] e il compito di Caporali risultava essere quello di «editor» della rivista «La Nuova Scienza» (1884-1892),[110] della quale si è già parlato nel capitolo precedente: era ufficialmente promossa e finanziata dalla Chiesa, i cui dirigenti avrebbero voluto che divenisse una valida rivista teologica metodista, ma in realtà Caporali ne fece un personale organo di diffusione delle proprie speculazioni filosofiche, ormai orientate su un pitagorismo "modernizzato" dalla compenetrazione con positivismo (ma un positivismo *sui generis*, non meramente empirista),[111] filosofia politica e altri spunti (sua ambizione era costruire un sistema filosofico organico che partisse dal principio del «numero reale»). Il mondo culturale

105. *Conversione a Cristo di un prete cattolico, morto nell'agosto 1874 in Nuova-York. Lettere confidenziali pubblicate nel febbraio 1875 in Londra. Versione italiana del Dott. Enrico Caporali*, a cura di E. Caporali, Roma-Firenze, Claudiana, 1875.

106. Come correttamente riporta Furiozzi, *Enrico Caporali*, p. 82, e non nel 1882 come a volte indicato; cfr. MSAR, 1881, dove Caporali risulta già assegnato a Todi.

107. Nell'*Annual Report* (MSAR) del 1882 risulta a Todi come «Unordained Preacher»; nel 1883, come «Ordained». In realtà, il ruolo di diacono era già un ordine; si dovrà forse intendere la specificazione come relativa all'ordinazione ad *anziano* ossia pastore o ministro itinerante (elezione possibile dopo quattro anni di diaconato e appositi esami).

108. Cfr. MSAR, 1882 e 1883.

109. Da quelli americani, anche se in Italia continuava a risultare: nei resoconti pubblicati su «La Fiaccola» Caporali continuava a figurare come ministro assegnato a Todi. Cfr. «La Fiaccola», VI, 8 marzo 1884, p. 39; ivi, VII, 25 aprile 1885, pp. 66-67; ivi, 2 maggio 1885, pp. 71-72; ivi, VIII, 16 maggio 1886, p. 68 (sulla Conferenza Annuale) e 10 luglio 1886, p. 8 (Caporali ancora designato a Todi); ivi, IX, maggio 1887, p. 2: risulta designato a Perugia (con Stasio); ivi, X, aprile 1888, p. 1: non risulta assegnato ad alcuna località, ma figura nell'elenco degli incarichi come «direttore della *Nuova Scienza*».

110. La rivista ebbe l'approvazione e il finanziamento della Chiesa fino al 1889. Oltre a quanto scritto *supra*, cfr. Furiozzi, *Enrico Caporali*, pp. 82-85, e Spini, *Italia liberale*, pp. 202-203.

111. Egli lo definì «positivismo armonico» (cfr. Furiozzi, *Enrico Caporali*, p. 90).

italiano tributò elogi alla rivista di Caporali, e a questi fu offerta la cattedra di filosofia nell'Università di Bologna, nel 1885: ma Caporali declinò l'invito, motivando principalmente la sua scelta con il desiderio di mantenere la propria indipendenza e libertà intellettuale.

Nonostante tutto, Caporali continuava a figurare negli elenchi della Chiesa metodista (e a ricevere stipendio e finanziamenti da questa), sebbene i suoi unici incarichi ufficiali fossero quello nella rivista e quello generico di membro della Perugia Quarterly Conference. Questa situazione, tollerata da Vernon, non lo fu da Burt: quando questi prese in carico l'intera missione italiana (1888-89), interruppe i finanziamenti a «La Nuova Scienza» e destinò Caporali a Melfi, in Lucania. Caporali rifiutò il trasferimento, e uscì dalla Chiesa metodista episcopale, dopo circa un quindicennio.[112]

A questo punto Caporali si ritirò, quasi in totale solitudine, in una villetta in campagna presso Todi; sembra che non ebbe più relazioni, nemmeno epistolari, con i metodisti.[113] Dal 1905 riprese però gli studi filosofici, e in seguito pubblicò ulteriori volumi, soprattutto sul pitagorismo.[114] È importante ricordare che nel 1913 collaborò alla rivista «La Riforma Italiana», fondata l'anno precedente dal già citato ex metodista episcopale Gaetano Conte, tornato dagli Stati Uniti e divenuto unitariano (nel 1911 aveva lasciato la Chiesa metodista); la rivista nasceva come «Bollettino dell'Associazione Italiana di Liberi Credenti», alla quale aderirono anche Alessandro Chiappelli, Romolo Murri e altre personalità della cultura italiana. È interessante notare questo approdo antitrinitario di Caporali, simile a quello di Taglialatela, sebbene non del tutto identico: a giudizio di Spini, Taglialatela giunse all'antitrinitarismo in base a una interpretazione delle Scritture, mentre «in Enrico Caporali dello scritturalismo protestante non c'è praticamente nulla».[115] Si potrebbe forse dire allora che il suo antitrinitarismo era di origine prevalentemente filosofica. Certo, come si è detto, Taglialatela e Caporali sembrano accomunati dal fascino per un metodismo visto come "libertà dal dogma", da una fascinazione *filosofica*

112. Cfr. *supra*, cap. 2, per i dettagli sulla decisione sulla rivista e sull'abbandono di Caporali.

113. Così Furiozzi, *Enrico Caporali*, p. 86.

114. E. Caporali, *Epitome di Filosofia italica della nuova scienza. Vademecum delle persone colte che vogliono diventare filosoficamente italiane*, Spoleto, Tip. dell'Umbria, 1911; Id., *La natura secondo Pitagora*, Todi, Atanor, 1914; Id., *L'uomo secondo Pitagora*, Todi, Atanor, 1915; Id., *Il pitagorismo confrontato con le altre scuole*, Todi, Atanor, 1916.

115. Spini, *Italia liberale*, p. 203.

per i movimenti non rigidamente dogmatici: ed è proprio questa prospettiva filosofica che può aver giocato un ruolo nel condurre entrambi a idee unitariane (senza negare la possibile prevalenza di una ragione esegetica in Taglialatela). Comunque, la collaborazione di Caporali alla rivista di Conte cessò presto, forse perché nella redazione di questa stava nel frattempo acquisendo sempre più importanza Romolo Murri.[116] Contro lo stesso Murri Caporali pubblicò un opuscolo, nel 1916.[117] Ritiratosi sempre più in solitudine, Caporali morì nel suo villino, il 19 febbraio 1918, asfissiato a causa di un incendio.

2.2. *Metodismo e positivismo*

È possibile affrontare ora l'analisi del pensiero teologico-filosofico di Caporali, attraverso i suoi scritti; in questa sede è opportuno concentrarsi sul suo "periodo metodista", dovendo dunque tralasciare i testi economico-politici giovanili o le speculazioni filosofiche pitagoriche degli ultimi anni. La fonte più fruttuosa per l'indagine è costituita dagli articoli (mai, finora, analizzati dalla storiografia) che Caporali pubblicò sul periodico «La Fiaccola», negli anni 1878-1883: qui è possibile trovare davvero l'esposizione delle concezioni di Caporali.

Per capire, anzitutto, come Caporali vedeva il metodismo, occorre fare riferimento a un articolo cui si è già accennato, intitolato *Metodismo e Positivismo*. Il titolo rappresenta già una sorta di manifesto programmatico della speculazione di Caporali, che qui, oltre al progetto filosofico-religioso, mostra le sue preferenze per determinate tradizioni protestanti. Fin dalle prime righe esplicita la sua preferenza per le tradizioni non rigidamente dogmatiche[118] e non predestinazioniste, in particolare pietismo, arminianesimo e metodismo. Egli vede appunto il metodismo come «la fusione della *Protesta contro il Luteranismo* dei Pietisti tedeschi 1670, con la *Protesta contro il Calvinismo* dei Rimostranti di Dordrecht 1618»; più precisamente, «I Pieti-

116. Cfr. Furiozzi, *Enrico Caporali*, p. 88.

117. E. Caporali, *La chiara religione degli anticlericali italiani confrontata con la nebbiosa tedesca di Romolo Murri (della pubblica opinione moderatore)*, Todi, Tip. Tuderte, 1916.

118. E per gli individui che hanno manifestato prospettive affini, «come Bunyan, che nel 1650 fugge la rete dei Credi e delle Confessioni e rivendica il profondo sentimento di Dio nel *Pilgrim's Progress*» (E. Caporali, *Metodismo e Positivismo*, in «La Fiaccola», IV, marzo 1882, pp. 44-46, qui p. 44; da questo articolo le citazioni che seguono, facilmente rintracciabili anche senza indicare la paginazione).

sti e Fratelli Moravi fornirono *l'elemento morale*, la fede, la volontà, la vita in Dio; i Rimostranti di Dordrecht l'*elemento intellettuale*, la dottrina dogmatica. Il *terzo elemento* (da cui gli venne il nome) fu il *metodo proprio di Wesley*, la regolarità della vita individuale e sociale intenta al sopranaturale, *non contemplativa e quietista, anzi attiva, operosa, instancabile*». Il metodismo rappresenta dunque per Caporali la "migliore" delle confessioni cristiane; dalla sua prospettiva, è quasi problematico inserirlo tra le "confessioni protestanti", poiché a suo avviso «poco o nulla gli [al metodismo] resta del Protestantismo al quale sta quasi nel rapporto in cui il Cristianesimo stava al Giudaismo». Il giudizio di Caporali è, da un punto di vista storico, troppo radicale, ma fa comprendere bene la sua posizione. Egli lo approfondisce indicando una serie di «radicali differenze fra Metodisti e Protestanti», in sette punti: concezione di Dio, dell'uomo, della fede, delle opere, rapporto teologia-filosofia, e infine ecclesiologia e storia. Emerge chiaramente che gran parte delle critiche di Caporali si appunta sulle dottrine predestinazioniste: per questo, a suo avviso «il Dio Protestante» è «arbitrio dispotico», è «un Essere Crudele» che condanna o salva senza ragione o merito, mentre quello metodista è giustizia e bontà, poiché offre a ogni uomo la «grazia sufficiente». Così, in antropologia teologica, l'uomo è per il metodismo responsabile di ogni suo atto, e può cambiare la sua condizione, mentre nel protestantesimo sarebbe un «meccanismo [...] predestinato» che non ha potere sul proprio destino. Per quanto riguarda la concezione della fede, l'accento è sull'antidogmatismo; nelle originarie disposizioni di Wesley, ricorda Caporali, per entrare nelle società metodiste «non è richiesta adesione ad alcuna formola dogmatica». Wesley avrebbe allora colto «la parte vera e sempre giovane della Religione»,[119] la fede come qualcosa di vivo, dinamico, pratico, rigenerante, agente nell'interiorità. Il concetto di "fede" torna nella trattazione della questione delle "opere": per Caporali, la «vera fede [...] non è cognizione di dogmi, ma *vita inconscia* che spinge ad operare», e questo si riscontrerebbe appunto nella teologia di Wesley, che non svaluta le opere. Importantissima, e già più volte citata, è un'affermazione di Caporali sul rapporto religione-filosofia: proprio la dimensione non-dogmatica farebbe sì che «il Metodismo per i suoi dogmi liberali non osteggia lo sviluppo della fi-

119. Qui Caporali rimanda a un altro suo articolo, *L'eterna gioventù della vera religione*, in «La Fiaccola», IV, gennaio 1882, pp. 1-7, in particolare p. 7; lì si legge peraltro una sua definizione di "fede": «la *fede è la partecipazione umana alla fusione della libertà e della necessità in Dio*».

losofia e della teologia». Come già a Pietro Taglialatela, il metodismo appare al "collega" filosofo Enrico Caporali come una confessione che lascia libertà alla speculazione teologico-filosofica: dunque la non-rigidità dogmatica viene vista non come *freno* alla speculazione ("accontentarsi" della sufficienza del Vangelo), ma proprio come ciò che più la stimola. Così, la critica a certi dogmi cattolici (transustanziazione) o cristiani (Trinità) non conduce a uno scritturalismo esclusivamente "decostruttivo", ma alla ricerca di *diverse*, alternative forme di elaborazione concettuale. Tornando alla comparazione proposta da Caporali, se il metodismo – scrive – lascia libertà speculativa, non così avviene in altre denominazioni protestanti: «Il Protestantismo scomunica volentieri», e per questo si crea «divorzio fra Pastori e popolo, fra teologia e filosofia».

Per quanto riguarda l'ecclesiologia, Caporali loda l'organizzazione metodista delle «classi», che fa sì – a suo avviso – che l'individuo sia sempre seguito, rinfrancato, esortato, che non perda la fede e la grazia:[120] in ciò Caporali vede il metodismo come più vicino alla Chiesa primitiva; le «grandi Chiese Protestanti», invece, in genere «si curano poco dell'individuo». L'ultimo punto, infine, è la trattazione storica: qui Caporali scrive che il metodismo si distingue dalle altre Chiese protestanti per «il senso democratico, il senso storico, la mitezza e l'attività missionaria». In tale contesto parla ad esempio delle lotte contro la schiavitù e la discriminazione razziale.

Le conclusioni affrontano più direttamente la questione evocata nel titolo dell'articolo. Dopo aver tirato le fila della riflessione sui rapporti tra metodismo e protestantesimo, indicando in che misura il metodismo sarebbe protestante e in quale invece sarebbe «antiprotestante»[121] (!), Caporali passa al tema del *positivismo*: a suo avviso un altro carattere del metodismo sarebbe infatti proprio «il *Positivismo*». Wesley, scrive, «fu il Positivista della Repubblica Cristiana, rendendo regolare la vita cristiana, intenta alla fede pratica ed al Regno di Dio». L'organizzazione e la dimensione pratica del metodismo lo rendono dunque agli occhi di Caporali l'equivalente religioso di ciò che il positivismo è in campo filosofico e socio-politico.

120. «La classe è la cellula vitale [...] del Metodismo: è il perpetuo mutuo soccorso portato nella religione» (Caporali, *Metodismo e Positivismo*).

121. «Se si può dir Protestante perché ha per base la Bibbia e protesta contro la gerarchia papale, il Metodismo dunque è Antiprotestante nelle dottrine, nei costumi, e nella vita».

Dunque, continua il filosofo, il metodismo in Italia dovrà rivolgersi alla «classe pensante», per attuare una vera «rivoluzione» religiosa e non solo; a tal fine, avrà bisogno di una «teologia più elevata» rispetto a commentari, inni, biografie, sermoni. C'è bisogno di «una dottrina rispondente alle cognizioni scientifiche odierne, [...] di una filosofia positiva non gretta come quella di Comte e Spencer, ma larga, generosa, pratica, moralizzatrice, e pia, *quale deve sorgere dal carattere eminentemente positivo, pratico e religioso del Metodismo*». Come Taglialatela, Caporali propone un'"alleanza" tra religione e filosofia, ma in senso diverso dal giobertiano collega. E come i missionari americani, Caporali auspica una riforma religiosa, morale e sociale dell'Italia, alla quale il metodismo deve contribuire, e conquistando prevalentemente la «classe pensante» – ma diversamente da loro, ritiene che ciò vada perseguito attraverso una «filosofia positiva» innervata dalla fede metodista. Un progetto ambizioso e originale, ma anche di difficile realizzazione. La sua stessa visione del metodismo come una sorta di equivalente religioso della filosofia positivista, e soprattutto come una confessione *altra* dal protestantesimo – nel migliore dei casi definibile *meta-protestante* – doveva destare qualche perplessità nei suoi colleghi del corpo pastorale metodista (si ricordi il giudizio tagliente di Silvio Stazi, citato nel capitolo precedente), sebbene Caporali manifestasse un indubbio entusiasmo per il metodismo (o almeno per ciò che lui concepiva come tale), che raggiungeva perfino toni enfatici.[122]

La «teologia più elevata» di cui parlava Caporali, nascente dalla fusione di metodismo e positivismo, egli la propose in altri testi: esemplare è in tal senso l'articolo *Il Dio trino del Positivismo*.[123] Qui emerge la *teologia* di Caporali, la sua proposta teologica originale; l'articolo è interessante anche perché, come spesso accade, Caporali cita direttamente le fonti (bibliche, patristiche, scolastiche, filosofiche), a differenza di Pietro Taglialatela. Caporali parte dall'elenco di una serie di concezioni errate, a suo dire, della dottrina trinitaria, affinché emerga poi quella "corretta": la «via positiva, biblica, logica e coerente» (p. 90). Dottrine errate sarebbero il sa-

122. La conclusione dell'articolo *Metodismo e Positivismo* recita: «Le due potenze dell'avvenire sono: *il Metodismo nella religione*, perché porta il vero metodo del Cristianesimo, e *il Positivismo nella scienza*, perché porta il vero metodo del sapere. Associandoli si avrà la sacra falange per guidare l'umanità ai suoi più alti destini».

123. E. Caporali, *Il Dio trino del Positivismo*, in «La Fiaccola», IV, giugno 1882, pp. 89-100. Per non appesantire le note, qui e oltre citerò nel corpo del testo i riferimenti alla paginazione degli articoli di Caporali.

bellianismo, l'unitarismo (che negano «la reale differenza fra le tre persone»), l'arianesimo, il materialismo, ma anche «l'esagerazione Nicena, che esclude la subordinazione del Figlio al Padre» e «conduce al triteismo». Si evince dunque che in questa fase Caporali non è ancora unitariano, ma trinitario, anche se la sua è una concezione subordinazionista. Tra gli altri "errori", «le ipotesi fataliste di Agostino»;[124] le dottrine dei concili successivi al Niceno; «il sabellianismo di Giovanni Damasceno, che nega la personalità della natura umana di Gesù Cristo»; «tutti gli errori del Medio Evo» (ossia la perdita della centralità di Cristo come unico Mediatore); il tomismo (visto come sviluppo della teologia del Damasceno); il protestantesimo, visto come «fusione d'Agostino col Damasceno», ove il Mediatore sarebbe riconquistato «irrazionalmente col solo sentimento» e si avrebbe una «servitù fatalista»; il razionalismo o «Panteismo antitrinitario»; la dottrina di Hegel. Sostanzialmente, Caporali reputa errate praticamente tutte le dottrine trinitarie sviluppate dal II secolo in poi (ma, significativamente, qui *non* cita Origene). Caporali spiega poi quale deve essere il «metodo» da seguire: quello scientifico di Galileo, Kant, Pasteur, Naville (non quello che ritiene il "falso" positivismo empirista di Comte); osservazione dei fatti, ipotesi delle cause e delle leggi, e infine verifica. La fase dell'ipotesi non deve basarsi solo sul dato empirico («badiamo di non confondere il Positivismo con l'Empirismo», p. 91): occorre risalire più indietro e indagare «come le sensazioni e le idee si sono formate». Dopo Kant, la scienza è divenuta «critica e positiva», ossia «non considerò adottabili se non quelle ipotesi che sono suggerite dall'osservazione sperimentale criticata [...] e verificate dall'armonica spiegazione che offrono di tutti i fatti e di tutte le difficoltà». Questo cappello introduttivo serve per giungere all'affermazione che «anche la Trinità non è fondabile ormai se non *nella filosofia positiva*»; «cerchiamo le vere basi della teologia nelle scienze positive» e l'edificio teologico che ne sorgerà sarà solido, proclama Caporali. A questo punto il filosofo passa ad analizzare il rapporto tra Dio e mondo (da lui definito «il problema più arduo della filosofia e della teologia»), i rapporti interni tra le tre Persone divine, e le «prove» della Trinità.

Per quanto riguarda il primo punto, secondo Caporali Dio «è trascendente senza cessare di essere immanente nel mondo»; è presente ovunque,

124. Più nel dettaglio: «Le ipotesi fataliste di Agostino, che fanno incarnare in M. V. tentare, patire e morire anche il Padre e lo Spirito Santo». Forse Caporali intende qui criticare la *relazionalità* delle Persone divine teorizzata da Agostino.

«fin nell'ultimo atomo dell'universo», ma non si identifica con le cose (queste non sono soltanto suoi «stati»). Caporali descrive poi la creazione in questi termini. Dio, sostanza assoluta, ha due attributi, «volontà» e «pensiero» (o «ragione»):[125] il primo «forma il substrato reale dell'Universo», il secondo forma «la sua determinazione», ossia «l'intreccio degli scopi e dei mezzi a cui si dirigono le forze della volontà». Nella creazione, l'Assoluto crea il condizionato «contrapponendo alla propria unità il molteplice degli atomi e delle idee». La «volontà originaria» crea la «volontà cieca», cioè «punti di forze, atomi» infiniti che lottano tra loro, dando origine alla materia. La ragione divina invece determina gli scopi, fornisce leggi, e da qui si struttura il cosmo, la natura, «da cui traspira l'idea del bello, dell'ordine e dell'armonia teleologica» (concezione che in Caporali non era solo un'eco del creazionismo cristiano ontoteologizzante, ma anche dell'armonia pitagorica, sulla quale insisterà negli anni successivi). «La teleologia è il mondo delle idee di Dio, che sono modelli e cause finali» e dirigono le forze cieche. La creazione divina è libera, o più precisamente, in Dio libertà e necessità coincidono (a differenza che nell'uomo): «anzi la necessità è la forma razionale della libera attività divina». Nella conclusione del paragrafo, Caporali afferma che «il nostro Dio è più libero e più vitale che quello dei filosofi antichi e moderni» (cita Aristotele, Platone, Filone, Leibniz, Schelling, Hegel): «è il Dio biblico, in cui la libertà assoluta, la vita, l'attività, l'onnipotenza e la coscienza concentrate, irradiano, abbagliando l'ardito contemplatore: è quel "Dio di maestà tremenda" di cui parla Giobbe, 37,22» (p. 92). Si noti la giustapposizione delle due prospettive già descritte analizzando Taglialatela (ottimismo/pessimismo, origenismo/agostinismo): dopo aver esposto una dottrina teologico-filosofica della creazione che sembrava unire motivi presocratici, biblici, e della scienza moderna (davvero una "ardita contemplazione" della natura, della volontà e dell'azione divina), Caporali chiude con un'affermazione sul Dio la cui libertà e onnipotenza abbagliano chi vuole comprenderlo, e con una citazione sul Dio di «maestà tremenda» – affermazioni che avrebbero potuto figurare nel *Sacro* di Rudolf Otto.

Ma la dialettica tra il filosofo positivista che indaga arditamente le profondità divine e il fedele (evangelico) atterrito dalla ineffabile maestà

125. Qui Caporali cita Ireneo – il quale «dice che la volontà di Dio è la sostanza del mondo» (*Adversus haereses* II,30,9) – e presenta la propria concezione come "più esatta" di quella del vescovo di Lione.

di Dio prosegue, tornando al primo elemento, per affrontare il tema del rapporto tra le tre Persone divine. «Proseguiamo [...], entriamo nel pensiero e nella coscienza di Dio», proclama Caporali. Qui il Figlio è definito «coeterno e consustanziale» al Padre; lo Spirito Santo procede dal Padre e dal Figlio; i tre hanno «stessa identica natura», dunque si deve parlare di «uno spirito in tre persone». Ma, prosegue, «la Bibbia ci dice che il Figlio è inferiore al Padre» (p. 93): anche se è «primogenito di ogni creatura» e in lui «sono state create tutte le cose» (*Col* 1,15-16), «non si può dire che sia come il Padre né l'infinito, né l'assoluto nella loro trascendenza. Lo Spirito Santo lo è ancor meno». Non è del tutto chiaro come ciò si sposi con la consustanzialità; comunque è evidente che Caporali propone una concezione subordinazionista (origeniana?) della Trinità, delle tre Persone. Perché, secondo Caporali, il Figlio è inferiore al Padre?

> Perché *ci amò tanto intimamente fino dal principio, che preferì alla Trascendenza l'Immanenza* ed assunse fin dal principio la persona umana *tipica* (da lui creata) alla divinità, facendosi il prototipo e la causa finale dell'umanità. Non assunse allora l'intera natura umana, perché gli mancava il corpo [...]; ma quando fu concepito dalla vergine davidica, allora Dio si fece veramente uomo, [...] si annichilì [*Fil* 2,6]. "Avanti che fosse Abramo io Sono" [*Gv* 8,58]. Chi? Io, Figlio di Dio e Figliuol dell'Uomo insieme, non già il Verbo divino senza il pensare, il sentire, il volere umano.

L'Incarnazione, sembra di capire, è per Caporali non solo predisposta *ab aeterno*, ma anche *realizzata* «fin dal principio», almeno per quanto riguarda l'unione con la «persona umana *tipica*», ossia non con il *corpo* umano, ma con una persona umana prototipica: con ciò sembra si intenda la persona tipica, specifica, di Cristo (come più chiaramente afferma poco oltre). La scelta del Figlio è totalmente libera («preferì [...] l'Immanenza»), e il non rimanere nella trascendenza sarebbe ciò che configura la sua inferiorità rispetto al Padre. «La personalità divina fin dal principio era immanente nella persona umana tipica», e tale concezione è ciò che Caporali stesso presenta come il discrimine con la teoria cattolica dell'Incarnazione (per Caporali il Verbo si unì con la *persona* umana, non solo con la *natura*).[126] In conclusione di questa trattazione, Caporali riprende ed esplicita la sua tesi: «La ragione per cui Cristo è inferiore al Padre è questa, ch'Egli non è trascendente come il Padre, ma immanente nelle creature

126. Cfr. la critica a Tommaso d'Aquino in *Lo sviluppo arbitrario ed incoerente della Trinità*, in «La Fiaccola», IV, marzo 1882, pp. 33-42, in partic. p. 38.

umane che in lui credono, e perché *si è identificato con la persona umana tipica sua propria di Redentore e Mediatore, fin dal principio*» (p. 94). In una formula, si potrebbe dire che per Caporali il Figlio è inferiore al Padre *perché si è incarnato*. Come si evince meglio da un altro articolo,[127] per Caporali la dottrina trinitaria sviluppatasi da Nicea in poi, facendo di Cristo il «vero Dio» (perdendo dunque da un lato la *personalità* umana, dall'altro la subordinazione al Padre), avrebbe condotto alla dismissione della sua qualifica di Mediatore salvifico, con la conseguenza dello sviluppo di altri "mediatori": il papa, i santi, la Madonna, le reliquie, la gerarchia. Qui, sembra, si situa il fulcro della sua critica.

Lo Spirito Santo, infine, è per Caporali anch'esso «persona», ed «emana dal Padre e da Cristo» (p. 94); è inoltre il «principio santificante», «ordinatore» e «unificatore» dell'umanità. Come si è detto, però, è ritenuto inferiore al Padre e al Figlio.

A questo punto Caporali passa a trattare le «prove» della Trinità, divise in prove fornite dalle «scienze fisiche», da quelle «biologiche», da quelle «storiche», e dalla Bibbia. In realtà, spiega, «anima intima» di tutte le scienze è la «teleologia», dunque – poiché «Cristo è lo scopo supremo del nostro mondo», cui sono subordinati gli altri, e perciò il rapporto Dio-mondo e quello tra le Persone divine si fondano sulla teleologia – se sarà dimostrato ciò si avranno «prove sicure» della Trinità, e nella Bibbia si dovranno cercare solo «le verità più alte, alle quali le scienze sperimentali non arrivano» (p. 95). In sintesi, il percorso di Caporali dai «fenomeni» alle loro cause risale ad una «Causa Unica» che è la «ragione divina», la quale determina e armonizza teleologicamente le leggi naturali. L'importante sarebbe non cadere nel meccanicismo e non negare il «soffio vitale», la «virtualità organizzatrice della teleologia divina». Questa teleologia divina è per Caporali evidente sia nelle leggi fisiche che in quelle biologiche, orientate dalle cause finali. Anche la considerazione delle «scienze storiche» si incentra sull'idea di scopo o finalità: scopo supremo dell'umanità e del cosmo, scrive Caporali, è «l'*idea del bene*» (come già «disse Platone nel *Timeo*»), e questa (insieme alle idee di giustizia, libertà eccetera) si sarebbe sviluppata nell'umanità grazie all'influsso del cristianesimo, a partire dalla «rivelazione» di Gesù Cristo. «Poiché dunque in Cristo si realizza l'idea del bene assoluto [...], poiché l'umanità progredì in proporzione della sua fiducia in Cristo e della sua imitazione ed obbedienza ai dolci precetti di

127. Ivi, pp. 36-37.

Cristo, la scienza della storia ci conduce a riconoscere in Gesù Cristo la ragione e lo scopo finale del mondo» (p. 97). Le ultime «prove» sono quelle bibliche: qui Caporali cita una serie di passi vetero e neotestamentari che proverebbero, ad esempio, la divinità di Cristo (ovviamente tratti in particolare da *Gv*), l'inferiorità del Figlio rispetto al Padre, la sua funzione di Mediatore. Gli elementi più interessanti di questo paragrafo sono il brevissimo "commento" di Caporali al Prologo di *Giovanni*, con l'affermazione che lì «Logos» non va tradotto "Parola" o "Verbo" ma «Ragione», da intendere come «causa finale del mondo» (p. 99) – e qui pare potersi rintracciare un elemento originale della cristologia di Caporali; e la tesi che «Cristo era persona Divina ed Umana nel V.T.», in favore della quale si citano passi come *Gn* 1,2, così interpretato: «"Lo spirito di Dio si muoveva sulla faccia delle acque" (cioè la seconda persona della Trinità, causa finale del Pianeta, promoveva l'evoluzione cosmica delle materie ancor fluide)» (qui sembra che Caporali sovrapponga o sostituisca il Figlio allo Spirito), oppure *Gn* 22,15, *Es* 3,2 e tutti i passi dove si parla dell'«Angelo del Signore», che per Caporali «era Cristo stesso, Persona divina ed umana tipica» (p. 98). Queste affermazioni di Caporali riecheggiano concezioni cristologiche arcaiche, diffuse nei primi due secoli del cristianesimo.[128]

L'articolo si chiude con un paragrafo, intitolato *Applicazione*, ove Caporali afferma che la concezione teologica da lui esposta («la Trinità biblica e positiva») potrà essere accettata dal «Positivismo Cristiano» e potrà contribuire al «Cristianesimo rinnovato» necessario per la riforma spirituale degli italiani (pp. 99-100). Qui Caporali inserisce anche un riferimento a Garibaldi («il grande Nizzardo»), morto proprio il 2 giugno 1882 (questo articolo usciva su «La Fiaccola» del giugno 1882), affermando che anch'egli, amante della libertà, anticlericale, critico verso «Cattolicesimo

128. Sull'identificazione tra Figlio e Spirito cfr. M. Simonetti, *Cristologia pneumatica*, in «Augustinianum», 12 (1972), pp. 201-232, quindi in *Studi sulla cristologia del II e III secolo*, Roma, Institutum Patristicum Augustinianum, 1993, pp. 23-52, e Id., *Cristologia giudeocristiana. Caratteri e limiti*, in «Augustinianum», 28 (1988), pp. 51-69, quindi in *Studi sulla cristologia del II e III secolo*, pp. 7-22, in partic. p. 11 e p. 20, nota 47 sul *Pastore* di Erma, con riferimento al ruolo creativo del Figlio-Spirito-Sapienza (connessi fra loro); cfr. anche p. 14, nota 32 (sulle *Pseudoclementine*). Sull'idea, comune nel II secolo, che il soggetto delle teofanie veterotestamentarie (ove appare l'"angelo di Jahvè") fosse il Cristo preesistente, cfr. ad es. A. Grillmeier, *Jesus der Christus im Glauben der Kirche*, I, Freiburg, Herder, 1979, trad. it. *Gesù il Cristo nella fede della Chiesa*, I/1, Brescia, Paideia, 1982, p. 204.

papale e Protestantesimo fatalista» (cioè predestinazionista, nell'ottica di Caporali), avrebbe a suo avviso senza dubbio apprezzato «il Dio Trino del Positivismo» proposto dal filosofo, che ricordava di aver avuto con Garibaldi, anni prima, una «conversazione sulla religione».

2.3. *Su Trinità, cristologia, sviluppo del dogma*

Come si sta vedendo, tipico della speculazione di Caporali è l'integrare riflessioni filosofico-teologiche con l'esegesi biblica e con una considerazione "storica": egli è sempre interessato a tracciare grandi affreschi di storia delle idee (storia delle dottrine teologiche, in particolare), spesso per prendere posizione nei confronti dello sviluppo di determinate concezioni. Approdo culminante di questa prospettiva sarà la sua *Storia filosofica della teologia protestante*, ma preliminarmente vanno esaminati almeno altri due importanti articoli: il primo, *Lo sviluppo arbitrario ed incoerente della Trinità e le sue conseguenze anticristiane*,[129] fa il paio con quello appena analizzato (ove veniva infatti richiamato), e consente di approfondire alcune questioni. Si è già detto della critica di Caporali agli "errori" da lui identificati nella teologia trinitaria, che vengono qui affrontati in modo più particolareggiato. Origine degli "errori" perpetuatisi nei secoli è per Caporali la teologia alessandrina: «l'errore dei Padri Alessandrini fu di non essersi svincolati abbastanza dal Paganesimo», intendendo dire con ciò che essi avrebbero conservato idee "panteiste", nel senso di una eccessiva «immanenza» delle Persone divine (alla radice di ciò vi sarebbe la ricezione del pensiero di Filone, che a sua volta riprendeva la «dottrina greca del Logos»). Sembra di capire che per "Alessandrini" Caporali non intenda i teologi alessandrini in senso stretto (Clemente, Origene e la tradizione successiva), ma anche i primi scrittori cristiani che a suo avviso erano influenzati dalla teologia filoniana. Comunque, per quanto riguarda appunto Clemente e Origene, egli scrive che ebbero il «gran merito» di aver superato il materialismo precedente e di «aver fondato lo spiritualismo della teologia Cristiana»; si potrebbe dire che per Caporali l'affermazione fondamentale della teologia sia "Dio è Spirito", concezione che egli ripete diffusamente. In Clemente, Caporali ravvisa ancora delle tracce di panteismo (così nella dottrina del Logos), ma Origene sembra da lui decisamente lodato: questi, scrive, «corregge i difetti di Clemente». Caporali approva la concezione origeniana della subordinazione del Figlio (*theos*)

129. Cit. *supra*, nota 126.

al Padre (*ho theos*, *autotheos*);[130] inoltre, scrive, «Origene è pure il primo che dia a Gesù Cristo un'anima umana. Prima e dopo di lui, fin nel Concilio di Nicea, Cristo univa mente divina a corpo umano, senza avere anima d'uomo» (p. 34): si riconosce qui un riferimento di Caporali alla cristologia Logos-sarx.[131] A proposito, appunto, del Concilio di Nicea, Caporali esprime qui le sue critiche alla dottrina dell'*homoousios*: riferendosi a Eusebio e intendendo il concetto come «esclusione della subordinazione», Caporali afferma che questa teoria era errata, non biblica. Era giusto, afferma, condannare l'arianesimo e affermare l'eternità del Figlio, la sua natura divina e che «sulla Terra e per gli uomini [si noti la specificazione] ha lo stesso potere del Padre»,[132] ma «si aveva torto di escludere la subordinazione» (in senso subordinazionista egli cita e interpreta passi come *Gv* 5,36; 5,43; 14,28). La critica di Caporali connette il tema cristologico a quello della creazione e del rapporto tra Dio e mondo; per questo non accetta la negazione del subordinazionismo:

> Origene, il maggior filosofo della Chiesa avea detto eterno il mondo: gli altri faceano del Logos non soltanto la Ragione, la Sapienza, l'Artefice della creazione, ma ancora il primo degli Esseri, che serviva a congiungere al Mondo il Padre, per cui il Padre non era veramente libero, assolutamente spirito, ma dovea fare il Figliuolo ed il Mondo *per natura*, *per necessità*: sicché la filosofia Cristiana [...] si movea però ancora nelle fascie [*sic*] platoniche filoniche del Fato e della necessità. L'effetto naturale della formula oscura, ambigua di Nicea fu di condurre ai più grandi arbitrî sulla Trinità. (p. 35)

Secondo Caporali porre il Figlio sullo stesso piano del Padre significa limitare la libertà e la trascendenza di quest'ultimo, e giungere alla «fata-

130. Cfr. Origene, *Commento a Giovanni* II,12-20.

131. Secondo questa impostazione cristologica, il Logos divino si unisce appunto alla *carne* umana: viene negata la presenza dell'anima. Lo schema, di derivazione giovannea, è presente (in diverse declinazioni) in autori alessandrini del III secolo (come Malchione), nell'arianesimo, nell'apollinarismo, ma anche in Atanasio e in Eusebio. Cfr. Grillmeier, *Gesù il Cristo nella fede della Chiesa*, in partic. pp. 404, 455, 626-629; M. Simonetti, *La crisi ariana nel IV secolo*, Roma, Institutum Patristicum Augustinianum, 1975; G. Lettieri, *Passione e/o impassibilità di Dio nella controversia ariana*, in *Croce e identità cristiana di Dio nei primi secoli*, a cura di F. Taccone, Roma, OCD, 2009, pp. 37-57.

132. Qui aggiunge anche che la Chiesa metodista episcopale «non si scostò» dalla Bibbia scrivendo, nel primo degli articoli di fede, che «G.C. è persona divina, ed una stessa sostanza, eternità e potenza (sugli Uomini) del Padre». La specificazione «sugli Uomini» è in realtà aggiunta da Caporali.

lità panteista», che avrebbe anche una conseguenza negativa in materia di "politica ecclesiastica": «In questa tendenza alla fatalità panteista, in questa oscurità del dogma, vi era pure lo scopo di escludere il popolo che vuol chiarezza, logica e semplicità, e di dar forza alla gerarchia»; così cominciò «la metamorfosi del Cristianesimo in Cattolicesimo clericale», favorita dal dogma niceno.

Nel prosieguo del lungo articolo – impossibile da restituire integralmente in questa sede – Caporali affronta lo sviluppo successivo della teologia cristiana, del resto da lui riassunto anche nel precedentemente citato *Il Dio trino del Positivismo*: da Gregorio di Nissa ad Agostino, dai concili cristologici del V secolo a Giovanni Damasceno e a Tommaso d'Aquino e la teologia medievale. Interessa qui rilevare in particolare i riferimenti di Caporali alla teologia trinitaria e cristologica della Riforma (affrontata più approfonditamente nella *Storia filosofica*), qui definita come «fatalismo luterano-calvinista». Secondo Caporali, Lutero e Calvino avrebbero combattuto gli effetti ma non le cause degli «errori papisti», e avrebbero recepito sostanzialmente la concezione trinitaria del Damasceno, giungendo «ad insegnare la Predestinazione, ed a negare il libero arbitrio» (p. 38): ciò per la loro «debolezza del criterio filosofico». Caporali affronta poi la filosofia dei secoli successivi, da Spinoza (la cui filosofia, che influenzò Schleiermacher, per Caporali «altro non era che il Fatalismo delle Chiese Protestanti reso razionale») a Leibniz, Kant, Hegel, e poi Feuerbach, Schopenhauer, Hartmann. In questo scenario sempre più negativo, per Caporali, sorsero però alcuni movimenti protestanti che avrebbero invertito la rotta: quaccherismo e pietismo «ritornarono alla fede umile, pratica, ed allo spirito veramente divino, che vivifica», mentre gli arminiani «protestarono contro gli errori fatalisti». La conclusione di Caporali è dedicata al metodismo, che a suo avviso avrebbe fatto tesoro delle istanze di quei movimenti e si proporrebbe così (assieme alla «filosofia positiva») come antidoto ai tre errori della «presunzione razionalista», del «sonnolente scetticismo» e del «pauroso formalismo» (p. 42).

Per approfondire il versante del Caporali "storico delle dottrine teologiche" è utile anche fare riferimento a un articolo pubblicato nel gennaio 1882, *L'eterna gioventù della vera religione*,[133] che prende le mosse da Schleiermacher ma giunge in realtà a tracciare una storia dello sviluppo

133. E. Caporali, *L'eterna gioventù della vera religione*, in «La Fiaccola», IV, gennaio 1882, pp. 1-7.

della teologia cristiana, nell'ottica di una riflessione sullo *sviluppo del dogma*. L'articolo parte da una domanda che Caporali si pone: da dove derivano il materialismo e le dottrine antireligiose sempre più diffusi in Germania (e in Europa)? A suo avviso, «buona parte della colpa» va data a Schleiermacher. Questi, se da un lato aveva dato una «base scientifica sicura» alla teologia, integrandola con la razionalità, dall'altro ha però avviato «un movimento infedele nel seno delle Chiese». Anzitutto, per Caporali, Schleiermacher è un «dogmatico panteista della scuola di Spinoza» (anche se "temperato" da elementi tratti da Leibniz e Platone): così ne interpreta la concezione del rapporto tra Dio e cosmo e il fatto che non ritenga «mai veramente libera l'umana volontà». Le critiche di Caporali, comunque, sono rivolte soprattutto alla concezione schleiermacheriana del sentimento religioso: il «sentimento di dipendenza dall'infinito e dalle sue leggi», che per Caporali è un sentimento «materiale», come «materiale» è il Dio di Spinoza e Schleiermacher. Qui la critica di Caporali si mostra decisamente ispirata da ragionamenti filosofici: egli afferma che l'errore di Schleiermacher sarebbe fare astrazione dell'«Io» (che intuisce l'Infinito, tramite quel sentimento) dalla sua «Realtà»: «questo Io, noi non lo [...] sentiamo mai puro, ma sempre in una determinata attività e condizione, sempre accompagnato dalle nostre passioni e bisogni, per cui scambiamo facilmente ciò che è basso e terreno con ciò che è celeste e divino: e questo sentimento che in realtà non è mai puro, non può esser fonte della vera religione e della grazia» (p. 2). Dunque, tramite questo "sentimento" l'individuo potrebbe scambiare per intuizione del divino, per "ispirazione" divina, ciò che in realtà è una proiezione dei suoi desideri, delle sue passioni, perfino dei suoi vizi, e può dunque originare sia una religiosità positiva e sincera, sia una "falsa" e intollerante.[134]

Questa prima parte dell'articolo serve a introdurre la domanda successiva: dovremo concepire allora la religione – si chiede Caporali – come conoscenza, scienza, ragione, teologia, dogmatica? La salvezza dipende forse dal conoscere e professare un determinato Simbolo di fede o Confessione di una Chiesa? Caporali risponde negativamente: non è questa l'essenza della religione (cristiana), e il senso delle parole bibliche «Chi

134. «Da questo sentimento, con cui l'uomo si crede religioso attribuendo a Dio le proprie debolezze, derivano tanto la tolleranza universale, l'entusiasmo e la divozione sincera di Schleiermacher, quanto le guerre di religione, la crudeltà, i roghi dell'Inquisizione» (p. 2).

crede sarà salvato». Caporali dispiega la sua argomentazione elencando una serie di "ragioni", dove affronta il tema dello sviluppo dogmatico del cristianesimo. Tra gli elementi più interessanti vi è il suo commento al cosiddetto "canone" di Vincenzo di Lerino (nella restituzione di Caporali: «che il Cristianesimo ha per dogmi, *quod ab omnibus, quod ubique, quod semper creditum fuit*»):[135] lo definisce «un'ottima regola, ma di impossibile applicazione», data la difficoltà di rintracciare le dottrine sulle quali davvero ci sia sempre stato consenso unanime. Limitandosi solo alle formulazioni ufficiali delle Chiese o delle comunità, scrive, si riscontra che non vi fu accordo neppure nel «Nuovo Testamento intero», con riferimento alle controversie sulla composizione del canone neotestamentario. Altro elemento significativo è la tesi di Caporali che nel Nuovo Testamento non vengano «rivelati» che pochi dogmi, e formulati dopo «molte lotte»; «gli Apostoli non conoscevano il così detto Simbolo Apostolico», e unico «dogma» era all'inizio la fede in Gesù come Messia, Unto. Inoltre, «non vi era coscienza d'un divario fra la nuova Religione del Messia ed il Giudaismo». Sarebbe stato Paolo, per Caporali, ad aver insistito per sottolineare la differenza tra le due, e infatti venne osteggiato e combattuto: la Chiesa di Gerusalemme rimaneva "giudaizzante". Caporali traccia qui allora una sorta di storia sintetica della teologia nel cristianesimo primitivo: la teologia originaria includeva solamente la credenza che il Messia profetizzato fosse apparso, e che – crocifisso e risuscitato – sarebbe tornato presto per governare per mille anni (millenarismo) la Città Santa. La «seconda Teologia della Chiesa» sarebbe quella paolina, che Caporali interpreta come netto superamento del giudaismo e della Legge. La terza teologia sarebbe quella della «fusione», contenuta soprattutto negli scritti lucani (vangelo e *Atti*): qui si tenterebbe una mediazione fra vangelo e Legge, e le stesse idee di Paolo vengono talvolta omesse o attenuate; «si fa dire a Paolo ([*At*] 25,8) ch'egli non ha mai disubbidito alla Legge, (23,6) che è un Fariseo, ch'egli si obbligò a voti e sacrifici giudaici (18,18; 21,26)». Il *Vangelo di Luca*, poi, mostrerebbe un intento "irenizzante" anche perché «tace la proibizione di predicare ai Pagani ed ai Samaritani, (*Matteo* 10,5)», oppure le «ragioni»

135. Cfr. il passo originale in Vincenzo di Lerino, *Commonitorium* 2: «Nella stessa chiesa cattolica ci si deve preoccupare soprattutto che ciò che noi professiamo sia stato ritenuto tale ovunque, sempre e da tutti [*quod ubique, quod semper, quod ab omnibus creditum est*]. Questo è veramente e propriamente cattolico, secondo l'idea di universalità racchiusa nel significato stesso della parola».

degli «apostoli giudaizzanti». Questa teologia della mediazione sarebbe presente anche nell'*Epistola di Giacomo* (che tenta di mediare grazia e opere) e nell'*Epistola agli Ebrei*; la «fusione» tra i due partiti sarebbe stata agevolata dalla fase successiva alla distruzione del Tempio nel 70 d.C. La «quarta Teologia» sarebbe quella del *Vangelo di Giovanni*.

A commento di questi paragrafi di Caporali, è possibile notare che si ha qui la traccia o il tentativo di una metodologia storico-critica, di un approccio storico-critico ai testi biblici e alla storia delle comunità primitive, non comune da trovare in uno scritto italiano del 1882 e ancor meno in uno scritto di provenienza "ecclesiastica" (non cioè di uno studioso "laico" come un Labanca o un Chiappelli). È vero che, tra le affermazioni di Caporali, se ne trovano alcune che la moderna ricerca – nelle sue più recenti acquisizioni – ha problematizzato: ad esempio, egli sembra insistere troppo sullo scarto tra Paolo e l'ebraismo (come pure su quello tra la stessa predicazione di Gesù e il giudaismo). Ma il taglio della sua lettura dei testi biblici è indubbiamente storico-critico, come dimostra l'analisi delle differenze tra *Luca* e gli altri vangeli, o la messa in luce dell'intento irenico dell'autore degli *Atti*, libro che per Caporali non è appunto un racconto storico *sic et simpliciter*, mostrando la rielaborazione del materiale da parte dell'autore. Da segnalare anche l'uso dei riferimenti extra-biblici proprio per verificare le interpretazioni di quelli o lo sviluppo teologico, ad esempio evocando Papia (come testimonianza di resistenza alla prospettiva paolina) o Clemente di Roma (che, riporta Caporali, non sapeva nulla della fondazione della comunità romana ad opera di Pietro). La dottrina giovannea del Logos, inoltre, non viene presentata da Caporali come frutto di "ispirazione" (né egli sostiene la tesi tradizionale dei quattro vangeli come "reciprocamente integrantisi" nella restituzione dei diversi aspetti di Gesù, come uomo e come Dio incarnato); questa viene anzi presentata come frutto di uno sviluppo storico (in cui agirebbe l'influsso della dottrina platonica di Filone), e lo stesso "Giovanni" l'avrebbe «meditata» lungo un certo arco di tempo («nel 68 sembra non l'abbia ancora meditata», scrive). Infine, l'idea di uno sviluppo del protocristianesimo (o protocattolicesimo) come «fusione» di diverse prospettive contrastanti sembra anch'essa riecheggiare alcune acquisizioni della moderna prospettiva storico-critica: si pensi allo sviluppo "dialettico" proposto da Ferdinand Christian Baur e dalla "scuola di Tubinga" (applicando appunto uno schema hegeliano), con la sua descrizione dello scontro tra cristianesimo "paolino" e cristianesimo "giudaizzante" e la *sintesi* costituita dal cristianesimo "cattolico" (cfr. *Pau-*

lus der Apostel Jesu Christi, 1845) – ma già da *Atti*. Sebbene qui Caporali non citi direttamente Baur, alcune delle sue tesi e della sua terminologia sembrano essere presenti almeno in filigrana.[136]

Tornando al tema centrale dell'articolo di Caporali, egli affronta poi lo sviluppo dei dogmi, che «sono opera dei teologi» e vengono proclamati dai concili, ma sono spesso non compresi dalla maggioranza dei fedeli: dunque, la salvezza non può dipendere da un'adesione *intellettuale* a delle formule, altrimenti «non vi sarebbe più eguaglianza», si salverebbero solo i dotti, e conterebbe più l'intelligenza che la fede – ma ciò, per Caporali, è l'opposto della predicazione di Gesù e dei primi cristiani. Insomma, la parte dogmatica non può essere quella "più vitale" della religione; «i dogmi sono opera degli uomini, ed *errare humanum est*, sono la veste mutabile del Cristianesimo, e tanto più salubre quanto più pulita e nuova» (p. 6). In quanto umani, i dogmi sono *progressivi*, mutevoli, devono seguire «i progressi della scienza», non bisogna mai proclamarne l'immutabilità: qui Caporali sembra condividere un'istanza espressa da Pietro Taglialatela, ossia quella che l'Infinità di Dio non possa essere catturata da dogmi sviluppati dalla finita mente umana, e che dunque il progresso della teologia dogmatica sia anch'esso infinito, congetturale.

Ricollegandosi allora all'inizio del suo articolo, Caporali afferma che «la parte divina e sempre giovine della religione» non è il sentimento di dipendenza teorizzato da Schleiermacher, né l'obbedienza all'autorità ecclesiastica, né l'adesione a dogmi, ma «*la vita nell'Infinito*, la fede ingenua, il *sentimento del soprannaturale*, *il sentimento dell'Eterno Taumaturgo*» (p. 6). La fede deve allora essere qualcosa di attivo e pratico: «La vera fede non è cognizione di dogmi ma *vita inconscia* che spinge ad operare» (p. 7).

2.4. *La* Storia filosofica della teologia protestante

Il progetto più organico di analisi storico-teologica sviluppato da Caporali è la sua *Storia filosofica della teologia protestante fedele ed infedele*, mai approfondita dagli interpreti, che vi hanno solo rimandato genericamente, parlando di articoli pubblicati da Caporali su «La Fiaccola»;[137] ep-

136. Caporali conosceva opere di Baur, perché le cita nella sua *Storia filosofica*, cfr. *infra*. Caporali conosceva il tedesco e poteva leggerle anche direttamente.

137. Cfr. Spini, *Italia liberale*, p. 201: Caporali, su «La Fiaccola», «fra il 1878 e il 1882 [ma la *Storia* apparve tra 1882 e 1883], pubblicò una serie di articoli, in cui faceva una disamina critica delle posizioni dottrinali delle varie correnti della Riforma. Erano ar-

pure, questa serie di articoli doveva costituire un progetto particolarmente importante, se veniva citata persino negli *Annual Reports* americani come una delle pubblicazioni chiave del metodismo episcopale italiano.[138] In effetti, questo lavoro rappresenta probabilmente il più organico confronto con la storia della teologia protestante che sia stato tentato nel contesto del metodismo italiano del periodo storico in oggetto, e rappresenta così un altro esempio dell'*esistenza* di un simile confronto, consentendo di rivedere i giudizi più radicali esposti da parte della storiografia.

Non sembra che Caporali sia riuscito a *completare* questo progetto: la serie, infatti, iniziata su «La Fiaccola» del febbraio 1882, si interrompe con l'articolo sul numero del maggio 1883, l'ultimo del periodico prima della sua riorganizzazione (e dell'estromissione di Caporali, come si è visto); ma né sulla nuova serie di esso, né sul periodico di Caporali «La Nuova Scienza» sembra che la *Storia filosofica* riprenda (probabilmente Caporali era ormai alle prese con altri progetti).[139] Che però questa dovesse comprendere altri articoli, nelle intenzioni originarie, è testimoniato dal piano dell'opera pubblicato alla fine del primo articolo,[140] dove la trattazione veniva annunciata come organizzata in tre parti, corrispondenti ai tre periodi nei quali Caporali divide la storia della teologia protestante: il periodo «dogmatico» (1520-1640 ca.), quello «cartesiano» o «razionalista» (1640-1780 ca.) e quello «critico» (1780-1880 ca.). I periodi corrisponderebbero ai «metodi» seguiti nel trattare i dogmi, nella

ticoli nutriti di un'ampia, seppure alquanto arruffata, cultura storico-teologica, in cui era particolarmente vivace la polemica contro il calvinismo e la sua dottrina predestinataria. Caporali si schierava invece a favore dell'arminianesimo, trovandosi pertanto in sintonia con la posizione di Wesley». Spini riporta anche l'affermazione di Furiozzi (*Enrico Caporali*, p. 82), secondo il quale Caporali avrebbe raccolto in volume gli articoli pubblicati su «La Fiaccola» (non specifica quali), ma aggiunge di non aver mai visto copia di questo volume. Anche le ricerche da me condotte non hanno condotto al reperimento di tale volume.

138. MSAR, 1883, p. 173: «Among the publications issuing from our Mission since our last report, may be especially noted: [...] (*f*) *Storia Filosofica della Teologia Protestante Fedele ed Infedele*, that is, a philosophical history of Protestant Theology, etc., a compendious but weighty work, by Dr. Caporali». Qui non si specifica se la *Storia* uscì anche come volume: il riferimento potrebbe semplicemente indicare la serie di articoli su «La Fiaccola».

139. Inoltre, è possibile che egli ritenesse di aver già esposto altrove (appunto, in alcuni degli articoli su «La Fiaccola») il suo pensiero sulla teologia dell'Ottocento.

140. E. Caporali, *Storia filosofica della teologia protestante fedele ed infedele*, in «La Fiaccola», IV, febbraio 1882, pp. 17-23, qui p. 23.

teologia protestante: il primo è «dogmatico e dialettico, che deduce dalla Bibbia l'ortodossia», escludendo la tradizione, la ragione, il sentimento; il secondo andrebbe dalla pubblicazione delle *Meditazioni metafisiche* cartesiane (1641) a quella dei *Frammenti di Wolfenbüttel* di Lessing (1774-78)[141] e della prima *Critica* kantiana (1781), avvio appunto del terzo periodo. Ebbene, gli articoli pubblicati da Caporali si fermano alla fine dell'analisi del secondo periodo.[142] Manca dunque la trattazione della teologia protestante dalla fine del Settecento al tempo di Caporali (che comunque se ne occupò in altri testi: si vedano, ad esempio, quelli citati contenenti riferimenti a Schleiermacher ed Hegel).

Anche incompleta, la *Storia* riveste grande interesse. Nel primo articolo,[143] alcuni paragrafi iniziali fungono da introduzione e da manifesto programmatico. Le primissime righe denotano già una precisa prospettiva:

> Si è detto da molti che il Protestantismo fosse un ritorno al Cristianesimo primitivo. Se nella semplicità delle forme del culto, arieggia al Cristianesimo primitivo, nella sua anima, nelle sue dottrine, nella sua teologia, è tutt'altra cosa. A persuadercene, basta studiare la teologia del primo secolo della Chiesa, i cui elementi trovavansi nel giudaismo, nella vita di Gesù Cristo, e nell'ellenismo; mentre gli elementi della teologia protestante furono i Concili cattolici del quarto e quinto secolo, il Risorgimento [= Rinascimento], la Scolastica,[144] e quel bisogno di autonomia dello spirito, che nei primi secoli della Chiesa neppure si conosceva.

Come si è visto, per Caporali la teologia protestante aveva sostanzialmente assunto le formulazioni dogmatiche dei primi concili, nonché alcuni sviluppi successivi. Queste prime righe tradiscono già un certo intento polemico, che però non va accentuato: qui Caporali vuole semplicemente sottolineare che la teologia protestante non può essere considerata un ritorno *tout court* al protocristianesimo, fatto che però non è visto come assolutamente negativo. Allo stesso modo, la sua precisazione successiva che la teologia protestante non è semplicemente un ritorno alla «pura e semplice

141. Ossia, come è noto, dei frammenti di Reimarus pubblicati da Lessing.

142. L'ultimo articolo appare su «La Fiaccola», V, maggio 1883, pp. 65-71. I singoli articoli non hanno titoli a sé: ripropongono invece il titolo della serie, che dunque non indicherò di nuovo per esteso.

143. In «La Fiaccola», IV, febbraio 1882, pp. 17-23.

144. Come riferimento polemico, come si evince dal prosieguo dell'articolo.

Bibbia» non è una critica: infatti, scrive, «se così fosse, il Protestantismo non avrebbe alcuna teologia ben definita». Per Caporali, i testi biblici sono «sementi, germi buoni», che devono però essere fatti crescere e sviluppare: ossia, è necessario applicare ad essi la riflessione razionale, sviluppando così la teologia.[145] È così che Caporali interpreta la parabola evangelica del seminatore: «non si riferisce tanto alla salvazione individuale ed alle opere buone, quanto a tutto il sistema della teologia Cristiana, al modo di produrla, svolgendola dal germe scritturale, ed alla grande sua utilità quando germogli e cresca, non soffocata dalla Tradizione».

Affermato ciò, Caporali esplicita meglio cosa intendeva nell'affermare che la teologia protestante non era un mero ritorno al cristianesimo primitivo o alla sola Bibbia: essa, scrive, seppe avvalersi dello sviluppo teologico apportato da tradizioni precedenti, e se i Riformatori combatterono la Scolastica, recepirono invece sia le speculazioni del Rinascimento, sia la teologia dei concili dei primi cinque secoli. Il filosofo comasco passa allora a dare una sintetica panoramica di queste "fonti" della teologia protestante. 1) *I primi concili ecumenici.* Le radici teologiche di queste dottrine si trovano nella riflessione dei primi secoli, e in particolare, secondo Caporali, nella tradizione alessandrina: la patristica greca avrebbe tratto grande ispirazione dalle dottrine di Filone, che "anticipavano" gran parte della speculazione successiva (a Filone «pochissimo mancava a figurarsi il Logos personalmente incarnato nel Messia»). Dopo rapidi riferimenti a Giustino, Clemente e Origene, Caporali nomina i concili di Nicea (325), Efeso (431), Calcedonia (451). 2) *Il Rinascimento* («Risorgimento» nel testo di Caporali). I Riformatori avrebbero beneficiato delle riflessioni «del laicato e del clero ribelle alla Chiesa romana» prodotte a partire dal XII secolo: Caporali nomina Arnaldo da Brescia, Abelardo, valdesi, albigesi, ma anche Eckhart («Lutero si giovò di mastro Eckardt persino copiandone le parole»); fermenti di critica al papato e alla Chiesa romana sono considerati anche le riflessioni di Dante e Petrarca e le satire di Boccaccio; quindi Marsilio da Padova, i lollardi, Wycliffe, Hus. Caporali loda poi Lorenzo Valla, Marsilio Ficino, Pico della Mirandola, il cui influsso su Reuchlin ed Erasmo sarebbe poi pervenuto a Lutero e Melantone (di cui Reuchlin ed Erasmo sono qui definiti «maestri»). Naturalmente, in questo elenco non può mancare un riferimento entusiasta a Savonarola, «più santo di

145. «*La teologia, quando è spesso rinnovata e messa in armonia coi progressi delle scienze, dà grande forza alle Chiese*» (p. 17).

Lutero e di Calvino», il quale «predicava Cristo solo ed il Vangelo puro ai Fiorentini» (p. 19). 3) *L'autonomia dello spirito*. Già nelle prime righe dell'articolo Caporali aveva indicato questo come ultimo elemento della teologia protestante. Qui descrive il contesto della Germania tra fine Quattrocento e inizio Cinquecento, con i sempre più intensi fermenti verso una possibile riforma ecclesiastica, e introduce la figura di Lutero come «scintilla» che fece divampare il fuoco, in qualità di guida religiosa, e grazie al suo programma chiaro ed efficace. Qui la lettura che Caporali dà di Lutero insiste molto sulla dimensione pratica, esperienziale: Lutero «sentì che non la Dogmatica e la scienza scolastica, ma la fede pratica in Dio potea dare la pace e contentare la ragione ed il cuore»; egli «sente profondamente» la religione. La giustificazione per fede e il *sola Scriptura* furono «il grido di guerra e di vittoria» della Riforma. Dov'è, però, la connessione con il tema dell'autonomia dello spirito? «Perché dalla crisalide del Risorgimento [= Rinascimento] uscisse vispa e lieta la farfalla della Riforma, e spuntassero le ali della Teologia Protestante, era necessario un principio radicato in Dio, che organizzasse le teologie ricevute da altri popoli e tempi, e questo principio fu: *l'autonomia dello spirito umano innamorato del vero*» (p. 21). Come «guida in questa investigazione» Lutero realizzò la traduzione della Bibbia in tedesco volgare. Sembra dunque che il riferimento di Caporali debba intendersi al principio del *libero esame* delle Scritture.

Nel paragrafo VII Caporali espone i principi metodologici che ispireranno la sua *Storia*: si tratta di un passaggio chiave. Egli spiega anzitutto in cosa si differenzierà da altri storici, che critica: non approva, ovviamente, la prospettiva di una *Storia degli eretici* alla maniera di Cesare Cantù,[146] ma neanche quella del valdese Emilio Comba (1839-1904), da lui ritenuta apologetica allo stesso modo[147] e accusata di eccessiva critica verso il Rinascimento; anche la «maniera polemica» di Flacio Illirico o di Pétau è scartata. Caporali disapprova anche la metodologia di Semler e dei suoi allievi, poiché, anche se imparziali, a suo avviso «si limitano a dare i materiali rozzi, senza coordinarli», come pure quella di Mosheim, perché la ritiene poco filosofica. Nell'Ottocento sarebbero state sviluppate per la pri-

146. Si veda C. Cantù, *Gli eretici d'Italia. Discorsi storici*, 3 voll., Torino, Unione Tipografico-Editrice, 1865-1867.

147. Il riferimento è a E. Comba, *Storia della Riforma in Italia. Narrata col sussidio di nuovi documenti*, I, *Introduzione* [unico volume edito], Firenze, Tip. Arte della Stampa, 1881; cfr. Spini, *Italia liberale*, pp. 126-132, che parla della prospettiva apologetica di Comba (già evidenziata da Cantimori, citato qui da Spini).

ma volta delle «stori[e] filosofic[he] dei dogmi», come quella di Johann August Wilhelm Neander (parte della sua *Storia universale della Chiesa*, 9 voll., 1865^5),[148] che però «esagera il fattore individuale subbiettivo» e «non mostra il progresso immanente nella storia»; oppure quella di Ferdinand Christian Baur,[149] che però – secondo Caporali – eccede in senso opposto, poiché «obbliga la storia a servir di puntello all'Hegelianismo». Caporali, dunque, afferma che non seguirà nessuno di questi metodi, proponendo una prospettiva originale: «vorremmo invece esporre la Storia della Teologia Protestante sotto il punto di vista DELLA FILOSOFIA POSITIVA, il che non è mai stato tentato» ed «è richiesto dal nostro tempo» (p. 22).[150] Il positivismo di Caporali, però, come già si è visto non è di tipo materialista: la storia riceverebbe «unità» da Dio (quello che Spencer chiama «l'Inconoscibile»), dal «governo di Dio nella Storia», non escluso da una prospettiva positivista (come Caporali afferma citando gli esempi di Laurent e Bunsen): «E non cessiamo punto di essere Positivisti, cioè fondati unicamente sull'osservazione e sull'esperienza, nel ritenere l'unico principio motore universale della Chiesa e della Storia dei dogmi essere Dio, col mezzo della fede pratica in Lui» (p. 22). Questi riferimenti al "governo divino nella storia" sembrerebbero in controtendenza rispetto agli spunti di metodologia storico-critica che Caporali, come si è visto, dispiega in altri articoli: ma non è detto che qui si tratti di una posizione meramente tradizionalista. La precisazione «col mezzo della fede pratica in Lui» potrebbe voler dire che Caporali si riferisce non a un'azione di Dio come provvidenza trascendente, ma al fatto che gli "attori" della storia ecclesiastica e dei dogmi hanno fede, e dunque agiscono e pensano di conseguenza: Dio sarebbe allora «motore» della storia nel senso che ad esso, come causa *finale*, tendono gli individui (una sorta di "motore immobile" aristotelico). Del resto, prosegue Caporali

148. Così la cita Caporali; l'opera era in tedesco: *Allgemeine Geschichte der christlichen Religion und Kirche*, 6 voll., Hamburg, 1825-1852 (arriva a Bonifacio VIII).

149. Caporali rimanda a un'opera del 1865 in 4 volumi: si riferisce probabilmente alle *Vorlesungen über die christliche Dogmengeschichte*, 3 voll. in 4 tomi, Leipzig, 1865-1867.

150. Cfr. quanto afferma poco prima in una nota: «Il programma della *Fiaccola* esige una trattazione strettamente scientifica, un criterio ed un metodo indipendente, elevato e filosofico» (p. 22, nota 2). Ciò fornisce anche un'informazione sulle intenzioni programmatiche della rivista, che – almeno in questa fase – aveva un taglio "culturale", e non voleva proporsi semplicemente come un bollettino denominazionale o un giornale di edificazione.

ispirandosi a un passo di Ippolito, sono «fede» e «carità» che «generano il movimento sincero delle teologie». La Chiesa dei primi secoli trattava e discuteva i dogmi con «spontaneità e vitalità», perché non vi era ancora un'autorità gerarchica dispotica che pietrificava la discussione (così sostiene Caporali), e una certa spontaneità e vitalità «vi era pure nei primordi del Protestantesimo», che Caporali si appresta dunque ad affrontare.

Nel secondo articolo,[151] Caporali analizza la teologia della prima fase della Riforma. Lutero e Zwingli sono definiti come uomini principalmente di fede e di prassi, "non filosofici". «Lutero rimase l'uomo eroico, dalla ragione inconscia, non riflessa, ma logica di quella logica terribile delle rivoluzioni» (p. 53); qui Caporali non ne dice molto, a parte una rapidissima presentazione degli scritti principali (così anche per Zwingli). Brevi ma significativi anche i riferimenti ad altri personaggi, come Sebastian Franck, intellettuale "dissidente", di cui Caporali loda preparazione, originalità e radicalità (lo definisce poi «il padre della moderna filosofia protestante»). Caporali si occupa qui anche di Michele Serveto, condannato al rogo da Calvino, definito «martire incompreso d'un'idea religiosa meno negativa di quel che comunemente si pensa. [...] Credeva sofistica la dottrina dei tre Dei in uno». Come si è visto, Caporali – almeno in questa fase – non è antitrinitario, ma contesta sia il triteismo che una concezione non subordinazionista della Trinità; probabilmente leggeva la dottrina di Serveto (da lui definita «alessandrina»: forse origeniana?) come vicina alla propria.

La *Storia* di Caporali sviluppa in genere la trattazione secondo questo schema: dapprima vengono presentati i personaggi principali, con una breve sintesi, quindi si scende nello specifico delle *dottrine*, riprendendo dunque anche l'analisi di teologi già citati. Così, appunto, si svolge questo articolo, dove Caporali passa ad affrontare i temi della Bibbia e della giustificazione. Su ispirazione e canonicità delle Scritture, come pure sul rapporto tra Antico e Nuovo Testamento in Lutero e Zwingli, Caporali non presenta tesi particolarmente originali. Più interessante è la sua trattazione della giustificazione e del rapporto tra fede e opere. Per intendere la formula luterana della giustificazione,[152] scrive, «bisogna

151. In «La Fiaccola», IV, aprile 1882, pp. 53-59.

152. Sulla quale si esprime così: «La formola essenziale con cui il genio di Lutero rovesciò l'autorità della Chiesa Cattolica, e fece una profonda rivoluzione [...] è la formola della giustificazione» (p. 55).

esaminare le vicende del concetto di fede nella cristianità» (p. 55). Qui Caporali si dilunga in uno dei suoi tipici affreschi storico-teologici di lunga durata. Inizia affermando che «l'uomo sincero, ingenuo, che innalza con fiducia l'anima sua a Dio [...], da Abramo in poi, è sempre stato dichiarato giusto avanti a Dio. Nel tempo di Gesù, bastò credere che egli era il Messia o Cristo per essere battezzato». Poi, Paolo avrebbe riflettuto sul valore della morte espiatoria di Cristo. Nel III secolo, però, questo tipo di fede sarebbe stato ritenuto valido per i *semplici*, e giustapposto alla *gnosi*: il riferimento è agli alessandrini Clemente e Origene («la *gnosi* o *teologia alessandrina* è superiore alla fede, perché eleva il contenuto della fede a piena conoscenza»). In questa «gnosi cristiana», che sublima la fede, stava per Caporali il germe del «Cattolicismo papale», perché gli alessandrini concepirebbero la fede (e la gnosi) come immobile, non progrediente, assoluta nella sua verità, e dunque questo avrebbe poi condotto al «predominio della teologia, resa immobile e tirannica, sulla fede semplice e pratica in Dio». Interessante è quanto Caporali scrive su Agostino, definito «il primo che la distingua [la fede] bene dalle opere» (a differenza di Clemente e Origene che le connettevano). Però, prosegue, «la giustificazione di Agostino non sta soltanto nella cancellazione dei peccati, ma nel diventar giusti, *Justificamur gratia Dei, hoc est justi efficimur* coll'amore. (Retract. 2.33). Dio giustifica il reo non soltanto perdonandogli i peccati, dice Agostino, ma anche donandogli la carità, affinché faccia il bene per lo Spirito Santo. (Op. imperf. 2.165). Per cui il principio vero della giustificazione per Agostino non è tanto la fede quanto l'amore» (p. 56).[153] In poche righe, Caporali sembra effettivamente cogliere puntualmente degli aspetti centrali della teologia della grazia di Agostino (del quale cita significativamente, e di prima mano, opere della maturità), in particolare l'idea di un'azione intrinseca di Dio-Spirito-*Caritas* nel giustificato, al quale viene *donato* il principio (la *caritas*) del bene operare. La giustificazione non è cioè soltanto il *dichiarare* giusti,

153. Riporto il passo originale dalle *Retractationes* di Agostino, riferito al *De peccatorum meritis et remissione*: «Ubi maxime disputatur de baptismate parvulorum propter originale peccatum et de gratia Dei qua iustificamur, hoc est iusti efficimur». Il passo dall'*Opus imperfectum contra Iulianum*, invece, è: «Non per solam peccatorum dimissionem iustificatio ista confertur nisi auctoribus vobis [Agostino sta rispondendo a Giuliano e ai pelagiani]. Iustificat quippe impium Deus non solum dimittendo, quae mala facit, sed etiam donando caritatem, ut declinet a malo et faciat bonum per Spiritum Sanctum».

ma anche il donare il principio dell'azione, il *muovere* l'uomo al bene operare, il fatto che questi *diventi* giusto.[154]

Caporali giunge poi alla Scolastica, in particolare a Tommaso d'Aquino, nel quale «la fede è anzitutto atto dell'intelletto»; la fede cattolica sarà dunque sempre più intesa come «la credenza in dottrine, in autorità esterne». Per quanto riguarda la giustificazione, Caporali scrive che «si dà la colpa a Lutero d'aver reso la giustificazione una mera remissione dei peccati privandola della parte positiva dell'amore e della santificazione: ma questa teoria è di Tommaso d'Aquino»,[155] che dunque già perderebbe lo spirito della dottrina agostiniana.

Conclusa questa breve rassegna, Caporali passa a descrivere la posizione di Lutero, il cui effetto è descritto principalmente come liberazione da «gerarchia» e «tradizione»: per far ciò, egli «concentrò l'autorità esterna nel solo Cristo» e prese come norma delle dottrine la sola Bibbia, in particolare il principio del sacrificio espiatorio di Cristo, «ed insegnò che la fede è l'imputazione della giustizia e dei meriti infiniti di Cristo» (p. 57). L'enfasi sulla giustificazione per fede come «cardine della rivoluzione religiosa» luterana condusse però Lutero, secondo Caporali, a porre in secondo piano le opere, che perlopiù qualificherebbe come «inutili» (distaccandosi in ciò, scrive Caporali, dai primi secoli, ma anche da Agostino e da Tommaso), anche se altri testi testimonierebbero una posizione più smussata; in sostanza, «Lutero considera le opere buone come testimonianze della fede e nulla più». La giustificazione per *sola fede*[156] («l'articolo rivoluzionario per eccellenza») venne inserita anche nella *Confessio Augustana* del 1530 (art. 4) e negli *Articoli di Smalcalda*. Dopo alcune brevi considerazioni sul rapporto tra giustificazione e santificazione (citando anche il decreto *De Iustificatione* del Concilio di Trento, art. 7), Caporali conclude questa fase della trattazione rilevando che la concezione protestante della fede

154. Sulla teologia della grazia di Agostino, nella sua evoluzione da una prima fase ontoteologizzante, "semipelagiana", alla scoperta e poi radicalizzazione della grazia indebita e predestinata, cfr. Lettieri, *L'altro Agostino*.

155. Caporali prosegue: «È pure Tomaso e non Lutero il primo che insegnò essere la giustificazione istantanea, la *gratia operans* con cui Dio perdona, seguita dalla *gratia cooperans* che è graduale il cui effetto è il merito», e guida agli atti meritori.

156. Che Caporali riassume poi così: «La giustificazione consiste nell'atto con cui Dio dichiara all'uomo che i suoi peccati gli sono perdonati, perché gli viene imputata la giustizia di Cristo, imputazione e giustizia che gli sono dati gratuitamente, senza che nulla facciamo per meritarli» (p. 57).

(in ciò, scrive, recuperando l'intenzione originaria del cristianesimo) pone l'accento non sull'assenso intellettuale, ma sul sentimento, la volontà, la prassi: «è una fede pratica, che lascia libera la teologia e resta libera dalla teologia» (p. 59).

Nell'articolo successivo[157] Caporali indaga, di questa prima fase della teologia protestante, altre dottrine: Trinità, Incarnazione, creazione, dottrina sacramentale, escatologia, ecclesiologia. Per quanto riguarda le prime tre, Caporali afferma che Lutero e Melantone non le approfondirono, poiché per reazione alla Scolastica le considerarono misteri da adorare più che da investigare: e qui il filosofo critica i due tedeschi per questo atteggiamento. La loro prospettiva avrebbe anche una connessione con la dottrina della predestinazione: Lutero «è tanto annichilito dal sentimento della potenza del peccato e di Satana, tanto convinto dell'assoluto e continuo bisogno della grazia redentrice per Gesù Cristo che non vede realtà altro che in Dio» (p. 69), e così è anche «dal punto di vista della coscienza morale», dove Lutero «vede in Dio tutto, e nell'uomo nulla. Quest'è la radice psicologica della sua *negazione del libero arbitrio* e della sua *dottrina della predestinazione*, (che appena legge in Agostino, si appropria intieramente), non pensando che fa di Dio un essere assurdo, ed infelice, che ha sempre due volontà contrarie», cioè da un lato condannare tutti gli uomini, poiché tutti sono peccatori, ma dall'altro salvarli, perché Cristo morì per loro. Si riscontra qui la tipica critica di Caporali alla predestinazione, già evidenziata; basti qui rilevare l'opportuno riferimento ad Agostino, che denota il fatto che Caporali aveva colto l'aspetto predestinazionista dell'Ipponate, nonché l'ispirazione agostiniana di Lutero. Sulla cristologia luterana Caporali non aggiunge particolari riflessioni, salvo lasciar trapelare qualche insoddisfazione per la dottrina dell'*identità delle due nature* nella persona di Cristo – così egli la descrive (cfr. p. 70),[158] probabilmente riferendosi (anche se non lo afferma esplicitamente) alla concezione luterana della *communicatio idiomatum*.[159] Di seguito cita anche la nota dottrina lutera-

157. In «La Fiaccola», IV, maggio 1882, pp. 69-75.

158. Cfr. anche l'articolo della *Storia* in «La Fiaccola», IV, luglio 1882, p. 117.

159. È per questo motivo, mi sembra, che utilizza il termine "identità" («Lutero reputa identiche le due nature») anziché semplicemente *unità* (che poteva richiamare meno problematicamente la dottrina calcedonese): Caporali intende sottolineare polemicamente (si pensi già alle critiche di Zwingli a Lutero) – e dunque potenzialmente "forzando" la terminologia – l'applicazione particolarmente radicale della *communicatio idiomatum* operata da Lutero. Sulla cristologia luterana cfr. D. Ngien, *Chalcedonian Christology and Beyond:*

na dell'«ubiquità della natura umana di Gesù Cristo» (sviluppata poi più sistematicamente dai teologi luterani posteriori a Lutero, come Johann Gerhard), connessa ovviamente alla questione eucaristica, cui Caporali infatti dedica il paragrafo successivo. Qui parte da una storia della dottrina sacramentale, ossia dello sviluppo del numero dei sacramenti,[160] considerando anche il valore dato ad essi (simbolico, oggettivo eccetera) da diverse tradizioni teologiche – riportando quindi sia la controversia tra Lutero e Zwingli, sia cenni alla dottrina cattolica tridentina – e scendendo poi nel dettaglio dello sviluppo della dottrina eucaristica, da Ignazio, Giustino e Ireneo alla Riforma, in particolare citando (anche riportando alcuni testi) la posizione di Lutero sulla consustanziazione. Caporali contesta nettamente la dottrina cattolica della transustanziazione, ma non sembra prendere posizione sulla controversia tra Lutero e, da fronti diversi, Carlostadio, Ecolampadio, Schwenckfeld, Zwingli, dei quali si limita a riassumere le tesi e a commentare che «i Riformatori», sia di un partito che dell'altro, «non approfondirono mai» sufficientemente le dottrine su Trinità, Incarnazione, eucarestia. Un breve paragrafo è infine dedicato all'ecclesiologia e all'escatologia, sulle quali non si dice molto, salvo riportare l'evoluzione della posizione di Lutero sul purgatorio, fino alla netta critica espressa negli *Articoli di Smalcalda* (1537).

Il primo periodo della Riforma, per Caporali, si divide a sua volta in tre fasi: quella "embrionale", quella dei «sistemi abbozzati» e quella dei «sistemi

Luther's Understanding of the Communicatio Idiomatum, in «The Heythrop Journal», 45/1 (2004), pp. 54-68, che afferma che con la sua dottrina della *communicatio idiomatum* Lutero va «oltre» le formulazioni di Calcedonia; R. Kolb, *Martin Luther. Confessor of the Faith*, Oxford, Oxford University Press, 2009, pp. 110-117; R.W. Jenson, *Luther's contemporary theological significance*, in *The Cambridge Companion to Martin Luther*, a cura di D.K. McKim, Cambridge-New York, Cambridge University Press, 2003, pp. 272-288, in part. pp. 274-278.

160. A p. 71 afferma che Lutero conservò tre sacramenti (battesimo, eucaristia, penitenza), sia nella *Cattività babilonese della Chiesa* che nella Confessione di Augusta, e così Melantone nei *Loci communes* (edizione 1536: ma 1535), mentre «più tardi» i due cambiarono idea e li ridussero a due. Ma in realtà, già nella *Cattività babilonese* Lutero riduceva i sacramenti a due: se all'inizio del testo scriveva «per il momento ne tratterò tre: il battesimo, la penitenza, l'eucaristia» (M. Lutero, *La cattività babilonese della Chiesa*, in Id., *Scritti politici*, Torino, Utet, 1959², p. 234), nelle conclusioni specificava che «se vogliamo parlare con proprietà [...] ci sono solo due sacramenti nella Chiesa: il battesimo e l'eucaristia», poiché i sacramenti sono «promesse unite a simboli», e la penitenza «manca di un simbolo visibile istituito da Dio» (p. 345 [WA 6, 572]).

definiti».[161] Ciò che si è appena descritto era la trattazione della fase embrionale, conclusa la quale Caporali passa a quella dei «sistemi abbozzati», che sarebbero quelli di Melantone, di Calvino e dei Sociniani.[162] Melantone è da lui stimato come pensatore e umanista, anche se «stiracchiava Aristotele per piantarvi la dottrina biblica». Di Calvino, Caporali apprezza la *Institutio christianae religionis*, per quanto riguarda chiarezza e sistematicità, ma disapprova la «rigidità nella legge» mostrata nel governo "teocratico" di Ginevra. La formazione giuridica di Calvino, per Caporali, si sarebbe ripercossa nella sua dottrina teologica;[163] interessante l'affermazione che «dei due elementi Luterani egli svolse l'autoritario, mentre i Socini fecero prevalere la libertà» (p. 113). Caporali coglie la dimensione "teologicamente liberale" della speculazione sociniana, sebbene definisca i due Sozzini (Lelio e il nipote Fausto) come «poco profondi in filosofia e teologia»; inoltre ne definisce «arbitraria» l'esegesi e considera pelagiana la loro dottrina della giustificazione. Un rapido cenno, in questo paragrafo, è dedicato anche a Flacio Illirico e alle *Centuriae* di Magdeburgo: «con questi studi Flacio diede al Protestantismo il suo fondamento storico nei primi tre secoli della Chiesa» (p. 114).

Caporali entra poi nello specifico delle dottrine, applicando lo stesso schema analitico seguito affrontando il periodo precedente. Il cuore della trattazione è costituito dalla dottrina della giustificazione: secondo Caporali, come nelle comunità cristiane dei primi secoli si era vissuto un passaggio dalla fede come «ingenua fiducia» in Dio e «vita nell'Infinito» alla sempre maggiore rigidità dogmatica, così era accaduto nella Riforma, dove «quel sentimento dell'Eterno Taumaturgo che Lutero e Melantone avevano piangendo riguadagnato, facendone il perno della giustificazione, andava a poco a poco raffreddandosi nelle Congregazioni Protestanti» (p. 115). La strutturazione ecclesiastica ufficiale che le comunità luterane stavano sempre più assumendo, oltre al rapporto sempre più stretto con il potere secolare, sono visti assai negativamente da Caporali.[164] Dal punto

161. Cfr. «La Fiaccola», IV, febbraio 1882, p. 23.

162. In «La Fiaccola», IV, luglio 1882, pp. 113-120.

163. «Nella Bibbia, (se ne togli il suo bel commentario dei Salmi), non cercò il moto del pensiero, l'entusiasmo per la verità, ma i diritti ed i doveri, come un avvocato o procuratore della legge, i diritti di Dio e del giudice dei vivi e dei morti, i diritti [leggi: doveri?] dei predestinati soprattutto» (p. 113).

164. A suo avviso «ebbero per il Protestantismo un effetto analogo a quello delle donazioni e dei privilegi conceduti da Costantino al clero cattolico dodici secoli prima» (p. 115).

di vista teologico, egli descrive le controversie sul valore delle *opere* per la salvezza. Melantone avrebbe mantenuto un parziale ruolo della libera volontà umana («negando così la schiavitù della volontà che Lutero avea sostenuto»), dunque la sua dottrina sarebbe un «sinergismo» poi sviluppato da altri teologi; non però un semipelagianesimo, poiché il principio della conversione non veniva attribuito all'uomo. A questa impostazione si oppose quella, più rigida, *gnesioluterana*, rappresentata ad esempio da Flacio Illirico: per Caporali questa è una forma di «manicheismo». La *Formula di Concordia* (1580), che avrebbe dovuto costituire una sorta di *via media*, secondo Caporali resta in realtà troppo orientata verso la posizione più rigida, antisinergista; e – commenta – «peggio avvenne nelle Chiese Riformate». Il riferimento è ovviamente alla predestinazione in Calvino:

> Calvino fuse la dottrina del peccato originale con quella della predestinazione e la rese logica, senza spaventarsi delle conseguenze. Egli non si limita come Agostino ad insegnare la predestinazione dei giusti a vita eterna, ma proclama la predestinazione degl'ingiusti all'eterna dannazione, (Institutio christianae religionis 3.21.7) [...]. La predestinazione è quell'eterno decreto di Dio per quale "aliis vita aeterna, aliis damnatio aeterna praeordinatur", (Instit. Chr. rel. 2.21.5 [ma: III,21,5]) [...]. Sicché della libertà dell'uomo non rimaneva più nulla. (p. 116)

Caporali, attraverso i riferimenti al testo dell'*Institutio* di Calvino, richiama la dottrina della doppia predestinazione, e ne evidenzia la differenza da quella di Agostino. Il filosofo metodista non approva né questa teoria, né quella dei Sociniani, definita come «eccesso opposto», poiché attribuirebbe alla libertà umana un potere eccessivo in chiave soteriologica: «in queste reciproche esagerazioni, si perdeva di vista la parte essenziale della religione, la vita nell'infinito[,] e si tendeva nel campo luterano-calvinista a ridurla alla teologia, nel campo sociniano a ridurla alla morale».

La trattazione di questa fase si completa con i paragrafi sulle dottrine trinitarie, dell'espiazione, sacramentali, ecclesiologiche. Si segnala qui soltanto il fatto che, su altri temi, Caporali mostra di apprezzare maggiormente Calvino: ad esempio sulla dottrina dell'espiazione[165] e su quella sacramen-

165. Secondo Caporali la dottrina di Calvino, per quanto "viziata" dal predestinazionismo, «è più elevata [di quella dell'"ortodossia luterana"], perché considera con larghezza di vedute la mediazione di Cristo e la comunicazione della sua divinità agli uomini. Dio si fece uomo non soltanto per liberarci dal male, ma per renderci come lui spirituali, per immedesimarci con lui» (p. 118).

tale, in entrambi i casi vedendo positivamente l'idea di una comunicazione spirituale della vita divina all'uomo.[166] Ultimo elemento degno di nota è, nel paragrafo sull'ecclesiologia, un confronto tra concezione cattolica e protestante: secondo Caporali, i cattolici non metterebbero mai davvero in discussione la Chiesa storica, visibile, ritenendola perfetta, poiché le sue «piaghe» (un riferimento a Rosmini?) sarebbero solo accidenti passeggeri; i protestanti, invece, a suo avviso distinguono ideale e reale, Chiesa invisibile e visibile, e riconoscono che quest'ultima è sempre piena di errori e corruzioni; «ma sotto questo Cristo umiliato, cercano il Cristo maestoso nascosto, e l'ideale deve sempre lottare per migliorare e riformare il reale». Questa lotta, questa tensione verso l'ideale fa sì, per Caporali, che «il Cattolicismo è stazionario e il Protestantismo pel suo carattere, dovrebbe essere eminentemente progressivo» (p. 120). Questa tesi si rivela particolarmente interessante, poiché praticamente "rovescia" quella del Newman dell'*Essay on the Development of Christian Doctrine* (1845), secondo cui il cattolicesimo aveva in sé un dinamismo progressivo (dialettico, potremmo dire) mentre la "fissità" sarebbe la caratteristica dell'"eresia" (e del protestantesimo).[167]

La terza fase del primo periodo della teologia protestante descritta da Caporali è quella dei "sistemi definiti".[168] Caporali la apprezza poco, poiché in essa vede irrigidirsi la speculazione teologica in formule, commentari, compilazioni sintetiche, senza grande originalità né profondità; è inoltre il periodo delle guerre di religione. «Omai nel Protestantismo come nel Cattolicismo prevalevano la teologia e la politica, la fede ufficiale e gli interessi», commenta. Solo sporadici sono i pensatori più originali, come i "mistici" Valentin Weigel e Jakob Böhme, da lui definiti «i veri filosofi della Riforma».

166. Per quanto riguarda la dottrina sacramentale vedi ivi, p. 119. Calvino si eleva «al concetto di una presenza metafisica», perché per lui lo Spirito di Cristo, che è ovunque, «ci rende partecipi del suo corpo da noi disgiunto»; pane e vino sono «pegni» che però «realmente» nutrono e vivificano le anime umane della carne e del sangue di Cristo. «Per virtù arcana dello Spirito Santo [...], nell'Eucaristia, Cristo, vero mediatore fra Dio e l'uomo, fa scorrere negli uomini la vita divina». La presentazione positiva che Caporali fa della dottrina sacramentale di Calvino potrebbe forse indicare che egli la riteneva teologicamente valida.

167. Cfr. A. Annese, *Rosmini, Newman e la critica al razionalismo teologico. La dialettica tra ragione,* kerygma *e autorità e il principio dello sviluppo dottrinale*, in «Studi e Materiali di Storia delle Religioni», 82/2 (2016), pp. 1009-1042.

168. Nell'articolo successivo, in «La Fiaccola», IV, agosto 1882, pp. 133-142.

Le Chiese, poi, secondo Caporali non seppero accogliere le istanze del pensiero scientifico moderno, iniziato da Telesio, Patrizi, Bruno (per lui «padri dell'odierno Positivismo») e da Galileo e Bacone; così, esse persero autorità e influenza. Solo in Olanda, prosegue, «l'arguta critica che il Pomponazzi avea fatta della predestinazione e le opere principali degli altri italiani filosofi furono meglio studiate», e «s'intese qual fosse la vera piaga della Riforma, il fatalismo» (p. 135): si sviluppò così l'arminianesimo (in particolare con Arminio, appunto, e Grozio), lodato da Caporali, secondo il quale tale movimento ebbe «influenza benefica» anche su altre correnti della Riforma, diffondendosi in altri paesi dopo la condanna del Sinodo di Dordrecht (1618-19). Sul versante dell'analisi specifica delle dottrine di questa fase, Caporali riserva critiche alla tesi dell'*ispirazione verbale* della Bibbia, inserendo anche un riferimento alla sottovalutazione della «critica filologica e storica» che viene causata da quella dottrina, che inoltre perde «lo spirito della Bibbia per attaccarsi alla lettera». Anche l'irrigidirsi delle dottrine predestinazioniste (ad esempio di tipo sopralapsario) viene criticato, mentre – coerentemente con quanto si è visto – la dottrina arminiana della grazia viene giudicata con favore.[169]

La trattazione di questa fase ultra-dogmatica chiude il primo "libro" della *Storia* di Caporali, che passa dunque al secondo, dedicato al periodo «razionalista» (1640-1780), quando «il metodo cartesiano [...] penetrò anche nelle Chiese».[170] Anche qui Caporali inizia con un breve riassunto del quadro storico-culturale, dalle guerre religiose e civili (in Germania fino al 1648, poi la prima rivoluzione inglese) alla diffusione di dottrine materialiste e antireligiose, cui però reagirono "risvegli pietisti": appunto, il pietismo tedesco (avviato da Spener, definito da Caporali «il vero continuatore di Lutero») e il metodismo inglese soprattutto. Le correnti teologiche del periodo razionalista sono da Caporali raggruppate in «tre partiti»: pietismo, razionalismo, deismo; il primo avrebbe sviluppato il sentimento del luteranesimo, il secondo avrebbe sistematizzato la «ragione del calvinismo»

169. Cfr. p. 138: per gli arminiani «la giustificazione si ottiene non per sola fede, né per le opere soltanto, ma per fede operante in carità» (evidente qui il riferimento a *Gal* 5,6, passo peraltro spesso citato proprio da John Wesley); vi è «cooperazione della volontà umana»; «una fede scompagnata da opere buone è inefficace e morta, questa essere la vera dottrina biblica con cui va corretta la formola sì difettosa della giustificazione protestante, buona soltanto a staccare dal Papato ma non ad edificare il corpo di Cristo».

170. «La Fiaccola», IV, dicembre 1882, p. 197; il primo articolo su questo periodo è appunto ivi, pp. 197-205.

(perché, scrive, elevava a "sistema scientifico" il determinismo calvinista), il terzo, raccolto le tendenze del socinianesimo (p. 199). Sistematicamente, Caporali passa dunque all'analisi di ciascuno dei tre partiti.

Il *pietismo* è associato al *metodismo*, da esso ispirato. Alla radice dei movimenti pietisti, per Caporali, vi sarebbero anche alcune idee di Böhme, ad esempio sulla fede concepita non come adesione intellettuale a dottrine ma come esperienza interiore. Le dottrine di Böhme, presto diffuse, anche tramite traduzioni, furono recepite da John Pordage (1607-1681), che influenzò John Bunyan e George Fox; anche Milton, scrive Caporali, mostrerebbe l'influsso di Böhme. Così pure Spener, vero e proprio fondatore del pietismo, di cui Caporali riassume la prospettiva antidogmatica, la religione vista come esperienza personale, la distinzione tra *essenza* della religione (che «sta nel sentimento») e le sue «parti secondarie»; rapidi cenni sono dedicati anche allo sviluppo del pietismo, con i suoi teologi principali (come Francke), e alla comunità dei Fratelli Moravi riorganizzata da Zinzendorf. Il pietismo, chiosa Caporali, «rinnovellava da capo a fondo» il protestantesimo tedesco, «ridonando ai tedeschi quello che Lutero aveva loro dato»: «il profondo sentimento religioso, l'uso della loro ragione, e l'uso della loro lingua» (p. 203). Il pietismo, però, «ebbe un'ora di orgoglio e d'intolleranza che gli fu fatale e servì a mettere al suo posto il Razionalismo». Il riferimento è alla cacciata del filosofo Wolff (tacciato di aver parlato troppo benevolmente di Confucio) dall'Università di Halle nel 1723. La prospettiva tollerante e aperta di Wolff riscosse adesioni, mentre il pietismo perse influenza e credibilità (anche per la sempre più stretta alleanza con il potere prussiano). «Se l'intolleranza nel gesuita è logica, nel protestante è incoerenza, nel pietista e metodista diventa pazzia e delitto», commenta Caporali.

Tuttavia l'influsso positivo del pietismo non si perse del tutto: Caporali descrive in breve l'evoluzione religiosa di John Wesley (dai primi contatti con i Fratelli Moravi) e del metodismo. Wesley, integrando la fede pietista con la teologia arminiana, avrebbe "irrobustito" intellettualmente il pietismo. Qui Caporali ripete le sue convinzioni sul metodismo, già espresse in articoli precedenti, specificando che lo vede come «la CHIESA CATTOLICA DELL'AVVENIRE» (p. 204).

La *Storia* procede poi con l'esame del secondo "partito", il *razionalismo*,[171] partendo dalla filosofia di Cartesio. La connessione con il tema teologico è

171. Si tratta dell'articolo in «La Fiaccola», V, febbraio 1883, pp. 17-23.

data dal fatto che per Caporali il sistema determinista cartesiano è una restituzione filosofica della teologia predestinazionista (benché Cartesio fosse cattolico), e tutto ciò è connesso con l'idea dell'infallibilità della ragione («se tutto non fosse predeterminato, la ragione umana non potrebbe scoprirlo, non sarebbe infallibile: essa lo è perché tutto si lega con nesso logico, matematico, fatale», p. 17). Nonostante, scrive Caporali, questa origine teologica della dottrina cartesiana, le Chiese (sia protestanti che cattoliche) la condannarono; solo i giansenisti di Port Royal la studiarono approfonditamente, per tentare di correggerla e "recuperarla", poiché «avendo accettata la predestinazione, erano logicamente condotti al determinismo».[172] Il razionalismo determinista, prosegue Caporali, si diffuse in tutta Europa, contando molti altri interpreti (come Spinoza, Hobbes, Locke); i soli che ne evitarono gli «errori» sarebbero stati i Platonici di Cambridge, poiché arminiani:[173] «avevano già eliminato il determinismo e il fatalismo in religione e non potevano accettarne il principio nella scienza» (p. 20). Si noti la prospettiva di Caporali, sempre orientata a una lettura integrata della riflessione teologica e di quella filosofica. Proseguendo cronologicamente, Caporali conclude che le Chiese, dapprima ostili al razionalismo, iniziarono però a sposarlo quando esso stava già decadendo («benché morisse nella repubblica filosofica, diventò padrone delle Chiese Protestanti», p. 22): così si diffuse nella teologia protestante europea (un esempio ne è il rientro trionfale di Wolff in Prussia e l'accettazione ufficiale delle sue dottrine), con le sole eccezioni dei Moravi e del metodismo.

Sviluppo estremo del razionalismo fu proprio il *deismo*,[174] terzo "partito" tra quelli elencati da Caporali, che vi rinviene un'origine più "politica" che teologica: sarebbe stato mosso «dal desiderio di rendere la vita pubblica e privata, la morale, il diritto e la politica indipendenti dalle Chiese». Caporali specifica che in realtà il deismo «non appartiene direttamente alla Teologia protestante [...], perché rifiutava la biblica Rivelazione», ma gli appartiene «indirettamente», poiché abbracciato dal laicato quando la teologia protestante si rivelò inadatta a intercettare le esigenze intellettuali moderne. Più che la sintesi storica di Caporali (esposizione delle figure principali, da

172. Caporali definisce il giansenismo come «un Calvinismo cattolico», ivi, p. 18, nota 1.

173. Caporali, peraltro, li ritiene ispiratori della teologia metodista: cfr. ivi, pp. 18 e 20.

174. Il deismo viene analizzato nell'articolo successivo, in «La Fiaccola», V, marzo 1883, pp. 33-42.

Tindal a Reimarus a Voltaire e Rousseau), è opportuno analizzare i suoi commenti. Il filosofo intende produrre un esame imparziale secondo la «filosofia positiva» (cfr. p. 36); ciò lo conduce a chiedersi il perché del successo riscosso dal deismo, e la sua risposta è che esso aveva per «lievito» una «grande idea»: «l'applicazione dell'amore cristiano alla legislazione» (p. 37). Caporali identifica nel cristianesimo un potenziale di emancipazione, di riscatto degli umili e degli oppressi, che però le Chiese ufficiali, nel XVII e XVIII secolo, avevano ormai scelto di reprimere più che di promuovere; i deisti (in particolare quelli francesi) seppero allora raccogliere questa istanza della popolazione e assunsero quella «cristiana missione» (p. 37), fecero penetrare «l'idea cristiana del miglioramento sociale» (p. 39). È allora nel Settecento che nasce, ad esempio, l'economia politica (e qui Caporali può rispolverare le conoscenze del suo passato di economista); pensatori deisti (ma si potrebbe forse semplicemente dire: illuministi) ispirarono riforme socio-economiche, giuridiche (qui Caporali nomina anche Beccaria) e politiche (si citano, ad esempio, l'indipendenza americana e il ruolo di Franklin). Addirittura, Caporali si spinge ad affermare che il deismo «fu stromento del vero Dio, il quale favoriva non coloro che come i cleri gli dicevano Signore, Signore, ma coloro che facevano la sua volontà [cfr. *Mt* 7,21], alleviando le miserie dei sofferenti e rompendo le catene degli schiavi» (p. 39); il deismo vinse perché «fu più Cristiano delle Chiese».

Si sbaglierebbe, però, nel credere che Caporali sia un entusiasta ammiratore del deismo: poco oltre, infatti, egli spiega che la sua funzione era solo temporanea, e che tolto il merito dell'assunzione della «funzione emancipatrice sociale della religione», il deismo aveva pochi pregi, anzi molti elementi di difetto ed impotenza. Qui infatti lo definisce «erroneo», «regressivo», «contro natura», «guida al panteismo», «sisifista»; le critiche investono soprattutto, come ci si può attendere, il rifiuto della rivelazione, della grazia, della redenzione.

Come previsto dal suo schema analitico, Caporali scende poi anche qui nel dettaglio delle *dottrine* del periodo razionalista.[175] Tra gli spunti più interessanti vi sono i suoi riferimenti ai primordi della critica biblica moderna: già in precedenza aveva citato il *Trattato teologico-politico* di Spinoza (1670) come «prima esegesi critica della Bibbia»;[176] qui cita le

175. È l'articolo in «La Fiaccola», V, aprile 1883, pp. 49-57.

176. «La Fiaccola», V, marzo 1883, p. 35; cfr. ivi, febbraio 1883, p. 19, nota 1, dove però lo definisce «avverso alla Bibbia».

opinioni di Töllner in favore dell'*utilità* della critica biblica, affermando che «risultato notevole» della sua teoria fu «l'appassionata esegesi critica che la seguì» (p. 51). Qualche riga è dedicata ai *Frammenti dell'Anonimo di Wolfenbüttel*, ossia Hermann Samuel Reimarus, pubblicati da Lessing (1774-78): Caporali sintetizza brevemente i sette frammenti pubblicati da Lessing e tratti dalla inedita *Apologia degli adoratori razionali di Dio*, esempio di critica biblica radicale (Reimarus criticava, ad esempio, il concetto di "rivelazione", e riteneva un falso la resurrezione di Gesù, che interpretava come messia politico). Anche grazie ai dibattiti seguiti a questa pubblicazione, in Germania «si iniziò uno studio approfondito della Sacra Storia, delle origini del Cristianesimo primitivo e dello sviluppo dei dogmi» (p. 52). L'ultimo tema è la dottrina della grazia: qui Caporali mostra insofferenza per la posizione razionalista, commentando ad esempio che i deisti e i «razionalisti più coerenti» «non voleano più la grazia, ma cercavano di escogitare una morale indipendente» (p. 55), fatto che rappresenterebbe «la tendenza intima e più profonda e rivoluzionaria del secolo». Per questo motivo, Caporali vi dedica un articolo apposito[177] (dopo aver chiuso il precedente con riferimenti all'arminianesimo di Wesley), l'ultimo rimasto della sua incompiuta *Storia filosofica della teologia protestante*.

Tale articolo è una sorta di "storia dell'etica filosofico-teologica" in miniatura. Per «morale indipendente» Caporali intende una morale indipendente dalla fede, dalla religione, dalla grazia; ragion per cui, nell'affrontare il tema richiama anche le diverse dottrine sulla giustificazione. Secondo Caporali, Paolo «non disprezza la morale indipendente dalla fede» (p. 65), ma anzi la considera una «norma divina» data ai «peccatori», che però è insufficiente a redimere e giustificare (il riferimento è probabilmente alla legge naturale, razionale descritta in *Rm* 2,15). I Riformatori avrebbero errato nel seguire Agostino, anziché Paolo, i vangeli o i «primi Padri della Chiesa»: in questa sede Caporali esprime accese critiche di Agostino, come mai altrove.[178] Agostino riteneva la "morale indipendente" incompatibile con la redenzione, e – prosegue Caporali – sbagliò nel ritenere l'uomo *totalmente* corrotto dal peccato e privo anche della libertà; «Non vi può essere moralità senza libertà: ed Agostino la negava». Lutero e Melantone lo avrebbero seguito, e Calvino addirittura lo avrebbe "esagerato",

177. In «La Fiaccola», V, maggio 1883, pp. 65-71.

178. Va però rilevato ancora che Caporali coglie l'*evoluzione* della teologia della grazia di Agostino, da una forma di concordismo al predestinazionismo: cfr. ivi, p. 65, nota 1.

affermando la *doppia* predestinazione. A causa di queste dottrine, prosegue Caporali, la Riforma «degenerò», giungendo ad una «indifferenza per la virtù», alla quale tentarono di reagire, in modi diversi, pietismo, razionalismo e deismo. Si sarebbero così sviluppate quattro concezioni della morale: la «utilitaria» (Hobbes, Locke), la «simpatica»[179] (Shaftesbury), la «razionale» (Spinoza, Leibniz) e la «teleologica dell'entusiasmo». Le prime tre, «indipendenti dalla fede», avrebbero tutte lo stesso difetto: «di essere troppo subbiettive e di prendere per misura delle cose l'Uomo solo» (p. 70). La quarta risalirebbe a Platone, che invece porrebbe a misura delle cose un qualcosa di divino, l'Idea del Bene, che dà ordine al cosmo e ne è lo scopo supremo (di qui il riferimento alla teleologia). Filone e poi il cristianesimo avrebbero assunto questo spunto platonico; i primi teologi cristiani, in particolare, ponendo nel Cristo-Logos l'incarnazione stessa di questa Idea del Bene. Ma poi le «tetraggini d'Agostino» avrebbero offuscato queste concezioni, e l'idea di una morale libera sarebbe stata correttamente riproposta solo da Bruno. A Platone e Bruno, però, «mancava il centro vitale, [...] l'uomo-Dio che realizzò l'idea del bene nella forza del bene» (p. 71). Ecco allora, prosegue ancora Caporali, che dopo Bruno la morale teleologica dell'entusiasmo fu assunta dai pietisti, dai Moravi e dai metodisti, anche se più nella prassi che con teorie speculative. In particolare, «il Metodismo, senza negare la libertà, né la morale indipendente le fecondò con la morale cristiana, la cui base metafisica è Cristo Dio ed uomo, eterno prototipo dell'umana natura, motore della storia, mentre la base psicologica è la fede pratica» (p. 71). Caporali specifica che la dottrina metodista combatte il pelagianesimo «senza escludere la libertà e quindi il merito o la colpa di accettare o rifiutare la grazia»,[180] e che essa corrisponderebbe a quella paolina, nel sostenere che «sul terreno della pura legge morale naturale (Etica indipendente dalla Fede) e della legge positiva giudaica [...], non vi è giustificazione», mentre per essere giustificati (e poi santificati) «bisogna elevarsi dal sistema della morale indipendente e della legge, al sistema della grazia e della misericordia» (ivi, nota 3).

La *Storia filosofica della teologia protestante* pubblicata su «La Fiaccola» si chiudeva così, incompiuta (mancava la terza e ultima parte, sul periodo 1780-1880) ma già densissima e abbastanza ponderosa, proprio con dei riferimenti al metodismo, ancora lodato da Caporali per l'impo-

179. Il riferimento è all'ispirazione proveniente dalla *sympatheia* stoica.
180. Cfr. ivi, nota 2, con riferimento diretto all'articolo VIII delle Dottrine metodiste.

stazione arminiana e per quella integrazione tra libera razionalità e fede, per quella prospettiva "liberale" che lo aveva affascinato sin da subito (si ricordi la sua insistenza sul metodismo come confessione che «per i suoi dogmi liberali non osteggia lo sviluppo della filosofia e della teologia»). Se si è scelto di dedicare qui ampio spazio a quest'opera, è perché la si ritiene davvero un testo fondamentale, prezioso per ciò che rappresenta, pensando anche alla sua collocazione editoriale (un periodico ufficiale di una Chiesa metodista): anzitutto, un tentativo di approfondimento – ma anche di divulgazione – della storia delle dottrine teologiche, in realtà non solo protestante (come si è visto dai continui riferimenti alla Bibbia, alla patristica, alla scolastica, alla filosofia da Platone a Hegel passando per il Rinascimento e l'Illuminismo); non sembra possa più essere affermato che, in ambito metodista, non si cercò un confronto con le dottrine della Riforma e in generale con le riflessioni teologiche, anche perché – lo si ribadisce – il testo di Caporali compariva sul periodico ufficiale della Chiesa metodista episcopale italiana e dunque era potenzialmente accessibile da tutti i membri della Chiesa, oltre che da chiunque leggesse quel mensile. Si può semmai discutere sull'effettivo impatto che l'impresa di Caporali possa aver avuto, e su quanti lo seguirono (non molti, a giudicare dai contrasti sopra riportati emersi già nel 1883); ma che la *Storia* di Caporali rappresentasse una significativa sintesi (e analisi) storico-teologica, ricca di informazioni, spesso anche con rimandi alle fonti sia primarie che secondarie,[181] questo pare difficile da negare. In secondo luogo, l'opera di Caporali rappresenta anche un esempio dell'*interpretazione* teologica (e storica) della teologia protestante (e non solo) prodotta in ambito metodista, proprio per il suo arricchire la sintesi storica con i propri commenti e le proprie analisi – forse non sempre condivisibili, e certo debitrici comunque della originalissima

181. In ciò Caporali si dimostra molto più accurato della maggior parte degli intellettuali metodisti della sua generazione (come ad esempio il citato Taglialatela). Bastino qui alcuni esempi da articoli della *Storia filosofica*: in «La Fiaccola», IV, maggio 1882, p. 69 Caporali cita *Dr. Martin Luthers Briefe, Sendschreiben und Bedenken*, a cura di W.M.L. de Wette e J.K. Seidemann, 6 voll., Berlin, 1825-1856; in «La Fiaccola», IV, luglio 1882, p. 113 cita il *Corpus Reformatorum*, riguardo le opere di Melantone (ma non può escludersi che sempre da questa collezione potesse leggere la *Institutio* di Calvino e le altre opere di questi edite fino al 1882-1883); in «La Fiaccola», V, febbraio 1883, pp. 17-23 cita vari studi su Cartesio, Spinoza e sulla filosofia dei secoli XVII-XVIII (in genere, tutti gli articoli del 1883 hanno note con bibliografia). Si ricordino poi i riferimenti alle opere storiche di Baur, Neander eccetera.

prospettiva dell'autore e del suo contesto culturale (il suo cosiddetto "metodo positivo" lo porta spesso, ad esempio, a cercare troppo rigidamente le "filiazioni", la catena di causa-effetto e di sviluppo, delle dottrine filosofiche e teologiche): ma, in ogni caso, di sicuro interesse.

3. *Teofilo Gay: controversia antipapale e* argumentum patristicum

3.1. *Cenni biografici*

Anche Teofilo Gay (1851-1912) è personaggio poco studiato, sul quale è assai scarna la bibliografia specifica,[182] sebbene anch'egli sia annoverato tra quegli «uomini di notevole livello culturale» che Vernon reclutò per lavorare nella Chiesa metodista episcopale;[183] il suo nome è stato probabilmente evocato maggiormente in riferimento alla sua appartenenza massonica (di lunga data: già dal 1877, e con importante carriera)[184] che nell'ottica di un'analisi della sua produzione storico-teologica, che è quanto invece si vuole tentare qui, dopo aver riportato brevemente alcuni cenni biografici.

Nato a Pomaretto (Torino) nel 1851 e cresciuto poi in Val Pellice, discendeva da famiglia valdese, che annoverava più generazioni di pastori (come il padre, inviato appunto nel 1854 a Villar Pellice). Fin da giovanissimo ebbe una formazione internazionale, con periodi in Germania, nei Paesi Bassi e soprattutto a Ginevra, dove (all'*Oratoire*) compì gli studi teologici e fu allievo del noto storico Jean-Henri Merle d'Aubigné (1794-1872). Fu proprio quest'ultimo a inviare Gay a Londra, nell'agosto 1872, come assistente del pastore di una Chiesa riformata di lingua francese. Poco dopo il suo rientro in Italia, avvenuto circa un anno dopo, Gay si trovava già in contatto con Vernon e incaricato di un ruolo importante:

182. Comba, *Teofilo Gay, pastore e intellettuale*; G. Ballesio, *Teofilo Gay*, in *Dizionario Biografico dei Protestanti in Italia*, <http://www.studivaldesi.org/dizionario/evan_det.php?evan_id=50>; cenni in Spini, *Italia liberale*, pp. 199-200 e 222-225.

183. La citazione è tratta da Spini, *Profilo storico della presenza metodista in Italia*, p. 11.

184. Cfr. gli studi di Augusto Comba, in partic. *Teofilo Gay, pastore e intellettuale*, pp. 102-107; *Valdesi e massoneria. Due minoranze a confronto*, Torino, Claudiana, 2000 (raccoglie vari testi di Comba, compresa una riedizione dell'articolo su Gay).

curare una comunità metodista episcopale a Roma (dal novembre 1873).[185] Già mentre era all'estero, in particolare dal 1871, Gay si era mosso per ottenere un ruolo pastorale in Italia, in particolare nella Chiesa valdese, che però aveva risposto negativamente: di qui l'ingresso nella Chiesa metodista, dove rimase fino al 1889, quando per dissidi con la linea del nuovo soprintendente Burt decise di dimettersi,[186] trovando stavolta positiva accoglienza nella Chiesa valdese. L'appartenenza metodista di Gay durò quindi circa sedici anni, ma non si trattò affatto di una parentesi secondaria entro quella valdese: sia perché il pastorato metodista (primo vero pastorato "effettivo", del resto, di Gay) lo influenzò tramite alcune specificità che egli poi tesaurizzò nel passaggio a quello valdese,[187] sia perché Gay fu attivamente coinvolto nella storia della Chiesa metodista episcopale italiana, della quale fu tra i protagonisti (fu tra i pastori presenti alla già ricordata prima Conferenza fondativa, del 1874, e poi a quella della costituzione in Conferenza Annuale, del 1881), sia infine perché è nel "periodo metodista" che si situa quella che non sembra azzardato definire la fase più intensa[188] della sua produzione letteraria, con opere di ampio respiro, esegetiche, storiche, teologiche, apologetiche (dopo il 1889 egli si dedicò invece quasi esclusivamente a un ambito specifico come la storia del valdismo), e non a caso, proprio in virtù di tale produzione fu insignito nel 1884 della laurea *honoris causa* dall'Università metodista di Delaware, Ohio (di qui il titolo di *Doctor Divinitatis*).

185. Cfr. MSAR, 1873, dove Vernon ne parla così: «Sig. Gay is the descendant of a long succession of Waldensian pastors, and after a classical course was theologically educated at Geneva, under Dr. Merle D'Aubigné. After serving two years as assistant pastor in French Churches, one in Holland, the other in London, he now enters with us upon his life-work. His presence and fluency, his intelligence, culture, and piety, could not but be matters of satisfaction, I think, to any American Methodist congregation» (pp. 133-134).

186. Cfr. Comba, *Teofilo Gay*, p. 98, con citazione di una lettera di Gay dell'8 maggio 1889 in cui afferma «ritiratomi il 6 corr. dalla Conf. it. met. ep. perché non posso approvare l'indirizzo dato alla missione in Italia dall'amministrazione nuova».

187. Così Comba, *Teofilo Gay*, p. 91: «Quando poi passò ad esercitare il ministero pastorale nella Chiesa valdese, vi trasferì alcuni lineamenti specifici dell'esperienza metodista fino allora vissuta», come ad esempio «l'impegno polemico nei confronti della Chiesa romana» o la «vivace attenzione alla vita politica».

188. Cfr. ivi, p. 96: «La varietà delle sue partecipazioni associative, delle sue iniziative religioso-culturali e la mole della sua produzione di libri ed opuscoli fu, soprattutto negli anni '70 e '80, prodigiosa».

Prima, dunque, di analizzare alcuni esempi significativi di tale produzione, praticamente mai affrontata dalla storiografia (eccezion fatta per la semplice menzione di titoli e talvolta argomenti delle opere, senza citarne e analizzarne dei passi), sarà sufficiente menzionare la già ricordata consacrazione pastorale nel 1874, avvenuta nella cattedrale di Losanna (Gay dovette ricevere la consacrazione dalla Chiesa evangelica riformata del Cantone di Vaud, cfr. *supra*, cap. 2); l'attività pastorale metodista a Roma, dal 1873 al 1878 e poi dal 1886 al 1889, inframmezzata da quella a Firenze; la consistente collaborazione al periodico «La Fiaccola», del quale fu anche direttore (1883-1885), e la collaborazione anche con altri periodici evangelici, come «L'Italia Evangelica» e la «Rivista Cristiana»; la partecipazione al Congresso Internazionale degli Orientalisti[189] tenutosi a Firenze nel 1878; l'attività come pastore valdese, a Roma dal 1889 al 1892, poi a Brescia fino al 1895, a Napoli fino al 1900, infine nelle Valli valdesi negli ultimi anni (quando sarà anche presidente della *Société d'Histoire Vaudoise*, dal 1910), fino alla morte a Napoli nel 1912.[190]

3.2. *«Tutti i Padri della Chiesa sono evangelici»*

Tra le varie opere pubblicate da Gay, si ricordano qui *Arsenale antipapale*, *Il Credo* (analisi del Simbolo apostolico), *Vita di Gesù Cristo*, *Vita e scritti di Saulo di Tarso*, *Il Decalogo*, *Il Padre nostro*, *Le contraddizioni della Bibbia*, *Vita di S. Pietro*;[191] è opportuno concentrare l'analisi su alcuni

189. Gay, dopo un viaggio in Palestina, aveva pubblicato *La Terra del Cristo. Viaggio in Oriente* (Napoli, Tip. Ferrante, 1878; nuova edizione Firenze, Claudiana, 1881), testo che ebbe successo e fu tradotto in più lingue.

190. Del periodo valdese vanno anche ricordate le varie "missioni diplomatiche" negli Stati Uniti, una delle quali darà avvio alla fondazione della colonia di Valdese (North Carolina), 1893 (la città esiste tutt'oggi); cfr. L. Pilone, *«Radici piantate tra due continenti». L'emigrazione valdese negli Stati Uniti d'America*, Torino, Claudiana, 2016. Di questa fase della vita di Gay va menzionata anche la pubblicazione della sua *Histoire des Vaudois. Refaite depuis les plus récentes recherches*, Firenze, Claudiana, 1912.

191. Di seguito i riferimenti per esteso: *Arsenale antipapale, ossia Dizionario delle eresie, imposture e idolatrie della Chiesa Romana*, Firenze, Claudiana, 1882; *Il Credo. Esposizione e dimostrazione del cristianesimo primitivo riassunto nel Simbolo Apostolico*, Roma-Firenze, Claudiana, 1883; *Vita di Gesù Cristo. Bozzetti storico-omiletici*, 2 voll., Firenze, Tip. L'arte della stampa, 1881 e Firenze, Tip. Cooperativa, 1884; *Vita e scritti di Saulo di Tarso detto San Paolo. Bozzetti storico-omiletici*, Firenze, Tip. Cooperativa, 1885; *Il Decalogo, ossia la legge di Dio per la vita dell'Uomo. Studi etico-sociali*, Firenze-Roma, Claudiana, 1885; *Il Padre Nostro*, Firenze, Tip. Cooperativa, 1885; *Le contraddizioni della*

elementi. In generale, sembra che l'intento di Gay sia sempre anche "divulgativo", quando non più decisamente "edificante", e comunque apologetico; in questi studi storico-teologici, l'obiettivo è sempre quello della chiarezza orientata al lettore, più che di realizzare scritti specialistici, "tecnici" (a differenza, ad esempio, di alcuni testi di Caporali). Ad esempio, nella *Vita di Gesù Cristo*, Gay cita nell'Introduzione alcuni recenti autori e testi di critica biblica (o di teologia) moderna (come Schleiermacher, Strauss, Renan, Farrar), e afferma di tenerne conto: ma in realtà, esaminando il volume, si riscontra che la prospettiva è molto più "pastorale" e tradizionale; il testo sembra rivolto ad un pubblico non specialista, e la "vita di Gesù" è "ricostruita" semplicemente utilizzando le testimonianze dei vangeli canonici, senza però vagliarle davvero criticamente.[192] Metodologia simile è applicata nei testi su Pietro e Paolo. Comunque, la *Vita di Gesù* di Gay (insieme al suo *La Terra del Cristo*) venne citata e discussa da Baldassarre Labanca nel suo *Gesù Cristo nella letteratura contemporanea straniera e italiana. Studio storico-scientifico* (Torino, Bocca, 1903).[193] Qui l'opinione di Labanca sui lavori di Gay in generale, e su questi in particolare, è positiva,[194] anche se inquadra correttamente la *Vita di Gesù* affermando che tale volume «è destinato alla evangelizzazione», e che l'autore «vuole evangelizzare narrando, non vuole narrare esaminando». Gay, prosegue Labanca, prende come fonti i quattro vangeli canonici, affermando che «o bisogna accettarli del tutto, o rigettarli del tutto», opponendosi alla teoria storico-critica della distinzione in "parti storiche" e "parti antistoriche":

Bibbia esposte da un libero pensatore e spiegate da un cristiano. Saggio di apologetica biblica, Firenze, Claudiana, 1887 (il «libero pensatore» è l'inglese Thomas Scott, cui Gay risponde); *Vita di S. Pietro. Bozzetti storico-omiletici*, Torre Pellice, Claudiana, 1927 (postumo, a cura del figlio Gaio Gay).

192. Limitandosi a un solo esempio, si veda *Vita di Gesù Cristo*, II, p. 197: nella trattazione dell'episodio del processo a Gesù, Gay accetta la prospettiva "confessionale" dell'autoproclamazione divina di Gesù. Come affermato nell'Introduzione (I, p. 6), il doppio volume raccoglie i testi preparatori (certo, revisionati) delle omelie che Gay pronunciò: ciò aiuta a comprendere il contesto di formazione dell'opera e la sua destinazione.

193. In questo volume Labanca cita anche altri testi od opuscoli su Gesù scritti da pastori metodisti, come Francesco Sciarelli, Vittorio Bani, Nicola Lettieri (cfr. Labanca, *Gesù Cristo*, pp. 167, 176-182, 196-197).

194. Cfr. ivi, p. 168, dove loda anche il volume di Gay su Paolo di Tarso, che Labanca aveva recensito già al tempo della sua pubblicazione (su «La Cultura», nel 1885). Labanca compie però l'errore di scambiare l'italiano Gay per uno «straniero». L'analisi di Labanca dei volumi di Gay è alle pp. 167-171, da dove provengono le citazioni qui riportate.

tale prospettiva è ritenuta da Labanca «inappuntabile», dal punto di vista di Gay, poiché «come possibile narrare una vita di G.C. ad edificazione altrui, insinuandovi dei dubbi sui primi narratori di essa?». Dunque la valutazione di Labanca si basa sull'inquadrare il testo di Gay per quello che è il suo intento, che *non* è quello di un'esegesi storico-critica. Labanca si mostra poi concorde con le critiche di Gay al culto cattolico delle reliquie (tema presente anche nell'altro testo esaminato, *La Terra del Cristo*).

Molto più interessanti, e di maggiore profondità storico-teologica, sono l'*Arsenale antipapale* e *Il Credo*.[195] Per quanto riguarda il primo, va ricordato anzitutto che esso fu uno dei libri di Gay di maggiore impatto, dato che ebbe una seconda edizione e soprattutto una traduzione francese.[196] Il testo si presenta come un'esposizione ordinata alfabeticamente in una serie di voci (*Dizionario*, appunto) dedicate a temi di controversia tra protestantesimo e cattolicesimo, oppure a concetti, dottrine o riti da descrivere. Il taglio controversistico non deve ingannare, poiché Gay dispiega nel volume una buona erudizione storico-teologica, nonché alcune concezioni peculiari che è interessante analizzare – ma anche la stessa polemica anticattolica rappresenta in realtà un punto significativo, poiché caratteristico del metodismo (soprattutto episcopale) del tempo.

L'*Introduzione* di Gay offre un'utile chiave per cogliere l'intento programmatico del testo: a parte, ovviamente, l'aspetto della controversia, subito posto in luce («smascherare le menzogne e le infamie» del cattolicesimo romano, definito corruzione del cristianesimo), va notata la precisazione di Gay sul suo aver prodotto «un libro affatto originale, non una traduzione, o una compilazione, ma il risultato di studi miei personali, redatto e presentato in forma affatto personale» (p. IV), talmente personale che, specifica, «in qualche punto non mi trovo d'accordo con l'opinione prevalente fra gli autori di opere polemiche»: ad esempio, non vede negata nei vangeli la perpetua verginità di Maria, anche se nemmeno vi è chiaramente affermata, dunque il papato sbaglia a imporre «come articolo di fede una cosa non chiaramente definita dal Vangelo»; e non nega con certezza che Pietro sia venuto a Roma, commentando: «Probabilmente Pietro è stato a Roma, poiché quasi tutti i Padri della Chiesa lo asseriscono; ma che perciò? Non c'è quivi

195. Per entrambi, citerò nel corpo del testo i rimandi alla paginazione.

196. La *Seconda edizione accresciuta di quindici articoli nuovi* esce nel 1897 a Napoli, presso Raimondi; la traduzione francese nel 1901 (a Cahors, con l'editore Coulesant), recentemente ristampata (riproduzione facsimile, Marseille, Éd. de la Tarente, 2014).

il minimo argomento in favore del papismo». Va notato questo riferimento ai «Padri della Chiesa», poiché offre l'opportunità di specificare subito una delle caratteristiche del volume di Gay e dei motivi di maggiore interesse: il continuo riferimento ai Padri e alla storia del cristianesimo e della Chiesa dai primi secoli al Medioevo, che rappresenta la prospettiva che si è già più volte messa in luce, ossia l'intenzione (presente nel metodismo italiano postrisorgimentale) di combattere le dottrine cattoliche "con le stesse armi dell'avversario", dunque esaminando direttamente le fonti storiche e teologiche per "rovesciarne" l'interpretazione. Non ci si limita, cioè, a citare i passi *biblici* per affermare che una determinata dottrina (ad esempio la transustanziazione) non fa parte del cristianesimo originario, ma si aggiunge la "testimonianza patristica" per confermarlo, e – ancor più radicalmente – si afferma che proprio l'analisi dei testi patristici (soprattutto dei primi tre secoli) conduce a riconoscere che il cristianesimo della Riforma coincide con quello originario, mentre quello cattolico ne sarebbe la corruzione, e dunque che «i Padri sono evangelici», come più volte sostiene Gay, anzi: che «Tutti i Padri della Chiesa sono evangelici» (p. 164). Affermazione, questa, della massima pregnanza, proprio per la sua radicalità, che trascende la comprovabilità storica: se infatti Gay ha buon gioco nel rintracciare passi di alcuni autori patristici contro dottrine come la transustanziazione o il purgatorio e nel sottolineare lo sviluppo tardivo di queste, risulta però impossibile applicare l'aggettivo "tutti" e affermare che le prospettive teologiche dei "Padri" coincidevano unanimemente con quelle della Riforma; per essere più espliciti, pensando solo al tema più decisivo, la dottrina della giustificazione e della grazia, come si poteva sostenere che il concordismo e la fiducia nel libero arbitrio presenti negli alessandrini Clemente e Origene, o nell'origeniano Ambrogio, fossero "(proto-)protestanti" quanto la dottrina della grazia dell'Agostino maturo? L'affermazione di Gay poteva originare un'obiezione di questo tenore. Se non si vuole risolvere troppo sbrigativamente la questione, ritenendo che Gay non tenesse sufficientemente in conto le differenze da un lato tra le molteplici, spesso divergenti teologie patristiche, e dall'altro tra queste e determinate dottrine protestanti (così come determinate dottrine cattoliche), bisogna prendere la sua posizione come epifenomeno retorico, polemico, riconducendola all'impianto controversistico complessivo, leggendo l'*Arsenale* come un formidabile esempio di documentata apologetica. *Documentata*, perché al di là dell'*interpretazione* (ovviamente orientata) dei testi patristici, emerge che questi venivano da Gay citati in base a una effettiva conoscenza (a volte diretta, a volte mediata probabilmente da antologie o testi di controversia), e dunque questo testo conferma ancora una volta come, all'interno del metodismo italiano dei primi decenni, dei tentativi di approfondimento storico-teologico *ci furono*.

Esaminando, dunque, alcuni casi significativi di questo appello alla testimonianza patristica, è possibile partire proprio dal citato caso della transustanziazione: nell'articolo omonimo, Gay elenca sette motivi per i quali rifiuta questo dogma (ad esempio «è contrario al *Vangelo*» e «*alla pietà*»), e tra questi vi è la sua contrarietà rispetto «all'*antica fede Cristiana*», in quanto «[i] Padri della Chiesa non credevano alla transustanziazione» (p. 205). L'affermazione viene supportata citando[197] Tertulliano (*Adversus Marcionem* IV,40), Teodoreto di Cirro («Dialogo con Eutiches»: si riferisce all'*Eranistes*), Efrem («Dial. cont. scrutat. nat. Dei»),[198] Cristostomo (*Epistola ad Cesarium*),[199] Agostino (*Contra Adimantum* 12 [12,3]; «Ep. 23 ad Bonif.»), Eusebio («Dimost. I.1»)[200] e i papi Gelasio (*De duabus naturis*) e Vigilio (*Contro Eutiche* l. II): passi dove o si afferma che le specie eucaristiche non cambiano sostanza, o queste vengono intese in senso figurato. La transustanziazione, prosegue Gay, sarebbe stata teorizzata per la prima volta nel IX secolo, da Pascasio Radberto, e poi proclamata come dogma solo al Concilio Lateranense IV del 1215.[201]

Non è lo scopo di questa indagine scendere nel dettaglio delle tesi di Gay, che del resto, nella controversia dottrinale, recupera spesso affermazio-

197. Qui e di seguito, sciolgo, completo o correggo (in caso di imprecisioni) i riferimenti abbreviati forniti nel testo di Gay.

198. Questo "Dialogo" non è di immediata identificazione. Efrem polemizza in più luoghi contro avversari che definisce "scrutatori" della natura divina (ad esempio ariani o eunomiani). È possibile che Gay citi da una fonte secondaria: ad esempio, lo stesso passo di Efrem sulle specie eucaristiche citato da Gay si trova in F. Puaux, *Anatomia del papismo*, Firenze, Claudiana, 1872², p. 119, dove viene attribuito a un'opera intitolata *Trattato contro gli scrutatori della Natura del Figliuol di Dio*.

199. Si tratta però, probabilmente, di uno scritto pseudo-crisostomiano.

200. Non trovo però, in *Dimostrazione evangelica* I,1, il passo citato da Gay.

201. Si può notare che gli stessi passi di Agostino, Eusebio e Tertulliano erano citati anche da Wesley, nel contesto di una polemica contro la transustanziazione: si tratta dell'esame critico del Catechismo romano (J. Wesley, *A Roman Catechism, Faithfully Drawn Out of the Allowed Writings of the Church of Rome, With a Reply Thereto*, in *The Works of the Rev. John Wesley*, a cura di Th. Jackson [d'ora in poi *Works* (Jackson)], 14 voll., London, J. Mason, 1829-1831 (rist. 1872), rist. anastatica Grand Rapids [MI], Baker Book House, 1978, X, pp. 86-128, qui pp. 118-119). Si veda Rinaldi, *La santificazione in Wesley come tema ecumenico*, pp. 85-86 per un utile schema degli autori patristici che Wesley chiama in causa in quest'opera, divisi per argomento.

ni tradizionali e note. Interessa qui soprattutto mettere in rilevo gli elementi più interessanti e/o originali della sua *prospettiva*: dunque sarà sufficiente limitarsi a rilevare i luoghi e i contesti di questo appello ai Padri, senza poter approfondire l'analisi di ognuno dei singoli passaggi citati nell'ottica di un confronto con gli altri e con le tesi opposte. Occorre orientare lo sguardo piuttosto sulla *sintesi*, sulla visione d'insieme, per cogliere che il *leitmotiv* dei Padri è ribadito da Gay costantemente: così, per fare altri esempi, nell'articolo sulle *Opere Meritorie*, dove in supporto della tesi che le opere siano «necessarie come dimostrazione della fede che salva, ma non come espiazione od operazione che ci ottenga la salvezza» (p. 156), si citano – accanto ad alcuni passi biblici – brani di Tertulliano e Agostino (entrambi sulla cancellazione della colpa e della pena operate dal sacrificio di Cristo); oppure nell'articolo *Papa*, dove nel commentare *Mt* 16,18, affermando che Gesù non aveva voluto istituire "il papato", si evoca Agostino («Tract., Tract. ult. in Johan»)[202] per suffragare l'interpretazione che la «roccia» sulla quale, nel passo biblico, si afferma che sarà fondata la Chiesa, vada intesa come Cristo stesso o come la fede in Gesù che Pietro per primo aveva esplicitamente proclamato (p. 167). Si veda anche l'articolo sulla *Tradizione*, dove Gay attacca la teoria tridentina, e afferma che «i padri della Chiesa stessi non danno alla tradizione quella autorità che le danno i preti» (p. 204), citando poi passi di Ireneo, Cipriano, Basilio, Girolamo, Crisostomo e Agostino sulla superiore o unica autorità delle Scritture. Argomento molto simile si trova in riferimento all'autorità dei Concili, dove Gay scrive: «I padri della Chiesa non aveano pei concili quella sottomissione richiesta dai preti; essi non li citavano per provare il loro insegnamento, ma citavano la sola Scrittura, come noi evangelici» (p. 62). L'"appello ai Padri" torna poi nel criticare le dottrine cattoliche

202. Cfr. Agostino, *In Evangelium Ioannis*, Tractatus 124,5: «Super hanc ergo, inquit, petram quam confessus es, aedificabo Ecclesiam meam. *Petra* enim erat Christus; super quod fundamentum etiam ipse aedificatus est Petrus»; anche Gay cita questo passo in latino, con minime varianti. In questo paragrafo Agostino scrive che Pietro rappresentava (in *Mt* 16,18-19) la Chiesa universale («[Petrus] universam significabat Ecclesiam»), fondata sulla pietra-Cristo. L'esegesi agostiniana oscilla tra l'attribuzione di "pietra" a Cristo e a Pietro, come l'Ipponate stesso ricorda in *Retractationes* I,21,1. Recentemente, Giuseppe Di Corrado ha pubblicato un volume sistematicamente dedicato al tema, la cui metodologia si propone come «storico-critica», volendo superare l'impostazione «apologetica» di molti studi soprattutto preconciliari: G. Di Corrado, *Pietro pastore della Chiesa. Il primato petrino negli scritti di Agostino d'Ippona*, Roma, Città Nuova, 2012.

sul celibato ecclesiastico,[203] sull'uso del latino nel culto,[204] sull'Immacolata concezione di Maria,[205] sulla distinzione tra laici e clero – dove scrive che, se è vero che questa nasce già anticamente («è una delle prime alterazioni che si introdussero nel Cristianesimo; ne troviamo il germe già in Cipriano», p. 59), va però aggiunto che «i più distinti padri della Chiesa difendono ancora l'idea Biblica del Sacerdozio Universale dei Cristiani»: qui cita Ireneo (*Adversus haereses* IV,20), Tertulliano (*De exhortatione castitatis* VII), Crisostomo (*In Epistulam II ad Corinthios, Homilia XX*), Agostino (*Sermo 94*).

I Padri vengono evocati anche nell'articolo intitolato *Falsificazioni*, dove si afferma che la Chiesa romana ha falsificato non solo molti passi biblici (il riferimento è alla traduzione latina della *Vulgata* sisto-clementina, di cui si citano vari luoghi che non traducono correttamente l'originale ebraico o greco dell'Antico o del Nuovo Testamento), ma anche la stessa «tradizione»; in particolare, «il concilio di Trento, vedendo come a danno suo si spargevano al tempo della Riforma le opere dei Padri della Chiesa, da cui appariva chiara *l'identità del protestantismo col cristianesimo primitivo*, nominò una commissione d'inquisitori incaricati di togliere dalle opere dei Padri i passi troppo contrari al papismo» (p. 99, cors. mio); Gay rimanda ad esempio a quanto scritto nell'*Indice* del 1584 e in quello del 1588.

Non sorprende, allora, che Gay dedichi una voce specifica del dizionario proprio ai *Padri della Chiesa* (pp. 160-164), dove spiega la differenza tra cattolici e protestanti, nella lettura di essi: «i papisti pretendono che i padri sono autorità normative di fede al pari della Bibbia e che essi professavan le idee papistiche, mentre i protestanti sostengono che i padri non hanno altra autorità che quella d'un'attestazione storica di ciò che credevano i Cristiani ai lor tempi e che d'altronde questa loro testimonianza mostra che i Cristiani antichi non eran papisti, ma evangelici». Dunque il dissidio verte sulla concezione dell'*autorità* dei Padri, e sulla *natura* della loro testimonianza, che per Gay è di tipo *storico*, più che dottrinale. Per

203. Cfr. p. 52: «i più distinti Padri della Chiesa disapprovano con non dubbie dichiarazioni il celibato imposto e forzato»; seguono citazioni, tra gli altri, da papa Leone I, Crisostomo, Agostino.

204. Cfr. p. 124: «I Padri della Chiesa condannano l'uso d'una lingua morta, nel culto»; cita poi Origene, Basilio e Agostino (questi ultimi sulla necessità che le preghiere si elevino in lingue che si comprendono, affinché edifichino).

205. «I Padri della Chiesa la contraddicono esplicitamente», p. 129: cita poi Tertulliano, Ambrogio, Eusebio, Agostino, Crisostomo.

quanto riguarda il primo punto, Gay – coerentemente con la tradizionale prospettiva protestante – sottolinea il valore normativo della sola Bibbia in materia di fede, aggiungendo vari argomenti: ad esempio, che la stessa Chiesa cattolica non conferisce sempre autorità ai Padri, quando questi abbiano sostenuto idee ritenute eretiche; che nell'interpretazione della Bibbia, i Padri stessi «si contraddicono l'un l'altro, e talvolta lo stesso padre cambia opinione»;[206] infine, che «i Padri stessi respingono quell'autorità che ora i preti vogliono dar loro» (si veda quanto detto sopra in riferimento all'articolo *Tradizione*: anche qui si citano passi sull'autorità delle Scritture). Essi, come detto, possono dunque essere considerati sul piano storico, come testimonianze dei primi secoli cristiani. In quest'ottica, prosegue Gay, analizzandone i testi si evince che contro ogni dottrina caratteristica della Chiesa romana possono essere citati «parecchi passi espliciti di vari padri», e che, per converso, «di ognuno dei padri della Chiesa si posson citare passi contrari a qualche dottrina o istituzione papistica». È appunto la metodologia che Gay segue in tutto il volume; qui richiama alcuni riferimenti, evocando Agostino, Girolamo, Crisostomo e altri autori. La conclusione è utile per inquadrare meglio la tesi di Gay sulla "evangelicità" dei Padri; egli spiega che in realtà occorre fare qualche distinzione:

> I *Padri apostolici* [...] ci presentano una dottrina purissima primitiva. I *Padri anteniceni* [...] son fedeli ancor essi al Vangelo; ma comincian talora a esprimersi in un linguaggio che altri sfrutterà più tardi per decadere dalla primitiva purezza. I *Padri Posniceni* poi [...], pur ligi alla verità, non san talora difendersi da qualche piccola innovazione. Ma in fondo, non c'è dubbio possibile: *Tutti i Padri della Chiesa sono evangelici*. (p. 164)

Gay si rende perfettamente conto delle differenze dottrinali tra diverse correnti e diversi autori patristici; il "punto di svolta" è fissato con il Concilio di Nicea. Ma qui Gay è interessato a ridurre al minimo lo scarto, e l'iperbolica affermazione finale (già citata) è funzionale appunto a "disarmare" gli avversari cattolici avocando a sé le loro *auctoritates*.

Seguendo la traccia del riferimento al Concilio niceno, è possibile approfondire la tesi di Gay della «*identità del protestantismo col cristianesimo primitivo*» (p. 99). Più volte egli ripete questo concetto; più esplicitamente, nel contesto dell'analisi del termine "cattolico" afferma che «le

206. Dunque si può comprendere l'affermazione sopracitata: "tutti i Padri sono evangelici". Gay non ignorava le differenze tra di essi, ma intende appunto sfruttarli in funzione controversistica.

Chiese evangeliche [...] professano precisamente la religione del Simbolo di Nicea senza alcuna aggiunta, e per conseguenza si trovan d'accordo coi primitivi Cristiani e meritan davvero d'esser detti *cattolici*» (p. 49). «Cattolica» è infatti per Gay «ogni Chiesa la quale ritiene la dottrina Cattolica senza modificazioni né aggiunte», laddove tale «dottrina Cattolica» sarebbe quella contenuta nel Simbolo apostolico e nel Simbolo niceno, custodi della «primitiva dottrina» della Chiesa cattolica ossia *universale*. Gli evangelici sarebbero così i veri "cattolici", affermazione che Gay corrobora ancora una volta citando testimonianze patristiche: nello specifico, testi sulla definizione dell'essenza della "Chiesa", che è lì dove è Cristo, dove è la vera fede, dove vi sono le anime dei fedeli (Ignazio, Girolamo, Crisostomo).[207] Se gli evangelici professano «la religione degli Apostoli e dei Cristiani dei tre primi secoli», proclamata dal Concilio niceno (cfr. p. 63), i cattolici sono invece definiti «novatori», rovesciando così proprio l'accusa che essi rivolgevano ai protestanti: «la Chiesa dei primi sei secoli [nel VII, con Bonifacio III, si avrebbe per Gay il primo vero "papa"] era *evangelica*», e «la Riforma non fu un'innovazione, fu un ritorno alla fede primitiva» (p. 155). Oltre al papato monarchico, i cattolici avrebbero introdotto tutta una serie di innovazioni, aggiunte e modifiche rispetto al cristianesimo primitivo (cfr. la cronologia a p. 82): dal monachesimo al purgatorio, dal celibato obbligatorio alla transustanziazione, fino all'Immacolata concezione e all'infallibilità del papa.

Poste queste premesse, è allora del tutto conseguente che Gay parli dell'«apostasia» della Chiesa romana (cfr. la voce omonima, pp. 13-14): introducendo nuove dottrine «i cattolici Romani dunque hanno apostatato dal cristianesimo ed hanno abbracciato il papismo» (p. 13). Qui Gay anticipa quanto Pietro Taglialatela scriverà nel *Papa-re* (cfr. *supra*), compreso il riferimento al papa come "anticristo" (pp. 5-7) e alle tre profezie bibliche che sarebbero riferite al papato (*Dn* 7; *2Ts* 2; *Ap* 13 e 17, analizzati nel dettaglio alle pp. 177-180). Vi sono solo due sostanziali differenze rispetto a Taglialatela. Anzitutto la cronologia: per Gay il papato nasce nel 610 d.C., quando l'imperatore Foca nomina Bonifacio III "vescovo universale" (in realtà si

207. «"La Chiesa cattolica, dice S. Ignazio (Ep. ad Smyrn. cap. VIII), è dappertutto dov'è Gesù Cristo". E S. Girolamo scrive (in Psalm. 133,86): "Là ov'è la vera fede, ivi si trova la Chiesa. [...] Il vero tempio di Dio è l'anima, e la sua Chiesa altro non è che le anime di coloro che credono in Lui. [...]" Crisostomo dice (in Psalm. 44): "È dunque dalla Bibbia e non dai templi o dalle moltitudini che si conosce la Chiesa [...]"» (p. 49).

tratta del 607 d.C.: il riferimento è a un decreto di Foca relativo al titolo del vescovo di Roma); le profezie di *Dn* e *Ap* vengono interpretate come riferite a un tempo di 1260 anni, ed ecco che si arriverebbe al 1870, anno della perdita del potere temporale. Secondo Taglialatela, invece, il papato nasce nel 774, e contando anche lui i 1260 anni, ne vede la fine ancora futura, nel 2034. Seconda differenza, la valutazione delle dottrine nicene: per Gay il concilio niceno «è ancora veramente cristiano secondo l'evangelo» (p. 6), e dopo di esso sarebbe iniziato il processo di innovazione corrotta; per Taglialatela, invece, già il Concilio di Nicea rappresentava una "perversione dogmatica" del "vero cristianesimo", ed è appunto lì che sarebbe iniziata l'apostasia. Se ne deduce che Gay, a differenza di Taglialatela (almeno, dell'ultimo Taglialatela) e di Caporali, non aveva una concezione trinitaria subordinazionista.

3.3. *L'analisi del Simbolo apostolico*

Altra opera significativa di Gay, della quale occorre almeno fornire sinteticamente qualche dato, è *Il Credo* (1883), analisi del Simbolo apostolico.[208] Il volume, di oltre trecento pagine, affronta sistematicamente il Simbolo, affermazione per affermazione, e ne trae spunto per toccare ampiamente una serie di tematiche, in prospettiva storico-teologica (esistenza di Dio, divinità di Gesù, ecclesiologia, escatologia...): qui tornano critiche a dottrine cattoliche (Gay recupera spesso affermazioni o analisi inserite nell'*Arsenale* edito l'anno precedente). Il testo non ha una destinazione specialistica, e non contiene indicazioni o riferimenti bibliografici (l'unica segnalazione delle fonti avviene in occasione di alcune citazioni patristiche);[209] anche qui, l'intento di Gay non è quello di uno studio storico-critico del *Credo*, ma è soprattutto apologetico e controversistico (il "Gesù storico" è praticamente identificato con il "Cristo della fede" tratto dai vangeli, cfr. pp. 71-72). Lo scritto non è però privo di interesse.

Vanno rilevate soprattutto le affermazioni di Gay contenute nelle prime pagine, che descrivono il Simbolo e il suo significato. Correttamente, Gay specifica che il Simbolo non è una professione di fede scritta *direttamente*

208. Gay se ne era già occupato in un articolo su «La Fiaccola» di qualche anno prima, che corrisponde al primo capitolo del volume *Il Credo* (pp. 1-7): cfr. T. Gay, *Il Credo Apostolico*, in «La Fiaccola», III, novembre 1880, pp. 409-411.

209. Tra le rare eccezioni, la citazione di E. Naville, *Le Christ* [*Le Christ. Sept discours*, 1878], a p. 125; di E. Renan, *Vita di Gesù* [1863], a p. 71; di [J.] Pearson, *On The Creed* [*An Exposition of the Creed*, 1659], a p. 202 e 204.

dagli apostoli; ritiene comunque che il nome sia adatto, poiché gli insegnamenti che contiene rispecchiano gli insegnamenti apostolici, sebbene esso sia stato sviluppato lungo i primi quattro secoli (Gay riporta che è citato per la prima volta da Rufino, nel 400 d.C. circa),[210] attraverso una serie di stratificazioni, a partire probabilmente da un'originaria formula battesimale. L'elemento più interessante è il *significato* che secondo Gay riveste il *Credo*: esso «è come un legame visibile e palpabile che unisce i Cristiani di tutti i tempi; esso ci collega coi Cristiani dei primi secoli e ci fa realizzare in modo particolarmente sensibile la nostra comunione con tutti quegli i quali da diciotto secoli han creduto in Gesù» (p. 4). Se infatti ogni Chiesa ha la propria confessione di fede, il Simbolo apostolico è accettato da tutte, ed evidenzia l'«unità di fede in seno a sì ricca e bella diversità di forme» (p. 5). L'unione tra i cristiani riguarda le «cose essenziali della fede», e qui il protestante può accordarsi anche con l'ortodosso e «persino con quei Cattolici Romani di buona fede pei quali il Credo Apostolico esprime l'essenziale del Vangelo». Una portata "ecumenica" che già John Wesley aveva sottolineato.[211] Gay vede poi nel *Credo* una prospettiva non-dogmatica: le sue affermazioni sarebbero non una serie di dogmi, ma «un'enumerazione di *fatti*», corrispondendo così all'"essenza" del cristianesimo. Non manca però, come si accennava, la chiave controversistica, che subito ridimensiona l'embrionale apertura ecumenica: nel Simbolo apostolico, scrive Gay, «non c'è menzione alcuna né del papa, né del purgatorio, né della messa, né della confessione, né di nissuna dottrina o istituzione specifica della Chiesa Romana» (p. 7). Paragonando quindi il Simbolo apostolico con il «Credo ufficiale della Chiesa Romana» (quello tridentino promulgato da Pio IV nel 1564),[212] prosegue Gay, si riscontra che questi «insegnano due religioni tutto diverse»: nel secondo vi sono le aggiunte consistenti in una

210. Rufino di Aquileia è il primo a parlare di un'origine *apostolica* del Simbolo, narrando l'episodio leggendario della sua composizione da parte degli Apostoli (cfr. Rufino, *Expositio Symboli* [404 d.C.] 2). Non è però il primo in assoluto a fare riferimento al Simbolo: si trovano attestazioni in altri testi della fine del IV secolo. Il più noto è una lettera (composta da Ambrogio) inviata nel 393 dal Sinodo di Milano a papa Siricio (il testo della lettera si legge in *Patrologia Latina* 16,1125-1129). Per il testo del Simbolo cfr. Ambrogio, *Explanatio Symboli*.

211. Cfr., nella sua *Letter to a Roman Catholic* (1749), §§ 6-10 (*John Wesley's Letter to a Roman Catholic*, a cura di M. Hurley, London-Dublin-Melbourne-Belfast, Geoffrey Chapman - Epworth House, 1968), l'esposizione delle principali dottrine cristiane – condivise da protestanti e cattolici – che ricalca principalmente il Simbolo apostolico.

212. Ma in realtà non si tratta di una professione di fede *liturgica*.

serie di dottrine cattoliche sviluppate nei secoli. Dunque, conclude Gay, «il Credo del papista è quello del Concilio di Trento; quello dell'evangelico è il Credo Apostolico». Torna qui la tesi dell'identità del nucleo del protestantesimo con il cristianesimo dei primi secoli, già esposta nell'*Arsenale*.

Dal punto di vista della speculazione teologica il volume non offre molti spunti originali: come si diceva, Gay amplia l'esposizione del *Credo* toccando temi come la dottrina della grazia, l'escatologia, la divinità di Gesù (qui ritenuta proclamata da egli stesso, sulla base di una lettura acritica dei vangeli canonici, cfr. pp. 101-114). Vanno segnalati, però, alcuni elementi, come un'affermazione che bene esplicita la prospettiva metodista, *risvegliata*, della fede salvifica, davvero corrispondente al pensiero di Wesley («La fede in Gesù, la quale mi salva, è quella per la quale non solo ammetto che Gesù può salvare, ma sento che *Egli ha salvato me*», p. 75); e un paio di passi che sembrano riecheggiare testi agostiniani. Il primo, nel contesto di un'esegesi di *Gn* 1,1, istituisce un parallelismo tra creazione e redenzione («La conversione è davvero una nuova creazione», p. 67), in cui lo stato dell'anima lapsa è concepito come il caos primordiale ancora da formare, ordinare:

> L'anima inconvertita è nel caos come il mondo all'origine, nelle tenebre e nel disordine, e vi resta sempre se lo Spirito del Signore non viene a soffiare sopra di essa per darle vita. La prima cosa che fa lo Spirito in un'anima è *la luce*, [...] che rivela al peccatore il suo orrendo stato; poi segue un lavorio interno, uno sconvolgimento radicale in cui l'ordine rimpiazza a poco a poco il caos [...]. Dio che ci ha creati già in Adamo, ci vuol creare di nuovo in Cristo Gesù nuovo Adamo. (pp. 67-68)

Qui l'accostamento tra dottrina della creazione e dottrina della redenzione/giustificazione sembra riprendere un tema agostiniano, in particolare pensando al XIII capitolo delle *Confessioni*; è significativo, però, che lì Agostino interpreti la creazione come metafora della *predestinazione* (della redenzione dei predestinati), mentre la prospettiva del metodista Gay è quella della teologia della grazia arminiana, antipredestinazionista.[213] Il secondo brano riguarda la dottrina trinitaria (nella quale Gay si mostra "ortodosso", rispetto a Taglialatela e Caporali), che Gay sceglie di spiegare ricorrendo all'*analogia* con la *creatura umana* (che Dio «fece alla

213. Un accostamento simile a quello proposto da Gay si trova in Sulzberger, *Spiegazione degli articoli di fede*, pp. 55-56: cfr. *supra*, p. 117, nota 137.

sua immagine», p. 114), ponendosi così sulla scia di Agostino, che soprattutto nel *De Trinitate* (libri IX-XV) dispiegò la riflessione sull'analogia tra Trinità e *mens* (*imago Dei*). Certo, Gay non recupera, esplicitamente, la terminologia agostiniana e l'analisi sulle *facoltà* o caratteristiche della mente e dell'essere umano (*mens*, *notitia*, *amor*, cfr. *De Trinitate* IX,5,8; *memoria*, *intelligentia*, *voluntas*, cfr. *De Trinitate* X,11,17-18; *esse*, *nosse*, *velle*/*amare*, cfr. *Confessioni* XIII,11,12 e *De civitate Dei* XI,26.28), limitandosi a parlare del Figlio-Immagine come risultato della «coscienza di sé» del Padre (cfr. pp. 114-115), e dello Spirito Santo come «l'amore [...] che unisce il Padre al Figlio sua immagine, e per conseguenza procede da ambedue»; ma la "coscienza di sé" del Padre (che Gay spiega per analogia con la coscienza di sé umana) può essere vista come un *conoscersi*, dunque un *nosse* attuato dall'essere che esiste (*esse*), e il concetto dello Spirito come *amore-caritas* che connette le prime due Persone è poi chiaramente derivato da quello agostiniano (cfr. ad esempio *De Trinitate* VI,5,7).[214]

3.4. *Sulla storia del metodismo e della Riforma*

Teofilo Gay, infine, va ricordato qui per un altro aspetto della sua produzione: il tentativo di approfondire e divulgare la dottrina e la storia della propria denominazione, il metodismo episcopale. Nel 1880 tenne una serie di *Lezioni religiose* nella chiesa metodista episcopale di Firenze (dove allora era pastore), dedicate agli *Articoli di fede* della propria Chiesa (i *Venticinque articoli* di cui si è parlato in precedenza).[215] Tra il 1882 e il 1883 pubblicò su «La Fiaccola» degli articoli che riassumevano la storia di questa denominazione (da lui esposta in una conferenza), raccolti poi anche in volume.[216] Più precisamente, oltre alla storia (dedicando comprensibilmente un certo spazio alla Conferenza fondativa, del 1784) Gay ne

214. Sulla riflessione agostiniana sulla *mens* immagine di Dio-Trinità, cfr. G. Lettieri, *La mente immagine: Paolo, gli gnostici, Origene, Agostino*, in *Per una storia del concetto di mente*, a cura di E. Canone, Firenze, Olschki, 2005, pp. 63-122; più in generale, sulla teologia trinitaria di Agostino, cfr. Id., *L'altro Agostino*, pp. 236-246.

215. La notizia è riportata in Anon. [= L.M. Vernon], *Il Socialismo*, in «La Fiaccola», III, maggio 1880, pp. 337-340. Probabilmente, come detto, Gay si basava sul testo degli articoli pubblicato nelle *Costituzioni* della sua Chiesa, edizione del 1879.

216. T. Gay, *I metodisti episcopali. Studio presentato alla Società Teologica Fiorentina nella seduta del gennaio 1882*, Roma, Tip. Artero, 1883 (seconda ediz. 1885); gli articoli originari sono T. Gay, *La Chiesa Metodista-Episcopale*, in «La Fiaccola», IV, dicembre 1882, pp. 209-211; V, gennaio 1883, pp. 15-16; febbraio 1883, pp. 28-31.

descriveva anche le dottrine e le costituzioni e infine forniva dei dati statistici. Riassumendo le dottrine, Gay toccava dunque la *teologia* della Chiesa metodista episcopale, che in breve presentava come esemplata dalle tre dottrine distintive della «salvezza possibile a tutti» (in ottica arminiana, antipredestinazionista), della «testimonianza dello Spirito» (la «certezza» della salvezza) e della «perfezione Cristiana». Spiegava poi la costituzione ecclesiastica vera e propria, con il *ministero laico* (oltre ad altri ruoli del laicato, come gli *esortatori* e i *conduttori di classe*) e il *mistero ecclesiastico*, composto da tre gradi: diaconi; anziani o presbiteri (i veri e propri ministri o pastori, ammessi alla celebrazione dell'eucaristia); soprintendenti generali o vescovi. Descriveva anche il meccanismo di gestione della Chiesa, tramite le *Conferenze*: trimestrali, distrettuali, annuali, generali. Insomma, la conferenza e poi il testo pubblicato da Gay si ponevano quale utile sintesi di storia e dottrine metodiste, una sorta di compendio dei volumi di *Doctrines and Discipline* (e delle loro versioni italiane), che poteva fornire agli interessati un quadro d'insieme di questa realtà.[217]

Ampliando l'orizzonte e considerando l'interesse di Gay, oltre che per la storia del metodismo, anche per quella della Riforma (più in generale), occorre ricordare i suoi articoli pubblicati su «La Fiaccola», e già analizzati in precedenza (nel cap. 2). In particolare, in connessione con le iniziative per il quarto centenario luterano del 1883, si deve qui menzionare in aggiunta un contributo che Gay fornì per il volume (edito nello stesso anno) *Martino Lutero secondo i suoi scritti*, una pregevole antologia di testi di Lutero tradotti in italiano, arricchita da tre saggi: due dei valdesi Alberto Revel e Bartolomeo Pons, e uno – appunto – di Gay, intitolato *Lutero in Italia*.[218] Questo breve saggio si focalizza sul viaggio di Lutero in Italia del 1510-1511, interpretato – come già avevano fatto Alceste Lanna e lo stesso Gay su «La Fiaccola» – come esperienza che avrebbe contributo al formarsi, in Lutero, della critica alla Chiesa romana, e dunque come prima scaturigine della Riforma.[219] Il testo non affronta in profondità un'analisi

217. Anche nel 1884 Gay pubblicherà degli articoli sintetici sulla storia del metodismo episcopale: cfr. *supra*, p. 100, nota 87.

218. T. Gay, *Lutero in Italia*, in *Martino Lutero secondo i suoi scritti. Raccolta di scritti del Riformatore di Germania tradotti e presentati al popolo italiano per il quarto centenario della sua nascita il 10 Novembre 1883*, Roma-Firenze, Claudiana, 1883, pp. 11-21.

219. «Germania! Un tuo figlio venne frate tra noi; l'Italia te lo rimandò Riformatore» (ivi, p. 21); e poco sopra: «l'Italia ha contribuito a formar Lutero».

teologica, limitandosi alla restituzione biografica, perlopiù basata sulle *Tischreden* (che comunque, va segnalato, Gay conosce e cita esplicitamente). Questo aspetto del testo di Gay non può considerarsi un esempio di scientificità, ma del resto l'intero volume (che ha però il grande merito di costituire la «prima antologia luterana mai apparsa in Italia») non è destinato a un pubblico specialistico.[220] Per altro verso, però, Gay avrebbe colto un elemento cruciale dell'azione di Lutero: «in primo luogo una iniziativa teologica e pastorale, di fede, non una riforma politica o morale», poiché «una riforma effettiva della chiesa è [...] possibile soltanto sollevando il problema di fondo, che è sempre quello della fede».[221] Queste considerazioni sono di Paolo Ricca, che così commenta il passo in cui Gay (con una considerazione «molto seria» e «storiograficamente plausibile», scrive Ricca) si chiede perché di altri "riformatori" italiani, come Arnaldo da Brescia o Savonarola, nessuno sia diventato un Lutero. Come si è detto, dei tre *maîtres à penser* metodisti qui analizzati Gay era il più "storico": se talvolta l'enfasi patriottica (e apologetica) poteva orientarne e condizionarne la prospettiva, tuttavia non veniva meno, in lui, la capacità di mettere a fuoco i nodi delle questioni storico-teologiche.

220. Così P. Ricca, *Lutero tra i valdesi dal XVI al XIX secolo*, in *Lutero in Italia. Studi storici nel V centenario della nascita*, a cura di L. Perrone, Casale Monferrato, Marietti, 1883, pp. 283-310; il virgolettato a p. 307, mentre il giudizio su questo aspetto del testo di Gay a p. 308: «Leggenda, retorica ed enfasi patriottica si fondono e danno vita a un discorso piuttosto infantile».
221. Ivi, p. 308.

4. Wesleyani ed episcopali tra fine Ottocento e inizio Novecento

Dall'analisi specifica di alcune figure significative è possibile tornare allo sguardo d'insieme e riprendere la sintesi storica sulla vita delle due Chiese metodiste, la wesleyana e l'episcopale, sempre mantenendo come prospettiva quella storico-religiosa e più propriamente storico-teologica. I wesleyani, che avevamo lasciato alla fine degli anni Settanta dell'Ottocento, vivono nei decenni successivi una progressiva situazione di difficoltà, o comunque di minore attività; gli episcopali, dei quali si era seguito lo sviluppo fino al 1888-89, anni dell'avvio della gestione Burt, tramite questa vedono invece un importante irrobustimento organizzativo, ma la perdita di vari elementi del corpo pastorale, tra i più validi a livello speculativo, peserà sulla produzione culturale, nonostante un parziale rincalzo dalle nuove generazioni. Così, considerando entrambe le denominazioni, si può commentare che il metodismo italiano, dopo lo slancio dei primi decenni, si avviò verso la gestione e il consolidamento della propria opera, ma alcuni peculiari e talvolta arditi tentativi di speculazione filosofico-teologica prodotti negli anni Ottanta non troveranno seguito.[1]

1. *La Chiesa wesleyana dagli anni Settanta al nuovo secolo*

1.1. *Storia della denominazione. Consolidamento dell'opera e nuova autocomprensione*

Gli anni Ottanta, Novanta e i primi del Novecento, nel metodismo wesleyano, non vedono la pubblicazione di testi cruciali, per significato

1. Va comunque specificato che la produzione di Pietro Taglialatela, esaminata nel capitolo precedente, si situa a cavallo fra i due periodi, dunque prosegue fino al primo decennio del Novecento.

e impatto, come quelli che erano stati diffusi in precedenza: i *Ventidue sermoni* di Wesley e la *Storia del metodismo* curata da Piggott nel 1868 e il *John Wesley* di Lelièvre tradotto da Sciarelli nel 1877, ma anche la traduzione de *La lingua di fuoco* del metodista William Arthur. Parziali eccezioni possono essere considerate alcune pubblicazioni proprio del prolifico Sciarelli: soprattutto alcune iniziative stimolate dal centenario luterano del 1883, e la traduzione (*La virtù da alto*, 1882) di un'opera (*The Power from High*) del predicatore "risvegliato" laico Dwight Lyman Moody (1837-1899), che allora aveva un successo enorme negli Stati Uniti (sua terra natale) e in Gran Bretagna, e comprensibilmente costituiva un riferimento per gli evangelici italiani (come l'altro noto predicatore Charles H. Spurgeon), che si mostravano così ancora influenzati prevalentemente da posizioni conservatrici, ostili alla moderna critica biblica.[2] Ma su ciò si tornerà più oltre, dopo aver ripercorso in estrema sintesi lo sviluppo della Chiesa wesleyana in questo periodo, riprendendo il filo della narrazione dal decennio precedente.

Durante gli anni Settanta il metodismo wesleyano si espanse con la fondazione, in diverse regioni italiane, di nuove, spesso piccole, comunità (tra le città più importanti vanno però ricordate Milano, Bologna, Salerno, Palermo); anche il corpo pastorale crebbe, passando dai primi dieci pastori "ufficiali" del 1869 ai diciannove del 1876.[3] Oltre alle comunità venivano fondate spesso delle scuole: tra le attività educative wesleyane spiccava il già ricordato Istituto Internazionale di Padova, che chiuse però nel 1879. Si è già parlato, inoltre, dei circoli culturali che fungevano da biblioteche e luoghi di dibattito e discussione, come il Galeazzo Caracciolo a Napoli, il Giovanni Diodati a Padova e l'Aonio Paleario a Roma, tutti fondati negli anni Settanta. Nel maggio 1874 si tenne poi a Roma il primo Sinodo (o Conferenza) Generale, ossia un sinodo unito del Distretto Nord e di quello Sud: un evento importante, soprattutto a livello decisionale.[4]

2. Cfr. Spini, *Italia liberale*, pp. 35-36.

3. Cfr. Chiarini, *Storia delle Chiese metodiste*, p. 45.

4. Cfr. Sciarelli, *I miei ricordi*, p. 186; il secondo si tenne a Napoli nel 1879 (p. 275); il terzo a Roma nel 1888 (p. 371); il quarto a Napoli nel 1894 (p. 372); il quinto a Roma nel 1897 (p. 394). Ve ne sarà poi un altro nel 1901 a Napoli, non riportato in questo volume, che esce nel 1900; dal 1902 i due distretti saranno unificati.

Di alcuni significativi accadimenti di questi anni si ha un riscontro nelle riflessioni del soprintendente Piggott: l'ascesa al governo della Sinistra storica, nel 1876, e la morte di Vittorio Emanuele II e di Pio IX nel 1878. Il primo evento, in generale, sembrava apprezzato dagli evangelici italiani, che vi leggevano una continuità con gli ideali risorgimentali e dunque la possibilità di rinverdire il sogno di una riforma sia socio-politica che religiosa.[5] Già tre anni dopo, però, Piggott commentava realisticamente e pessimisticamente, prendendo le mosse dalla situazione di sempre maggiore povertà diffusa nel paese:

> Il governo è a un punto morto, paralizzato dai dissensi interni. [...] Io non ho fiducia che possa durare, perché non credo nei nostri uomini politici: farebbero qualsiasi cosa pur di farsi reciprocamente lo sgambetto. Perlomeno, così è per la maggior parte dei dirigenti della sinistra. La mia unica speranza è che, per quando ci saranno le prossime elezioni, la gente apra gli occhi e che ci sia una destra abbastanza forte per tornare in carica. È esattamente quello che temono i clericali, e questo mi pare sia sufficiente per sapere cosa desiderare.[6]

Nonostante le dure parole rivolte in particolare ai politici della sinistra, sembra che Piggott esprima una più generale sfiducia nella classe politica italiana in generale. È interessante notare che la sua speranza in un ritorno della destra al potere sembra dettata, più che da un effettivo convincimento politico,[7] dalla riflessione che ciò che temono «i clericali» non possa che essere considerato l'esito migliore.

La morte di Vittorio Emanuele e quella di Pio IX, quasi contemporanee (9 gennaio e 7 febbraio 1878), erano invece occasione sia di una riflessione immediata, al momento degli eventi (Piggott, come pure Sciarelli, rinveniva uno «straordinario contrasto» nella reazione degli italiani: dolore

5. Cfr. Chiarini, *Storia delle Chiese metodiste*, p. 75.

6. Da una lettera datata 13 dicembre 1879, pubblicata in Piggott, Durley, *Henry James Piggott. Vita e lettere*, pp. 109-110.

7. Cfr. ad es. il commento del figlio, ivi, a p. 196: «trovo curioso rilevare che le simpatie di un radicale inglese potessero andare alla destra italiana, il vecchio partito conservatore d'Italia. Fra gli statisti moderni Sonnino e Luzzatti sono decisamente quelli in cui riponeva maggiore fiducia. Non si è mai veramente fidato di Giolitti». La definizione di "radicale" (*Radical* nell'originale) torna anche altrove, a p. 183, dove si afferma che Piggott si definiva così poiché i grandi partiti politici inglesi, a suo avviso, non andavano sufficientemente «alla radice dei problemi». Qui si afferma che il politico da lui più apprezzato fu il liberale W.E. Gladstone (pp. 183-184 [217-218 nell'originale inglese]).

partecipato nel caso del re, indifferenza in quello del papa),[8] sia *ex post*, anni dopo, tentando un bilancio sull'operato di Pio IX e di Leone XIII, suo successore, pontefice dal 1878 al 1903. Pio IX «non era un diplomatico», scrive Piggott, e «lasciò il papato in conflitto con quasi tutte le potenze politiche dell'Occidente», in gran parte a causa della sua avversione al liberalismo in ogni sua forma. Anche la «fanatica fede nella sua infallibilità» lo espose a dissensi sia esterni che interni alla Chiesa. Leone XIII, invece, aveva esperienza e abilità diplomatica, nonché una maggiore apertura dovuta alla sua «cultura classica». Ricompose i rapporti con vari governi (ad esempio con Bismarck, ottenendo la fine del *Kulturkampf*), ottenendo così «la riconquista del prestigio e dell'autorità del papato nelle politiche occidentali». Se però in una prima fase Leone XIII era considerato un papa con tendenze favorevoli ad aperture liberali, ad un certo punto il suo atteggiamento cambiò, soprattutto verso il governo italiano: secondo Piggott, egli reagì al montante anticlericalismo, culminato nei disordini connessi alla traslazione della salma di Pio IX (nel luglio 1881), con un «atteggiamento di amara ostinazione nei confronti della Nuova Italia». La sua politica divenne allora quella di tentare di riconquistare autorità, prestigio e influenza del papato:[9] tentativo che per Piggott riuscì. Il cattolicesimo era tornato a riaffermarsi in Italia, e questo non poteva non avere implicazioni negative sulle missioni protestanti; i commenti di Piggott lasciano trasparire, ancora una volta, la consapevolezza della fine del "sogno protestante":

> Le possibilità di un'Italia riformata, di una rivoluzione nella sfera della religione in corrispondenza con quella della politica [...], ora sembravano assurde a chiunque fosse sano di mente. Noi che operavamo ce ne siamo resi conto e abbiamo riconosciuto di avere a che fare con una istituzione formidabile, radicata nelle tradizioni di secoli [...]. Siamo arrivati a capire che la nostra vocazione e la nostra speranza non avrebbero ripetuto la rivoluzione spirituale del sedicesimo secolo, ma avrebbero raggiunto lentamente dei risultati più modesti.[10]

8. Ivi, pp. 101-102; cfr. Sciarelli, *I miei ricordi*, pp. 215-217.

9. Per un primo inquadramento della politica di Leone XIII e del relativo contesto storico, cfr. *I cattolici e lo Stato liberale nell'età di Leone XIII*, a cura di A. Zambarbieri, Venezia, Istituto veneto di scienze, lettere ed arti, 2008. Utile anche *Le pontificat de Léon XIII. Rénaissances du Saint-Siège?*, a cura di Ph. Levillain e J.-M. Ticchi, Roma, École Française de Rome, 2006, ad esempio sulle relazioni diplomatiche internazionali della Santa Sede.

10. Piggott, Durley, *Henry James Piggott. Vita e lettere*, pp. 104-105. Su questo passo di Piggott cfr. anche Nitti, *Il metodismo e il sogno protestante*, pp. 77-78.

Era questo, dunque, lo spirito con il quale la missione wesleyana agiva nell'era di Leone XIII. Piggott affermava esplicitamente che questo tipo di riflessioni aveva orientato le decisioni della sua Chiesa: specificava infatti che i «risultati più modesti» di cui parlava erano da un lato «la creazione di piccole comunità di vita cristiana, chiese vere [...], minuscole fonti di luce viva», e dall'altro «lanciare dei raggi di luce nel gran buio esterno, alimentando la ricerca religiosa [...], minando la superstizione», diffondendo il Vangelo, confidando che in seguito, nella stessa Chiesa romana, «si maturi l'alternativa: o la riforma dal suo interno, o un nuovo e più robusto scisma nazionale». Ciò indica, peraltro, che Piggott – a differenza di altri evangelici – vedeva ancora possibile una riforma interna al cattolicesimo: in quest'ottica vanno situati i suoi commenti sul modernismo, che sembrano denotare una considerazione positiva di esso.[11] Infine scriveva appunto: «Queste considerazioni cercano di dare spiegazione del perché, nel corso degli anni che seguirono, il lavoro fu teso più a consolidarsi [...] che alla formazione di nuovi centri». Come si vedrà, però, su queste scelte influirono anche le difficoltà economiche della Chiesa wesleyana italiana, che vedrà una riduzione del supporto proveniente dalla Chiesa inglese, soprattutto a partire dagli anni Novanta.

Negli anni Ottanta la Chiesa wesleyana non ebbe, infatti, una cospicua crescita numerica (dall'inizio alla fine del decennio si registrano minime oscillazioni tra circa 1.300 e 1.400 membri comunicanti): il *trend* era quello del consolidamento, della stabilità, che veniva mantenuta non senza sforzi. Tra i luoghi ove la missione si sviluppava maggiormente vanno segnalati la Sicilia, la zona del Lago Maggiore, la Bassa padana.[12] Da lettere di Piggott di questo periodo si evince che le difficoltà economiche cominciavano già

11. Cfr. Piggott, Durley, *Henry James Piggott. Vita e lettere*, pp. 147-148: «Forse questo Movimento modernista in seno alla chiesa cattolica ha qualcosa a che fare con questa necessità di cui mi lamento [poco prima aveva parlato della scarsità di giovani che si preparino per il ministero metodista]. Giovani preti – anche giovani laici religiosi – che qualche tempo fa non avrebbero avuto alternativa se non uscire dalla chiesa, ora dicono: "No, la nostra vocazione non è di uscirne ma di restare e lavorare per una riforma dall'interno"» (da una lettera del 13 maggio 1908); pp. 151-152: commenta una conferenza di Salvatore Minocchi (da lui definito «il capo dei modernisti italiani») cui ha assistito (da una lettera del 18 aprile 1909); p. 210: commenta il giuramento antimodernista imposto da Pio X, e la vicenda di Fogazzaro (da una lettera del 16 giugno 1911, che il figlio introduce così: «Mio padre era estremamente attento a tutto quello che potesse indicare l'avvio di una riforma, non ultimo ciò che si manifestava in seno alla chiesa cattolica»).

12. Cfr. Chiarini, *Storia delle Chiese metodiste*, pp. 86-88.

a farsi consistenti.[13] Egli, inoltre, doveva gestire da solo una mole enorme di lavoro: per aiutarlo fu inviato in Italia Robert Foster, che però rimase solo quattro anni, dal 1877 al 1881; poi ripartì, proprio perché la Società Missionaria non poteva finanziare anche la sua presenza. Piggott si era detto allora disposto a lasciare a Foster la soprintendenza, ma questi rifiutò, e lo stesso Piggott fu esortato dai colleghi inglesi a rimanere al suo posto.[14]

Nonostante le difficoltà, la missione wesleyana rimaneva salda nella convinzione del suo necessario radicamento denominazionale: nei primi anni Ottanta si discusse intensamente della possibile unione delle Chiese evangeliche italiane (tra i progetti collegati, nel 1881 era stato fondato il periodico interdenominazionale «L'Italia Evangelica»); a tal fine si tenne, nell'aprile 1884, l'Assemblea promotrice di unione o di cooperazione tra le Chiese Evangeliche d'Italia (presieduta da John R. McDougall, pastore della *Free Church of Scotland* a Firenze), alla quale parteciparono rappresentanti di diverse Chiese (per i wesleyani, Piggott, Jones e Sciarelli). Tra coloro che esitavano a incamminarsi sulla via dell'unione vi erano appunto i metodisti, sia wesleyani che episcopali; in una lettera di qualche mese dopo, Piggott scriveva: «Non credo che sia auspicabile avere una sola Chiesa protestante in Italia. La mia opinione è che il fatto che noi esistiamo come metodisti è un bene, purché siamo veramente portatori delle tradizioni metodiste».[15] La visione di Piggott è chiara: è opportuno mantenere la propria specifica presenza denominazionale, ma questa va "giustificata" rendendosi effettivamente portatori, nel contesto italiano, delle «tradizioni metodiste»; essere presenti in modo generico, senza differenziarsi dalle Chiese libere, dai valdesi o da altri gruppi, avrebbe scarso significato. Portare lo specifico messaggio teologico metodista è infatti, come si è visto, ciò che Piggott tentò di fare sin dai primordi dell'attività missionaria in Italia. Circa venticinque anni dopo, continuava a reiterare il suo appello.

Negli anni Settanta e Ottanta erano sorte, nell'ambito delle comunità wesleyane, anche numerose società di mutuo soccorso e altre analoghe

13. Cfr. le lettere del 17 dicembre 1881; 9 gennaio 1883; 20 giugno 1883 («le nostre persistenti difficoltà finanziarie ci costringono a tenere sotto controllo e reprimere la naturale e inevitabile, quanto desiderabile, tendenza a crescere»), in Piggott, Durley, *Henry James Piggott. Vita e lettere*, pp. 110-114.

14. Su ciò si veda Findlay, Holdsworth, *The History of the Wesleyan Methodist Missionary Society*, p. 510. Cfr. una lettera di Piggott del 24 maggio 1882, in Piggott, Durley, *Henry James Piggott. Vita e lettere*, p. 111.

15. Lettera del 16 febbraio 1885, ivi, p. 115.

opere assistenziali, che però non vanno intese come inquadrabili in un'attenzione per la nascente "questione sociale", configurandosi come iniziative di carattere strettamente religioso e confessionale (alieno da ragionamenti di "classe"). Simile è il caso delle battaglie, promosse soprattutto da Sciarelli, per l'osservanza del giorno del riposo: la motivazione era soprattutto religiosa (consacrare la domenica al culto), nonostante si sottolineasse che il lavoratore non doveva essere sottoposto a ritmi di lavoro eccessivi. Lo sviluppo di una riflessione più specificamente sociopolitica ed economica, attenta al tema dei diritti dei lavoratori, avverrà qualche tempo dopo (dagli anni Novanta, più concretamente): inizialmente si fa appello principalmente alla "carità" e alla beneficenza (religiosamente ispirate), come soluzioni.[16] Tutto ciò trova una corrispondenza nel contesto cattolico coevo: anche qui l'orientamento prevalente fu dapprima quello caritativo-assistenziale, secondo il tradizionale modello "paternalistico", mentre in seguito – in particolare, ma non esclusivamente, dopo la *Rerum Novarum* (1891) – almeno alcune frange cattoliche approfondirono ragionamenti in chiave di diritti e giustizia sociale, talvolta anche auspicando un intervento dello Stato.[17]

Gli anni Novanta si configurano come un periodo particolarmente difficile per la Chiesa wesleyana in Italia (a differenza della consorella episcopale, che invece, con la gestione Burt, viveva una crescita di fedeli e di mezzi). I problemi non erano solo di tipo economico: si riscontravano difficoltà più generali nell'evangelizzazione, attribuite (riflettendo anche sul decennio precedente) alla crescita del materialismo e dell'indifferentismo religioso, al recupero di influenza del cattolicesimo, ma anche al «convenzionalismo» di vari pastori, che non sembravano in grado di comprendere pienamente la realtà moderna che li circondava, diversa dagli schemi

16. Cfr. Chiarini, *Storia delle Chiese metodiste*, pp. 80-85 (cfr. pp. 109-121 per i dibattiti nel metodismo episcopale dagli anni Novanta al primo Novecento); Sciarelli, *I miei ricordi*, pp. 306-332 e 365-366.

17. L'enciclica ebbe multiforme ricezione e interpretazione: aree più conservatrici, come l'Opera dei Congressi, ne davano una lettura tradizionalista, continuando a impostare l'assistenza ai poveri secondo una logica paternalistica. Cfr. G. La Bella, *Fare la carità: attività e attivismo*, in *Cristiani d'Italia*, II, pp. 1197-1208; *I tempi della «Rerum Novarum»*, a cura di G. De Rosa, Roma-Soveria Mannelli, Istituto Luigi Sturzo - Rubbettino, 2002, con diversi saggi sulla ricezione (sulle diverse linee di pensiero *precedenti* l'enciclica si veda invece, in particolare, F. Traniello, *Aspetti della cultura sociale cattolica prima della* Rerum Novarum, ivi, pp. 43-59).

concettuali di cui il loro retaggio pietista li forniva.[18] Come riporta Franco Chiarini, «[s]u "La Civiltà Evangelica", l'unico periodico wesleyano di quegli anni [«Il Corriere Evangelico» aveva chiuso alla fine del 1876], comparivano ormai solo articoli improntati ad un logoro anticlericalismo, senza il minimo tentativo di comprensione né di quelle posizioni nuove che emergevano in seno al cattolicesimo, e neppure nei confronti degli eventi politico-sociali contemporanei».[19] Spini descrive questa fase come un certo «ripiegamento su se stessa dell'Opera Wesleyana in Italia», attribuendone almeno una parte della responsabilità proprio al progetto di Piggott di insistere sull'"italianità" del metodismo wesleyano locale, senza imporre schemi e metodologie britanniche (cfr. *supra*, cap. 1). Infatti, prosegue Spini, il metodismo britannico ebbe «una fase di rinnovata vitalità», tra fine Ottocento e inizio Novecento, «grazie ad uno stretto rapporto col movimento dei lavoratori e con la lotta politica della sinistra liberale prima e laburista poi»: ma di tutto ciò, nei periodici wesleyani italiani (il cui livello di profondità cala progressivamente), «non si trova traccia». Dunque, conclude Spini, la scelta di non "aprirsi" alle sollecitazioni provenienti dall'estero non era vincente:

> La preoccupazione dell'italianità del buon Piggott era molto nobile: ma dall'Italia del tardo Ottocento c'era da cavare pochino assai sul piano del pensiero filosofico-religioso, o della ricerca storica sul cristianesimo e degli studi paleo o neo-testamentari. C'era solo il desolante vuoto dell'anticlericalimo verboso da una parte e quello dei poveri cervelli della *Civiltà Cattolica* e dei seminari diocesani dall'altra.[20]

18. Cfr. Chiarini, *Storia delle Chiese metodiste*, p. 123, che fa riferimento alle istanze emerse nel Sinodo del Distretto Nord del 1890.

19. Ivi, pp. 123-124.

20. Spini, *Italia liberale*, p. 192. Al giudizio di Spini va comunque aggiunto un piccolo commento, mettendo in parentesi il linguaggio ironico, pungente che lo studioso toscano amava spesso adottare (come qui). A fine Ottocento alcuni fermenti di rinnovamento storico ed esegetico iniziavano cautamente ad emergere (si pensi a studiosi come Labanca, Chiappelli, Castelli), trovando poi maggiore espressione a partire dal primo decennio del Novecento. Anche la situazione dei seminari potrebbe essere approfondita (cfr. C. Sagliocco, *L'Italia in seminario. 1861-1907*, Roma, Carocci, 2008), sebbene diverse testimonianze inducano a ritenere che, a fine XIX secolo, i fermenti innovatori fossero assai limitati, e la situazione maggioritaria fosse quella di uno scarso approfondimento scientifico e di un'impostazione intransigentemente tradizionalista. Lo dimostrano, da un lato, l'intervento pontificio di inizio Novecento (le riforme volute da Pio X), dall'altro testimonianze autobiografiche come quella di Salvatore Minocchi, allievo di Castelli e tra i primi fautori in

Indubbiamente anche i problemi di natura economica giocavano un ruolo. La Chiesa wesleyana non godeva dei fondi della borghesia che l'episcopale Burt riusciva ad attirare per la sua denominazione tramite alcune iniziative come istituti educativi per le classi più abbienti (oltre ai finanziamenti del *Board* missionario statunitense), e gli aiuti della Chiesa-madre britannica – resasi ormai conto dell'impossibilità di una "conquista religiosa" dell'Italia all'evangelismo – anche se proseguivano, erano ridotti, costringendo a tagli consistenti. Piggott, in una lettera del 1890, parlava con una punta di amarezza della situazione delle comunità di Milano e Genova, per le quali si diceva «molto preoccupato», proprio per le difficoltà economiche, mentre nelle stesse città gli episcopali stavano costruendo nuovi edifici, avendo maggiori disponibilità.[21] Riferimenti simili a grandi difficoltà tornano in altre lettere, ad esempio del 1891 e del 1899.[22]

La ragione della riduzione dei contributi finanziari inviati, da parte della Chiesa inglese, si specificava anche in riferimento a un diverso indirizzo che questa stava assumendo, certamente connesso a quanto Spini rilevava sui legami con il movimento dei lavoratori: essa preferiva concentrare gli investimenti verso le attività di carattere sociale, piuttosto che sulle missioni estere. Questo veniva esplicitamente comunicato dal Rev. Frederic William MacDonald (1842-1928),[23] segretario della Wesleyan Missionary Society, inviato in questa veste a presiedere il Sinodo unito dei due distretti italiani tenutosi a Napoli nel 1894.[24] Furono così necessari dolorosi tagli. Nonostante tutto, la Chiesa wesleyana italiana riusciva co-

Italia dell'aggiornamento dei metodi storico-esegetici, alle origini del modernismo: cfr. R. Alciati, *Salvatore Minocchi e gli studi storico-religiosi*, in *La storiografia storico-religiosa italiana tra la fine dell'800 e la seconda guerra mondiale*, a cura di M. Mazza e N. Spineto, Alessandria, Edizioni dell'Orso, 2014, pp. 27-44, in partic. p. 29. Si potrebbero citare, da fronti diversi, anche le considerazioni di Buonaiuti in *Pellegrino di Roma* e quelle di Ruggiero Bonghi nell'articolo *La Chiesa e l'Italia* (1892).

21. Piggott affermava addirittura: «Noi non possiamo costruire nulla, né qui né là: io sono disposto a raccomandare fortemente l'abbandono di una delle due città» (lettera del 15 maggio 1890, in Piggott, Durley, *Henry James Piggott. Vita e lettere*, p. 119).

22. Cfr. ivi, pp. 119 e 202.

23. Personaggio importante all'interno del metodismo wesleyano; su di lui si veda l'autobiografico F.W. MacDonald, *As a Tale that is Told. Recollections of Many Years*, London, Cassel & Company, 1919.

24. Cfr. Chiarini, *Storia delle Chiese metodiste*, p. 124, che riporta alcune osservazioni di MacDonald, come: «gli sviluppi odierni d'Inghilterra hanno preso la via delle cose sociali. La liberalità cristiana si è spostata dalle Missioni e si è avviata verso le cose sociali».

munque ad aumentare lievemente i suoi membri comunicanti, saliti a quasi 1.700 nelle statistiche del 1899,[25] dove figuravano anche quelli (45) della comunità di Alessandria d'Egitto, aperta nel 1894 per gli italiani ivi residenti (la cosiddetta Italian Mission in Egypt), ma chiusa proprio nel 1899 per motivi economici.

I successivi Sinodi uniti si tennero nel 1897 e nel 1901,[26] ancora sotto la presidenza di MacDonald. L'avvio del nuovo secolo coincideva con un momento di svolta per la Chiesa wesleyana in Italia: Piggott e Jones, dopo circa quarant'anni di lavoro missionario in Italia ed entrambi settantenni,[27] si avviavano all'emeritazione e andavano sostituiti. Essi speravano di potersi ritirare già nel 1901, ma poiché il Comitato missionario di Londra aveva deciso di unificare i due distretti sotto la guida di un unico soprintendente, aveva chiesto loro di restare in carica ancora un anno affinché ci fosse il tempo necessario per trovare una persona adatta a questo non facile ruolo.[28] Alla fine del 1901 questa persona era stata identificata in William Burgess (1845-1930), già missionario in India, che nel 1902 entrava così in carica come soprintendente dell'opera in Italia (e fu chiamato subito a confrontarsi con dei problemi di bilancio, coadiuvato, fino al 1904, da tale Newboult, responsabile delle finanze).[29] Piggott restava però in carica ancora per un anno come soprintendente della chiesa di Roma e delle relative proprietà (fino alla fine del giugno 1903); verrà poi sostituito da Giuseppe Cervi.[30] L'inglese resterà comun-

25. Cfr. Wesleyan Methodist Church, *Minutes of Several Conversations at the One Hundred and Fifty-Sixth Yearly Conference* [1899] *of the People Called Methodists*, London, 1899, p. 201.

26. Chiarini, *Storia delle Chiese metodiste*, p. 125 e Spini, *Italia liberale*, p. 193 non nominano il Sinodo del 1897, affermando che tra 1894 e 1901 non vi furono altri Sinodi unificati. Traggo però il dato dell'esistenza di un Sinodo unificato tenutosi nel 1897 dall'autobiografia di Sciarelli, che vi partecipò: cfr. *I miei ricordi*, p. 394.

27. Piggott, nel 1899, aveva ricevuto di nuovo l'aiuto di Foster, tornato in Italia, ma anche stavolta per un breve periodo (risultava nelle *Minutes* del 1899, ma non più in quelle del 1900). Cfr. anche Piggott, Durley, *Henry James Piggott. Vita e lettere*, p. 124.

28. Cfr. Findlay, Holdsworth, *The History of the Wesleyan Methodist Missionary Society*, p. 511. Per Piggott fu una «grande delusione» non essere emeritato già nel 1901: cfr. Piggott, Durley, *Henry James Piggott. Vita e lettere*, p. 130.

29. Su Burgess cfr. C.J. Davey, *Burgess, William*, in *The Encyclopedia of World Methodism*, I, p. 357: resterà in carica come soprintendente fino al 1918, quando sarà sostituito da Edgar J. Bradford.

30. Cfr. Piggott e Durley, *Henry James Piggott. Vita e lettere*, pp. 139-140.

que a Roma fino alla morte, nel 1917, e non saranno anni di inattività: oltre a dedicarsi ai suoi interessi personali (tra cui lo studio della storia italiana e quello della critica biblica), continuerà a supportare la propria Chiesa, predicando saltuariamente e dando lezioni teologiche ai giovani candidati al ministero;[31] avrà poi l'onore di essere nominato presidente della Commissione per la revisione della traduzione italiana della Bibbia del Diodati (che darà vita alla Riveduta-Luzzi).[32]

Uno sviluppo importante che Burgess dovette subito gestire fu l'unione con la Chiesa Libera (che nel frattempo era stata rinominata Chiesa Evangelica Italiana), o meglio, l'ingresso entro le file wesleyane di metà dei pastori e delle comunità di quella Chiesa, che per motivi economici si sciolse; l'altra metà fu presa in carico dalla Chiesa metodista episcopale. Lo scioglimento fu ratificato dall'ultima assemblea della Chiesa Evangelica Italiana, nel 1904; nello stesso anno si svolsero le relative procedure, e nel 1905 le due Chiese metodiste, ai rispettivi Sinodi o Conferenze, davano comunicazione dell'avvenuto ingresso dei nuovi pastori.[33] Tra questi, vanno ricordati in particolare Luigi Lala per gli episcopali, e Paolo Pantaleo e Saverio Fera (che sarà poi protagonista dello scisma massonico del 1908) per i wesleyani. Tra le comunità, va menzionata in particolare quella di Ponte S. Angelo a Roma, che passò ai wesleyani.

L'acquisizione di queste comunità contribuì a incrementare il numero complessivo dei membri di ciascuna delle due Chiese metodiste, comunque in espansione, nei primi anni del Novecento. Per la Chiesa wesleyana, le statistiche del 1913 riportavano circa 2.750 membri (inclusi quelli in prova).[34] Questa denominazione visse così il primo decennio dopo l'unione in una situazione di sostanziale stabilità, a parte gli scossoni del citato scisma massonico promosso da Fera (che era appoggiato da Burgess, nonché dall'ormai valdese Teofilo Gay).[35] Sarà la Grande Guerra, comprensibilmente, a cambiare il quadro.

31. Cfr. ivi, p. 141.

32. La commissione operò dal 1907: cfr. i preziosi ricordi di Piggott in *Vita e lettere*, da p. 144 in poi.

33. Sull'unione cfr. Chiarini, *Storia delle Chiese metodiste*, pp. 126-127, e Spini, *L'evangelo e il berretto frigio*, pp. 217-221.

34. Cfr. Findlay, Holdsworth, *The History of the Wesleyan Methodist Missionary Society*, p. 514.

35. Cfr. Spini, *Italia liberale*, pp. 286-290.

1.2. *Produzione intellettuale. Tra il cristianesimo precostantiniano e il centenario luterano*

Ripercorsa rapidamente la storia della Chiesa wesleyana dagli anni Settanta-Ottanta dell'Ottocento ai primi anni del Novecento, è possibile ora rintracciare gli spunti più fruttuosi per quanto riguarda la riflessione teologica e la produzione editoriale e intellettuale – produzione che rispetto al periodo precedente si riduce, anche per la progressiva diminuzione delle disponibilità economiche.

Ciò è visibile soprattutto per quanto riguarda i periodici. Se nella prima fase della missione Piggott e Jones avevano dato vita a diverse pubblicazioni di questo tipo – con almeno un giornale per ogni distretto, contemporaneamente attivi – in seguito rimase un solo periodico metodista wesleyano, e poi nessuno. Nello specifico, fino alla fine di dicembre del 1876 erano attivi il settimanale «Il Corriere Evangelico», per il Distretto Nord, e «La Civiltà Evangelica», per il Sud; ma appunto, con la chiusura del primo, «La Civiltà Evangelica» rimase l'unico. Questo, però, terminò le pubblicazioni nel 1902 (dopo essersi ridotto a mensile, già dal 1890): dall'anno successivo il settimanale episcopale «L'Evangelista» divenne allora la voce ufficiale di entrambe le Chiese metodiste, sebbene fosse gestito da quella episcopale e avesse un direttore di quella denominazione. I wesleyani si trovavano così senza un proprio organo di stampa, e solo nel 1921 riapriranno un proprio periodico, il mensile «Il Risveglio».[36] Anche mentre «La Civiltà Evangelica» era ancora attivo, Piggott avrebbe voluto far ripartire la pubblicazione di un settimanale ulteriore (forse gestito dal Distretto settentrionale, dato che l'altro giornale era diretto da Jones): progetto che però non si concretizzò.[37]

Affrontando dunque più nel dettaglio l'analisi de «La Civiltà Evangelica», va ricordato che esso venne fondato nel 1874 a Napoli, con chiaro riferimento polemico a «La Civiltà Cattolica», rivista che i gesuiti avevano fondato lì nel 1850. Inizialmente questo periodico metodista era un mensi-

36. Edito a Roma, sarà attivo fino al 1935. Dal 1° gennaio 1936 i wesleyani assumeranno la gestione de «L'Evangelista».

37. Se ne ricava traccia da una sua lettera del 21 dicembre 1888, riportata in Piggott, Durley, *Henry James Piggott. Vita e lettere*, p. 116: «Un altro progetto che mi sta molto a cuore è la pubblicazione di un settimanale italiano, qualcosa sulla falsariga del *Museo Cristiano*. Forse i tempi non sono ancora maturi».

le: divenne settimanale dall'anno successivo (dal numero dell'11 febbraio 1875), per poi tornare mensile dal 1890; chiuse nel 1902.

Lo spoglio delle annate conferma, sostanzialmente, i giudizi espressi da Chiarini e Spini[38] sulla progressiva perdita di valore del periodico, con articoli sempre meno dediti all'approfondimento culturale. I primi dieci o dodici anni offrono comunque qualche spunto. Il primo numero, del marzo 1874, si apre come di consueto con il programma del periodico: qui, curiosamente, non si fa mai riferimento al metodismo, parlando invece di "Vangelo" e di "cristianesimo", in senso «universale».[39] Il periodico intende dunque presentarsi in un contesto più ampio, non come periodico denominazionale (forse perché allora era ancora attivo «Il Corriere Evangelico»?), anche se in altri articoli si afferma chiaramente che esso era un periodico metodista. Anche il sottotitolo, *Sveglia contemporanea*, non conteneva riferimenti denominazionali. Soprattutto nelle prime annate, molti articoli non sono firmati; è probabile che almeno una buona parte di essi fosse redatta da Jones (che dirigeva il giornale) e da Sciarelli. Come era tipico di parecchi periodici, molti articoli erano organizzati in lunghe serie, che duravano un'intera annata o anche più. Nella prima annata, ad esempio, compare la serie *Incertezze storiche sulla successione apostolica*, volta a dimostrare che gli scrittori cattolici si contraddicono nelle loro affermazioni sulla successione apostolica nei primi secoli (si citano, ad esempio, le cronologie sui primi papi fornite da Platina, Panvinio, Ferraris, Salzano); oppure la serie *Il Gesù del Vangelo*, i cui articoli, non firmati, sono probabilmente di Jones, che negli anni successivi firmerà la serie analoga *Il Cristo degli Evangeli*. La serie *Incertezze storiche* fa il paio con i vari articoli di controversia antipapale che compaiono sul periodico nel 1874 e negli anni successivi, in genere strutturati secondo argomenti "storici", molto spesso riferiti ai primi secoli del cristianesimo: ciò si inquadra in quella prospettiva, già più volte evidenziata, della critica al cattolicesimo condotta "con le stesse armi" di questo, dunque dibattendo sul piano della storia della Chiesa dei primi secoli e su quello dei testi dei Padri della Chiesa. Un elemento di criticità de «La Civiltà Evangelica», però, è che esso insisteva quasi esclusivamente su questa prospettiva, dedicando invece pochissimo spazio ad approfondimenti sul metodismo e su John Wesley, ma anche –

38. Cfr. Chiarini, *Storia delle Chiese metodiste*, pp. 123-124; Spini, *Italia liberale*, pp. 192-193.

39. Cfr. *Programma*, in «La Civiltà Evangelica», I/1 (1874), pp. 1-5.

più in generale – sulla Riforma (a parte sporadici articoli e qualche riferimento alle conferenze tenute su questi argomenti in vari Circoli o chiese locali). Con un'affermazione un po' *tranchant*, ma non esagerata come può sembrare, si potrebbe dire che su questo periodico si parlava più dei papi (e del cristianesimo precostantiniano) che della Riforma!

Questa è infatti la percezione che si ottiene dalla lettura delle lunghe serie comparse negli anni successivi, sul papato in generale o sui primi secoli: le *Biografie dei pontefici romani*, a cura di Sciarelli (1875-78); la citata serie sul Cristo, di Jones (1876-80); *Fede e persecuzione, ovvero Bozzetti storici dei tre primi secoli della Chiesa* (1884-85); *Il monachismo in Oriente e i suoi fondatori* (1885); *Gli ultimi anni dei Dodici Apostoli. Storia e leggenda* (1886), queste ultime tre tutte di Sciarelli.[40] Wesley e il metodismo non solo non sono fatti oggetto di una serie, ma anche i riferimenti dedicati sono pochissimi. Si può citare un articolo del 1875 di Salvatore Ragghianti (ex frate minore, noto predicatore, da poco entrato nelle file metodiste), intitolato *I Metodisti*, e volto a presentare appunto questa confessione: significativamente, però, lo stimolo per questo testo proveniva da critiche giunte da parte cattolica, configurandosi dunque come volontà di rispondere ad esse,[41] più che di approfondire le proprie radici. In ogni caso, Ragghianti fornisce una breve presentazione del metodismo, insistendo sul fatto che esso non è una religione nuova, né «una pianta esotica portata d'Inghilterra in Italia»: si tratta invece di una confessione di ispirazione biblica, dello stesso «Cristianesimo secondo la parola di Dio». Correttamente, Ragghianti lo inserisce tra i movimenti di «risveglio», ragionando inoltre sul fatto che essi si presentano più volte nella storia del cristianesimo (non parlava, dunque, di "Risveglio" in senso storico stretto). Però, Ragghianti non dice quasi nulla sulla *specificità* metodista, né in chiave teologica né storica, a parte insistere sul radicamento nelle Scritture; conclude il suo articolo rimandando chi volesse avere maggiori informazioni a un «opuscoletto» di sedici pagine appena pubblicato da Jones.[42]

40. Sciarelli pubblica anche una serie sul celibato cattolico (1887) e una sull'ispirazione della Bibbia (1886-87).

41. Anche la forma letteraria lo denota: Ragghianti si rivolge direttamente ai cattolici, con formule come «noi vi diciamo» e simili. Cfr. S. R. [= Salvatore Ragghianti], *I Metodisti*, in «La Civiltà Evangelica», II, 19 agosto 1875, pp. 217-219.

42. Non sono riuscito a rintracciare questo opuscoletto. Lo stesso Jones ne parla comunque in una lettera del 19 ottobre 1875 al Comitato missionario inglese (pubblicata in *Missionary Notices*, 1875, pp. 282-283), in cui afferma che questo brevissimo testo mirava

L'articolo non usciva così da una banale prospettiva apologetica, lontana dagli approfondimenti che, pochi anni dopo, Gay e Caporali tenteranno su «La Fiaccola», dunque sfruttando anche gli spazi non ampi di un periodico per fornire almeno un inquadramento storico-teologico del metodismo; ma lontana anche da quanto Piggott aveva compiuto già alla fine degli anni Sessanta, con i suoi primi volumi su Wesley e il metodismo: forse, volendo rimandare il lettore ad altre pubblicazioni, Ragghianti avrebbe potuto rinviarlo a questi.

Altri (pochi) articoli dedicati alla Riforma, allo stesso modo, non andavano al di là della controversia e dell'apologetica;[43] tuttavia qualcosa si mosse nel 1883, in occasione del centenario luterano[44] (poi, però, si tornerà alla sporadicità precedente). Sul periodico compaiono, in allegato (tra 1883 e 1884), degli articoli di Sciarelli componenti una *Vita di Martino Lutero*, che saranno poi anche raccolti in volume[45] (erano il testo di otto conferenze pronunciate da Sciarelli presso il Circolo Galeazzo Caracciolo di Napoli). Si tratta sostanzialmente di una biografia. Ma si pubblicano anche altri articoli, oltre a notizie sulle varie iniziative in corso per il centenario.[46] Tra i primi articoli di commento, *Cristo e Lutero*, di Ragghianti,[47] che prende avvio dalla condivisione di una prospettiva non nuova tra gli evangelici italiani: la tesi che la genesi e le ragioni della Riforma del XVI secolo non stiano in Lutero, ma «nel Cristianesimo istesso», e che nei secoli siano stati molti i cristiani che hanno *protestato* contro «innovazioni», «abusi» e «turpitudini». In particolare, Ragghianti cita una serie di esempi tra Medioevo e Rinascimento, tutti italiani tranne il primo (Bernardo di Chiaravalle, Arnaldo da Brescia, Francesco d'Assisi, Iacopone da Todi, Dante, Petrarca, Savonarola, Machiavelli, Paolo Sarpi, Tommaso Campanella, Giordano

a offrire a chiunque entrava nella chiesa di Napoli (anche semplici curiosi) una sintetica presentazione dell'opera metodista. Era stato spinto a ciò, spiegava, anche dalla volontà di contrastare alcuni *pamphlets* cattolici anti-metodisti che si stavano diffondendo a Napoli, per impulso dell'arcivescovo Riario Sforza.

43. Così *Il Protestantesimo e Lutero* (firmato: "C."), in «La Civiltà Evangelica», III, 17 agosto 1876, pp. 217-219; G.B. de Sanctis, *La Riforma*, ivi, 3 novembre 1876, pp. 329-330.

44. Cfr. *supra*, cap. 2, per le iniziative del metodismo episcopale.

45. F. Sciarelli, *Vita di Martino Lutero. Otto conferenze*, Napoli, 1883.

46. Si veda anche, in particolare per quanto riguarda Napoli, Sciarelli, *I miei ricordi*, pp. 300-306.

47. S. Ragghianti, *Cristo e Lutero*, in «La Civiltà Evangelica», X, 4 aprile 1883, pp. 73-74.

Bruno); con tutti questi, scrive, «gridiamo [...] Riforma». Anche se Ragghianti non lo afferma esplicitamente, si legge tra le righe che egli condivideva l'idea dell'"italianità" della Riforma, o almeno di una tradizione "riformista"/"dissidente" sviluppatasi in Italia già nei secoli precedenti alla Riforma. Pertanto, scrive, non si deve fare di Lutero «un prototipo, o un patriarca, un idolo, o un santo»; può essere stato un pioniere, ma le ragioni del suo successo erano già insite nello stesso percorso del cristianesimo, che doveva rinnovarsi dopo un periodo di crisi e corruzione. Dunque, prosegue Ragghianti riecheggiando i primi capitoli della paolina *Prima lettera ai Corinzi*, meglio proclamarsi «di Cristo» piuttosto che "di Lutero". Lo sviluppo successivo dell'articolo introduce un elemento interessante, allorché Ragghianti chiama in causa il contesto sociale, politico e culturale a lui coevo, frutto di un movimento iniziato alla fine del secolo precedente: «la rivoluzione, che ci scuote e ci sta sopra da quasi un secolo [...] ci presenta tre caratteri essenziali, tre tendenze invincibili, [...] lo spirito scientifico, la preponderanza democratica e la libertà politica». Secondo Ragghianti queste «possono errare e commettere gravissime colpe». Il riferimento, come esplicita nell'articolo, è alle concezioni atee, antireligiose che spesso accompagnavano queste tendenze (in realtà, soprattutto la prima). Secondo Ragghianti non è più questione di "protestantesimo" o "cattolicesimo": bisogna fare i conti con questa realtà, combattere la possibile perdita della «fede cristiana» in generale; ecco perché si deve porre al centro Cristo, e non Lutero. Ma le conclusioni dell'articolo fanno un passo in più, oltre queste tesi in sé non particolarmente originali, introducendo il tema delle «quistioni sociali». Ragghianti quasi rovescia quella che nelle righe precedenti sembrava una critica alle "nuove tendenze", o meglio, spiega in che modo possono essere ricondotte ad una "corretta" interpretazione:

> Non è per Lutero ma per Cristo, che le chiese cristiane possono accettare le nuove condizioni sociali, ammettere il passaggio dal privilegio al diritto comune, dalla dominazione alla libertà [...]. Non è per Lutero ma per Cristo, che le quistioni sociali, oggi ardenti in Europa, debbono risolversi senza la punta del pugnale assassino [...]. Ora dunque, se il IV centenario di Lutero vuol dire accettazione di tutte le libertà religiose e politiche; rispetto all'autorità; fermezza nella fede di Cristo [...]; allora anco noi lo festeggeremo di gran cuore – Ma prima di Lutero, sempre Cristo.

Le nuove teorie socio-politiche, per Ragghianti, possono essere innervate ed elevate dalla fede in Cristo, ed è questa che consentirà di "risolvere" le questioni sociali. Come si è accennato in precedenza, non vi è, tra i metodisti italiani di questo periodo, una riflessione sulla questione sociale che ragioni in termini di rapporti di forza tra le classi e che proponga una soluzione che non sia quella (ancora poco avvertita) della semplice diffusione del Vangelo.[48] Ma è comunque interessante rilevare la prospettiva di Ragghianti, in un articolo che prende spunto dal centenario luterano per poi trasformarsi in un appello ad affrontare la contemporaneità. Certo, la figura di Lutero restava qui, appunto, solo uno spunto.[49]

Operazione di maggiore profondità è un volume dedicato a Lutero, curato nel 1883 da Sciarelli e dal Circolo Galeazzo Caracciolo di Napoli (presieduto da Sciarelli).[50] Il volume è diviso in tre parti: la prima accoglie un testo di Sciarelli (*Martino Lutero*) di taglio biografico, una breve sintesi della vita di Lutero, dedicata principalmente alla fase che arriva alla Dieta di Worms. Questo testo è sostanzialmente un riassunto delle otto conferenze su Lutero che Sciarelli aveva tenuto, e il cui testo venne pubblicato integralmente altrove. Segue poi la traduzione di un inno di Lutero («Fortezza inespugnabile / È il nostro Dio d'amore»), realizzata da Jones, e la versione italiana di un altro breve testo di Lutero, una lettera a Carlo III di Savoia (settembre 1523); chiude la sezione una composizione poetica di quattro versi in latino di Giuseppe Pace Sanfelice (*De papa et Lutero*). La seconda parte include estratti da testi di autorevoli studiosi, dove si parlava di Lutero: Mamiani, Vera, Cantù ed altri. La terza parte, significativamente, include due scritti di personaggi del calibro di Francesco De Sanctis e

48. Su questo punto cfr. l'analisi compiuta da Silvana Nitti di una lettera dello stesso Ragghianti, datata 1881, e di un editoriale di Jones, del 1882, dunque fonti coeve a quella che si sta analizzando qui: Nitti, *Il metodismo e il "sogno protestante"*, pp. 71-76. Segnalo che anche nella lettera analizzata da Nitti, Ragghianti riecheggia un linguaggio paolino, in particolare proprio riconducibile alla *Prima Corinzi* («si rallegri chi ha piantato e chi ha adacquato, ma l'onore e la gloria si rendano a Dio, il quale ha fatto nascere»).

49. Cfr. anche i seguenti articoli, non particolarmente profondi: G.B. de Sanctis, *L'Europa e Lutero*, in «La Civiltà Evangelica», X, 2 maggio 1883, pp. 105-106; Id., *L'opera di Lutero*, ivi, 21 novembre 1883, pp. 324-325 (entrambi gli articoli accostano Lutero e Garibaldi, come "liberatori" dei popoli); T.W.S. Jones, *Lutero e l'Italia*, ivi, 18 aprile 1883, pp. 94-96 (sul perché anche in Italia è bene celebrare il centenario luterano: anche qui si insiste su Lutero come tedoforo della "moderna" libertà di coscienza, senza approfondirne realmente il pensiero). Giambattista de Sanctis era pastore wesleyano a Salerno.

50. [Circolo Galeazzo Caracciolo,] *A Martino Lutero pel IV Centenario della sua nascita*, Napoli, Morano Editore, 1883. Il volume è citato anche da Ricca, *Lutero tra i valdesi dal XVI al XIX secolo*, p. 306.

Baldassarre Labanca: il primo, in realtà, è un brevissimo testo (una pagina e mezza) intitolato *Il di là* e dedicato appunto al «di là della nostra esistenza», al soprannaturale, dove il riferimento a Lutero giunge in conclusione.[51] Il secondo, però, è un interessante saggio su Marsilio da Padova come precursore di Lutero nella «riforma religiosa»: si mettono a confronto i due, evidenzianone somiglianze e differenze, citando direttamente varie opere di Marsilio e aggiornata bibliografia (anche testi su Lutero).[52] Il volume prosegue poi con altre composizioni poetiche e un dialogo su Lutero, nonché altri brevi articoli di taglio storico-teologico.[53]

Non sorprende che il volume appena citato e altre iniziative nominate siano stati promossi da Sciarelli: questi era infatti il pastore wesleyano forse più attivo per quanto riguarda la produzione letteraria, nei decenni tra gli anni Ottanta dell'Ottocento e il primo del secolo successivo. Si ricorderanno le sue pubblicazioni già degli anni Settanta, come la traduzione del *John Wesley* di Lelièvre; nei decenni successivi, oltre a numerosi articoli sul periodico wesleyano, realizzò diversi volumi. Tra questi, altre traduzioni, come quella di una famosa conferenza (*lecture*) su Wesley e il metodismo del rev. William Morley Punshon (1824-1881, segretario della WMMS),[54] e soprattutto quella di un testo del noto predicatore americano Dwight L. Moody;[55] ma anche opere originali, ad esempio di storia della

51. «Martino Lutero, predicando l'unione immediata dell'anima col mondo superiore, fu il redentore del pensiero, il creatore del sentimento religioso» (ivi, p. 86).

52. B. Labanca, *Marsilio Mainardino e Martino Luther*, ivi, pp. 87-107. Il saggio è simile, ma non identico, al suo *Marsilio da Padova e Martino Lutero*, in «Nuova Antologia», II ser., XLI, fasc. XVIII, 15 settembre 1883, pp. 209-227. Il fatto che non si tratti di una semplice ristampa dello stesso testo induce a ritenere che Labanca fornì effettivamente un saggio appositamente per il volume curato da Sciarelli, e dunque che egli entrò in contatto con ambienti metodisti almeno dal 1883.

53. *La Riforma*, di Nicola Lettieri; *Il Medio Evo e la Riforma*, di Achille Torre; *Pensieri*, di Carlo Maria Tallarigo; *La Riforma e Lutero*, di Salvatore Ragghianti.

54. W.M. Punshon, *John Wesley and His Times*, London, 1868, trad. it. *Giovanni Wesley ed i suoi tempi*, a cura di F. Sciarelli, Roma, Tip. Chiera, 1881. Il testo di Sciarelli aggiungeva alla traduzione anche un breve cenno biografico su Punshon. Su questa pubblicazione (della quale alcuni estratti furono pubblicati nella «Civiltà Evangelica» del 1883) cfr. Sciarelli, *I miei ricordi*, pp. 279-280.

55. D.L. Moody, *Secret Power, or The Secret of Success in Christian Life and Christian Work*, Chicago, Revell, 1881, trad. it. *La virtù da alto, ovvero il segreto del successo nella vita cristiana e nel lavoro cristiano*, a cura di F. Sciarelli, Roma, Tip. Chiera, 1882 (seconda edizione: Roma, Tip. Popolare, 1900).

Chiesa (ancora con focus sul cristianesimo antico)[56] o di esegesi biblica, come il volume *Avveramento delle profezie di Gesù Cristo sulla distruzione di Gerusalemme*,[57] che sarà citato da Labanca nel suo *Gesù Cristo*. Qui Sciarelli vuole dimostrare che le profezie di Gesù sulla caduta di Gerusalemme si sono avverate storicamente: per farlo, le mette a confronto con i testi di Giuseppe Flavio. Il suo interesse, però, è più "cristologico" che storico: l'avverarsi delle profezie dimostrerebbe la divinità di Gesù.[58] A questi lavori di Sciarelli si aggiungono numerosi opuscoli[59] e le varie pubblicazioni connesse alle lotte per il riposo domenicale dei lavoratori,[60] oltre ovviamente ai due lavori autobiografici.[61]

Tornando a «La Civiltà Evangelica», come ipotetico e parziale bilancio è possibile affermare che gli articoli di maggior valore ivi pubblicati siano quelli della citata serie *Il Cristo degli Evangeli* (1876-80), di Thomas Jones, non a caso poi raccolti anche in tre corposi volumi (oltre mille pagine complessive).[62] L'impostazione è senz'altro apologetica e "confessionale": Jones scrive in qualità di "credente in Cristo" («per noi cristiani [...]»), come emerge già dall'Introduzione del primo volume – forse il più interessante dal punto di vista storico-religioso, in quanto esamina cronologicamente tradizioni e testi (non solo cristiani) su Gesù e i suoi seguaci, confrontandosi anche con la critica biblica. Va detto pure che l'opera di Jones non vuole essere particolarmente originale, ponendosi piuttosto su un piano più compilativo. Ma i pregi del testo – che lo rendono uno dei più significativi all'interno della produzione metodista dell'epoca – sono l'organicità e soprattutto una indubbia ampiezza della documentazione co-

56. Si veda F. Sciarelli, *Da Vescovi a Papi, ovvero la Chiesa Cristiana Primitiva in Roma ed i principii fondamentali della Potenza Papale*, Firenze, Claudiana, 1881.

57. Napoli, Lanciano, 1885.

58. Su questa operazione Labanca (*Gesù Cristo*, p. 177) esprimeva i suoi dubbi, affermando che gli stessi studiosi protestanti avevano ormai riconosciuto che i miracoli (sia profezie che prodigi) non sono sufficienti a provare la divinità di Gesù, e che dunque sarebbe necessario fare ricorso ad altri argomenti.

59. Cfr. ad es. il fortunato *Gli evangelici. Quello che essi credono e vogliono* (varie edizioni dal 1880 al 1898).

60. Cfr. Sciarelli, *I miei ricordi*, pp. 306-332 e 365-366.

61. F. Sciarelli, *Da frate a garibaldino e da sacerdote cattolico a ministro evangelico. Memorie autobiografiche*, Napoli, Tip. La Meridionale, 1888 (stampa 1889); Id., *I miei ricordi*. Per la bibliografia di Sciarelli cfr. ivi, pp. 405-410.

62. T.W.S. Jones, *Il Cristo degli Evangeli. Spigolature nel gran campo della storia e del pensiero*, 3 voll., Napoli, Ferrante, 1877, 1879, 1880.

nosciuta ed esaminata, sia a livello di fonti che di critica. Per conseguire il suo obiettivo, ossia presentare «la sostanza dell'argomento storico-razionale del cristianesimo», e mostrare le testimonianze della «piena divinità e vera umanità di Gesù»[63] (qui è chiara l'impostazione apologetica), Jones esamina una serie di testi e tradizioni, che egli raggruppa in tre classi: gli «amici del cristianesimo», gli «eretici» e i «nemici»; tutti e tre forniscono testimonianze su Gesù e sui primi cristiani. Gli «amici» sono i primi scrittori cristiani, esaminati retrocedendo cronologicamente da Tertulliano e Origene alle lettere di Paolo, passando dunque per Ireneo, Giustino, Papia, la *Lettera a Diogneto*, il *Pastore* di Erma, le epistole di Ignazio. Nella sezione sugli «eretici» si prendono in considerazione i vangeli apocrifi, i testi gnostici, Marcione. I «nemici» sarebbero invece la «letteratura degli Ebrei» (Filone, Giuseppe Flavio, ma si citano anche le *Toledot Yeshu*), gli storici latini (Tacito, Plinio, Svetonio), e altri "pagani" come Celso, Porfirio, l'imperatore Giuliano. La tripartizione, in particolare pensando a «eretici» e «nemici», tradisce un'impostazione tradizionale e apologetica, ma l'ampiezza documentaria di Jones è indubbia. Sebbene egli non fornisca dettagliati rimandi bibliografici, è possibile rintracciare almeno alcuni suoi riferimenti: ad esempio, nella parte sugli apocrifi, si avvale dei testi e dei commenti di Tischendorf (*Evangelia Apocrypha*, 1853, 1876^{2}); in più luoghi evoca il nome del biblista inglese Brooke Foss Westcott (1825-1901): molto probabilmente ne recepì il fondamentale *A General Survey of the History of the Canon of the New Testament* (1855, 1875^{4}), e forse anche *An Introduction to the Study of the Gospels* (1851, 1872^{4}), poiché il suo testo sembra riecheggiare pagine di questi (ad esempio sulle datazioni di testi patristici). L'ultima parte del primo volume è dedicata ai quattro vangeli canonici: si affrontano vari temi, dai loro autori (ritenuti essere proprio i quattro evangelisti cui sono tradizionalmente attribuiti), alla loro storicità (assunta come tale), alla lingua, ai manoscritti e alle raccolte o canoni; in appendice si riporta perfino testo latino e traduzione italiana del *Frammento di Muratori*.

Non è un caso che un testo di questo tipo fosse stato realizzato da un pastore britannico (o più precisamente mannese): la preparazione storico-teologica dei pastori metodisti italiani era allora, in genere, meno approfondita di quella dei colleghi (o superiori) anglosassoni, anche se Piggott cercava di prepararli nel miglior modo possibile con le sue lezioni teolo-

63. Ivi, I, p. 4.

giche. Proprio Piggott aveva progettato una serie di lavori che però non videro mai la luce (le preoccupazioni organizzative gli impedirono sempre di dedicare sufficiente tempo ai suoi studi storico-religiosi): ad esempio, una raccolta dei *logia* di Gesù e una *Vita di Gesù*.[64] Egli poté comunque fornire il suo contributo, per quanto riguarda le conoscenze di critica biblica, nell'opera di revisione della Bibbia Diodati (morì appena dopo il completamento del Nuovo Testamento e dei Salmi).

2. *La Chiesa episcopale dalla gestione Burt alle soglie della Grande Guerra*

2.1. *Storia della denominazione. Il progetto di Burt: la conquista di un posto nello "spazio pubblico"*

William Burt (1852-1936)[65] giunse in Italia nel 1886, inizialmente con il ruolo di soprintendente del Distretto Nord, e dunque affiancando Vernon, che presiedeva quello del Sud; con l'allontanamento di Vernon nel 1888, però, assunse di fatto il controllo dell'intera missione, cosa che sarà ratificata l'anno successivo, con la riunificazione dei distretti, sotto la sua guida.[66] Burt presiederà la missione episcopale in Italia fino al 1904, anno in cui sarà promosso vescovo (fu il primo vescovo proveniente dalla categoria dei missionari)[67] e incaricato di supervisionare le missioni metodiste episcopali in tutta Europa (soprintendente in Italia diverrà Walling Clark). In questa veste continuerà comunque ad occuparsi dell'Italia, anche se meno direttamente. Persino dopo il rientro negli Stati Uniti, nel 1912, continuerà a mantenere il legame con il Belpaese, dato che si farà assegnare la

64. Così riporta il figlio, cfr. Piggott e Durley, *Henry James Piggott. Vita e lettere*, p. 242: «Intorno al 1907 [...] stava lavorando alla elaborazione di un'analisi di tutti i detti di Gesù Cristo, fra l'altro prefiggendosi (credo) di ricostruire secondo criteri propri la raccolta dei *Logia*, quei detti di Gesù che si crede fossero nelle mani dei tre autori dei Sinottici. Trovo anche delle allusioni a una vita di Cristo, per la quale da qualche parte fra i suoi incartamenti deve esserci il materiale». Cfr. ivi, p. 161, dove in una lettera del 1913 Piggott scrive «devo raccogliere materiale per una vita di Cristo in italiano». Sul Piggott "studioso e teologo" cfr. ivi, cap. 15, pp. 225-246.

65. Cfr. E.T. Clark, *Burt, William*, in *The Encyclopedia of World Methodism*, I, p. 362.

66. Cfr. MSAR, 1889.

67. [Taglialatela,] *Cenni storici*, pp. 26, 57.

soprintendenza dell'opera metodista tra gli immigrati italiani in America[68] (da lui stesso promossa, già con una mozione approvata nel 1888).[69]

Sotto la pragmatica ed efficace gestione di Burt, il metodismo episcopale italiano conobbe la sua fase di maggiore espansione, sia a livello numerico che di presenza nello "spazio pubblico". Burt aveva un preciso disegno: quello che Spini ha chiamato il suo «"Grand Dessein", mirante nulla meno che alla distruzione dell'egemonia papale sull'Italia con l'aiuto delle forze laiche del nostro paese, a cominciare da quelle massoniche».[70] La prospettiva di Burt traeva origine dalla condivisa mentalità americana degli ultimi decenni dell'Ottocento, dopo la Guerra di secessione: una fase in cui gli Stati Uniti erano cresciuti enormemente a livello economico e come potenza internazionale, e di questa espansione molti attribuivano la causa agli effetti dello "spirito protestante". "Protestantesimo" e "civiltà" venivano pressoché identificati: si pensava che occorresse promuovere l'una attraverso l'altro (il cui fondamento morale cristiano sostanziava appunto la "civiltà"). Ma negli Stati Uniti iniziavano ad arrivare masse di immigrati cattolici, che con le loro diverse convinzioni religiose e morali, si riteneva, rischiavano di minare la compattezza della società americana. Bisognava allora sconfiggere il «papismo» nella sua stessa origine, ossia l'Italia, evangelizzando gli italiani per convertirli. Burt, partendo da queste convinzioni, vi aggiungeva l'idea che in fondo gran parte degli italiani fosse già "potenzialmente protestante", avversa al papismo: bisognava solo convincerli ad esplicitare questa posizione. Il mezzo sarebbe stato convincere la classe dirigente liberale che il Vaticano fosse una minaccia per lo Stato italiano, e per far ciò era fondamentale col-

68. Così Spini, *Italia liberale*, p. 257, che aggiunge: «Si può dire dunque che proprio l'aggancio con l'emigrazione fu il contributo più spiccato dei metodisti episcopali a quell'apertura di nuovi orizzonti che caratterizzò l'Italia evangelica nel primo Novecento». Cfr. Id., *Il «Grand Dessein»*, pp. 115-116: il metodismo episcopale guidato da Burt ebbe una «percezione non epidermica dell'importanza del fenomeno migratorio. Mentre l'Italia ufficiale si lavava così spesso le mani degli emigrati, il metodismo episcopale fece davvero tutto il possibile per essere accanto alle masse dolenti in cerca di lavoro all'estero». Si fondarono comunità non solo negli Stati Uniti, ma anche in Svizzera, Francia, Canada e Argentina.

69. Cfr. [Taglialatela,] *Cenni storici*, pp. 29-30, 99-100. Su tale opera si vedano P. Naso, *Dallo scudo identitario alla integrazione nel* melting pot. *La* Italian Mission *della Chiesa metodista episcopale (1908-16)*, in *Il metodismo nell'Italia contemporanea*, pp. 129-138; e M. Di Gioacchino, *Evangelizzare gli italiani, salvare l'America: l'*Italian Mission *della Methodist Episcopal Church degli USA (1908-1916)*, in «Protestantesimo», 67 (2012), pp. 335-348.

70. Spini, *Il «Grand Dessein»*, p. 109.

laborare con la massoneria (che nel 1887 aveva visto un suo appartenente, Crispi, divenire Presidente del Consiglio). Anche qui Burt si fondava su una convinzione diffusa negli Stati Uniti: la massoneria americana si considerava promotrice della "civiltà" e del progresso.[71] Massone era Burt stesso, come molti dei pastori metodisti episcopali italiani del tempo.

Burt si mosse dunque alla conquista delle classi dirigenti, una scelta che del resto non faceva che radicalizzare le intenzioni già della missione guidata da Vernon. Ora, comunque, per la prima volta nella storia del protestantesimo italiano una denominazione faceva abbastanza chiaramente una «scelta di classe» (quella borghese).[72] L'azione di Burt più netta, in quest'ottica, era probabilmente l'apertura di scuole a convitto (collegi) per bambini e ragazzi delle classi agiate, situate nelle zone più ricche delle città. In particolare, a Roma i metodisti episcopali aprirono un istituto maschile (il Collegio metodista maschile: aperto ufficialmente nel settembre 1892, chiuse nel 1935)[73] e due femminili, il Collegio metodista femminile (aperto nel 1889, trasferitosi nel nuovo edificio in via Garibaldi dal 1894, quindi chiuso nel 1915, quando si fonde con il Crandon)[74] e il noto Istituto Internazionale Crandon (inaugurato il 1° ottobre 1896, trasferitosi nello splendido edificio di via Veneto dal 1900, poi in dei villini a via Savoia, dall'a.s. 1910/11; chiuse nel 1935).[75] In questi (soprattutto il primo e il terzo) studiavano i rampolli di

71. Sul progetto di Burt qui esposto cfr. anche Spini, *Italia liberale*, pp. 207-209.

72. Ivi, p. 209.

73. Cfr. il Rapporto del soprintendente Burt in Chiesa metodista episcopale, *XI sessione della Conferenza Annuale d'Italia, tenuta a Pisa dal 6 al 10 Ottobre 1892*, Roma, Tip. metodista, 1892, e *XII sessione della Conferenza Annuale d'Italia, tenuta a Roma dal 7 al 11 Settembre 1893*, Roma, Tip. metodista, 1893, p. 40; si vedano i Verbali successivi per lo sviluppo dell'opera, fino alla chiusura. Cfr. [Taglialatela,] *Cenni storici*, pp. 85-87 (che lo data però al 1890). Secondo Spini, *Il «Grand Dessein»*, p. 118, in questo istituto studiarono anche Giorgio De Santillana, Giorgio Fenoaltea e – pare – Ugo La Malfa.

74. Cfr. [Taglialatela,] *Cenni storici*, pp. 82-83, che però riporta una data errata per l'apertura (1883 anziché 1889): si veda invece *Minute dell'ottava sessione della Conferenza Annuale italiana della Chiesa metodista episcopale. Tenuta a Milano, 2-6 Maggio 1889*, Firenze, Tip. Barbera, 1889, p. 16. Come per il Crandon (cfr. nota seguente), utili informazioni su questo istituto si possono reperire tramite i Verbali italiani, ma anche tramite gli *Annual Reports* della Woman's Foreign Missionary Society (WFMS) della Methodist Episcopal Church americana, ora digitalizzati tramite un progetto della Drew University (i volumi sono accessibili da diversi database, tra cui <https://archive.org/>).

75. Vedi Chiesa metodista episcopale, *XVI sessione della Conferenza Annuale d'Italia. Tenuta in Venezia dal 12 al 17 Maggio 1897*, Roma, Tip. metodista, 1897, pp. 29-30, per l'apertura, e i Verbali o *Reports* successivi per lo sviluppo dell'Istituto, che inizialmente era

politici, dirigenti, imprenditori, e perfino i nipoti di Garibaldi (i figli di Menotti Garibaldi, che avevano frequentato il Collegio maschile); un'altra nipote, Italia (1878-1962, figlia di Ricciotti Garibaldi), fu allieva del Crandon e poi dirigente del Collegio femminile, dal 1908 al 1912.[76] A Roma fu aperto nel 1896 anche l'asilo Isabella Clark, per «bambini poveri».[77] Le istituzioni educative episcopali includevano anche l'Istituto Evangelico Industriale di Venezia (fondato nel 1880 da Serafino Beruatto e già della Chiesa Libera, venne acquistato da Burt nel 1895), vari ricreatori, scuole diurne e serali, scuole domenicali (una per ogni chiesa locale).

A coronamento vi era la Scuola Teologica per la formazione dei pastori, aperta a Firenze il 1° gennaio 1889 e poi trasferita a Roma nel 1893: con periodi intermedi di chiusura, sarà attiva fino al 1929. La prima strutturazione era molto semplice: all'apertura vi erano cinque studenti (cui presto se ne aggiunsero altri, anche se gli iscritti furono sempre poche unità per anno) e tre docenti, Everett Stackpole (direttore e docente di Inglese), Burt (per Storia della Chiesa e Teologia pastorale) e Vittorio Bani (Greco e Lingua e Letteratura italiana). Negli Anni Accademici successivi si aggiunsero nuovi docenti e nuove materie, come Teologia sistematica, Esegesi biblica (Antico e Nuovo Testamento), Ebraico, Storia della Riforma, Storia del metodismo, Filosofia, Controversia, mentre dall'apertura della nuova sede di Roma (ottobre 1893) il direttore sarà Walling Clark.[78] A una prima chiusura tempo-

denominato Istituto Internazionale per Signorine, e venne intitolato a Mrs. F.P. Crandon nel 1900, nel passaggio al nuovo edificio (cfr. Chiesa metodista episcopale, *XIX sessione della Conferenza Annuale d'Italia. Tenuta in Milano dal 20 al 25 Giugno 1900*, Roma, Tip. metodista, 1900, p. 76). Sul Crandon cfr. [Taglialatela,] *Cenni storici*, pp. 77-82; B. Faes, *«Le mille voci del silenzio». Anna de Micco e la koinonia di Ernesto Buonaiuti: esperienze ed esiti*, in «Archivio italiano per la storia della pietà», 27 (2014), pp. 305-353, in partic. pp. 316-321.

76. Nei Verbali delle Conferenze Annuali della Chiesa, Italia Garibaldi risulta direttrice del Collegio femminile (non del Crandon, come scrive Spini, *Il «Grand Dessein»*, p. 114) dal 1908 al 1912, nonché membro della Società Missionaria Femminile (WFMS) della Chiesa metodista episcopale. Cfr. [Anon.], *La nipote di Giuseppe Garibaldi*, in «Ev.», XX, 3 aprile 1908, p. 5, che fornisce informazioni più precise sui rapporti di Italia Garibaldi con il metodismo: «Alla direzione del Collegio Metodista Femminile di Roma è stata chiamata, dalla Società Missionaria di New York, la signorina Italia Garibaldi, figlia del Generale Ricciotti. Ella ha compiuta la sua educazione nel nostro Istituto "Crandon", è sorella della Congregazione di Roma ed attivissima monitrice nella Scuola Domenicale». Italia Garibaldi era dunque anche membro della comunità metodista episcopale di Roma.

77. Chiesa metodista episcopale, *XVI sessione della Conferenza Annuale d'Italia* [1897], p. 30. Fu operativo fino al 1912.

78. Per questi dati si veda ASCM, serie V, cartella n. 157: Verbali della Scuola Teologica della Chiesa Metodista Episcopale (Roma), 1889-1902. Va precisato che i Verbali sono

ranea nel 1903, in vista del progetto (lanciato da Burt) di una Università teologica internazionale (europea), e alla riapertura avvenuta qualche anno dopo (nel 1908 o 1909), fece seguito una nuova chiusura a causa della Prima guerra mondiale; la Scuola riaprì poi nell'ottobre 1919, diretta da Alfredo Taglialatela. A titolo esemplificativo di alcuni cambiamenti avvenuti nelle materie e nei docenti, si può ricordare il programma per l'anno 1920/21, che prevedeva Propedeutica biblica generale, Storia ecclesiastica, Omiletica (insegnate da Taglialatela), Storia letteraria biblica, Esegesi, Simbolica comparata, Teologia pastorale (tutte affidate a Vito Garretto), Dogmatica (Eduardo Taglialatela), Archeologia cristiana (insegnata dal battista Francesco Di Silvestri-Falconieri), Dizione (Odoardo Gori), Ebraico: per quanto riguarda questa materia gli studenti erano iscritti al corso di Giorgio Levi Della Vida, allora appena insediatosi all'Università di Roma.[79] Questo meccanismo di "mutuazione" di alcuni corsi consentiva così agli studenti della piccola Facoltà Teologica metodista di apprendere da alcuni dei maestri delle rispettive discipline.[80] Nella primavera del 1921 sarà poi un ospite prestigioso come l'archeologo e religionista Vittorio Macchioro a tenere una serie di lezioni presso la Facoltà. Dall'a.a. 1922/23 venne attivato un accordo (che riguardava anche battisti e wesleyani) con la Facoltà Valdese di Teologia: i candidati al ministero metodista episcopale si formeranno lì, anche se la Scuola Teo-

fortemente lacunosi, il che rende complessa una ricostruzione integrale della storia della Scuola; è possibile integrarli con altre fonti, come le informazioni sintetiche che venivano pubblicate talvolta su «L'Evangelista» o i Rapporti dei Direttori della Scuola che si possono trovare nei Verbali delle Conferenze Annuali della Chiesa metodista episcopale italiana, negli anni di riferimento; si vedano anche gli *Annual Reports* della Missionary Society. Cfr. infine Stackpole, *4 ½ Years in the Italy Mission*, pp. 58-76, 153-165.

79. L'elenco dei corsi è in A. Taglialatela, *Scuola Metodista di Teologia*, in «Ev.», XXXII, 9 dicembre 1920, p. 3.

80. In realtà, per quanto riguarda il corso di Levi Della Vida del 1920-21, gli studenti metodisti non poterono più seguirlo: si erano iscritti, ma un cambiamento di orario dovuto a esigenze accademiche impedì loro di proseguire (cfr. Chiesa metodista episcopale italiana, *XXXVIII sessione della Conferenza Annuale. Tenuta a Napoli dal 25 al 29 Maggio 1921*, Roma, Casa editrice metodista, 1921, p. 93); negli anni successivi studieranno Ebraico con i docenti della Facoltà Valdese. Nel 1919-20, però, la "mutuazione" aveva avuto effetto, con il corso di Lingue Semitiche: cfr. Chiesa metodista episcopale italiana, *XXXVII sessione della Conferenza Annuale. Tenuta a Venezia dal 5 al 10 Ottobre 1920*, Roma, Casa editrice metodista, 1920, p. 94; probabilmente il corso di cui si parla qui era già tenuto da Della Vida, nel 1919 chiamato a succedere a Ignazio Guidi nella cattedra di Ebraico e lingue semitiche comparate (tenne la prolusione nel gennaio 1920). La prassi sarà ripresa in anni successivi, anche dalla Scuola Teologica wesleyana; tra i docenti coinvolti vi era Ugo Della Seta, per le materie filosofiche (che comunque insegnava anche nelle sedi metodiste).

logica denominazionale restava formalmente aperta, conservando dei corsi complementari (quelli preparatori) e il convitto per i propri studenti, nonché uffici e biblioteca. Questa però chiuse nel 1929, per mancanza di studenti: negli anni successivi, per formare i nuovi giovani candidati, si decise di proseguire l'accordo con la Facoltà Valdese, stavolta però affidando integralmente ad essa la loro preparazione.[81]

Oltre all'apertura di istituzioni educative, Burt fornì al metodismo episcopale italiano altre importanti proprietà: ad esempio il complesso di via Venti Settembre, a Roma, che ospitava un tempio, i locali per la tipografia e la casa editrice, la Scuola Teologica, il Collegio metodista maschile, appartamenti per i ministri. Quest'opera di grandi proporzioni aveva ovviamente uno scopo strategico e un significato simbolico, a partire dalla scelta del luogo di costruzione: anche questo si inquadrava nel *Grand Dessein* di Burt. Il tempio fu inaugurato nel 1895, proprio in data 20 settembre.[82] Tipografia e casa editrice La Speranza costituivano un'altra acquisizione fondamentale. La tipografia era sorta nel 1891 nei locali di piazza Poli, quindi trasferita nel 1896 nei locali di via Firenze angolo via Venti Settembre, e ampliata e rimodernata nel 1901; si trattava di un'impresa di buon livello, in grado di produrre pubblicazioni di qualità.[83] Ovviamente il possesso di una tipografia e di una connessa casa editrice è un importante fattore che consentì alla Chiesa episcopale di pubblicare molte più opere rispetto alla consorella wesleyana. La tipografia episcopale stampava anche il periodico

81. Sull'accordo con la Facoltà Valdese cfr. i Verbali delle Conferenze Annuali della Chiesa metodista episcopale italiana, dal 1922 e più dettagliatamente dal 1923: si parla di «unione» delle due Facoltà, metodista e valdese, in quanto l'accordo prevedeva anche che alcuni corsi fossero tenuti da docenti metodisti (saranno Alfredo Taglialatela per gli episcopali e Teodoro Vasserot per i wesleyani). Sulla chiusura della Scuola Teologica episcopale cfr. Chiesa metodista episcopale d'Italia, *XLVI sessione della Conferenza Annuale. Tenuta a Venezia dal 22 al 26 Maggio 1929*, Roma, Casa editrice metodista, 1929, pp. 55-56; Chiesa metodista episcopale d'Italia, *XLVIII sessione della Conferenza Annuale. Tenuta a Venezia dal 27 al 30 Maggio 1931*, Roma, Casa editrice metodista, 1931, p. 218 (si afferma esplicitamente che la Scuola è stata ormai soppressa).

82. Il lotto edificabile era stato acquistato nel 1891, e sin da allora Burt, nei suoi Rapporti al *Board* missionario, aveva sollecitato la donazione di capitali da parte di laici americani, spiegando l'importanza "teologico-politica" di una simile opera. I capitali arrivarono e la prima pietra fu posta nel 1893. Cfr. MSAR, 1891-1895.

83. Cfr. Spini, *Italia liberale*, p. 210: «questa fu forse la più felice delle sue [di Burt] iniziative, perché *La Speranza* fu capace di produrre libri, oltre che opuscoli e periodici, di un notevole livello di dignità grafica e talvolta anche di un certo livello intellettuale».

ufficiale «L'Evangelista» (dal 1889), e il giornale per ragazzi «L'Aurora» (1893-1905, poi sostituito da «Vita Gioconda», 1906-1943). Una seconda "tipografia editrice" era poi sorta a Venezia, annessa all'Istituto Industriale: produrrà, tra le altre pubblicazioni, la rivista culturale «Lumen de Lumine» (1905-1908), diretta da Alfredo Taglialatela, sulla quale si tornerà.

Oltre a queste iniziative e all'apertura di nuovi templi in varie località d'Italia, Burt va ricordato per le missioni promosse in favore degli italiani emigrati all'estero, dagli Stati Uniti al Canada, dalla Svizzera alla Francia, e persino in Argentina.[84] Proprio in Svizzera, a Losanna, il pastore Alfredo Taglialatela (uno dei nuovi, giovani ministri formatisi nella Scuola Teologica denominazionale) ebbe nel marzo 1904 un contraddittorio pubblico con un ancor più giovane Benito Mussolini (allora socialista): la disputa verteva su temi religiosi, e fu poi raccolta in opuscolo dallo stesso Mussolini.[85]

In aggiunta al citato Taglialatela, altri nuovi ministri entrarono nel corpo pastorale, nel corso della gestione Burt: in parte per un fisiologico ricambio generazionale, in parte perché – come detto – alcuni avevano lasciato tra il 1889 e il 1890 per dissensi con la nuova gestione. I nomi nuovi, che diventeranno la classe dirigente del metodismo italiano, provenivano soprattutto dalla Scuola Teologica: oltre ad Alfredo Taglialatela (che negli anni Venti ne diverrà direttore), tra i primi allievi vi era Vincenzo Cassiodoro Nitti; in seguito emergeranno Eduardo Taglialatela, Riccardo Santi, Carlo Maria Ferreri, Giuseppe La Scala, Lucio Schirò. Altri membri si aggiungeranno nel 1904-1905, provenienti dalla Chiesa Evangelica Italiana, i cui ministri erano confluiti metà tra i metodisti episcopali, e metà tra i wesleyani. Tra questi va menzionato Luigi Lala, che sarà per anni direttore de «L'Evangelista». Come già per i wesleyani, l'unione con la Chiesa Evangelica Italiana[86] contribuì all'aumento delle chiese locali e dei membri totali della Chiesa, aumentati anche grazie alle mosse attuate da Burt. Nel

84. Cfr. Chiarini, *Storia delle Chiese metodiste*, pp. 103-105; [Taglialatela,] *Cenni storici*, pp. 97-105; cfr. *supra*, nota 68.

85. B. Mussolini, *L'Uomo e la Divinità. Contraddittorio avuto col Pastore Evangelista Alfredo Taglialatela la sera del 26 marzo 1904 alla «Maison du Peuple» di Losanna*, Lugano, Cooperativa tipografica sociale, 1904. Qui Mussolini sostiene le posizioni del positivismo e dell'ateismo razionalista (in molte edizioni successive sarà aggiunto il sottotitolo *Dio non esiste*). Cfr. Spini, *Italia liberale*, p. 250.

86. Sull'unione, avente pieno effetto dal 1° gennaio 1905, cfr. [Taglialatela,] *Cenni storici*, pp. 60-61.

suo *Report* del 1897, questi ricordava con soddisfazione che, se al suo arrivo in Italia nel 1886, i membri di Chiesa erano 883, più 161 sotto prova, undici anni dopo essi erano saliti a 1.443 più 540 sotto prova, e il valore delle proprietà era quasi decuplicato.[87] Nel 1904 il successore di Burt, Walling Clark, riportava la presenza di 2.198 membri e 507 *probationers*;[88] nel 1915 i membri effettivi saranno 3.190, con 942 membri sotto prova iscritti in totale.[89] Vi era stata, dunque, una indubbia crescita, così come era cresciuto il numero dei pastori (oltre 40 nel primo quindicennio del Novecento: un numero possibile da gestire solo grazie ai cospicui finanziamenti statunitensi).

L'espansione aveva comportato anche una riorganizzazione amministrativa, ossia una nuova divisione in Distretti. L'assetto cambiò più di una volta: nel 1897 si provvide ad una prima divisione in tre Distretti (Roma, Bologna, Napoli), ognuno con un soprintendente; nel 1904 si aggiunse il Distretto Svizzero (prima l'opera in Svizzera rientrava sotto il controllo di quello di Roma).[90] Questa divisione, con qualche temporanea modifica, rimase in vigore fino al 1926, quando i Distretti italiani furono nuovamente riunificati (nel «Distretto d'Italia»), sotto la guida di Carlo Maria Ferreri, mentre il «Distretto Svizzero» era guidato da Franco Panza (Ferreri assumerà poi anche il controllo del Distretto Svizzero nel 1933-34).

Burt aveva grandi capacità organizzative e diplomatiche, e riuscì a realizzare opere importanti ottenendo anche i finanziamenti opportuni; la sua mentalità era sicuramente orientata all'espansione, sia numerica che in termini di visibilità, della missione. Ma ridurre la sua attività a quella di una sorta di *businessman* del "mercato religioso" significherebbe cogliere solo in modo molto parziale la sua prospettiva. Burt si impegnò fin dall'inizio nella diffusione dei principi e della specificità metodisti, soprattutto dal punto di vista dottrinale, in ciò ricordando quella che era stata la posizione di Piggott, pur con tutte le differenze che separano i due più importanti Soprintendenti del metodismo italiano tra Otto e No-

87. MSAR, 1897, pp. 96-97.

88. MSAR, 1904, p. 109.

89. Così dalle *Statistiche* in Chiesa Metodista Episcopale, *XXXIV sessione della Conferenza Annuale d'Italia. Tenutasi a Firenze dal 21 al 26 Aprile 1915*, Roma, Casa editrice metodista, 1915.

90. Cfr. MSAR, 1897 e 1904; Chiarini, *Storia delle Chiese metodiste*, p. 121; si vedano i Verbali delle Conferenze Annuali, per gli anni in oggetto.

vecento. Come Piggott, Burt promosse un'accurata formazione del corpo pastorale, insistendo particolarmente sul fatto che tutti i ministri dovessero conoscere le dottrine e l'organizzazione metodiste; e come Piggott, si preoccupò di diffondere anche *ad extra* tali nozioni, pubblicando (tramite l'editrice La Speranza) opere che illustravano storia e teologia del metodismo (se ne riparlerà nel paragrafo successivo). L'incremento dei fedeli e la "conquista" delle classi superiori non erano perseguiti semplicemente costruendo imponenti edifici e aprendo scuole rinomate: la battaglia contro il cattolicesimo doveva essere combattuta, per Burt, in nome del *metodismo* (episcopale) in quanto tale, non come una denominazione protestante fra le altre. Nel 1897 scrisse appunto: «Ho sempre creduto che l'unica ragione che noi abbiamo di essere in Italia è di essere qua nella nostra individualità, compiendo l'opera speciale alla quale Iddio ci ha chiamato [*we had no reason to be in Italy if not in our individuality as the Methodist Episcopal Church*]».[91]

Per questo motivo, una delle prime iniziative di Burt appena assunta la guida unica della missione fu la pubblicazione delle *Dottrine e disciplina* della Chiesa metodista episcopale (1889, anno in cui fu aperta anche la Scuola o Facoltà Teologica), una traduzione italiana dell'edizione americana del 1888. Durante la Conferenza Annuale del 1889 aveva appunto distribuito ai ministri questo testo, poiché aveva riscontrato (con «sorpresa») la scarsa conoscenza (e applicazione) della *Disciplina* metodista;[92] la sorpresa derivava probabilmente dal fatto che essi avrebbero dovuto conoscerla, dato che una versione era stata già stampata in Italia nel 1879.[93] I Verbali delle Conferenze dei primi anni di Burt come soprintendente unico sono ricchi di simili rimostranze: nel 1890 Burt spiegava ai pastori che occorreva essere uniti, compatti, per portare avanti la missione della Chiesa metodista episcopale in Italia, che non vuole «americanizzare nessuno»,[94]

91. Il testo italiano, leggermente diverso da quello inglese, è in Chiesa metodista episcopale, *XVI sessione della Conferenza Annuale d'Italia* [1897], pp. 19-20; quello inglese è in MSAR, 1897, p. 96.

92. Cfr. *Minute dell'ottava sessione della Conferenza Annuale italiana della Chiesa metodista episcopale* [1889], p. 13.

93. *Costituzioni della Chiesa Metodista Episcopale Italiana*, Roma, Tip. Chiera, 1879; cfr. *supra*, cap. 2.

94. [Chiesa metodista episcopale,] *Sessione IX della Conferenza Annuale italiana della Chiesa metodista episcopale. Tenuta a Bologna, 23-28 Aprile 1890*, Roma, Tip. Forzani, 1890, p. 15.

ma semplicemente «predicare l'Evangelo a tutti quanti». Ognuno deve fare il suo – affermava – seguendo «i nostri principî e le nostre regole ben definite»: «non v'è ragione di rimanere ministri in questa Chiesa, se non vogliamo fedelmente adempiere tale ufficio o cooperare sinceramente in accordo con le autorità della Chiesa. Questa cooperazione consiste non solamente nella formale predicazione, ma nell'accettar di cuore le nostre dottrine, nell'adoperare i nostri metodi, [...] insomma nel fare tutto quello che possa giovare allo sviluppo ed accrescimento dell'opera».[95] Anche nel 1891 si ribadiva la necessità di seguire la «Disciplina della Chiesa», e di diffondere le specifiche dottrine metodiste, come la «santificazione» e la «certezza personale della salute».[96] Ancora i Verbali del 1892[97] recano traccia di alcuni moniti di Burt, che solo qualche anno dopo si esprimerà in tono finalmente ottimista, riscontrando una Chiesa complessivamente disciplinata e coesa.[98] A proposito della pubblicazione delle *Dottrine* nel 1889, un dato è altamente significativo: nel *Report* al *Board* americano, Burt scriveva di aver venduto, dopo poco tempo dalla stampa, già circa 550 copie del volume «among the members of our Church».[99] Ciò indica che questo testo non era solo destinato ai pastori, ma anche ai fedeli laici: tutti erano chiamati a conoscere le dottrine metodiste, gli articoli di fede, l'organizzazione e la disciplina della Chiesa. Nel 1889 i membri di Chiesa erano 769, più 169 in prova. Il numero di copie vendute segnalato da Burt fa pensare che praticamente in ogni casa di fedeli metodisti episcopali fosse presente quel volume. Questo non vuol dire che tutti ne avessero fatto

95. *Ibidem*. Cfr. [Taglialatela,] *Cenni storici*, pp. 34-35 e Chiarini, *Storia delle Chiese metodiste*, pp. 97-98 (dove alcune parole sono però riportate diversamente).

96. Così il vescovo James M. Walden, che presiedeva la Conferenza del 1891: cfr. [Chiesa metodista episcopale,] *X sessione della Conferenza Annuale italiana della Chiesa metodista episcopale. Tenuta a Firenze, 21-26 Maggio 1891*, Roma, Tip. metodista, 1891, p. 8; cfr. anche ivi, pp. 18-19, rapporto del soprintendente Burt.

97. Chiesa metodista episcopale, *XI sessione della Conferenza Annuale d'Italia* [1892], pp. 17-22.

98. Cfr. ad es. Chiesa metodista episcopale, *XVI sessione della Conferenza Annuale d'Italia* [1897], pp. 18-24 e *XVII sessione della Conferenza Annuale d'Italia* [1898], Roma, Tip. metodista, 1898; cfr. [Taglialatela,] *Cenni storici*, pp. 49-52. Sembra che nei rapporti inviati al *Board* americano Burt usasse a volte toni meno duri, presentando un quadro un po' diverso: già in quello del 1890, ad esempio, scrive che «[t]he ministers were never so united as now [...]. They begin to realize their mission as member of the Methodist Episcopal Church, and to love our doctrines and methods» (MSAR, 1890, p. 231).

99. MSAR, 1889, p. 246.

un dettagliato studio teologico. Ma il dato conferma ancora una volta come il metodismo italiano dei primi decenni non tralasciò affatto il tentativo di diffondere i principi teologici, dottrinali, organizzativi della propria tradizione.

Il disegno di Burt e, più in generale, del protestantesimo americano, prevedeva l'idea di combattere il "papismo" nel suo stesso luogo di origine. I rapporti di Burt alla Società missionaria mostrano una significativa lettura del cattolicesimo in Italia. Tra le righe del linguaggio apocalittico controversistico (si parla dell'anticristica "Roma-Babilonia") sembra si possa leggere, in realtà, una chiara percezione da parte di Burt del graduale ma potente ritorno di influenza pubblica della Chiesa cattolica sotto Leone XIII, colto – come si è visto – anche da Piggott. I *Reports* di Burt si aprono quasi sempre con riferimenti alla potenza del cattolicesimo, descritto come avversario non facile da combattere: certo, scrive Burt, esso si avvale soprattutto di metodi subdoli, di intolleranza e persecuzioni – ma la sua potenza e presenza, in Italia, è tale che non si deve credere sia facile convertire gli italiani.[100] L'accento così forte posto sulla situazione del cattolicesimo non era solo un modo per ribadire la necessità di cospicui finanziamenti per la missione. Burt sembra andare oltre e produrre spunti (certo non approfonditi) in direzione di una considerazione latamente "teologico-politica". Egli parla infatti della "politicità" del cattolicesimo: «In Italy we touch the very heart of Romanism; hence we feel more quickly and keenly its influence. Romanism is so politic (in fact, it is all politics)».[101] Il riferimento è – come si evince dalle righe successive – alla capacità del cattolicesimo di assumere diverse "facce" (benigno o persecutorio) a seconda dei contesti nei quali si trova ad operare; ad esempio, il suo atteggiamento verso i protestanti è ben diverso negli Stati Uniti e in Italia. Per Burt il cattolicesimo, «being in its present form and spirit a creature of the Jesuits, it is the most politic institution, or in other words the greatest

100. Così si apre il rapporto del 1889: «Our difficulties here are far greater than our friends at home imagine. The great Romish Church, with all its centuries of prestige, immense wealth, and Jesuitical cunning; three hundred thousand priests and monks connected in some way with nearly every family in the land, with the consequent influence of such a relation; millions upon millions of money at their disposal [...]; every art and diabolical device that the human imagination, inspired by Satan, is capable of conceiving is used to persuade, persecute, and deprive of position, means or reputation, any one who confesses himself an evangelical Christian» (MSAR, 1889, p. 245).

101. MSAR, 1891, p. 224.

political machine, in the world. Its whole spirit, aim, and *modus operandi* is political».[102] Il cattolicesimo è dunque definito una «macchina politica», la più grande esistente sul pianeta. Queste parole di Burt furono scritte alla fine del 1891, lo stesso anno in cui Leone XIII promulgava la *Rerum Novarum* (15 maggio), primo pronunciamento papale sulla questione sociale (anche se non primo in assoluto su temi più generalmente "politici", ovviamente). Burt non nomina l'enciclica, ma è difficile che non avesse riflettuto su di essa e sul suo significato, appunto, "politico": su una Chiesa cattolica che conquistava sempre nuovi spazi, nuovi temi nel dibattito pubblico attuale.[103] Il successore di Burt, Walling Clark, nei propri *Reports* non sembra proseguire questa linea, ossia il continuo riferimento (polemico-apocalittico e/o di analisi socio-politica) al cattolicesimo, limitandosi invece a descrivere l'andamento della missione.

2.2. *Produzione intellettuale. Tra modernismo cattolico, nuove correnti teologiche e tradizione metodista*

La produzione editoriale della Chiesa metodista episcopale italiana, in questo periodo (1889-1915), è assai ricca, anche per merito di una tipografia/casa editrice propria (che non si limitava a stampare solo testi di provenienza metodista). Per quanto riguarda i periodici, il giornale ufficiale della Chiesa era dal maggio 1889 «L'Evangelista», che sostituì «La Fiaccola». Inizialmente mensile e stampato prima a Firenze, poi a Roma (da giugno 1890, mentre la direzione si trasferirà a Roma nell'agosto dello stesso anno), divenne presto settimanale (dal gennaio 1891).[104] Tornerà mensile nell'ultima fase di vita (da novembre 1939), a causa delle limitazioni sulla carta dovute alla guerra; nel corso del 1940 dovrà chiudere definitivamente. «L'Evangelista» fu dunque attivo per un cinquantennio, configurandosi come uno dei più longevi periodici evangelici italiani. Fondato dagli episcopali, divenne dal 1903 periodico ufficiale di entrambe le Chiese metodiste, in virtù di un accordo con i wesleyani (che non avevano più

102. Ivi, p. 225.

103. Prescindo qui da una valutazione interpretativa sulla *Rerum Novarum*, ossia se essa vada letta come più orientata in senso conservatore o innovativo (alternative presenti già nella ricezione dell'epoca: cfr. *supra*, nota 17). Sull'enciclica (contesto, stesura, ricezione) e la dottrina sociale della Chiesa cattolica rinvio almeno a *I tempi della «Rerum Novarum»*.

104. Burt, direttore, nel 1890 si trasferisce a Roma.

un periodico proprio);[105] continuò comunque a essere gestito dalla Chiesa episcopale, dalla quale provenivano anche i direttori. Nel 1921 i wesleyani fonderanno il mensile «Il Risveglio»: «L'Evangelista» tornerà allora voce ufficiale della sola Chiesa episcopale. Ma qualche anno dopo la Chiesa wesleyana decise di dare al «Risveglio» una fisionomia più specificamente di "rivista culturale": dal luglio 1933 «L'Evangelista» fu allora di nuovo periodico ufficiale di entrambe le Chiese (riportando dunque anche la *cronaca* delle chiese wesleyane).[106] Questa decisione si inquadrava nel più generale contesto dei progetti di unione tra le due Chiese, già in discussione[107] (sebbene, per questioni organizzative e poi per le vicende belliche, avranno attuazione solo nel 1946). Infine, nel 1936 la direzione de «L'Evangelista» passerà interamente ai wesleyani (che alla fine del 1935 chiusero «Il Risveglio»): nel 1936 infatti, a causa della crisi economica sempre più profonda (originatasi nel 1929), la Chiesa metodista episcopale americana dovette interrompere i finanziamenti alla missione italiana e ritirarsi dal paese (la gestione dell'opera sarà portata avanti dai pastori italiani).[108]

Il primo numero de «L'Evangelista» si presentava subito con alcune caratteristiche tipiche del progetto di Burt. Un articolo programmatico spiegava che il giornale «non è destinato ad essere una Rivista Filosofica», volendo invece «annunziare la buona novella della salvazione al popolo».[109] Speculazioni filosofico-teologiche come quelle apparse nei primi anni Ottanta su «La Fiaccola», in effetti, non troveranno posto nel nuovo periodico; il "filosofo" Caporali, del resto, stava lasciando la denominazione, e il suo collega Taglialatela, che invece resta, anche se proporrà talvolta qualche riflessione di una certa profondità, eviterà sempre l'eccessiva complessità e soprattutto la prolissità, mantenendo sempre una prospettiva che poteva essere ricondotta a una funzione "pratica", edificante, inquadrandosi dun-

105. Cfr. «Ev.», XV, 19 febbraio 1903, ove si riporta la cronaca del Sinodo wesleyano di quest'anno: «Si delibera dietro proposta del Presidente [Burgess] che d'ora innanzi il giornale *L'Evangelista* sia riconosciuto organo ufficiale delle due Chiese Metodiste. Il Rev. Piggott ne sarebbe redattore – per parte della nostra Chiesa» (p. 64).

106. Cfr. «Ev.», XLV, 5 luglio 1933: il periodico assume ora il sottotitolo di «Organo delle Chiese Metodiste d'Italia» (fino alla settimana precedente: «Organo ufficiale della Chiesa Metodista Episcopale d'Italia»).

107. Cfr. Chiesa metodista episcopale d'Italia, *L sessione della Conferenza Annuale. Tenuta a Napoli dal 10 al 14 Maggio 1933*, Roma, Casa editrice metodista, 1933.

108. Nel 1939 le comunità episcopali italiane superstiti si uniscono come Chiesa metodista episcopale d'Italia, che nel 1940 si dichiara indipendente da quella americana.

109. [Anonimo,] *Saluto*, in «Ev.», I, maggio 1889, p. 4.

que nel progetto complessivo del periodico. L'articolo citato proseguiva cercando di evitare toni controversistici, polemici: «Il suo scopo principale non è la controversia. [...] Le tenebre si possono vincere colla luce. [...] Non cerchiamo di distruggere ma di salvare, non solamente di sovvertire il falso, ma anche di stabilire il vero». In realtà, la posizione di fondo era chiara e si leggeva tra le righe: sebbene la controversia non sia lo «scopo principale», è anche vero che – coerentemente con la visione di Burt e non solo – il cattolicesimo è identificato con le «tenebre» e con il «falso», cui andranno sostituiti la «luce» e il «vero». «L'Evangelista» avrà infatti un taglio abbastanza battagliero, diretto, efficace.[110] Infine, l'articolo denotava chiaramente la volontà di presentarsi come specifico organo metodista, anche qui riproducendo fedelmente le idee di Burt: «Questo giornale, speriamo, sarà prima di tutto cristiano, e poi metodistico, leale alle dottrine, alla storia ed allo spirito del Metodismo. [...] Il Metodismo ha dottrine, forme di culto e metodi di evangelizzazione, che lo hanno in tutto il mondo distinto dalle altre denominazioni. Niente v'è da guadagnare nell'imitare altri. Siamo fedeli a Dio e fedeli a noi stessi ed alla nostra missione».

Il periodico nasceva come giornale denominazionale della Chiesa, non come rivista culturale: coerentemente con questo taglio, vi si trovano – oltre alle notizie delle comunità metodiste – articoli di edificazione, commenti sull'attualità, corrispondenza, meditazioni religiose, articoli di controversia. Non è su questa testata, dunque, che si possono trovare approfondimenti storico-teologici sulla Riforma o sulle tradizioni teologiche cristiane; «L'Evangelista» assume invece un ruolo importante nel fungere da cartina al tornasole della ricezione, in ambienti metodisti, di determinati eventi o contesti, come pure è una fondamentale fonte di informazioni sulla vita delle singole comunità.[111] Nel periodico, comunque, comparivano talvolta anche articoli di maggiore respiro, come quelli (già analizzati in precedenza) di Pietro Taglialatela; si pubblicavano talvolta anche piccoli estratti di testi di Wesley, al quale un po' di spazio fu dedicato soprattutto in occasione di ricorrenze come il centenario della

110. Cfr. Spini, *Italia liberale*, p. 210 e soprattutto p. 255: specialmente sotto la direzione di Luigi Lala (dal 1907), «L'Evangelista» divenne «un organo di battaglia anticlericale, molto aggressivo, assai agile e più leggibile della media dei periodici evangelici di allora».

111. In tal senso esso sarà oggetto di analisi sistematiche nei capitoli successivi, sulla ricezione della Prima guerra mondiale nel metodismo italiano, e sui rapporti tra Ernesto Buonaiuti e gli evangelici italiani.

morte (1891) e il bicentenario della nascita (1903).[112] Tra i collaboratori che vi pubblicavano articoli, «L'Evangelista» di questi anni annoverava poi qualche personalità dell'Italia intellettuale laica come il citato Raffaele Mariano e (dal 1908)[113] un giovane Ugo Della Seta,[114] di origine ebraica, repubblicano e mazziniano (il suo percorso politico lo porterà a far parte dell'Assemblea Costituente e a sedere in parlamento fino alla II legislatura), che sarà poi docente universitario di Storia della filosofia (e di Filosofia morale) e che questa materia insegnerà anche alla Scuola Teologica wesleyana, nei primi anni Trenta (dove fu collega di Ernesto Buonaiuti), e in quella episcopale, nel decennio precedente. Della Seta fu molto vicino agli ambienti evangelici italiani, in particolare metodisti (forse anche per l'appartenenza massonica).

Tutto questo però, come detto, non configurava «L'Evangelista» quale rivista culturale; è stato infatti osservato che il metodismo episcopale del primo Novecento «non produsse alcuna rivista di studi religiosi tale da costituire un ponte con la cultura italiana» del tempo.[115] Un'affermazione simile è però condivisibile solo da un certo punto di vista: se cioè si escludono quelle che effettivamente erano delle riviste culturali, e che furono prodotte in ambienti metodisti e dirette da metodisti episcopali, «Lumen de Lumine» fondata dal pastore Alfredo Taglialatela (direttore fino al luglio 1908, quando, in partenza per gli Stati Uniti, lascia il testimone a Lala), e «La Riforma Laica» diretta dal laico Salvatore Mastrogiovanni.[116] È vero che la seconda (alla quale collaborarono, tra gli altri, Labanca,[117] Murri,[118] Chiappelli, Cara-

112. Per queste due occasioni vennero realizzati dei numeri dedicati, rispettivamente «Ev.», III, 28 febbraio 1891 ed «Ev.», XV, 18 giugno 1903. In entrambi si trovano articoli che restituiscono brevemente la vita di Wesley e la storia delle origini e dei primi sviluppi del metodismo, sia in Gran Bretagna che negli Stati Uniti. Quasi nulla si dice sulle dottrine teologiche metodiste.

113. Così Chiarini, *Storia delle Chiese metodiste*, p. 129.

114. Cfr. B. Di Porto, *Della Seta, Ugo*, in *Dizionario Biografico degli Italiani*, XXXVII, Roma, Istituto della Enciclopedia Italiana, 1989, pp. 485-489.

115. Chiarini, *Storia delle Chiese metodiste*, p. 129.

116. Non considero qui «La Riforma Italiana» di Gaetano Conte, perché questi era già uscito dal metodismo all'epoca della fondazione di questa rivista (1912; chiuderà nel 1920), della quale sarà condirettore Romolo Murri.

117. Labanca scrisse per la rivista diversi articoli, ad esempio su Savonarola e su Erasmo e Lutero.

118. Murri ne fu anche direttore, negli ultimi mesi di vita della rivista (gennaio-aprile 1913); dalla fondazione (1910) alla fine del 1912, invece, il direttore era Mastrogiovanni.

bellese, Minocchi, Della Seta) non era ufficialmente collegata con la Chiesa episcopale: ne era indipendente (tuttavia, Burt era fra i suoi finanziatori). Ma lo stesso non può dirsi della prima,[119] che era stampata dalla tipografia metodista episcopale di Venezia, e soprattutto era promossa (e, almeno in parte, finanziata) proprio dalla Chiesa episcopale, che la inseriva esplicitamente tra le proprie pubblicazioni, nei Verbali delle Conferenze[120] e nei rapporti al *Board* americano.[121] Eduardo Taglialatela, in una sua pubblicazione del 1906 sulla storia della denominazione, afferma che «Lumen de Lumine» era stata fondata «per desiderio del Vescovo Burt e della Conferenza Italiana».[122] Si trattava dunque chiaramente di una pubblicazione che la Chiesa considerava come uno dei propri periodici ufficiali. L'interdenominazionalità, infatti, non va confusa con la non-ufficialità: «Lumen» si avvaleva di collaboratori di ogni denominazione, e anche di laici, come Ugo Della Seta;[123] il primo numero presentava il periodico come una rivista che «non conosce scuole,

119. Contrariamente a quanto scrive Chiarini, *Storia delle Chiese metodiste*, p. 130, che la considera (come pure «La Riforma Laica») tra le «iniziative di carattere personale [...] senza alcun legame ufficiale con la Chiesa [...] e dunque da questa indipendenti».

120. Cfr. Chiesa metodista episcopale, *XXV sessione della Conferenza Annuale d'Italia, tenuta a Pavia dal 9 al 13 Maggio 1906*, Roma, La Speranza, 1906, pp. 21, 51-52, 97; *XXVI sessione della Conferenza Annuale d'Italia, tenuta a Roma dal 14 al 18 Maggio 1907*, Roma, La Speranza, 1907, pp. 26, 46, 96 («Il Comitato [per la stampa] si compiace pure del crescente successo di *Lumen de Lumine*, congratulandosi col suo Direttore per aver dato alla nostra Chiesa una Rivista che la onora e tiene alto il nostro nome in Italia»); *XXVII sessione della Conferenza Annuale d'Italia* [1908], pp. 26, 48, 93; *XXVIII sessione della Conferenza Annuale d'Italia. Tenuta a Venezia dal 19 al 24 Maggio 1909*, Roma, Tip. metodista, 1909, specialmente p. 110, ove V. Bani deplora l'avvenuta chiusura della rivista, affermando che essa «non era la rivista omiletica d'una persona, ma era della Conferenza Metodista Episcopale italiana e non doveva e non poteva essere soppressa con tanta leggerezza e senza il consenso della Conferenza».

121. Si riferisce a «Lumen de Lumine» il cenno nel rapporto del 1906, inserito nella trattazione della chiesa di Venezia: «The boys [dell'Istituto Industriale cui la tipografia è annessa] print a monthly publication for the use of the church in Italy, and this has given a new impetus to the work» (MSAR, 1906, p. 115); cfr. *XXV sessione della Conferenza Annuale d'Italia* [1906], p. 51.

122. [Taglialatela,] *Cenni storici*, p. 95. Cfr. anche ivi, p. 72.

123. Va detto, però, che su «Lumen de Lumine» non figura una *cospicua* presenza di importanti intellettuali laici, come invece su «La Riforma Laica»: a parte i contributi di Della Seta e le spigolature, su «Lumen» compare solo un'altra figura di primo piano, Labanca, con un articolo che risponde a Giovanni Gentile, proseguendo una polemica iniziata su altre testate: B. Labanca, *Strascichi polemici. Leggendo "Le rettifiche del prof. Labanca" del prof. Gentile*, in «Lumen de Lumine», IV, novembre 1908, pp. 373-377.

come non vuole saperne di denominazioni».[124] Ma la rivista *era* ufficialmente appartenente alla Chiesa episcopale, tanto che Spini ha potuto scrivere con nettezza che quell'autopresentazione «libertaria» «faceva ai cozzi con la realtà, che era quella di un organo denominazionale».[125] Ed è lo stesso Spini a inserire «Lumen» tra le «testate di carattere culturale» che uscirono in gran numero nel primo Novecento, nel mondo evangelico, inquadrandola così nella più ampia fioritura di riviste culturali che caratterizzava l'Italia dell'epoca (da «La Critica» a «La Voce», da «Lacerba» a «Coenobium» alle riviste dei modernisti): i protestanti italiani seguivano dunque questo «vento dell'innovazione»,[126] iniziando a entrare in contatto con determinati gruppi intellettuali al centro della vita culturale nazionale (come i modernisti), e aprendosi a nuove tematiche (movimenti pacifisti e femministi, cristianesimo sociale, protestantesimo liberale, oltre, appunto, al modernismo).[127]

«Lumen de Lumine», fondato nell'ottobre 1905 da Alfredo Taglialatela, fu da questi diretto fino al luglio 1908, quando la direzione passò a Luigi Lala. L'ultimo numero edito è quello del dicembre 1908. Questo mensile ebbe dunque vita breve, anche se fu in un certo senso pionieristico, essendo uno dei primi periodici evangelici di questa "nuova generazione".[128] Tra gli articoli che vi si pubblicavano, vi erano riferimenti al rapporto tra propaganda evangelica e questione sociale; recensioni o commenti di opere che rappresentavano appunto quel "vento di novità" che varie correnti facevano spirare, da *Il Santo* di Fogazzaro alla filosofia di William James, dal cristianesimo sociale di Hermann Kutter al modernista Tyrrell; articoli

124. [A. Taglialatela], *Per intenderci*, in «Lumen de Lumine», I, ottobre 1905, p. I.

125. Spini, *Italia liberale*, pp. 316-317.

126. Che, secondo Spini, arrivò perfino nelle pubblicazioni per i ragazzi delle scuole domenicali, come nel metodista episcopale «Vita Gioconda» (fondato nel 1906), «redatto da Ines Piacentini Ferreri con molta intelligenza e modernità di spirito» (ivi, p. 316).

127. Cfr. ivi, pp. 299-335; le citazioni sono alle pp. 315-316; di «Lumen de Lumine» si parla alle pp. 316-318. Spini è stato finora l'unico, a mia conoscenza, ad andare al di là della mera menzione di «Lumen de Lumine» e ad averne almeno riassunto le tematiche principali apparse negli articoli pubblicati (sebbene neanche lui li analizzi nel dettaglio e non ne citi mai dei passi, salvo quello sulla non-denominazionalità, dal programma del 1905). Sulle riviste evangeliche dell'epoca cfr. anche L. Demofonti, *La Riforma nell'Italia del primo Novecento. Gruppi e riviste di ispirazione evangelica*, Roma, Edizioni di Storia e Letteratura, 2003.

128. La nuova serie de «La Rivista Cristiana» apparve nel 1899, ma altri periodici furono fondati solo in seguito, come «L'Avanguardia» (1908), «Fede e Vita» (1908), i citati «La Riforma Laica» e «La Riforma Italiana», «Bilychnis» (1912).

più “teologici”, come gli scritti antitrinitari di Pietro Taglialatela (in polemica con Ugo Janni), o una lettura dell’*Epistola ai Romani* dello stesso Taglialatela, che fornì anche un saggio su Giordano Bruno. Una certa attenzione veniva dedicata al modernismo, coerentemente con il quadro più generale del mondo evangelico italiano di quegli anni, che – in maggioranza – accolse con interesse (anche se non sempre con approvazione) la nuova corrente cattolica: oltre a commentare testi di Fogazzaro e Tyrrell, si affrontava il tema del “riformismo cattolico” e del modernismo.

Il periodico si mostrava dunque abbastanza aperto a recepire informazioni sulle nuove correnti religiose, ma delle vere e proprie analisi in profondità sembrano mancare: non vi è, ad esempio, un serio confronto con le tesi di Harnack o di Loisy, che proprio in quegli anni ricevevano discussione anche in Italia. Dal punto di vista storico-teologico, gli articoli più interessanti – a parte quelli di Pietro Taglialatela, in parte già analizzati – sembrano essere proprio quelli con riferimenti al modernismo. Comprensibilmente, i riferimenti si sviluppano soprattutto a partire dal 1907, anno del decreto *Lamentabili* e dell’enciclica *Pascendi* di Pio X. Ma ai modernisti «Lumen de Lumine» si rivolge con una certa durezza: si chiede loro di decidersi, di scegliere da che parte stare; o uscire dalla Chiesa cattolica, che per Taglialatela e i suoi collaboratori è irreformabile, o restarvi, ma senza riserve, dunque accettandone in pieno i pronunciamenti dogmatici, dottrinali, disciplinari. Così, ad esempio, sul numero dell’agosto 1907, dove due articoli anonimi (probabilmente compilati da Alfredo Taglialatela) sono dedicati al modernismo. Il primo[129] è una raccolta di giudizi sul movimento modernista dati da intellettuali italiani del tempo: da Croce e Ardigò, da Chiappelli a Labanca a Murri. Di Croce è noto il giudizio sprezzante e l’incomprensione delle istanze moderniste. Di Chiappelli si cita un giudizio sfiduciato sulla vitalità dell’opera dei modernisti, soprattutto sul piano sociale. Murri, nel brano riportato, distingue vari significati di “modernismo” (il piano socio-politico, quello storico-critico, quello teologico), e afferma che il proprio gruppo non è costituito da «riformisti religiosi»: a mutare non è Dio o la Chiesa, ma l’uomo; «basta [...] che ci si conceda la *storicità* dello sviluppo dell’istituto ecclesiastico». Labanca, poi, identifica una dimensione utopica nel desiderio modernista di una riforma interna della Chiesa romana: que-

129. *Un’inchiesta sulla questione religiosa in Italia*, in «Lumen de Lumine», III, agosto 1907, pp. 249-252. È composto da spigolature dalla «Rivista di Roma».

sta, nella Chiesa dell'infallibilità papale, è impossibile; nonostante ciò, Labanca intravede la possibilità che dei «frutti» positivi del modernismo possano, col tempo, svilupparsi. Il commento finale di Taglialatela è, come anticipato, che i modernisti devono «uscire dall'equivoco»: «O fuori la Chiesa, o con la Chiesa... e con gli anatemi!». L'articolo immediatamente successivo[130] riporta infatti il testo del *Lamentabili*, da poco promulgato (3 luglio 1907), commentandolo criticamente, ma cogliendone anche «un punto sano»: si tratterebbe della proposizione VIII, che nega la distinzione tra professione esterna e opinione interiore. Dunque, ribadisce Taglialatela, questo è il nodo dell'equivoco modernista: non sono possibili «riserve mentali», occorre scegliere e professare con nettezza la propria posizione.

Anche Pietro Taglialatela, in un suo articolo sul modernismo pubblicato nel febbraio 1908, ribadiva che a suo avviso la Chiesa romana era irreformabile.[131] «Lumen» pubblicò però anche una voce della controparte: nel luglio 1908 ospitò l'articolo *Il modernismo cattolico come nuovo tipo di esperienza religiosa*, anonimo.[132] Una nota della redazione specificava che era stato scritto da «un colto sacerdote», al quale si era «accordata ospitalità» senza però «convenire nei suoi apprezzamenti» (il che ribadisce la sostanziale diffidenza verso il modernismo). Sull'identità dell'autore è difficile fare ipotesi ma potrebbe essere uno dei frequentatori dei circoli modernisti romani: forse Mario Rossi, che diverrà poi battista (nel 1914), e che nello stesso 1908 scrisse su un altro periodico evangelico, «Gioventù»;[133] oppure Gustavo Verdesi, che nel 1911 aderirà alla Chiesa metodista episcopale[134] (molto improbabile, invece, è che si tratti di Buonaiuti). Ciò che più conta sono i contenuti dell'articolo,

130. *Il testo del nuovo Sillabo*, ivi, pp. 252-256.

131. P. Taglialatela, *Attorno al Modernismo*, in «Lumen de Lumine», IV, febbraio 1908, pp. 33-35.

132. *Il modernismo cattolico come nuovo tipo di esperienza religiosa*, in «Lumen de Lumine», IV, luglio 1908, pp. 231-234.

133. *Il Modernismo cattolico secondo un sacerdote modernista*, in «Gioventù!», IV, 5, maggio 1908, pp. 65-69; fu pubblicato anonimo, ma è attribuibile a Mario Rossi: cfr. *Il gruppo radicale romano*, a cura di L. Bedeschi, in «Fonti e Documenti», 1 (1972), pp. 9-344, qui pp. 202-203 (dal carteggio Rossi-Sabatier), 228-229 (dal carteggio Rossi-Houtin). Questo articolo era da Marcella Ravà (nella sua *Bibliografia* degli scritti buonaiutiani, cfr. *infra*, cap. 6, nota 46) erroneamente attribuito a Buonaiuti.

134. Sul noto processo Verdesi cfr. V. Vinay, *Ernesto Buonaiuti e l'Italia religiosa del suo tempo*, Torre Pellice, Claudiana, 1956, pp. 58-61.

che fornisce una lettura del modernismo prendendo spunto dalle *Lettere di un prete modernista*, appena pubblicate. L'autore vuole chiaramente presentare il modernismo in modo che questo sia positivamente accolto dai lettori del periodico evangelico: il modernismo è definito «un tipo di *réveil*», ma cattolico, anche se di "cattolico" non conserva forse «altro che l'idea, filosoficamente elaborata, del carattere universalistico, unitario ed esteriore della Chiesa». Il modernismo è il «prodotto di una vasta crisi religiosa che non è esclusiva del cattolicismo»: parole che sembrano parafrasare quelle che Piggott scriveva decenni prima (nella *Breve storia del metodismo*, 1868) nel presentare ai lettori italiani il metodismo wesleyano come esempio di crisi e rinnovamento religioso cristiano. L'articolo sottolinea anche il carattere antidogmatico del modernismo, ossia la ribellione alla rigidità dogmatica, e ne prevede (e auspica) un avvenire «extra-ecclesiastico». L'insistenza è dunque su una dimensione non intra-cattolica (intra-romana), ma *universale* (e dunque "cattolica" nel senso letterale) del modernismo, come germe di rinnovamento.

È significativo, comunque, che «Lumen» accogliesse anche questo contributo di un sacerdote cattolico modernista o vicino ai modernisti, per irrobustire il dibattito; questo elemento, e lo spunto relativo alle *Lettere di un prete modernista*, offrono il destro per approcciare un confronto con l'altro periodico metodista allora attivo, «L'Evangelista». Negli anni cruciali 1907-1908, esso dedicò un certo spazio alle vicende moderniste, soprattutto riportando brevemente aggiornamenti di cronaca (tramite la rubrica *Note e Commenti*), ossia informando i lettori sulle scomuniche, sulle pubblicazioni moderniste, e in genere sugli eventi relativi alla "crisi" (in particolare, vi era attenzione per le vicende di Murri, come specchio dei rapporti tra Stato e Chiesa, tra mondo politico e culturale e Chiesa cattolica). Qualche articolo veniva anche dedicato a entrare più nel merito delle questioni storico-religiose, e a commentare l'esperienza e il significato del modernismo. Anche qui, a suscitare maggiore attenzione erano comprensibilmente il *Lamentabili*, la *Pascendi*, *Il programma dei modernisti*, le *Lettere di un prete modernista*. Non diversamente da «Lumen de Lumine», l'atteggiamento verso i modernisti era generalmente di diffidenza: così soprattutto nel caso del direttore Luigi Lala, autore degli editoriali e presumibilmente curatore delle *Note e Commenti*. Questi, ad esempio commentando il *Lamentabili*, ripete la diffusa accusa di incoerenza rivolta ai modernisti: essi, scrive, sostengono anche delle idee giuste (anche se non tutte, a suo avviso: Lala si mostra teologicamente abbastanza "conservatore"),[135] ma devono decidere se restare nella Chiesa cattolica – e in tal caso, accettarne ogni aspetto – oppure conservare la loro libertà di indagine, ma uscendo da essa.[136] Del resto l'accusa di incoerenza era portata anche da Labanca, che in un articolo apparso su un numero dell'«Evangelista» a commemorazione del venti settembre, scrive che i modernisti sono in contraddizione, perché vogliono restare nella Chiesa ma difendono concezioni esegetiche, filosofiche, storiche antitetiche alle dottrine cattoliche. Per risolvere la contraddizione, scrive, i modernisti dovrebbero passare «nelle file dei protestanti»; in Italia, prosegue, la parola "protestante" fa rabbrividire i cattolici, che vedono i protestanti come «nemici della religione cristiana»: non hanno ancora capito che «S. Paolo fu un primo protestante» (!), che giovò molto al «primitivo cattolicismo».[137]

Anche su «L'Evangelista», però, non mancava qualche voce più nettamente favorevole al modernismo: ad esempio quella di Agostino Pierotti, ex ministro della Chiesa evangelica italiana, nel 1905 passato ai metodisti episcopali; egli non solo loda il «movimento» modernista e si dice fiducioso che avrà successo, ma invita gli evangelici a simpatizzare con esso, ad avvicinarsi, ad avere contatti, a «lavorare insieme in molte opere educative, morali e caritatevoli».[138] Decisamente favorevole al modernismo anche un lungo articolo anonimo che funge da commento/recensione delle *Lettere di un prete modernista*: talmente favorevole che venne ripreso e ristampato dalla rivista buonaiutiana «Nova et Vetera».[139] Simpatetica anche la posi-

135. Cfr. *infra*, pp. 267-268, per i suoi commenti su Loisy e sulle ricerche relative ai *logia* extracanonici di Gesù.

136. [L. Lala], *Armi corte*, in «Ev.», XIX, 25 luglio 1907, p. 1.

137. B. Labanca, *Risposta a due dubbi. E come risponderebbe ad essi Garibaldi*, in «Ev.», XX, 18 settembre 1908, p. 4.

138. A. Pierotti, *Esperienze moderniste*, in «Ev.», XX, 10 aprile 1908, p. 2. Pierotti scrive che egli stesso aveva recentemente avuto degli incontri con «qualche giovane modernista», e ne aveva tratto impressioni positive.

139. N., *Le Lettere di un prete modernista giudicate da un autorevole conoscitore del Modernismo italiano*, in «Ev.», XX, 22 maggio 1908, pp. 1-2. Ci si potrebbe chiedere se dietro la firma «N.» non si celi il metodista episcopale Vincenzo Cassiodoro Nitti: un dato che potrebbe motivare questa cauta ipotesi è il fatto che Nitti possedeva una copia delle *Lettere di un prete modernista*, copia da lui annotata con commenti alle singole lettere. Lo apprendo da uno scambio epistolare da me avuto con Rosanna Ciappa Nitti il 25 ottobre 2015: la studiosa possedeva questa copia. L'articolo fu ripreso da «Nova et Vetera», I/1 (1908), pp. 391-396 (la stessa rivista ripubblicò anche l'articolo dell'anonimo sacerdote

zione di Vittorio Bani, del quale è importante ricordare la considerazione che il modernismo «più che un sistema religioso [sembra] un movimento di *anime libere* verso un più alto ideale di vita, quindi per natura ribelle a ridursi a sistema»:[140] affermazione antitetica alla concezione di Pio X e della *Pascendi* che del modernismo, invece, faceva appunto un *sistema*.

***

Il metodismo episcopale, sotto la gestione Burt, promosse in modo massivo la pubblicazione di volumi sulla storia, la teologia, la struttura del metodismo, da Wesley (di cui si pubblicarono alcune opere) allo sviluppo successivo, in particolare – comprensibilmente – sul metodismo americano, episcopale. Ciò si inquadrava negli obiettivi già descritti in precedenza: da un lato (il versante *ad extra*), conquistare al metodismo uno spazio nel mondo italiano "colto"; dall'altro (la dimensione *ad intra*), promuovere la formazione del corpo pastorale, e in seconda battuta anche di ogni membro di Chiesa: è il caso dei testi più specificamente rivolti a questo scopo. Complessivamente, tale tipo di progetto editoriale non era dissimile da quello impostato, all'inizio della missione wesleyana, da Piggott (soprattutto per quanto riguarda i testi di Wesley e quelli di storia del metodismo): ma l'inglese non ebbe mai la mole di finanziamenti di cui invece disponeva Burt, che poté dare all'impresa proporzioni assai diverse.

La tipografia-editrice metodista episcopale, infatti, non stampò solo volumi sul metodismo. Anche tra i testi realizzati da autori appartenenti alla Chiesa, vi erano studi storico-teologici come il già citato *Papa-re* di Pietro Taglialatela; una raccolta di sermoni di Burt, nonché un suo manuale di omiletica;[141] raccolte di sermoni di Alfredo Taglialatela, che mostrano

cattolico edito in «Lumen de Lumine», cit. *supra*, nota 132: cfr. «Nova et Vetera», I/2 (1908), pp. 125-128).

140. V. Bani, *"Lettere di un prete modernista"*, in «Ev.», XX, 15 maggio 1908, pp. 5-6, qui p. 5. In questo contributo Bani non omette qualche notazione critica alle *Lettere*; la sua posizione verso il modernismo era comunque di «simpatia» e «interesse» (ivi, p. 5), come si evince anche da altri articoli: cfr. ad es. la sua opinione in risposta al referendum *L'attitudine dei Protestanti nella lotta fra Modernisti e Cattolici conservatori*, in «Gioventù», IV, marzo 1908, pp. 34-35 (afferma che gli evangelici dovrebbero dare ai modernisti «il più largo e sincero appoggio»). Una considerazione abbastanza favorevole del modernismo sembra essere anche quella del wesleyano Piggott: cfr. *supra*, nota 11 in questo capitolo.

141. W. Burt, *Sermoni e allocuzioni*, Roma, Casa ed. metodista, 1915; Id., *Manuale di omiletica*, Roma, La Speranza, 1904.

un'ampia cultura classica, filosofica, storico-teologica, letteraria;[142] studi storici come i compendi del vescovo metodista americano John Fletcher Hurst (1834-1903),[143] tradotti da Burt in italiano;[144] saggi di pedagogia di un altro figlio di Pietro Taglialatela, Eduardo (1875-1937),[145] che fu appunto docente universitario di pedagogia, di filosofia (anche all'Università di Roma) e di letteratura: tra questi, anche *L'educazione nella Chiesa dei primi secoli* (1919), un'opera in cui l'antica attenzione metodista per la patristica riemergeva con forza. Si tratta infatti di una documentata indagine sulla letteratura patristica dei primi quattro secoli e mezzo, dal punto di vista della storia della pedagogia: vi si esaminano i passi dei Padri dedicati al problema dell'educazione, in particolare Tertulliano, Giustino, Clemente Alessandrino, Origene, Cirillo di Gerusalemme, Giovanni Crisostomo, Minucio Felice, Basilio di Cesarea, Gregorio di Nazianzo, Agostino, Girolamo. Nell'ultima parte del volume (*Pregi e difetti della Pedagogia della Chiesa primitiva*) Taglialatela propone poi la propria sintesi critica.[146]

142. Cfr. A. Taglialatela, *La guardia del cuore e altre omelie*, Roma-Venezia, Casa ed. metodista, 1911 (una seconda edizione, con minime modifiche, venne stampata a Roma, presso La Speranza, nel 1924), ove si trovano riferimenti, tra gli altri, a Orazio, Dostoevskij, Tolstoj, D'Annunzio, Nietzsche, Comte e, per quanto riguarda il versante storico-teologico, a Giuseppe Flavio, a diversi vangeli apocrifi (perfino all'*incipit* del Vangelo di Marcione, a p. 206), a testi di studiosi come Tischendorf e Godet. Emerge anche qualche spunto di critica testuale (va considerato che si tratta di sermoni, non di saggi scientifici), come il riferimento al fatto che la dossologia del *Padre nostro* (*Mt* 6,13 nella Diodati) manca nei più antichi codici, dunque molti critici (tra cui Godet) la credono interpolata (p. 128). Altra raccolta di Taglialatela è *I Sermoni della Guerra*, Roma, La Speranza, 1915 (su cui si tornerà *infra*, cap. 5).

143. Originario del Maryland, dopo aver studiato alle università di Halle e Heidelberg, Hurst tornò negli Stati Uniti, dove fu professore di Teologia sistematica e di Teologia storica, e presidente della Drew University, la più importante università metodista americana. Fu autore di apprezzate opere storiche. Cfr. la voce biografica *Hurst, John Fletcher*, in *Encyclopaedia Britannica*, Eleventh Edition, Cambridge-New York, 1910-1911, XIII, p. 960.

144. J.F. Hurst, *Compendio di storia biblica*, trad. di W. Burt, Roma, Tip. Metodista, 1892; Id., *Compendio di storia ecclesiastica*, trad. di W. Burt, Roma, Tip. Metodista, 1893: entrambi saranno tra i testi prescritti nel corso di studi dei ministri metodisti italiani (il secondo è citato anche da Labanca, *Gesù Cristo*, p. 201, insieme ad altri volumi di metodisti americani).

145. Cfr. L. Pilone, *Eduardo Taglialatela*, in *Dizionario Biografico dei Protestanti in Italia*, <http://www.studivaldesi.org/dizionario/evan_det.php?secolo=XIX-XX&evan_id=497>.

146. E. Taglialatela, *L'educazione nella Chiesa dei primi secoli*, Roma, La Speranza, 1919. Vedi anche Id., *Il divino nell'educazione. Saggi di pedagogia*, Roma, La Speranza, 1913.

Eduardo Taglialatela fu anche traduttore: probabilmente i suoi lavori più noti, in questo campo, sono le traduzioni di opere del poeta indiano Rabindranath Tagore, sul quale scrisse anche saggi. In questa sede va ricordata però la sua traduzione, pubblicata appunto dall'editrice metodista, del fortunato romanzo *In His Steps* (1896) del pastore congregazionalista americano Charles Monroe Sheldon (1857-1946). Il romanzo era permeato dalle idee del cristianesimo sociale: Sheldon sposava le idee del movimento del *Social Gospel*.[147] *In His Steps* è ambientato in una cittadina americana i cui abitanti decidono, ispirati dal loro pastore Henry Maxwell, di vivere per un anno chiedendosi, prima di ogni loro azione: "Che farebbe Gesù?" (scelta che cambierà i loro comportamenti economico-sociali). *What Would Jesus Do?* era infatti il sottotitolo dell'opera, e diventerà un motto straordinariamente noto negli Stati Uniti e non solo, per decenni; il romanzo di Sheldon, del resto, ebbe subito enorme diffusione, e – tuttora stampato – ha raggiunto circa trenta milioni di copie vendute. In Italia, però, la conoscenza del romanzo rimase limitata agli ambienti evangelici, e come detto fu proprio la tipografia metodista a stamparne la prima traduzione, opera di Eduardo Taglialatela.[148] Il romanzo di Sheldon descrive chiaramente una forma di *imitatio Christi*, radicandosi così in una tradizione secolare; viene spesso evocato, come riferimento più o meno implicito, anche il *De imitatione Christi* attribuito a Tommaso da Kempis. È significativo che lo stesso Wesley avesse citato più volte questo testo, che aveva letto e apprezzato fin dal 1726.[149] Il dato era noto anche ai metodisti italiani. Forse la loro "sensibilità" per il romanzo di Sheldon affondava le radici anche in questa traiettoria.

Ma l'editrice metodista non pubblicò solo libri scritti o curati da metodisti: approfondendo lo spoglio delle pubblicazioni (che consistono in alcune centinaia di titoli, tra libri e opuscoli) si possono fare scoperte inte-

147. Su questo movimento cfr.*«Social Gospel». Il movimento del «Vangelo sociale» negli U.S.A. Gli scritti essenziali (1880-1920)*, a cura di M. Rubboli, Torino, Claudiana, 1980.

148. C.M. Sheldon, *Che farebbe Gesù? Romanzo religioso-sociale*, trad. it. di E. Taglialatela, Roma, La Speranza, 1903 (II ediz. 1911). Taglialatela tradusse anche un altro romanzo di Sheldon: *Crocifisso! Romanzo religioso-sociale*, Roma, La Speranza, 1906.

149. Cfr. ad es. J. Wesley, *A Plain Account on Christian Perfection*, § 3, in *Doctrinal and Controversial Treatises II*, a cura di P.W. Chilcote e K.J. Collins, in *Works*, XIII, p. 137. Il *Plain Account* venne tradotto in italiano già nel 1890, cfr. *infra*. Wesley realizzò anche una traduzione inglese del *De imitatione Christi*: *The Christian Pattern*, 1735 (cfr. *John Wesley*, a cura di A.C. Outler, p. 162, nota 44).

ressanti, quando non addirittura (quasi) sorprendenti. Tra queste ultime, un breve testo di un giovane Pantaleo Carabellese (1877-1948), allora appena laureatosi in filosofia con una tesi su Rosmini (e in precedenza laureatosi in storia, con un'analisi della «ierocrazia» dei papi Gregorio VII e Innocenzo III): un opuscolo che evocava anche la questione della *laicità*.[150] Data la ricordata presenza dei nipoti di Garibaldi nelle istituzioni educative metodiste, potrà sorprendere un po' meno l'esistenza di un opuscolo di Ricciotti Garibaldi (junior) stampato da La Speranza, anche se certo è l'argomento "tecnico" a destare quantomeno curiosità.[151] Meno stimolante sul piano aneddotico, ma assai più su quello intellettuale e storico-religioso, è la presenza di varie pubblicazioni per La Speranza di due importanti pensatori dell'Italia laica del tempo: il citato Ugo Della Seta e lo storico delle religioni Vittorio Macchioro (1880-1958), che soprattutto negli anni Venti sarà molto vicino ad ambienti evangelici e in particolare metodisti, convertendosi al protestantesimo (prima di un ritorno al cattolicesimo, in occasione delle leggi razziali: di origine ebraica, la sua "prima conversione" era stata al cattolicesimo, attirato dalle idee moderniste) e assumendo ruoli di spicco all'interno delle organizzazioni interdenominazionali giovanili di matrice protestante (se ne riparlerà trattando di Buonaiuti). Macchioro collaborerà anche a «L'Evangelista». Anche se travalicano i confini cronologici di questa trattazione, è opportuno almeno citarne qui i testi pubblicati con l'editrice metodista: un opuscolo relativo proprio alle associazioni giovanili, il saggio *Teoria generale della religione come esperienza* e una raccolta di sermoni.[152] Più numerose le pubblicazioni "metodiste" di Ugo Della Seta, delle quali vanno ricordate almeno due volumi di *Filosofia morale*, un testo giuridico sulle minoranze religiose dopo la "Legge sui culti ammessi" del 1929, opere su Mazzini, Washington, la democrazia.[153]

150. P. Carabellese, *Educazione e civiltà. Il criterio di valutazione sociale dei sistemi educativi e l'odierno problema della scuola. Cenni e appunti*, Roma, La Speranza, 1907. Cfr. G. Semerari, *Novecento filosofico italiano. Situazioni e problemi*, Napoli, Guida Editori, 1988, p. 110.

151. R. Garibaldi, *Un problema di meccanica idraulica. Pompa automatica a livello costante*, Roma, La Speranza, 1907. Ricciotti Garibaldi jr. (1881-1951) si era diplomato alla scuola industriale.

152. V. Macchioro, *La Federazione degli Studenti per la Cultura Religiosa. Problemi di cultura cristiana*, Roma, La Speranza, 1921; Id., *Teoria generale della religione come esperienza*, Roma, La Speranza, 1922; Id., *I sermoncini di un papà*, Roma, La Speranza, 1934.

153. U. Della Seta, *Filosofia morale*, Roma, La Speranza, 1917 e 1919 (2 voll.: I, *I primi principi* e II, *Morale individuale e sociale*); *Le minoranze religiose nel nuovo codice*

Molteplici, infine, sono le opere di autori non metodisti, ma comunque evangelici, che l'editrice metodista pubblicò: in particolare vanno ricordati i nomi di alcuni tra gli intellettuali d'area più importanti come i valdesi Ugo Janni e Giovanni Luzzi,[154] e il battista Francesco Di Silvestri-Falconieri.[155]

In questa sede è opportuno e necessario focalizzare l'attenzione sui testi concernenti il metodismo. Si è accennato all'insistenza di Burt nel promuovere la pubblicazione di opere di e su Wesley e la storia metodista: non a caso, tra le primissime pubblicazioni di questa fase si trovano due cruciali testi del padre del metodismo, *A Plain Account of Christian Perfection* (1766) e *The Character of a Methodist* (1742). La traduzione del primo (che è stato definito «il testo più significativo per un metodista»)[156] venne realizzata da Everett Stackpole e stampata nel 1890 a Firenze, con il titolo *La perfezione cristiana*;[157] quella del secondo (un breve ma importante opuscoletto) apparve invece già nel 1889 (*Il Carattere d'un Metodista*), e ne sarà poi realizzata una seconda edizione riveduta nel 1901.[158]

La perfezione cristiana toccava ovviamente una delle dottrine più caratteristiche ma anche più controverse di Wesley e del metodismo: è dunque

penale, Roma, La Speranza, 1931; *Morale, diritto e politica internazionale nella mente di G. Mazzini*, Roma, La Speranza, 1915; *Giorgio Washington (1732-1932): Discorso commemorativo*, Roma, La Speranza, 1932; *La democrazia. Discorsi*, Roma, La Speranza, 1925; ma anche la terza ediz. riveduta de *I valori morali*, Roma, La Speranza, 1925: già la prima era stata pubblicata dall'editrice metodista (Roma, Casa ed. metodista, 1908).

154. Di Janni si veda soprattutto il volume *Il dogma dell'eucarestia e la ragione cristiana*, Roma, La Speranza, 1904. Luzzi pubblicò degli opuscoli relativi alla Federazione Studenti per la Cultura Religiosa, che egli stesso aveva fondato insieme al metodista Salvatore Mastrogiovanni nel 1904: vedi ad es. *Se sia o no possibile riconciliare la scienza con la fede*, Roma, La Speranza, 1906.

155. Per La Speranza pubblicò una decina di testi tra gli anni Dieci e Venti; ricordo qui soltanto *Superstizioni maggiori della chiesa cattolico-romana* (1917); *Profili, ricordi, aneddoti di protestanti illustri* (1920); *Differenze principali tra le dottrine del cristianesimo evangelico e quelle della Chiesa cattolico-romana* (1923); *L'apostolo San Pietro è mai stato in Roma? Studio storico e critico di tutte le fonti* (1925).

156. Così Rinaldi, *La santificazione in Wesley come tema ecumenico*, p. 97.

157. G. [*sic*] Wesley, *La perfezione cristiana*, Firenze, Barbera, 1890. Questo testo è stato ripubblicato, con un'introduzione aggiunta e minime modifiche linguistiche, a cura di M. Rubboli, Chieti-Torino, Edizioni GBU - Claudiana, 2003. Segnalo però che qui Stackpole viene presentato come «pastore metodista wesleyano» (p. 24), mentre in realtà si tratta di un metodista episcopale.

158. G. Wesley, *Il Carattere d'un Metodista*, Firenze, Barbera, 1889; Id., *Il Carattere del Metodista*, seconda edizione italiana, riveduta e corretta sull'originale inglese, Roma, La Speranza, 1901.

significativo che si scegliesse di proporla al pubblico italiano, o meglio di ri-proporla, dato che già i testi di Lelièvre e Sulzberger ne avevano trattato. Ma ora per la prima volta si presentavano al lettore le parole dello stesso Wesley. Questi aveva scritto il suo *Plain Account* per rispondere alle critiche di incoerenza che gli erano state rivolte riguardo le sue affermazioni sulla perfezione cristiana. Il testo, che ebbe varie edizioni, con alcune modifiche, non si presentava come un trattato teologico unitario, ma come una sorta di collezione di scritti, in ordine cronologico, il cui scopo era mostrare che le proprie concezioni erano state sempre coerenti. Più precisamente, il testo è scritto in prima persona, come una sorta di "autobiografia spirituale", in cui Wesley si propone di dare un «chiaro e semplice ragguaglio» del modo in cui "ricevette" la dottrina della perfezione, e di come l'abbia insegnata nel corso di circa quarant'anni (o più, nelle edizioni successive);[159] i suoi scritti precedenti sono inseriti all'interno di questa narrazione (la struttura è simile a quella che si può leggere nell'*Apologia pro vita sua* di Newman o in *Pellegrino di Roma* di Buonaiuti). Dunque, si trovano qui anzitutto i riferimenti alle prime fonti meditate da Wesley nell'ottica della dottrina della perfezione o "santità" (dal 1725 in poi): scritti di teologi anglicani come Jeremy Taylor e William Law, ma anche il *De imitatione Christi*. Poi Wesley inizia a riportare passi di sue opere, come il sermone sulla *Circoncisione del cuore* (1733); l'opuscolo *The Character of a Methodist* (che egli presenta come «il primo opuscolo che scrissi espressamente su questo soggetto», ossia la perfezione cristiana); il sermone *Christian Perfection* (1741); passi tratti dagli inni pubblicati con il fratello Charles; estratti dai verbali delle prime quattro Conferenze metodiste (1744-1747), in cui erano state discusse la perfezione e la santificazione; estratti da *Thoughts on Christian Perfection* (1759) e da *Further Thoughts on Christian Perfection* (1763); e altri testi, più una conclusione riassuntiva.

In quest'opera Wesley ribadisce dunque la sua concezione della "perfezione cristiana", di cui si è già parlato (in particolare analizzando l'antologia italiana di sermoni, e il testo di Lelièvre: cfr. *supra*, cap. 1.2). In sintesi,[160] la perfezione è descritta come amore perfetto di Dio («la consa-

159. Cfr. J. Wesley, *La perfezione cristiana*, nell'edizione citata del 2003 a p. 120. Farò riferimento alla traduzione e alla paginazione di questa edizione. Il testo inglese secondo l'edizione critica (*Works*) è in *Doctrinal and Controversial Treatises II*, in *Works*, XIII.

160. Per le proposizioni che seguono, salvo dove diversamente specificato, cfr. Wesley, *La perfezione cristiana*, 2003, pp. 118-119; si tratta di una sorta di sommario delle

crazione di tutta la vita a Dio»)[161] e del prossimo; è uno stato di liberazione dal potere del peccato; è un'esperienza successiva alla giustificazione; è raggiungibile già in questa vita, e non solo dopo la morte – ma ciò non vuol dire che il "perfetto" sia infallibile (la perfezione non è assoluta, come quella divina) o che non possa più cadere nel peccato: essa «può essere perduta» (questa concezione rappresenta un'evoluzione nel pensiero di Wesley, che prima sosteneva il contrario);[162] d'altro canto, «è migliorabile», ossia si può «crescere nella grazia» anche se si è nello stato di perfezione; la crescita non è comunque dovuta a *meriti* umani: la perfezione o santificazione si sperimenta *per fede*, *per grazia*.[163] Uno dei punti più dibattuti (già tra Wesley e il fratello Charles)[164] era se essa fosse istantanea o meno, se fosse cioè una singola esperienza o un processo graduale. La risposta è "dialettica": la perfezione è insieme istantanea e graduale. Anzitutto, secondo Wesley alcuni sperimentano un cambiamento istantaneo, altri no. Ma in ogni caso, anche se egli sembra concepire la perfezione principalmente come *istantanea*,[165] è però netto nell'affermare che essa «è costantemente preceduta e seguita da un'opera graduale».[166] Il «cambiamento fatto quando l'anima muore al peccato» è peculiare, ed istantaneo; ma il "perfetto" «cresce ancora nella grazia, nella conoscenza di Cristo, nell'amore ed immagine di Dio – e farà così, non solamente fino alla mor-

concezioni di Wesley, che egli stilò in una serie di proposizioni. Il testo originale è in *Further Thoughts on Christian Perfection*, in *Doctrinal and Controversial Treatises II*, pp. 187-188.

161. Wesley, *La perfezione cristiana*, 2003, p. 121.

162. Cfr. ivi, p. 100.

163. Cfr. ivi, pp. 161-162.

164. Cfr. ad es. S.H. Lancaster, *Current debates over Wesley's legacy among his progeny*, in *The Cambridge Companion to John Wesley*, pp. 298-315, qui 309-311: mentre John sosteneva la possibilità di un raggiungimento della perfezione in questa vita, e insisteva sull'aspetto istantaneo, Charles divenne sempre più scettico verso questa concezione, preferendo parlare del raggiungimento della perfezione al momento della morte, e come processo graduale.

165. Cfr. Wesley, *La perfezione cristiana*, 2003, p. 59 (il testo è tratto dai Verbali della Conferenza del 1747): «la perfezione cristiana [...] è data istantaneamente, in un momento».

166. Ivi, p. 119. Cfr. quanto Wesley scrive in *Brief Thoughts on Christian Perfection* (1767), in *Doctrinal and Controversial Treatises II*, p. 197: «I believe this perfection is always wrought in the soul by a simple act of faith; consequently, in an instant. But I believe a gradual work, both preceding and following that instant».

te, ma tutta l'eternità».[167] Dunque «c'è un'opera graduale [di Dio nell'anima] sia prima sia dopo quel momento [il raggiungimento della perfezione cristiana], sicché uno può affermare che l'opera è graduale; un altro, che è istantanea, senza nessuna contraddizione».[168] Si può aggiungere che Wesley potrebbe anche qui aver vissuto un'*evoluzione* o una rimodulazione delle sue concezioni, soprattutto dal punto di vista dell'*estensione* escatologica del processo (più che sulla possibilità, comunque senza dubbio affermata, che si dia perfezione in questa vita): se nel sermone *Christian Perfection* del 1741 sembrava infatti insistere appunto sulla raggiungibilità della perfezione *in questa vita* – tanto che la sua interpretazione dell'epistola paolina ai *Filippesi* (in particolare *Fil* 3,13-15) pare lì focalizzare una dimensione de-escatologizzante[169] – in testi successivi, come appunto i *Thoughts on Christian Perfection* (1759) e i *Further Thoughts* (1763) citati qui, si preoccupa di specificare che si potrà «cresce[re] nella grazia [...] tutta l'eternità» (dopo aver affermato che la "morte al peccato" è istantanea). Bisogna allora comprendere questa dialettica: da un lato, la possibilità dell'ottenimento, anche in modo istantaneo, della perfezione in

167. Wesley, *La perfezione cristiana*, 2003, pp. 70-71; cfr. p. 99.

168. Ivi, p. 96. Cfr. Carile, *Attualità del pensiero teologico metodista*, p. 127: «Il dono della perfezione cristiana non può essere visto sotto uno solo dei suoi aspetti: statico o dinamico, [...] immediato o differito [...]. Esso è concepibile unicamente come crisi e come processo contemporaneamente. Si tratta perciò di un dono duplice, che contiene in sé un evento ed una evoluzione»; il processo di perfezionamento continua anche «oltre la morte», fino alla «glorificazione» (qui Carile cita Harald Lindström, *Wesley and Sanctification*, London, Epworth Press, 1956). Anche M. Rubboli, *Introduzione*, in Wesley, *La perfezione cristiana*, pp. 9-22, pur affermando che per Wesley la perfezione «viene ricevuta istantaneamente» (p. 14), specifica poi che Wesley intendeva «mantenere un equilibrio tra un'esperienza e un dono immediato, da un lato, e un progresso continuo, attraverso una vita devota, dall'altro» (p. 15). Per G. Rinaldi (*La santificazione in Wesley come tema ecumenico*, pp. 78-81) la perfezione è secondo Wesley esperita come «crisi puntuale», in un momento, più che come processo, anche se essa è «una tappa del pellegrinaggio cristiano». Dunque anche qui vi è un rapporto tra momento e processo; cfr. anche Id., *John Wesley: la dottrina e l'esperienza della perfezione cristiana*, in Id., *John Wesley: la perfezione cristiana. Con la traduzione inedita del sermone XXXV*, Velletri, Ecumene Quaderni, 1989, pp. 7-31, qui p. 27: «la santificazione è un processo istantaneo», ma questo momento «viene preceduto e seguito da un periodo di crescita»; «il concetto di perfezione non implica [...] la fine di un processo di miglioramento» (p. 28). Rubboli e Rinaldi sembrano però differenziarsi da Carile e Lindström nel focalizzare la fase *terrena* (e non anche quella escatologica) del processo di crescita.

169. Cfr. J. Wesley, *Sermon 40. Christian Perfection*, in *Sermons II*, in *Works*, II, pp. 99-121, trad. it. in Wesley, *La perfezione dell'amore*, pp. 73-92 (cfr. in partic. pp. 75 e 91).

questa vita;[170] ma dall'altro, l'insistenza di Wesley sulla natura *dinamica* della perfezione, e sulla necessità di una continua *crescita nella grazia*. Anche a perfezione "ottenuta", cioè (almeno, al grado di perfezione ottenibile da un essere umano in questa vita), si prosegue la crescita nella grazia: e ciò non solo in vita, ma anche nello stato paradisiaco (per Wesley, coloro che lo necessitavano avrebbero continuato questo processo, in attesa della restaurazione escatologica finale),[171] e persino *dopo* tale stato, ossia eternamente, come affermato nei testi citati poc'anzi. Quest'ultimo punto viene spesso trascurato, a vantaggio di una considerazione della concezione wesleyana della perfezione in questa vita: ma rappresenta una peculiarità che conferisce a Wesley significativo interesse.[172]

Tornando alla considerazione de *La perfezione cristiana* in traduzione italiana, se ne può evincere che il "disegno" di Burt non era dunque solo quello masson-evangelico della conquista dell'alta società: la diffusione di questo testo cruciale prova che era ben radicata in lui anche un'intenzionalità teologica, che qui si esprimeva nel rendere noto a ogni fedele metodista il pensiero di Wesley sulla perfezione cristiana. Nella breve prefazione, il curatore Stackpole spiegava che «l'esperienza delineata in questo libretto è essenziale all'esistenza del Metodismo».

Questa prospettiva spiega anche la stampa del più breve opuscolo *Il carattere di un metodista*, altro testo programmaticamente fondamentale:

170. Secondo Maddox, *Responsible Grace*, p. 189, la spiegazione dell'insistenza di Wesley sulla natura istantanea della perfezione sarebbe nella sua concezione che tale "completa santificazione" è un dono di grazia: sottolinearne la dimensione istantanea significa evitare l'idea di una perfezione raggiunta semplicemente tramite sforzi umani.

171. Cfr. J. Wesley, *Sermon 132. On Faith,* § 5, in *Sermons IV*, in *Works*, IV, pp. 190-191: «can we reasonably doubt but that those who are now in paradise, in Abraham's bosom, all those holy souls who have been discharged from the body from the beginning of the world unto this day, *will be continually ripening for heaven*, will be perpetually holier and happier, till they are received into "the kingdom prepared for them from the foundation of the world" [*Mt* 25,34]» (cors. mio). Questo sermone, su *Eb* 11,1, è tra i più tardi di Wesley: è datato 17 gennaio 1791.

172. Randy Maddox ha opportunamente affrontato la questione della "perfezione cristiana" in Wesley anche dal punto di vista dello stato di gloria e dell'escatologia, sottolineando proprio la peculiarità wesleyana dell'estensione della concezione dinamica della perfezione. Maddox rende conto, inoltre, dell'*evoluzione* del pensiero di Wesley sul tema della santificazione e della perfezione, oltre a evidenziare la dialettica tra perfezione come momento istantaneo e crescita nella grazia: cfr. Maddox, *Responsible Grace*, pp. 176-191. Sull'evoluzione di Wesley cfr. anche D. Marselle Moore, *Development in Wesley's Thought on Sanctification and Perfection*, in «Wesleyan Theological Journal», 20/2 (1985), pp. 29-53.

Wesley lo pubblicò nel 1742, per spiegare i «principi» e la «prassi» di «coloro che sono chiamati "metodisti"».[173] Wesley vi specifica che un metodista non si distingue per opinioni teologiche particolari, né per l'uso di una peculiare terminologia, né per particolari costumi come il celibato, l'astensione da determinati cibi, e così via. Qual è, allora, il suo segno distintivo (*mark*, § 5)? Wesley descrive "il metodista" come un cristiano che ama Dio con tutto il suo cuore, con «amore perfetto» (§ 6); che si affida interamente a Dio; che ama il suo prossimo come se stesso; che desidera solo fare la volontà di Dio, e osservare tutti i suoi comandamenti; che, infine, «fa del bene a tutti gli uomini, vicini e stranieri, amici e nemici, in ogni modo possibile», non solo curandosi del benessere dei loro corpi, ma anche della salvezza delle loro anime (§ 16). Solo in virtù di questi principi, conclude Wesley, i "metodisti" vogliono essere distinti da altri gruppi; e se qualcuno obiettasse che questi non sono altro che i principi *comuni* e *fondamentali* del cristianesimo, la risposta di Wesley è che si tratta proprio di questo: «Io, e tutti coloro che mi seguono, rifiutiamo con forza di essere distinti da altri uomini, se non per i comuni principi cristiani – il chiaro, antico cristianesimo [*the plain, old Christianity*] che io insegno, rinunciando a ogni altro segno distintivo, e detestandolo» (§ 17). Afferma dunque di volersi distinguere da chi non agisce in conformità al messaggio di Cristo, ma non dagli altri: «dai veri cristiani, di qualunque denominazione essi siano, noi davvero non desideriamo essere distinti in alcun modo» (§ 18). Anzi, tra cristiani – conclude Wesley – sarebbe saggio non essere divisi, ma impegnarsi insieme nella fede e nella prassi cristiane; «non distruggiamo il lavoro di Dio per opinioni [*opinions*] o parole [*terms*]» (§ 18).

Si comprenderà immediatamente, anche da questa breve sintesi, l'importanza decisiva di questo testo, che comprende alcune delle più fondamentali caratteristiche attribuite da Wesley al movimento metodista, alla prospettiva del metodismo. Anzitutto la non-rigidità dogmatica, sulla quale si è più volte insistito, anche attraverso gli esempi di personaggi come Pietro Taglialatela ed Enrico Caporali, che furono attirati dal metodismo proprio per questa sua caratteristica. Non-rigidità che, lo si ribadisce, non equivale alla insignificanza teologica, ma è al contrario essa stessa una scelta teologica. Va detto, peraltro, che delle "dottrine distintive" del meto-

173. J. Wesley, *To the Reader*, in *The Character of a Methodist*, in *The Methodist Societies*, in *Works*, IX, qui p. 32. Citerò da questa edizione critica, fornendo una mia traduzione anziché riportare quella stampata nel 1889.

dismo vi erano: anzitutto, proprio quella della *perfezione* o *santificazione* che è stata discussa poc'anzi. Il fatto che Wesley, in questo testo, non le richiami, ha un preciso significato: è una strategia tipica di tutti i suoi testi più "ecumenici".[174] È infatti questa l'altra caratteristica fondamentale di *The Character*, ed è strettamente connessa alla prima. È cioè proprio la non-rigidità dogmatica che fonda l'"ecumenicità" della riflessione wesleyana: la radice sta nella distinzione tra *principi essenziali* del cristianesimo, o *dottrine fondamentali*, e *opinioni* (*opinions*).[175] Nel tracciare questa distinzione proprio in vista di un accordo "ecumenico" tra cristiani, Wesley si situa in una tradizione (teologica) cristiana che trova più di un antecedente: il più prossimo, dal punto di vista speculativo, è probabilmente Erasmo da Rotterdam. *The Character of a Methodist* si apre e si chiude con il rifiuto delle *opinions* come *marker* distintivo, optando invece per la dimensione pratica, *caritativa* (il termine va inteso in senso forte, "etimologico": si pensi all'insistenza di Wesley sull'«amore»).[176]

Si è accennato al fatto che Wesley considerava *The Character* come il suo primo testo dedicato «espressamente» al tema della perfezione cristiana, introducendo dunque un collegamento stretto tra questo e il *Plain Account of Christian Perfection*. Anche questo elemento va tenuto presente. Nell'*Account*, Wesley sintetizza l'opuscolo sul carattere del metodista affermando che lì aveva descritto appunto «un cristiano perfetto».[177] Il "metodista" non sarebbe altro che colui il quale desidera diventare (per fede e per grazia, non per opere meritorie) un "cristiano perfetto". È noto, perché fu Wesley stesso

174. Pongo il termine fra virgolette perché sarebbe anacronistico considerare come equivalenti l'ecumenismo novecentesco e il "proto-ecumenismo" di Wesley, ossia i "motivi ecumenici" presenti nella sua riflessione. È vero però che tali motivi o elementi presentano significative analogie con l'ecumenismo moderno (cfr. il testo citato nella nota seguente).

175. Ho tentato di dimostrarlo altrove: cfr. Annese, *«With open arms the world embrace»*.

176. Nel primo, fondamentale paragrafo del testo Wesley scrive: «The *distinguishing marks* of a Methodist are not his *opinions* of any sort. [...] We believe, indeed, that "all Scripture is given by the inspiration of God"; and herein we are distinguished from Jews, Turks, and Infidels. We believe the written word of God to be the *only and the sufficient* rule both of Christian faith and practice; and herein we are fundamentally distinguished from those of the Romish Church. We believe Christ to be the Eternal Supreme God; and herein we are distinguished from the Socinians and Arians. But as to all opinions which do not strike at the root of Christianity "we think and let think"» (J. Wesley, *The Character of a Methodist*, § 1, pp. 33-34).

177. Cfr. Wesley, *La perfezione cristiana*, 2003, p. 35.

a dichiararlo, che tale descrizione del "cristiano perfetto" traeva ispirazione da quella del "vero gnostico" che Clemente Alessandrino, alla fine del II secolo, aveva fatto nel settimo libro dei suoi *Stromata*.[178] Wesley si era ispirato a Clemente, che però aveva ovviamente riformulato: la "(proto-)pelagiana" teologia della grazia di Clemente era lontana da quella protestante, e anche il taglio "filosofico" dell'Alessandrino andava ridimensionato, per Wesley.[179] *The Character* presentava così un terzo fattore fondamentale del metodismo: il richiamo patristico (si pensi anche all'affermazione sulla volontà di recupero del «plain, old Christianity»).

Rifiuto della rigidità dogmatica, ecumenicità, motivi patristici: il testo racchiudeva così davvero alcune *caratteristiche* fondamentali del metodismo, che la traduzione italiana presentava allora ai metodisti (e non solo) italiani (solo il terzo elemento era forse meno evidente, poiché Clemente non veniva esplicitamente citato). Unito a *La perfezione cristiana*, ai sermoni scelti di Wesley, ai vari testi sulla storia del metodismo e sulla vita del suo fondatore, costituiva un patrimonio culturale e "informativo" che non può essere sottovalutato, prodotto dal metodismo italiano tra Ottocento e primo Novecento. Ancora una volta, è legittimo credere che il tentativo di portare lo specifico messaggio metodista *venne fatto*. Si potrà ragionare sull'effettiva *ricezione* di questa produzione – che comunque, almeno al livello del corpo pastorale episcopale, soprattutto dalla gestione Burt in poi, sembra essere stata efficace. Ma la documentazione esistente mostra che le Chiese metodiste non si limitarono ad attività come l'apertura di templi e scuole.

Per quanto riguarda i testi dedicati a storia e organizzazione del metodismo che la Chiesa episcopale, tramite la propria casa editrice, pubblicò tra fine Ottocento e inizio Novecento, vanno menzionati alcuni lavori di Felice

178. J. Wesley, 5 marzo 1767, in *Journal and Diaries V (1765-1775)*, a cura di W.R Ward e R.P. Heitzenrater, in *Works*, XXII, p. 72 (qui si riporta una lettera di Wesley al direttore del «Lloyd's Evening Post» [pp. 71-73], leggibile anche nell'epistolario curato da Telford: *To the Editor of «Lloyd's Evening Post»*, 5 marzo 1767, in *Letters* [Telford], V, pp. 42-44 [il riferimento a Clemente è a p. 43]); J. Wesley a Miss March, 30 novembre 1774, in *Letters* (Telford), VI, pp. 129-130.

179. Su Wesley e Clemente (nel contesto di un'indagine sul rapporto di Wesley con i "Padri") cfr. Campbell, *Wesley's Use of the Church Fathers*, e ora Rinaldi, *La santificazione in Wesley come tema ecumenico*. Per un quadro ampio, molto utile T.A. Campbell, *John Wesley and Christian Antiquity. Religious Vision and Cultural Change*, Nashville (TN), Kingswood, 1991.

Dardi, Eduardo Taglialatela e Carlo Maria Ferreri. Dardi realizzò dapprima una *Storia della Chiesa Metodista Episcopale* (1896),[180] che descriveva la storia, le dottrine, l'organizzazione di questa denominazione, con aggiunta di statistiche: si trattava però semplicemente di un opuscolo di diciotto pagine, efficace ma sintetico. Struttura simile ebbe, anni dopo, *Il Metodismo Episcopale* di Carlo Maria Ferreri (1909),[181] che però ampliava notevolmente la dimensione del lavoro: dall'opuscolo di Dardi si passava a un vero e proprio volume, molto completo, che – sul piano storico – partiva anch'esso dalla vita di John Wesley e dalla storia del primo metodismo, dedicando però maggiore spazio a questo e agli altri temi trattati. Ferreri approfondirà poi questo campo d'indagine, realizzando un volume di profili biografici dei personaggi più significativi nel metodismo tra Settecento e Ottocento: un'opera innovativa per il mondo metodista italiano.[182] Ad inizio Novecento uscirono anche un altro opuscolo di Dardi, su Wesley e il metodismo[183] (non dunque esclusivamente dedicato al metodismo episcopale), e un volumetto di Eduardo Taglialatela, dedicato invece (anche se dal titolo non traspare)[184] al tema specifico della missione metodista episcopale in Italia: questo testo del 1906, che fu realizzato per il venticinquesimo anniversario della costituzione del metodismo episcopale italiano in Conferenza Annuale, ha la caratteristica di essere probabilmente il primo tentativo[185] di una storia (certo ancora parziale) del metodismo *in Italia*. Il volume, davvero pregevole anche dal punto di vista grafico (è impreziosito da splendide illustrazioni in stile liberty realizzate da Paolo Paschetto),[186] in poco più di cento pagine descrive

180. F. Dardi, *Storia della Chiesa Metodista Episcopale. Dottrine, organizzazione, statistiche e riepilogo*, Roma, Tip. Metodista, 1896.

181. C.M. Ferreri, *Il Metodismo Episcopale*, s.l., s.d. (ma Roma, 1909).

182. C.M. Ferreri, *Profili metodisti*, Roma, Casa editrice metodista, 1912. I profili sono dedicati ai fratelli Wesley, a George Whitefield, a Thomas Coke, Francis Asbury, John Fletcher, Freeborn Garrettson, Jesse Lee, Adam Clarke.

183. F. Dardi, *Giovanni Wesley ed il metodismo*, Venezia, Tip. Istituto Evangelico Industriale, 1906.

184. [Taglialatela,] *Cenni storici.*

185. Primo, se si esclude il precedente *The Italy Mission of the Methodist Episcopal Church*, s.l., s.d. (ma 1899), un breve opuscolo di 14 pagine compilato probabilmente da Burt, e che si presenta più come un "Report ampliato" per la Società missionaria americana che come una vera e propria ricostruzione storica; dopo brevissime note storiche, punta infatti più a descrivere lo stato della missione in Italia, specificando anche dove occorre investire ancora.

186. Su Paolo Paschetto (1885-1963), di fede battista ma di origini valdesi, artista poliedrico, autore dell'Emblema della Repubblica Italiana, cfr. il recente *Paolo Antonio*

le origini della missione metodista episcopale in Italia, i suoi primi sviluppi fino all'arrivo di Burt, quindi – più dettagliatamente – la gestione Burt fino alla sua promozione a vescovo, e gli sviluppi successivi fino al 1906. Si aggiungono poi le statistiche e l'elenco dei pastori e delle chiese per il 1906, e si dedicano gli ultimi capitoli ad approfondire alcune tematiche: l'opera educativa, quella editoriale, e le missioni per gli italiani emigrati all'estero. Anche se il testo presenta (prevedibilmente) un tono, se non apologetico, quantomeno "autopromozionale", e non può configurarsi come uno studio storico in senso stretto, poiché si avvale di fonti limitate (perlopiù quelle ufficiali, come i verbali delle Conferenze), che peraltro non cita esplicitamente, tuttavia esso contiene preziose (e quasi sempre esatte) informazioni, e può essergli appunto attribuito il ruolo pionieristico di primo contributo ad una storia del metodismo italiano.

Il progetto editoriale di Burt (proseguito dai successori) si completava con testi esplicitamente rivolti al corpo pastorale o, in alcuni casi, anche a tutti i membri di Chiesa: dalle nuove edizioni delle *Dottrine e disciplina della Chiesa metodista episcopale*, pubblicate nel 1889, 1901 e 1913, ai manuali come il già citato manuale di omiletica e quello per i candidati all'ingresso nella Chiesa;[187] in quest'ottica si inquadrava anche il catechismo della denominazione.[188]

Questa, dunque, la situazione del metodismo italiano alla metà degli anni Dieci. La Chiesa wesleyana, meno florida economicamente, ma in uno stato di stabilità; quella episcopale, solida e in grado di occupare anche un certo ruolo nello spazio pubblico, pur rappresentando comunque una minoranza (circa 3.500 membri effettivi, qualche centinaio in più della consorella). Sul piano della storia delle idee e delle dottrine, si iniziava a percepire il "vento dell'innovazione" (riprendendo l'espressione di Spini), anche grazie al confronto con i cattolici modernisti – confronto che pure, inizialmente, si configura perlopiù come non particolarmente simpatetico, a differenza di altri esempi nel mondo evangelico (Janni, Luzzi) – e con la teologia liberale. Il metodismo italiano, in ciò non troppo differentemente

Paschetto. Artista, grafico e decoratore tra liberty e déco, Roma, Gangemi Editore, 2014 (catalogo della mostra omonima).

187. W. Burt, *Manuale del candidato all'ammissione nella Chiesa metodista episcopale*, Roma, Tip. metodista, 1891.

188. *Catechismo della Chiesa metodista episcopale con prove bibliche*, Roma, Tip. Popolare, 1887.

da altri gruppi evangelici (come valdesi e battisti), era rimasto a lungo ancorato alla teologia del Risveglio: ora iniziava lentamente a recepire le nuove istanze della teologia protestante. Non Troeltsch, Weber, Otto o Schweitzer, che solo molto più tardi iniziarono a essere letti;[189] ma almeno i due Sabatier e Harnack iniziavano a essere discussi. Basti citare un dato significativo. Proprio le citate *Dottrine e disciplina* della Chiesa episcopale riportavano, in appendice, i testi prescritti ai predicatori e ai candidati al ministero metodista; ebbene, se nell'edizione del 1901 la Storia dei dogmi si studiava ancora sull'omonimo testo di François Bonifas (1837-1878) – pastore protestante e professore alla Facoltà teologica protestante di Montauban (Francia) – edito postumo nel 1886,[190] nell'edizione del 1913 tale materia si studiava sul compendio di Harnack, in traduzione francese[191] (già in un documento d'archivio del 1911 veniva citato, come pure l'*Esquisse d'une Philosophie de la Religion* di Auguste Sabatier, del 1897).[192] La storia dei dogmi di Bonifas e quella di Harnack avevano prospettive opposte. Il teologo Jean-Frédéric Astié, che le confrontò in una serie di articoli del 1891-1892, giudicava la prima inadatta «à l'heure actuelle de notre développement théologiques».[193] Il cambiamento di testo era dunque indicativo di un'evoluzione da parte anche del metodismo italiano. Certo, le novità teologiche venivano comunque recepite con molta prudenza (così come nel più generale contesto dell'evangelismo italiano dell'epoca):[194] una traccia

189. Cfr. Spini, *Italia liberale*, pp. 273-274.

190. F. Bonifas, *Histoire des dogmes de l'Eglise chrétienne*, 2 voll., Paris, Fischbacher, 1886. In *Dottrine e disciplina della Chiesa metodista episcopale. Con appendice. 1900*, Roma, La Speranza, 1901, pp. 369-370 è indicato «Storia dei Dommi – *Bonifas*».

191. A. Harnack, *Précis de l'histoire des dogmes*, trad. fr. di E. Choisy, Paris, Fischbacher, 1893 (trad. del *Grundriss der Dogmengeschichte*, 1889, 1891^2). In *Dottrine e disciplina della Chiesa metodista episcopale. Con appendice. 1912*, Roma, Casa Editrice Metodista, 1913, p. 485 è indicato «Histoire des Dogmes – *Harnack*» – ma nell'edizione originale americana (*Doctrines and Discipline of the Methodist Episcopal Church. 1912*, New York, 1912), p. 557, nella sezione sul corso di studi della Chiesa metodista in Italia, è indicato più correttamente come «Précis d'Histoire des Dogmes».

192. ASCM, serie V, cartella n. 158: Verbali della Scuola Teologica della Chiesa Metodista Episcopale (Roma), 1902-1934.

193. J.-F. Astié, *La fin des dogmes?*, in «Revue de théologie et de Philosophie», XXIV (gennaio, marzo, maggio e luglio 1891) e XXV (gennaio 1892), qui gennaio 1891, p. 6.

194. Sempre nelle *Discipline* del 1913, come introduzione all'Antico Testamento si fa riferimento ai testi dello svizzero Lucien Gauthier (1850-1924), che aveva accolto la metodologia storico-critica di Wellhausen e dei suoi studi sul Pentateuco; per l'introduzione al Nuovo Testamento, invece, si stabilisce l'omonimo testo di Frédéric Godet (1812-1900),

delle diverse posizioni si ricava da commenti apparsi su «L'Evangelista» nel primo decennio del Novecento, negli anni in cui anche in Italia si dibatteva sui nuovi metodi storici ed esegetici, sugli scritti di Loisy e Harnack (di cui comparivano le prime traduzioni italiane), sul modernismo e sulla teologia liberale. Se qualcuno vede la critica biblica con un certo favore, se non altro perché consentirebbe di «scuotere i dogmi fondamentali della Chiesa cattolica», mostrando che essi non corrispondono «agli insegnamenti della Bibbia»,[195] e se in diversi luoghi si loda Harnack come grandissimo studioso, pur dichiarando che non si accettano «tutte le idee» che egli propone,[196] altrove la prospettiva è assai più conservatrice: alcuni articoli criticano apertamente il «protestantesimo liberale», che condurrebbe «non solo al rigettamento dei miracoli, ma all'aperta negazione della divinità e della risurrezione di Gesù»;[197] Luigi Lala, commentando nel 1908 un'intervista a Loisy nella quale si toccava la distinzione tra il Gesù storico come uomo, e il Gesù divino per il credente, afferma che comprende i modernisti quando rivendicano i diritti della critica biblica, ma che essi «sorpassano i giusti limiti quando comportano di coteste tergiversazioni intorno all'essenza divina della persona di Cristo», il che significherebbe cadere nel razionalismo;[198] riguardo la scomunica di Loisy (marzo 1908), Lala scrive che, sebbene la scomunica sia sempre una misura odiosa e persecutoria, l'«eterodossia pericolosa di alcune affermazioni» di Loisy e il loro contenuto «soverchiamente razionalista» erano state da lui già sot-

seguace più dell'ortodossia neopietista del Risveglio che della teologia liberale (pur recependo alcune tesi meno conservatrici, come il rifiuto dell'ispirazione verbale). Sul mantenimento di posizioni conservatrici nel mondo evangelico italiano, solo poco a poco aperto alle nuove metodologie, cfr. Spini, *Italia liberale*, pp. 259-261; Vinay, *Storia dei valdesi. III*, pp. 329-338.

195. Anon., *Note e Comenti* [*sic*], *L'Abate Loisy*, in «Ev.», XV, 29 gennaio 1903, p. 3: un trafiletto che dà notizia della condanna de *L'Évangile et l'Église* di Loisy, commentando le nuove correnti esegetiche cattoliche. La rubrica *Note e Commenti* poteva forse, in questo periodo, essere curata da Eduardo Taglialatela, che allora figurava come redattore-editore del periodico (direttore era W. Burt).

196. *Adolfo Harnack*, in «Ev.», XVI, 7 aprile 1904, p. 1 (l'articolo è firmato «L'Evangelista»: è opera della redazione o forse del direttore, all'epoca divenuto Eduardo Taglialatela). Qui si loda Harnack, del quale si citano anche stralci da un suo recente «corso di Storia ecclesiastica» nel quale aveva parlato positivamente del metodismo.

197. X., *Il Protestantesimo liberale*, in «Ev.», XVI, 30 giugno 1904, pp. 2-4.

198. [L. Lala], *Note e Commenti*, in «Ev.», XX, 21 febbraio 1908, p. 2. La rubrica, anonima, era probabilmente curata da Lala, che in ogni caso ne era responsabile in qualità di direttore del periodico.

tolineate sul periodico metodista, e riscontrate anche da teologi protestanti.[199] Sempre Lala, infine, nella stessa rubrica del periodico, mostra di non comprendere il valore delle recenti scoperte archeologiche per lo studio storico delle origini cristiane, in particolare riguardo i detti extracanonici di Gesù: commentando una conferenza tenuta a Roma dall'egittologo Bernard P. Grenfell (che insieme al collega Arthur S. Hunt stava pubblicando i papiri di Ossirinco), Lala afferma che i *logia* extracanonici furono creati dalla fantasia umana, ribadisce il valore dei vangeli canonici, che avrebbero trasmesso ciò che era necessario sapere, e insiste su Gesù come Logos («la parola incarnata, più eloquente quanto più taceva, pensava ed agiva»), manifestando così una posizione intransigentemente tradizionalista.[200]

Nonostante alcune resistenze, i nuovi spunti teologici e storico-religiosi si facevano comunque strada, e nel mondo evangelico di inizio Novecento aleggiava un'aria di rinnovamento, ottimismo, fiducia nella nuova teologia e nella "superiorità della cultura protestante"[201] – ottimismo destinato però a spegnersi poco dopo: l'arrivo della Grande Guerra, vera cesura epocale che non a caso segnerà anche lo spartiacque nello sviluppo del pensiero di Karl Barth dalla teologia liberale alla teologia della crisi, cancellerà tutte le certezze della *Belle Époque*; e anche gli evangelici italiani dovranno riflettere sul fatto che i loro nuovi "modelli" teologici, appena recepiti – Harnack e Paul Sabatier – appoggeranno entrambi, per motivazioni opposte, la guerra dei rispettivi schieramenti, guerra che ora opponeva non cattolici a protestanti, ma (anche) protestanti tedeschi a protestanti anglosassoni.

199. [L. Lala], *Note e Commenti*, *Loisy scomunicato*, in «Ev.», XX, 13 marzo 1908, p. 2.

200. [L. Lala], *Note e Commenti*, in «Ev.», XX, 17 gennaio 1908, p. 2; il commento sui *logia* segue la notizia del rinvenimento di un frammento di un vangelo apocrifo, ed è: «Questa scoperta ci parla del bisogno che la fantasia umana, preoccupata della scarsità dei detti autentici di Cristo registrati nei Vangeli, ha sentito, nei primi secoli, di foggiarne dei nuovi onde colmare le molte lacune». Per un altro esempio di posizione tradizionalista, riferita però alla critica veterotestamentaria, cfr. C. Galateri, *L'Antico Testamento e la critica moderna (Da un discorso del Dr. Joseph Parker di Londra)*, in «Ev.», XVI, 27 ottobre 1904, p. 7.

201. Cfr. Spini, *Italia liberale*, pp. 269-270.

5. Il metodismo italiano e la Grande Guerra

La Prima guerra mondiale costituisce, comprensibilmente, un fenomeno cruciale nell'ottica dell'analisi di una denominazione cristiana in prospettiva storico-teologica: una tale denominazione è chiamata in modo particolare non solo a confrontarsi con considerazioni di ordine storico, sociale o politico, ma anche e soprattutto a porsi il problema dell'eventuale compatibilità della guerra con i "principi cristiani", anche attraverso determinate opzioni esegetiche. Posizioni interventiste o neutraliste; una scelta pacifista o la convinzione dell'impegno in una "guerra giusta", ricevevano spesso connotazione religiosa e teologica. Il caso della Grande Guerra è del massimo interesse, non solo per l'importanza dell'evento, ma anche per la complessità delle opzioni ideologiche sorte all'interno del metodismo italiano. Si riscontra infatti un'*evoluzione* nell'atteggiamento metodista[1] verso la guerra: niente affatto una radicale e immediata adesione, ma una riconfigurazione che passa anche attraverso argomentazioni teologiche.[2] Il metodismo italiano non va, peraltro, isolato dal contesto dell'evangelismo italiano[3] (con cui condivide diverse prospettive) e da quello dell'opinione

1. Si fa riferimento a un orientamento maggioritario: ovviamente all'interno di ogni Chiesa potevano esservi posizioni diversificate.

2. Diverso è il caso della Guerra di Libia del 1911-12, dove il metodismo italiano si mostra sostanzialmente presto allineato alla decisione giolittiana, così come la Chiesa valdese e il mondo evangelico italiano in generale. Sull'atteggiamento del metodismo e degli evangelici italiani nei confronti della Guerra di Libia cfr. anzitutto Chiarini, *Storia delle Chiese metodiste*, pp. 141-143; Spini, *Italia liberale*, pp. 293-295.

3. Sul quale cfr. anzitutto S. Gagliano, *La Bibbia, i doveri del cristiano e l'amor di patria: il protestantesimo italiano nel primo conflitto mondiale*, in *Religione, nazione e guerra nel primo conflitto mondiale*, a cura di D. Menozzi, sezione monografica di «Rivista di Storia del Cristianesimo», 3/2 (2006), pp. 359-381, e ora *La Grande Guerra e le*

pubblica italiana, nonché dal mondo cattolico (sia ecclesiastico, sia laico): anche qui si possono riscontrare delle convergenze, oltre alle differenze. Sarà fruttuoso, inoltre, confrontare la posizione del metodismo italiano sia con il pensiero di John Wesley, sia con quello, più in generale, della tradizione protestante (in particolare riferendosi a Lutero), nonché – in ottica sincronica – con Chiese metodiste di altre nazioni.

Per un'indagine sistematica di questo tipo, fonte cruciale diviene il periodico ufficiale delle due Chiese metodiste, «L'Evangelista» (che, fondato nel 1889 dai metodisti episcopali, dal 1903 era giornale ufficiale anche dei wesleyani). Esso riportava articoli di commento ai principali avvenimenti, comunicati governativi, meditazioni, sermoni, resoconti di opere assistenziali o manifestazioni patriottiche; dall'intervento italiano in poi fungerà anche da collegamento (tramite la pubblicazione di corrispondenza) con i soldati evangelici al fronte, cui sarà distribuito gratuitamente. Tale periodico è dunque una fonte importantissima, ed è il motivo per cui sarà assunto – in questo capitolo – come base della ricerca. Non va dimenticato, però, che si tratta di una fonte "ufficiale", di un organo denominazionale, oltre che di un giornale (come gli altri dell'epoca) soggetto al controllo della censura. Per questo motivo è importante integrare con altre fonti, come le lettere che i pastori in Italia inviavano al Board of Foreign Missions della Chiesa metodista episcopale negli Stati Uniti; la corrispondenza scambiata con l'Inghilterra dai wesleyani; altre lettere; altri materiali d'archivio; i verbali delle Conferenze Annuali (anche questi una fonte "ufficiale"); i sermoni di quegli anni.

1. *Dall'inizio della guerra al maggio 1915*

Allo scoppiare della guerra il pastore metodista episcopale Vincenzo Cassiodoro Nitti, direttore dell'«Evangelista», la definiva «il gran delitto»;[4] nelle settimane successive criticava la politica degli Imperi centrali, identifi-

Chiese evangeliche in Italia (1915-1918), a cura di S. Peyronel Rambaldi, G. Ballesio e M. Rivoira, Torino, Claudiana, 2016: in questo volume, chi scrive ha pubblicato il saggio *Le Chiese metodiste e la Grande Guerra. Il dibattito ideologico e l'impegno pratico* (alle pp. 105-143), che in questa sede sarà ripreso, modificato, ampliato e aggiornato con ulteriore bibliografia e alcune fonti aggiuntive.

4. V.C. Nitti, *Il gran delitto*, in «Ev.», XXVI, 30 luglio 1914, p. 1. Su Nitti (1871-1957) cfr. S. Nitti, *Vincenzo Cassiodoro Nitti. Una famiglia dalla Carboneria all'antifascismo*, in *Scelte di fede e di libertà*, pp. 117-120.

cati come suscitatori della guerra, criticava i due imperatori per aver invocato l'aiuto di Dio,[5] e affermava che il *Kaiser*, pur nominalmente protestante, si era in realtà allontanato dallo spirito di Lutero, portando la Germania sul cammino del militarismo e dell'imperialismo, motivo per cui i "veri" evangelici non si sentirebbero rappresentati da lui.[6] Nitti affermava inoltre:

> Il cristianesimo condanna la guerra, ogni guerra, perché condanna la violenza, ogni violenza. Non cercate per entro le pagine dei vangeli una giustificazione al delitto collettivo: non la troverete. [...] Il Maestro [Cristo] piange su le follie umane come pianse un giorno sull'accecamento di Gerusalemme. E quando gli uomini invasati dal malo spirito si battono e si distruggono, Egli, il Maestro divino, si copre il volto e nel suo dolore si rinnova l'agonia del Calvario.
> Dalla nascita alla risurrezione Egli portò su la terra la nuova parola: Pace! [...]
> Per la sua fede, per la sua dottrina, per l'amore di Lui, siano l'animo nostro e l'azione contro la guerra.[7]

A questa altezza cronologica si argomentava dunque in favore della totale incompatibilità di principi cristiani e guerra, affermando che il cristianesimo condanna «ogni guerra»; non si faceva ancora riferimento alle cosiddette "guerre giuste". È significativo, inoltre, che sull'«Evangelista» del 6 agosto si lodasse papa Pio X per la sua recente esortazione, in cui aveva chiesto di innalzare gli animi a Cristo "principe della pace".[8]

Coerentemente con questa prospettiva, il 3 agosto 1914 Carlo Maria Ferreri, anch'egli pastore metodista episcopale, soprintendente del Distretto di Napoli, inviava una circolare ai ministri del Distretto. «Ritenendo» – scriveva – «che i nostri pulpiti evangelici dovrebbero rendersi pubblicamente interpreti di questi sentimenti eminentemente pacifisti», invitava i ministri a convocare apposite adunanze. Soprattutto, invitava a pregare «perché l'Italia non venga trascinata nel vortice del conflitto».[9] Successivamente la posizione di Ferreri vivrà un'evoluzione.

5. V.C. Nitti, *Invocano il complice*, in «Ev.», XXVI, 6 agosto 1914, p. 1.
6. Id., *Egli non ci rappresenta!...*, in «Ev.», XXVI, 20 agosto 1914, pp. 1-2.
7. Id., *Il gran delitto*, p. 1.
8. Cfr. «Ev.», XXVI, 6 agosto 1914, pp. 1 e 2. Anche Karl Barth aveva apprezzato questo messaggio di Pio X: si veda A. Gallas, *Il giovane Barth. Fra teologia e politica*, Milano, Vita & Pensiero, 2004, p. 107.
9. La circolare è in ASCM, Serie II, cartella n. 87, Circolari soprintendente, f. 1, Circolari mensili del Soprintendente Carlo M. Ferreri (1914-1921). Questo documento, battuto

In queste settimane il periodico metodista ospitava altri interventi degni di nota, tutti di matrice pacifista: quelli di un lettore, Gino Di Roberto;[10] del vescovo metodista John N. Nuelsen;[11] di Luigi Renzi;[12] e soprattutto di Vincenzo Tummolo, pastore wesleyano (già battista).[13] Questi, nell'articolo *Iddio e la guerra* del 15 ottobre, afferma che Dio non è mai autore della guerra, né approva chi la suscita, e nega che si possa obiettare citando l'Antico Testamento e la storia d'Israele. Interrogandosi sulle cause della guerra, afferma che questa deriva dal fatto che negli uomini è insito il germe del male, il peccato. Ma Dio – scrive – dal male trarrà il bene, distribuendo ai malvagi quel male stesso che viene prodotto dagli uomini, autori della guerra, affinché diventi un bene: «la necessaria e giusta punizione al malvagio». Questo sarebbe il senso dei passi veterotestamentari sulla guerra. A chi obiettasse "perché Dio non potrebbe impedire *sempre* la guerra?", Tummolo risponde: egli ha creato l'uomo a sua immagine e somiglianza, e quindi «non poteva non dargli specialmente il libero arbitrio». L'uomo scelse liberamente il male e permise al peccato di entrare nella sua anima. Dio non può, ora, togliere all'uomo il libero arbitrio, per impedirgli di far guerra: sarebbe una «forza coattiva» che annienterebbe la stessa natura umana e ridurrebbe l'uomo a «*macchina ben montata*». In questo articolo, per quanto riguarda gli spunti teologici, si notano alcuni elementi di prossimità al pensiero di John Wesley: la riflessione sulla corruzione introdotta dal peccato quale causa della guerra e quella sull'uomo ad immagine e sul libero arbitrio, ove emerge una teologia di impostazione arminiana.[14]

a macchina, riporta l'intestazione «Napoli 3 agosto 1915», laddove il «5» di «1915» è una correzione a penna sopra un precedente «1913». Ma la correzione è a sua volta un errore, poiché il testo va datato 1914, come si evince dal fatto che è riportato in «Ev.», XXVI, 6 agosto 1914, p. 2 e soprattutto dal riferimento a un'Italia ancora non entrata in guerra.

10. Vedi G. Di Roberto, *Giù le armi!*, in «Ev.», XXVI, 6 agosto 1914, pp. 1-2; Id., *Giù le armi!*, in «Ev.», XXVI, 13 agosto 1914, pp. 2-3. Si tratta di lettere che Di Roberto invia al periodico.

11. J.N. Nuelsen, *Ai Metodisti d'Italia*, messaggio riportato in «Ev.», XXVI, 13 agosto 1914, p. 1.

12. L. Renzi, *Siate coerenti... anche in guerra!*, in «Ev.», XXVI, 13 agosto 1914, pp. 5-6. In seguito, però, Renzi loderà il discorso dannunziano del 5 maggio 1915: cfr. *infra*, § 2.

13. V. Tummolo, *Iddio e la guerra*, in «Ev.», XXVI, 15 ottobre 1914, pp. 3-4; cfr. «Ev.», XXVI, 20 agosto 1914, p. 2.

14. Cfr. J.E. Vickers, *Wesley's theological emphases*, in *The Cambridge Companion to John Wesley*, pp. 190-206.

Sempre nell'ottobre 1914 iniziavano a uscire in fascicoli i *Sermoni della Guerra* di Alfredo Taglialatela, pastore episcopale, uno degli intellettuali più importanti espressi dal protestantesimo italiano di questi anni.[15] Usciranno dodici sermoni (poi raccolti in volume), una selezione di quelli pronunciati tra il settembre 1914 e il maggio 1915. Essi mostrano l'evoluzione della posizione dell'autore, esemplare anche per comprendere quella, in generale, degli altri metodisti – e in realtà di gran parte del mondo evangelico italiano. Lo stesso Taglialatela, scrivendo la *Prefazione* del volume ormai dopo l'intervento, riconoscerà che «mentre nei primi sermoni – pronunziati quando non ancora si riusciva a comprendere il carattere dell'improvviso uragano di ferro e di fuoco scatenatosi nel mondo – prorompe alta l'invocazione alla pace», negli ultimi («pronunziati a mistero svelato e compreso») suona «più alto» lo «squillo di guerra».[16] Egli non vede contraddizione, perché «Pace sì – fu detto fin dal terzo sermone (pag. 49-51) – ma niente pace se essa implichi la discesa nel sepolcro della giustizia e della libertà».[17] E infatti afferma che perno dei sermoni è «la dottrina cristiana della guerra, [...] tanto lontana dalle esaltazioni belliche [...] quanto dalla pace-ad-ogni-costo propugnata dai pacifisti».

Nel citato terzo sermone (*L'Aratro di Ulisse Grant*) – databile tra l'ottobre e il novembre 1914 (e pubblicato in fascicolo, forse, alla fine dell'anno)[18] – Taglialatela riflette su *Is* 2,4,[19] notando che «mentre qui la Bibbia prevede e vuole che delle spade e delle lance si facciano zappe e

15. Per approfondire si veda A. Annese, *I* Sermoni della Guerra *di Alfredo Taglialatela. Gli evangelici italiani tra pacifismo e "guerra giusta" durante il primo conflitto mondiale*, in *Protestantesimo e sfide della contemporaneità. Percorsi inediti di scienze delle religioni*, a cura di Id., Brescia, Morcelliana, 2017, pp. 121-138.

16. A. Taglialatela, *I Sermoni della Guerra*, Roma, La Speranza, 1915, p. VII.

17. *Ibidem.*

18. Sulla base del solo volume non è possibile datare con esattezza i sermoni, ma tramite le notizie pubblicate in «Ev.» si può avere un'idea approssimativa della progressiva pubblicazione dei fascicoli; inoltre, dal testo di alcuni sermoni è possibile trarre indicazioni cronologiche dai riferimenti agli eventi che accadevano in quei mesi.

19. «Egli giudicherà tra nazione e nazione e sarà l'arbitro fra molti popoli; ed essi trasformeranno le loro spade in vomeri d'aratro, e le loro lance, in falci; una nazione non alzerà più la spada contro un'altra, e non impareranno più la guerra» (*Is* 2,4, vers. Nuova Riveduta: citerò questa traduzione, sebbene Taglialatela, ovviamente, non utilizzasse questa, ma la Diodati).

falci, altrove ingiunge proprio il contrario»:[20] il riferimento è a *Gl* 3,9-10.[21] Taglialatela si trova dunque di fronte alla necessità di spiegare quella che sembra una netta contraddizione:

> Essendo la Bibbia sempre pervasa dal senso della realtà e mai asservita a dottrinarismi od apriorismi di nessuna specie, pure stando contro la guerra, essa non disconosce che possono darsi casi di guerre giuste; e perciò, mentre annunzia e sospira il tempo nel quale, non più possibili né guerre ingiuste né guerre giuste, gli uomini faranno delle spade zappe e delle lance falci, ora, ora, se scoppia la guerra giusta, essa vuole che i cittadini compiano il loro dovere e le zappe trasformino in spade e le falci in lance...[22]

Si evoca qui esplicitamente la teoria della "guerra giusta", ritenuta applicabile nella situazione presente. Ad esempio, prosegue Taglialatela, nel caso di «un paese invaso da un esercito aggressore» non si può sostenere la «pace-ad-ogni-costo». Scrive Taglialatela: «Sì, Gesù disse: "Se alcuno ti percuote sopra una guancia volgigli l'altra"; ma se percuote *te*: quanto, invece, percuote i tuoi figli, i tuoi vecchi, le tue donne, allora tu devi difenderli e anche sacrificarti per difenderli, tu devi farti un'arma di ciò che ti trovi nelle mani».[23] Quindi conclude: «Insomma, signori, la Bibbia [...] non è per la pace-ad-ogni-costo [...]. Ah no, la pace che non si fonda sulla giustizia [cfr. *Is* 32,17], che è a prezzo di abiezione e d'infamia, è peggiore e più nociva di cento guerre!».

Nel quinto sermone e soprattutto nel settimo (*Natale di Sangue*, pronunciato la domenica prima del Natale 1914), però, Taglialatela torna a manifestare sentimenti più nettamente pacifisti, o comunque a identificare con chiarezza il nucleo evangelico come messaggio pacifista, senza parlare della possibilità di "guerre giuste". In questo settimo sermone l'autore afferma che «la pace universale costituisce un articolo del programma cristiano»,[24] ma anche che tale parte del programma non si è ancora realizzata. Taglialatela compie qui un'analisi storica sull'atteggiamento dei cristiani verso la

20. Taglialatela, *I Sermoni della Guerra*, p. 49.

21. «Proclamate questo fra le nazioni! Preparate la guerra! Risvegliate i prodi! Vengano e salgano tutti gli uomini di guerra! Fabbricate spade con i vostri vomeri, e lance con le vostre roncole! Dica il debole: "Sono forte!"» (*Gl* 3,9-10).

22. Taglialatela, *I Sermoni della Guerra*, pp. 49-50.

23. Ivi, pp. 50-51. Tornerò *infra* sul rapporto tra questa affermazione e alcuni passi di Lutero.

24. Ivi, pp. 162-163.

guerra, partendo dalle origini del cristianesimo. Egli afferma: «È positivo che gli scrittori cristiani dei primi secoli considerarono non conforme alla dottrina del Maestro né la guerra né il servizio militare»;[25] a supporto cita Giustino,[26] Tertulliano[27] e i montanisti.[28] Taglialatela è comunque consapevole che la posizione pacifista non era l'unica, ma – afferma – era quella maggioritaria.[29] I cristiani «avevano cominciato bene», prosegue, ma poi non seppero mantenere l'attitudine originaria; l'opposizione alla guerra e al servizio militare andò sempre più declinando. Neppure la Riforma avrebbe

25. Ivi, p. 163.

26. Cfr. Giustino, *Dialogus cum Tryphone* 109-110; *Apologia Prima* 14,3.

27. «"Il Signore ha tolta la spada al cristiano: come può egli combattere senza spada? Nel disarmare Pietro, il Signore disarmò ogni soldato"» (Tertulliano, *De idololatria* 19, citato ivi, p. 164; cfr. *De corona militis* 11).

28. Esemplati, scrive Taglialatela, da Massimiliano di Tebessa (che nel 295 fece obiezione di coscienza, motivandola con il suo essere cristiano: si veda la *Passio S. Maximiliani*), la cui appartenenza al montanismo è però dibattuta.

29. Va riscontrata la compresenza di diversi piani: quello della prassi (il comportamento seguito dai cristiani chiamati al servizio militare o, viceversa, quello dei soldati convertitisi al cristianesimo) e quello delle riflessioni teoriche/teologiche dei primi scrittori cristiani. È soprattutto nel secondo caso che sembra si possa parlare di un atteggiamento *maggioritario* contro la guerra e il servizio militare: molti testi pongono l'accento sull'evangelico "amore del nemico" e sul "non uccidere" (giungendo dunque talvolta ad ammettere la milizia, qualora questa implicasse solo un servizio di pubblica sicurezza in tempo di pace). Dall'età costantiniana in poi questa attitudine sostanzialmente "pacifista" (sebbene si debba sempre tener conto delle diverse posizioni e modulazioni) lascerà il posto al graduale affermarsi delle teorie della "guerra giusta". Cfr. R.H. Bainton, *Christian Attitudes Toward War and Peace. A Historical Survey and Critical Re-evaluation*, New York-Nashville, Abingdon Press, 1960, pp. 66-100. Sul "pacifismo" protocristiano, più sfumata la posizione di A. Morisi, *La guerra nel pensiero cristiano dalle origini alle crociate*, Firenze, Sansoni, 1963, che non vede, negli scrittori cristiani del I e del II secolo, una presa di posizione sull'incompatibilità (né sulla compatibilità) tra cristianesimo e guerra (cfr. p. 10), mentre solo dal III secolo si svilupperebbe una «tradizione (abbastanza limitata) antimilitarista del cristianesimo» (p. 20). G. Miccoli, *La guerra nella storia e nella teologia cristiana. Un problema a molteplici facce*, in *Pace e guerra nella Bibbia e nel Corano*, a cura di P. Stefani e G. Menestrina, Brescia, Morcelliana, 2002, pp. 103-141, pur ricordando la complessità della questione e la compresenza di varie prospettive, sostiene la tesi di un pacifismo maggioritario nei primi secoli cristiani («I primi secoli cristiani mostrano, pur con qualche significativa oscillazione, una decisa diffidenza per ogni impegno militare, così come rifiutano lo spargimento di sangue e le uccisioni», p. 104). Utile, a livello metodologico, A. Barzanò, *Il cristianesimo delle origini di fronte al problema del servizio militare e della guerra. Considerazioni sul metodo della ricerca*, in «Rivista di Storia della Chiesa in Italia», 44/2 (1990), pp. 440-450.

mutato le cose: Taglialatela cita l'articolo XVI della *Confessio Augustana* («Docent quod Christianis liceat jure bellare»), per concludere che, a parte voci isolate, di singoli o gruppi (come i quaccheri, ma si pensi anche ad alcune correnti di anabattisti e di battisti, nonché, più recentemente, agli avventisti), «nella sua massa, neppure la Chiesa rinnovata, figlia della Riforma, seppe, almeno in questo punto, intendere il pensiero di Cristo e gridare la parola di Cristo».[30] È evidente che, in queste pagine, Taglialatela esprime la convinzione che il pensiero di Cristo fosse chiaro: la guerra e il servizio militare non sarebbero conformi ai suoi insegnamenti.[31]

I primi mesi del 1915 vedono il metodismo italiano interrogarsi sempre più sulla liceità o meno della guerra, nell'ottica della sua eventuale compatibilità con i principi cristiani. Sull'«Evangelista» si sviluppò una *querelle* tra J. Giese, pastore luterano della Comunità evangelica tedesca di Palermo, e alcune voci metodiste: Nitti, il pastore Domenico Roberto Gualtieri e il laico Luigi Crivello. Questi ultimi affermavano che il cristiano non deve dimenticare il comandamento divino "Non uccidere", e quindi che dovrebbe rifiutarsi di obbedire al dovere militare, così come i martiri dei primi secoli non obbedivano alle autorità per non trasgredire il comandamento antiidolatrico "Non avrai altro Dio al di fuori di me".[32] Crivello aggiungeva anche un riferimento diretto a *Mt* 26,52 («Tutti coloro che avran presa la spada, periranno per la spada»), e – come già Tummolo – si opponeva alle tesi che invocavano le battaglie di Israele descritte nell'Antico Testamento. Tutta la Scrittura è ispirata, scrive, ma la rivelazione «è progressiva»: la luce della Legge è diversa da quella della grazia. I cristiani, prosegue, devono lasciarsi guidare dalla luce del Nuovo Testamento. Ma come comportarsi riguardo *1Pt* 2,13 (e *Rm* 13,1), sulla sottomissione alle autorità? Crivello risponde che non si deve comunque

30. Taglialatela, *I Sermoni della Guerra*, p. 168.

31. È significativo che questo sermone venne lodato da Lucio Schirò sul periodico «Semplicista!», da lui fondato (cfr. *l.s.d.* [= Lucio Schirò D'Agati], *Da dove non tramonta il Sole*, «Semplicista!», III, 18 febbraio 1915, p. 3). Questo giornale, espressione di un "socialismo cristiano", sostenne posizioni radicalmente pacifiste. Non sarà qui oggetto di approfondita analisi, soprattutto perché esso interruppe le pubblicazioni con il numero del 13 maggio 1915, e non si ha dunque un riscontro di come avrebbe potuto argomentare dopo l'intervento italiano. Sul giornale e su Schirò cfr. ad es. M. Schirò, *Un lottatore senz'armi: mio padre Lucio Schirò D'Agati*, Milano, Zephyro, 2003.

32. D.R. Gualtieri, *Il dovere militare*, in «Ev.», XXVII, 21 gennaio 1915, p. 1; L. Crivello, *Il Cristiano e la Guerra*, in «Ev.», XXVII, 28 gennaio 1915, p. 3.

uccidere; bisogna obbedire alle autorità, fin quando «i loro ordinamenti non sono contrari a quelli di Dio, e non rivoltino la nostra coscienza; ché in questo caso abbiamo il diritto d'insorgere e dire con l'Apostolo Pietro: "Giudicate voi, s'egli è giusto nel cospetto di Dio, di ubbidire a voi, anzi che a Dio" [*At* 4,19]». Questo testo di Crivello rappresenta un tentativo di ragionare sulla questione in base a testi biblici, e colpisce per la decisione con cui ridimensiona il tradizionale principio di obbedienza alle autorità basato su *Rm* 13,1 e *1Pt* 2,13, alla luce di *At* 4,19 e dei Comandamenti.

Giese, invece, difendeva la possibilità, per il cristiano, di imbracciare armi. In risposta a Gualtieri e Crivello egli sosteneva la liceità dell'uso della forza da parte di uno Stato e quindi anche dei singoli membri di tale Stato, e lo faceva citando proprio l'art. XVI della *Confessio Augustana* e l'opuscolo di Lutero *Se anche le genti di guerra possano giungere alla beatitudine*,[33] e richiamando il dovere di obbedire alla legittima autorità. Inoltre, a suo avviso, «Per la realizzazione del regno di Dio serve di più che colla forza armata si impedisca, dal singolo come da un popolo[,] il prevalere del male, che soffrirlo senza difesa personale o nazionale, seguendo il senso letterario [= letterale] del dovere cristiano».[34]

Questo dibattito forniva spunti che potevano far sviluppare una riflessione significativa, ad esempio su Lutero e sulla *Confessio Augustana*; era una potenziale occasione di approfondimento teologico che però non fu sfruttata. Va notato anche che alcuni argomenti di Giese, o almeno alcune tematiche, dopo l'intervento italiano saranno assunte dagli stessi metodisti: ad esempio il fatto che sia lecito combattere per impedire il male, oppure il principio dell'obbedienza all'autorità, che sarà recuperato e difeso.

In ogni caso, almeno fino all'inizio del maggio 1915 non si riscontrano nelle fonti, tra i metodisti italiani, posizioni favorevoli alla guerra o all'intervento italiano in essa, nemmeno con gli argomenti repubblicani e

33. «Ma può anche il singolo andare in guerra con una buona coscienza cristiana? Già Lutero ha dato a ciò una risposta precisa nel suo opuscolo: "Se anche i soldati possano essere in istato beato?" (1526). Egli dice: in una guerra di difesa ognuno può credere di fare "una buona azione cristiana", inquantoché "il mio pugno è pugno di Dio, la mia asta è asta di Dio". Lutero vuol dire che nella guerra di difesa si eseguisce per così dire una sentenza penale del magistrato e che ogni soldato può credersi uno strumento del medesimo e perciò lottare con una pura coscienza cristiana» (J. Giese, *Dovere cristiano e dovere militare*, in «Ev.», XXVII, 4 marzo 1915, p. 2).

34. Ivi, p. 3; cfr. anche «Ev.», XXVII, 14 gennaio 1915, pp. 1-2; 25 febbraio 1915, pp. 2-3.

"mazziniani" che emergeranno in seguito e che nel paese alcune frange già esprimevano.[35] Prevale, al contrario, un pacifismo che cerca di ispirarsi ad una base evangelica. È possibile ricordare anche la Conferenza Annuale 1915 della Chiesa metodista episcopale italiana, una delle due che questa denominazione tenne negli anni di guerra:[36] la differenza con l'altra, del 1918, è netta. Questa Conferenza Annuale si tenne a Firenze dal 21 al 26 aprile 1915 (il giorno della stipula del Patto di Londra), in una fase già caldissima del dibattito in Italia. Ma in essa nessuno espresse entusiasmo per un eventuale intervento italiano, nessuno parlò di *dovere* di entrare in guerra in nome della giustizia, del diritto, della libertà; il tono patriottico che permeerà l'intera Conferenza del 1918 qui è assente. Si insisteva anzi sugli «orrori» della guerra (Ferreri) e sullo «scandalo» che essa rappresentava per il «Cristianesimo [...] ufficiale, sia cattolico che protestante» (Vittorio Bani).[37]

Ancora il 29 aprile, sull'«Evangelista», un articolo di Vincenzo Cavalleris si scagliava contro i "cristiani incoerenti", ossia quelli – secondo l'autore – che non lottano contro la guerra (qui l'autore richiamava anche Taglialatela, riprendendo l'esempio "pacifista" di Tertulliano e dei montanisti).[38] Solo pochi giorni dopo le pagine del periodico metodista ospiteranno tesi molto diverse.[39]

35. Sul dibattito in Italia cfr. M. Isnenghi, G. Rochat, *La Grande Guerra 1914-1918*, Bologna, il Mulino, 2008, pp. 99-146. Si veda questo testo, più in generale, per un inquadramento storico sulla Prima guerra mondiale; le ampie *Note bibliografiche* che chiudono il volume (pp. 513-558) forniscono orientamento per approfondimenti. In questa sede privilegerò la bibliografia di taglio storico-religioso, coerentemente con la prospettiva di questo studio.

36. I wesleyani ne tennero solo una, il Sinodo del 1916; per il 1917 ci sono però alcuni rapporti di singole Chiese o circuiti. Cfr. *infra*, nota 165.

37. Chiesa Metodista Episcopale, *XXXIV sessione della Conferenza Annuale d'Italia* [1915].

38. V. Cavalleris, *Gl'incoerenti*, in «Ev.», XXVII, 29 aprile 1915, p. 1. Cfr. la recensione di Cavalleris ai *Sermoni della Guerra* di Taglialatela, in «Ev.», XXVII, 16 dicembre 1915, p. 8, ove si ribadisce una visione pacifista. Cfr. anche V. Cavalleris, lettera a V.C. Nitti, *La preparazione evangelica per il "dopo guerra"*, in «Ev.», XXVIII, 15 giugno 1916, p. 1, che citerò *infra*, § 3.

39. Tra gli articoli su «L'Evangelista» precedenti il maggio 1915 si possono citare anche un paio di contributi di Enrico Knur, giovane studente di teologia che morirà nel 1918; questi articoli esprimono una posizione pacifista, motivata religiosamente (biblicamente): E. Knur, *Pregando!*, in «Ev.», XXVII, 4 febbraio 1915, pp. 2-3; Id., *La nostra invocazione. «Il Tuo Regno Venga»*, ivi, 22 aprile 1915, pp. 3-4. Interessante anche una critica ad Har-

2. *La svolta ideologica e l'intervento italiano*

Il 5 maggio 1915 D'Annunzio parlò a Quarto in occasione dell'inaugurazione del monumento a Garibaldi e ai Mille e, com'è noto, la sua orazione è un manifesto dell'interventismo italiano. Sarebbe superficiale sostenere che sia stata questa la miccia che ha innescato l'evoluzione dei metodisti italiani dal neutralismo alle posizioni dell'interventismo democratico: tuttavia è significativo che in certi ambienti metodisti questa orazione fu molto apprezzata,[40] ed è possibile assumere questa data come simbolo di una cesura, poiché dal numero immediatamente successivo dell'«Evangelista» (nonché da altre fonti) si nota palesemente una permeabilità ad argomenti interventisti mai citati prima (ed essi erano già da tempo discussi in Italia). Già il fondo del 13 maggio affermava che si percepiva una «decisione imminente» sulla guerra, e dichiarava: «Noi vogliamo lottare per la redenzione dei popoli, per l'unità delle famiglie nazionali ed anche per riconquistare i confini che Dio ha segnato all'Italia».[41] Nel fondo del numero successivo, significativamente intitolato *Il dovere dei pacifisti*, si legge: «Voler la pace ad *ogni costo* è altrettanto folle quanto volere la guerra ad ogni costo. Vi sono momenti in cui fare propaganda di pace è favorire l'ingiustizia, l'imperialismo e la tirannide; ed affrontare la guerra con tutti i suoi sacrifizi è dovere sacro che si compie per salvare quanto di meglio vi è nel patrimonio della civiltà umana. L'Italia attraversa oggi uno di questi momenti. Pacifisti, pensateci!».[42] Tornerà alla mente l'affermazione di Alfredo Taglialatela che «la Bibbia [...] non è per la pace-ad-ogni-costo», pronunciata già alcuni mesi prima.[43]

nack per essersi schierato in favore della guerra tedesca, che compare ivi, p. 5 (a firma «Lo spigolatore»): «Che egli faccia il patriota sta bene, ma che il prof. Harnack dimentichi i suoi discorsi per il Movimento Pacifista e proprio lui faccia una difesa dottrinaria e cristiana della guerra, può sembrare eccessivo a chiunque».

40. Cfr. L. Renzi, *"Alla fiammeggiante Italia"*, in «Ev.», XXVII, 20 maggio 1915, pp. 1-2; E. Spini, *I Mille*, in «Ev.», XXVII, 13 maggio 1915, p. 1. Vale la pena ricordare un'opinione dissenziente, espressa da una figura centrale per il metodismo italiano: Henry James Piggott. Egli, in una lettera al figlio del 7 maggio 1915, parla di tale discorso di D'Annunzio, definendolo un discorso «folle» (Piggott e Durley, *Henry James Piggott. Vita e lettere*, p. 211).

41. «Ev.», XXVII, 13 maggio 1915, p. 1. In questo stesso giorno usciva l'ultimo numero di «Simplicista!» prima della sospensione (riprenderà la pubblicazione nel 1919), ove si ribadiva invece una posizione pacifista.

42. *Il dovere dei pacifisti*, in «Ev.», XXVII, 20 maggio 1915, p. 1.

43. Nel numero del 24 giugno 1915 Nitti riporta parte di una lettera di Theodore Roosevelt (pubblicata in quei giorni) che ha criticato i «pacifisti ad ogni costo». Roosevelt

In generale, negli anni di guerra sarà questa la linea editoriale del periodico metodista: si sostiene che il conflitto in corso è una prosecuzione del Risorgimento, che è "l'ultima guerra" che instaurerà uno stato di pace duratura (sarebbe dunque una "guerra alla guerra"), che difende il diritto, la giustizia, la libertà. Ciò che vorrei qui mettere in rilievo è quella che si può chiamare una *riconfigurazione* o un *ri-orientamento* delle argomentazioni ideologiche e teologiche, di duplice natura. Vi è una fase iniziale che, come si sta vedendo, già supera le precedenti tesi pacifiste per sposare quelle dell'interventismo democratico, declinandole principalmente (anche se non esclusivamente) in termini etico-giuridico-politici; in seguito, però, si attuerà un movimento progressivo di difesa della guerra sempre più con motivazioni o riferimenti anche di tipo teologico, sostenendo dunque la compatibilità di cristianesimo e guerra. Si sosterrà esplicitamente, cioè, che il diritto, la giustizia, la libertà vanno difesi non solo in quanto patrimonio degli individui, ma anche e soprattutto in quanto vengono ritenuti principi cristiani, fondati sul messaggio del Vangelo; e che la guerra italiana è giusta non solo perché combatte il dispotismo degli Imperi centrali e vuole liberare le terre irredente, ma anche perché – proprio perché i principi dell'Intesa coinciderebbero con quelli religiosi – sarebbe Dio stesso a volere e guidare provvidenzialmente la guerra. Tutto ciò risulta condiviso dalla maggioranza degli evangelici italiani.

Per quanto riguarda la prima "riconfigurazione ideologica", ossia il passaggio dal neutralismo e dal pacifismo biblicamente fondato alla difesa della guerra italiana, ancora su basi principalmente "laiche", è interessante citare il nono dei *Sermoni della Guerra* di Alfredo Taglialatela, intitolato *Il Buono Auspicio* e pronunciato il 9 maggio 1915 (la domenica dopo la commemorazione di Quarto). Esso si apre constatando che l'Italia sembra prossima a mobilitarsi. E il pastore commenta che, se il momento è giunto, l'Italia potrà entrare in guerra con «buona coscienza»[44] e che «la causa nostra è santa», perché «non siamo stati noi i provocatori della guerra; [...] perché intervenendo nel conflitto risponderemo al grido dei fratelli

scrive che «Davanti alla pace va posta la giustizia [...]. È una colpa essere neutrali fra il diritto e l'illegalità», e parla del beneficio che, a volte, una «guerra giusta» può arrecare. Nitti commenta concordando (V.C. Nitti, *Ai neutralisti di ieri ed ai patriottardi di oggi*, in «Ev.», XXVII, 24 giugno 1915, p. 1).

44. Taglialatela, *I Sermoni della Guerra*, p. 195. Cfr. *infra*, par. 6, per un paragone con Lutero.

oppressi»;[45] «perché combatteremo pel diritto della nazionalità, pel diritto dei popoli piccoli, *pel diritto del diritto*»; perché la nostra causa «è la causa della pace».

La differenza rispetto al settimo sermone, ove si affermava che né la guerra né il servizio militare sono conformi alla dottrina di Cristo, è evidente. Ma la chiave di lettura sta nel terzo sermone, che come detto parlava della possibilità di "guerre giuste" e affermava che la Bibbia non è per la "pace ad ogni costo", in quanto la pace deve essere fondata sulla giustizia. Certo, rimane uno scarto nelle formulazioni di Taglialatela, forse non del tutto componibile.

Il primo numero dell'«Evangelista» successivo al 24 maggio proseguiva e radicalizzava questa linea. Il fondo affermava che per la patria era suonata «l'ora sacra, della purificazione e della redenzione»:

> Liberazione o morte sia oggi il nostro grido [...]. È il grido del nostro Risorgimento, [...] il grido di Garibaldi e di Mazzini. E quando la patria, entro i naturali confini, noi l'avrem riacquistata, quando sulle ali della Vittoria, avrem combattuto la nostra guerra, guerra santa perché voluta pel più santo Ideale, oh, allora pur noi perdoneremo al nemico per ricordarci che in terra non v'ha che una legge, una legge sola: l'Amore.[46]

Queste poche righe dicono già molto: dopo l'intervento il metodismo italiano, soprattutto da parte episcopale, esplicita ideali repubblicani, mazziniani, risorgimentali che nei mesi precedenti erano rimasti sottotraccia. Ora le ragioni dell'«interventismo democratico»[47] venivano accettate e proclamate apertamente. Si noti qui, in particolare, la definizione di «guerra santa» in quanto combattuta per un «santo Ideale», quello del Risorgimento; e la chiusa, con il rimando alla legge evangelica dell'amore, qui ancora posta al centro, sebbene si dica che il perdono del nemico potrà avvenire solo *dopo* che la guerra sarà stata combattuta e vinta – senza più chiedersi, dunque, se la stessa possibilità di combattere una guerra sia compatibile con i principi cristiani ed evangelici.

Che la locuzione «guerra santa» vada intesa qui in senso politico-risorgimentale, e niente affatto in senso religioso, è confermato da altri testi di Nitti. La spiegazione più chiara del suo pensiero si trova nella prolusione per l'inaugurazione dell'*Università Popolare del Soldato*, a Ge-

45. Ivi, p. 210.
46. «Ev.», XXVII, 27 maggio 1915, p. 1, editoriale.
47. Cfr. Spini, *Italia liberale*, pp. 338, 341, 342, 345.

nova, nel giugno 1916. Nel discorso, intitolato *L'idea e le armi*, Nitti si chiede «Perché la nostra guerra è stata dichiarata guerra santa?», e risponde: non perché sia ispirata da un principio religioso, ma perché un'idea «la santifica», ossia «l'idea per cui si è compiuta l'Italia, l'idea del nostro Risorgimento».[48] Questi concetti erano perfettamente congruenti con quelli del discorso tenuto dal Presidente del Consiglio Antonio Salandra, in Campidoglio, il 2 giugno 1915, in risposta a quello del Cancelliere tedesco (che accusava l'Italia di tradimento). In quel discorso, che «L'Evangelista» riportava per intero,[49] Salandra affermava che «giusta è la causa che ci ha mossi e la nostra guerra è una guerra santa», e faceva riferimento al compimento del Risorgimento.[50]

Una buona sintesi del passaggio all'interventismo è offerta dalla risposta che Nitti, sul numero del 27 maggio 1915, dà a una lettrice (Ester Celli) che in una lettera al direttore aveva richiamato principi pacifisti: «noi riteniamo non potersi i cristiani evangelici dividere in pacifisti e non pacifisti. L'aspirazione di tutti non può essere che una: la pace». Abbiamo atteso – continua Nitti – che l'Italia facesse tentativi per evitare la guerra; «Ma, superato oramai il periodo di tutti gli onesti tentativi, ora che la guerra è e deve essere, noi l'accettiamo come un sacro dovere, e, pur cristiani e pacifisti, vi aderiamo senza esitanze e senza tentennamenti». Nitti ribadisce poi che la pace deve essere fondata sulla libertà e la giustizia: è questa, scrive, la pace per cui bisogna pregare Dio. La guerra è dunque da lui ritenuta «sacro dovere».[51]

Si può ragionevolmente ipotizzare che accettare la linea ufficiale, "patriottica", del governo e sottolineare come i metodisti sostenessero le sue decisioni poteva fungere anche da argomento di propaganda anticattolica, poiché la *questione romana* era ancora aperta. Il periodico metodista non mancava di sottolineare le frizioni tra Vaticano e Stato italiano, e negli anni di guerra sosteneva con forza che Benedetto XV agisse – anche e soprattutto con i suoi messaggi per la pace – pensando ai propri interessi in chiave

48. La prolusione è riportata in E. S. [= Egisto Spini], *Università Popolare del Soldato*, in «Ev.», XXVIII, 15 giugno 1916, pp. 3-4, qui p. 3.

49. Cfr. «Ev.», XXVII, 10 giugno 1915, pp. 1-4.

50. Per una precoce ma isolata connotazione *teologica* della guerra "giusta e santa", concepita come voluta da Dio in quanto «giustizia e santità sono da Dio», cfr. L. Fontana (della Federazione Studenti per la Cultura Religiosa), *Non c'è pericolo di perdere il senso dei valori*, in «Ev.», XXVII, 24 giugno 1915, pp. 1-2.

51. «Ev.», XXVII, 27 maggio 1915, pp. 2-3.

di potere temporale (ad esempio si sottolineavano le sue simpatie per l'Impero austriaco). Un tema ricorrente è quello del sospetto nei confronti dei cattolici che, *dopo* l'intervento, si professano patrioti.[52]

Che la posizione ormai "patriottica" del metodismo italiano fosse condivisa con gli altri evangelici è testimoniato anche dal culto solenne "Pro Patria" tenutosi il 13 giugno 1915 nel Tempio valdese di piazza Cavour, con rappresentanti delle varie denominazioni. Qui il valdese Ernesto Comba aveva affermato che, se si è convinti che l'Italia agisca nel giusto, si può pregare, oltre che per la giustizia, anche «domandando a Dio la vittoria per la nostra Patria». Infatti, proseguiva, l'Italia conduce una «guerra alla guerra», combatte «per la pace del mondo». La guerra in corso veniva esplicitamente dichiarata essere una prosecuzione del Risorgimento, la quarta guerra d'indipendenza; l'Italia combatteva per la pace, la giustizia, la libertà.[53] Si può notare che tenere un "culto pro patria" era già una forma di riconfigurazione teologica della questione. Anche il periodico ufficiale della Chiesa valdese, «La Luce», dopo il 24 maggio mostrava ormai una linea di appoggio alla guerra.[54]

Il patriottismo dei metodisti italiani è testimoniato anche dalla corrispondenza dei pastori in Italia con il Board of Foreign Missions del metodismo episcopale negli Stati Uniti. Si vedano ad esempio alcune lettere di inizio giugno 1915 del pastore Almon Willis Greenman, all'epoca soprintendente del

52. Si vedano E. Antoci, *I cattolici verso la conquista*, in «Ev.», XXVII, 10 giugno 1915, p. 6; V.C. Nitti, *Per la più grande Italia* (lettera a Salandra), ivi, 17 giugno, pp. 1-2; S. Bina, *I complici dei Tedeschi in Italia*, ivi, pp. 4-5, che inoltre critica la tesi di Ettore Janni (cfr. «Corriere della Sera», 28 maggio 1915) che la guerra tedesca sia condotta nello spirito di Lutero (come si vedrà, il problema tornerà nel 1918); V.C. Nitti, *La "Internazionale Nera"*, in «Ev.», XXVIII, 30 marzo 1916, p. 1; Id., *Molta acqua nel suo vino...*, ivi, 31 agosto, p. 1; Id., *Cerchio ottavo, nona Bolgia*, ivi, 14 settembre, p. 1, ove si sottolinea il patriottismo degli evangelici, che sarebbe condiviso solo da una parte dei cattolici. Sull'atteggiamento cattolico nei confronti della guerra cfr. *infra*, § 6.

53. Il riassunto dell'allocuzione è in E. Comba, *Preghiamo per la Patria!*, in «La Luce», VIII, 17 giugno 1915, p. 2; la cronaca dell'intero culto è in St. R., *Culto solenne "Pro Patria" degli Evangelici di Roma*, ivi, p. 3 (cfr. anche «Ev.», XXVII, 17 giugno 1915, pp. 6-7). Sul fatto che l'evoluzione dal pacifismo all'interventismo democratico sia condivisa con gli altri evangelici italiani cfr. *infra*, § 6.

54. Cfr. *L'Italia in guerra!* [firmato "Dir." = Ernesto Comba], in «La Luce», VIII, 27 maggio 1915, p. 1; E. Meynier, rubrica *Da una settimana all'altra*, *ibidem*. Anche tra i battisti si riscontra il passaggio dall'iniziale neutralismo all'interventismo democratico, dopo il 24 maggio: cfr. D. Maselli, *Storia dei battisti italiani. 1863-1923*, Torino, Claudiana, 2003 [seconda edizione corretta], p. 125.

Distretto di Firenze, tesoriere dell'Opera metodista episcopale americana in Italia e rappresentante legale della Missione metodista episcopale in Italia.[55] In queste lettere, dirette a vari segretari del Board, Greenman insiste sul fatto che i metodisti italiani – pastori e fedeli – «stanno rispondendo fedelmente ed entusiasticamente ai bisogni del loro paese in ogni modo possibile»: alcuni pastori sono stati arruolati (tra i primi, Felice Cacciapuoti al fronte, Carlo Maria Ferreri a Napoli, Lucio Schirò in Sicilia), e le varie comunità stanno organizzando «Relief Committees» per i soldati e le loro famiglie.[56]

Importanti anche le lettere scambiate tra Carlo Maria Ferreri e il vescovo William Burt, all'epoca tornato negli Stati Uniti dopo gli anni passati in Italia come responsabile della missione americana. Ferreri si mostra ormai decisamente allineato con i dominanti sentimenti patriottici; le iniziali affermazioni di pacifismo e le speranze che l'Italia non entrasse nel conflitto sono superate: una sua lettera a Burt del 3 giugno si apre con l'esclamazione «Finalmente siamo in guerra!». Ma la lettera reca traccia del conflitto interiore: Ferreri racconta che è stato destinato a una compagnia di Sanità, e che presta servizio presso l'Ospedale militare di Napoli; in tal modo, spiega, «posso servire la Patria mia, senza dover affrontare quel conflitto di coscienza dinnanzi al quale deve trovarsi il cristiano che è costretto ad uccidere dei fratelli, sia pur politicamente nemici». Tuttavia la guerra italiana, in sé, non è da lui messa in discussione: la ritiene «una santa causa di libertà e di giustizia».[57] In una lettera a Frank North del Board of Foreign Missions, del 26 luglio 1915, Ferreri si dice certo che «God will

55. Fino all'aprile 1918, quando tornerà in congedo temporaneo negli Stati Uniti e queste cariche passeranno a Bertrand M. Tipple; i distretti saranno invece riorganizzati e non ci sarà un Distretto di Firenze. Vedi «Ev.», XXX, 18 aprile 1918, p. 4; Chiesa Metodista Episcopale Italiana, *XXXV sessione della Conferenza Annuale. Tenuta a Firenze dal 3 al 9 aprile 1918*, Roma, Casa Editrice Metodista, 1918.

56. ASCM, Serie II, cartella n. 73: *Board of Foreign Missions of the Methodist Episcopal Church – Letters from Secretaries 1915-1917*, lettera di A.W. Greenman a F.M. North, 1 giugno 1915. La traduzione di questi materiali, qui e in seguito, è mia. Cfr. anche *ibidem*, lettera di A.W. Greenman a G.H. Jones, 3 giugno 1915; lettera di A.W. Greenman a S.O. Benton, 4 giugno 1915; lettera di A.W. Greenman a F.M. North, 7 gennaio 1916. Sulle azioni pratiche di assistenza, la distribuzione dell'«Evangelista» e delle Scritture e su altri aspetti logistici cfr. *ibidem*, A.W. Greenman, *Annual Report for the Year 1915*, 15 gennaio 1916.

57. ASCM, Serie II, cartella n. 79: Soprintendente episcopale 1904-1933, f. 3: Lettere del vescovo William Burt a Carlo M. Ferreri (1913-1917), lettera di C.M. Ferreri a W. Burt, 3 giugno 1915.

guide our Statesmen and our soldiers and will bless our efforts».[58] Si ha qui una precoce affermazione della convinzione che Dio guidi l'esercito italiano. Anche le circolari di Ferreri come soprintendente, dopo l'intervento, mostreranno un tono ben diverso da quella dell'agosto 1914.[59]

Nell'autunno 1915 iniziano ad acquisire consistenza gli spunti in direzione della "riconfigurazione teologica" cui si è accennato. Il 21 ottobre appariva sull'«Evangelista» un contributo di Matthieu Lelièvre sulle beatitudini, in particolare su *Mt* 5,9, «Beati i pacifici» (trad. Diodati). Secondo Lelièvre, poiché Gesù ha detto «Il mio regno non è di questo mondo» (*Gv* 18,36), «Se si rifiuta di fare appello alle armi per stabilire il suo regno quaggiù riconosce implicitamente che i regni di questo mondo possono esser costretti a ricorrere alla forza. E quando ha incontrato soldati e ufficiali pii, come il Centurione di Capernaum [cfr. *Lc* 7,1-10; *Mt* 8,5-13], non ha comandato loro di deporre la spada ma avrà certamente detto di servirsene solo per la causa della giustizia».[60] Ci si avviava così verso una legittimazione della guerra per la coscienza del cristiano.

In novembre il pastore wesleyano Riccardo Borsari tornava sul tema dei *confini* d'Italia, segnati – affermava – dalla natura e dunque da Dio: ne deduceva che la stessa guerra italiana fosse corrispondente a tale volere divino, e che bisognasse lottare per ripristinare i confini segnati da Dio.[61]

Sempre alla fine del 1915 iniziavano a emergere i primi articoli volti a sostenere che, poiché la guerra italiana era combattuta per la giustizia ed essendo la giustizia uno dei principi e degli obiettivi del messaggio

58. La lettera è in United Methodist Church Archives – GCAH (Madison, NJ), *Missionary Files (Microfilm Edition)*, Ferreri, Carlo M. (Rev. & Mrs.) 1914-1923.

59. In quella del 29 maggio 1915 invita i pastori a occuparsi delle famiglie dei soldati, a dare a questi un Vangelo, a tenersi in corrispondenza con loro e soprattutto a «essere parte attiva nell'opera di mobilitazione civile», mostrando «altruismo», «spirito di sacrificio» e «patriottismo»: cfr. ASCM, Serie II, cartella n. 87: Circolari soprintendente, f. 1: Circolari mensili del soprintendente Carlo M. Ferreri (1914-1921). La circolare del Natale 1917, dopo Caporetto, sarà ancora più netta.

60. M. Lelièvre, *Le beatitudini*, VII, in «Ev.», XXVII, 21 ottobre 1915, p. 3. L'articolo fa parte di una *serie* sulle beatitudini.

61. Si vedano R. Borsari, *Le mani alzate*, in «Ev.», XXVII, 4 novembre 1915, p. 2; Id., *Un Salmo*, ivi, 2 dicembre, p. 3. Cfr. V.C. Nitti, *Guerra e dovere cristiano*, in «Ev.», XXVIII, 18 maggio 1915, pp. 4-5, ove si identifica un fondamento scritturistico alla tesi dei confini: «Credete voi nella *realtà* della Patria? *Realtà*, dico, voluta "dall'Altissimo quando spartiva l'eredità alle nazioni e costituì i confini ai popoli["]? (Deuter. XXXII, 8)».

evangelico, si poteva dire di avere «Dio con noi»: così faceva, ad esempio, Lelièvre in un articolo su *Mt* 5,10.[62]

Un'altra testimonianza di questa "riconfigurazione teologica" degli argomenti dell'interventismo democratico, ossia di questo identificare il valore della giustizia, della libertà, della fratellanza non solo in termini politici, ma soprattutto in termini teologici (biblici), è un sermone del pastore Buràttini, che connetteva entrambe queste dimensioni. Egli affermava che di fronte alla guerra se ne vede l'orrore, se ne percepisce l'antagonismo rispetto alla «missione d'amore» cristiana – ma non si può permettere il crollo della giustizia e del diritto: «Se fosse altrimenti non saremmo discepoli di Colui che per il trionfo della Giustizia, per la difesa del debole ed oppresso non disdegnò di soffrire il martirio della croce». Il Vangelo, infatti, «proclama la Pace fondata sulla Giustizia». E proseguiva: «Noi apriamo i nostri Templi perché abbiamo l'intima persuasione che possiamo domandare il soccorso di Dio per il trionfo di una lotta giusta e santa. Diciamo giusta e santa perché l'Italia è in guerra [...] per liberare gli oppressi».[63]

3. *1916: un dibattito sul pacifismo*

Il 1916 è un anno importante per comprendere la posizione dei metodisti italiani di fronte al conflitto mondiale. Durante quest'anno si sviluppò infatti un dibattito sul pacifismo, l'ultimo di cui resterà traccia nelle fonti o comunque l'ultimo di importante diffusione pubblica; inoltre si incrementarono le riflessioni sulla compatibilità di cristianesimo e guerra.

Decisivo un articolo del wesleyano Riccardo Borsari, sull'«Evangelista», tra le *Meditazioni per i tempi di guerra*, rubrica che sarà sempre più spesso affidata a lui. Borsari vi vede la guerra come «un mezzo che Dio pone nelle nostre mani per ottenere i suoi divini disegni». Il soldato dell'Intesa è visto ora come «un potente istrumento nelle mani di Dio» per la diffusione della giustizia e della pace.[64] Borsari sta qui affermando che

62. «Non ci sarà permesso forse in questa grande guerra che si è scatenata sul mondo, di vedere drizzarsi, gli uni di faccia agli altri, amici e nemici della giustizia, e di credere, che, difendendo il diritto contro l'ingiustizia ed i deboli contro i forti, noi abbiamo Dio con noi?» (M. Lelièvre, *Di chi sarà il Regno*, in «Ev.», XXVII, 18 novembre 1915, p. 2).

63. A.R. Buràttini, *Che farà il giusto?*, in «Ev.», XXVII, 16 dicembre 1915, pp. 3-4 (dal sermone pronunciato da Buràttini il 12 novembre a Bologna).

64. R. Borsari, *Chi ci salverà?*, in «Ev.», XXVIII, 27 gennaio 1916, p. 3.

la guerra italiana è una "guerra giusta" e che è addirittura inserita nel piano provvidenziale di Dio.[65]

Sul numero successivo (3 febbraio) Borsari introduceva un argomento che non era ancora stato esplicitato all'interno del metodismo italiano di quegli anni – o meglio, era stato parzialmente contestato prima dell'intervento italiano: la tradizionale obbedienza alle autorità civili ricavata da *Rm* 13,1 (anche se egli non cita esplicitamente questo passo paolino). Ciò era funzionale a ribadire l'accettazione della guerra.[66] In seguito Borsari specificava che «la guerra poteva essere ostacolata con tutti i mezzi leciti, prima che la legittima autorità la dichiarasse[,] e noi in ogni luogo e con ogni modo l'abbiamo combattuta», perché un cristiano – scrive – senza dubbio non vuole la guerra. Ma, proseguiva Borsari, «poiché la guerra, legittima relativamente pel modo con cui è stata dichiarata, giusta relativamente pei fini sacrosanti che si propone, *è diventata un fatto* non è più lecito ad alcuno *e specialmente al cristiano* di ostacolarla in qualsiasi maniera».[67] La guerra dunque sarebbe una "guerra giusta" perché dichiarata dall'autorità legittima, cui si deve obbedire, e perché si propone dei giusti fini.

Nelle settimane successive Borsari inasprì sempre più i toni, e sarà questo a scatenare il dibattito. Egli attaccò con sempre maggiore durezza coloro che criticavano la guerra e coloro che a suo dire esageravano le difficoltà del conflitto minando così "l'unità della Patria". Riflettendo su *Ef* 5,6 («nessuno vi seduca con vani ragionamenti») giunse a definirli «serpi velenosi», «miserabili [...] che l'Italia ha avuto il torto di partorire in fatali aborti», «abietti» da disprezzare, e dichiarò: «Guerra dunque agl'imboscati e ai traditori e che niuno vi seduca con vani ragionamenti».[68]

In questo stesso numero del periodico metodista compariva anche un articolo del ministro wesleyano Giuseppe Cervi, che traduceva e commentava un capitolo di un testo di Robert Speer che, in sintesi, giustificava la guerra quando questa fosse vista come un mezzo per reprimere il male («Che cosa è più cristiano, il non intervenire contro il male o la resistenza

65. In un articolo sulle manifestazioni tenutesi a Roma per commemorare il secondo anniversario di guerra, il 24 maggio 1917, Nitti connette decisamente le tesi della guerra in difesa della giustizia e del diritto a tesi provvidenzialistiche: il sacrificio dei soldati «compie il disegno di Dio» (V.C. Nitti, *Dal Campidoglio*, in «Ev.», XXIX, 31 maggio 1917, p. 1).

66. Cfr. R. Borsari, *Disciplina*, in «Ev.», XXVIII, 3 febbraio 1916, p. 3.

67. Id., *Il tradimento*, in «Ev.», XXVIII, 13 aprile 1916, pp. 1-2.

68. Id., *Il nemico interno*, in «Ev.», XXVIII, 30 marzo 1916, pp. 2-3, qui p. 3.

ad esso?»), mezzo adottato dai governi, che devono appunto «rendere giustizia e prevenire il male» (citava *Rm* 13,4).[69]

Le dure parole di Borsari sopracitate e quest'ultimo articolo suscitarono le proteste del pastore valdese Giuseppe Banchetti, convinto pacifista e socialista,[70] che scrisse una lettera aperta al direttore Nitti, datata 6 aprile 1916.[71] Egli affermava: «Da dieci mesi a questa parte,[72] o giù di là, lo *spirito che regna in quel giornale* [«L'Evangelista»] *non corrisponde più allo spirito di Gesù*»; vi rinveniva una «esaltazione malsana». Da qui in poi iniziarono una serie di risposte e controrisposte tra Banchetti da una parte e Nitti, Cervi e Borsari (più alcuni lettori) dall'altra. Gli interventisti risponderanno al pacifismo di Banchetti con le ormai note tesi sulla guerra divenuta inevitabile per salvare «i principii eterni della giustizia e della libertà»[73] e sull'obbedienza alle autorità. Nitti criticava quello che definiva il «*pacifismo ad ogni costo*»[74] di Banchetti, e affermava: «Ha pensato mai il Banchetti a mettersi la questione precisa: Che farebbe Gesù, *oggi*? [...] Ed è egli ben sicuro che le sue malinconie non lo condurrebbero a condannare i suoi eroici antenati Valdesi che con l'arma in pugno difesero la loro giusta causa?». Il riferimento era ovviamente al cosiddetto *Glorioso rimpatrio* (1689) dei valdesi nelle Valli piemontesi, dopo le persecuzioni, i massacri e l'esilio svizzero: Nitti era senz'altro consapevole della grande efficacia retorica di una simile affermazione.

In questo dibattito Banchetti era rimasto in assoluta minoranza: non una voce si levò in sua difesa. Va detto che egli sembra essere stato una voce inascoltata anche per la maggior parte degli altri evangelici contem-

69. *Gesù e la Guerra*, ivi, pp. 1-2. Si tratta della traduzione di un capitolo di R.E. Speer, *The Principles of Jesus*, New York, Fleming H. Revell Company, 1902 (questo cap. fu riedito nel 1916), proposta da G. Cervi, che aggiunge anche un commento introduttivo.

70. Cfr. G. Banchetti, *Disonoriamo la guerra!*, in «Semplicista!», III, 23 gennaio 1915, e Id., *Il cristianesimo e la nostra guerra. Due critiche al pensiero di Ugo Janni*, in «Bilychnis», V/8 (1916).

71. G. Banchetti, *Lettera aperta al Direttore dell'"Evangelista"* [Chieti 6 aprile 1916], in «Ev.», XXVIII, 13 aprile 1916, pp. 2-3.

72. Questa indicazione conferma che la posizione dell'«Evangelista», fino all'intervento italiano, era pacifista (o perlomeno neutralista).

73. V.C. Nitti, *Guerra e dovere cristiano*, in «Ev.», XXVIII, 18 maggio 1916, pp. 4-5, qui p. 5.

74. Id., risposta a G. Banchetti, *Lettera aperta al Direttore dell'"Evangelista"*, in «Ev.», XXVIII, 13 aprile 1916, p. 3.

poranei, compresa la sua Chiesa, quella valdese. Dopo l'intervento i pacifisti, in tutte le Chiese, erano una esigua minoranza.

Banchetti ebbe comunque un merito: probabilmente, fu proprio grazie a queste sue sollecitazioni che «L'Evangelista» ospitò in questi mesi vari articoli dedicati al problema teologico della compatibilità di cristianesimo e guerra – certo, tutti sulla linea "giustificazionista". Borsari, riflettendo su *Mt* 5,9 («I pacifici saran chiamati figliuoli di Dio»), attaccava i "pacifisti" che restavano inattivi e affermava: «Noi siamo i pacifici!», ossia – spiegava – i "veri" pacifici, coloro che hanno reagito alle violazioni del diritto, della giustizia, della libertà.[75] In un altro articolo Borsari assegnava alla guerra italiana «il carattere sommamente cristiano pel quale essa si sviluppa in difesa della giustizia e della libertà dei popoli oppressi».[76]

In seguito si faceva un passo ulteriore, ragionando sulla distinzione tra il male e chi lo commette, tra il nemico che si combatte in guerra in quanto nemico e si può amare in quanto uomo: così Borsari, che in un articolo del 6 luglio affermava che si voleva la guerra in corso proprio per odio della guerra; si combatte, scriveva, non «l'uomo nostro fratello», ma il «militarismo». Lanciava poi un insegnamento ai soldati: «Stare attenti perché *l'odio al fratello* non alberghi mai nel loro cuore! È una distinzione che noi cristiani sappiamo fare: odiare il male, amare sempre coloro che lo commettono».[77] In un altro articolo Borsari scriveva: «Ecco la profonda differenza che passa tra i volgari guerrafondai e la nostra illuminata volontà di guerra»: noi, proseguiva, odiamo militaristi e assassini e non gli muoviamo guerra per vendetta, ma «perché domani non siano più tali. E allora, domani essi saranno i nostri fratelli».[78]

Altri spunti teologici interessanti, in questa fase, provengono da articoli del wesleyano Paolo Pantaleo, che connetteva la guerra al peccato[79] e identificava un fondamento scritturistico (*At* 17,26) per l'obbligo di difendere la patria.[80]

75. R. Borsari, *I figliuoli di Dio*, in «Ev.», XXVIII, 11 maggio 1916, p. 2.

76. Id., *Confessioni preziose*, in «Ev.», XXVIII, 22 giugno 1916, p. 1.

77. Id., *Fatti e parole*, in «Ev.», XXVIII, 6 luglio 1916, p. 1.

78. Id., *Né fiumi, né mare*, in «Ev.», XXVIII, 24 agosto 1916, p. 2. Cfr. T. Signorelli, *"Con quelli che piangono..."*, in «Ev.», XXX, 29 agosto 1918, pp. 1-2.

79. Cfr. P. Pantaleo, *Valori che si affermano*, in «Ev.», XXVIII, 14 settembre 1916, pp. 1-2, con riferimenti a *1Gv* 3,4 e *Rm* 6,23.

80. Cfr. P. Pantaleo, *La vittoria dei valori sociali e morali insopprimibili*, in «Ev.», XXVIII, 19 ottobre 1916, p. 2: l'Evangelo, per primo, ha proclamato al mondo «non solo il

Significativo un editoriale di Nitti del 14 dicembre, che commentava le proposte di pace della Germania ritenendole inaccettabili, perché, affermava, la pace verrà quando giustizia sarà fatta, quando la libertà sarà sicura. «Oggi no! Oggi per l'Italia, per il nostro popolo, per quanti combattono per la giustizia e la libertà, un solo monito rimane, quello del profeta: *Fabbricate spade delle vostre zappe, e lance delle vostre falci* [*Gl* 3,10]».[81] Nitti citava qui un passo di *Gioele* che, come si è visto, era stato richiamato da Alfredo Taglialatela nel suo terzo dei *Sermoni della Guerra*, brano opposto a *Is* 2,4. Si noti che ora anche nel metodismo italiano si accettava l'utilizzo di passi veterotestamentari in favore della guerra.

Da segnalare, per il 1916, anche un contributo che sembra rappresentare una traccia di altre voci pacifiste: si tratta di una lettera di Vincenzo Cavalleris a Nitti, pubblicata sull'«Evangelista», in cui Cavalleris affermava che le Chiese evangeliche, dopo la guerra, dovranno «compiere l'opera fedelmente evangelica dell'antimilitarismo, del disarmo», «cooperare con tutti i sani e sinceri pacifisti e seminare sempre più il Vangelo di giustizia e d'amore fra i popoli».[82] È vero che Cavalleris parlava di un programma da attuare *dopo* la guerra, ma si sono viste già in precedenza le sue idee pacifiste, quindi questa lettera potrebbe denotare un suo prudente ribadire la propria posizione, che dunque non sarebbe mutata dopo l'intervento.[83]

principio della umana fratellanza, ma quello altresì della *invulnerabilità delle patrie*, assegnando alla loro esistenza una divina causalità: *Egli, Iddio* – proclamò Paolo dall'Areopago – *ha fatto nascere da un solo la progenie degli uomini e l'ha fatto* [sic] *abitare su tutta la faccia della terra, avendo determinato i tempi precisi della loro esistenza ed i confini della loro dimora* (Atti XVII, 26). La *patria* – nel conserto delle nazioni – è – nel pensiero di Paolo – *cosa* divina: difenderla è quindi *obbligazione religiosa*».

81. V.C. Nitti, *La pace "preparata"*, in «Ev.», XXVIII, 14 dicembre 1916, p. 1.

82. V. Cavalleris, lettera a V.C. Nitti, *La preparazione evangelica per il "dopo guerra"*, in «Ev.», XXVIII, 15 giugno 1916, p. 1.

83. Un'altra traccia di persistenze pacifiste all'interno del metodismo potrebbe essere un articolo di G. Di Roberto, *Natale ad Aquileia*, in «Ev.», XXIX, 4 gennaio 1917, p. 2. Di Roberto ricorda l'episodio di Gesù e Pietro al Getsemani (si veda *Gv* 18,10-11; cfr. *Mt* 26,51-54), commentando: «Pietro [...] con la spada insanguinata per la breve ed inutile lotta, nella presuntuosa difesa della giustizia e della verità. Ricordate le parole di Gesù?». Dopo la guerra, scrive, l'idolo della spada andrà abbattuto. «Quello che non so comprendere si è che vi siano tuttora *cristiani* che sostengono come dottrina di pace l'uso della spada». Di Roberto chiude con una invocazione affinché Gesù rechi la pace. Sul suo pacifismo, all'inizio della guerra, cfr. G. Di Roberto, *Giù le armi!*, in «Ev.», XXVI, 6 agosto 1914, pp. 1-2; Id., *Giù le armi!*, in «Ev.», XXVI, 13 agosto 1914, pp. 2-3.

4. *1917: l'anno di Wilson e di Caporetto*

Il 1917 è l'anno della Rivoluzione russa, dell'intervento statunitense, di Caporetto. Se il primo evento suscitò solo pochi commenti nel metodismo italiano,[84] gli altri due assunsero, comprensibilmente, un ruolo centrale. Per quanto riguarda Wilson, il protestantesimo italiano vide ovviamente con estremo favore l'appartenenza di fede protestante del presidente degli Stati Uniti, che per di più, nei suoi discorsi, includeva spesso riferimenti religiosi (nominando la "fede" o "Dio"); inoltre egli sosteneva delle posizioni che coincidevano con (o potevano essere avvicinate a) gli ideali democratici già sostenuti in Italia. Nitti, dopo iniziali dubbi e velate critiche a Wilson perché nei suoi primi interventi questi sembrava chiedere la pace solo per tutelare gli interessi economici americani,[85] ne lodò ampiamente le idee allorché il presidente degli Stati Uniti chiamò in causa l'autodeterminazione dei popoli e i diritti dell'umanità.[86] A maggior ragione i metodisti italiani non risparmiarono elogi quando Wilson condusse gli Stati Uniti a dichiarare guerra alla Germania.[87] In sintesi, i punti da segnalare sono soprattutto due: il fatto che Wilson venisse considerato, soprattutto dai democratici mazziniani tra i metodisti episcopali, come un continuatore di Mazzini, un individuo che lottava per le stesse idee;[88] e il fatto che Wilson venisse spesso confrontato con Benedetto XV e venisse additato come vera guida spirituale e morale dell'umanità, in opposizione al pontefice, che non si sarebbe pronunciato con durezza contro le atrocità commesse dagli

84. Cfr. V.C. Nitti, *Voci di rovine*, in «Ev.», XXIX, 22 marzo 1917, p. 1.

85. Cfr. Id., *Le tre colombe...*, in «Ev.», XXVIII, 28 dicembre 1916, p. 1.

86. Cfr. Id., *La parola di Wilson*, in «Ev.», XXIX, 25 gennaio 1917, p. 1, sul messaggio di Wilson del 22 gennaio 1917, «ispirato agli eterni principii della giustizia, della libertà e della pace fra le genti». Ad esempio, parla del diritto di nazionalità per tutti i popoli e del necessario consenso dei governati: idee che, secondo Nitti, ricordano Mazzini. Cfr. anche V.C. Nitti, *Dialoghi attraverso l'Oceano*, in «Ev.», XXIX, 1 marzo 1917, p. 1.

87. Cfr. Id., *Un nostro orgoglio*, in «Ev.», XXIX, 12 aprile 1917, p. 1. Qui Nitti ribadisce anche la tesi che la Germania attuale non è quella della Riforma, rimandando al *Manifesto dei 93 Professori*. In questo stesso numero «L'Evangelista» riportava per intero il messaggio letto da Wilson al Congresso il 4 aprile 1917, con i riferimenti ai «principii di pace e di giustizia» e all'autodeterminazione dei popoli (*Il messaggio di Wilson*, ivi, pp. 2-3).

88. Cfr. Nitti, *La parola di Wilson*. Cfr. *Enzo, Se lo leggessero!...*, in «Ev.», XXIX, 18 ottobre 1917, p. 1: le parole di Wilson «in difesa del diritto e della giustizia» sono «rinascita dell'idealità mazziniana».

Imperi centrali.[89] Questa tesi venne ribadita dopo la pubblicazione della famosa *Nota* di Benedetto XV ai capi dei popoli belligeranti, in agosto, criticata (non solo dai metodisti o dai protestanti) proprio per quanto taceva, più che per quello che affermava.[90]

Tale confronto tra il papa e Wilson consentiva anche di tornare sulle vecchie accuse che la guerra, poiché scatenata dalla Germania, fosse stata originata dallo "spirito protestante", rispondendo ad esse con ancora maggior forza, dato che ora una nazione protestante (e con un presidente protestante) scendeva in campo. Si poteva così ribadire la tesi che la Germania attuale non aveva nulla a che vedere con quella di Lutero, ed era piuttosto la Germania del militarismo e dell'imperialismo prussiani. In questa fase fu soprattutto Paolo Pantaleo a occuparsi di queste tematiche,[91] all'interno del metodismo italiano; i valdesi Ernesto Comba e Ugo Janni li tratteranno nell'opuscolo *La guerra e il protestantesimo*, del 1918, che ebbe ampia diffusione.

89. Cfr. P. Pantaleo, *Le due autorità, I. L'Autorità religiosa*, in «Ev.», XXIX, 3 maggio 1917, pp. 1-2, e *II. L'Autorità laica*, in «Ev.», XXIX, 10 maggio 1917, pp. 1-2.

90. Cfr. V.C. Nitti, *Aspettando il "testo"*, in «Ev.», XXIX, 16 agosto 1917, p. 1; Id., *Quel che non ha detto*, in «Ev.», XXIX, 23 agosto 1917, p. 1, ove oltre a criticare i silenzi si analizzano le proposte del papa sull'arbitrato, il disarmo e temi relativi, con le quali Nitti afferma di essere d'accordo, sostenendo tuttavia che queste corrispondono al programma della democrazia, già mazziniano, e non sarebbero una novità del pontefice. Anche le «proposte concrete e pratiche» di Benedetto XV vengono criticate, poiché, secondo Nitti, in sostanza le idee del papa vorrebbero ricondurre la situazione a come era prima della guerra. Secondo Nitti, invece, la pace dovrà affermare «la libertà di tutti i popoli ed il trionfo della giustizia universale in una umanità rinnovata». Cfr. anche G. Dalla Vecchia, *L'invito del Papa nei commenti del "Times"*, in «Ev.», XXIX, 30 agosto 1917, pp. 1-2 (trad. di un articolo del «Times» critico verso la nota del papa); V.C. Nitti, *Figure e figuri*, in «Ev.», XXIX, 27 settembre 1917, p. 1. Sulla *Nota* si veda G. Vian, *Benedetto XV e la denuncia dell'«inutile strage»*, in *Gli italiani in guerra. Conflitti, identità, memorie dal Risorgimento ai nostri giorni*, a cura di M. Isnenghi, III, *La Grande Guerra. Dall'Intervento alla «vittoria mutilata»*, a cura di M. Isnenghi e D. Ceschin, Torino, UTET, 2008, t. 2, pp. 736-743; ora anche la sezione dedicata in *Benedetto XV. Papa Giacomo Della Chiesa nel mondo dell'«inutile strage»*, dir. da A. Melloni, a cura di G. Cavagnini e G. Grossi, 2 voll., Bologna, il Mulino, 2017 (opera preziosa per approfondire la figura di Benedetto XV da molteplici angolazioni).

91. Si vedano P. Pantaleo, *Il clericalismo e la guerra nei riflessi religiosi*, in «Ev.», XXIX, 1 marzo 1917, pp. 1-2; Id., *Nietzsche contro Lutero*, in «Ev.», XXIX, 29 marzo 1917, p. 1; Id., *Episcopato, clero e popolo cattolico tedesco contro il... cattolicismo!*, in «Ev.», XXIX, 12 aprile 1917, p. 3.

Sempre nel 1917 si deve segnalare, in maggio, l'uscita del volume *Guardando il Sole*, di Riccardo Borsari,[92] raccolta di meditazioni teologiche dal tono patriottico scritte da Borsari per «L'Evangelista».

Degli spunti teologici interessanti provengono da due sermoni pronunciati in luglio. Il primo si colloca nella commemorazione per un soldato evangelico caduto al fronte, Coronato Visco-Gilardi, tenuta a Milano.[93] Il pastore Giuseppe Chiara, nel sermone, dice che bisogna «riconoscere la giustificazione della nostra guerra anche nella Sacra Scrittura, appropriando a giusta ragione per noi le parole di Neemia»,[94] con riferimento a *Ne* 4,14: «Combattete per i vostri fratelli, per i vostri figli e figlie, per le vostre mogli e le vostre case». È significativo che ormai si sostenesse la guerra italiana con il supporto di citazioni veterotestamentarie (una prassi che veniva rifiutata prima dell'intervento): in questo caso l'accostamento era motivato dal fare riferimento a una guerra difensiva. Su questa linea si colloca anche un sermone del ministro episcopale Tito Signorelli, predicato a Roma il 19 luglio 1917 e dedicato a *Es* 17,8-16, all'episodio delle *mani alzate* di Mosè che danno la vittoria in battaglia agli Israeliti contro Amalec. Signorelli invita a pregare Dio affinché arrivi presto la vittoria, «fino a che i nemici saranno sconfitti».[95]

L'ultimo grande evento del 1917, in Italia, è la rotta di Caporetto. La reazione del metodismo italiano fu compatta e sostanzialmente inserita nell'atmosfera nazionale: si invitò all'unità, alla resistenza, alla fiducia, per superare il momento durissimo.[96] Gli appelli alla fiducia erano corroborati dalla convinzione sempre più forte che Dio guidasse provvidenzialmente i destini d'Italia. Il numero dell'«Evangelista» del 29 novembre dedicava spazio alla cronaca di un'iniziativa promossa da una delle Associazioni Cristiane dei Giovani (ACDG),[97] organismi interdenominazionali di ispi-

92. R. Borsari, *Guardando il Sole*, Roma, La Speranza, 1917.

93. Cfr. «Ev.», XXIX, 2 agosto 1917, pp. 2-4, rubrica *Sul Campo dell'Onore*: contiene la cronaca della commemorazione di Visco-Gilardi, tenuta il 15 luglio nella Chiesa Metodista Episcopale di Porta Venezia a Milano.

94. Ivi, p. 3.

95. T. Signorelli, *Mani alzate*, in «Ev.», XXIX, 9 agosto 1917, p. 3, dagli appunti di un sermone predicato nel Tempio Metodista di Roma domenica 19 luglio 1917.

96. Cfr. *Ai pastori della Chiesa Metod. Episc. d'Italia*, comunicazione firmata «I sopraintendenti distrettuali», Roma, 29 ottobre 1917, in «Ev.», XXIX, 1 novembre 1917, p. 1: si invitano i pastori a pensare ai fratelli al fronte e ad essere «voi stessi soldati e combattenti», in ciò che è possibile fare.

97. Tornerò nel capitolo seguente su queste organizzazioni; cfr. anzitutto *infra*, cap. 6, nota 1.

razione evangelica: una riunione tenutasi a Genova ove «parlarono con alti sensi di fede e di patriottismo, i pastori signori Revel, Comba, Spini, ed i professori signori Rivoire e Longo» (tutti valdesi tranne Spini), e al termine della quale si diede lettura di un ordine del giorno in cui la fiducia nella missione affidata da Dio all'Italia era esplicitamente affermata (si parlava di «incrollabile fede nella missione di civiltà e di progresso da Dio affidata all'Italia»),[98] così come la convinzione nella "giusta causa" e l'esortazione agli evangelici a compiere «il loro dovere di Italiani».[99]

5. *1918: la fine della guerra e gli entusiasmi patriottici*

Il 1918 è l'anno in cui la guerra si conclude con la vittoria dell'Intesa, ed è un anno in cui il metodismo e l'evangelismo italiani vivono alcuni momenti importanti, per ciò che concerne il loro rapporto con il conflitto. Nel 1918 i metodisti italiani tornavano a tenere una Conferenza Annuale, quella degli episcopali: questa è assai indicativa per comprendere le loro posizioni. Sempre quest'anno i metodisti ebbero l'autorizzazione a inviare al fronte dei cappellani militari (i valdesi ne avevano già dal 1915), anche se non mancarono delle complicazioni. Nel 1918, infine, Ernesto Comba e Ugo Janni pubblicarono il già citato, importante opuscolo *La guerra e il protestantesimo*. Tra i protestanti italiani si farà sempre più strada la convinzione che la guerra dell'Intesa sia combattuta in nome dei principi evangelici.

Durante il 1918 «L'Evangelista» riportava vari articoli tradotti da periodici anglosassoni, in particolare americani, incentrati sul rapporto tra guerra e cristianesimo: probabilmente veniva ritenuto importante e fruttuoso confrontarsi con le riflessioni che oltreoceano si sviluppavano dopo l'intervento statunitense. Vale la pena citare qui almeno l'articolo *Può un*

98. Questa affermazione, insieme ad altre fonti (ad es. V.C. Nitti, *Anniversario di guerra*, in «Ev.», XXVIII, 25 maggio 1916, p. 1), induce a problematizzare la tesi di Gagliano, *La Bibbia, i doveri del cristiano e l'amor di patria*, secondo la quale, nell'evangelismo italiano, «all'Italia non si assegna una precipua missione divina di incivilimento del genere umano» (p. 379). Secondo Gagliano «alla "guerra santa" si opponeva pertanto la "guerra giusta"» (*ibidem*): ma, almeno per quanto riguarda il metodismo, le due cose non confliggevano, poiché una determinata lettura di Mazzini consentiva di tenere insieme idee risorgimentali e idee religiose e di parlare, come abbiamo visto, di guerra "giusta e santa".

99. «Ev.», XXIX, 29 novembre 1917, p. 4, rubrica *Associazioni della Gioventù*.

cristiano andare in guerra?, del battista William Leroy Pettingill,[100] tradotto sull'«Evangelista» per stimolare il dibattito, «pur non consentendo» – specificava il traduttore – «in alcune affermazioni dello scrittore americano [*N.d.T.*]». Pettingill citava *Rm* 13,1-6 per sostenere che l'autorità civile, per ordine divino, è autorizzata a usare la spada per punire giustamente il male; e giungeva ad affermare che «Ogni impiegato governativo, quindi, è un ministro ordinato da Dio»: Dio gli ha posto in mano la "spada", ossia il revolver del poliziotto, la baionetta o il moschetto del soldato, il cannone dell'esercito.[101]

Sul problema della conciliazione di cristianesimo e guerra comparvero anche contributi di metodisti italiani, ad esempio del pastore episcopale Emilio Ravazzini.[102] È significativo che, in un suo intervento sulla questione, il valdese Umberto Bani facesse riferimento a «qualche fratello in fede ancora titubante»:[103] è la traccia di una minoranza pacifista, tra gli evangelici italiani, mai del tutto rimossa e ancora operante nel settembre 1918.

Una questione importante è quella dei cappellani militari metodisti. Già subito dopo l'intervento italiano si discuteva la possibilità che le Chiese metodiste italiane potessero inviare dei propri cappellani,[104] ma questa non si concretizzò sino al 1918. Il 7 febbraio Nitti, in qualità di segretario della Conferenza Annuale, annunciava con una comunicazione ufficiale che la Chiesa metodista episcopale italiana aveva ottenuto la nomina di tre cappellani: Giuseppe La Scala, Carlo Maria Ferreri, Umberto

100. Fondamentalista e dispensazionalista; tra i fondatori, insieme a Cyrus I. Scofield, del Philadelphia College of the Bible.

101. W.L. Pettingill, *Può un cristiano andare in guerra?*, in «Ev.», XXX, 7 marzo 1918, pp. 1-2.

102. Cfr. E. Ravazzini, *No, Dio è vicino!*, in «Ev.», XXX, 30 maggio 1918, pp. 1-2. Cfr. Id., *Fede ed amor patrio*, in «Ev.», XXX, 25 aprile 1918, p. 1.

103. G.U. Bani, *Tormentosa domanda e risposta vittoriosa*, in «Ev.», XXX, 26 settembre 1918, p. 3.

104. Già il 1° giugno 1915 Greenman scriveva così a F.M. North del Board of Foreign Missions statunitense: «We hope that it will be possible to get some of our pastors appointed as chaplains» (ASCM, Serie II, cartella n. 73: *Board of Foreign Missions of the Methodist Episcopal Church – Letters from Secretaries 1915-1917*, lettera di A.W. Greenman a F.M. North, 1° giugno 1915). Inizialmente anche Alfredo Taglialatela sembrava essere uno dei candidati alla cappellania; in una lettera a Ferreri del 3 giugno scrive: «Sono uno dei 4 che faranno domanda di andare come cappellani» (ASCM, Serie VI, cartella n. 325: Taglialatela Alfredo, lettera di A. Taglialatela a C.M. Ferreri, 3 giugno 1915). Sui cappellani metodisti si veda ASCM, Serie XII, cartella n. 586: Cappellani Militari.

Postpischl. Di fatto, però, solo La Scala svolgerà effettivamente questo compito:[105] la nomina di Ferreri e Postpischl sarà revocata (per l'accusa, poi rivelatasi infondata, di "germanofilia"),[106] e il primo sarà reintegrato, ma solo dopo l'armistizio, mentre il secondo riuscì a svolgere solo due settimane di cappellania. In ottobre venne nominato Emilio Ravazzini in sostituzione di Postpischl, ma ovviamente la sua cappellania durò solo poche settimane.[107]

105. Cfr. G. La Scala, *Diario di guerra di un cappellano metodista durante la prima guerra mondiale*, a cura di G. Vicentini, Torino, Claudiana, 1996, pp. 38, 126-127. L'intero *Diario* è importantissimo per approfondire l'esperienza di La Scala. Per un inquadramento generale del tema si veda *La spada e la croce. I cappellani italiani nelle due guerre mondiali*, Atti del XXXIV convegno di studi sulla Riforma e i movimenti religiosi in Italia (Torre Pellice, 28-30 agosto 1994), a cura di G. Rochat, in «Bollettino della Società di Studi Valdesi», 112, n. 176, giugno 1995.

106. Cfr. le note di Vicentini nelle pp. del *Diario* di La Scala citate alla nota precedente e l'articolo (non firmato) *Malefico intrigo*, in «Ev.», XXX, 12 dicembre 1918, p. 2: la revoca della cappellania a Ferreri e Postpischl sarebbe stata causata da un «malefico intrigo» clericale. Su Ferreri cfr. ASCM, Serie XII, cartella n. 586: Cappellani Militari, f. 2: Comitato centrale della Chiesa Episcopale e Carlo M. Ferreri, cappellano militare: corrispondenza (1918), lettera di C.M. Ferreri a V.C. Nitti, 3 marzo 1918: Ferreri fa riferimento ai sospetti di filogermanesimo che lo hanno allontanato dalla carica di cappellano, e dice di essersi recato in Questura portando molto materiale per difendersi (le circolari che ha scritto, i manoscritti, la posta); in base a ciò, afferma, è stato riconosciuto che «compiamo opera patriottica e che le mie conferenze furono per la guerra, per la resistenza, per la Vittoria»; egli resta dunque in attesa del verdetto. Su Postpischl si veda ASCM, Serie XII, cartella n. 586, f. 3, Cappellano militare Umberto Postpischl, corrispondenza (1918), lettera di U. Postpischl a C.M. Ferreri, 20 marzo 1918: parla dell'«ostruzionismo» sulla questione della cappellania, affermando «Lasciami dire [...] che in Italia il prete è ancora tutto e che noi, con tutte le nostre conoscenze e con tutta la nostra... massoneria, pestiamo l'acqua nel mortaio». Questo riferimento apre prospettive di ricerca che non è possibile approfondire in questa sede: è noto che, in particolare tra fine Ottocento e inizio Novecento, vari membri di Chiese evangeliche appartenevano anche alla massoneria, e soprattutto il metodismo episcopale testimonia questa compenetrazione (sul cosiddetto "massonevangelismo" cfr. ad es. Spini, *Italia liberale*, pp. 221-227, 286-292; cfr. anche *supra*, p. 86, nota 44). Tuttavia, per quanto riguarda gli anni della guerra e in particolare la questione della cappellania, i documenti disponibili non sembrano fornire dati sufficienti a comprendere se le appartenenze massoniche giocarono un ruolo decisivo – anzi, paradossalmente, la citata affermazione di Postpischl pare negarlo: i contatti non impedirono la revoca della cappellania a Ferreri e Postpischl, così come non vi è testimonianza che in precedenza avessero favorito lo "sblocco" delle nomine (del quale una causa fu forse il peso crescente degli Stati Uniti nel conflitto).

107. Cfr. «Ev.», XXX, 24 ottobre 1918, p. 3, messaggio (datato 20 ottobre) del Tenente E. Ravazzini, nominato cappellano per la I Armata; E. Ravazzini, *Da Trento italiana. Lettera del Cappellano Metodista*, in «Ev.», XXX, 21 novembre 1918, p. 1.

In febbraio venne fatta a Roma una sorta di "cerimonia di insediamento" per i tre cappellani allora nominati. Tra i vari discorsi patriottici, tra cui quello di Nitti, è opportuno citare una parte di quello di Ferreri. Egli affermava che un cappellano non deve parlare di pace, amore, fratellanza universale, altrimenti compie opera di disfattismo; e proseguiva: «Sentiamo che è difficile conciliare la missione cristiana con le esigenze di un esercito in guerra, ma dobbiamo creare animi forti e ripetere le parole dette a Giosuè: "Siate valenti e fortificatevi; non temete, e non vi spaventate di loro; perciocché il Signore Iddio vostro è quel che cammina teco; egli non ti lascerà, e non ti abbandonerà" [*Dt* 31,6]».[108] Ancora una volta si rimandava a un testo veterotestamentario il cui contesto erano le "guerre sante" di Israele.

Quest'ultimo anno di guerra vede i metodisti italiani del ramo episcopale riflettere particolarmente sul ruolo del metodismo nella società, partendo da considerazioni legate all'intervento statunitense nel conflitto. Pastori e vescovi americani non mancavano di sottolineare il ruolo che il metodismo aveva avuto per la loro nazione, anche in chiave patriottica, e questi argomenti venivano utilizzati anche in Italia. Emblematico l'articolo *Italia America Libertà. La parola di un Vescovo Metodista*, apparso in marzo sull'«Evangelista»: riportava un discorso tenuto dal vescovo William Anderson[109] nel Tempio di via Venti Settembre a Roma. Anderson affermava che i ministri metodisti americani erano tutti favorevoli alla guerra contro la Germania: guerra dell'Intesa che vedeva come una lotta «per la civiltà ed il progresso», per la libertà, «per alti interessi spirituali», come erano state le lotte di Mazzini, Cavour, Lincoln, Washington.[110]

Il vescovo Anderson ebbe un ruolo centrale anche nella Conferenza Annuale del metodismo episcopale in Italia, tenutasi dal 3 al 9 aprile a Firenze e da lui presieduta. Nitti, nel farne il resoconto, ne sottolineava lo «spirito religioso e patriottico», ricordando che «[i]l Metodismo, oggi

108. Cit. in *Reporter*, *I Cappellani Metodisti a Roma*, in «Ev.», XXX, 7 febbraio 1918, p. 3. Una benedizione ai cappellani venne inviata anche dal vescovo John N. Nuelsen, allora Resident Bishop in Europe (a Zurigo): cfr. ASCM, Serie XII, cartella n. 586: Cappellani Militari, f. 2, lettera di J.N. Nuelsen a C.M. Ferreri, 22 febbraio 1918.

109. Anderson in quegli anni supervisionava le missioni del metodismo americano in alcuni paesi del mondo, tra cui l'Italia. Fu lui a presiedere la Conferenza Annuale 1918 dei metodisti episcopali italiani.

110. *Italia America Libertà. La parola di un Vescovo Metodista*, in «Ev.», XXX, 21 marzo 1918, p. 1.

come in passato, non solo partecipa alla vita pubblica, ma sa influire su di essa e sa anche indirizzarla». In ciò vedeva il metodismo italiano come degno corrispondente di quello americano.[111] Dai resoconti emerge che Anderson aveva insistito molto sul supporto che la Chiesa metodista statunitense aveva dato alla causa degli Alleati, e viceversa aveva elogiato anche negli Stati Uniti ciò che era stato compiuto dalla missione in Italia.[112]

Dai Verbali di questa Conferenza emerge infatti una decisa prospettiva patriottica e la sottolineatura del ruolo assistenziale del metodismo. Già nel discorso di apertura di Anderson si afferma:

> L'azione del Metodismo nella vita pubblica è stata sempre preponderante ogni qualvolta si è trattato di lottare per la causa della libertà e della giustizia. Un gruppo di Cristiani metodisti, visitando il presidente Lincoln durante la guerra di secessione, disse: la Chiesa Metodista Episcopale è quella che dà più soldati ai campi di battaglia, più infermiere agli ospedali e più preghiere al cielo. Anche oggi la Chiesa Metodista mantiene questo suo primato nel dare energie fisiche e morali alla causa per la quale gli Alleati si battono contro gl'Imperi Centrali [...] che rappresentano la barbarie, la falsità, la tirannia, la crudeltà.[113]

Durante la Conferenza si ebbero poi manifestazioni patriottiche di vario genere: dalla scelta di un ordine del giorno "Per la Patria e gli Alleati",[114] alla fiduciosa designazione di Trieste come sede della successiva Conferenza Annuale,[115] ai telegrammi inviati al re, al Governo, al generale Diaz,[116] fino al *Manifesto alla Cittadinanza* fatto affiggere a Firenze (e in ogni città in cui era presente la Chiesa metodista), che omaggiava i caduti e «l'Esercito valoroso che combatte per la giustizia e la libertà».[117] Va letta in quest'ottica anche la creazione del nuovo Distretto "Venezia e Terre Redente".

111. V.C. Nitti, *Il Congresso Metodista di Firenze*, in «Ev.», XXX, 11 aprile 1918, p. 1.

112. Cfr. Id., *Tra la Casa di Dante e il Rogo di Savonarola. Il Congresso di Firenze*, in «Ev.», XXX, 18 aprile 1918, pp. 1-4. Sulla Conferenza cfr. anche «Ev.», XXX, 25 aprile 1918, p. 3 e i Verbali, cit. alla nota seguente.

113. Chiesa Metodista Episcopale Italiana, *XXXV sessione della Conferenza Annuale* [1918], p. 1.

114. Ivi, p. 2.

115. Ivi, p. 13.

116. Cfr. ivi, pp. 15 e 96.

117. Ivi, p. 82; cfr. p. 9.

Sulla stessa linea il tono delle relazioni dei soprintendenti distrettuali, molto diverso da quello della Conferenza del 1915: ora Ferreri, Tipple, Bani e Greenman mostravano aperto sostegno alla guerra dell'Intesa. In particolare, è interessante rilevare quanto Ferreri diceva della comunità di Scicli, retta dal pastore Lucio Schirò, pacifista e socialista (che tuttavia rispose alla chiamata alle armi, e nei suoi interventi sull'«Evangelista», *dopo* il 24 maggio 1915, non mise mai in discussione la guerra italiana). Ferreri interpretava il pacifismo propugnato da Schirò come una posizione che non aveva risvolti "negativi" per la «patria» (come invece il "pacifismo ad ogni costo" criticato da Nitti e Taglialatela):

> Vorrei leggere qui le molte lettere che ho ricevute dai soldati sciclitani ed allora si comprenderebbe come il pacifismo cristiano predicato da un pulpito evangelico non infiacchisca la tempra umana, non crei né vili, né traditori, ma permetta, a chi ne segua i sani principj, di compiere il proprio dovere verso la patria, come gli altri, anzi, meglio degli altri, ma senza eccessi, senza parossismi, senza odj, avendo sempre presente che la gran legge fondamentale dell'umanità è l'amore al quale deve lasciarsi aperta la via del supremo trionfo.[118]

Il testo di Ferreri conferma la prospettiva generale che si è visto essere adottata dal metodismo italiano: il sostegno alla guerra italiana non derivava da amore per la guerra in sé, ma solo dalla (condivisa) convinzione che si trattasse di una "guerra giusta" e che fosse "l'ultima guerra" necessaria per instaurare un dominio di pace. La conclusione del rapporto di Ferreri, infatti, auspicava che dalla guerra potesse sorgere una nuova società, «rigenerata da una fede nuova che le abbia insegnato a servire soltanto il Principe della Pace».[119]

Tornando alle pagine dell'«Evangelista», si può citare un articolo del cappellano Giuseppe La Scala, inviato dalla zona di guerra e intitolato *Nel sacrificio la Vittoria*.[120] Qui, oltre a ribadire le tesi ormai tradizionali in sostegno della guerra dell'Intesa, La Scala connetteva esplicitamente il sacrificio richiesto ai soldati con il sacrificio di Cristo: un'operazione già tentata da altri in precedenza e che sarà sempre più sistematica nei testi metodisti

118. C.M. Ferreri, *Rapporto sul Distretto di Napoli*, in Chiesa Metodista Episcopale Italiana, *XXXV sessione della Conferenza Annuale*, pp. 25-38, qui p. 37.

119. Ivi, p. 38.

120. G. La Scala, *Nel sacrificio la Vittoria*, in «Ev.», XXX, 4 aprile 1918, p. 1 (dalla «Zona di guerra», datato 29 marzo 1918).

di questi ultimi mesi di guerra. Il sacrificio salvifico di Cristo diventava così un esempio di condotta morale, e in un certo senso il sacrificio dei soldati veniva insignito di una funzione "salvifica" per la patria, sempre più connotata di valore anche religioso, richiamando lo spirito mazziniano. In un altro testo di La Scala il sacrificio dei soldati sembra contribuire all'instaurarsi del Regno dei cieli,[121] come affermerà ancor più esplicitamente il pastore Tito Signorelli in una conferenza tenuta il 3 novembre.[122] Una posizione simile venne espressa da Pantaleo.[123]

Un evento importante per l'evangelismo italiano, nel 1918, è la pubblicazione di un articolo sul «Corriere della Sera» del 15 maggio ove si diceva che lo spirito che ha scatenato la guerra era lo spirito di Lutero e che la guerra in corso era una guerra di religione tra cattolici latini e protestanti germanici (tesi poi ripresa da altri ambienti dell'area liberale). Come si è visto, questa idea era stata dibattuta già negli anni precedenti, e nel mondo metodista vi erano già state delle reazioni ad essa. Stavolta però l'argomento tornò con particolare impatto, e una delle risposte fu l'opuscolo *La guerra e il protestantesimo* firmato dai valdesi Ernesto Comba e Ugo Janni, che rispondevano sostenendo piuttosto la compatibilità tra i principi del protestantesimo (originanti le democrazie liberali) e quelli dell'Intesa, oltre che smentendo l'idea di una guerra di religione.[124] Risposte al «Corriere della Sera» erano state date già dal 23 maggio anche sull'«Evangelista», da Gualtieri, Falconieri e Pantaleo.[125] È interessante notare che proprio quest'ultimo esprimeva una tesi concorde con Comba e Janni quando affermava che il protestantesimo «in suolo più fertile della Germania militarista e feudale, ha dato origine alle democrazie innovatrici, a capo delle quali, oggi, Wilson, detta al

121. Si tratta della commemorazione, scritta da La Scala, per un soldato caduto (Emanuele Azzarella): cfr. «Ev.», XXX, 29 agosto 1918, p. 3.

122. Cfr. «Ev.», XXX, 14 novembre 1918, p. 4, cronache da Firenze.

123. P. Pantaleo, *La legge sovrana del Sacrificio*, in «Ev.», XXX, 5 settembre 1918, pp. 1-2. Sull'accostamento soldati-Cristo cfr. anche G. Verdesi, *Fonti d'eroismo*, in «Ev.», XXX, 12 settembre 1918, pp. 1-2.

124. U. Janni, E. Comba, *La guerra e il protestantesimo*, Firenze, Direzione del giornale «La Luce», 1918.

125. D.R. Gualtieri, *Lo spirito che scatenò la guerra?*, in «Ev.», XXX, 23 maggio 1918, p. 1; F. Di Silvestri-Falconieri, *Il protestantesimo forma tedesca del cristianesimo!*, in «Ev.», XXX, 20 giugno 1918, p. 2; P. Pantaleo, *Per la verità e per l'azione*, «Ev.», XXX, 27 giugno 1918, pp. 2-3. Sul tema cfr. anche V.C. Nitti, *E la guerra di religione?*, in «Ev.», XXX, 31 ottobre 1918, p. 1.

mondo civile, discepolo di Cristo e di Mazzini, le finalità altissime a cui la guerra deve tendere».[126] Proprio Pantaleo recensì sull'«Evangelista» l'opuscolo dei due valdesi, apprezzandolo, ma facendo anche delle interessanti osservazioni. Segnalava infatti che esso sarebbe stato ancora più efficace se avesse citato direttamente Lutero sulla concezione della libertà (per sostenere la tesi che i principi dell'Intesa coincidevano con quelli del protestantesimo) e se per converso avesse citato autori, come Fichte, rappresentativi dello spirito della Germania moderna, che si voleva dimostrare diverso da quello di Lutero.[127]

Che i principi dell'Intesa fossero quelli del messaggio evangelico di Gesù è una tesi che negli ultimi mesi di guerra trovò sempre più declinazioni sull'«Evangelista». Il portavoce principale ne divenne Paolo Pantaleo, che affermava che l'Intesa combatteva per difendere il principio cristiano della *giustizia*, quello espresso da *Mt* 7,12 («Tutte le cose dunque che voi volete che gli uomini vi facciano, fatele anche voi a loro»), che era stato violato dalla Germania.[128] All'ideale della *fratellanza universale* Pantaleo dedicava poi tre articoli in serie, volti a dimostrare che questo insegnamento di Gesù (cfr. *Mt* 23,8) era stato ripreso prima da Dante (che nel *De Monarchia* aveva teorizzato l'unità dell'umanità sotto un unico imperatore), poi da Mazzini, quindi da Wilson, che starebbe ora esprimendo le proposte necessarie alla sua realizzazione.[129] Sempre su questa linea di pensiero, il 31 ottobre Nitti riportava parole di Wilson sulla guerra degli Alleati come «guerra dello spirito di Cristo contro le potenze del male».[130]

Dopo la vittoria, la tesi dell'ispirazione evangelica della guerra sarà ripetuta più volte: il numero del 7 novembre, tra l'editoriale di Nitti – che inneggiava al giorno della «redenzione d'Italia», «Oggi, nell'ora di Dio,

126. Pantaleo, *Per la verità e per l'azione*, p. 3.

127. La recensione di Pantaleo si legge in «Ev.», XXX, 29 agosto 1918, p. 4. L'opuscolo di Janni e Comba fu criticato da Ernesto Buonaiuti, al quale reagì Nitti: cfr. V.C. Nitti, *La si decida!*, in «Ev.», XXX, 5 settembre 1918, p. 1. Identifica dei punti critici dell'opuscolo anche L. Santini, *Il Valdismo dalla crisi dello stato liberale al fascismo (Rio Marina 1906-1926)*, Torre Pellice, Società di Studi Valdesi, 1976, p. 24.

128. P. Pantaleo, *La Giustizia vittoriosa*, in «Ev.», XXX, 3 ottobre 1918, pp. 2-3; cfr. Id., *La giustizia immanente*, in «Ev.», XXX, 10 ottobre 1918, pp. 1-2.

129. Cfr. Id., *Fratellanza Umana. I*, in «Ev.», XXX, 17 ottobre 1918, pp. 1-2; *Fratellanza Umana. II*, nel num. del 24 ottobre, p. 2; *Fratellanza Umana. III*, nel num. del 31 ottobre, p. 2.

130. Nitti, *E la guerra di religione?*, p. 1.

nell'ora della giustizia»[131] – e il testo del *Bollettino della vittoria* di Diaz,[132] riportava un messaggio patriottico dei quattro soprintendenti della Chiesa metodista episcopale (Bani, Ferreri, Frizziero,[133] Tipple), intitolato *Viva l'Italia!*, che omaggiava i soldati definendoli «sacri martiri d'un Vangelo eterno che scuote i troni, abbatte le tirannie, affratella gli uomini».[134] Nello stesso numero, in un suo articolo Borsari affermava chiaramente che la guerra era stata combattuta contro coloro che negavano i principi del Vangelo: «Sorgemmo in lega con le altre nazioni per vincere e deprimere l'orrenda prepotenza del militarismo tedesco il quale sognò follemente di mettere sotto i suoi piedi quei sacrosanti principj pei quali è stato predicato al mondo il Vangelo del Cristo: libertà, fratellanza, ed uguaglianza». Affermava poi che negli anni di guerra era stata fatta una grande «esperienza cristiana», ossia un'esperienza di rivelazione della divina Provvidenza, mostrata dal principio «il male non può vincere il bene».[135] Anche la tesi che Dio aveva guidato provvidenzialmente i destini dell'umanità in guerra, come si è visto, era stata ripetuta più volte, e in queste settimane veniva ripresa anche da Nitti[136] e da Beltrami, che affermava che l'esercito stesso era «sorretto dalla Potenza di Dio».[137]

Quest'ultima tesi si connetteva a quella di una "nuova era" che si sarebbe aperta dopo la fine della guerra, sostenuta non solo nel mondo metodista. Sull'«Evangelista» essa venne ribadita con forza.[138] A partire da

131. Id., *Quando?...*, in «Ev.», XXX, 7 novembre 1918, p. 1.

132. Ivi, p. 3.

133. Frizziero morirà pochi giorni dopo, l'11 novembre. La Conferenza Annuale del 1918 aveva designato i seguenti quattro distretti (tra parentesi i Soprintendenti) per il 1918-1919: Roma (Tipple), Torino (Bani), Venezia e Terre redente (Frizziero), Napoli (Ferreri). Firenze e Milano passavano sotto il controllo del Distretto di Roma.

134. «Ev.», XXX, 7 novembre 1918, p. 2.

135. R. Borsari, *Gioire e ricordare*, ivi, p. 3.

136. V.C. Nitti, *Un vaticinio*, in «Ev.», XXX, 14 novembre 1918, p. 1.

137. Riportato in *La Chiesa Metodista per la Vittoria*, ivi, pp. 1-2.

138. Si vedano i seguenti articoli, tutti in «Ev.», XXX, 1918: G. Cervi, *Principio di dolori*, 25 aprile, p. 2; P. Pantaleo, *Amore e morte*, 22 agosto, pp. 1-2; E. Sbaffi, *Sogni e visioni*, 5 settembre, p. 3; C. Rapicavoli, *Zone di silenzio*, 26 settembre, pp. 2-3; *Per l'umanità futura*, 3 ottobre, pp. 1-2, che riporta il discorso di Wilson alla vigilia dell'apertura del "IV prestito della libertà"; Wilson parla qui della Lega delle Nazioni. Cfr. anche V.C. Nitti, *Dal Quirinale al Vaticano*, 5 dicembre, p. 1. Ma quello della guerra come grande crisi da cui potrà sorgere un nuovo mondo, una nuova umanità, era argomento trattato fin dai primi mesi della guerra italiana: si vedano E. Sbaffi, *Preparate la via del Signore!*, in

queste premesse non sorprendono i vari Culti per la Vittoria organizzati dopo la fine della guerra.[139]

6. *L'atteggiamento verso la guerra: metodismo italiano, altre Chiese cristiane, Lutero, Wesley*

Può essere fruttuoso ampliare la prospettiva e comparare la posizione dei metodisti italiani di fronte alla guerra con quella dei cristiani di altre Chiese. A livello generale va detto che all'epoca non esisteva una diffusa "mentalità pacifista", che emergerà solo in seguito. Quasi tutte le Chiese nazionali, in occasione dell'intervento in guerra dei rispettivi Paesi, diedero assenso e supporto; ciò vale sia per i protestanti che per i cattolici.[140] Anche tra questi ultimi si riscontra un'evoluzione dalla posizione neutralista a quella interventista: tra le cause di ciò vi era la volontà dei cattolici, dopo gli anni della non partecipazione alla vita politica, di dimostrare un sincero e patriottico coinvolgimento nelle vicende nazionali. Per questo gli episcopati nazionali e i fedeli, in maggioranza, non condivisero *nella prassi* le posizioni di Benedetto XV, pur recependone lo schema interpretativo

«Ev.», XXVII, 25 novembre 1915, pp. 4-5; R. Borsari, *Natale di trincea*, in «Ev.», XXVII, 23 dicembre 1915, pp. 2-3.

139. Cfr. «Ev.», XXX, 28 novembre 1918, p. 4, cronache da Napoli: il 10 novembre si tennero una «Adunanza patriottica», con discorsi di Santi e Ferreri (quest'ultimo su *Es* 15), e un «Culto per la Vittoria» (nel Tempio Valdese). Cfr. «Ev.», XXX, 5 dicembre 1918, pp. 3-4: Giuseppe Cervi riferisce di un Culto per la Vittoria tenuto a Milano e di un manifesto patriottico ivi affisso.

140. «Valori come il pacifismo, il rifiuto della violenza, l'obiezione di coscienza non facevano parte della cultura cattolica né di quella protestante del tempo. [...] La partecipazione alla guerra non comportava problemi di coscienza [...]. Soltanto alcuni gruppi evangelici inglesi e statunitensi si posero il problema dell'obiezione di coscienza, senza grande risonanza in un mondo cristiano che partecipava alla guerra con assoluta convinzione» (Isnenghi, Rochat, *La Grande Guerra 1914-1918*, p. 31). Cfr. G. Minois, *L'Église et la guerre. De la Bible à l'ère atomique*, Paris, Fayard, 1994, trad. it. *La Chiesa e la guerra. Dalla Bibbia all'èra atomica*, Bari, Dedalo, 2003, pp. 495-510. Vedi anche R. Morozzo della Rocca, *Benedetto XV e la sacralizzazione della prima guerra mondiale*, in *Chiesa e guerra. Dalla benedizione delle armi alla «Pacem in terris»*, a cura di M. Franzinelli e R. Bottoni, Bologna, il Mulino, 2005, pp. 165-181 («Da una parte e dall'altra del fronte preti, pastori, intellettuali cristiani imploravano l'aiuto divino per la vittoria dei rispettivi eserciti», p. 168). Nello stesso volume cfr. anche D. Menozzi, *Ideologia di cristianità e pratica della «guerra giusta»*, pp. 91-127, in partic. pp. 115-121.

generale della guerra: il conflitto come castigo divino per le "colpe" della società moderna, allontanatasi dal modello della *societas christiana* sotto la guida del papato, che andava ripristinata.[141] Qui ovviamente si ha una differenza tra le posizioni protestanti e quelle cattoliche. Ma, in ottica complessiva, le diverse Chiese cristiane appoggiarono le rispettive nazioni, e le minoranze pacifiste furono emarginate.[142] Il mondo evangelico italiano, pur differenziato al suo interno, su questo punto espresse posizioni simili.[143] Non ci si poteva aspettare da esso una radicale scelta pacifista, pensando anche che i principali pensatori protestanti di quel tempo accettavano la guerra: è significativo che Harnack e Paul Sabatier, per citare due esempi

141. Cfr. in partic. Menozzi, *Ideologia di cristianità e pratica della «guerra giusta»*, in partic. pp. 115-121; Id., *La cultura cattolica davanti alle due guerre mondiali*, in *La spada e la croce*, pp. 28-60: particolarmente interessante, per un confronto con la stampa evangelica, l'analisi della «Civiltà Cattolica» alle pp. 45-46, che mette in luce come anche il periodico gesuita fosse passato dall'osteggiare l'intervento alla posizione opposta, basandosi anche sulla teoria della "guerra giusta". Sull'adesione cattolica cfr. anche Morozzo della Rocca, *Benedetto XV e la sacralizzazione della prima guerra mondiale*; E. Gentile, *La Grande guerra e la rivoluzione fascista*, in *Cristiani d'Italia*, I, pp. 247-259, in part. p. 248: «sia nel fronte dell'Intesa, sia nel fronte degli imperi centrali, i cattolici si schierarono a sostegno dei loro paesi giustificando la partecipazione al conflitto come una "guerra giusta" combattuta per difendersi contro un nemico identificato come l'anticristo»; e il recente *La Chiesa italiana nella Grande Guerra*, a cura di D. Menozzi, Brescia, Morcelliana, 2015: nelle Chiese nazionali «si cominciò a giustificare la guerra in termini religiosi», oltre che in riferimento all'obbedienza alle autorità, ed emerse «una vera e propria sacralizzazione della guerra» (*Introduzione*, p. 7). Sull'atteggiamento cattolico durante la Grande Guerra si vedano anche gli studi di Maria Paiano, in particolare focalizzati sulla funzione della preghiera e del culto: si pensi alle preghiere dei cattolici in favore della guerra italiana, che rappresentavano uno scarto rispetto alla posizione di Benedetto XV (ad es. *Pregare per la vittoria, pregare per la pace. Benedetto XV e la nazionalizzazione del culto*, nel volume a cura di Menozzi appena citato alle pp. 43-73); in ottica più ampia cfr. *Religione, clero e Grande Guerra. Articolazioni territoriali e confessionali*, a cura di M. Paiano, sezione monografica di «Annali di Scienze Religiose», 8 (2015). Si veda infine il recentissimo *Benedetto XV. Papa Giacomo Della Chiesa nel mondo dell'«inutile strage»*.

142. Per quanto riguarda gli evangelici italiani, tra coloro che mantennero sentimenti pacifisti è possibile ricordare il valdese Giuseppe Banchetti, il metodista Lucio Schirò (ma cfr. *supra*, p. 299) e il battista Vincenzo Melodia; cfr. Gagliano, *La Bibbia, i doveri del cristiano e l'amor di patria*, p. 366.

143. Vedi G. Rochat, *Prefazione* a La Scala, *Diario di guerra*, pp. 9-10; Gagliano, *La Bibbia, i doveri del cristiano e l'amor di patria*, in partic. pp. 363-366 e 379-380. Cfr. L. Demofonti, *Pace e guerra nei gruppi e nelle riviste evangeliche del primo Novecento*, in *Chiesa e guerra*, pp. 183-202, che descrive anche alcune minoranze pacifiste.

di schieramenti opposti, difesero entrambi la guerra dei rispettivi Paesi, con diverse ragioni.[144]

Scendendo più nel dettaglio è possibile analizzare la posizione delle Chiese metodiste di altre nazioni, per confrontarle con l'Italia. Le Chiese metodiste italiane si rivelano essere in piena coerenza con quelle metodiste inglesi, statunitensi e canadesi: anche in questi casi i pacifisti erano una minoranza e la guerra dell'Intesa veniva "giustificata" con argomenti patriottici e/o con quelli tradizionali dell'interventismo democratico, come la necessità di combattere per la giustizia, il diritto e la libertà, e la convinzione che si trattasse di una *giusta causa*.[145] È curioso notare come il metodismo canadese sembri particolarmente assimilabile a quello italiano, perché anch'esso vive una sorta di *riconfigurazione* ideologica: inizialmente si difese la guerra con gli argomenti "laici" appena citati, ma con il passare dei mesi si introdussero sempre maggiori riferimenti teologici, fino a ritenere che la guerra dell'Intesa fosse guidata da Dio e giungendo a parlare di una "crociata" contro la Germania-Anticristo.[146] In Inghilterra prevalevano invece argomenti "laici", etico-giuridico-politici, sebbene qualcuno sostenne che «Britain had a divine mission to defend the cause of freedom in the world».[147]

Il metodismo italiano risulta dunque in continuità con il contesto coevo. Ci si può chiedere se esso ebbe analogo rapporto con il pensiero del suo fondatore, John Wesley, e con quello di altre tradizioni protestanti: in questa sede si farà riferimento, in particolare, a Lutero. Iniziando da quest'ultimo si nota anzitutto che, come è emerso dall'analisi delle fonti, i riferimenti diretti sono molto scarsi: Lutero venne citato pochissime volte,

144. Sull'adesione di Harnack al *Manifesto dei 93 intellettuali* e sulla sua posizione di fronte alla guerra la bibliografia è ampia. Rinvio qui solo a Gallas, *Il giovane Barth*, pp. 91-167 (in partic. 124-143), interessante per uno sguardo più ampio e per un confronto con Barth. Su Sabatier è qui opportuno citare, perché in diretto riferimento all'evangelismo italiano, P. Sabatier, *Paul Sabatier agli Italiani (Lettres d'un français à un italien)*, in «Fede e Vita», VIII, 1, gennaio-febbraio 1916, pp. 10-16: Sabatier descrive la sua "conversione" dal pacifismo alle posizioni dell'interventismo democratico, mostrando una convergenza con l'esperienza degli evangelici italiani.

145. Si vedano M. Hughes, *British Methodists and the First World War*, in «Methodist History», 41/1 (2002), pp. 316-328; J.M. Bliss, *The Methodist Church and World War I*, in «The Canadian Historical Review», 49/3 (1968), pp. 213-233.

146. Cfr. ivi, in partic. pp. 213, 216-217.

147. Arthur Guttery, figura di spicco dei Primitive Methodist (cit. in Hughes, *British Methodists*, p. 319).

e i metodisti italiani non realizzarono un confronto sistematico con questo autore. O meglio, il *nome* di Lutero venne evocato spesso, ma soprattutto per rispondere alla tesi che la guerra tedesca fosse ispirata dal pensiero del Riformatore, affermando invece che la Germania attuale aveva perso aderenza allo spirito di Lutero; i suoi *testi*, però, non vennero quasi mai citati. Si è visto che un'occasione mancata fu la *querelle* con Giese, che aveva chiamato in causa l'opuscolo sulle *genti di guerra*. Eppure non è da escludersi che alcune tesi luterane (anche perché ormai divenute tradizionali) riecheggiassero implicitamente e venissero tenute presente anche senza citarle direttamente come fonti: alcuni testi metodisti mostrano infatti posizioni congruenti.

Ad esempio, l'idea che la non resistenza al male (il porgere l'altra guancia) debba riguardare il singolo cristiano *per sé*, ma che questi possa impugnare la spada per difendere il prossimo, espressa da Alfredo Taglialatela in uno dei sermoni citati qui,[148] trova un perfetto parallelo in *Sull'autorità secolare* di Lutero.[149] In un altro sermone, prossimo all'intervento italiano, Taglialatela affermava che si poteva entrare in guerra con «buona coscienza», poiché si trattava di un conflitto scatenato dagli avversari e in cui si intendeva difendere la giustizia: anche qui si riscontra una corrispondenza con quanto espresso da Lutero, in particolare in *Se anche le genti di guerra possano giungere alla beatitudine*.[150] In generale, l'idea (certo tradizionalissima e pre-luterana) che le autorità secolari abbiano il diritto di usare la forza per combattere il male, più volte espressa dai metodisti italiani, poteva essere suffragata anche citando questi scritti di Lutero. Ricordo qui solo un altro testo, il citato articolo di Pettingill *Può un cristiano andare in guerra?*, tradotto sull'«Evangelista». Nel commentare *Rm* 13,1-6 Pettingill giungeva ad affermare che «Ogni impiegato governativo, quindi, è un ministro ordinato da Dio»: Dio gli ha posto in mano la "spada", ossia il revolver del poliziotto, la baionetta o il moschetto del soldato, il cannone

148. «Sì, Gesù disse: "Se alcuno ti percuote sopra una guancia volgigli l'altra"; ma se percuote *te*: quanto, invece, percuote i tuoi figli, i tuoi vecchi, le tue donne, allora tu devi difenderli e anche sacrificarti per difenderli, tu devi farti un'arma di ciò che ti trovi nelle mani» (Taglialatela, *I Sermoni della Guerra*, pp. 50-51).

149. Cfr. M. Lutero, *Sull'autorità secolare*, in Id., *Scritti politici*, pp. 409-410, 414, 416 (WA 11, 255-256; 259; 260).

150. Cfr. M. Lutero, *Se anche le genti di guerra possano giungere alla beatitudine*, in Id., *Scritti politici*, pp. 532 e 557-558 (sul combattere «con buona coscienza») (WA 19, 623 e 645).

dell'esercito, eccetera.[151] In *Sull'autorità secolare* Lutero sosteneva appunto che «sono ministri di Dio e addetti ad un mestiere quanti puniscono i malvagi e proteggono i buoni».[152]

Certo, Lutero poteva essere citato anche da chi non sosteneva la guerra: quando Luigi Crivello chiedeva fedeltà al "non uccidere" e affermava che bisogna obbedire alle autorità, fin quando «i loro ordinamenti non sono contrari a quelli di Dio, e non rivoltino la nostra coscienza; ché in questo caso abbiamo il diritto d'insorgere e dire con l'Apostolo Pietro: "Giudicate voi, s'egli è giusto nel cospetto di Dio, di ubbidire a voi, anzi che a Dio" [*At* 4,19]»,[153] utilizzava un argomento che poteva essere supportato da un passo di Lutero in cui questi scriveva che, se i sudditi sanno che il loro principe è nel torto, hanno il diritto di non seguirlo in battaglia, scegliendo di obbedire a Dio piuttosto che agli uomini.[154] Il problema è proprio qui: era possibile rintracciare citazioni bibliche o di pensatori cristiani, Lutero, Wesley o molti altri, sia per "giustificare" sia per criticare la guerra in corso – e, nel primo caso, sia esponenti dell'Intesa che degli Imperi centrali potevano farlo, poiché ognuno interpretava la propria guerra come "giusta", "difensiva", scatenata in qualche modo dagli antagonisti. Quello che interessa qui è allora capire come potevano essere sfruttati alcuni nuclei teologici.

Passando quindi a John Wesley, si nota anzitutto che nelle fonti analizzate i metodisti italiani non lo citarono mai. A differenza di Lutero, Wesley non fu mai citato direttamente, se non in una lettera all'«Evangelista» dell'allora battista Alfredo Del Rosso, che lo elencava tra gli esempi positivi di evangelizzazione.[155] Confrontarsi con il padre del metodismo avrebbe certamente recato un contributo al dibattito. Anche nei testi di Wesley si riscontra una *tensione dialettica*[156] tra la "giustificazione" dell'uso della forza, per difendere la giustizia e il diritto, e aspirazioni a un pacifismo

151. W.L. Pettingill, *Può un cristiano andare in guerra?*, in «Ev.», XXX, 7 marzo 1918, pp. 1-2.

152. Lutero, *Sull'autorità secolare*, p. 413 (WA 11, 258,8-9).

153. L. Crivello, *Il Cristiano e la Guerra*, in «Ev.», XXVII, 28 gennaio 1915, p. 3.

154. Cfr. Lutero, *Sull'autorità secolare*, p. 439 (WA 11, 277) e Id., *Se anche le genti di guerra*, p. 571 (WA 19, 656).

155. A. Del Rosso, *Ai miei fratelli soldati*, dalla zona di guerra, lettera datata 26 agosto 1917, in «Ev.», XXIX, 30 agosto 1917, p. 3.

156. Cfr. il prezioso S.W. Rankin, *Wesley and War: Guidance for Modern Day Heirs?*, in «Methodist Review», 3 (2011), pp. 101-139, qui p. 137.

universale, sulla scorta di *Is* 2,4 (che, si ricordi, era stato citato da Taglialatela), soprattutto in prospettiva escatologica. Wesley accettava l'interpretazione tradizionale (e luterana) di *Rm* 13,[157] pensando al potere del peccato in questa vita, visto come elemento alla radice delle guerre[158] – ma riteneva che la *nuova creazione* operata dalla grazia, che ricostituisce l'uomo *ad immagine* di Dio, avesse un impatto anche sulle relazioni umane, dovendo condurre alla scomparsa delle guerre: l'avvento del Regno di Dio, nella sua concezione, comporta una trasformazione totale dell'ordine sociale.[159] Dunque – secondo Wesley – anche se la pace universale sarà escatologica, bisogna però sforzarsi in direzione della trasformazione già in questa vita, nell'ottica della *perfezione cristiana.* Il Regno è insieme presente e a-venire: è così che Wesley può essere compreso, senza attribuirgli né una teoria della "guerra giusta" né un pacifismo a oltranza.

Per quanto riguarda il metodismo italiano va ricordato che Vincenzo Tummolo, pastore wesleyano, nell'ottobre 1914 si era interrogato sul peccato originale come causa della guerra, oltre che sull'*immagine* di Dio, mostrando una teologia arminiana coerente con le posizioni di Wesley.[160] Ma queste tematiche non furono approfondite, soprattutto dopo l'intervento italiano. Anche sullo scarto tra la realtà attuale e la dimensione escatologica ci furono degli spunti di riflessione, in particolare nei sermoni di Alfredo Taglialatela.[161] Tuttavia, a livello generale, si può dire che sarebbe stato auspicabile un confronto più serrato con il pensiero di John Wesley – che, come si è visto, era stato in altri casi affrontato, nel metodismo italiano, anche grazie ad apposite pubblicazioni – e una riflessione teologica più approfondita sulle fonti protestanti relative al tema della guerra.

157. Si vedano J. Wesley, *Explanatory Notes upon the New Testament*, London, Epworth Press, 1966, pp. 571-573; *Thoughts Concerning the Origin of Power*, §§ 7 e 20, in *Works* (Jackson), XI, pp. 47 e 52.

158. Cfr. in partic. J. Wesley, *The Doctrine of Original Sin: According to Scripture, Reason, and Experience*, I, § II,10, in *Doctrinal and Controversial Treatises I*, a cura di R.L. Maddox, in *Works*, XII, pp. 117-481, qui p. 192.

159. Cfr. la serie di sermoni di Wesley sul Discorso della montagna: J. Wesley, *Sermons 21-33*, "Upon Our Lord's Sermon on the Mount (I-XIII)", in *Sermons I*, in *Works*, I, pp. 466-698. Per una sintesi cfr. Rankin, *Wesley and War.*

160. Cfr. V. Tummolo, *Iddio e la guerra*, in «Ev.», XXVI, 15 ottobre 1914, pp. 3-4, cit. *supra.*

161. Cfr. anche V. Bani, *Il Vangelo e la guerra*, in «Ev.», XXVIII, 18 maggio 1916, pp. 2-3.

7. *Le azioni pratiche dei metodisti italiani durante la guerra*

Durante gli anni di guerra, le Chiese metodiste avviarono diverse iniziative assistenziali. Già nell'agosto 1914 «L'Evangelista» aveva lanciato un appello per raccogliere fondi per aiutare i profughi italiani costretti a tornare dall'estero in seguito alla mobilitazione di Francia e Germania.[162] Nel giugno 1915 ci si attivò invece per le famiglie dei soldati italiani e per i soldati stessi,[163] con l'invio di pacchi al fronte, assistenza morale e materiale, visite ai feriti negli ospedali, distribuzione di periodici, opuscoli e Scritture, conferenze, raccolte di fondi. Sorgeranno poi in tutta Italia molte *Case* (o *Sale*) *del Soldato*, luoghi ove i soldati potevano riposare, scrivere alle famiglie, trovare assistenza di vario genere.[164] La Conferenza Annuale del 1918 della Chiesa metodista episcopale presenta dettagliati rapporti sulle opere compiute nei vari distretti; testimonianze si hanno anche nei rapporti stesi nel 1917 dalle comunità della missione wesleyana.[165] Naturalmente un ruolo molto importante fu quello dei cappellani militari, o meglio, come si è visto, soprattutto dell'unico cappellano (La Scala) che riuscì a esercitare pienamente la sua attività. Significativa testimonianza ne è il suo *Diario di guerra*.[166]

Come figura emblematica è possibile ricordare qui Egisto Spini, pastore episcopale a Genova, che si distinse al punto tale che si trova traccia di elogi rivoltigli nella corrispondenza tra i pastori americani e il loro *Board*

162. Cfr. *Per le vittime della Guerra. Un Appello*, in «Ev.», XXVI, 13 agosto 1914, pp. 6-7.

163. Cfr. ad es. A. Sommaruga, *Per l'organizzazione dei soccorsi*, in «Ev.», XXVII, 24 giugno 1915, p. 5.

164. Le Sale del Soldato vengono aperte sotto gli auspici delle ACDG, con i fondi della "consorella" americana YMCA: cfr. «Ev», XXIX, 8 novembre 1917, p. 2. Cfr. *Associazioni della Gioventù, Genova – Comitato Nazionale delle A.C.D.G.*, in «Ev.», XXX, 3 ottobre 1918, p. 4, con informazioni sulle venti Case del Soldato aperte in tutta Italia dalle varie denominazioni evangeliche, anche grazie a fondi statunitensi; sul tema cfr. anche I. Guerrini, M. Pluviano, *Le Case del soldato gestite dai protestanti: un'esperienza di confine?*, in *La Grande Guerra e le Chiese evangeliche in Italia*, pp. 187-217. Per l'importante Casa del Soldato aperta dall'ACDG di Roma si veda «Ev.», XXVIII, 27 gennaio 1916, p. 7.

165. Come accennato, i wesleyani tennero negli anni di guerra un solo Sinodo, nel 1916. Nel volume dei verbali dei Sinodi ci sono però, per il 1917, alcuni rapporti di singole Chiese o circuiti. Tra questi, cfr. *Rapporti sul Lavoro Evangelistico per l'anno 1916*, in ASCM, Serie I, cartella n. 6: Verbali dei Sinodi della Chiesa Metodista Wesleyana 1914-1928.

166. Vedi La Scala, *Diario di guerra*.

of Foreign Missions[167] (come pure fu lodato Nitti per il ruolo dell'«Evangelista»). Spini, ad esempio, promosse a Genova già il 22 maggio 1915 la formazione di un Comitato di Assistenza al Soldato, per i soldati e le loro famiglie.[168] E sempre a Genova il metodismo episcopale aprì l'Università Popolare del Soldato, nel giugno 1916, con il patriottico discorso inaugurale di Nitti sopracitato. La particolarità è che questa istituzione nasceva con l'intento di avere appunto carattere universitario, diversamente da altre iniziative che includevano scuole per soldati analfabeti e attività simili; qui si tenevano conferenze di docenti universitari, lezioni di inglese e francese, di dattilografia; vi erano biblioteca, sala di lettura, cinema. In realtà, essa stessa ospitò quasi da subito anche una «scuola per analfabeti», rivestendo così un ruolo poliedrico.[169]

Nel chiudere la trattazione sull'impegno pratico dei metodisti negli anni di guerra[170] va ricordata l'importante decisione presa da Nitti, direttore dell'«Evangelista», appena dopo l'intervento italiano, di distribuire gratuitamente il giornale ai soldati evangelici e ai simpatizzanti al fronte,

167. Ad esempio Bertrand Tipple, soprintendente del Distretto di Roma, elogia più volte Spini; si veda una sua lettera a F.M. North del 20 settembre 1917, ove si afferma che «Spini has done one of the best pieces of work that I have known any of our pastors to accomplish» (United Methodist Church Archives – GCAH [Madison, NJ], *Missionary Files (Microfilm Edition)*, Tipple, Bertrand M. [Rev. & Mrs.] 1915-1918) e si riportano poi alcune informazioni sul lavoro di Spini a Genova per i soldati. In questa stessa fonte d'archivio si veda anche una lettera di Tipple a J.M. Taylor del 26 marzo 1917, che allega una lettera di Spini a Tipple del 26 febbraio 1917 con informazioni sulle attività di Spini.

168. Cfr. E. Spini, *L'opera del soldato a Genova* (lettera-report datata 26 giugno 1915), in «Ev.», XXVII, 8 luglio 1915, p. 7; cfr. Id., *Rapporto dell'Opera fra i Militari del Distretto di Firenze*, in Chiesa Metodista Episcopale Italiana, *XXXV sessione della Conferenza Annuale* [1918], pp. 64-80, qui p. 76 (lo chiama «Comitato di Assistenza al Militare»). Si veda anche E. Spini, *L'opera del soldato*, in «Ev.», XXVII, 29 luglio 1915, p. 3: una relazione di Spini sul prosieguo delle opere assistenziali a Genova. Egli continuerà ad inviare simili relazioni negli anni successivi, così come faranno le altre comunità.

169. Si vedano E. S. [= Egisto Spini], *Università Popolare del Soldato*, in «Ev.», XXVIII, 15 giugno 1916, pp. 3-4; E. Spini, *Università Popolare del Soldato*, in «Ev.», XXVIII, 29 giugno 1916, p. 4; Id., *Rapporto dell'Opera fra i Militari del Distretto di Firenze*, p. 76.

170. Andrebbero ricordate anche le iniziative in favore dei prigionieri di guerra: cfr. ad es. V. Bani, *Informazioni e comunicati*, in «Ev.», XXX, 3 ottobre 1918, p. 4. Cfr. una lettera di B.M. Tipple a F.M. North, datata 16 agosto 1918, in United Methodist Church Archives – GCAH (Madison, NJ), *Missionary Files (Microfilm Edition)*, Tipple, Bertrand M. (Rev. & Mrs.) 1915-1918: parla delle due opere per soldati al fronte e prigionieri, a Roma e Genova, e chiede finanziamenti, anche per i cappellani militari.

tutti, senza barriere denominazionali.[171] Fu deciso anche di inserire delle rubriche speciali per i soldati, in particolare *La Posta del Soldato* e *Dalla frontiera e... viceversa*: sono degli spazi dedicati alle lettere dal fronte dei soldati e a comunicazioni inviate loro tramite il periodico. Un'altra rubrica importante, introdotta in seguito, sarà *Meditazioni per i tempi di guerra*, con riflessioni teologiche, perlopiù curata dal pastore wesleyano Riccardo Borsari. Questo lavoro di "collegamento" tra il fronte e il paese sarà molto apprezzato dai soldati, che invieranno parecchie lettere di ringraziamento al giornale per la sua funzione di supporto morale e spirituale.

La decisione della diffusione gratuita riscosse parecchi elogi, tra cui quello del valdese Giovanni Luzzi, che propose subito di inviare ai soldati anche un Nuovo Testamento della società *Fides et Amor*, in edizione apposita: Nitti accettò e organizzò la spedizione.[172] Ma vi era anche qualche voce più dubbiosa: nel suo rapporto alla Conferenza Annuale del 1918 Nitti ricorda che «il rappresentante di una Denominazione Evangelica»[173] andò a

171. Cfr. «Ev.», XXVII, 3 giugno 1915, p. 1.

172. Cfr. «Ev.», XXVII, 10 giugno 1915, p. 3, ove si riporta la lettera di Luzzi.

173. Come emerge da fonti epistolari, Nitti si riferisce probabilmente ad Ernesto Giampiccoli (presidente del Comitato di Evangelizzazione e poi moderatore della Tavola Valdese), che già il 4 giugno 1915 aveva scritto a Tipple manifestando alcune perplessità, e il 19 giugno gli chiedeva di riflettere (anche con i battisti) «se sia cosa buona e giovevole ai rapporti fraterni tra le varie denominazioni che il giornale di una denominazione si proponga di fare un'opera qualsiasi fra i membri delle altre, senza una previa intesa con i dirigenti di queste» (Archivio storico della Tavola Valdese, presso ATV [d'ora in poi ASTV], Serie V, f. 212: Copialettere Presidente del Comitato di Evangelizzazione Ernesto Giampiccoli [marzo 1915-luglio 1915], lettera di E. Giampiccoli a B.M. Tipple, 19 giugno 1915; cfr. ivi, lettera del 4 giugno 1915). In seguito Giampiccoli ribadirà la richiesta che «L'Evangelista» non venga inviato ai soldati valdesi: ad esempio all'inizio del 1918 spiegherà di essere in parziale disaccordo con il programma del giornale (vi erano state divergenze tra membri della Chiesa metodista episcopale e membri di quella valdese, in merito ai progetti di unione delle Chiese evangeliche italiane, e Giampiccoli espresse riserve su alcuni articoli polemici apparsi sull'«Evangelista»): cfr. ASCM, Serie XII, cartella n. 586: Cappellani Militari, f. 2: Comitato centrale della Chiesa Episcopale e Carlo M. Ferreri, cappellano militare: corrispondenza (1918), lettera di C.M. Ferreri a V.C. Nitti, 6 febbraio 1918; cfr. ASTV, Serie V, f. 222: Copialettere Moderatore Ernesto Giampiccoli (dicembre 1917-marzo 1918), lettera di E. Giampiccoli a V.C. Nitti, 20 febbraio 1918. Nitti però ribadì che il periodico veniva inviato solo a coloro che ne facevano richiesta, e che tra questi vi erano anche soldati valdesi: dunque avrebbe continuato a spedirlo *ai richiedenti* (cfr. ASCM, Serie XII, cartella n. 586, f. 2, lettera di V.C. Nitti a C.M. Ferreri, 12 febbraio 1918). In generale, il contesto di queste lettere del 1918 è la discussione (in particolare tra Ferreri e Giampiccoli) di accordi tra valdesi e metodisti per organizzare il lavoro dei rispettivi cappellani al fronte. Nei fatti il

protestare presso Tipple, sostenendo che per inviare il giornale era necessario ottenere un permesso dai rappresentanti ufficiali delle denominazioni. Allora, spiega Nitti, «Io risposi che intendevo l'opera del giornale come una predicazione e che per predicare l'Evangelo a qualsiasi soldato desiderasse ascoltarlo, non avevo bisogno di chiedere permesso ad alcuno».[174] Ad avviso di chi scrive riecheggia qui una traccia di "spirito wesleyano", di desiderio di fedeltà al fondatore del metodismo. Non sfuggirà infatti la somiglianza con le note parole che John Wesley scrisse in una lettera nel 1739, con riferimento all'accusa rivoltagli di violare i confini parrocchiali di altri ministri anglicani:[175] «Io considero tutto il mondo come mia parrocchia; con ciò intendo dire che, in qualunque parte di esso io sia, ritengo opportuno, giusto e mio sacrosanto dovere annunciare la buona novella della salvezza a tutti quelli che vogliono ascoltarla».[176] Forse Nitti intendeva evocare consapevolmente, anche se implicitamente, quelle parole e il loro background, noti anche nel mondo metodista italiano di quegli anni.[177]

Sembra dunque che i metodisti italiani, negli anni di guerra, si confrontarono con l'eredità di John Wesley più sul livello della prassi che su quello della riflessione teologica, tentando di applicare i principi del metodismo nella pratica.

clima sarà collaborativo (cfr. anche quanto scrive G. Vicentini in La Scala, *Diario di guerra*, p. 37). Ringrazio Luca Pilone per l'aiuto nel reperimento delle lettere di Giampiccoli.

174. V.C. Nitti, *Rapporto sull'opera dell'"Evangelista"*, in Chiesa Metodista Episcopale Italiana, *XXXV sessione della Conferenza Annuale* [1918], pp. 84-88, qui pp. 85-86.

175. Ad esempio Joseph Butler, vescovo di Bristol, nel 1739 aveva obiettato a Wesley che non aveva l'autorizzazione ufficiale a predicare nella sua diocesi: cfr. *Wesley's Interview with Bishop Butler, August 16 and 18, 1739*, in *Journal and Diaries II (1738-1743)*, a cura di W.R Ward e R.P. Heitzenrater, in *Works*, XIX, pp. 471-474.

176. J. Wesley, Letter [to the Revd. John Clayton?], ([28 marzo 1739?]), in *Letters I (1721-1739)*, a cura di F. Baker, in *Works*, XXV, p. 616 (trad. mia); riportata anche in J. Wesley, 11 giugno 1739, in *Journal and Diaries II (1738-1743)*, pp. 66-68. Le note dei curatori spiegano che la vecchia identificazione del destinatario in James Hervey non è più sostenibile: John Clayton ha maggiore plausibilità. Come fonte biblica cfr. *Mt* 28,18-20.

177. Queste parole di Wesley erano citate in Piggott, *Breve storia del metodismo*, p. 48; Lelièvre, *Giovanni Wesley*, pp. 84-85, trattava invece della conversazione con il vescovo di Bristol. Questi testi erano tra quelli previsti nel corso di studi dei ministri metodisti.

6. Ernesto Buonaiuti, il metodismo e gli evangelici italiani

Ernesto Buonaiuti entrò in contatto – in modo sempre più consistente almeno a partire dagli anni Venti – con evangelici italiani di diverse denominazioni. Da un lato, il suo rapporto con essi può essere analizzato con uno sguardo "sinottico", in quanto spesso tali contatti avvenivano attraverso organizzazioni evangeliche *interdenominazionali*, "ecumeniche" – come le Associazioni Cristiane dei Giovani (ACDG)[1] – ove interagivano membri di diverse Chiese. Da questo punto di vista, non sempre è facile "isolare" un gruppo cristiano (o determinati membri) su cui incentrare l'analisi.

1. Le ACDG erano il corrispettivo italiano delle Young Men's Christian Associations (YMCA), il ramo italiano della Federazione internazionale delle YMCA. Le varie ACDG italiane, sorte a partire dal 1851, si erano unite nel 1887 in una Federazione nazionale, che comprese poi anche le due YMCA di modello e finanziamenti americani aperte in Italia dopo la Prima guerra mondiale, quella di Torino (che chiuse nel 1937) e quella di Roma; le YMCA però non erano connesse ad una determinata comunità evangelica locale (a differenza delle ACDG) ed erano meno religiosamente connotate. Le fonti dell'epoca (e le sedi stesse) utilizzavano spesso entrambe le diciture, indifferentemente: per questo, in riferimento alla sede di Roma, di seguito si potrà trovare sia la sigla ACDG che YMCA. Lo stesso accadeva per la parallela organizzazione femminile, l'Unione Cristiana delle Giovani (UCDG)/Young Women's Christian Association (YWCA), la cui prima sede locale italiana fu fondata nel 1894, mentre la Federazione nazionale delle UCDG venne creata nel 1898. Su tali organizzazioni giovanili si vedano Spini, *Italia liberale*, pp. 275, 320-321, 359-360; Id., *Italia di Mussolini*, pp. 195-209; G. Rochat, *Regime fascista e Chiese evangeliche. Direttive e articolazioni del controllo e della repressione*, Torino, Claudiana, 1990, in partic. pp. 26, 85-92; M. Gay Meynier, *Breve storia della Y.W.C.A. italiana dalle origini ad oggi (1894-1981)*, s.l., s.d. [1981]; Faes, *«Le mille voci del silenzio»*, in partic. pp. 316-321, 328-342. Per quanto riguarda i rapporti con Buonaiuti, mi concentrerò qui quasi esclusivamente sulle associazioni maschili; per alcuni dati sui rapporti con l'UCDG si veda ancora il testo di Faes appena citato, pp. 338-342.

Ma d'altro canto, alcuni elementi determinanti consentono di focalizzare il tema delle relazioni di Buonaiuti con determinati gruppi evangelici e in particolare con il metodismo. Buonaiuti ebbe contatti con evangelici di varie Chiese italiane, ma nei suoi scritti sembra interrogarsi prevalentemente sull'essenza *del valdismo* e su quella *del metodismo*.[2] Il campo può restringersi ulteriormente considerando quanto Buonaiuti scrive nell'autobiografia spirituale *Pellegrino di Roma*, dove afferma che, «fra tutte le denominazioni evangeliche», quella wesleyana gli apparve «una delle meglio indicate ad esprimere [...] l'istanza profetica, così scarsamente rappresentata nell'insegnamento di Lutero e in quello di Calvino, e pure così inerente ad ogni tradizione cristiana che non voglia affievolirsi e intristire».[3] Sul significato di questa affermazione si dovrà tornare: basti per ora rilevare il peculiare significato assegnato da Buonaiuti al metodismo.[4] Infine, passando dal piano della storia delle idee a quello delle *res gestae*, un dato balza all'occhio: tra le diverse denominazioni evangeliche italiane, quella con la quale Buonaiuti fu maggiormente in rapporto fu il metodismo (in particolare quello wesleyano). Con il metodismo wesleyano Buonaiuti ebbe non solo relazioni di tipo *individuale* (ossia con singoli membri di Chiesa, laici o pastori)[5] o *culturale* o "concettuale" (ossia l'analisi di una tradizione storico-religiosa o la collaborazione a progetti culturali), ma anche di tipo *istituzionale*: l'unica Chiesa evangelica con la quale Buonaiuti ebbe stretti e definiti rapporti a livello istituzionale fu appunto quella metodista wesleyana, che – com'è noto – gli affidò una cattedra presso la propria Facoltà (o Scuola) Teologica, dopo che dal 1° gennaio 1932 Buonaiuti perse quella statale, e gli conferì addirittura il diritto di predicare dai propri pulpiti. Solo

2. Tale prevalenza va intesa in riferimento a quelle che erano allora le principali Chiese evangeliche italiane (valdesi, metodisti, battisti): non si intende affermare che gli studi buonaiutiani sul protestantesimo *in senso ampio* si fossero concentrati solo sul valdismo e sul metodismo. È noto che Buonaiuti si occupò in particolare di Lutero, e rifletté sulla Riforma in senso complessivo.

3. E. Buonaiuti, *Pellegrino di Roma. La generazione dell'esodo*, a cura di M. Niccoli, Bari, Laterza, 1964 (ed. or. 1945), p. 288.

4. Cfr. anche l'affermazione: «Il Metodismo è il movimento più caratteristico e più moderno in tutta la storia del protestantesimo» (E. Buonaiuti, recensione a M. Piette, *John Wesley in the Evolution of Protestantism*, trad. ingl., London, 1937, in «Religio», XIV [1938], pp. 56-58, qui p. 57).

5. Tra i metodisti con i quali Buonaiuti ebbe rapporti particolarmente stretti vanno citati Emanuele Sbaffi, Mario Sbaffi, Franco Panza, Harold Burdess, Ferdinando Gilardi, Riccardo Borsari, Pier Paolo Grassi, Sergio Carile, Paride Fava, Paolo Pantaleo, Ferdinando Geremia, Anselmo Ammenti.

la Chiesa wesleyana si spinse fino a conferire a Buonaiuti delle funzioni "ufficiali" come queste.

Un'analisi che tenti di focalizzarsi sul rapporto tra Buonaiuti e il metodismo, dunque, potrà approfondire questo nodo peculiare. È comunque fondamentale fare sempre riferimento, nella ricostruzione, sia alle organizzazioni interdenominazionali che – almeno – alla Chiesa valdese, soprattutto nell'ottica di un confronto, in occasione di alcune caratteristiche vicende.[6] Anche la scelta delle fonti deve rispecchiare tale ampiezza di contesto, includendo dunque sia i testi di Buonaiuti, sia fonti a stampa e archivistiche evangeliche (e non solo) di diverse denominazioni (anche qui, i periodici sono preziosi per un riscontro sistematico degli avvenimenti). È possibile suddividere in due parti lo sviluppo dell'indagine. Anzitutto si dovranno analizzare, in ordine cronologico, le relazioni tra Buonaiuti e le denominazioni metodiste; qui si farà comunque riferimento anche alla Chiesa valdese e soprattutto all'attività di Buonaiuti presso le ACDG: questo consente in realtà di analizzare anche alcune sue relazioni sia con il mondo valdese – poiché membri di spicco della dirigenza nazionale di queste associazioni erano valdesi, e molte sedi locali erano gestite da valdesi – sia con quello metodista – poiché, in altri casi, ruoli dirigenziali centrali erano assunti da metodisti; discorso analogo può essere fatto per la Federazione Studenti per la Cultura Religiosa. In secondo luogo si potrà ricostruire (passando dunque alla storia delle idee) la concezione che Buonaiuti aveva del metodismo e del valdismo, cercando così di chiarire *perché* egli si avvicinò a queste Chiese, in particolare alla wesleyana.

1. *Il modernismo, la cattedra contestata, le prime esperienze interdenominazionali: fino al 1929*

Iniziando con l'esposizione in ordine cronologico, va premesso che gli anni della crisi modernista (1903-1914, in particolare 1907-1908)[7] sono

6. Chi scrive si è occupato del tema anche in *Buonaiuti e gli evangelici italiani: metodisti, valdesi, associazioni giovanili*, in *Ernesto Buonaiuti nella cultura europea del Novecento*, a cura di P. Carile e M. Cheymol, numero monografico di «Modernism», 2 (2016), pp. 193-235, contributo che condivide materiali con il presente capitolo, che adotta però un taglio diverso (inquadrandosi in un *focus* sul metodismo, pur ritenendo necessario e utile inserire riferimenti ulteriori) e presenta aggiunte, modifiche, aggiornamenti.

7. Nella sterminata bibliografia sul modernismo, oltre ad alcuni testi che saranno richiamati nelle note di questo capitolo, mi limito a rinviare ad alcune opere recenti: la completa e chiara sintesi di G. Vian, *Il modernismo. La Chiesa cattolica in conflitto con la*

quelli che, comprensibilmente, sono stati più indagati. In questa sede, pertanto, ci si concentrerà piuttosto sui periodi successivi, nei quali si ritiene possibile evidenziare elementi che configurano acquisizioni più originali: va peraltro sottolineato che sarà proprio in tale fase successiva che Buonaiuti stringerà i rapporti *più stretti* con il mondo evangelico (e riceverà maggiore attenzione da parte di esso). Per quanto riguarda il metodismo italiano, si sono già analizzate in precedenza (cap. 4, in particolare § 2.2) le prime reazioni al cattolicesimo modernista, negli anni della "crisi": in maggioranza poco simpatetiche, tranne eccezioni come Piggott e Bani. È possibile notare che le fonti metodiste a stampa, ancora negli anni 1907-1908, non citano praticamente mai il nome di Buonaiuti: non vi è ancora grande attenzione specifica per il sacerdote romano, mentre si parla piuttosto di "modernisti" in genere (anche nei citati articoli sul *Programma dei modernisti* e sulle *Lettere di un prete modernista*) o di altre figure (più volte, ad esempio, viene evocato Romolo Murri). Saranno eventi successivi a cambiare il quadro. Su questa primissima fase basti dunque dire che in essa Buonaiuti, come altri modernisti, era entrato in contatto con quelle figure e quegli ambienti evangelici più aperti ai movimenti che erano visti come fermenti di rinnovamento all'interno della Chiesa romana. Si pensi ad esempio a Ugo Janni o a Giovanni Luzzi,[8] che – proprio in quest'ottica

modernità, Roma, Carocci, 2012, che ricostruisce anche il contesto storico-teologico precedente e gli sviluppi successivi alla crisi; i volumi miscellanei *Il modernismo tra cristianità e secolarizzazione. Atti del Convegno Internazionale di Urbino, 1-4 ottobre 1997*, a cura di A. Botti e R. Cerrato, Urbino, Quattro Venti, 2000, e *La crisi modernista nella cultura europea. Atti del Convegno di studi*, a cura di G. Losito, Roma, Istituto della Enciclopedia Italiana, 2012; con *focus* sulla repressione antimodernista, il testo di G. Verucci, *L'eresia del Novecento. La Chiesa e la repressione del modernismo in Italia*, Torino, Einaudi, 2010; ma si veda anche il classico É. Poulat, *Histoire, dogme et critique dans la crise moderniste*, Paris, Albin Michel, 1996[3] (1962).

8. Per i rapporti tra modernismo ed evangelici in questa fase, si vedano L. Giorgi, *La questione modernista e il protestantesimo italiano*, in «Fonti e Documenti», 11-12 (1982-83), pp. 361-563 (su Luzzi cfr. in partic. pp. 442-462); Ead., *Il modernismo cattolico e gli evangelici, ovvero il protestantesimo italiano di fronte alla «crisi modernista»*, in *Movimenti evangelici in Italia dall'Unità ad oggi*, pp. 21-33; P. Giordani, *L'avventura modernista. Un tentativo di conciliazione tra fede e ragione*, Roma, Lithos, 1998 (cap. VI, *I protestanti e il modernismo*, pp. 89-119); Zussini, *Ugo Janni e i Modernisti*; H.-P. Dür, *Giovanni Luzzi (1856-1948) traduttore della Bibbia e teologo ecumenico*, trad. it., Torino, Claudiana, 1996 (in partic. pp. 173-206). Più specificamente, sui rapporti tra Buonaiuti e Luzzi si vedano i cenni nel volume di Dür appena citato e Giorgi, *La questione modernista*. Contatti epistolari tra Buonaiuti e Luzzi sono attestati almeno dal 1915. Sui rapporti tra

– vedevano positivamente il modernismo. Le concezioni particolarmente "ecumeniche" di Janni e Luzzi agevolavano sicuramente questi contatti, anche con Buonaiuti, sebbene ovviamente vi siano anche delle differenze teologiche tra loro e l'ex sacerdote (qualche elemento sarà ripreso *infra*). Janni giunse persino a rivestire il ruolo di "confidente" per Buonaiuti, in alcune occasioni.[9]

È fruttuoso affrontare allora l'indagine analitica a partire dal 1915, anno in cui Buonaiuti vinse il concorso per la cattedra di Storia del cristianesimo all'Università di Roma (succedendo così a Labanca, scomparso nel 1913): episodio che destò interesse specifico nella stampa metodista. Per alcuni anni (almeno fino al 1918-1919) il settimanale metodista «L'Evangelista» sarà molto critico nei confronti di Buonaiuti, in articoli dedicati alla questione della cattedra, soprattutto dopo che questi sottoscrisse il giuramento antimodernista (13 luglio 1916): ciò veniva visto come un'offesa alla libertà dell'insegnamento, e dalle colonne del periodico si chiedevano le dimissioni di Buonaiuti.[10] In questo periodo si accusava Buonaiuti di non volersi decidere, di essere incoerente: di allontanarsi dalla Chiesa cattolica, ad esempio nella concezione dell'esegesi, e insieme di volervi restare unito.[11] Altre critiche riguardavano la tesi buonaiutiana che Lutero, in sostanza, fosse stato all'origine della «statolatria» tedesca che aveva generato la Prima guerra mondiale.[12]

Buonaiuti e Janni cfr. invece L. Bedeschi, *Buonaiuti, il Concordato e la Chiesa*, Milano, Il Saggiatore, 1970, ad es. pp. 61 e 331; Milaneschi, *Ugo Janni pioniere dell'ecumenismo*, pp. 102-103. Vedi anche il ricordo, dopo la morte di Janni, in «Religio», XIV (1938), p. 453. Si vedano anche i numerosi articoli dedicati a Buonaiuti in «Fede e Vita» (diretto da Janni), almeno dal 1926.

9. Vedi L. Bedeschi, *Presentazione*, in E. Buonaiuti, *La Chiesa Romana*, Milano, Il Saggiatore, 1971 (ed. or. 1933), p. 35 e p. 43, nota 67.

10. Si veda ad es. l'articolo anonimo *Il caso del Prof. E. Buonaiuti*, in «Ev.», XXIX, 20 settembre 1917, pp. 1-2; ma già E.A., *Per la cattedra di Storia del Cristianesimo*, in «Ev.», XXVII, 21 ottobre 1915, p. 2.

11. Cfr. E. Antoci, *Il fenomeno "Bonaiuti"*, in «Ev.», XXX, 19 dicembre 1918, p. 2 (come si è visto, critiche simili venivano fatte più in generale ai modernisti, negli articoli del 1907-1908). Qui viene rivolta a Buonaiuti anche un'altra critica: nel periodo modernista era entrato in contatto con degli evangelici, ma ora, dopo le professioni di sottomissione alla Chiesa, sembra aver interrotto quasi del tutto i contatti con loro.

12. Cfr. ad es. V.C. Nitti, *La si decida!*, in «Ev.», XXX, 5 settembre 1918, p. 1. Critiche analoghe apparvero sul periodico valdese «La Luce»; cfr. ad es. *Il sac. prof. Ern. Buonaiuti risponde*, in «La Luce», XI, 28 novembre 1918, pp. 1-2: Buonaiuti invia una lettera al

Nel 1920 sono testimoniate alcune precoci forme di collaborazione tra Buonaiuti e gruppi di ispirazione evangelica. Egli fornì un saggio (*Lo spirito del monachismo benedettino*) per la rivista «Gnosis. Studi storici di religione e filosofia», che non era un periodico evangelico in senso stretto, ma venne fondata da Vittorio Macchioro (noto per gli studi di archeologia e di religionistica). Questi, in quel periodo, era divenuto evangelico, e molto vicino al metodismo.[13] Soprattutto, la rivista «Gnosis», pur aconfessionale, nasceva come pubblicazione della Federazione Studenti per la Cultura Religiosa (come si legge nel primo fascicolo), un'associazione giovanile di stampo evangelico, e per la precisione ad opera del Circolo universitario di cultura religiosa di Napoli, afferente a quella.[14] La rivista doveva accogliere i testi delle conferenze tenute presso la Federazione Studenti, inadatte (per mole o carattere) a comparire sul periodico ufficiale di questa, «Fede e Vita» (nato nel 1908 e a lungo diretto da Janni).[15] Nel caso di Buonaiuti non è chiaro se il saggio derivò da una sua conferenza presso il gruppo di

periodico per rispondere alle precedenti critiche di Serio Valle (26 settembre) e dell'"Abate di Vallaspra" [= Ugo Janni] (31 ottobre), che qui controreplicano.

13. L'appartenenza denominazionale di Macchioro durante il periodo protestante è tema complesso, a mio avviso più di quanto non indichi la tradizionale affermazione che sarebbe entrato nella comunità valdese di Napoli. Tralasciando qui la valutazione di alcune sue affermazioni (e prassi) di vicinanza al metodismo (cfr. anche Spini, *Il «Grand Dessein»*, p. 118: Macchioro «dopo il suo battesimo evangelico fu membro della chiesa metodista episcopale di Napoli per diversi anni»), occorre dire che Macchioro sembrava cercare una religiosità non strettamente confessionale o denominazionale; un «cristianesimo integrale», come egli definiva ciò verso cui voleva condurre la Federazione Studenti (V. Macchioro, *Conciliatorismo inesistente*, in «Conscientia», II, 26 maggio 1923, p. 3). Indicativo, comunque, il resoconto di un convegno della Federazione Studenti del dicembre 1920, pubblicato in «Fede e Vita», V/1, gennaio 1921, pp. 5-11, ove Macchioro è definito «cristiano non legato a chiesa costituita qualsiasi» (p. 8). Cfr. anche G. Charuty, *Ernesto de Martino. Les vies antérieures d'un anthropologue*, Marseille, Éditions Parenthèses, 2009, trad. it. *Ernesto de Martino. Le precedenti vite di un antropologo*, Milano, FrancoAngeli, 2010, in partic. pp. 185, 193; sugli stretti rapporti con il metodismo v. 116-117, 127.

14. Macchioro aveva un ruolo centrale nel direttivo di questa sede della Federazione (nonché in quello nazionale). Per informazioni su di essa cfr. *L'attività del Gruppo Napoletano dalle sue origini ad oggi*, a cura di G. Rispoli, numero speciale di «Fede e Vita», agosto-settembre 1921, in partic. pp. 41-47.

15. Per questi dati si veda V. Macchioro, *Associazioni della Gioventù, Napoli – Circolo universitario di cultura religiosa*, in «Ev.», XXXII, 13 maggio 1920, p. 4. Il primo fascicolo della rivista uscì a fine 1920, con la data dell'anno successivo; il saggio di Buonaiuti si trova appunto in «Gnosis», I/1 (1921), pp. 119-128. Questa rivista ebbe però vita brevissima.

Napoli: sembra piuttosto che esso nacque direttamente in forma scritta. È comunque significativo che Macchioro stesso invitò Buonaiuti a collaborare al periodico e che questi accettò con entusiasmo.[16]

Un dato di fatto è che Buonaiuti era annunciato tra i conferenzieri del Campo Estivo per la Federazione Studenti, tenutosi dal 20 al 30 luglio 1920 in Toscana (Futa, Mugello).[17] Vi è anche testimonianza di una conferenza che egli tenne a Firenze il 12 giugno, presso la sede locale della stessa Federazione.[18] Buonaiuti frequentava anche la sede di Roma, dato che il 7 marzo intervenne al dibattito seguito a una conferenza di Giovanni Gentile ivi tenuta.[19]

Questi dati inducono a una prima riflessione. Nel 1920 Buonaiuti era ancora un sacerdote della Chiesa cattolica. La sua collaborazione con questi ambienti evangelici è significativa, ed è giusto rilevare, come è stato fatto, che queste testimonianze consentono di retrodatare i suoi rapporti con questi gruppi a ben prima del fatidico biennio 1931-1932.[20] Tuttavia bisogna anche considerare che questi gruppi non erano istituzioni protestanti *confessionali* in senso stretto. All'interno di essi vi era grande dibattito: un'ala più radicale voleva accentuare la connotazione protestante, certo indubbia, ma un'altra più "ecumenica" spingeva non solo sull'interdenominazionalità, ma anche sull'interconfessionalità in senso ampio, ossia l'incremento dei rapporti con i cattolici. Tali istituzioni erano infatti aperte a questi ultimi, anche se l'ostracismo di gran parte dei vertici della Chiesa

16. Si vedano le cinque lettere di Buonaiuti a Macchioro, in Archivio storico dell'Università di Trieste, Fondo Vittorio Macchioro, sezione Corrispondenza, busta 44, f. 47, tutte relative a «Gnosis». Cfr. in particolare la prima, del 21 aprile 1920: «Accolgo ben volentieri l'invito a collaborare a *Gnosis*, che nasce con programma così simpatico e così adeguatamente rispondente alle mie idee e alla mia prassi in fatto di studi religiosi». Ringrazio Sonia Bertorelle, responsabile dell'Archivio, per la collaborazione.

17. *Campo Estivo per la Federazione Studenti*, in «Ev.», XXXII, 24 giugno 1920, p. 3: «Il Prof. Bonaiuti [*sic*] della R. Università di Roma, sarà con noi».

18. «Fede e Vita», IV/6, giugno 1920, pp. 35-37, riporta la cronaca della conferenza (su *Le grandi crisi del Cristianesimo antico*).

19. Lo si apprende da «Fede e Vita», IV/4, aprile 1920, pp. 24-25, con sintesi dell'intervento di Buonaiuti. La conferenza di Gentile si era tenuta il 29 gennaio.

20. Barbara Faes ha posto l'accento sul fatto che concreti contatti tra Buonaiuti e il mondo evangelico si riscontrino già negli anni Venti: cfr. ad es. B. Faes, *Marcella Ravà, Ernesto Buonaiuti e un'inedita revisione de* Il Sacro *di Rudolf Otto*, in «Studi e Materiali di Storia delle Religioni», 79/1 (2013), pp. 215-238, in partic. 217-222 (il primo studio, a mia conoscenza, a rilevare la collaborazione con «Gnosis» – pur senza citare Macchioro – e la conferenza a Firenze del 1920).

romana scoraggiava molti dal collaborarvi. Se si pensa che proprio nel 1920, presso il gruppo romano della Federazione Studenti per la Cultura Religiosa, il programma delle conferenze includeva interventi di Giovanni Gentile e Arturo Carlo Jemolo,[21] forse la partecipazione di Buonaiuti sembra meno sorprendente. Del resto, egli non era l'unico sacerdote cattolico a collaborare. La Federazione Studenti era stata fondata dal pastore valdese Giovanni Luzzi[22] e dal laico metodista Salvatore Mastrogiovanni nel 1904, come ramo italiano della World Student Christian Federation, ed aveva intento esplicitamente ecumenico: proprio per favorire i cattolici, il numero di partecipanti protestanti fu inizialmente ridotto.[23] Certo, di fatto questi restavano la maggioranza,[24] ma quello che si vuole segnalare qui è che la partecipazione di Buonaiuti non era un *unicum* e che dunque egli poteva ritenere in qualche modo possibile la collaborazione con un'organizzazione che non era esplicitamente e confessionalmente protestante.[25] Come si vedrà, le collaborazioni del periodo successivo al "giuramento mancato" del 1931 segnano una *differenza* di contesto e significato.

Il 14 gennaio 1921 giungeva per Buonaiuti la scomunica e la sospensione *a divinis*, soprattutto a causa di alcune sue affermazioni nel saggio *Le esperienze fondamentali di Paolo*. Una sua ritrattazione, però, comportò la revoca del provvedimento. Ancora una volta su «L'Evangelista» si pubblicarono articoli che accusavano Buonaiuti di mancanza di coerenza.[26] Va segnalato che in questo periodo il Sant'Uffizio aveva anche condannato le YMCA/ACDG e tutte le associazioni di questo tipo (nonché le riviste ad

21. Vedi *Associazioni della Gioventù, Roma – Associazione Studenti*, in «Ev.», XXXII, 29 gennaio 1920, p. 4.

22. Ma dall'estate 1914 il Presidente era divenuto Mario Falchi.

23. Così Dür, *Giovanni Luzzi*, p. 125.

24. Inoltre, come detto, alcuni membri insistevano affinché la Federazione avesse carattere protestante: tra questi lo stesso Macchioro, che per la precisione vi vedeva un'essenza «revivalista», metodista, wesleyana (V. Macchioro, *Cattolicismo e protestantesimo nei loro rapporti con la Federazione Studenti*, in «Ev.», XXXII, 6 maggio 1920, pp. 5-6).

25. Per quanto riguarda il punto di vista delle associazioni e delle comunità che invitarono Buonaiuti, sia in questa prima fase che in quella successiva, va anche considerato il fatto che egli era, ad ogni modo, una figura prestigiosa nel mondo culturale e accademico italiano, dunque un oratore importante da coinvolgere.

26. V.C. Nitti, *Da Mosca a... Roma*, in «Ev.», XXXIII, 20 gennaio 1921, p. 1; *Fatti e idee* (rubrica anonima), ivi, 21 luglio, p. 2. Ironiche critiche a Buonaiuti anche in: *Note e Commenti, Prodromi di governo pretesco*, ivi, 28 luglio, p. 1; "Cronaca religiosa", ivi, 4 agosto, p. 1.

esse collegate).[27] In quest'ottica, se davvero (come sembra) era Buonaiuti il «don b.» che il 30 ottobre – secondo quanto riporta «Fede e Vita»[28] – tenne una conferenza presso la sede di Roma della Federazione Studenti, il fatto indica che Buonaiuti era così in strette relazioni con questi gruppi da non voler ritirare la sua partecipazione, e dà la misura di quanto stesse agendo in modo rischioso, perché se per lui, per altri cattolici "progressisti" e per alcuni evangelici queste associazioni erano ecumeniche e non confessionali, per la gerarchia cattolica erano entità protestanti da combattere: è questa dialettica che bisogna comprendere.

Nel 1924 Buonaiuti subì la seconda scomunica (28 marzo 1924). La causa di questa era forse nella sua attività didattica,[29] ma le fonti metodiste forniscono ulteriori indicazioni, segnalando che un certo peso potrebbero averlo avuto le partecipazioni di Buonaiuti (che proseguivano) alle iniziative dei gruppi giovanili evangelici, in particolare il Congresso di Cultura Religiosa promosso a Napoli nel 1923 dalla Federazione Studenti.[30] Le associazioni "ecumeniche" e promotrici del dialogo interconfessionale rimanevano oggetto di condanna anche da parte di Pio XI (nel febbraio 1922 succeduto a Benedetto XV), che nel 1928 – con l'enciclica *Mortalium animos* – vieterà ai cattolici la partecipazione ad esse.

Negli anni 1925-1926 si riscontrano ancora critiche, da parte metodista e valdese, all'indecisione di Buonaiuti, con riferimento alla seconda e poi

27. Cfr. il decreto del 5 novembre 1920 in «Acta Apostolicae Sedis», XII/14, 17 dicembre 1920, pp. 595-597.

28. Cfr. «Fede e Vita», XIII [così è numerato dal n. di marzo 1921], 9, dicembre 1921, pp. 26-27. Né «Ev.» né «La Luce» riportano la notizia. Anche su questo dato cfr. Faes, *Marcella Ravà, Ernesto Buonaiuti e un'inedita revisione*, p. 220, nota 20.

29. Così F. Parente, *Buonaiuti, Ernesto*, in *Dizionario Biografico degli Italiani*, XV, Roma, Istituto della Enciclopedia Italiana, 1972, pp. 112-122, qui p. 116.

30. *Sim.*, *Il caso Buonaiuti*, in «Ev.», XXXVI, 9 aprile 1924, pp. 1-2. Cfr. «Ev.», XXXVI, 30 aprile 1924, p. 5, trafiletto nella rubrica anonima *Senza commenti*: «Fra le varie ragioni che tutti cercano di indagare circa la scomunica di Buonajuti, Giulio Castelli segnala all'*Eco* di Bergamo anche la partecipazione di costui al "così detto Congresso di Cultura religiosa, a Napoli, promosso dalla federazione protestante degli studenti cristiani, opera di penetrazione e di proselitismo dipendente dalla troppo nota Y.M.C.A."». Cfr. «Bilychnis», XII/V, maggio 1923, pp. 311-313, per la cronaca del *Congresso di Coltura Religiosa* tenutosi a Napoli dal 30 marzo al 4 aprile 1923; Buonaiuti ha parlato (il 3 aprile) su *Il cattolicismo nell'attuale crisi spirituale*. Informazioni più dettagliate in Federazione Italiana degli Studenti per la Cultura Religiosa, *Il Congresso di Cultura Religiosa in Napoli (30 marzo-4 aprile 1923)*, numero speciale di «Fede e Vita» (giugno-luglio 1923), Napoli 1923 (alle pp. 52-53 breve sunto della relazione di Buonaiuti).

alla terza scomunica (il 25 gennaio 1926 egli fu scomunicato *vitando*), nonché alla proibizione di indossare l'abito talare (gennaio 1925): Luigi Lala (neodirettore dell'«Evangelista») lo invitava a prendere partito e lasciare la Chiesa.[31] Tuttavia, in questi anni il periodico metodista ospitava anche timidi segnali di considerazione positiva: nel settembre 1925 Buonaiuti veniva definito «vino nuovo» respinto dalla Chiesa romana;[32] nel giugno 1926, proprio Lala "difese" Buonaiuti contro un articolo de «La Voce Repubblicana».[33]

Nel 1926, oltre al volume buonaiutiano su Lutero e la Riforma (che ovviamente destò interesse nella stampa evangelica),[34] uscì anche la traduzione, ad opera di Buonaiuti, de *Il Sacro* di Rudolf Otto. Questa apparve presso Zanichelli, nella collana "Maestri della vita spirituale": come è stato rilevato da Barbara Faes,[35] tale collana fu creata dalla Federazione Studenti per la Cultura Religiosa, che come si è detto era di ispirazione evangelica. Buonaiuti fu implicato in essa anche con l'introduzione ad un altro volume (una traduzione di testi di Eckhart, edita nel 1927).[36]

Ulteriori ricerche mi hanno permesso di scoprire un'altra collana promossa dalla Federazione Studenti, nella quale Buonaiuti pubblicò: si tratta di "Scrittori cristiani antichi" dell'editrice Libreria di Cultura di Roma. La collana venne annunciata già nel 1920, e il primo volume, uscito nel 1921, era un'edizione della *Lettera a Diogneto* curata proprio da Buonaiuti.[37]

31. Cfr. *L'illusione di Buonaiuti*, in «Ev.», XXXVII, 18 febbraio 1925, p. 3, e soprattutto L.L. [= L. Lala], rubrica *Risonanze di cronaca*, in «Ev.», XXXVIII, 3 febbraio 1926, pp. 4-5. Buonaiuti è invitato a lasciare la Chiesa romana anche da P.B. [= Paolo Bosio], *Una fede ed una disciplina*, in «La Luce», XVIII, 4 marzo 1925, p. 2, un commento (duramente critico) all'omonimo libro di Buonaiuti.

32. L.L. [= L. Lala], *Risonanze di cronaca, Vino nuovo negli otri vecchi*, in «Ev.», XXXVII, 30 settembre 1925, p. 4.

33. L. Lala, *"La Voce Repubblicana" a proposito di "Gesù il Cristo" di Buonajuti*, in «Ev.» XXXVIII, 9 giugno 1926, pp. 1-2: oggetto dell'argomentazione di Lala è soprattutto la *divinità* di Gesù, difesa – qui con Buonaiuti – contro l'«incredulità» dell'articolista del periodico repubblicano.

34. Sul *Lutero* di Buonaiuti cfr. il recentissimo L. Vogel, *Ernesto Buonaiuti interprete di Lutero*, in *Ernesto Buonaiuti nella cultura europea del Novecento*, pp. 163-191.

35. Faes, *Marcella Ravà, Ernesto Buonaiuti e un'inedita revisione*, p. 218.

36. M. Eckhart, *Prediche e Trattati*, trad. di G.C. [= G. Cagnola], introduzione di E. Buonaiuti, Bologna, Zanichelli, 1927. Cfr. «Ev.», XLI, 9 gennaio 1929, p. 2.

37. Che la collana fosse creata dalla Federazione Studenti si legge in G.E. Meille, *Ufficio Pubblicazioni e Libreria Federativa*, in «Fede e Vita», IV/7-11, luglio-novembre 1920, p. 46, ove si fa riferimento alla «nostra Collezione di testi antichi della "Libreria di Cultura" di Roma»; qui anche i dettagli della *Lettera a Diogneto* a cura di Buonaiuti. Il gesuita p.

Questi pubblicherà poi altri due volumi nella stessa collana: *Frammenti gnostici* (1923) e *Detti extracanonici di Gesù* (1925). Anche nel caso di queste due collane, per valutare la presenza di Buonaiuti, bisogna ricordare che avevano finalità aconfessionale.

Tra le cronache delle attività delle ACDG per l'anno 1927 si trova un riferimento allusivo a un «sacerdote cattolico-romano» che «da qualche anno» frequenta questi gruppi, e che ha tenuto a Firenze una conferenza su Francesco d'Assisi.[38] Alla luce del fatto che nel 1926 Buonaiuti pubblicò il suo volume su Francesco, questa allusione *potrebbe* riferirsi a lui, e confermerebbe ancora i suoi contatti con gruppi evangelici già negli anni Venti (sebbene, come detto, ancora relativamente ad ambienti non ecclesiastici, aconfessionali).

L'aumentare delle frizioni tra Buonaiuti e la Chiesa cattolica potrebbe aver influito sulla considerazione sempre più positiva che il sacerdote riceveva nella stampa metodista, negli anni 1928-1929. In particolare, sul mensile wesleyano «Il Risveglio» un articolo criticava quei protestanti che con «spirito tutto clericale» avevano attaccato Buonaiuti per il suo rapporto con la Chiesa cattolica, forse – si affermava – infastiditi in realtà dalle sue valutazioni del protestantesimo.[39]

2. *Il cammino comune: dagli anni Trenta alla morte di Buonaiuti*

Gli anni Trenta segnano un mutamento: se è vero che già nel decennio precedente Buonaiuti ebbe contatti con ambienti evangelici, in questo le relazioni si fecero sempre più strette e importanti. Un segnale ne è l'incremento dei rapporti con le ACDG: come si è visto, già negli anni Venti

Rosa, dalle colonne di «Civiltà Cattolica», sospettò l'editrice Libreria di Cultura di essere «protestantica», citando proprio questa collana (cfr. *Arti e sopravvivenza del modernismo. Il "caso Buonaiuti (1910-1925)"*, in «La Civiltà Cattolica», LXXVI/3, 25 luglio 1925, pp. 220-238, in partic. pp. 232-233 e *Una risposta ad otto accuse del Prof. Ernesto Buonaiuti*, ivi, 4, 30 ottobre, pp. 246-255, in partic. p. 250); Buonaiuti smentì (vedi *Alla «Civiltà Cattolica»*, in «Ricerche Religiose», I [1925], pp. 498-500 e 583-584), forse proprio pensando alla Federazione nella sua aconfessionalità.

38. Cfr. p.s., *Dal Notiziario Unionista, Firenze*, in «Ev.», XXXIX, 24 agosto 1927, p. 4: «Abbiamo avuto il piacere di sentire una di queste sere un bel discorso nei locali unionisti da un sacerdote cattolico-romano che da qualche anno segue con interesse le A.C.D.G. Egli ha parlato di "San Francesco"».

39. *Jeronimus, Il clerico-protestantesimo e Buonaiuti*, in «Il Risveglio», IX, marzo 1929, pp. 9-10.

Buonaiuti collaborò con la Federazione Studenti per la Cultura Religiosa, che però era un organismo a sé; tuttavia questa si fuse, nel 1926, con la federazione italiana delle ACDG, nella quale fu ricompresa.[40] È forse per la precedente non sovrapponibilità tra le due organizzazioni che le conferenze tenute nel novembre 1930 presso l'ACDG di Firenze vengono spesso presentate come la *prima* esperienza di Buonaiuti in tal senso.[41] Comunque, nel 1931 Buonaiuti partecipò con delle conferenze al Nono Campo Unionista di Taormina, organizzato dall'ACDG di Catania dal 18 al 23 aprile,[42] e – sembra – anche ad un altro Campo in Toscana, in luglio.[43]

40. Cfr. Spini, *Italia di Mussolini*, p. 200.

41. Così Donini nella sua nota in E. Buonaiuti, *La vita allo sbaraglio. Lettere a Missir (1926-1946)*, a cura di A. Donini, Firenze, La Nuova Italia, 1980, n. 93 del 2 dicembre 1930, pp. 178-179, nota 1; cfr. Bedeschi, *Buonaiuti, il Concordato e la Chiesa*, pp. 181-182, che cita anche una lettera di Buonaiuti a Guido Cagnola del 3 dicembre, in cui si ricorda l'evento. Sia a Missir che a Cagnola Buonaiuti parla di ripresa di comunicazione con il pubblico dopo anni di inattività, esprimendo grande soddisfazione per l'esito e l'accoglienza delle conferenze, che si tennero il 27 e 29 novembre, su *La filosofia del sacro* e *Gioacchino da Fiore e Francesco d'Assisi*. Cronaca e commento di Janni in «Fede e Vita», n.s., VII, 1-2, gennaio-febbraio 1931, pp. 70-74: anche Janni parla di «fatto nuovo», non in quanto sia la prima volta che Buonaiuti parla in un'associazione «di quella natura», ma in quanto Buonaiuti, pur scomunicato, «è un sacerdote cattolico militante», mentre «l'A.C.D.G. di Firenze, pur non essendo un'Associazione confessionalmente protestante, è religiosamente protestantissima». La novità sarebbe dunque, sembra, nel fatto che ora Buonaiuti collabora «con fratelli di altra confessione cristiana»: credo le parole di Janni vadano intese nel senso che mentre nella Federazione Studenti grande era la percentuale di cattolici, ora Buonaiuti si trova a parlare in un'associazione composta sostanzialmente da evangelici (le sedi delle ACDG erano più strettamente legate alle Chiese locali). Sull'ACDG di Firenze si veda l'ottimo articolo di L. Pagliai, *Unionismo fiorentino negli anni Venti. L'Associazione Cristiana dei Giovani di Firenze*, in «Annali di Storia di Firenze», 7 (2012), pp. 195-233.

42. Cfr. *Dal Notiziario Unionista, Nono Campo Unionista di Taormina*, in «Ev.», XLIII, 29 aprile 1931, p. 4: «Il Prof. Buonaiuti ha tenuto tre importanti studi, il primo su S. Paolo, il secondo sui sinottici ed il terzo sulla realtà di Dio». Per una cronaca più dettagliata cfr. C. Predella, *Taormina IX*, in «Gioventù Cristiana», IV/5, maggio 1931, pp. 120-124, da cui si apprende che in realtà Buonaiuti tenne due lezioni, più un lungo intervento dopo un'altra relazione (che trattava appunto della «realtà di Dio» nella cultura contemporanea). Buonaiuti parteciperà a vari Campi siciliani, che ricorderà sempre positivamente: per questo Campo cfr. Bedeschi, *Buonaiuti*, pp. 183-184, con riferimento ad una lettera a Cagnola.

43. Buonaiuti compare nel programma dell'*VIII campo del Gruppo Italia centrale delle A.C.D.G. La Silvana – presso Ponte Stazzemese – Provincia di Lucca. Mercoledì 1 a martedì 7 luglio 1931*; la sua relazione si intitolerà *La via che conduce a Dio mediante lo sviluppo culturale*. Il programma è in ASCM, Serie XI, cartella n. 574: Young Men's Chri-

Il 1930 vede anche un'altra importante novità, ossia quello che è a mia conoscenza il primo caso di un articolo di Buonaiuti pubblicato su un periodico metodista: il wesleyano «Il Risveglio». Si tratta però di un articolo che viene semplicemente ripubblicato, tratto dalla rivista di Buonaiuti («Ricerche Religiose»),[44] e non di un contributo originale fornito appositamente. Questa prassi, che diverrà sempre più frequente e che dal 1933 riguarderà anche «L'Evangelista»,[45] è comunque testimonianza dello sviluppo di una considerazione sempre più positiva di Buonaiuti da parte delle Chiese che pubblicavano i periodici e forse indica anche l'esistenza di un certo tipo di rapporti tra esse e l'ex sacerdote. Come si vedrà, negli anni successivi «L'Evangelista» pubblicherà invece anche degli articoli *inediti* inviati da Buonaiuti, testimonianza dell'incremento della collaborazione.[46]

Il novembre del 1931 recava un momento di svolta per la vita di Buonaiuti: il mancato giuramento di fedeltà al regime fascista, imposto a tutti i professori universitari, gli causò la perdita definitiva della cattedra (dal 1°

stian Association – Associazione Cristiana dei Giovani. Tuttavia nella cronaca in «Fede e Vita», n.s., VII/7-8, luglio-agosto 1931, pp. 399-402, Buonaiuti non viene nominato.

44. E. Buonaiuti, *Non soffocate lo spirito*, in «Il Risveglio», X, gennaio 1930, pp. 7-8; qui non si indica la provenienza, che è «Ricerche Religiose», V (1929), pp. 554-555.

45. Su «Fede e Vita» era già iniziata almeno dal 1926: cfr. ad es. E. Buonaiuti, *Il paradosso cristiano*, in «Fede e Vita», n.s., II/1, gennaio 1926, pp. 23-28 (si riporta che proviene da «un giornale quotidiano», difficile però da identificare).

46. M. Ravà, nella sua preziosissima bibliografia buonaiutiana (si veda la recente ristampa anastatica con aggiunte: M. Ravà, *Bibliografia degli scritti di Ernesto Buonaiuti*, Roma, Aracne, 2015), segnalava (al n. 1469) come articolo di Buonaiuti *Dal giorno in cui Cleante aveva sciolto il proprio inno a Giove*... [titolo attribuito da Ravà], in «Ev.», XLIII, 26 agosto 1931, pp. 3-4: sarebbe risultato il primo *inedito* per un periodico metodista. In realtà però non si tratta di un inedito, né di un articolo: è un estratto da un volume di L. Trafelli, *Dottrina di Cristo. Haceldam*, Roma, Mantegazza, 1924, di cui «Ev.» stava in quei mesi riportando alcune pagine. Ipotizzo che la ragione dell'equivoco della Ravà possa trovarsi nel fatto che *Dal giorno*... compariva a firma «E. Buonaiuti». Era però parte di un articolo intitolato proprio *Stralci dal volume "Dottrina di Cristo" di Luigi Trafelli*; si vedano anche, tutti con identico titolo, l'articolo già in «Ev.», XLIII, 12 agosto 1931, p. 3, sempre con firma «E. Buonaiuti» (non segnalato da Ravà) e quelli, stavolta senza firma (perché costituiti da estratti del solo Trafelli), nei numeri del 5 agosto (p. 3) e 2 settembre (pp. 3-4). Il volume è inoltre recensito sul numero del 5 agosto (p. 4); qui si legge: «[...] procede il Trafelli nella enunciazione dei punti più salienti e radicali della dottrina di Cristo, commentandoli con brani consoni di E. Buonaiuti e di G. Papini». Confrontando infatti «Ev.» con il volume originale di Trafelli, si riscontra che i passi di Buonaiuti citati provengono dalle pp. 59-61 (articolo del 12 agosto) e 187-189 (26 agosto) di questo. Trafelli, a sua volta, li traeva dalle conferenze di Buonaiuti *L'essenza del Cristianesimo*, del 1921 (pubblicate nel 1922).

gennaio 1932). Egli trovò, come è noto, ospitalità e supporto presso gruppi protestanti romani e non solo. È da questo momento che le sue relazioni con questi gruppi acquisiscono un carattere più "ufficiale", "istituzionale".

Forse un'anticipazione di questa mutata condizione è rappresentata da un breve articolo che Buonaiuti pubblicò sulla sua rivista «Ricerche Religiose» nel maggio 1931: si intitola *John Wesley* e sembra essere la prima pubblicazione di Buonaiuti sul fondatore del metodismo. Qui Buonaiuti evidenzia il desiderio del primo gruppo metodista di "risvegliare" la Chiesa anglicana ormai cristallizzata nel formalismo. Soprattutto, egli identifica nel metodismo un'anticipazione e un esempio per situazioni contemporanee: ad esempio, nella visione di Wesley di una "società" *interna* alla Chiesa anglicana, che la rinnovasse dall'interno, vede prefigurato il problema dei rapporti del modernismo con la "Chiesa madre" romana (!). Più in generale, l'apprezzamento di Buonaiuti è determinato dal fatto che per lui il metodismo è una delle «reviviscenze carismatiche per entro i confini delle canonizzate tradizioni ecclesiastiche».[47] Si dovrà tornare su questa definizione, approfondendo le relazioni concettuali tra Buonaiuti e il metodismo.

Nel 1932 iniziano i veri e propri contatti "ufficiali", istituzionali tra Buonaiuti e la Chiesa metodista wesleyana (che non avranno paralleli con quella metodista episcopale e con la Chiesa valdese). Il pastore Emanuele Sbaffi, direttore della Scuola Teologica wesleyana, chiama Buonaiuti ad insegnarvi.[48] Occorre contestualizzare questo evento richiamando alcuni brevi cenni sulla storia delle Scuole (o Facoltà) Teologiche metodiste in Italia. Non vi era un'unica Scuola Teologica: la Chiesa wesleyana e quella episcopale aprirono ognuna la propria Scuola, separatamente, per la preparazione dei ministri; dagli anni Venti inizia poi una collaborazione di entrambe con la Facoltà Valdese di Teologia. La Scuola *episcopale*, come

47. e.b., *John Wesley*, in «Ricerche Religiose», VII (1931), pp. 283-284. Qui Buonaiuti scrive anche che ritiene «spiritualmente benefica una larga divulgazione» delle opere di M. Lelièvre, *John Wesley: sa vie et son oeuvre* e *La théologie de Wesley*. L'articolo venne ripubblicato dal periodico wesleyano «Il Risveglio», XI, agosto 1931, p. 23.

48. L'episodio è ricordato anche in Buonaiuti, *Pellegrino di Roma*, pp. 287-288. Probabilmente Buonaiuti aveva conosciuto Sbaffi tramite le attività nelle ACDG, specialmente nella YMCA di Roma. Questo sembra ricavarsi da un'affermazione di M. Ravà: «A Roma, Emanuele Sbaffi, *dopo* aver ascoltato le sue conferenze all'Y.M.C.A. di Roma e averlo *così* conosciuto, lo invitò ad insegnare [...]» (M. Ravà, *Le esperienze fondamentali di Ernesto Buonaiuti*, Roma, Ferraiolo, 1966, [p. 7], cors. miei).

si è visto, aprì nel 1889 a Firenze, fu trasferita a Roma nel 1893, e restò attiva per circa un quarantennio, pur con riorganizzazioni e interruzioni; chiuse definitivamente nel 1929.[49] Più complesso è ricostruire le vicende di quella *wesleyana*: secondo alcune ricostruzioni, già Henry James Piggott ne avrebbe aperta una negli anni Sessanta dell'Ottocento, prima a Padova (1869), poi trasferita a Roma (1873). Ricerche su fondi di archivio e sulla stampa periodica, però, inducono a problematizzare questa ipotesi: ritengo maggiormente probabile che Piggott organizzò semplicemente dei *corsi* di teologia, piuttosto che aprire una vera e propria struttura istituzionale. Piggott seguiva sicuramente la preparazione dei candidati al ministero, i quali – in conformità alle norme della Chiesa metodista – dovevano sostenere degli esami preparati su determinati testi loro assegnati: ma ciò non implica che Piggott avesse fondato effettivamente una Facoltà o Scuola Teologica. Esaminando le fonti archivistiche della WMMS e della Chiesa metodista britannica, si riscontra che mai esse parlano di una Scuola Teologica a Padova o a Roma, in quegli anni, mentre riportano l'apertura di un'istituzione di questo tipo nel 1922 (e nelle annate successive si possono leggere le statistiche, con il numero di studenti e docenti). Negli *Annual Reports* della WMMS tra 1869 e 1875, ad esempio, gli unici riferimenti sono dapprima l'affermazione di Piggott, in un resoconto del 1870, «[w]e have a small Theological Class in Padua»: non si parla di una *scuola*, ma di una *classe*, dato da intendersi come relativo a *insegnamenti* tenuti da Piggott in forma privata, dei quali si dice che hanno cadenza regolare, settimanale, e si auspica che uno o due ministri possano essere così formati.[50] Secondo e ultimo riferimento, in un rapporto del 1874, è l'affermazione di Piggott relativa all'opera a Roma, che viene portata avanti anche grazie al lavoro gratuito dei «Theological Students»: ma non si parla di una Scuola

49. Cfr. *supra*, cap. 4.2.1, p. 234.

50. [Wesleyan Methodist Missionary Society,] *The Report of the Wesleyan Methodist Missionary Society*, London, 1804- (si tratta della serie dei Rapporti Annuali della WMMS; i titoli specifici variano. Possono essere consultati presso gli archivi della SOAS - University of London), qui 1870, pp. 17-18: «We have a small Theological Class in Padua, conducted by Mr. Piggott, who gives regularly weekly instruction in Exegesis, Homiletics, and Dogmatics, and from which we are not without hope that one or two useful labourers may be called to God to scatter the Word of God in this [...] field». Chiarini parafrasò questa fonte affermando che Piggott aprì «nel '69 anche una scuola teologica a Padova, dove si svolgevano gli insegnamenti di esegesi, omiletica e dogmatica» (Chiarini, *Storia delle Chiese metodiste*, p. 34); quest'affermazione venne poi ripresa da altri studiosi.

Teologica, come invece accadrà dal 1922.[51] Situazione simile nei Verbali manoscritti dei Sinodi wesleyani italiani, dove tra gli anni Sessanta e Settanta dell'Ottocento si parla di «corsi» (dogmatica, esegesi, omiletica) o «lezioni» di teologia, ma mai di una Facoltà – che invece figura dagli anni Venti del Novecento.[52] Anche i periodici metodisti italiani di quegli anni non recano traccia di una Scuola Teologica, né nei resoconti dei Sinodi che

51. *The Report of the Wesleyan Methodist Missionary Society*, London, 1874, p. 25. Cfr. invece i *Reports* relativi agli anni 1922-1934 per i resoconti sulla «Theological School» o «Theological Institution»: in partic. quello per il 1922 (edito nel luglio 1923), dove, nella sezione sull'Italia, un paragrafo si intitola *A Theological Institution in Rome*; vi si afferma che la fine del 1922 ha visto un evento degno di nota nella storia della Chiesa metodista italiana: «A school of theology for the training of Italian ministers was opened in the suburbs of Rome» (la sede era a via di Villa Madama, allora una zona periferica); in passato, prosegue il testo, la preparazione dei ministri era stata a volte «defective» (p. 12). Nelle *Statistics of Special Educational Institutions of the W.M.M.S., Dec., 1922* (riportate in Appendice alla sezione, pp. 16-17), sotto *Italy* si legge infatti «Theological School, Rome», con 4 docenti e 4 studenti. Nel volume relativo al 1934 (edito nel giugno 1935), invece, si hanno informazioni sulla chiusura della Scuola, dovuta a mancanza di fondi (vedi p. 9). La data esatta della chiusura (luglio 1933) e ulteriori informazioni si ricavano da altri materiali d'archivio reperibili alla SOAS, le *Synod Minutes* che la Chiesa italiana inviava alla WMMS in Inghilterra (come traduzione dei Verbali italiani), con le statistiche: cfr. *infra*, nota 55 (si vedano gli anni 1923-1934).

52. Cfr. ASCM, Serie I, cartella n. 2: Verbali dei Sinodi generali e distrettuali della Chiesa Metodista Wesleyana 1868-1885, in partic. *Resoconto di una Conferenza di Ministri della Chiesa Evangelica Metodista Italiana del Nord tenutasi in Padova nei giorni 13. 14. 15. 16. Luglio 1869*, dove si afferma che lo «studente di Pedagogia Sig. [Gregorio] Franchina di Padova» ha «seguito il corso di dogmatica, Esegesi ed Omiletica, e studiata la grammatica greca»; più oltre si parla di «lezioni di Teologia». Vedi anche *Conferenza del Distretto Nord d'Italia tenutasi in Milano dal 22 al 30 giugno 1875*, dove, parlando degli esami dei ministri sotto prova, si sottolinea la necessità che gli studi siano «seri ed efficaci», e «si stabilisce in via provvisoria che gli studenti debbano stare 6 mesi presso il Sig. Piggott, e quando egli si deve allontanare ch'egli li metta per altri 6 mesi presso i fratelli che facciano loro continuare gli studi» (p. 18): non si nomina una Scuola Teologica o un'altra struttura di questo tipo. Cfr. invece cartella n. 6 (Verbali dei Sinodi della Chiesa Metodista Wesleyana, 1914-1928) e nn. 7-8 (ivi, 1929-1933 e 1934-1936): dal 1924 in poi si trovano informazioni sulla Scuola Teologica, compresi talvolta brevi riferimenti ai corsi e ai docenti; ad es. in *Verbali del Sinodo Distrettuale tenuto a Parma dal 9 al 13 Maggio 1929*, p. 8, dove Teodoro Vasserot riferisce sui corsi svolti nell'a.a. 1928/1929: Dogmatica ed Inglese (tenuti da E.J. Bradford), Esegesi del Nuovo Testamento, della *Didachè* e dell'*Epistola di Barnaba* e degli apocrifi dell'Antico Testamento, Introduzione all'Antico e al Nuovo Testamento, Storia della Riforma, Storia dei primi tre secoli (tutti tenuti da Teodoro Vasserot), Ebraico e materie letterarie (Lelio Vasserot); gli studenti «seguono anche corsi di Filosofia e Storia delle Religioni presso la R. Università di Roma».

vi venivano stampati, né in articoli o notizie di altro genere: in particolare va tenuto presente «Il Corriere Evangelico» come periodico wesleyano per gli anni 1869-1874, ma in queste annate mai si parla di Scuola Teologica; sono presenti solo sporadici riferimenti a "studenti" che stanno svolgendo una preparazione teologica sotto la guida di Piggott. Per contro, il periodico «Il Risveglio» pubblicherà più volte informazioni sulla Scuola Teologica che i wesleyani apriranno nel 1922. Infine, è emblematico che lo stesso Piggott non affermi mai l'esistenza di una Scuola Teologica, nelle sue memorie pubblicate nel volume *Life and Letters* (né se ne parla, appunto, nelle sue lettere lì riportate): come avrebbe potuto non nominare un'istituzione così importante, se davvero l'avesse fondata? Al contrario, nel 1908 egli affermava rammaricandosi: «Sarebbe stato il mio sogno passare al mio successore una Facoltà di studi, anche se piccola».[53] Sembra dunque sensato concludere che, nell'Ottocento, la Chiesa wesleyana in Italia *non* aprì una vera e propria Scuola Teologica, organizzando invece, in modo più fluido, dei corsi per la preparazione dei ministri.[54]

53. Piggott, Durley, *Henry James Piggott. Vita e lettere*, p. 147 (da una lettera del 13 maggio 1908). Cfr. anche le pp. 110 e 141-143, dove si parla sempre di studenti di teologia, che Piggott prepara individualmente, e mai di una Facoltà. Cfr. anche E. [= H.J.] Piggott, *In memoria di Raffaele Wigley*, in «Ev.», XXVIII, 20 luglio 1916, p. 4, che ricorda che negli anni Ottanta dell'Ottocento i candidati al ministero metodista wesleyano studiavano presso la Scuola Teologica della Chiesa Libera.

54. A mia conoscenza, il testo di Chiarini del 1999 citato in precedenza (nota 50) fu il primo a parlare di una *scuola teologica* fondata a Padova nel 1869; Valdo Vinay, ad esempio, nel 1980 (*Storia dei valdesi. III*, p. 77) scriveva semplicemente che a Padova Piggott «istituì pure dei corsi di teologia per preparare i suoi predicatori». Più complessa la questione di Roma: l'idea di una Scuola Teologica lì fondata nel 1873 è invece precedente. Lo stesso Vinay scrive che «[q]uivi [Piggott] istituì anche una Scuola teologica, sia pure in forma privata e provvisoria» (*ibidem*). Tale cauta espressione indica che già Vinay non considerava questa "Scuola" alla pari di quella in seguito aperta dai wesleyani. Una fonte spesso soggiacente agli studi sul metodismo italiano, l'articolo di Emanuele Sbaffi, *Il Metodismo Wesleyano*, in «Voce metodista», XII, ottobre 1962, pp. 14-16, affermava che a Padova Piggott «raccolse intorno a sé un gruppo di studenti in teologia» e a Roma avrebbe stabilito nel 1873 un «Collegio Teologico», mentre negli anni Venti venne istituita una «Facoltà di Teologia». Di «Collegio Teologico» stabilito a Roma nel 1873 aveva parlato già Ernesto Filippini, ex allievo di Piggott, nel suo articolo *I Wesleyani in Italia*, in «Il Risveglio», VII/12, dicembre 1927, pp. 15-17: si tratta della trascrizione di un discorso da lui pronunciato in occasione del cinquantenario del tempio wesleyano di Roma; Filippini rievocava avvenimenti vissuti oltre mezzo secolo prima. Sulla base delle fonti ottocentesche che ho citato, ritengo che a Padova non venne fondata una "Scuola Teologica", e che sia problematico parlare di un ente simile anche per quanto riguarda Roma (a quell'altezza

Una Facoltà Teologica in senso proprio fu invece sicuramente fondata, come detto, nel 1922; era situata a Roma, in via di Villa Madama 4 (l'edificio era noto come Villa S. Paolo), zona Barriera Angelica, e fu diretta dapprima da Teodoro Vasserot, quindi (dal 1° gennaio 1931) da Emanuele Sbaffi. La Scuola chiuse nel luglio 1933,[55] alla fine dunque dell'anno accademico 1932/33. È qui che Buonaiuti insegnò, evidentemente fino a questa data, e non fino al 1934 come talvolta si è scritto (a meno che non tenne dei corsi in altra sede provvisoriamente attiva ancora per un anno, cosa di cui però non si hanno sufficienti evidenze).

I resoconti del Sinodo wesleyano della primavera 1932 parlano dell'insegnamento di Buonaiuti,[56] dunque egli deve aver iniziato questa attività già nei primi mesi del 1932, appena persa ufficialmente la cattedra statale. Per quanto riguarda la materia insegnata, in *Pellegrino di Roma* Buonaiuti parla di «esegesi e teologia neotestamentaria»,[57] anche se più propriamente si dovrebbe parlare di «Introduzione al Nuovo Testamento»: questa è infatti la dicitura del suo corso che compare in fonti d'archivio della Chiesa wesleyana e della Facoltà, almeno per il 1931/32.[58]

Questa fase di fecondi contatti tra Buonaiuti e gli evangelici italiani, che si sostanziava anche con una sempre più intensa collaborazione alle at-

cronologica); è possibile che nei decenni si siano stratificati degli slittamenti terminologici, e si siano attribuite definizioni non del tutto proprie. Insisto peraltro sull'assenza di affermazioni di Piggott, presunto "fondatore" della "Scuola" di Roma, in favore dell'esistenza di tale istituzione.

55. Cfr. Methodist Missionary Society Archives (presso SOAS - University of London), Europe, Synod Minutes, box 56, Italy 1934, Appendix D: «Closed on July 1933».

56. Cfr. «Il Risveglio», XII/5-6, maggio-giugno 1932, pp. 32-34. Qui si dice che «illustri professori della R. Università di Roma», Ugo Della Seta ed Ernesto Buonaiuti, «recano il loro preziosissimo contributo culturale nell'insegnamento della nostra Scuola Teologica» (p. 34).

57. Buonaiuti, *Pellegrino*, p. 287.

58. Si veda ASCM, Serie V, cartella n. 159: Scuola teologica della Chiesa Metodista Wesleyana: contiene un documento con l'elenco dei corsi e dei docenti e l'orario delle lezioni per il 1932. Qui si trova anche il verbale dell'esame annuale per il corso *Introduzione al Nuovo Testamento*, datato 5 luglio 1932: le «Firme della Commissione» sono quelle di Buonaiuti, Ugo Della Seta, Emanuele Sbaffi, Franco Palazzolo. Buonaiuti risulta nelle commissioni di esami anche nei verbali del luglio 1933. Cfr. ASCM, Serie I, cartella n. 7: Verbali dei Sinodi della Chiesa Metodista Wesleyana 1929-1933, *Verbali del Sinodo Distrettuale tenuto a Napoli dal 10 al 15 Maggio 1933*, Appendice n. 7: da qui si evince inoltre che il docente di «Esegesi del Nuovo Testamento» era, nel 1931/32, Franco Palazzolo. Purtroppo il fondo archivistico della Scuola Teologica è molto lacunoso. Non si può escludere, comunque, che l'insegnamento di Buonaiuti toccasse tematiche più ampie rispetto alla sua dicitura.

tività giovanili, si estrinsecava anche in alcuni articoli che Buonaiuti scrisse sulla propria rivista. Tra questi *Il sale della terra* (1932), una sorta di appello agli evangelici italiani affinché sappiano rivivificare i valori cristiani originari.[59] Accenti simili in *L'evangelismo italiano* (1933)[60] e soprattutto nel più lungo *Ai fratelli evangelici italiani* (1933).[61] Qui Buonaiuti commenta la sua esperienza al campeggio delle Associazioni Cristiane dei Giovani a Villar Pellice (25 agosto-2 settembre 1933). Tali associazioni, scrive, dovranno contribuire al movimento di «nuova riforma» che rinvigorirà la spiritualità italiana: ma affinché ciò accada, bisognerà liberarsi «da tutte le angustie di un rigidismo confessionale» e dalle «schermaglie denominazionali». Inoltre, esse dovranno fare tesoro di quella che Buonaiuti definiva la «prima Riforma», ossia i movimenti dissidenti medievali. Qui Buonaiuti inserisce una personale critica a Karl Barth, la cui teologia cominciava allora ad imporsi all'interno di alcuni gruppi evangelici in Italia, come quello guidato dal valdese Giovanni Miegge, cui Buonaiuti si rivolge.

Il 1933 è un altro anno di intensa attività di Buonaiuti nel mondo evangelico, con conferenze, lezioni, viaggi. Esso si aprì con la ricezione dell'importante libro di Buonaiuti *La Chiesa Romana*, che era uscito nel dicembre 1932 per la casa editrice milanese Gilardi e Noto. Questa casa editrice era stata appena fondata da un laico metodista wesleyano, Ferdinando Visco Gilardi[62] (insieme a Fausto Noto), dirigente dell'ACDG milanese.[63] Il testo

59. e.b., *Il sale della terra*, in «Ricerche Religiose», VIII (1932), p. 273. «L'evangelismo, passando ormai sopra a tutte le consunte denominazioni confessionali, dovrebbe e potrebbe apprestare il contributo salutare di una coscienza chiaroveggente della funzione delle minoranze nella edificazione sempre rinnovata del Tempio di Dio nella storia».

60. e.b., *L'evangelismo italiano*, in «Ricerche Religiose», IX (1933), pp. 186-187. Prende spunto da un recente articolo di Janni su «Fede e Vita» con il quale Buonaiuti si dice d'accordo. Secondo Buonaiuti «poiché la Chiesa di Roma si è impenitentemente irrigidita» di fronte alle invocazioni di «svecchiamento delle sue fossilizzate costruzioni dogmatiche e disciplinari» (evidente il riferimento al modernismo), «toccherebbe alle denominazioni evangeliche farsi banditrici di quella palingenesi cristiana nello Spirito, che è l'esigenza profonda dell'anima contemporanea» (p. 186).

61. E. Buonaiuti, *Ai fratelli evangelici italiani*, in «Ricerche Religiose», IX (1933), pp. 566-568.

62. Su di lui si veda G. Bouchard, A. Visco Gilardi, *Un evangelico nel lager. Fede e impegno civile nella vita di Ferdinando e Mariuccia Visco Gilardi*, Torino, Claudiana, 2005, con utili dati sulle ACDG, nonché con riferimenti a Buonaiuti.

63. Cfr. Spini, *Italia di Mussolini*, pp. 162-163. Vedi anche Bedeschi, *Presentazione*: ricorda il progetto editoriale della casa editrice, diretta da due evangelici, connesso alla pubblicazione de *La Chiesa Romana*. I contatti di Buonaiuti con l'editore Gilardi non

fu subito posto all'Indice e per i suoi contenuti destò ovviamente grande interesse nel mondo evangelico. Sui periodici metodisti comparvero recensioni, passi estratti dal volume,[64] articoli di commento, alcuni decisamente favorevoli,[65] altri più dubbiosi. Ad esempio Luigi Lala vedeva ancora delle ambiguità in Buonaiuti: se pure il suo volume riconosceva dei meriti alla Riforma e criticava vari aspetti della Chiesa romana, egli – scriveva Lala – sembrava ancora guardare a quest'ultima con eccessiva fiducia.[66]

Va detto che l'"ambiguità" di questo volume di Buonaiuti non era riscontrata dal solo Lala: anche il valdese Ugo Janni, pur in rapporti di amicizia con l'ex sacerdote, espresse riserve simili, come si può ricostruire da fonti di archivio, ossia delle lettere inviate da Janni al metodista wesleyano Giovanni Ferreri. Queste descrivono la complessa gestazione di quello che sarà poi un lungo articolo su «Fede e Vita»: complessa perché Janni voleva precisare le differenze della sua posizione rispetto a quella di Buonaiuti, ma senza contrapporsi a questi, anzi voleva "aiutarlo".[67] Janni afferma di aver sempre presentato Buonaiuti «come "leader" di rinnovamento cattolico»,[68] ma *La Chiesa Romana* mostrava delle ambiguità. «Io trovo nel libro un incontestabile elemento religioso di cui è anima un autentico valore cristiano sebbene unilateralmente affermato. Vi trovo poi una ideologia in antitesi con quel valore religioso. Questa coesistenza mi mostra che il B. è ancora in crisi». Janni spera che la crisi sia superata con il prevalere del valore religioso cristiano sull'ideologia. Queste testimonianze confermano e in parte integrano quelle che Lorenzo Bedeschi pubblicò nel 1971, introducendo la nuova edizione de *La Chiesa Romana*, provenienti da lettere di Janni all'editore Gilardi.[69]

finiranno qui: nel 1935 uscirà la traduzione di Buonaiuti di R. Steiner, *Gli enigmi della filosofia*, I, *Dalle origini al secolo XIX*, Milano, Gilardi, 1935.

64. Cfr. *Moniti di E. Buonaiuti*, in «Ev.», XLV, 11 gennaio 1933, pp. 2-3.

65. Così E. Sbaffi, *"La Chiesa Romana" di Ernesto Buonaiuti*, in «Il Risveglio», XIII, marzo 1933, pp. 1-5. Sbaffi vede il pensiero di Buonaiuti in questo libro come «radicalmente riformatore», pensiero che non sarebbe stato compreso appieno nel protestantesimo italiano.

66. L. Lala, *"La Chiesa Romana"*, in «Ev.», XLV, 25 gennaio 1933, pp. 1-2.

67. Archivio storico della Società di Studi Valdesi [d'ora in poi ASSV] (presso ATV), fondo Carte Famiglia Janni, f. 10, cartella "Lettere di Ugo Janni a Giovanni Ferreri 1932-1938", lettera del 2 marzo 1933.

68. Ivi, lettera del 16 gennaio 1933. Si veda anche la lettera del 2 febbraio. L'articolo che Janni pubblicherà è *Il Sacerdote Buonaiuti*, in «Fede e Vita», n.s., IX, 3-4, marzo-aprile 1933, pp. 134-181.

69. Vedi Bedeschi, *Presentazione*, pp. 32-36. Sul tema si veda anche G. Miegge, *Problemi del rinnovamento religioso. Ernesto Buonaiuti e Ugo Janni*, in «Gioventù Cristiana», II, gennaio 1933, pp. 1-8.

Nell'estate del 1933 l'evento centrale è il già citato campeggio delle ACDG a Villar Pellice (25 agosto-2 settembre). L'evento fu testimoniato da ampi resoconti sui periodici metodisti[70] (e su tutta la stampa evangelica); vennero riportate sintesi di vari interventi, tra cui quelli di Buonaiuti, che toccò alcuni dei temi tipici della sua riflessione. Soprattutto, nel contesto di una discussione sui motivi centrali del protestantesimo e in genere del cristianesimo, Buonaiuti entrò in dialettica con il "gruppo Miegge" (i "giovani barthiani").[71] Tra Buonaiuti e Giovanni Miegge c'era stima, al di là delle divergenti posizioni teologiche.[72] È importante ricordare che in questo Campo-Congresso Buonaiuti non fu solo un ospite, ma ebbe un ruolo da protagonista, presiedendo anche le «radunanze serali». Egli ricavò profonde impressioni da questa esperienza: si è già citato quanto trasfuse in un suo articolo. È opportuno però aggiungere quanto scrive in una lettera al valdese Mario Falchi (Presidente della Federazione nazionale delle ACDG) del settembre 1933, che a mia conoscenza è inedita. Qui Buonaiuti ribadisce come serbi il ricordo delle «mirabili giornate» trascorse al Campo, aggiungendo: «È stata, per me, una esperienza di fondamentale importanza. Tutto il mio avvenire di operaio nella causa del Vangelo ne trarrà luce e alimento». Prosegue poi ringraziando Falchi per il «contributo impareggiabile» che reca «al maturare di quella rinascita, che sarà la nuova grande Riforma italica».[73] Buonaiuti dunque ribadiva qui la sua concezione

70. Si vedano F. Geremia, *Il XIV Campo-Congresso Nazionale dell'A.C.D.G.*, in «Il Risveglio», XIII/10, ottobre 1933, pp. 19-24; L. Lala, *Campeggio-Congresso della Gioventù Unionista Italiana*, in «Ev.», XLV, 6 settembre 1933, pp. 1-5. Resoconti più brevi nel valdese «La Luce»: vedi Y.Z., *Il Campo delle Associazioni Cristiane dei Giovani d'Italia*, in «La Luce», XXVI, 6 settembre 1933, pp. 2-3 e Id., *XIV Congresso Nazionale delle Associaz. Crist. dei Giovani*, ivi, 13 settembre, p. 3. Dal 25 al 31 agosto si tenne il Campo, e nei giorni 1-2 settembre il Congresso.

71. Oltre agli articoli citati nella nota precedente si veda Spini, *Italia di Mussolini*, pp. 205-209.

72. In una lettera a Missir del 24 dicembre 1942 Buonaiuti definisce Miegge «senza dubbio lo studioso più preparato che l'Evangelismo italiano abbia in questo momento» (*La vita allo sbaraglio*, p. 515). Si veda anche L. Giorgi, *Su tre lettere di Ernesto Buonaiuti a Giovanni Miegge riguardanti l'interpretazione di Lutero*, in «Rivista di Storia e Letteratura Religiosa», 20/1 (1984), pp. 142-151.

73. ASSV, fondo Associazione Cristiana dei Giovani (A.C.D.G.), f. 4: Corrispondenza 1920-1937, cartella "Ernesto Buonaiuti 1933-1937", lettera di Buonaiuti a M. Falchi del 3 settembre 1937. Sull'impressione positiva di Buonaiuti cfr. Buonaiuti, *La vita allo sbaraglio*, n. 171 del 18 settembre 1933, p. 297.

delle Associazioni giovanili come fermenti per un rinnovamento, anzi una vera *riforma* del cristianesimo in Italia.

In questa fase era intensa anche l'attività di Buonaiuti presso le varie sedi ACDG, in particolare con conferenze e corsi liberi di lezioni.[74] Particolarmente dettagliati e interessanti sono i resoconti sulla sede di Firenze. Qui Buonaiuti, nell'autunno 1933, non solo ha tenuto le sue conferenze sulle "Pietre miliari della storia del cristianesimo", che saranno in seguito raccolte in volume,[75] ma – in base alla testimonianza del pastore metodista Egisto Spini – ha anche tenuto una «omelia», in via San Gallo, ossia nella locale chiesa metodista episcopale.[76] Purtroppo non abbiamo ulteriori dettagli, ma questa affermazione lascia intendere che Buonaiuti partecipò al culto e addirittura predicò: informazione importante, in quanto testimonia che Buonaiuti iniziò questa prassi già presso comunità episcopali, prima che in quelle wesleyane (non si ha però notizia di una cerimonia ufficiale di attribuzione di questo tipo di ruolo, come invece accadrà presso i wesleyani). Altre fonti testimoniano il livello di

74. Presso l'ACDG/YMCA di Roma Buonaiuti teneva, dal novembre 1932, non più semplicemente delle conferenze, ma dei Corsi liberi di Storia delle Religioni, di carattere universitario: cfr. Buonaiuti, *La vita allo sbaraglio*, n. 137 del 21 luglio 1932, pp. 254-255; n. 140 del 23 agosto 1932, pp. 257-258 (e la nota 2 a p. 257); n. 142 del 5 ottobre 1932, p. 261; n. 144 del 1° novembre 1932, p. 264; n. 145 del 13 novembre 1932, p. 265; Bedeschi, *Buonaiuti*, pp. 202 e 204. Il corso dell'inverno 1932/33 era sulle *Religioni di mistero*; quello del 1933/34, in ventuno lezioni, era dedicato a *Razza e religione nella civiltà mediterranea*, ed era «una sintesi della "esperienza religiosa nella civiltà mediterranea da Zarathustra a S. Agostino"». Traggo la citazione e questi ultimi dati da un riassunto dattiloscritto delle relazioni presentate al convegno *Ernesto Buonaiuti e il modernismo*, Torino 27-28 marzo 1982, nel quale la relazione di Salvatore Navarria era appunto dedicata a questo corso di Buonaiuti. Questa fonte si trova in ASSV, fondo Carte Abate Domenico [d'ora in poi Carte Abate], f. 3bis, cartella 3.

75. E. Buonaiuti, *Pietre miliari nella storia del cristianesimo*, Modena, Guanda, 1935 (posto all'*Indice* con decreto del S. Uffizio del 15 gennaio 1936).

76. E. Spini, *Ernesto Buonaiuti in Firenze*, in «Ev.», XLV, 8 novembre 1933, p. 3: viene dato un breve sunto delle quattro conferenze sulle *Pietre miliari nella storia del cristianesimo*, da Gesù ad Agostino. Inoltre, «Domenica 20 ottobre u.s. in Via San Gallo il chiaro, dotto e cristiano conferenziere, pronunziò una edificante omelia, mostrando Gesù come l'unica eterna pietra miliare del cammino che mena al cielo». In via S. Gallo c'era una chiesa metodista episcopale, nel 1939 passata alla Chiesa avventista del settimo giorno. In dicembre Buonaiuti terrà a Firenze un secondo ciclo di quattro conferenze, che prosegue lo svolgimento dell'argomento (dal Medioevo alla contemporaneità, toccando "prima" e "seconda Riforma"): vedi C.G., *Le ultime Conferenze di E. Buonaiuti all'A.C.D.G. di Firenze*, in «Ev.», XLV, 13 dicembre 1933, pp. 3-4.

intimità raggiunto dall'ex sacerdote con ambienti metodisti.[77] Un altro dato significativo che si ricava è che Buonaiuti stava ormai partecipando a iniziative non più solo presso organizzazioni aconfessionali come le associazioni giovanili, ma anche presso entità denominazionali. Questa è la *novità* della fase post-1931.

Anche il 1934 è un anno cruciale in questa prospettiva. Buonaiuti proseguiva le attività sia presso le ACDG di tutta Italia che presso enti delle Chiese metodiste, episcopali e wesleyane.[78] Per quanto riguarda le prime è importante ricordare soprattutto, oltre alle conferenze e al Campo di Taormina,[79] il proseguire dei corsi liberi di Storia delle religioni a Roma: quello del 1934/35 sarà dedicato a *I tragici greci nella religiosità mediterranea*.[80] Un episodio dà l'idea dell'importanza che ormai Buonaiuti aveva raggiunto anche a livello "istituzionale" all'interno delle organizzazioni giovanili: in luglio si incontrarono a Roma (presso il metodista Collegio Internazionale di Monte Mario) rappresentanti e dirigenti dell'Unionismo dell'Italia Centrale e Meridionale, con altri intervenuti, tra cui Buonaiuti. La riunione privata (voluta dal segretario nazionale Cesare Gay, valdese) aveva l'importante scopo di gestire aspetti organizzativi per il futuro delle

77. Si veda la breve cronaca di una «conversazione intorno a vari argomenti religiosi» (non specificati) tenuta da Buonaiuti in casa del prof. R. Parodi ad Alessandria, in «Ev.», XLV, 29 novembre 1933, p. 4.

78. Cfr. «Ev.», XLVI, 28 febbraio 1934, p. 3 e ivi, 13 giugno, p. 4, per conferenze tenute da Buonaiuti presso la Associazione Giovanile Giovanni Wesley di Roma. Cfr. ivi, 4 aprile, p. 3, per interventi di Buonaiuti presso istituzioni (sempre a Roma) di entrambi i rami metodisti: non solo attività culturali, ma anche «meditazioni» durante le «Adunanze di Raccoglimento Spirituale». Cfr. poi L.L. [= L. Lala], *Il mistero eucaristico. Conferenza BUONAIUTI*, ivi, 10 ottobre, p. 2, riassunto di una conferenza-lezione di Buonaiuti presso l'Unione Giovanile Metodista Episcopale (Roma); qui Lala chiama Buonaiuti «amico e maestro». Si veda infine ivi, 5 dicembre, p. 4: il 17 novembre Buonaiuti ha tenuto una conferenza («inquadrata in un culto serale») presso la chiesa metodista episcopale di Milano, e il giorno dopo, un discorso in occasione delle nozze di due membri di chiesa (!).

79. Vedi ASSV, fondo Associazione Cristiana dei Giovani (A.C.D.G.), f. 8: "1925-1938. Campi e congressi". Buonaiuti risulta nel programma del XII Campo Unionista di Taormina, 18-23 aprile 1934: per il 21 è annunciata una conferenza su *Cristo e Paolo*, mentre per il 22 una su *Il problema cristiano nella spiritualità odierna*. Buonaiuti ricorda la sua presenza al campeggio anche in una lettera a Missir del 27 aprile 1934 (Buonaiuti, *La vita allo sbaraglio*, n. 185, p. 318). Egli aveva già partecipato al Campo di Taormina nel 1931 e tornerà nel 1938. Per la cronaca del Campo del 1934 vedi «La Luce», XXVII, 2 maggio 1934, p. 3.

80. Cfr. "Dal Notiziario Unionista", in «Ev.», XLVI, 21 novembre 1934, pp. 3-4.

associazioni giovanili, e di raccogliere proposte.[81] È assai significativo che fu invitato Buonaiuti, il quale non faceva parte, formalmente, né di Chiese evangeliche né della stessa ACDG. Eppure, come si apprende da un report contenuto nell'Archivio storico delle Chiese metodiste, Buonaiuti espose una relazione nella quale spiegava quale dovesse essere il compito futuro delle ACDG (per il rinnovamento della spiritualità), e partecipò vivamente al dibattito.[82] Ma già alla fine del 1933 egli era stato invitato a una seduta del Comitato Nazionale della Federazione italiana delle ACDG, ove peraltro, come ricordava Franco Falchi in una lettera a Domenico Abate, Buonaiuti «ha fatto franche ed esplicite dichiarazioni di identificarsi sempre più con l'Unionismo, l'unico ambiente nel quale si sente in famiglia e dove può lavorare, dichiarandosi disposto a collaborare sempre più con noi».[83]

Un aspetto che è importante ricordare è quello degli ostacoli frapposti talvolta alle conferenze itineranti di Buonaiuti: egli stesso ne parla, in *Pellegrino di Roma*, riferendosi ai «divieti delle questure locali sobillate dalle rispettive curie».[84] Nel 1933, 1934, 1936 e 1938 alcune sue conferenze furono in effetti proibite,[85] anche se questi episodi restano quantitativamente molto minori di quelli in cui le attività andarono a buon fine. Questo clima di pericolosità, però, è fondamentale per capire il motivo della decisione presa dalla Tavola valdese (l'organo direttivo di questa Chiesa) nel maggio 1934: quella di non consentire a Buonaiuti di parlare in locali

81. Cfr. C.G., *A Monte Mario*, in *Unionismo giovanile estivo*, in «Ev.», XLVI, 25 luglio 1934, pp. 3-4.

82. ASCM, cartella n. 574, report intitolato *Convegno unionista di Roma. 8 luglio 1934*. Tra i convenuti, Buonaiuti, E. Eynard, C.M. Ferreri, C. Gay, V. Nitti, C. Predella, E. Sbaffi, A. Sibille. Nelle conclusioni ufficiali della riunione venne ribadito il carattere aconfessionale e indipendente dalle Chiese dell'Unionismo, sebbene si riconoscesse «almeno al momento attuale, la necessità che ha l'Unionismo dell'appoggio del protestantesimo italiano».

83. ASSV, Carte Abate, f. 2: Carteggio Falchi, lettera di F. Falchi (ma la firma è di difficile lettura) ad Abate, Milano 14 novembre 1933. Franco Falchi era figlio del citato Mario, Presidente della Federazione Nazionale delle ACDG; questa cartella contiene lettere di entrambi.

84. Buonaiuti, *Pellegrino*, p. 291.

85. Cfr. ivi, p. 546, nota 8. Cfr. anche Bedeschi, *Buonaiuti*, pp. 202-203 e F. Margiotta Broglio, *Ernesto Buonaiuti*, in «Storia contemporanea», 2/4 (1971), pp. 803-823, qui pp. 818-819, che ricorda anche (nota 57) un caso di proibizione di una conferenza presso la Chiesa metodista wesleyana di Ponte Sant'Angelo (Roma), nel giugno 1935. Su questo caso cfr. Rochat, *Regime fascista*, p. 207, nota 1.

di proprietà della Chiesa valdese. L'episodio, ricordato talvolta anche dalla storiografia,[86] viene illuminato da fonti archivistiche, che consentono di ricostruirne appieno l'antefatto ed il contesto. Nell'aprile 1934 Buonaiuti doveva tenere una conferenza a Catania, invitato dal pastore valdese Teodoro Balma, con cui era in ottimi rapporti. La conferenza avrebbe dovuto svolgersi nel tempio valdese (anche se era un'iniziativa dell'ACDG locale), ma fu proibita: il locale fu così evacuato e Balma venne multato. L'allora moderatore della Tavola Valdese, Alberto Costabel, saputo che si stava organizzando a Torre Pellice, dalla stessa ACDG, un'altra conferenza di Buonaiuti, comunicò la sua decisione ufficiale (condivisa da tutti i membri della Tavola) «di vietare assolutamente che tali conferenze si tengano [...] [in] qualsiasi stabile di proprietà della Tavola».[87] Ma già tre settimane prima Costabel, pur non prendendo ancora provvedimenti ufficiali, aveva espresso idee simili, saputo che Buonaiuti aveva tenuto due conferenze nel locale di culto valdese a Sampierdarena,[88] invitato dal pastore Carlo Lupo (anch'egli di vedute ecumeniche): la preoccupazione di Costabel derivava da un episodio accaduto già prima dei fatti di Catania, ossia la proibizione, da parte delle autorità, di una conferenza che Buonaiuti avrebbe dovuto tenere nel 1933 ad Aosta, invitato da Giovanni Miegge (allora pastore lì). Costabel affermava di aver conosciuto Buonaiuti tramite Alberto Sibille,[89]

86. Cfr. J.-P. Viallet, *La Chiesa valdese di fronte allo Stato fascista*, trad. it., Torino, Claudiana, 1985, pp. 221-222; Spini, *Italia di Mussolini*, p. 164.

87. ASTV, Serie V, Copialettere Moderatore Alberto Costabel, lettera a Davide Jahier, 2 maggio 1934. La proibizione viene ribadita anche in una lettera a Enrico Meynier dello stesso giorno, in cui gli chiedeva di «comunicare a tutti i ministri di culto del tuo distretto il mio formale ed esplicito divieto d'invitare il prof. Bonaiuti a tenere conferenze, o discorsi di qualsiasi genere, nei nostri luoghi di culto o in locali di proprietà della Tavola Valdese o da essa presi in affitto. Ove l'invito sia già stato fatto, dev'essere disdetto».

88. Ivi, lettera a Enrico Meynier, 11 aprile 1934. Meynier era allora soprintendente del Distretto III, Nizza - Liguria - Italia Centrale e Sardegna. Nel suo periodo da soprintendente, Meynier dovette accettare e far rispettare la decisione di Costabel, ma personalmente riteneva positive le conferenze di Buonaiuti: lo testimoniano alcune sue lettere. Vedi ASTV, Serie V, Copialettere Sopraintendente Meynier (III distretto), lettera a Fuhrmann, 19 dicembre 1933: diceva al pastore di Pisa di proseguire per la sua strada; «Le conferenze del prof. Bonaiuti [*sic*] non faranno che del bene»; lettera a Carlo Lupo, 3 maggio 1934: «Il prof. Buonaiuti predicando o parlando nei nostri locali potrebbe comprometterci, secondo lui [il Moderatore] [...]. Per parte mia dissi che non vedevo proprio nulla di male nel fatto di Buonaiuti se parlasse nei nostri locali. Ma ora è successo un grosso guaio a Catania [...]».

89. Valdese, dirigente dell'ACDG/YMCA di Roma dal 1926, fu lui ad invitare lì Buonaiuti per i citati "corsi liberi" di Storia delle religioni. Buonaiuti lo ricorda in *Pellegrino*,

e di stimarlo: ma, scriveva, «non possiamo provocare inutilmente dei provvedimenti dannosi alla nostra chiesa per amor suo».

È interessante notare che la decisione del moderatore incontrò delle resistenze all'interno della Chiesa valdese. Ad esempio il pastore della comunità di Pisa, Alberto Fuhrmann, che aveva già conosciuto e invitato Buonaiuti in precedenza (tra fine 1933 e inizio 1934), scrisse al moderatore esprimendo i suoi dubbi su una decisione che, se poteva essere opportuna per Catania, dato il clima difficile, sembrava però troppo severa se generalizzata. Fuhrmann scriveva di essere già d'accordo con Buonaiuti per altre conferenze, e chiedeva di non doverle annullare.[90] Costabel rispose ribadendo la proibizione, temendo reazioni del regime:

> Il prof. B. non è valdese, non è evangelico nel senso che noi diamo a quella parola, la sua dottrina non è la nostra e, secondo la espressione del direttore generale dei Culti, non possiamo né vogliamo "farne una bandiera", anche perché ciò rappresenta oggi una non necessaria provocazione, che potrebbe ritorcersi in gran danno per l'opera nostra, per opera di chi *oggi* dispone di tutti i mezzi e di tutta la necessaria libertà di farlo.[91]

Fuhrmann però non si diede per vinto e arrivò perfino a disobbedire alle direttive della Tavola. Non è chiaro se già queste annunciate conferenze di maggio si tennero comunque;[92] è certo però che senz'altro Fuhrmann, nel novembre successivo, consentì di nuovo a Buonaiuti di tenere a Pisa una conferenza organizzata dalla locale ACDG. Nel frattempo, con il Sinodo del settembre 1934, era cambiato il moderatore, divenuto Ernesto Comba, nonché il soprintendente del distretto di Fuhrmann, divenuto

p. 288 e in un articolo scritto dopo la sua morte: *Alberto Sibille*, in «Religio», XII (1936), pp. 399-400.

90. ASTV, Serie IX, cartella 365, Fuhrmann Alberto, lettera al Mod. Costabel, 9 maggio 1934. Fuhrmann ricorda la conferenza di Buonaiuti a Pisa del precedente 3 dicembre, dove erano state invitate «le Autorità di P.S. invitandole a presenziare la Conferenza» e «non ci fu il benché minimo incidente. Fin da quell'epoca ho assunto nuovi impegni col Buonaiuti ed egli dovrebbe tornare fra noi il 19 o 20 corr.».

91. ASTV, Copialettere Costabel, lettera a Fuhrmann, 11 maggio 1934.

92. Vedi Buonaiuti, *La vita allo sbaraglio*, lettera n. 188 del 18 maggio 1934, p. 321: «Quest'ultimo mio giro mi ha dato soddisfazioni veramente prelibate. Ho trovato a Bologna, a Genova, a Pisa accoglienze di una così intensa e affettuosa cordialità, che non mi sarei più staccato da questi nuclei di amici». Ciò sembrerebbe indicare che Buonaiuti confermò le conferenze pisane. La corrispondenza di Fuhrmann, Costabel e Meynier non mi ha consentito di reperire ulteriori informazioni; nemmeno «La Luce» fornisce dati.

Paolo Bosio: proprio al primo il pastore di Pisa aveva scritto ribadendo l'«ideale ecumenico» dell'ACDG e il desiderio di coinvolgere anche i movimenti di rinnovamento interni al cattolicesimo.[93] Ma la posizione ufficiale della Chiesa valdese non era cambiata: il soprintendente distrettuale Bosio – peraltro contrario alla linea "ecumenica" delle ACDG, e sostenitore piuttosto di una più netta strutturazione confessionale delle associazioni giovanili[94] – scrisse una dura lettera a Fuhrmann. In questa ribadiva il divieto di far parlare Buonaiuti in qualsiasi locale della Chiesa valdese, e mostrava però anche altre motivazioni oltre al timore di ripercussioni governative, scrivendo che non era ammissibile invitare oratori che non sono evangelici o che hanno, in altre occasioni, cercato di «demolire» le basi «del Cristianesimo stesso col trattare i documenti biblici come documenti di nessun valore storico. [...] [C]iò, anche se quando parlano nei nostri locali non manifestano nessun pensiero pericoloso, riservando l'esposizione di *tutto* il loro pensiero ad altri momenti».[95] Mesi dopo (luglio 1935), in una lettera su altri temi, Bosio non mancherà di aggiungere un *Post Scriptum* con l'obiettivo di corroborare queste decisioni: «Mi s'informa ora che il Questore ha diffidato il Prof. Buonaiuti dal predicare nella Ch. Wesleyana (neanche se è presente il Pastore approvato). Come vedi la Tavola era bene informata. È una cosa dolorosa ma questa è la *situazione di fatto*».[96] Quest'informazione è importante anche perché fornisce un non altrimenti noto *terminus non post quem* di questa attività pastorale, su cui si tornerà fra poco.

Questi scambi epistolari e il loro contesto possono rappresentare un "caso di studio" dei rapporti tra Buonaiuti e la Chiesa valdese. Con questa egli non ebbe relazioni istituzionali positive come con la Chiesa metodista wesleyana, anzi; nel 1939, in un articolo sulla sua rivista, egli tornerà sul-

93. ASTV, Serie IX, cartella 365, Fuhrmann Alberto, lettera al Mod. Comba, 9 novembre 1934.

94. Sulle due correnti, una ecumenica e interdenominazionale, l'altra che voleva un movimento giovanile valdese più confessionale, cfr. Spini, *Italia di Mussolini*, pp. 201-203; Vinay, *Storia dei valdesi. III*, pp. 380-381. Vedi anche Pagliai, *Unionismo fiorentino*. Sotto la moderatura di Comba prevalse la seconda: nel Sinodo del 1935 si decide in tal senso. Nel 1937-38 si costituirà la Federazione delle Unioni Valdesi; ciò comporterà un progressivo distacco "istituzionale" dei valdesi dalle ACDG.

95. ASTV, Serie V, Copialettere Sopraintendente Paolo Bosio (III distretto), lettera a Fuhrmann, 14 gennaio 1935.

96. Ivi, lettera a Fuhrmann, 3 luglio 1935.

la questione delle proibizioni.[97] Certo Buonaiuti era all'epoca sorvegliato dalla polizia, e come si è visto la decisione della Tavola era in gran parte motivata dal timore di ripercussioni. Allo stesso modo però si notano i rapporti comunque amichevoli e di reciproca stima che Buonaiuti ebbe con molti pastori e membri della Chiesa valdese, come appunto Fuhrmann, Lupo, Miegge ed altri.[98] Si ricava inoltre una traccia delle diverse posizioni interne alle Chiese evangeliche italiane: gli elementi più "ecumenici" vedevano di buon occhio la sua collaborazione, altri invece erano di opinione opposta. Si pensi anche al fatto che Emanuele Sbaffi testimoniava di aver ricevuto critiche per la sua decisione di invitare il cattolico Buonaiuti e l'ebreo Ugo Della Seta ad insegnare in una Facoltà teologica protestante (quella wesleyana).[99]

Tornando alle attività di Buonaiuti nel 1934 in relazione alle Chiese metodiste, va segnalata la cronaca di una conferenza (e, sembra, di un sermone) di Buonaiuti a Losanna, in dicembre,[100] importante perché lì il pastore metodista episcopale Franco Panza era in stretta amicizia con l'ex sacerdote e fu fondamentale per la sua successiva chiamata a tenere corsi

97. e.b., *Esperienze singolari*, in «Religio», XV (1939), pp. 57-59.

98. Ai nomi emersi in questa indagine o che saranno citati *infra* (Cesare Gay, Mario Falchi, Giovanni Miegge, Ugo Janni, Giovanni Luzzi, Alberto Sibille, Valdo Vinay, Domenico Abate, Alberto Fuhrmann, Teodoro Balma, Carlo Lupo, Alberto Costabel) è importante aggiungere quello di Francesco Singleton Lo Bue, figlio di un pastore battista ed egli stesso divenuto pastore valdese, le cui lettere ai familiari (che ho potuto consultare grazie alla cortesia del figlio Erberto Lo Bue, che ringrazio) riportano informazioni su Buonaiuti, ad esempio sulle sue conferenze all'ACDG di Pisa (dove Lo Bue risiedeva presso Fuhrmann nei primi anni Trenta) o su quelle di Roma (dove Lo Bue si spostò nel 1934). Lo Bue fu in stretti rapporti con Buonaiuti (conosciuto nel 1933), che nel 1935 gli suggerì l'argomento della tesi di laurea (Ticonio), seguita poi da Pincherle. Lo Bue, dopo la morte di Buonaiuti, pubblicherà un articolo su di lui in «Protestantesimo» (F. Lo Bue, *Ernesto Buonaiuti*, in «Protestantesimo», 1/3 [1946], pp. 68-72). Cfr. il recente libro di F.M. Giordano, *Francesco Singleton Lo Bue. Pastore valdese, antifascista e federalista*, Torino, Claudiana, 2013, che riporta alcune informazioni sui contatti con Buonaiuti (e qualche passo da alcune lettere).

99. Così Ravà, *Le esperienze fondamentali di Ernesto Buonaiuti*, [p. 10], nota 10: «Lo Sbaffi mi raccontò una volta di essere stato acerbamente criticato per questo da alcune correnti protestanti».

100. F.P. [= F. Panza], *Corrispondenze, Chiese ed Istituzioni Metodiste Episcopali – Lausanne*, in «Ev.», XLVI, 26 dicembre 1934, pp. 3-4: il 3 dicembre Buonaiuti ha tenuto una conferenza su *La fede dei nostri padri*, e il 2 ha partecipato al culto, forse con un sermone. In queste occasioni Buonaiuti entrò in contatto con vari professori dell'Università di Losanna. La comunità di Losanna faceva parte del Distretto Svizzero della Chiesa metodista episcopale.

universitari. Ma soprattutto, una cronaca riporta la cerimonia con la quale, il 21 ottobre 1934, Buonaiuti sarebbe entrato nel novero dei «predicatori laici» della Chiesa metodista wesleyana; la cerimonia era stata «presieduta dal Presidente Rev. H. Burdess, assistito dai pastori sigg. Sbaffi, Fava e Carrari».[101] Si ha qui la descrizione di una cerimonia ufficiale che investiva Buonaiuti di un ruolo nella Chiesa wesleyana: un caso senza paralleli nei rapporti di Buonaiuti con le altre denominazioni evangeliche.[102] Come bisogna interpretare questo evento? Naturalmente esso scatenò un terremoto: da più parti si annunciò che Buonaiuti era "passato al protestantesimo". La corretta chiave di lettura la fornisce però lo stesso Buonaiuti, che in un articolo su «Religio», ripubblicato su «L'Evangelista», spiega:

> Al Dr. Burdess, presidente dell'opera wesleyana in Italia, io ho chiesto, per assillo del mio proselitismo religioso, di potere, senza impegni precisi e senza compenso [...] spezzare il pane di Dio dai pulpiti della missione. Ha accolto la proposta con animo grande e cristiano, riconoscendo la nostra solidarietà nel senso augusto dell'universale amore di Dio.
> Ma ho detto chiaro che non entravo, con questo, in alcuna denominazione evangelica. E il Burdess, lealmente, presentandomi alla comunità, ha con tutta chiarezza rilevato l'unicità della mia posizione di esortatore libero e indipendente, cui si offriva il pulpito senza chiedere adesioni od iscrizioni.[103]

Buonaiuti, dunque, non era divenuto ufficialmente un membro o un ministro della Chiesa wesleyana. Egli era un «esortatore libero e indipendente»: se certo fin dalle origini il metodismo prevedeva la figura dell'"esor-

101. «Domenica 21 ottobre, la Fratellanza Wesleyana di Roma è stata chiamata ad assistere ad una cerimonia d'eccezione: l'accettazione del chiarissimo Prof. Ernesto Buonaiuti come predicatore della nostra Chiesa in Italia. La semplice e pur solenne cerimonia presieduta dal Presidente Rev. H. Burdess, assistito dai pastori sigg. Sbaffi, Fava e Carrari, riuscì commovente in modo particolare quando il Presidente porse la mano di fratellanza al professore a nome dei 140 mila predicatori laici della Chiesa Met. Wesleyana. Subito dopo il Prof. Buonaiuti parlò sul tema: *Con gli occhi della fede fissi sulla luce di Dio* (II Pietro I,16) [...]. Alla fine del Culto tutti si strinsero intorno all'esimio Predicatore [...]. Assista l'Eterno il neo-Predicatore per l'opera che egli svolgerà nella nostra Patria» (U. De Filippi, *Corrispondenze, Chiese ed Istituzioni Metodiste Wesleyane – Roma*, in «Ev.», XLVI, 7 novembre 1934, p. 4).

102. Buonaiuti, come detto, ebbe esperienze di predicazione anche all'interno di comunità metodiste *episcopali*, ma non si ha traccia di una cerimonia ufficiale di "affiliazione" come quella dei wesleyani.

103. E. Buonaiuti, *"Cose a posto"*, in «Ev.», XLVII, 13 marzo 1935, pp. 2-3 (da «Religio», XI [1935], pp. 170-171).

tatore" (un predicatore laico non ordinato), il fatto che questi svolga il suo ruolo senza essere membro della Chiesa è comunque un elemento di unicità, che sottolinea la particolare considerazione in cui era tenuto Buonaiuti. Ma dal testo si ricavano altri elementi fondamentali: anzitutto, che fu Buonaiuti stesso a chiedere di collaborare,[104] di svolgere un ruolo nei culti. Buonaiuti, persa ormai la capacità di celebrare liturgie all'interno del cattolicesimo, affermava di sentire la necessità di proseguire comunque una funzione sacerdotale, insoddisfatto del solo lavoro scientifico. Partecipando (come predicatore) ai culti wesleyani intendeva continuare a vivere esperienze di comunione spirituale (lo «spezzare il pane di Dio» va inteso in questo senso ampio e non come "amministrare l'eucaristia").

Ulteriore luce su questo importante avvenimento viene da materiale d'archivio, per la precisione da lettere[105] scambiate tra Buonaiuti e Harold Burdess nel settembre 1934, quindi qualche settimana prima della cerimonia ufficiale. Una lettera di Burdess fa capire la complessità del problema "amministrativo" che l'accoglienza di Buonaiuti come predicatore creava: solitamente i predicatori locali, ricorda, dovevano essere membri di Chiesa, e dovevano essere esaminati da una commissione. Ma, aggiungeva Burdess, nel caso di Buonaiuti si faceva un'eccezione, interpretando le regole «nello spirito e non nella lettera».[106] Buonaiuti rispose scrivendo: dopo molta «riflessione» e «preghiere», «mi sono sentito irresistibilmente spinto a pormi a completa Sua disposizione nel lavoro evangelico che Dio le ha affidato in Italia. [...] E pur non sentendomi in grado di un'adesione

104. Occorre dunque rivedere l'affermazione di Donini, in Buonaiuti, *La vita allo sbaraglio*, p. 245, nota 3: «[Buonaiuti] [a]ccetterà anche, in rare occasioni, di predicare nella Chiesa metodista wesleyana di Banco Santo Spirito». Buonaiuti non "accettò" di predicare (non si tratta di una proposta ricevuta dai wesleyani): fu lui a chiederlo.

105. La cui scoperta e consultazione devo alla cortesia di Barbara Faes, che ringrazio.

106. Burdess affermava che si può essere «membri della invisibile Chiesa di Dio sulla terra» anche senza rientrare nelle liste di una Chiesa specifica, e che la preparazione di Buonaiuti non necessitava ulteriori esami; tanto più che Burdess si diceva certo che Buonaiuti conoscesse «perfettamente» le principali dottrine metodiste. Dunque lo accettava con gioia tra i predicatori. Accademia Toscana di Scienze e Lettere La Colombaria (Firenze) [d'ora in poi Colombaria], Fondo Marcella Ravà-Ernesto Buonaiuti, Contenitore III, Inserto 9, lettera di Burdess a Buonaiuti, 5 settembre 1934. La traduzione dall'inglese, qui e oltre, è mia. Su questo fondo si veda M.M. Lenzi, *Il Fondo Marcella Ravà-Ernesto Buonaiuti dell'Accademia "La Colombaria"*, in «Atti e Memorie dell'Accademia Toscana di Scienze e Lettere "La Colombaria"», 74, n. 60 (2009), pp. 187-201.

formale ad una chiesa, mi sento invincibilmente attratto verso il lavoro apostolico ch'Ella compie in Italia. [...] [L]'avvenire dell'evangelismo fra noi è nelle Sue mani. Iddio la aiuti!».[107] Proprio spinto da tale «impellente [...] interessamento alle sorti del messaggio evangelico in Italia», continuava, «mi permetto di intervenire [...] negli affari della Sua chiesa». Qui infatti Buonaiuti cercava di fare da "mediatore" in una questione amministrativa, sulla quale poi Burdess lo rassicurò.[108] L'intervento di Buonaiuti e la risposta di Burdess rendono l'idea di quanto Buonaiuti fosse addentro alle vicende della Chiesa wesleyana: un'intimità che, come detto, non trova paralleli nelle altre denominazioni evangeliche. In un'altra lettera Buonaiuti esprimeva invece con chiarezza il fatto che la sua scelta proprio della Chiesa metodista wesleyana era ben ponderata e dipendeva da una effettiva conoscenza della «fede metodistica».[109] La predicazione di Buonaiuti nell'ambito della Chiesa wesleyana venne commentata favorevolmente anche da Janni.[110]

Nel 1935, il 25 aprile, Buonaiuti iniziava la sua attività accademica in Svizzera, all'Università di Losanna (ove fino al 1939 terrà corsi presso la Facoltà di Teologia):[111] come accennato, chi mise in contatto Buonaiuti con quell'ambiente fu proprio il pastore metodista Franco Panza. Lo stesso Panza pubblicò sull'«Evangelista» un lungo reportage di tale attività, non solo scientifica: Buonaiuti, presso la comunità evangelica curata da Panza, predicò e tenne meditazioni bibliche.[112]

107. Ivi, lettera di Buonaiuti a Burdess, 6 settembre 1934. Parte di questo passo è citata anche in G.B. Guerri, *Eretico e profeta. Ernesto Buonaiuti, un prete contro la Chiesa*, Torino, Utet, 2007^2, p. 204.

108. Ivi, lettera di Burdess a Buonaiuti, 8 settembre 1934.

109. Ivi, lettera di Buonaiuti a Burdess, 7 settembre 1934: «Io ho sentito il bisogno di formulare il mio desiderio di svolgere un'attività pastorale nella chiesa wesleyana italiana sotto la Sua direzione, per una istintiva necessità della mia coscienza, che è nelle mani di Dio»; parlava infatti di «brama del ministero», e proseguiva: «Quel che ho imparato, avvicinando Lei e la Sua famiglia, dello spirito della fede metodistica ha certamente avuto il suo peso nell'orientamento attuale della mia anima».

110. Cfr. *Il sacerdote Buonaiuti ed il protestantesimo: il nostro commento*, in «Fede e Vita», XI/1-2, gennaio-febbraio 1935, pp. 65-68; *Il Sacerdote Ernesto Buonaiuti e l'Evangelismo*, ivi, 3-4, marzo-aprile 1935, pp. 130-134, con citazione di una lettera di Buonaiuti a Janni del 14 marzo 1935. Si veda anche *Metodismo italiano*, uno scambio di lettere tra Burdess e Janni pubblicato ivi, pp. 147-151.

111. Per il dettaglio di questi si veda Buonaiuti, *Pellegrino*, pp. 549-550, nota 63.

112. F. Panza, *Ernesto Buonaiuti all'Università di Losanna*, in «Ev.», XLVII, 19 giugno 1935, p. 3. Tra i commenti personali di Panza, significativa l'affermazione: «Egli

L'attività "pastorale" di Buonaiuti, peraltro, continuava anche a Roma.[113] Continuava anche la sua collaborazione con le ACDG: nell'autunno/inverno 1935/36 tenne ancora lezioni e conferenze in varie città, tra cui ovviamente Roma, con l'ormai consueto corso di Storia delle religioni, stavolta dedicato a *Dante e il suo poema apocalittico*.[114]

Nel 1935 e poi ancor più nel 1936 e 1937 si assiste a un fenomeno interessante per quanto riguarda le pubblicazioni di Buonaiuti sui periodici: in questi anni compaiono su «L'Evangelista» vari articoli a suo nome, non più semplicemente ripubblicati dalle sue riviste,[115] ma da lui forniti come contributi inediti.[116] Alcuni sono brevissimi,[117] altri più strutturati: tra questi, vanno ricordati almeno *Chiese e... Chiesa*, una sorta di "appello"

[Buonaiuti] è stato per me un valido aiuto nel lavoro di evangelizzazione». Per l'entusiasta racconto buonaiutiano dell'esperienza svizzera si veda *Pellegrino*, pp. 323-330. Sul tema cfr. L. Giorgi, *Buonaiuti e le comunità evangeliche svizzere*, in «Revue de Théologie et de Philosophie», 113 (1981), pp. 376-402; Ead., *Buonaiuti a Losanna. Documenti inediti*, in «Studi storico-religiosi», 6 (1982), pp. 287-321.

113. Cfr. P.A., *Corrispondenze, Roma - Ponte S. Angelo*, in «Ev.», XLVII, 1 maggio 1935, p. 3: alla celebrazione della Pasqua «dettero il loro vibrante messaggio» il Reverendo Hickman e Buonaiuti. «Il Dr. Burdess e il Rev. Sbaffi ministrarono la Santa Comunione».

114. Vedi *Dal Notiziario Unionista, A.C.D.G. di Roma*, in «Ev.», XLVII, 30 ottobre 1935, p. 3.

115. Per gli articoli ripubblicati si vedano *"Cose a posto"*; *Confronti universitari*, in «Ev.», XLVII, 10 luglio 1935, p. 3 (da «Religio», XI [1935], p. 377-378); cfr. *Leggendo e ritagliando, Arte della Contro-riforma*, in «Ev.», XLVII, 30 ottobre 1935, p. 2, ove si riporta *Arte e Religione*, da «Religio», XI (1935), p. 544. Ma si vedano quelli già del 1933: *O Dio, ti ringrazio!...*, in «Ev.», XLV, 19 luglio 1933, p. 1 (corrisponde a *Liberato!*, in «Ricerche Religiose», IX [1933], pp. 364-365); nonché due articoli costituiti in realtà da estratti del volume *Il messaggio di Paolo*, Roma, Calzone, 1933: *Torniamo a Paolo*, in «Ev.», XLV, 8 novembre 1933, p. 1, e *Il canto dell'Amore (I Corinzi XIII)*, ivi, 22 novembre, p. 3 (quest'ultimo è da Ravà segnato come articolo, mentre è la traduzione di *1Cor* 13 pubblicata in *Il mesaggio di Paolo*, pp. 75-77). Occorre ricordare anche quelli che appaiono su «Il Risveglio»: *Parole che non passano per l'ora che passa*, XIV, 7-8, luglio-agosto 1934, pp. 23-24 (comprende *"A volto scoperto"* e *Il vaglio delle anime*, da «Religio», X [1934], pp. 465-467); *L'equipaggio vile*, XV, 1, gennaio 1935, p. 19 (da «Religio», XI [1935], p. 77); *Necrofori*, XV, 9-10, settembre-ottobre 1935, p. 22 (da «Religio», XI [1935], p. 549). Alla fine del 1935 «Il Risveglio» cessò le pubblicazioni.

116. Così anche in base a Ravà, *Bibliografia*, da me comunque verificata e rivista laddove necessario.

117. Si vedano *Se noi nutriamo fede nella vittoria permanente del messaggio cristiano...*, in «Ev.», XLVII, 13 febbraio 1935, p. 1; *Noi siamo nella vita spirituale nudi e disarmati...*, ivi, 20 febbraio, p. 1; *Il naufrago che cerca...*, ivi, 28 agosto, p. 2 (breve trafiletto non segnalato dalla Ravà).

all'evangelismo italiano affinché torni alle «origini valdesi francescane» (quella che Buonaiuti chiamava la "prima Riforma"), ossia al recupero dei valori del Vangelo, superando le eredità teologiche della Riforma del XVI secolo. Bisogna cercare, scrive Buonaiuti, «non Calvino, non Lutero, non Tommaso, né pure Agostino», ma Cristo e Paolo; non la teologia, ma il Regno e la grazia. Così si poteva rivivificare il cristianesimo; «Solo così, al di sopra delle *Chiese*, noi concorreremo alla ricostituzione della *Chiesa*».[118] Va segnalato anche l'articolo *Tre congressi*, in cui Buonaiuti parla della sua partecipazione al Congresso Mondiale delle Fedi, tenutosi a Oxford (1937), e più in generale dei movimenti ecumenici e dei dialoghi tra le Chiese alla ricerca di accordi dottrinali. A suo avviso questi dialoghi servono a poco, se le Chiese non fanno *mea culpa* e non riconoscono, tutte, di aver «tradito le consegne del Vangelo». Occorre allora recuperare i valori cristiani originari. In chiusura Buonaiuti sembra fare un riferimento positivo proprio al metodismo: «la confessione cristiana che potrà meglio contribuire alla nuova palingenesi del Vangelo sarà quella che, per i suoi principii e per le sue finalità, è più aperta allo spirito ed al messaggio del profetismo. L'*Evangelista* sa quale può essere questa Chiesa».[119] Il riferimento al «profetismo» è la chiave per intendere l'allusione, come si vedrà.

118. e.b., *Chiese e... Chiesa*, in «Ev.», XLVIII, 2 dicembre 1936, p. 2. Questo articolo era così forte che il direttore dell'«Evangelista», divenuto Emanuele Sbaffi (il 1° gennaio l'amministrazione del periodico era passata ai wesleyani), dovette aggiungere una nota in cui ribadiva che, pur consentendo con la *pars construens* dell'«illustre amico», non poteva condividere «la sua troppo sommaria ed ingiusta svalutazione della Riforma del secolo XVI» (nota del direttore, *ibidem*). Altri articoli pubblicati da Buonaiuti sull'«Evangelista» nel 1936 sono *Moniti evangelici*, in «Ev.», 11 marzo, pp. 2-3, ove si afferma che sono ormai scardinate le vecchie «nomenclature confessionali», ossia «cattolico» o «protestante»: oggi è «cattolico», scrive Buonaiuti, non chi obbedisce al Sant'Uffizio o è registrato nelle parrocchie romane, ma chi obbedisce alla Giustizia di Dio e cerca il suo Regno; *La Nuova Riforma*, in «Ev.», 9 settembre, p. 2; *L'allocuzione papale*, in «Ev.», 23 settembre, pp. 1-2. Cfr. anche *Il regime della grazia*, in «Ev.», 24 giugno, pp. 1-2 e *Un solo essere in Cristo*, in «Ev.», 18 novembre, pp. 1-2: sono pubblicati anonimi, ma Ravà (nella *Bibliografia*) li ascrive a Buonaiuti. La terminologia sembra buonaiutiana.

119. e. b., *Tre congressi*, in «Ev.», XLIX, 15-22 settembre 1937, p. 4. Un articolo omonimo si trova in «Religio», XIII (1937), pp. 450-451, ma – nonostante lo spunto comune – *non* si tratta dello stesso, ripubblicato (come segnalava invece M. Ravà nella *Bibliografia*, n. 2730): i due testi sono differenti. Su questa esperienza di Buonaiuti a Oxford cfr. anche *Pellegrino*, pp. 376-392. Altri articoli di Buonaiuti comparsi sull'«Evangelista» nell'annata 1937 sono: *Cristianesimo maggiore e minore*, 6 gennaio, pp. 1-2; *Laconicità divina e loquacità umana*, 20 gennaio, pp. 1-2; *Generosità e gratitudine*, 31 marzo, pp. 1-2;

La collaborazione di Buonaiuti con «L'Evangelista» attraverso la fornitura di articoli inediti si concentra soprattutto negli anni 1936-37: dopo il 1937 ho rintracciato solo un breve articolo, comparso nel 1939.[120] Se può essere fatta un'ipotesi per quanto riguarda il *terminus a quo* – ossia che l'incremento si spieghi con il fatto che nel 1936 l'amministrazione del periodico passò dai metodisti episcopali ai wesleyani, con i quali Buonaiuti era in rapporti più stretti – non altrettanti dati si hanno per capire il motivo dell'affievolirsi della collaborazione. Si potrebbe forse ipotizzare che un ruolo sia giocato dall'arrivo del nuovo soprintendente Armstrong (a fine 1937) al posto di Burdess, deceduto il 24 settembre di quell'anno. Forse Buonaiuti non ebbe con Armstrong gli stessi rapporti che ebbe con Burdess.

Negli anni 1936-1939 Buonaiuti fu ancora attivissimo nella collaborazione con le ACDG (ad esempio a Firenze,[121] Roma[122] e Napoli[123]) e altre organizzazioni giovanili evangeliche, come il Gruppo Giovanile Wesleyano di piazza Ponte Sant'Angelo a Roma.[124] Vale la pena di soffermarsi in particolare su alcune attività delle ACDG siciliane durante il 1938,

Rodolfo Otto, 14-21 aprile, pp. 2-3 (questo articolo viene però da «Religio», XIII [1937], p. 240); *Resipiscenza*, 12 maggio, p. 2; *La salutare ironia*, 30 giugno-7 luglio, p. 1; cfr. anche la *Preghiera* pubblicata in «Ev.», 28 luglio-4 agosto, p. 4.

120. E.B., *Pro Juventute*, *Ideale e giovinezza*, in «Ev.», LI, 15 novembre 1939, p. 3.

121. Presso la sede dell'ACDG di Firenze Buonaiuti tenne nell'ottobre 1936 una serie di conferenze su *Visione panoramica del Cristianesimo organizzato*: vedi *All'A.C.D.G. di Firenze*, in «Ev.», XLVIII, 28 ottobre 1936, p. 4; cfr. la cronaca delle conferenze in «Ev.», 11 novembre, p. 4.

122. A Roma tra il novembre e il dicembre 1936 Buonaiuti partecipò a una serie di conferenze tenute nella sede ACDG, sul tema *Il Protestantesimo in Italia dal 1870 alla Guerra*: Buonaiuti parlò di *Modernismo e Protestantesimo: fatti ed idee*. Vedi F. Lo Bue, *All'A.C.D.G. di Roma. Attività culturale*, in «Ev.», XLIX, 6 gennaio 1937, p. 3.

123. Nel 1937/38 vi tenne un corso di lezioni: v. l'annuncio in *Associazioni Cristiane dei Giovani*, in «Ev.», XLIX, 3 novembre 1937, p. 4.

124. Cfr. *Corrispondenze*, *Chiese ed Istituzioni Metodiste Wesleyane - Roma*, in «Ev.», XLVIII, 2 dicembre 1936, p. 4: il 28 novembre, il pastore Emanuele Sbaffi ha annunciato le attività culturali programmate dal Gruppo Giovanile Wesleyano; tra queste, tre conferenze di Buonaiuti su *Visione panoramica del Cristianesimo organizzato*, che si terranno dal 5 dicembre. La cronaca delle conferenze e delle attività correlate è in X., *Attività del Gruppo Giovanile Wesleyano di Roma*, in «Ev.», XLIX, 17 febbraio 1937, p. 4. In questa stessa sede, nel marzo-aprile 1937, Buonaiuti terrà tre conferenze su *Vecchio e Nuovo Testamento*, *Gesù e Paolo*, *La Chiesa primitiva*: vedi X., *Roma - Attività del Gruppo Giovanile*, in «Ev.», XLIX, 7 aprile, p. 4.

alle quali Buonaiuti partecipò: un campeggio e delle conferenze. Su questi eventi si ottengono parecchie informazioni da materiale archivistico, soprattutto dalle carte di Domenico Abate,[125] un laico valdese, a quel tempo divenuto presidente dell'ACDG di Catania. Sembra che Abate avesse conosciuto Buonaiuti all'ACDG di Roma già nel maggio 1930, o comunque certamente al Campo di Taormina dell'estate 1931, dopo il quale i loro rapporti si erano rinsaldati. Da queste carte emerge un rapporto di grande amicizia tra Buonaiuti e il gruppo siciliano, in particolare con Abate (ma anche con il pastore metodista Riccardo Borsari). In una lettera del luglio 1938 Buonaiuti comunicava ad Abate l'impressione ottima avuta del recente campeggio siciliano (16-20 giugno),[126] dal quale traeva ancora la certezza che le ACDG potessero svolgere un ruolo positivo per il rinnovamento religioso in Italia. Questa lettera mostra una volta di più come Buonaiuti non volesse limitarsi a *partecipare* alle iniziative di queste organizzazioni, ma volesse *promuoverle*; egli annunciava che avrebbe incontrato nei giorni successivi un dirigente americano della YMCA e che gli avrebbe esposto tutta la sua «ottimistica fiducia», aggiungendo: «Bisognerà assolutamente superare l'angolo morto dei dissensi confessionali su quest'opera dell'Associazione ed imprimere al lavoro del Comitato Nazionale sempre più salda unità d'indirizzi e in pari tempo sempre più larghe prospettive di proselitismo».[127] Abate e Buonaiuti resteranno in contatto epistolare, anche negli anni di guerra.

Altre fonti d'archivio recano traccia di ulteriori conferenze di Buonaiuti presso le ACDG, non solo siciliane: un programma riferito al marzo 1938 segnala solo nella prima metà di questo mese ben quattordici con-

125. Su questo Campeggio siciliano e su quelli precedenti cfr. E. Ciocca, *La presenza contrastata di Buonaiuti in Sicilia*, in «Fonti e Documenti», 31-32 (2002-2005), pp. 101-127, che ho scoperto dopo aver svolto le mie ricerche d'archivio. Questo studio utilizza materiale dalle Carte Abate (sebbene non le lettere di Buonaiuti da me reperite e citate nel presente lavoro) e altro materiale archivistico.

126. Per l'impressione entusiasta avuta da Buonaiuti di queste attività cfr. Buonaiuti, *La vita allo sbaraglio*, n. 259 del 28 giugno 1938, p. 417, ove parla anche del ruolo importante che le ACDG possono avere.

127. ASSV, Carte Abate, f. 3bis, cartella 1, lettera di Buonaiuti ad Abate, 8 luglio 1938. Buonaiuti ricorda poi di aver tenuto anche una conferenza a Palermo, «nella sede dell'Associazione presso l'amico Borsari». Riccardo Borsari era pastore metodista wesleyano; da sue lettere ad Abate dei mesi precedenti emerge che sia a Palermo che a Catania ci si stava attivando con la Questura per ottenere le autorizzazioni a far parlare Buonaiuti, ma soprattutto si riscontra quale affetto e stima egli provasse per l'ex sacerdote.

ferenze, tra Liguria, Piemonte, Lombardia, Emilia e Toscana (spesso lo stesso tema veniva ripetuto); da qui si apprende anche che Buonaiuti parlò non solo presso le ACDG, ma anche presso una sede UCDG (l'organizzazione giovanile femminile), a Firenze, e presso una delle Unioni Valdesi (organizzazioni giovanili di stampo più marcatamente denominazionale, nate in seguito al progressivo allontanamento della Chiesa valdese dalle ACDG appunto con il prevalere della tendenza "anti-ecumenica" di Paolo Bosio).[128]

Dagli anni 1939-1940 diventa particolarmente complesso reperire dati sui rapporti tra Buonaiuti e il metodismo italiano, sia per l'arrivo della guerra, sia per la chiusura del periodico metodista (1940). Va detto comunque che in questo periodo i contatti di Buonaiuti con gli evangelici si erano ridotti, anzi: ancor più in generale, questo fu un periodo di «solitudine» (anche per divieti imposti e ovvie difficoltà logistiche), come egli scrive nell'autobiografia. Anche le attività delle ACDG erano ridotte, soprattutto quelle della sede di Roma, che con l'entrata in guerra dell'Italia nel 1940 mise i suoi locali a disposizione della Croce Rossa e dell'Esercito: Buonaiuti ebbe allora il permesso di tenere le sue lezioni nella Chiesa metodista episcopale di via Firenze, ma dopo la prima conferenza intervenne la polizia e a Buonaiuti fu proibito di proseguire questa attività.[129] Egli rimaneva in contatto con altri unionisti, ad esempio il già citato Domenico Abate, il quale – come emerge da fonti archivistiche – nel 1942 lo invitò ancora a Catania per tenere delle conferenze. Buonaiuti rispose apprezzando l'idea,

128. Il programma è reperibile in ASCM, cartella n. 574.

129. Si veda Buonaiuti, *Pellegrino*, p. 392: «Il giorno in cui, all'approssimarsi dell'entrata dell'Italia nel secondo [...] conflitto mondiale, l'Associazione cristiana dei giovani di Piazza Indipendenza avrebbe dato i suoi locali in uso alla Croce Rossa Italiana ed io avrei dovuto, per i miei corsi liberi, chiedere ospizio, generosamente e cordialmente concessomi, alla chiesa metodista di Via Firenze, avendo io osato intraprendere un corso sul concetto di libertà del Nuovo Testamento e della primitiva esperienza cristiana, la polizia sarebbe intervenuta subito dopo la mia conferenza a tagliar corto e a proibire per sempre qualsiasi mia attività di conferenziere». Cfr. ivi, p. 433. Sui locali dell'ACDG di Roma cfr. Rochat, *Regime fascista*, p. 310, nota 24: furono requisiti nell'agosto 1940, ma «alcuni locali rimasero affidati a E. Buonaiuti, che assicurava la direzione provvisoria dell'opera» (da un rapporto del questore di Roma, 24 settembre 1941). Probabilmente Buonaiuti doveva limitarsi a gestire gli aspetti amministrativi, senza che gli fosse possibile proseguire lì i corsi. Cfr. anche C. Milaneschi, *Ernesto Buonaiuti e il protestantesimo*, in «Il Tetto», nn. 246-247, marzo-giugno 2005, pp. 61-73, qui 64-65 (Buonaiuti «rappresentante dell'YMCA» negli anni di guerra).

anche per «ravvivare i collegamenti fra le superstiti associazioni cristiane dei giovani tra noi», ma si disse impossibilitato a causa di altri impegni, primo fra tutti il lavoro per la sua monumentale *Storia del cristianesimo*.[130] Secondo la testimonianza di Abate, inoltre, l'opuscoletto buonaiutiano *Tempo di guerra e parola di Dio. Ai fratelli in prigionia*, stampato dalla YMCA a Roma, nel 1944,[131] era frutto proprio di una richiesta dello stesso Abate.[132]

Le comprensibili difficoltà degli anni di guerra saranno parzialmente superate, appunto, solo nel 1944, quando Buonaiuti (in settembre) riprenderà le sue attività presso l'ACDG di Roma. Ancora la corrispondenza con Abate fornisce dati su questa fase: il 30 dicembre 1944 Buonaiuti informava l'amico di aver ripreso parecchie attività, tra cui appunto le conferenze, ma si rammaricava che riavere la cattedra gli fosse ancora «testardamente impedito dalla opposizione della Curia».[133] È noto, peraltro, che l'opposizione sarà così radicale da far temporaneamente revocare il permesso, che poi sarà riottenuto, di spostare le lezioni all'ACDG in aule dell'Università La Sapienza, nel 1946.[134] Un'altra traccia dei fecondi rapporti intercorsi tra Buonaiuti e il metodismo italiano la si ha in una lettera di Buonaiuti a Emanuele Sbaffi del 1945, dalla quale si apprende che il titolo della sua rivista «Il Risveglio» era ispirato proprio all'omonima, sopracitata rivista metodista wesleyana:[135] non mi sembra che questo dato sia mai stato evidenziato.

130. ASSV, Carte Abate, f. 3bis, cartella 1, lettera di Buonaiuti ad Abate, 5 novembre 1942.

131. Serie "Tempo di guerra e parola di Dio", *Ai fratelli in prigionia. Parole fraterne di fiducia del Prof. Ernesto Buonaiuti dell'Università di Roma*, Alleanza Mondiale delle Associazioni Cristiane dei Giovani - (Y.M.C.A.), Centenario 1844-1944; stampato a Roma, via Firenze 38.

132. D. Abate, *Ernesto Buonaiuti e l'unionismo italiano*, in «Impegno» (Rivista trimestrale dell'Unione Cristiana delle Giovani), X/1, gennaio-marzo 1982, pp. 7-12, qui p. 10.

133. ASSV, Carte Abate, f. 3bis, cartella 1, lettera di Buonaiuti ad Abate, 30 dicembre 1944.

134. Su queste vicende cfr. Bedeschi, *Buonaiuti*, pp. 274-280; Margiotta Broglio, *Ernesto Buonaiuti*, pp. 821-823; Buonaiuti, *La vita allo sbaraglio*, n. 322 del 21 ottobre 1945; n. 323 del 20 gennaio 1946; n. 324 del 6 marzo 1946.

135. Colombaria, Fondo Ravà-Buonaiuti, Contenitore III, inserto 9, lettera di Buonaiuti a Emanuele Sbaffi, 17 marzo 1945: «Tra i consensi che la comparsa del primo numero del Risveglio mi ha procacciato, il tuo mi è riuscito particolarmente gradito. Tu sai quale affetto profondo e riconoscente nutra per te dal giorno che allo ostracizzato così dalla Curia, come dall'Accademia, offristi l'ospizio fraterno della tua scuola teologica. C'è qualcosa

Si arriva così alla morte di Buonaiuti, il 20 aprile 1946. Il suo "testamento spirituale" e le parole ivi spese verso gli evangelici sono note, e saranno riprese alla conclusione di questo capitolo. Al suo funerale, il 22 aprile, Emanuele Sbaffi pronunciò il sermone funebre, così come era stato richiesto dallo stesso Buonaiuti prima di morire.[136] Il valdese Giovanni Miegge, qualche giorno dopo, scrisse un articolo su «La Luce»: ricordava Buonaiuti con affetto, apprezzandone il sentimento di «tormento cristiano», l'«accorata invocazione di Dio e della grazia», che ne faceva un «pellegrino per le vie del mondo, in cerca della Città di Dio, mai persa di vista, sempre sperata».[137]

3. *L'interpretazione buonaiutiana del metodismo e del valdismo*

È possibile, infine, indagare il modo in cui Buonaiuti interpretava il metodismo. Come è stato opportunamente sottolineato da Valdo Vinay, tra le denominazioni evangeliche Buonaiuti preferiva quelle «in cui il carattere confessionale era meno pronunciato, come i metodisti wesleyani».[138] Alla luce della sua concezione del dogma come irrigidimento degli originari valori evangelici (soprattutto, come perdita della tensione escatologico-carismatica), risulta comprensibile perché si sentisse attratto dal metodismo,

di significativo, tu lo sai, nel fatto che il mio settimanale abbia ripreso il titolo di una pubblicazione in cui tu hai versato per anni la penna della tua lucida esperienza cristiana». Il periodico ebbe vita breve: cfr. Bedeschi, *Buonaiuti*, pp. 275-276.

136. Traggo questo dato da Paolo De Prai (che ringrazio), il quale mi ha riportato una testimonianza di Maria Sbaffi (figlia di Emanuele) del 2010. Sull'episodio cfr. Spini, *Italia di Mussolini*, p. 164: «Al funerale [di B.] il suo fratello spirituale, Emanuele Sbaffi, predicò un sermone nella linea del cristianesimo ecumenico in cui Buonaiuti aveva professato di morire».

137. G. Miegge, *Ernesto Buonaiuti*, in «La Luce», XXXIX, 30 aprile 1946, p. 3. In questa stessa pagina vi erano altri due articoli dedicati a ricordi di Buonaiuti: un «fraterno omaggio» di Giovanni Rostagno (tratto dal suo *Le mie memorie*) e una cronaca dell'ultimo mese di vita di Buonaiuti (*Le ultime settimane di lotta*, firmato «V.» [= Valdo Vinay?]). In quest'ultima si ricordava che durante la malattia Buonaiuti ascoltava i culti evangelici domenicali trasmessi da Radio Roma, e «fece anche ringraziare un pastore valdese che con tale proclamazione della parola di Dio lo aveva consolato». Si ricordava poi il suo funerale, il 22 aprile, ove parlarono i ministri Cianca e Molè, i proff. Carabellese e Donini, e il pastore Emanuele Sbaffi, «che fece risuonare la nota della speranza cristiana tanto cara a Buonaiuti».

138. Vinay, *Ernesto Buonaiuti e l'Italia religiosa del suo tempo*, p. 106.

la cui prospettiva teologica non pone l'accento sulla priorità di una rigida strutturazione dogmatica. Tra le due denominazioni metodiste all'opera in Italia al tempo di Buonaiuti, egli vedeva probabilmente quella wesleyana come ancor più aperta dell'altra alla "libera circolazione dei carismi"[139] (forse anche per l'assenza di una struttura episcopale).

Prima di approfondire la concezione buonaiutiana del metodismo, è però utile ricordare la sua lettura del valdismo,[140] per percepire le differenze. In sintesi, se in una prima fase (si pensi al volume *Francesco d'Assisi*, 1926) Buonaiuti non esprimeva giudizi particolarmente lusinghieri su Valdo di Lione, in anni successivi (si veda il citato *Pietre miliari nella storia del cristianesimo*, 1935) lo rivaluterà, inserendolo in una «triade» composta anche da Gioacchino da Fiore e Francesco d'Assisi, costituente l'anima di quella che egli chiamava la "prima Riforma". Secondo la concezione dell'ex sacerdote questa "prima Riforma" medievale, a differenza della "seconda" (quella del Cinquecento, sulla quale Buonaiuti mantenne sempre posizioni abbastanza critiche, pur con diverse declinazioni), non si focalizzava su formulazioni teologico-dogmatiche, ma tentava di recuperare il messaggio originario del Vangelo, *in primis* la tensione escatologica per l'avvento del Regno (si pensi a Gioacchino e alla concezione dell'età dello Spirito), ma anche il richiamo alla povertà e la predicazione dei laici (questi ultimi due elementi, però, separano in realtà Gioacchino da Valdo e Francesco). Buonaiuti dunque era interessato al valdismo soprattutto nella sua forma medievale, che riteneva però potesse essere fruttuosa anche per la Chiesa valdese moderna: questa doveva tornare allo spirito della prima.[141] In ciò Buonaiuti trovava un interlocutore nel valdese, ex vetero-cattolico Ugo Janni: anche per Janni il valdismo doveva fungere da "lievi-

139. Cfr. Buonaiuti, *Pellegrino*, p. 41.

140. Sulla valutazione buonaiutiana del valdismo vi è già della letteratura specifica: cfr. in particolare G. Gonnet, *Il Valdismo medioevale secondo Ugo Janni e Ernesto Buonaiuti*, in «Bollettino della Società di Studi Valdesi», n. 153, luglio 1983, pp. 3-24; Id., *Buonaiuti e la «prima Riforma»*, in «Protestantesimo», 37/2 (1982), pp. 95-104; F. Tasca, *Le origini valdesi nella riflessione accademica italiana del XIX secolo, da Felice Tocco a Ernesto Buonaiuti*, in «Protestantesimo», 60/2 (2005), pp. 107-124. Non specificamente focalizzato su Buonaiuti e il valdismo medievale, ma utile per uno sguardo più ampio, M. Benedetti, *Eresie medievali e eretici modernisti*, in *La riforma della Chiesa nelle riviste religiose di inizio Novecento*, a cura di M. Benedetti e D. Saresella, Milano, Edizioni Biblioteca Francescana, 2010, pp. 313-330.

141. Cfr. Buonaiuti, *Ai fratelli evangelici italiani*; Id., *I poveri di Lione*, in «Religio», X (1934), pp. 91-93.

to" per un «rinnovamento cattolico dell'Italia» (come recita il titolo di un suo libro).[142] Buonaiuti non apprezzava la svolta barthiana che la Chiesa valdese stava vivendo dai primi anni Trenta.

Anche in *Pellegrino di Roma* Buonaiuti parlava della Chiesa valdese del suo tempo. Ad esempio, in un passo in cui ricordava la sua partecipazione a culti presso comunità evangeliche sia in Svizzera che in Italia, spiegava che le Chiese evangeliche italiane non gli sembravano ancora aver acquistato «una così solida consistenza e soprattutto un così alto afflato spirituale, da poter appagare chi proveniva [...] dalla ricchezza carismatica della comunità cattolica», mentre si sentì appagato dalla sua esperienza a Losanna. «Le Chiese evangeliche italiane», proseguiva, «risentono tutte di un loro difetto di origine, che le ha fatte piuttosto fraterne associazioni assistenziali, anziché centri pulsanti di libera vocazione cristiana». Tutte, tranne una: l'«eccezione» era per Buonaiuti proprio la Chiesa valdese, che però aveva a suo avviso un diverso difetto, ossia la presenza, nelle sue formulazioni dottrinali, di «una scolastica calvinistica che nulla mi potrebbe far preferire alla scolastica tomistica da cui provengo».[143] Nella Chiesa valdese Buonaiuti vedeva dunque un lato positivo e uno più critico, determinato dalla strutturazione dogmatica riformata.[144] Qui si confermavano le reticenze di Buonaiuti nei confronti della Riforma "classica", e proprio questo riferimento può condurre a vedere cos'altro lo attirasse nel metodismo, oltre alla già ricordata "libertà dal dogma".

Sempre in *Pellegrino*, infatti, ricordando la sua esperienza di docente alla Facoltà teologica metodista, Buonaiuti scriveva:

142. U. Janni, *Il rinnovamento cattolico dell'Italia e la missione del valdismo*, Pinerolo, Unitipografica pinerolese, 1932.

143. Buonaiuti, *Pellegrino*, p. 326. Qui Buonaiuti spiegava di non voler comunque criticare gli evangelici che lo avevano accolto fraternamente: «Lungi da me, recisamente, qualsiasi velleità di critica alle direttive della propaganda evangelica, che nel momento più drammatico e più oscuro della mia esistenza mi venne incontro con le braccia fraternamente aperte e con la più sconfinata larghezza di spirito».

144. Per i testi di Buonaiuti sui valdesi si vedano anche, tra gli altri, *I Valdesi*, in «Religio», X (1934), pp. 375-376; *Valdo e i Valdesi*, in «Religio», XII (1936), pp. 148-149; *Il Sinodo di Cianforan*, in «Ricerche Religiose», IX (1933), pp. 94-95. In quest'ultimo articolo Buonaiuti affermava che «La storia valdese è una grande storia di eroismi ed evocarla è un monito corroborante», e che «il valdesismo [*sic*] delle origini è al cuore dell'unica grande Riforma italiana» (con riferimento al periodo medievale e alla "prima Riforma").

L'insegnamento fra i giovani wesleyani mi permise di conoscer meglio una delle più simpatiche e seducenti forme di reviviscenza profetica nel mondo dell'evangelismo di lingua inglese. Fra tutte le denominazioni evangeliche, la wesleyana mi apparve così nel corso dei miei contatti con la chiesa di Banco Santo Spirito una delle meglio indicate ad esprimere, sul solco dei movimenti nati dalla grande insurrezione religiosa del secolo XVI, l'istanza profetica, così scarsamente rappresentata nell'insegnamento di Lutero e in quello di Calvino, e pure così inerente ad ogni tradizione cristiana che non voglia affievolirsi e intristire.[145]

Il metodismo è dunque per Buonaiuti una forma di «reviviscenza profetica», ed è la denominazione evangelica che meglio esprime l'«istanza profetica», fondamentale per ogni tradizione cristiana che voglia restare "viva" – istanza che egli non vedeva adeguatamente rappresentata in Lutero e in Calvino. Occorre allora approfondire la concezione buonaiutiana di *profetismo*, per capire meglio cosa intendesse.

Proprio alcuni passi di *Pellegrino di Roma* – per limitarsi a questo testo – forniscono spunti preziosi. Buonaiuti connette sempre il profetismo alla tensione escatologica, all'attesa del Regno, all'annuncio di una palingenesi che trasformi il mondo «tuffato fino alla radice dei capelli nelle opere del Maligno»[146] – palingenesi che sarà dono di grazia. Il profetismo era quello dei profeti di Israele, la cui eredità rivivrebbe, sublimata, in Gesù. Ma di profetismo Buonaiuti parla anche in riferimento a Gioacchino da Fiore, il «profeta calabrese»,[147] nell'ottica dello «spirito profetico nella trasmissione del Vangelo»: qui Buonaiuti ricorda la concezione gioachimita dell'avvento di «un'economia dello Spirito». Profetismo implica dunque non solo l'escatologia, ma soprattutto la dimensione carismatica: e in effetti, nelle tradizioni ebraiche e cristiane il profeta è tale in quanto "ripieno di Spirito". In un'altra pagina Buonaiuti parla poi di «profetismo» e di «fermento profetico» nel contesto di una trattazione del concetto di *dogma*: quest'ultimo è la «trascrizione concettuale di posizioni profetiche», esigenza insita all'esperienza religiosa, ma senza il «contenuto carismatico e profetico» il dogma è qualcosa di morto, e se non si torna ciclicamente a recuperare il «profetismo originale», se cioè prevale la fissità dogmatica, la religione perde linfa vitale.[148]

145. Buonaiuti, *Pellegrino*, p. 288.
146. Ivi, p. 75.
147. Ivi, p. 255.
148. Ivi, pp. 398-399.

Perché, allora, il metodismo sarebbe una forma di «reviviscenza profetica»? Alla luce di quanto appena visto, ritengo che Buonaiuti volesse riferirsi in questo caso soprattutto alla dimensione *carismatica*: si ricordi che il metodismo nasce come movimento di "Risveglio", come tradizione che afferma che è appunto lo Spirito di Dio a operare il risveglio nell'interiorità del credente. Si ricordi che Buonaiuti faceva riferimento al Risveglio nel suo già citato articolo *John Wesley* del 1931, ove tra l'altro definiva il metodismo proprio come una delle «reviviscenze carismatiche». Si è visto nei capitoli precedenti come una delle tesi caratteristiche della teologia di Wesley sia la *santificazione*: il credente, operato dalla grazia e dallo Spirito, vive un progressivo perfezionamento nella vita cristiana. Ovviamente torna qui in gioco la minore fissità dogmatica del metodismo, e quindi, poteva pensare Buonaiuti, il mantenere viva la circolazione carismatica e profetica. Una conferma di questa ricostruzione può venire dalle parole di Valdo Vinay, che dopo la morte di Emanuele Sbaffi, nel 1965, così ricordava i rapporti tra questi e Buonaiuti:

> L'istanza rappresentata da Emanuele Sbaffi in mezzo a noi era quella del metodismo, cioè della presenza dello Spirito Santo nella comunità dei credenti e nella vita di ognuno per conseguire la rigenerazione e la santificazione della Chiesa e individuale. È noto quanto Emanuele Sbaffi fosse vicino anche a Ernesto Buonaiuti, per il quale l'attesa dello Spirito Santo aveva un carattere gioachimita escatologico, nella speranza dell'epoca dello Spirito e di una palingenesi universale. Chi poteva non sentire profondamente questa duplice istanza dello Spirito Santo nella vita, nella storia presente, e nell'attesa del Regno di Dio?[149]

Risultano qui ancora evidenziate la dimensione carismatica e quella escatologica. In una sua recensione a un libro su Wesley, inoltre, Buonaiuti affermava ripetutamente che il metodismo costituiva un recupero del «primitivo messaggio cristiano», contro l'assopimento della Chiesa anglicana costituita.[150] Si potrebbe aggiungere, infine, che del metodismo Buonaiuti poteva probabilmente apprezzare l'"ecumenismo" o "ecumenicità", se si

149. V. Vinay, *Incontro con Emanuele Sbaffi*, in «Voce metodista», XV, febbraio 1965, p. 1.

150. Vedi la recensione di Buonaiuti a M. Piette, *John Wesley in the Evolution of Protestantism*, trad. ingl., London 1937, in «Religio», XIV (1938), pp. 56-58. Qui, peraltro, Buonaiuti faceva anche una netta affermazione riguardo la peculiarità del metodismo all'interno della storia del protestantesimo: cfr. *supra*, p. 314, nota 4.

pensa ad alcuni testi wesleyani nei quali si restringe il nucleo dogmatico per consentire un accordo *nell'amore* tra credenti.[151] Ad una «nuova Chiesa Cristiana ecumenica» si sentiva partecipe Buonaiuti nel suo testamento spirituale,[152] una Chiesa alla quale, scriveva, «ho veduto lavorare quelle denominazioni evangeliche che mi sono sempre apparse salutarmente travagliate da un autentico spirito di fraternità, di pace e di vita carismatica nel mondo».[153]

151. Basti qui citare, di John Wesley, il sermone *Catholic Spirit* (1750) e la *Letter to a Roman Catholic* (1749): sul tema mi permetto di rinviare ancora ad Annese, *«With open arms the world embrace»*. Sulla concezione buonaiutiana del metodismo si veda anche la pagina che Buonaiuti dedica a Wesley nella sua *Storia del cristianesimo* (nell'edizione più recente, Roma, Newton Compton, 2002 [ed. or. 1942-1943], alle pp. 837-838), ove commenta un passo di Wesley sul corretto uso del denaro: il metodismo sembra essere presentato come una reazione allo "spirito capitalista" che può derivare, per Buonaiuti, da una certa tradizione calvinista.

152. Secondo Bedeschi (la cui ricostruzione, supportata da lettere di Buonaiuti, mi pare persuasiva) Buonaiuti vive un'evoluzione spirituale che culmina nell'ultimo anno di vita, con il «mutamento definitivo» del settembre 1945, quando ormai è presa «l'irreversibile decisione d'uscire dall'ambito denominazionale della Chiesa romana», auspicando appunto la costituzione di una «nuova Chiesa cristiana ecumenica» (cfr. Bedeschi, *Buonaiuti*, in partic. pp. 263-270 e 281-290). Certamente la riflessione di Buonaiuti non si conclude con *Pellegrino di Roma*, la cui stesura fu ultimata due anni prima della morte e prima di altre decisive vicende.

153. *Il testamento spirituale*, in «1945», II, 20 giugno 1946, p. 1; riportato in «La Luce», XXXIX, 30 giugno 1946, p. 4, e successivamente in *Pellegrino, Nota del Curatore*, pp. 512-513.

Conclusioni

L'anno della morte di Buonaiuti – il 1946 – è lo stesso in cui le due Chiese metodiste italiane, quella wesleyana e quella episcopale, si unirono. Si tratta di una coincidenza, comunque quantomeno suggestiva, pensando agli stretti rapporti che l'ex sacerdote aveva allacciato con le denominazioni metodiste: la scomparsa del *pellegrino di Roma*, figura fondamentale della cultura italiana ed europea dell'ultimo mezzo secolo (e *barometro* dei rapporti tra Stato e Chiesa, come egli si definì),[1] si trovava a coincidere con la chiusura di una fase della storia del metodismo italiano, e l'inizio di una nuova. Sullo sfondo di entrambe, è appena il caso di ricordare la cesura – ovviamente di ben diversa portata – prodotta dalla guerra mondiale appena conclusa.

Proprio la guerra, e le vicende ad essa connesse, avevano influito sulle trattative di unione tra le due Chiese, già in discussione almeno dagli anni Trenta.[2] Un primo evento chiave era stato il crollo di Wall Street del 1929: a causa della conseguente crisi economica, la Chiesa metodista statunitense fu costretta a tagliare i finanziamenti per le missioni, e ciò coinvolse anche l'Italia. Nel 1935-1936 i finanziamenti furono totalmente interrotti, e sotto la gestione di Carlo Maria Ferreri si dovette procedere alla vendita di molte proprietà e al licenziamento e alla liquidazione dei pastori (parecchi continuarono a curare le comunità a titolo gratuito). Parte di essi fu riassunta nel 1939, quando – completato il riassetto – le comunità superstiti si unirono in un Sinodo come Chiesa metodista episcopale d'Italia, realtà sanci-

1. Cfr. Buonaiuti, *Pellegrino di Roma*, p. 459.

2. Concreti programmi in vista dell'unione erano stati fatti, ad esempio, durante la Conferenza Annuale 1933 della Chiesa episcopale, alla quale parteciparono anche i wesleyani. Cfr. Chiesa metodista episcopale d'Italia, *L sessione della Conferenza Annuale* [1933].

ta giuridicamente nel Sinodo dell'ottobre 1940 (nel quale essa si dichiara indipendente da quella statunitense);[3] altri pastori, invece, rientrarono nel 1946, dopo la fusione con i wesleyani.[4] L'ingresso dell'Italia nella Seconda guerra mondiale causò invece ripercussioni sia sulla Chiesa wesleyana che su quella episcopale, a causa dei loro legami (materiali o spirituali) con i paesi anglosassoni di provenienza delle missioni (già dal 1935, con la guerra d'Etiopia, era iniziata una situazione problematica per la Chiesa wesleyana in Italia). Il governo di Mussolini sequestrò le proprietà metodiste. Nel 1942 il moderatore della Tavola Valdese, Virgilio Sommani, offrì alle Chiese metodiste la possibilità di studiare un'unione con la Chiesa valdese (progetti in tal senso erano stati fatti già dal primo dopoguerra), ma le trattative si interruppero appunto per il degenerare della situazione di guerra, con l'occupazione.[5] A conflitto finito le due Chiese metodiste poterono procedere all'unificazione (in occasione di un Sinodo, nel maggio 1946),[6] formando la Chiesa Evangelica Metodista d'Italia (presieduta da Emanuele Sbaffi), che rimase dipendente dalla Conferenza britannica fino al 1962 (quando ottenne la piena autonomia). L'unione con la Chiesa valdese avrà invece luogo nella seconda metà degli anni Settanta.

Tentando di tracciare un bilancio riassuntivo del percorso fatto, quale profilo storico-religioso del metodismo italiano tra Ottocento e primo Novecento, è possibile anzitutto riallacciarsi alle questioni e alle ipotesi di ricerca formulate in apertura. Il taglio storico-religioso, e in particolare storico-teologico, del profilo tracciato intendeva porsi esso stesso come innovativo, mirando ad un'indagine che non ricostruisse solo la storia ecclesiastica – ossia gli avvenimenti delle due Chiese in oggetto e dei loro membri – ma affrontasse in modo sistematico la loro produzione intellettuale, storico-religiosa, teologica. I dati presentati e analizzati sembrano confermare la fondatezza di tale opzione metodologica: il metodismo italiano affiancò agli entusiasmi per gli ideali che avevano ispirato il Risorgimento e alle attività pratiche

3. Cfr. R. Kissack, *Italy*, in *The Encyclopedia of World Methodism*, I, pp. 1239-1242, qui p. 1241.

4. Cfr. V. Benecchi, *Guardare al passato, pensare al futuro. Figure del metodismo italiano*, Torino, Claudiana, 2011, p. 169.

5. Cfr. Spini, *Profilo storico della presenza metodista in Italia*, p. 24; si vedano le pp. 21-25 per il periodo 1929-1946.

6. Cfr. E. Bufano, *La Chiesa Evangelica Metodista d'Italia*, in «Voce metodista», XII, ottobre 1962, pp. 17-18. In questo numero si vedano anche gli articoli di E. Sbaffi e A. Scorsonelli, con informazioni sulla storia delle due Chiese metodiste in Italia.

di evangelizzazione, istruzione, assistenza, anche una produzione storica e teologica. I missionari metodisti inglesi ed americani, e i loro successori, non rinunciarono a presentare e promuovere la specificità della propria tradizione religiosa, non dismisero l'impostazione teologica wesleyana, non si focalizzarono unicamente sulla dimensione pratica, e sulla ricerca dell'aumento di fedeli senza che la loro appartenenza a una denominazione metodista anziché ad altre Chiese evangeliche fosse radicata in una effettiva differenza. I primi missionari inglesi, in una fase preliminare, intendevano contribuire alla diffusione della Riforma in Italia, non fondare immediatamente una Chiesa metodista: ma ben presto gli eventi presero una piega diversa, e la decisione per una strutturazione denominazionale fu non solo presa, ma anche corroborata dall'apposita diffusione dei principi sia dottrinali che organizzativi del metodismo. È emerso del resto come già in quella primissima fase non-denominazionale si programmasse la pubblicazione di sermoni di Wesley in traduzione italiana: un dato dal chiaro significato. Per quanto riguarda la missione americana, restano emblematiche in quest'ottica soprattutto le parole di William Burt, che riflettendo sul significato della presenza e dell'opera della propria Chiesa affermò: «we had no reason to be in Italy if not in our individuality as the Methodist Episcopal Church».[7] Per questo motivo Burt promosse non solo la costruzione di edifici di culto e scuole, ma anche la stampa delle *Dottrine e disciplina* metodiste e di diverse opere di argomento storico-teologico; si pensi ancora al fatto che, nel 1889, egli affermava di aver *venduto* (poco dopo la pubblicazione) già circa 550 copie delle *Discipline* tra i membri di Chiesa:[8] dunque non solo i pastori, ma anche tutti i fedeli laici erano chiamati a conoscere le dottrine metodiste, gli articoli di fede, l'organizzazione e la disciplina della Chiesa. Il numero di copie vendute segnalato da Burt fa pensare che praticamente in ogni casa di fedeli metodisti episcopali fosse presente quel volume (allora i membri erano meno di un migliaio). Questo non vuol dire che tutti ne avessero fatto un dettagliato studio teologico. Ma il dato conferma sia l'esistenza del tentativo di diffondere i principi teologici, dottrinali, organizzativi metodisti, sia una certa efficacia di questo tentativo (il volume fu venduto, dunque *acquistato*: non distribuito gratuitamente).[9]

7. MSAR, 1897, p. 96.

8. MSAR, 1889, p. 246.

9. Si sfiora qui la questione dell'*impatto* o della *ricezione* che la produzione teologica, i testi dottrinali o disciplinari e più in generale la "produzione intellettuale" metodista

Discorso simile si potrebbe fare per i periodici, fondamentale fonte storica e cartina al tornasole per valutare il progetto culturale di una denominazione. Se alcuni erano perlopiù bollettini denominazionali miranti all'informazione e all'edificazione, altri si configuravano come decisamente connotati in chiave di approfondimento culturale, presentando articoli di argomento storico, teologico, esegetico. Qui non mancarono riflessioni sulle dottrine protestanti, su Wesley e il metodismo, nonché sul cristianesimo primitivo e patristico: si è visto anzi come l'"argomento patristico" fosse uno strumento fondamentale nella controversia anticattolica (emblematico il caso di Teofilo Gay). Non va dimenticato che proprio su un periodico metodista apparve nel 1885 una delle prime traduzioni italiane della *Didachè*, testo protocristiano pubblicato solo due anni prima dallo scopritore del manoscritto: in contemporanea con Chiappelli, Comba e Maiocchi, anche il metodista Wigley aveva tradotto dal greco il testo. Tutti i temi poc'anzi citati tornavano anche in diversi volumi. Basti richiamare, ad esempio, la stampa di una serie di testi sulla vita di Wesley e sulla storia del metodismo, oltre che di alcune opere di Wesley stesso: dalla raccolta

possono aver avuto sulle varie comunità. Il tema, in questa sede, non può che rimanere al livello della segnalazione di un nodo problematico passibile di ulteriori approfondimenti: si possono comunque tentare alcune brevi considerazioni. Anzitutto va considerata la difficoltà di un'indagine in tal senso, poiché in definitiva le fonti che più diffusamente si offrono all'analisi sono pur sempre quelle prodotte da una élite intellettuale di pastori e laici, che sta dietro alla produzione dei periodici, dei volumi eccetera. Anche negli archivi delle Chiese indagate, le cartelle *personali* conservate sono soprattutto quelle di pastori o di dipendenti delle Chiese. Non è agevole comprendere se e come i membri di una determinata comunità recepissero discussioni sulla differenza tra la teologia della grazia arminiana e quella calvinista o sul confronto tra testi patristici e dottrine tridentine. Si può intuire che il piano più elevato di riflessione storica, esegetica, teologica rimanesse riservato alla intellighenzia. Tuttavia non si deve escludere un qualche grado di disseminazione, alla luce di dati come appunto l'ampia diffusione delle *Dottrine e disciplina* stampate da Burt, e alla luce del ruolo dei periodici, che raggiungevano ampiamente i membri delle denominazioni (e non solo) e che dunque diffondevano, attraverso i loro articoli, un certo grado di informazione anche culturale. (È noto come, in virtù del principio protestante che ogni fedele debba poter leggere autonomamente le Scritture, l'alfabetizzazione dei membri di Chiese evangeliche fosse superiore alla media italiana del tempo: i periodici non raggiungevano solo l'élite intellettuale). Anche le conferenze tenute nei circoli culturali o nei locali delle chiese dovevano contribuire. Obiettivo della presente indagine era l'analisi della storia delle denominazioni e della loro produzione: la ricaduta sulle comunità potrà essere segnalata come ulteriore spunto di riflessione, da approfondire nella misura in cui le fonti lo consentano.

di sermoni edita da Piggott nel 1868 a *Il Carattere d'un Metodista* e *La perfezione cristiana* nel 1889-1890.

Nell'ambito del metodismo italiano del periodo in oggetto, dunque, non diversamente da quanto accadde in altre denominazioni, si produsse un tentativo di approfondimento storico e teologico della propria tradizione, nonché di altre tradizioni cristiane, non solo protestanti. Resta ovviamente importante valutare le differenze di contesti e prospettive: come si è cercato di documentare, non tutte le iniziative e i testi prodotti in tal senso ebbero la stessa profondità e la stessa connotazione. Citando ancora il caso dei periodici, si è visto come in alcuni di essi (o in alcune fasi della loro esistenza) i riferimenti – ad esempio – alla Riforma (del Cinquecento) fossero a volte sporadici, o non sufficientemente approfonditi. La ricezione di autori e temi patristici – sia nei periodici che nei volumi stampati – fu più estesa ed evidente soprattutto in una prima fase (almeno i primi tre decenni), tendendo poi a ridursi, sebbene mai sparendo del tutto: basti pensare che, ancora alla fine degli anni Venti del Novecento, alcuni insegnamenti impartiti nella Scuola Teologica wesleyana erano dedicati all'esegesi di testi, oltre ad Antico e Nuovo Testamento, come la *Didachè* e l'*Epistola di Barnaba* (a.a. 1928/1929), e che tra le materie d'esame dei candidati al ministero si menzionava «Patrologia» (nei Verbali del Sinodo del 1928).[10] Il confronto con Wesley e la storia e le dottrine metodiste sembra essere stato, a livello complessivo, ancor più diffuso, sebbene anche qui vi fossero differenze: promosso in media più in determinati volumi che nei periodici (a parte qualche caso soprattutto in «La Fiaccola»), tale confronto risulta praticamente assente negli anni della Grande Guerra. Alla luce della riconfigurazione religiosa e teologica che, con il passare dei mesi, le riflessioni sulla guerra prodotte in ambienti metodisti assunsero sempre più, sorprende constatare la pressoché totale assenza di riferimenti al fondatore della propria tradizione spirituale, i cui testi avrebbero invece potuto fornire degli spunti in tal senso (va però ricordata l'implicita fedeltà a Wesley per quanto riguarda l'atteggiamento "aperto" tenuto nella prassi assistenziale). L'eredità wesleyana rivive poi nell'accoglienza "ecumenica" rivolta a Buonaiuti, che la Chiesa wesleyana italiana giunse a nominare ufficialmente tra i *predicatori laici*, come *esortatore* indipendente: mossa che – come ammetteva lo stesso soprintendente Burdess – creava dei pro-

10. Sono altresì attestati insegnamenti dedicati, oltre allo studio della letteratura cristiana antica, anche a quello della *storia* del cristianesimo nei primi quattro secoli.

blemi nell'ottica della legislazione ecclesiastica, perché i predicatori laici dovevano essere *membri* della Chiesa metodista; ma per Buonaiuti si fece un'apposita eccezione, interpretando le regole «nello spirito e non nella lettera» (così Burdess). Vengono in mente alcune situazioni in cui anche Wesley aveva trasceso le regolamentazioni, cercandone lo "spirito", in particolare cercando nei testi biblici (o nella prassi del cristianesimo antico, ancora una volta parametro di riferimento) la giustificazione per azioni apparentemente fuori dalle norme: così nelle prime fasi del movimento metodista, quando Wesley – ministro *anglicano*, come non cessò di definirsi tutta la vita – aveva predicato travalicando i confini parrocchiali di altri ministri anglicani, e alle critiche rispose che suo dovere evangelico ed evangelistico era predicare ovunque si sentisse "chiamato" a farlo;[11] così in occasione proprio dell'istituzione dei predicatori laici, ufficio esteso anche alle donne (idee entrambe osteggiate dalla Chiesa stabilita dell'epoca);[12] così in occasione dell'ordinazione dei primi Soprintendenti metodisti americani, nel 1784. Dopo la Guerra d'indipendenza si rese necessario rendere autonomi i metodisti americani, dotandoli di un proprio corpo pastorale in grado di amministrare i sacramenti. Wesley chiese all'arcivescovo di Londra di ordinare dei predicatori metodisti per l'America, ma questi rifiutò. Dopo lunga riflessione, Wesley si decise a ordinare egli stesso Thomas Coke come soprintendente, incaricandolo di consacrare a sua volta Francis Asbury (Coke e Asbury assumeranno in seguito il titolo di "vescovi"); quindi fornì loro istruzioni per la successiva consacrazione dei ministri (ma Wesley stesso ordinò, insieme a Coke, Richard Whatcoat e Thomas Vasey come "anziani"). Wesley aveva qui richiamato l'esempio della Chiesa alessandrina primitiva, dove i vescovi erano ordinati dai presbiteri, e dunque ritenne che vescovi e presbiteri avessero lo stesso diritto di ordinare.[13] Burdess poteva ben avere in mente questi episodi.

Peculiari, infine, le sintesi (di diverso tipo) filosofico-teologiche tentate da due importanti pensatori del protestantesimo italiano otto-novecentesco come Pietro Taglialatela ed Enrico Caporali. Entrambi filosofi, entrambi

11. L'episodio è stato richiamato *supra*, sia nell'*Introduzione* che nella conclusione del cap. 5.

12. Cfr. Carile, *Il metodismo. Sommario storico*, pp. 40-45.

13. Cfr. ivi, p. 114; J.A. Vickers, *Thomas Coke. Apostle of Methodism*, Nashville (TN), Abingdon Press, 1969, pp. 68-78; J. Wesley *To "Our Brethren in America"*, 10 settembre 1784, in *Letters* (Telford), VII, pp. 238-239. Wesley ordinò in seguito anche dei ministri per la Scozia (1785) e poi per la stessa Inghilterra (dal 1788).

attratti dal metodismo perché lo interpretavano come una confessione che non insisteva sulla rigidità delle formule dogmatiche e che dunque avrebbe lasciato spazio alla riflessione filosoficamente ispirata, entrarono nel pastorato metodista e produssero originali sintesi speculative: il primo – mai abbandonando in ciò lo schema di pensiero degli studi giobertiani – tentando di integrare ragione e *kerygma*, filosofia e teologia, libero arbitrio e grazia (ma non va dimenticato anche il versante controversistico, anticattolico della sua produzione, fino al ponderoso *Il papa-re*, citato anche da Baldassarre Labanca); il secondo, tramite la sua forma originale di positivismo, ancora nell'ottica di una sintesi tra speculazione filosofica e dato di fede, nonché tramite i suoi affreschi storico-teologici sulla storia delle dottrine cristiane, documentati e arricchiti dalle proprie riflessioni. Entrambi si nutrirono, oltre che dell'arminianesimo wesleyano, di fonti patristiche, a volte dichiarate esplicitamente, altre volte presenti in filigrana, come nel caso della traiettoria origeniano-cappadoce del progresso/desiderio infinito attestata in Taglialatela (forse da lui recepita tramite Bruno e Gioberti).

Il metodismo italiano tra Otto e Novecento si inserisce così, con le proprie specificità, nella storia non solo ecclesiastica ma anche culturale del protestantesimo nazionale, in dialogo con le tradizioni cristiane precedenti oltre che con il mondo intellettuale coevo.

Bibliografia

Fonti

Opere

Alcuni giudizi su Giovanni Wesley, fondatore delle chiese evangeliche metodiste, a cura di F. Sciarelli, Roma, Tip. Chiera, 1880.

Arthur, William, *The Tongue of Fire: or the True Power of Christianity*, London, 1856; trad. it. *La lingua di fuoco, ossia la vera potenza del cristianesimo*, Firenze, Claudiana, 1874; poi Roma, Il Risveglio, 1929.

Arthur, William, *The Modern Jove: A Review of the Collected Speeches of Pio Nono,* London, Hamilton, Adams & Co, 1873; trad. it. *Il Giove moderno. Una rivista sui discorsi di Pio IX*, a cura di F. Sciarelli, Roma, Tip. Coltellini e Bassi, 1873 (stampa 1874).

Astié, Jean-Frédéric, *La fin des dogmes?*, in «Revue de théologie et de Philosophie», XXIV (gennaio, marzo, maggio e giugno 1891) e XXV (gennaio 1892).

Binney, Amos, *A Theological Compend: Containing a System of Divinity, or a Brief View of the Evidences, Doctrines, Morals, and Institutions of Christianity, Designed for the Benefit of Families, Bible Classes, and Sunday Schools*, New York, Carlton & Porter, 1840; ediz. aumentata: *Binney's Theological Compend Improved. Containing a Synopsis of the Evidences, Doctrines, Morals, and Institutions of Christianity. Designed for Bible Classes, Theological Students, and Young Preachers*, a cura di A. Binney e D. Steele, New York, Nelson & Phillips, 1875; trad. it. *Compendio di Teologia. Compilato dai Reverendi Amos Binney e Daniele Steele D.D., tradotto dal Dottor Silvio Stazi*, Milano, Tip. Filippo Poncelletti, 1882.

Buonaiuti, Ernesto, *Pietre miliari nella storia del cristianesimo*, Modena, Guanda, 1935.

Buonaiuti, Ernesto, *Pellegrino di Roma. La generazione dell'esodo*, a cura di M. Niccoli, Bari, Laterza, 1964 (ed. or. 1945).

Buonaiuti, Ernesto, *La Chiesa Romana*, Milano, Il Saggiatore, 1971 (ed. or. 1933).

Buonaiuti, Ernesto, *La vita allo sbaraglio. Lettere a Missir (1926-1946)*, a cura di A. Donini, Firenze, La Nuova Italia, 1980.

Buonaiuti, Ernesto, *Storia del cristianesimo*, Roma, Newton Compton, 2002 (ed. or. 1942-1943).

[Burt, William?,] *The Italy Mission of the Methodist Episcopal Church*, s.l., s.d. [ma 1899].

Calvino, Giovanni, *Institutio religionis christianae*, a cura di P. Barth, W. Niesel, in *Joannis Calvini Opera Selecta*, 5 voll., München, Kaiser, 1926-1952, voll. III-V.

Caporali, Enrico, *La question* [sic] *sociale del sistema tributario in Italia. Studj sulla base dei documenti ufficiali*, Bassano, Baseggio, 1868.

Caporali, Enrico, *Geografia enciclopedica rispondente al bisogno degl'Italiani ordinata alfabeticamente*, Milano, Tip. Dante Alighieri, 1873.

Caporali, Enrico, *Storia filosofica della teologia protestante fedele ed infedele* (incompiuta, apparsa a puntate su «La Fiaccola», IV-V [1882-1883]).

Caporali, Enrico, *Epitome di Filosofia italica della nuova scienza. Vademecum delle persone colte che vogliono diventare filosoficamente italiane*, Spoleto, Tip. dell'Umbria, 1911.

Caporali, Enrico, *La chiara religione degli anticlericali italiani confrontata con la nebbiosa tedesca di Romolo Murri (della pubblica opinione moderatore)*, Todi, Tip. Tuderte, 1916.

Chiappelli, Alessandro, *Di una recente scoperta: «La Dottrina de' dodici apostoli»*, in «Nuova Antologia», II ser., LIII, fasc. XVIII, 16 settembre 1885, pp. 209-225.

Chiappelli, Alessandro, *Studii di letteratura cristiana antica*, Torino, Loescher, 1887.

[Circolo Galeazzo Caracciolo,] *A Martino Lutero pel IV Centenario della sua nascita*, Napoli, Morano Editore, 1883.

Comba, Emilio, *Storia della Riforma in Italia. Narrata col sussidio di nuovi documenti*, I, *Introduzione* [unico volume edito], Firenze, Tip. Arte della Stampa, 1881.

Comba, Emilio, *La Dottrina de' Dodici Apostoli*, in «Rivista Cristiana», XIII (novembre-dicembre 1885), pp. 352-366 e 385-397.

Conversione a Cristo di un prete cattolico, morto nell'agosto 1874 in Nuova-York. Lettere confidenziali pubblicate nel febbraio 1875 in Londra. Versione italiana del Dott. Enrico Caporali, a cura di E. Caporali, Roma-Firenze, Claudiana, 1875.

Dardi, Felice, *Storia della Chiesa Metodista Episcopale. Dottrine, organizzazione, statistiche e riepilogo*, Roma, Tip. Metodista, 1896.

Dardi, Felice, *Giovanni Wesley ed il metodismo*, Venezia, Tip. Istituto Evangelico Industriale, 1906.

Emory, Robert, *History of the Discipline of the Methodist Episcopal Church* (1843), edizione riveduta a cura di W.P. Strickland, New York, Carlton & Porter, 1857.

Ferreri, Carlo Maria, *Il Metodismo Episcopale*, s.l., s.d. [ma Roma, 1909].

Ferreri, Carlo Maria, *Profili metodisti*, Roma, Casa editrice metodista, 1912.

Gay, Teofilo, *La Terra del Cristo. Viaggio in Oriente*, Napoli, Tip. Ferrante, 1878; nuova ediz. Firenze, Claudiana, 1881.

Gay, Teofilo, *Arsenale antipapale, ossia Dizionario delle eresie, imposture e idolatrie della Chiesa Romana*, Firenze, Claudiana, 1882; seconda ediz. accresciuta: Napoli, Raimondi, 1897 [ne uscì anche una trad. francese, Cahors, Coulesant, 1901; riprod. facsimile, Marseille, Éd. de la Tarente, 2014].

Gay, Teofilo, *Il Credo. Esposizione e dimostrazione del cristianesimo primitivo riassunto nel Simbolo Apostolico*, Roma-Firenze, Claudiana, 1883.

Gay, Teofilo, *I metodisti episcopali. Studio presentato alla Società Teologica Fiorentina nella seduta del gennaio 1882*, Roma, Tip. Artero, 1883 (seconda ediz. 1885).

Gay, Teofilo, *Lutero in Italia*, in *Martino Lutero secondo i suoi scritti. Raccolta di scritti del Riformatore di Germania tradotti e presentati al popolo italiano per il quarto centenario della sua nascita il 10 Novembre 1883*, Roma-Firenze, Claudiana, 1883, pp. 11-21.

Gay, Teofilo, *Vita di Gesù Cristo. Bozzetti storico-omiletici*, 2 voll., Firenze, Tip. L'arte della stampa, 1881 e Firenze, Tip. Cooperativa, 1884.

Gay, Teofilo, *Vita e scritti di Saulo di Tarso detto San Paolo. Bozzetti storico-omiletici*, Firenze, Tip. Cooperativa, 1885.

Gay, Teofilo, *Histoire des Vaudois. Refaite depuis les plus récentes recherches*, Firenze, Claudiana, 1912.

Gay, Teofilo, *Vita di S. Pietro. Bozzetti storico-omiletici*, Torre Pellice, Claudiana, 1927.

Gioberti, Vincenzo, *Della filosofia della rivelazione*, a cura di G. Massari, Torino-Paris, 1856.

Gioberti, Vincenzo, *Della riforma cattolica della Chiesa: frammenti*, a cura di G. Massari, Torino-Paris, 1856.

Gioberti, Vincenzo, *Della protologia*, a cura di G. Massari, 2 voll., Torino-Paris, 1857.

Janni, Ugo, Comba, Ernesto, *La guerra e il protestantesimo*, Firenze, Direzione del giornale «La Luce», 1918.

Jones, Thomas W.S., *Il Cristo degli Evangeli. Spigolature nel gran campo della storia e del pensiero*, 3 voll., Napoli, Ferrante, 1877, 1879, 1880.

Labanca, Baldassarre, *Marsilio da Padova e Martino Lutero*, in «Nuova Antologia», II ser., XLI, fasc. XVIII, 15 settembre 1883, pp. 209-227.

Labanca, Baldassarre, *Marsilio Mainardino e Martino Luther*, in [Circolo Galeazzo Caracciolo,] *A Martino Lutero pel IV Centenario della sua nascita*, Napoli, Morano Editore, 1883, pp. 87-107.

Labanca, Baldassarre, *Il Cristianesimo primitivo*, Torino, Loescher, 1886.

Labanca, Baldassarre, *La dottrina dei dodici apostoli studiata in Italia*, Roma, Tip. Balbi, 1895 (estratto da «Rivista Italiana di Filosofia», settembre-ottobre 1895).

Labanca, Baldassarre, *Gesù Cristo nella letteratura contemporanea straniera e italiana. Studio storico-scientifico*, Torino, Bocca, 1903.

Labanca, Baldassarre, *Il papato. Sua origine, sue lotte e vicende, suo avvenire: studio storico-scientifico*, Torino, Bocca, 1905.

La Scala, Giuseppe, *Diario di guerra di un cappellano metodista durante la prima guerra mondiale*, a cura di G. Vicentini, Torino, Claudiana, 1996.

Lelièvre, Matthieu, *John Wesley: sa vie et son oeuvre*, Paris, Librairie Évangélique, 1868; trad. it. *Giovanni Wesley. Sua vita e sua opera*, a cura di F. Sciarelli, Padova, Prosperini, 1877.

Lutero, Martin, *Doctor Martin Luthers Werke. Kritische Gesamtausgabe*, 120 voll., Weimar, 1883-2009 [utilizzati in partic. i voll. 6, 11, 19].

Lutero, Martin, *Scritti politici*, a cura di G. Panzieri Saija, Torino, Utet, 1959[2].

Macchioro, Vittorio, *La Federazione degli Studenti per la Cultura Religiosa. Problemi di cultura cristiana*, Roma, La Speranza, 1921.

Macchioro, Vittorio, *Teoria generale della religione come esperienza*, Roma, La Speranza, 1922.

Macchioro, Vittorio, *I sermoncini di un papà*, Roma, La Speranza, 1934.

Mariano, Raffaele, *La Dottrina dei XII Apostoli e la critica storica*, Roma, Tip. Balbi, 1893.

Martino Lutero secondo i suoi scritti. Raccolta di scritti del Riformatore di Germania tradotti e presentati al popolo italiano per il quarto centenario della sua nascita il 10 Novembre 1883, Roma-Firenze, Claudiana, 1883.

Moody, Dwight L., *Secret Power, or The Secret of Success in Christian Life and Christian Work*, Chicago, Revell, 1881; trad. it. *La virtù da alto, ovvero il segreto del successo nella vita cristiana e nel lavoro cristiano*, a cura di F. Sciarelli, Roma, Tip. Chiera, 1882 (seconda edizione: Roma, Tip. Popolare, 1900).

Nevin, Robert J., *St. Paul's Within the Walls: An Account of the American Chapel in Rome, Italy*, New York, D. Appleton and Co., 1878.

Piggott, Enrico [= H.J.], *Breve storia del metodismo fino alla morte di Giovanni Wesley nel 1790* [ma 1791], Padova, Bassanesi, 1868.

Piggott, Theodore Carò, Durley, Thomas, *Life and Letters of Henry James Piggott, B.A., Of Rome*, London, Epworth Press - J. Alfred Sharp, 1921; trad. it. *Henry James Piggott. Vita e lettere*, a cura di F. Cavazzutti Rossi, Torino, Claudiana, 2002.

Punshon, William M., *John Wesley and His Times*, London, 1868; trad. it. *Giovanni Wesley ed i suoi tempi*, a cura di F. Sciarelli, Roma, Tip. Chiera, 1881.

Rosmini, Antonio, *Delle Cinque Piaghe della Santa Chiesa*. Testo ricostruito nella forma ultima voluta dall'Autore con saggio introduttivo e note di Nunzio Galantino, Cinisello Balsamo, San Paolo, 1997.

Sciarelli, Francesco, *Da Vescovi a Papi, ovvero la Chiesa Cristiana Primitiva in Roma ed i principii fondamentali della Potenza Papale*, Firenze, Claudiana, 1881.

Sciarelli, Francesco, *Vita di Martino Lutero. Otto conferenze*, Napoli, 1883.

Sciarelli, Francesco, *Avveramento delle profezie di Gesù Cristo sulla distruzione di Gerusalemme*, Napoli, Lanciano, 1885.

Sciarelli, Francesco, *Da frate a garibaldino e da sacerdote cattolico a ministro evangelico. Memorie autobiografiche*, Napoli, Tip. La Meridionale, 1888 (stampa 1889).

Sciarelli, Francesco, *I miei ricordi (1837-1899)*, Salerno, Tip. Fratelli Jovane, 1900.

Spinoza, Baruch, *Tutte le opere*, a cura di A. Sangiacomo, Milano, Bompiani, 2011.

Stackpole, Everett S., *4 ½ Years in the Italy Mission. A Criticism of Missionary Methods*, Lewiston (ME), The Journal Office, 1894.

Stazi, Silvio, *Lutero secondo il giudizio di Cesare Cantù: studio critico*, Milano, Tip. Poncelletti, 1883.

Sulzberger, Arnold, *Spiegazione degli articoli di fede e dottrine principali della Chiesa metodista*, trad. it. di D. Polsinelli, Napoli, Tip. G. de Angelis, 1885 (ediz. or. *Erklärung der Glaubensartikel und Hauptlehren der Methodistenkirche* [anche citato come *Glaubensbekenntnis der Methodistenkirche*], Bremen, s.d. [ma 1879 o 1880]).

Taglialatela, Alfredo, *La guardia del cuore e altre omelie*, Roma-Venezia, Casa ed. metodista, 1911 [seconda ediz. Roma, La Speranza, 1924].

Taglialatela, Alfredo, *I Sermoni della Guerra*, Roma, La Speranza, 1915.

[Taglialatela, Eduardo,] *Cenni storici della chiesa metodista episcopale*, s.l., s.d. [ma Roma, Tip. La Speranza, 1906].

Taglialatela, Eduardo, *L'educazione nella Chiesa dei primi secoli*, Roma, La Speranza, 1919.

Taglialatela, Pietro, *Istituzione di filosofia*, Napoli, Tip. all'insegna del Diogene, 1864.

Taglialatela, Pietro, *Apologia della dottrina filosofica di V. Gioberti*, Napoli, Tip. all'insegna del Diogene, 1867.

Taglialatela, Pietro, *La scienza, la vita e Francesco de Sanctis. Discorso*, Napoli, Tip. all'insegna del Diogene, 1872.

Taglialatela, Pietro, *Il papa-re nelle profezie e nella storia*, Roma, La Speranza, 1902; seconda ediz. Venezia, Tip. dell'Istituto Evangelico Industriale, 1908.

Taglialatela, Pietro, *In Dio. Saggi – Discorsi – Frammenti di filosofia cristiana*, Roma, La Speranza, 1927.

Taglialatela, Pietro, *Fede, Speranza e Carità. Meditazioni*, Roma, La Speranza, 1927.

Taglialatela, Pietro, *Teoria evangelica della vita e altre meditazioni di Pietro Taglialatela*, Roma, La Speranza, 1929.

Trafelli, Luigi, *Dottrina di Cristo. Haceldam*, Roma, Mantegazza, 1924.

Vitrioli, Tommaso, *Un cartello di logica disfida intimato agl'increduli moderni e singolarmente ad Ernesto Renan dall'avvocato Tommaso Vitrioli*, Napoli, Tip. G. Nobile, 1867.

Whedon, Daniel, *Il pensiero di San Paolo. Commento all'Epistola ai Romani. Libera versione dall'inglese del dott. Enrico Caporali*, Roma, Tipografia romana, 1880.

Opere di John Wesley

The Bicentennial Edition of the Works of John Wesley, dir. da Frank Baker e Richard P. Heitzenrater, Nashville, Abingdon Press, 1984- (voll. VII, XI, XXV e XXVI apparsi in precedenza in *The Oxford Edition of The Works of John Wesley*, Oxford, Clarendon, 1975-1983) [*supra* abbreviato in *Works*].

Il Carattere d'un Metodista, Firenze, Barbera, 1889.

Il Carattere del Metodista, seconda edizione italiana, riveduta e corretta sull'originale inglese, Roma, La Speranza, 1901.

Explanatory Notes upon the New Testament, London, Epworth Press, 1966.

John Wesley, a cura di A. C. Outler, New York, Oxford University Press, 1964.

John Wesley's Letter to a Roman Catholic, a cura di M. Hurley, London-Dublin-Melbourne-Belfast, Geoffrey Chapman - Epworth House, 1968.

The Letters of the Rev. John Wesley, A.M., a cura di J. Telford, 8 voll., London, Epworth Press, 1931.

La perfezione cristiana, Firenze, Barbera, 1890. Questo testo è stato ripubblicato, con un'introduzione aggiunta e minime modifiche linguistiche, a cura di M. Rubboli, Chieti-Torino, Edizioni GBU - Claudiana, 2003.

La perfezione dell'amore. Sermoni, a cura di F. Cavazzutti Rossi, Torino, Claudiana, 2009.

Venti-due [*sic*] *sermoni per il Rev. Giovanni Wesley A.M., fondatore delle Chiese evangeliche dette metodiste*, prima versione italiana, Padova, Bassanesi, 1868.

Wesley's Standard Sermons, a cura di E. H. Sugden, 2 voll., London, Epworth Press, 1951[3] (ed. or. 1921).

The Works of the Rev. John Wesley, a cura di T. Jackson, 14 voll., London, J. Mason, 1829-1831 (rist. 1872), rist. anastatica Grand Rapids (MI), Baker Book House, 1978 [*supra* abbreviato in *Works* (Jackson)].

Fonti archivistiche

Non si elencano qui i singoli documenti esaminati; si riporta il riferimento degli archivi e dei fondi (dei quali sono state in genere consultate varie buste o cartelle) contenenti i materiali citati nel testo (si vedano le note per le collocazioni dettagliate).

Archivio storico delle Chiese metodiste (presso Archivio della Tavola Valdese, Torre Pellice [TO]).

Archivio storico della Tavola Valdese (presso Archivio della Tavola Valdese): in particolare serie V e serie IX.

Archivio storico della Società di Studi Valdesi (presso Archivio della Tavola Valdese): fondo Carte Famiglia Janni; fondo Associazione Cristiana dei Giovani (A.C.D.G.); fondo Carte Abate Domenico.

Archivio della Facoltà Valdese di Teologia (Roma).

Methodist Missionary Society Archives (presso School of Oriental and African Studies – SOAS, University of London): sez. Europe, Correspondence, Italy 1861-1936, boxes 77-78 e 691-697; questi materiali sono consultabili nelle riproduzioni in microfiches (copia di queste è posseduta anche dall'Archivio della Tavola Valdese). Tra gli altri fondi consultati (non posseduti da Archivio della Tavola Valdese), la sez. Europe, Synod Minutes, box 56.

United Methodist Archives and History Center of the United Methodist Church (presso Drew University, Madison [NJ]): General Commission on Archives and History for the United Methodist Church (GCAH), collection *Methodist Episcopal Church Archives: Missionary Activities*; consultati vari fondi individuali e la serie *The Missionary Society of the Methodist Episcopal Church Annual Reports*, 1819-1906. La collezione è consultabile tramite database [*supra* citato anche come United Methodist Church Archives – GCAH (Madison, NJ), *Missionary Files (Microfilm Edition)*], copia del quale è conservata presso l'Archivio della Facoltà Valdese di Teologia (deposito da Archivio storico delle Chiese metodiste).

Accademia Toscana di Scienze e Lettere "La Colombaria" (Firenze): Fondo Marcella Ravà-Ernesto Buonaiuti.

Archivio storico dell'Università di Trieste: Fondo Vittorio Macchioro, sezione *Corrispondenza*, busta 44.

"Discipline", Reports, *Verbali delle Conferenze*

Costituzioni della Chiesa Metodista Episcopale Italiana, Roma, Tip. Chiera, 1879.

Dottrine e disciplina della Chiesa metodista episcopale. 1888. Coll'Appendice, Firenze, Tip. Barbèra, 1889.

Dottrine e disciplina della Chiesa metodista episcopale. Con appendice. 1900, Roma, La Speranza, 1901.

Dottrine e disciplina della Chiesa metodista episcopale. Con appendice. 1912, Roma, Casa editrice metodista, 1913.

[Wesleyan Methodist Missionary Society,] *The Wesleyan Missionary Notices, Relating principally to the foreign missions first established by the Rev. John Wesley, M.A. the Rev. Dr. Coke and others, and now carried on under the direction of the Methodist Conference*, London, 1839-1904.

[Wesleyan Methodist Missionary Society,] *The Report of the Wesleyan Methodist Missionary Society*, London, 1804- [Rapporti Annuali della WMMS; i titoli specifici variano. Possono essere consultati presso gli archivi della SOAS - University of London].

Annual Reports della Missionary Society della Methodist Episcopal Church: cfr. *supra, Fonti archivistiche.*

Annual Reports della Woman's Foreign Missionary Society (WFMS) della Methodist Episcopal Church, anni 1889-1936 [i volumi, ora digitalizzati tramite un progetto della Drew University, sono accessibili da diversi database, tra cui <https://archive.org/>].

Verbali delle Conferenze (o Sinodi) della Chiesa wesleyana italiana: consultabili presso Archivio storico delle Chiese metodiste.

Chiesa metodista episcopale, *Conferenza Annuale Italiana*, 1889-1936 [si tratta delle Minute o Verbali a stampa delle Conferenze Annuali: titoli specifici, luogo e data di edizione variano. Possono essere consultati presso l'Archivio della Facoltà Valdese di Teologia (Roma). I Verbali mss. delle Conferenze precedenti sono invece in Archivio storico delle Chiese metodiste].

Fonti patristiche

Per quanto riguarda le opere patristiche citate, le edizioni utilizzate (ove non diversamente specificato) sono quelle riportate in *Thesaurus Linguae Grecae* (TLG), Irvine, University of California, 1999 (per gli autori greci), e in *Library of Latin Texts – 5* (CLCLT-5), Turnhout, Brepols, 2002 (per gli autori latini); per le opere di Agostino si sono utilizzate le edizioni riportate in CLCLT e le traduzioni pubblicate in *Opere di sant'Agostino*, Roma, Città Nuova, 1965-2004 (Nuova Biblioteca

Agostiniana). Si riporta di seguito il dettaglio almeno delle opere più diffusamente o più direttamente citate:

Agostino, *Confessiones*, ed. L. Verheijen, Brepols, Turnhout, 1981 (Corpus Christianorum, Series Latina [CCSL], 27).

Agostino, *Contra Adimantum*, ed. J. Zycha, Österreichische Akademie der Wissenschaften, Wien, 1891 (Corpus Scriptorum Ecclesiasticorum Latinorum [CSEL], 25).

Agostino, *De civitate Dei*, ed. B. Dombart, A. Kalb, Brepols, Turnhout, 1955 (CCSL, 47-48).

Agostino, *De Trinitate*, ed. W.J. Mountain, Brepols, Turnhout, 1968 (CCSL, 50-50A).

Agostino, *Enarrationes in Psalmos*, ed. E. Dekkers, J. Fraipont, Brepols, Turnhout, 1956 (CCSL, 38-39-40).

Agostino, *In Evangelium Ioannis*, ed. R. Willems, Brepols, Turnhout, 1954 (CCSL, 36).

Agostino, *Opus imperfectum contra Iulianum*, ll. 1-3, ed. M. Zelzer, Österreichische Akademie der Wissenschaften, Wien, 1974 (CSEL, 85/1).

Agostino, *Retractationes*, ed. A. Mutzenbecher, Brepols, Turnhout, 1984 (CCSL, 57).

Ambrogio, *Explanatio Symboli*, ed. O. Faller, Österreichische Akademie der Wissenschaften, Wien, 1955 (CSEL, 73).

Clemente Alessandrino, *Stromata*, ed. O. Stählin (rev. L. Früchtel), Berlin, Akademie Verlag, 1960[3] e 1970[2] (Die Griechischen Christlichen Schriftsteller der drei ersten Jahrhunderte [GCS], 52 e 17).

Didachè, ed. W. Rordorf, A. Tuilier, Cerf, Paris, 1978 (Sources Chrétiennes [SC], 248).

Didachè, ed. M. Simonetti, in *Seguendo Gesù. Testi cristiani delle origini*, a cura di E. Prinzivalli, M. Simonetti, I, Milano, Fondazione Lorenzo Valla - Arnoldo Mondadori, 2010.

Giustino, *Apologia Prima*, ed. Ch. Munier, Cerf, Paris, 2006 (SC, 507).

Giustino, *Dialogus cum Tryphone*, ed. E.J. Goodspeed, in *Die ältesten Apologeten*, Göttingen, Vandenhoeck & Ruprecht, 1915.

Ireneo, *Adversus haereses*, ed. W.W. Harvey, 2 voll., Cambridge, Cambridge University Press, 1857.

Origene, *Commentarii in Ioannem*, ll. I-V, ed. C. Blanc, Cerf, Paris, 1966 (SC 120).

Rufino, *Expositio Symboli*, ed. M. Simonetti, in *Tyrannii Rufini Opera*, Brepols, Turnhout, 1961 (CCSL, 20).

Tertulliano, *De corona militis*, ed. E. Kroymann, in *Tertulliani Opera*, Brepols, Turnhout, 1954 (CCSL, 2).

Tertulliano, *De idololatria*, ed. A. Reifferscheid, G. Wissowa, ivi.

Vincenzo di Lerino, *Commonitorium*, ed. R. Demeulenaere, Brepols, Turnhout, 1985 (CCSL, 64).

Periodici

Non si elencano qui i singoli articoli consultati o citati in nota; si riporta il nome dei periodici e il dettaglio delle annate analizzate (si riportano singole annate in caso di spoglio selettivo).

«Bilychnis» (1912-1931) [in partic. annate 1916 e 1923].
«La Civiltà Cattolica» (1850-) [annate 1905 e 1925].
«La Civiltà Evangelica» (1874-1902).
«Conscientia» (1922-1927) [annata 1923].
«Il Corriere Evangelico» (1869-1876).
«L'Evangelista» (1889-1940).
«Fede e Vita» (1908-1937).
«La Fiaccola» (1878-1880, 1882-1888).
«Gioventù!» (1905-1908) [annata 1908].
«Gioventù Cristiana» (1928-1940) [annate 1931 e 1933].
«Gnosis» (1921).
«L'Italia Evangelica» (1881-1907) [annate 1881 e 1883].
«Letture di Famiglia» (1861-1864).
«La Luce» (1907-1992) [in partic. annate 1915, 1918, 1921, 1925, 1933-34, 1946].
«Lumen de Lumine» (1905-1908).
«Il Museo Cristiano» (1867-1868).
«La Nuova Scienza» (1884-1892) [in partic. annata 1884].
«Ricerche religiose» (1925-1944; dal 1934 «Religio»).
«La Riforma Italiana» (1912-1920).
«La Riforma Laica» (1910-1913).
«Il Risveglio» (1921-1935).
«La Rivista Cristiana» (1873-1887, 1899-1913) [annate 1885 e 1908].
«Semplicista!» (1913-1915, 1919-1924) [annata 1915].
«Voce metodista» (1951-1974) [annate 1962 e 1965].

Studi

Alciati, Roberto, *Salvatore Minocchi e gli studi storico-religiosi*, in *La storiografia storico-religiosa italiana tra la fine dell'800 e la seconda guerra mondiale*, a cura di M. Mazza e N. Spineto, Alessandria, Edizioni dell'Orso, 2014, pp. 27-44.

Angeleri, Paolo, *"Nonconformisti" a Padova. 134 anni di metodismo nella città del Santo*, Padova, 2000 (stampato ma non pubblicato).

Annese, Andrea, *Le Chiese metodiste e la Grande Guerra. Il dibattito ideologico e l'impegno pratico*, in *La Grande Guerra e le Chiese evangeliche in Italia (1915-1918)*, a cura di S. Peyronel Rambaldi, G. Ballesio e M. Rivoira, Torino, Claudiana, 2016, pp. 105-143.

Annese, Andrea, *«With open arms the world embrace». Motivi "ecumenici" in John Wesley: per un confronto con Erasmo da Rotterdam*, in *Ecumenismo e cattolicità delle Chiese. Il contributo del metodismo*, a cura di A. Annese, Roma, Carocci, 2016, pp. 101-117.

Annese, Andrea, *Buonaiuti e gli evangelici italiani: metodisti, valdesi, associazioni giovanili*, in *Ernesto Buonaiuti nella cultura europea del Novecento*, a cura di P. Carile e M. Cheymol, numero monografico di «Modernism», 2 (2016), pp. 193-235.

Annese, Andrea, *Rosmini, Newman e la critica al razionalismo teologico. La dialettica tra ragione,* kerygma *e autorità e il principio dello sviluppo dottrinale*, in «Studi e Materiali di Storia delle Religioni», 82/2 (2016), pp. 1009-1042.

Annese, Andrea, *I* Sermoni della Guerra *di Alfredo Taglialatela. Gli evangelici italiani tra pacifismo e "guerra giusta" durante il primo conflitto mondiale*, in *Protestantesimo e sfide della contemporaneità. Percorsi inediti di scienze delle religioni*, a cura di A. Annese, Brescia, Morcelliana, 2017, pp. 121-138.

Antonio Rosmini e la Congregazione del Santo Uffizio. Atti e documenti inediti della condanna del 1887, a cura di L. Malusa, P. De Lucia, E. Guglielmi, Milano, FrancoAngeli, 2008.

Aquilante, Sergio, *Francesco Sciarelli, pastore metodista nell'Italia unita (1837-1904)*, in *Protestantesimo e sfide della contemporaneità. Percorsi inediti di scienze delle religioni*, a cura di A. Annese, Brescia, Morcelliana, 2017, pp. 139-161.

Bainton, Roland H., *Christian Attitudes Toward War and Peace. A Historical Survey and Critical Re-evaluation*, New York-Nashville, Abingdon Press, 1960.

Barzanò, Alberto, *Il cristianesimo delle origini di fronte al problema del servizio militare e della guerra. Considerazioni sul metodo della ricerca*, in «Rivista di Storia della Chiesa in Italia», 44/2 (1990), pp. 440-450.

Bedeschi, Lorenzo, *Buonaiuti, il Concordato e la Chiesa*, Milano, Il Saggiatore, 1970.

Benecchi, Valdo, *John Wesley. L'ottimismo della grazia*, Torino, Claudiana, 2005.

Benecchi, Valdo, *John Wesley. Un'eredità da investire*, Torino, Claudiana, 2010.

Benecchi, Valdo, *Guardare al passato, pensare al futuro. Figure del metodismo italiano*, Torino, Claudiana, 2011.

Baker, Frank, *A Union Catalogue of the Publications of John and Charles Wesley*, seconda edizione riveduta, Stone Mountain (GA), G. Zimmermann, 1991 (1966).

Benedetti, Marina, *Eresie medievali e eretici modernisti*, in *La riforma della Chiesa nelle riviste religiose di inizio Novecento*, a cura di M. Benedetti e D. Saresella, Milano, Edizioni Biblioteca Francescana, 2010, pp. 313-330.

Benedetto XV. Papa Giacomo Della Chiesa nel mondo dell'«inutile strage», dir. da A. Melloni, a cura di G. Cavagnini e G. Grossi, 2 voll., Bologna, il Mulino, 2017.

Bliss, J.M., *The Methodist Church and World War I*, in «The Canadian Historical Review», 49/3 (1968), pp. 213-233.

Bouchard, Giorgio, Visco Gilardi, Aldo, *Un evangelico nel lager. Fede e impegno civile nella vita di Ferdinando e Mariuccia Visco Gilardi*, Torino, Claudiana, 2005.

Brittain, John, *William Arthur's The Tongue of Fire: Pre-Pentecostal or Proto Social Gospel?*, in «*Methodist History*», 40/4 (2002), pp. 246-254.

Butler, David, *Methodists and Papists. John Wesley and the Catholic Church in the Eighteenth Century*, London, Darton, Longman and Todd, 1995.

The Cambridge Companion to John Wesley, a cura di R.L. Maddox e J.E. Vickers, Cambridge-New York, Cambridge University Press, 2010.

Campbell, Ted A., *John Wesley and Christian Antiquity. Religious Vision and Cultural Change*, Nashville (TN), Kingswood, 1991.

Campbell, Ted A., *Wesley's Use of the Church Fathers*, in «The Asbury Theological Journal», 51/1 (1996), pp. 57-70.

Campbell, Ted A., *The Shape of Wesleyan Thought: The Question of John Wesley's "Essential" Christian Doctrines*, in «The Asbury Theological Journal», 59/1-2 (2004), pp. 27-48.

Carile, Sergio, *Attualità del pensiero teologico metodista*, Torino, Claudiana, 1971.

Carile, Sergio, *Il metodismo. Sommario storico*, Torino, Claudiana, 1984.

Carrari, Giovanni, *Un piccolo ruscello. Sessanta anni di storia delle Chiese metodiste di Milano & dintorni*, a cura della Chiesa Metodista di Milano, 2001 (stampato ma non pubblicato).

I cattolici e lo Stato liberale nell'età di Leone XIII, a cura di A. Zambarbieri, Venezia, Istituto veneto di scienze, lettere ed arti, 2008.

Charuty, Giordana, *Ernesto de Martino. Les vies antérieures d'un anthropologue*, Marseille, Éditions Parenthèses, 2009; trad. it. *Ernesto de Martino. Le precedenti vite di un antropologo*, Milano, FrancoAngeli, 2010.

Chiarini, Franco, *Storia delle Chiese metodiste in Italia (1859-1915)*, Claudiana, Torino 1999.

Chiesa cattolica e minoranze in Italia nella prima metà del Novecento. Il caso veneto a confronto, a cura di R. Perin, Roma, Viella, 2011.

Chiesa e guerra. Dalla benedizione delle armi alla «Pacem in terris», a cura di M. Franzinelli e R. Bottoni, Bologna, il Mulino, 2005.

La Chiesa Evangelica Metodista di Padova. Appunti di storia nel 150° anniversario della sua fondazione (1866-2016), a cura di V. Vozza, Padova, CLEUP, 2017.

La Chiesa italiana nella Grande Guerra, a cura di D. Menozzi, Brescia, Morcelliana, 2015.

Ciocca, Ermanno, *La presenza contrastata di Buonaiuti in Sicilia*, in «Fonti e Documenti», 31-32 (2002-2005), pp. 101-127.

Collins, Kenneth J., *John Wesley. A Theological Journey*, Nashville (TN), Abingdon Press, 2003.

Collins, Kenneth J., *A Wesley Bibliography*, Wilmore (KY), First Fruits Press, 2017^{6}.

Comba, Augusto, *Teofilo Gay, pastore e intellettuale*, in *Il metodismo italiano (1861-1991)*, a cura di F. Chiarini, Torino, Claudiana, 1997, pp. 91-107.

Comba, Augusto, *Valdesi e massoneria. Due minoranze a confronto*, Torino, Claudiana, 2000.

Cox, Leo G., *John Wesley's view of Martin Luther*, in «Bulletin of the Evangelical Theological Society», 7/3 (1964), pp. 83-90.

La crisi modernista nella cultura europea. Atti del Convegno di studi, a cura di G. Losito, Roma, Istituto della Enciclopedia Italiana, 2012.

Cristiani d'Italia. Chiese, società, Stato, 1861-2011, dir. da A. Melloni, 2 voll., Roma, Istituto della Enciclopedia Italiana, 2011.

Croce, Benedetto, *Pescasseroli*, Bari, Laterza, 1922, ripubblicato poi come appendice alla *Storia del Regno di Napoli*, Bari, Laterza, 1972 (ed. or. 1925).

Demofonti, Laura, *La riforma nell'Italia del primo Novecento. Gruppi e riviste di ispirazione evangelica*, Roma, Edizioni di Storia e Letteratura, 2003.

Demofonti, Laura, *Pace e guerra nei gruppi e nelle riviste evangeliche del primo Novecento*, in *Chiesa e guerra. Dalla benedizione delle armi alla «Pacem in terris»*, a cura di M. Franzinelli e R. Bottoni, Bologna, il Mulino, 2005, pp. 183-202.

Diccionario de San Gregorio de Nisa, a cura di L.F. Mateo-Seco e G. Maspero, Burgos, Editorial Monte Carmelo, 2006; trad. it. *Gregorio di Nissa. Dizionario*, Roma, Città Nuova, 2007.

Di Gioacchino, Massimo, *Evangelizzare gli italiani, salvare l'America: l'*Italian Mission *della Methodist Episcopal Church degli USA (1908-1916)*, in «Protestantesimo», 67 (2012), pp. 335-348.

Dizionario Biografico degli Italiani, Roma, Istituto della Enciclopedia Italiana, 1960- [non si indicano qui le singole voci consultate, citate nelle note a piè di pagina].

Dizionario Biografico dei Protestanti in Italia, a cura della Società di Studi Valdesi, <http://www.studivaldesi.org/dizionario/> [non si indicano qui le singole voci consultate, citate nelle note a piè di pagina].

Dür, Hans-Peter, *Giovanni Luzzi (1856-1948) traduttore della Bibbia e teologo ecumenico*, trad. it., Torino, Claudiana, 1996.

Ecumenismo e cattolicità delle Chiese. Il contributo del metodismo, a cura di A. Annese, Roma, Carocci, 2016.

The Encyclopedia of World Methodism, a cura di N.B. Harmon, 2 voll., Nashville (TN), The United Methodist Publishing House, 1974 [non si indicano qui le singole voci consultate, citate nelle note a piè di pagina].

Faes, Barbara, *Marcella Ravà. Storia di una bibliotecaria che incontra Ernesto Buonaiuti e il mondo evangelico*, in «Archivio italiano per la storia della pietà», 24 (2011), pp. 105-182.

Faes, Barbara, *Marcella Ravà, Ernesto Buonaiuti e un'inedita revisione de* Il Sacro *di Rudolf Otto*, in «Studi e Materiali di Storia delle Religioni», 79/1 (2013), pp. 215-238.

Faes, Barbara, *«Le mille voci del silenzio». Anna de Micco e la koinonia di Ernesto Buonaiuti: esperienze ed esiti*, in «Archivio italiano per la storia della pietà», 27 (2014), pp. 305-353.

Findlay, George G., Holdsworth, William W., *The History of the Wesleyan Methodist Missionary Society*, 5 voll., London, Epworth Press, 1921-1924.

Fiore, Raffaele, *Pietro Taglialatela evangelizzatore della nuova Italia*, Latina, Caramanica Editore, 2013.

Furiozzi, Gian Biagio, *Enrico Caporali tra politica, religione e filosofia*, in *Il metodismo italiano (1861-1991)*, a cura di F. Chiarini, Torino, Claudiana, 1997, pp. 79-90.

Gagliano, Stefano, *La Bibbia, i doveri del cristiano e l'amor di patria: il protestantesimo italiano nel primo conflitto mondiale*, in *Religione, nazione e guerra nel primo conflitto mondiale*, a cura di D. Menozzi, sezione monografica di «Rivista di Storia del Cristianesimo», 3/2 (2006), pp. 359-381.

Gallas, Alberto, *Il giovane Barth. Fra teologia e politica*, Milano, Vita & Pensiero, 2004.

Gangale, Giuseppe, *Revival. Saggio di una storia del protestantesimo in Italia dal Risorgimento ai nostri tempi*, Roma, Doxa, 1929; rist. Palermo, Sellerio, 1991.

Gay Meynier, Margherita, *Breve storia della Y.W.C.A. italiana dalle origini ad oggi (1894-1981)*, s.l., s.d. [1981].

Giordani, Prisca, *L'avventura modernista. Un tentativo di conciliazione tra fede e ragione*, Roma, Lithos, 1998.

Giordano, Filippo Maria, *Francesco Singleton Lo Bue. Pastore valdese, antifascista e federalista*, Torino, Claudiana, 2013.

Giorgi, Lorenza, *Buonaiuti e le comunità evangeliche svizzere*, in «Revue de Théologie et de Philosophie», 113 (1981), pp. 376-402.

Giorgi, Lorenza, *Buonaiuti a Losanna. Documenti inediti*, in «Studi storico-religiosi», 6 (1982), pp. 287-321.

Giorgi, Lorenza, *La questione modernista e il protestantesimo italiano*, in «Fonti e Documenti», 11-12 (1982-83), pp. 361-563.

Giorgi, Lorenza, *Su tre lettere di Ernesto Buonaiuti a Giovanni Miegge riguardanti l'interpretazione di Lutero*, in «Rivista di Storia e Letteratura Religiosa», 20/1 (1984), pp. 142-151.

Giorgi, Lorenza, *Il modernismo cattolico e gli evangelici, ovvero il protestantesimo italiano di fronte alla «crisi modernista»*, in *Movimenti evangelici in Italia dall'Unità ad oggi. Studi e ricerche*, a cura di F. Chiarini e L. Giorgi, Torino, Claudiana, 1990, pp. 21-33.

Gnudi, Paolo, *Valdesi nella terza guerra d'indipendenza (1866)*, in «Bollettino della Società di Studi Valdesi», 97, n. 139, giugno 1976, pp. 3-37 (prima parte) e nn. 141-142, giugno-dicembre 1977, pp. 27-52 (seconda parte).

Gonnet, Giovanni, *Buonaiuti e la «prima Riforma»*, in «Protestantesimo», 37/2 (1982), pp. 95-104.

Gonnet, Giovanni, *Il Valdismo medioevale secondo Ugo Janni e Ernesto Buonaiuti*, in «Bollettino della Società di Studi Valdesi», n. 153, luglio 1983, pp. 3-24.

La Grande Guerra e le Chiese evangeliche in Italia (1915-1918), a cura di S. Peyronel Rambaldi, G. Ballesio e M. Rivoira, Torino, Claudiana, 2016.

Il 'Gran Disegno' di Rosmini. Origine, fortuna e profezia delle «Cinque Piaghe della Santa Chiesa», a cura di M. Marcocchi e F. De Giorgi, Milano, Vita e Pensiero, 1999.

Grillmeier, Alois, *Jesus der Christus im Glauben der Kirche*, I, Freiburg, Herder, 1979; trad. it. *Gesù il Cristo nella fede della Chiesa*, I/1, Brescia, Paideia, 1982.

Hempton, David N., *Arthur, William (1819-1901)*, in *Oxford Dictionary of National Biography*, Oxford, Oxford University Press, 2004, <http://www.oxforddnb.com/view/article/30463> (10/2016).

Hughes, Michael, *British Methodists and the First World War*, in «Methodist History», 41/1 (2002), pp. 316-328.

Isnenghi, Mario, Rochat, Giorgio, *La Grande Guerra 1914-1918*, Bologna, il Mulino, 2008.

Iurato, Giovanni, *Pietro Taglialatela. Dalla filosofia del Gioberti all'evangelismo antipapale*, Torino, Claudiana, 1972.

Jenson, Robert W., *Luther's contemporary theological significance*, in *The Cambridge Companion to Martin Luther*, a cura di D.K. McKim, Cambridge-New York, Cambridge University Press, 2003, pp. 272-288.

Kolb, Robert, *Martin Luther. Confessor of the Faith*, Oxford, Oxford University Press, 2009.

Lenzi, Marco M., *Il Fondo Marcella Ravà-Ernesto Buonaiuti dell'Accademia "La Colombaria"*, in «Atti e Memorie dell'Accademia Toscana di Scienze e Lettere "La Colombaria"», 74, n. 60 (2009), pp. 187-201.

Lettieri, Gaetano, *Origenismo (in Occidente, secc. VII-XVIII)*, in *Origene. Dizionario. La cultura, il pensiero, le opere*, a cura di A. Monaci Castagno, Roma, Città Nuova, 2000, pp. 307-322.

Lettieri, Gaetano, *Progresso*, in *Origene. Dizionario. La cultura, il pensiero, le opere*, a cura di A. Monaci Castagno, Roma, Città Nuova, 2000, pp. 379-392.

Lettieri, Gaetano, *L'altro Agostino. Ermeneutica e retorica della grazia dalla crisi alla metamorfosi del* De doctrina christiana, Brescia, Morcelliana, 2001.

Lettieri, Gaetano, *Il* νοῦς *mistico. Il superamento origeniano dello gnosticismo nel* Commento a Giovanni, in *Il Commento a Giovanni di Origene: il testo e i suoi contesti*, a cura di E. Prinzivalli, Villa Verucchio, Pazzini, 2005, pp. 177-275, in partic. pp. 211-216.

Lettieri, Gaetano, *Il corpo di Dio. La mistica erotica del* Cantico dei Cantici *dal* Vangelo di Giovanni *ad Agostino*, in *Il* Cantico dei Cantici *nel Medioevo*, Atti del Convegno Internazionale dell'Università degli Studi di Milano e della Società Internazionale per lo Studio del Medioevo Latino (S.I.S.M.E.L.) (Gargnano sul Garda, 22-24 maggio 2006), a cura di R.E. Guglielmetti, Firenze, SISMEL - Edizioni del Galluzzo, 2008, pp. 3-90.

Lettieri, Gaetano, *Passione e/o impassibilità di Dio nella controversia ariana*, in *Croce e identità cristiana di Dio nei primi secoli*, a cura di F. Taccone, Roma, OCD, 2009, pp. 37-57.

Lorizio, Giuseppe, *Antonio Rosmini Serbati 1797-1855. Un profilo storico-teologico*, seconda ediz. riveduta e corretta, Roma, Lateran University Press, 2005 (ed. or. 1997).

Lupi, Maria, *Chiesa e dissenso religioso: i vecchi cattolici a Roma*, in «Annali di Storia dell'Esegesi», 26/2 (2009), pp. 195-220.

Lupi, Maria, *Il cristianesimo dal primo Ottocento agli Stati liberali*, in *Storia del cristianesimo*, dir. da E. Prinzivalli, IV, *L'età contemporanea (secoli XIX-XXI)*, a cura di G. Vian, Roma, Carocci, 2015, pp. 73-121.

Lupi, Maria, *Le Chiese cristiane nella modernità*, in *Storia del cristianesimo*, IV, *L'età contemporanea (secoli XIX-XXI)*, a cura di G. Vian, Roma, Carocci, 2015, pp. 123-178.

Macquiban, Tim, *L'atteggiamento della stampa metodista britannica verso l'Italia nel periodo precedente il 1862*, in *Il metodismo italiano (1861-1991)*, a cura di F. Chiarini, Torino, Claudiana, 1997, pp. 47-54.

Maddox, Randy L., *Responsible Grace. John Wesley's Practical Theology*, Nashville, Kingswood, 1994.

Malusa, Luciano, *Critiche e condanne sulle posizioni del "riformismo" di Antonio Rosmini*, in *Rosmini e Newman padri conciliari. Tradizionalismo, riformismo, pluralismo nel Concilio Vaticano II*, a cura di G. Picenardi, Stresa, Edizioni Rosminiane, 2014, pp. 123-157.

Margiotta Broglio, Francesco, *Ernesto Buonaiuti*, in «Storia contemporanea», 2/4 (1971), pp. 803-823.

Maselli, Domenico, *Tra Risveglio e Millennio. Storia delle Chiese Cristiane dei Fratelli. 1836-1886*, Torino, Claudiana, 1974.

Maselli, Domenico, *Libertà della Parola. Storia delle Chiese Cristiane dei Fratelli. 1886-1946*, Torino, Claudiana, 1978.

Maselli, Domenico, *Storia dei battisti italiani. 1863-1923*, seconda ediz. corretta, Torino, Claudiana, 2003.

Mastrogiovanni, Salvatore, *La mente e l'opera di Alfredo Taglialatela*, Roma, Claudiana, 1950.

Menozzi, Daniele, *La Chiesa cattolica e la secolarizzazione*, Torino, Einaudi, 1993.

Menozzi, Daniele, *La cultura cattolica davanti alle due guerre mondiali*, in *La spada e la croce. I cappellani italiani nelle due guerre mondiali*, Atti del XXXIV convegno di studi sulla Riforma e i movimenti religiosi in Italia (Torre Pellice, 28-30 agosto 1994), a cura di G. Rochat, in «Bollettino della Società di Studi Valdesi», 112, n. 176 (1995), pp. 28-60.

Menozzi, Daniele, *Ideologia di cristianità e pratica della «guerra giusta»*, in *Chiesa e guerra. Dalla benedizione delle armi alla «Pacem in terris»*, a cura di M. Franzinelli e R. Bottoni, Bologna, il Mulino, 2005, pp. 91-127.

Menozzi, Daniele, *Chiesa, pace e guerra nel Novecento. Verso una delegittimazione religiosa dei conflitti*, Bologna, il Mulino, 2008.

Il metodismo italiano (1861-1991), a cura di F. Chiarini, Torino, Claudiana, 1997.

Il metodismo nell'Italia contemporanea. Cultura e politica di una minoranza tra Ottocento e Novecento, a cura di P. Naso, Roma, Carocci, 2012.

Miccoli, Giovanni, *Chiesa e società in Italia fra Ottocento e Novecento: il mito della cristianità*, in Id., *Fra mito della cristianità e secolarizzazione. Studi sul rapporto chiesa-società nell'età contemporanea*, Casale Monferrato, Marietti, 1985, pp. 21-92.

Miccoli, Giovanni, *La guerra nella storia e nella teologia cristiana. Un problema a molteplici facce*, in *Pace e guerra nella Bibbia e nel Corano*, a cura di P. Stefani e G. Menestrina, Brescia, Morcelliana, 2002, pp. 103-141.

Miegge, Giovanni, *Lutero. L'uomo e il pensiero fino alla Dieta di Worms (1483-1521)*, Torino, Claudiana, 2008[5] (ed. or. 1946).

Milaneschi, Cesare, *Ugo Janni pioniere dell'ecumenismo*, Torino, Claudiana, 1979.

Milaneschi, Cesare, *Il Vecchio Cattolicesimo in Italia*, Cosenza, Pellegrini Editore, 2014.

Milaneschi, Cesare, *Ernesto Buonaiuti e il protestantesimo*, in «Il Tetto», 246-247 (2005), pp. 61-73.

Minois, Georges, *L'Église et la guerre. De la Bible à l'ère atomique*, Paris, Fayard, 1994; trad. it. *La Chiesa e la guerra. Dalla Bibbia all'èra atomica*, Bari, Dedalo, 2003.

Il modernismo tra cristianità e secolarizzazione. Atti del Convegno Internazionale di Urbino, 1-4 ottobre 1997, a cura di A. Botti e R. Cerrato, Urbino, Quattro Venti, 2000.

Moore, Don Marselle, *Development in Wesley's Thought on Sanctification and Perfection*, in «Wesleyan Theological Journal», 20/2 (1985), pp. 29-53.

Moreschini, Claudio, *Storia della filosofia patristica*, Brescia, Morcelliana, 2005[2] (ed. or. 2004).

Morisi, Anna, *La guerra nel pensiero cristiano dalle origini alle crociate*, Firenze, Sansoni, 1963.

Moro, Renato, *L'opposizione cattolica al metodismo tra anni Venti ed anni Trenta*, in *Il metodismo italiano (1861-1991)*, a cura di F. Chiarini, Torino, Claudiana, 1997, pp. 131-180.

Moro, Renato, *Pregiudizio religioso e ideologia: antiebraismo e antiprotestantesimo nel cattolicesimo italiano fra le due guerre*, in «Le Carte», 3 (1998), pp. 17-66.

Morozzo della Rocca, Roberto, *Benedetto XV e la sacralizzazione della prima guerra mondiale*, in *Chiesa e guerra. Dalla benedizione delle armi alla «Pacem in terris»*, a cura di M. Franzinelli e R. Bottoni, Bologna, il Mulino, 2005, pp. 165-181.

Movimenti evangelici in Italia dall'Unità ad oggi. Studi e ricerche, a cura di F. Chiarini e L. Giorgi, Torino, Claudiana, 1990.

Naso, Paolo, *Dallo scudo identitario alla integrazione nel* melting pot. *La* Italian Mission *della Chiesa metodista episcopale (1908-16)*, in *Il metodismo nell'Italia contemporanea*, a cura di P. Naso, Roma, Carocci, 2012, pp. 129-138.

Newton, John A., *The Ecumenical Wesley*, in «The Ecumenical Review», 24/2 (1972), pp. 160-175.

Ngien, Dennis, *Chalcedonian Christology and Beyond: Luther's Understanding of the* Communicatio Idiomatum, in «The Heythrop Journal», 45/1 (2004), pp. 54-68.

Nitti, Silvana, *Il sogno protestante*, in *Cristiani d'Italia. Chiese, società, Stato, 1861-2011*, dir. da A. Melloni, 2 voll., Roma, Istituto della Enciclopedia Italiana, 2011, I, pp. 183-196.

Nitti, Silvana, *Pietro Taglialatela. Un filosofo pastore metodista*, in *Scelte di fede e di libertà, a cura di D.* Bognandi e M. Cignoni, Torino, Claudiana, 2011, pp. 87-90.

Nitti, Silvana, *Il metodismo e il "sogno protestante" nell'Italia unita*, in *Il metodismo nell'Italia contemporanea. Cultura e politica di una minoranza tra Ottocento e Novecento*, a cura di P. Naso, Roma, Carocci, 2012, pp. 67-78.

Ogden, Thomas C., *Doctrinal Standards in the Wesleyan Tradition*. Revised Edition, Nashville, Abingdon Press, 2008 (ed. or. 1988).

Pagliai, Letizia, *Unionismo fiorentino negli anni Venti. L'Associazione Cristiana dei Giovani di Firenze*, in «Annali di Storia di Firenze», 7 (2012), pp. 195-233.

Paiano, Maria, *Nazione, esercito e religione nel Regno d'Italia. Chiesa evangelica militare e cattolicesimo tra Ottocento e Novecento*, in «Rivista di Storia e Letteratura Religiosa», XLVI/2 (2010), pp. 303-339.

Paiano, Maria, *Contro «l'invadente eresia protestante»: l'Opera della Preservazione della Fede in Roma (1899-1930)*, in *Chiesa cattolica e minoranze in Italia nella prima metà del Novecento. Il caso veneto a confronto*, a cura di R. Perin, Roma, Viella, 2011, pp. 27-103.

Perin, Raffaella, *Santa Sede e minoranze evangeliche in Italia durante il fascismo*, in «Storia e problemi contemporanei», 62 (2013), pp. 79-98.

Pilone, Luca, *«Radici piantate tra due continenti». L'emigrazione valdese negli Stati Uniti d'America*, Torino, Claudiana, 2016.

Le pontificat de Léon XIII. Rénaissances du Saint-Siège?, a cura di Ph. Levillain e J.-M. Ticchi, Roma, École Française de Rome, 2006.

Poulat, Émile, *Histoire, dogme et critique dans la crise moderniste*, Paris, Albin Michel, 1996[3] (ed. or. 1962).

Raedel, Christoph, *Methodistische Theologie im 19. Jahrhundert. Der deutschsprachige Zweig der Bischöflichen Methodistenkirche*, Göttingen, Vandenhoeck & Ruprecht, 2004.

Rankin, Stephen W., *Wesley and War: Guidance for Modern Day Heirs?*, in «Methodist Review», 3 (2011), pp. 101-139.

Ravà, Marcella, *Le esperienze fondamentali di Ernesto Buonaiuti*, Roma, Ferraiolo, 1966.

Ravà, Marcella, *Bibliografia degli scritti di Ernesto Buonaiuti*, Roma, Aracne, 2015 [ristampa anastatica con aggiunte; ediz. or. 1951].

Reist, Irwin W., *John Wesley's View of Man: A Study in Free Grace versus Free Will*, in «Wesleyan Theological Journal», 7 (1972), pp. 25-35.

Ricca, Paolo, *Lutero tra i valdesi dal XVI al XIX secolo*, in *Lutero in Italia. Studi storici nel V centenario della nascita*, a cura di L. Perrone, Casale Monferrato, Marietti, 1883, pp. 283-310.

Ricca, Paolo, *John Wesley*, in J. Wesley, *La perfezione dell'amore. Sermoni*, a cura di F. Cavazzutti Rossi, Torino, Claudiana, 2009, pp. 7-36.

Ricca, Paolo, *Minoranze cristiane nell'Italia unita*, in *Cristiani d'Italia. Chiese, Società, Stato, 1861-2011*, 2 voll., Roma, Istituto della Enciclopedia Italiana, 2011, I, pp. 107-120.

Rinaldi, Giancarlo, *John Wesley: la dottrina e l'esperienza della perfezione cristiana*, in Id., *John Wesley: la perfezione cristiana. Con la traduzione inedita del sermone XXXV*, Velletri, Ecumene Quaderni, 1989, pp. 7-31.

Rinaldi, Giancarlo, *La santificazione in Wesley come tema ecumenico*, in *Ecumenismo e cattolicità delle Chiese. Il contributo del metodismo*, a cura di A. Annese, Roma, Carocci, 2016, pp. 76-100.

Rochat, Giorgio, *Regime fascista e Chiese evangeliche. Direttive e articolazioni del controllo e della repressione*, Torino, Claudiana, 1990.

Salvatorelli, Luigi, *Gli studi di storia del cristianesimo*, in *Cinquant'anni di vita intellettuale italiana 1896-1946. Scritti in onore di Benedetto Croce per il suo ottantesimo anniversario*, a cura di C. Antoni e R. Mattioli, 2 voll., Napoli, ESI, 1950, II, pp. 279-291.

Santini, Luigi, *Il Valdismo dalla crisi dello stato liberale al fascismo (Rio Marina 1906-1926)*, Torre Pellice, Società di Studi Valdesi, 1976.

Scelte di fede e di libertà. Profili di evangelici nell'Italia unita, a cura di D. Bognandi e M. Cignoni, Torino, Claudiana, 2011.

Schirò, Miriam, *Un lottatore senz'armi: mio padre Lucio Schirò D'Agati*, Milano, Zephyro, 2003.

Simonetti, Manlio, *La crisi ariana nel IV secolo*, Roma, Institutum Patristicum Augustinianum, 1975.

Simonetti, Manlio, *Studi sulla cristologia del II e III secolo*, Roma, Institutum Patristicum Augustinianum, 1993.

«Social Gospel». Il movimento del «Vangelo sociale» negli U.S.A. Gli scritti essenziali (1880-1920), a cura di M. Rubboli, Torino, Claudiana, 1980.

La spada e la croce. I cappellani italiani nelle due guerre mondiali, Atti del XXXIV convegno di studi sulla Riforma e i movimenti religiosi in Italia (Torre Pellice, 28-30 agosto 1994), a cura di G. Rochat, in «Bollettino della Società di Studi Valdesi», 112, n. 176 (1995).

Spini, Giorgio, *L'evangelo e il berretto frigio. Storia della Chiesa Cristiana Libera in Italia. 1870-1904*, Torino, Claudiana, 1971.

Spini, Giorgio, *Studi sull'evangelismo italiano tra Otto e Novecento*, Torino, Claudiana, 1994.

Spini, Giorgio, *Il «Grand Dessein» di William Burt e l'Italia laica*, in *Il metodismo italiano (1861-1991)*, a cura di F. Chiarini, Torino, Claudiana, 1997, pp. 109-120.

Spini, Giorgio, *Risorgimento e protestanti*, Torino, Claudiana, 2008 (ed. or. 1956).

Spini, Giorgio, *Italia liberale e protestanti*, Torino, Claudiana, 2002.
Spini, Giorgio, *Italia di Mussolini e protestanti*, Torino, Claudiana, 2007.
Subilia, Vittorio, *"Sola Scriptura". Autorità della Bibbia e libero esame*, Torino, Claudiana, 1975.
Stella, Pietro, *Religiosità vissuta in Italia nell'800*, in *Storia vissuta del popolo cristiano*, dir. da J. Delumeau, Torino, SEI, 1985, pp. 753-771.
Stephens, W. Peter, *Le origini britanniche della Chiesa metodista italiana*, in *Il metodismo italiano (1861-1991)*, a cura di F. Chiarini, Torino, Claudiana, 1997, pp. 29-46.
Storia del cristianesimo, dir. da E. Prinzivalli, IV, *L'età contemporanea (secoli XIX-XXI)*, a cura di G. Vian, Roma, Carocci, 2015.
Streiff, Patrick, *Sulzberger, Arnold*, in *Dizionario storico della Svizzera*, versione del 30.11.2011 (traduzione dal tedesco), <http://www.hls-dhs-dss.ch/textes/i/I29070.php> (10/2016).
T&T Clark Companion to Methodism, a cura di Ch. Yrigoyen Jr., London, Bloomsbury, 2010.
Taglialatela, Eduardo, *Cenni sulla vita e gli scritti di Pietro Taglialatela*, in P. Taglialatela, *In Dio. Saggi – Discorsi – Frammenti di filosofia cristiana*, Roma, La Speranza, 1927, pp. 5-28.
Tasca, Francesca, *Le origini valdesi nella riflessione accademica italiana del XIX secolo, da Felice Tocco a Ernesto Buonaiuti*, in «Protestantesimo», 60/2 (2005), pp. 107-124.
I tempi della «Rerum Novarum», a cura di G. De Rosa, Roma-Soveria Mannelli, Istituto Luigi Sturzo - Rubbettino, 2002.
Turner, John Munsey, *John Wesley: The Evangelical Revival and the Rise of Methodism in England*, Peterborough, Epworth Press, 2002.
Verucci, Guido, *L'eresia del Novecento. La Chiesa e la repressione del modernismo in Italia*, Torino, Einaudi, 2010.
Viallet, Jean-Pierre, *La Chiesa valdese di fronte allo Stato fascista*, Torino, Claudiana, 1985.
Vian, Giovanni, *Benedetto XV e la denuncia dell'«inutile strage»*, in *Gli italiani in guerra. Conflitti, identità, memorie dal Risorgimento ai nostri giorni*, a cura di M. Isnenghi, III, *La Grande Guerra. Dall'Intervento alla «vittoria mutilata»*, a cura di M. Isnenghi e D. Ceschin, Torino, UTET, 2008, t. 2, pp. 736-743.
Vian, Giovanni, *Il modernismo. La Chiesa cattolica in conflitto con la modernità*, Roma, Carocci, 2012.
Vian, Giovanni, *Le Chiese e le rivoluzioni industriali: il confronto con il moderno dalla fine dell'Ottocento al primo Novecento*, in *Storia del cristianesimo*, dir. da E. Prinzivalli, IV, *L'età contemporanea (secoli XIX-XXI)*, a cura di G. Vian, Roma, Carocci, 2015, pp. 179-241.

Vickers, Jason E., *Wesley's theological emphases*, in *The Cambridge Companion to John Wesley*, a cura di R.L. Maddox e J.E. Vickers, Cambridge-New York, Cambridge University Press, 2010, pp. 190-206.

Vinay, Valdo, *Ernesto Buonaiuti e l'Italia religiosa del suo tempo*, Torre Pellice, Claudiana, 1956.

Vinay, Valdo, *Luigi Desanctis e il movimento evangelico fra gli Italiani durante il Risorgimento*, Torino, Claudiana, 1965.

Vinay, Valdo, *Storia dei valdesi. III. Dal movimento evangelico italiano al movimento ecumenico (1848-1978)*, Torino, Claudiana, 1980.

Vogel, Lothar, *Comunità e pastori del protestantesimo italiano*, in *Cristiani d'Italia. Chiese, società, Stato, 1861-2011*, 2 voll., Roma, Istituto della Enciclopedia Italiana, 2011, II, pp. 1025-1042.

Vogel, Lothar, *Le origini del metodismo in Italia*, in *Il metodismo nell'Italia contemporanea. Cultura e politica di una minoranza tra Ottocento e Novecento*, a cura di P. Naso, Roma, Carocci, 2012, pp. 55-66.

Vogel, Lothar, *Ernesto Buonaiuti interprete di Lutero*, in *Ernesto Buonaiuti nella cultura europea del Novecento*, a cura di P. Carile e M. Cheymol, numero monografico di «Modernism», 2 (2016), pp. 163-191.

Vogel, Lothar, *Protestants in the Italian Risorgimento*, in *Believers in the Nation. European Religious Minorities in the Age of Nationalism (1815-1914)*, a cura di R. Dagnino e A. Grazi, Leuven, Peeters, 2017, pp. 157-177.

Vozza, Vincenzo, *Centocinquant'anni di metodismo a Padova. Uno sviluppo storico dagli esordi al primo Novecento*, in «Atti e Memorie dell'Accademia Galileiana di Scienze, Lettere ed Arti» (Padova), 127 (2014-2015), pp. 103-122.

Vozza, Vincenzo, *La Chiesa Metodista di Padova nei primi decenni del Regno d'Italia (1866-1905). Uno studio storico e demografico*, in «Bollettino della Società di Studi Valdesi», 218 (2016), pp. 151-172.

Walls, Jerry L., *John Wesley's Critique of Martin Luther*, in «Methodist History», 20/1 (1981), pp. 29-41.

Zambarbieri, Annibale, *Radici e iniziali sviluppi del movimento cattolico*, in *Cristiani d'Italia. Chiese, società, Stato, 1861-2011*, 2 voll., Roma, Istituto della Enciclopedia Italiana, 2011, II, pp. 1081-1091.

Zussini, Alessandro, *Ugo Janni e i Modernisti*, in «Fonti e Documenti», 5-6 (1976-77), pp. 119-314.

Indice dei nomi*

*L'indice comprende gli autori e i personaggi antichi e moderni – escluso John Wesley, il cui nome ricorre in un elevatissimo numero di pagine – e le opere anonime e pseudepigrafe.

Finito di stampare
nel mese di ottobre 2018
da Logo s.r.l.
Borgoricco (PD)